자본주의에 맞선 혁명가들

《처음 만나는 혁명가들》 대폭 증보판

자본주의에 맞선 혁명가들

《처음 만나는 혁명가들》 대폭 증보판

마이크 곤살레스, 커밀라 로일, 이언 버철, 샐리 캠벨 외 지음 | 이수현 옮김

책갈피

A Rebel's Guide to Marx(Mike Gonzalez) in 2006
A Rebel's Guide to Engels(Camilla Royle) in 2020
A Rebel's Guide to Eleanor Marx(Siobhan Brown) in 2015
A Rebel's Guide to Lenin(Ian Birchall) in 2005
A Rebel's Guide to Trotsky(Esme Choonara) in 2007
A Rebel's Guide to Alexandra Kollantai(Emma Davis) in 2019
A Rebel's Guide to Rosa Luxemburg(Sally Campbell) in 2011
A Rebel's Guide to Gramsci(Chris Bambery) in 2006
A Rebel's Guide to Malcolm X(Antony Hamilton) in 2016
A Rebel's Guide to Marin Luther King(Yuri Prasad) in 2018
ⓒ Bookmarks Publications

Korean translation edition ⓒ 2025 by Chaekgalpi Publishing Co.
Bookmarks와 협약에 따라 이 책의 한국어 판권은 책갈피 출판사에 있습니다.

차례

1부 — 마르크스주의의 선구자들
카를 마르크스   9
프리드리히 엥겔스   65
엘리너 마르크스   132

2부 — 러시아 혁명의 위대한 혁명가들
블라디미르 레닌   195
레온 트로츠키   252
알렉산드라 콜론타이   311

3부 — 유럽의 혁명 물결에 헌신한 혁명가들
로자 룩셈부르크   383
안토니오 그람시   450

4부 — 흑인 평등권 운동 활동가들의 급진적 면모
맬컴 엑스   509
마틴 루서 킹   575

더 읽을거리   633
후주   648

일러두기

1. 인명과 지명 등의 외래어는 최대한 외래어 표기법에 맞춰 표기했다.

2. 《 》 부호는 책과 잡지를 나타내고, 〈 〉 부호는 신문, 주간지를 나타낸다. 논문은 " "로 나타냈다.

3. 본문에서 [ ]는 옮긴이나 편집자가 독자의 이해를 돕거나 문맥을 매끄럽게 하려고 덧붙인 것이다. 인용문에서 지은이가 덧붙인 것은 [─ 지은이]로 표기했다.

4. 본문의 각주는 옮긴이나 편집자가 독자의 이해를 돕기 위해 넣은 것이다. 지은이의 각주는 ' ─ 지은이'로 표기했다.

5. 원문에서 이탤릭체로 강조한 부분은 고딕체로 나타냈다.

1부
마르크스주의의 선구자들

"자본은 죽은 노동이다. 그것은 흡혈귀처럼 오로지 산 노동을 빨아먹음으로써만 살고, 노동을 더 빨아먹을수록 더 산다."
— 카를 마르크스

"인간의 자연 정복을 두고 지나치게 자만하지 말자. 그런 정복 하나하나가 우리에게 복수하기 때문이다. 각각의 정복은 첫 국면에서는 우리가 기대하는 결과를 가져오지만, 둘째 셋째 국면에서는 전혀 다른 예기치 못한 효과를 낳고, 그 효과는 너무도 자주 첫 결과를 상쇄할 뿐이다."
— 프리드리히 엥겔스

"우리는 조직할 것이다. 그러나 '여성'으로서가 아니라 '프롤레타리아'로서, 우리 남성 노동자들과 경쟁하는 여성으로서가 아니라 그들과 함께 투쟁하는 동지로서 조직할 것이다."
— 엘리너 마르크스

1장

카를 마르크스

'건방진' 반항아의 탄생

카를 마르크스는 혁명가였다. 생애 말년에 그는 마르크스주의자를 자처하는 사람들을 보면 자신이 마르크스주의자인지 아닌지 의심스럽다고 말하곤 했다. 1883년 마르크스가 죽은 뒤 그의 이름이 폭정과 착취를 정당화하는 데 이용되는 일이 많았다(그것은 마르크스의 신념과 완전히 어긋나는 것이었다). 그럼에도, 마르크스가 평생의 협력자 프리드리히 엥겔스와 함께 저술한 《공산당 선언》은 1990년대 말에 깜짝 베스트셀러였고, 21세기 초에 BBC의 라디오 청취자들은 역사상 가장 위대한 철학자로 카를 마르크스를 꼽았다.

그러나 마르크스를 철학자로만 여기는 것은 온당하지 않다. 뭐니

뭐니 해도, 마르크스 자신이 다음과 같이 말했다. "지금까지 철학자들은 세계를 해석했을 뿐이다. 그러나 중요한 것은 세계를 변화시키는 것이다." 이 유명한 말은 마르크스 자신의 발전 과정에서 아주 중요한 순간, 즉 철학자가 혁명적 사상가로 바뀌는 순간에 나온 말이다.

카를 마르크스는 1818년 독일 라인란트 지방 트리어의 부유한 유대인 가정에서 태어났다. 트리어는 세기의 전환기에 나폴레옹 군대에 잠시 점령당했다가 다시 프로이센* 절대왕정의 지배를 받게 됐다. 나폴레옹은 트리어에 아주 잠깐 머물렀지만, 프랑스 혁명의 자유와 변화에 대한 사상을 어느 정도 남겨 놓았다.

마르크스의 아버지 히르셸은 프로이센의 유대인들이 겪는 차별을 강하게 규탄했을 뿐 아니라 제대로 된 대의제 정치제도의 필요성도 이따금 공개적으로 얘기했다고 한다. 하인리히(히르셸은 유대교에서 그리스도교로 개종하고 이름을 하인리히로 바꿨다)는 결코 혁명가가 아니었지만, 당시 유럽을 휩쓴 새로운 분위기에서 완전히 벗어나 있지도 않았다. 청년 마르크스는 아버지의 자유주의 사상을 어느 정도 흡수할 수밖에 없었다.

마르크스의 아버지는 아들이 법학을 공부해서 좋은 직업을 갖기를 바랐다! 그래서 마르크스는 17살 되던 1835년에 본대학교 법학과에 들어갔다. 그러나 그가 더 흥미를 느낀 것은 시와 포도주와

---

* 프로이센 독일 동북부를 지배하던 왕국. 1871년 독일을 통일하고 독일제국을 선포했다.

철학이었다(반드시 이 순서는 아니었지만). 그것은 부분적으로 루트비히 폰 베스트팔렌의 영향 때문이었다. 마르크스 집안과 가깝게 지낸 부자였던 루트비히 폰 베스트팔렌은 청년 마르크스에게 셰익스피어나 그리스 시인들의 시를 들려주곤 했다. 루트비히의 딸 예니는 1843년에 마르크스와 결혼해 평생의 동반자가 된다.

철학에 대한 마르크스의 열정은 단지 학술적 취향만은 아니었다. 마르크스가 대학생이었을 때 철학적 논쟁은 사회, 역사, 인류의 발전 가능성 등을 둘러싼 논의에 참여하는 기회이기도 했다. 이런 열정적 논의에서 탁월한 저술가가 있었으니, 바로 헤겔이었다.* 헤겔은 프랑스 혁명의 열렬한 지지자였다. 그는 프랑스 혁명으로 시작된 새 시대에는 이성이 인류의 삶을 좌우하기 시작할 것이라고 믿었다.

그러나 마르크스가 헤겔의 사상을 알게 될 무렵, 헤겔은 신이 곧 최고의 이성이며 억압적이고 권위주의적인 프로이센 국가야말로 절대 이성의 표현이라고 믿는 보수적 사상가가 돼 있었다.

자유주의 사상을 간직한 채 트리어에서 올라온 마르크스는 "스승을 물구나무 세우는" 데 몰두한 제자들, 즉 청년 헤겔주의자들에게 끌렸다. 그들이 공감한 헤겔은 아직 혁명적이었던 젊은 시절의 헤겔이었다. 그들은 무신론자에 자유주의자들이었을 뿐 아니라 보헤미안들이었고 절친한 술친구들이었다. 마르크스가 베를린으로 이사해 그들의 '박사 클럽'에 가입했을 때, 그들은 마르크스의 턱수

---

* 게오르크 빌헬름 프리드리히 헤겔 프랑스 대혁명의 영향을 받아 역사 전체를 이념의 변증법적 전개로 보는 철학 체계를 발전시켰다.

염과 긴 머리를 급진적 사상가다운 풍모라고 여겼다.

청년 헤겔주의자들과 그 주위 사람들은 억압적인 프로이센 국가에 대한 적대감으로 똘똘 뭉쳐 있었다. 그들은 1789년의 프랑스 혁명이 계몽적·변혁적·진보적 사상을 뜻한다고 여기며 그 사상이 봉건적인 독일을 현대적인 자본주의적 민주주의 체제로 변모시킬 수 있다고 봤다.

마르크스는 아버지에게 배운 사상을 이미 넘어서 있었다. 그러나 1841년 트리어로 돌아온 마르크스가 〈라이니셰 차이퉁〉(라인 신문)의 편집자 일을 시작했을 때, 여전히 봉건적인 프로이센 국가에 반대한 그 진보적 신문에 돈을 대 준 사람들은 아버지 주위의 진보적 기업인들과 같은 부류였다.

마르크스의 생애 내내 그의 사상은 정치적·사회적 사건들의 경험과 상호작용하며 발전했다. 한 가지 사례가 숲에서 땔감을 모으는 농민의 전통적 권리가 폐지된 사건이었다. 새 법률은 나무가 사유재산이라는 근거로 농민의 행위를 절도로 규정했다. 대지주들과 마르크스의 신문에 돈을 대 주던 신흥 자본가계급은 그 법률이 완전히 정당하다는 데 의견이 일치했다. 따라서 사적 소유에 바탕을 둔 새 자본주의 경제는 결코 빈민과 무산자를 보호해 주지 못하는 듯했다. 게다가 사적 소유를 보호하기 위해 존재하는 국가는 결코 노동계급을 보호하지 않는다는 것도 마르크스는 깨달았다.

그 사건은 마르크스가 계급의 관점에서 사회를 이해하기 시작한 첫걸음이었다. 마르크스가 자신의 새로운 사상을 〈라이니셰 차이퉁〉에 일부 발표했을 때, 프로이센 국가의 검열관은 그 신문의 내용이 아주 불온해서 발행을 금지하고 "점점 건방지게 구는 편집자"를 제거해야 한다고 판단했다. 독일의 다른 진보적 신문들도 똑같은 운명에 처하게 됐다. 그 직후 마르크스와 예니는 프랑스로 이주했다. 예니의 귀족 집안은 예니가 운명을 같이할, 땡전 한 푼 없고 점차 급진화하는 이 언론인을 달갑지 않게 여겼다. 그러나 마르크스와 예니 모두 그 점을 전혀 중요하게 생각하지 않았다.

파리로 이주하다

많은 독일인 망명객이 파리로 왔다. 파리에서 그들은 《도이체·프란최지셰 야르뷔허》(독일·프랑스 연감)라는 새 잡지를 통해 진보적 사상들을 주장했다. [1843년] 10월에 마르크스는 철학자 루트비히 포이어바흐에게* 사상이 사회적 존재의 산물이라는(사람들의 신념은 물질적·사회적 상황의 영향을 강하게 받는다는) 포이어바흐의 핵심 주장을 담은 글을 기고해 달라고 부탁했다. 포이어바흐의 주장은 엄청나게 중요한 통찰이었다. 왜냐하면 마르크스가 헤겔과 심지어 청년 헤겔주의자들까지 넘어서도록 자극했기 때문이다. 마르크스의 논의 전개는 아직 꽤나 추상적이었지만, 세계의 변혁이 물질적 과정이라는 점을 확실히 했다. 중요한 것은 실제 생활 조건을

---

* 루트비히 포이어바흐 헤겔 다음 세대의 독일 철학자로 종교와 헤겔 철학을 유물론의 관점으로 비판했다. 그러나 그의 유물론은 추상적이고 비역사적인 결함이 있었다.

혁명적으로 바꾸는 것이었다. 그러면 그 과정에서 새로운 사상과 새로운 가능성이 나타날 것이었다.

마르크스의 생각이 바뀐 것은 단지 지적 도약만은 아니었다. 프랑스에서 마르크스는 발전하는 산업사회 노동계급 대중의 현실을 직접 목격했다. 프랑스에서는 공산주의 사상과 사회주의 사상이 이미 뿌리를 내리고 있었다. 프랑스 노동자들 사이에서뿐 아니라 4만 명 남짓 되는 독일계 이주 노동자들 사이에서도 뿌리를 내리고 있었다. 마르크스는 그런 노동자 활동가들의 "신선함과 고귀함"에 감동했다. "역사는 우리 문명사회의 이 '야만인'들 사이에서 인간 해방을 위한 실천적 요소를 준비하고 있다."[1]

《도이체·프란최지셰 야르뷔허》는 겨우 한 호만 발행됐다. 왜냐하면 몰래 독일로 보낸 책들을 가로챈 정부 검열관들이 분노했기 때문이다. 마르크스를 비롯한 여러 사람에게 체포 영장이 발부됐고 출판사는 겁에 질렸다. 생애 내내 흔히 그랬듯이 마르크스는 곤경에 빠졌고 집안의 재정 형편도 급속하게 나빠졌다. 또 다른 의미에서 그것은 마르크스가 운동 내의 다른 사람들과 흔히 격렬한 논쟁을 통해 자신의 사상을 알리고 발전시킬 뜻밖의 기회였다. 파리 체류 당시 마르크스가 쓴 글들은 훨씬 뒤에야 발견돼 《1844년 경제학·철학 수고》(줄여서 《파리 수고》라고도 한다)라는 제목으로 출간됐다.

당시 마르크스는 겨우 26살이었다. 그러나 그 저작을 보면, 마르크스가 자본주의 사회의 노동을 이해하는 데서 크게 진전했음을 알 수 있다. '소외'는 마르크스가 만든 용어는 아니었다. 그러나 헤겔 같은 선배 철학자들은 소외를 심리 상태로 이해하거나 아니면 각성하지 못한 인간 전체의 특징으로 여긴 반면, 마르크스는 소외를 노동이라는 물질적 조건 속에서 파악했다.

> 노동자가 상품을 더 많이 생산할수록 그는 더 값싼 상품이 되고 만다. 사물 세계의 가치 증대는 인간 세계의 가치 감소와 정비례하므로 … 노동의 실현은 곧 노동자의 현실성 상실로 나타난다. … 노동자가 자신의 생산물에서 소외된다는 것은 그의 노동이 대상, 곧 외부적 존재가 된다는 것을 뜻할 뿐 아니라 노동이 노동자의 외부에 존재한다는 것, … 그리고 노동자가 대상에 부여한 생명이 그에게 적대적이고 낯선 것으로서 그와 대립한다는 것을 뜻하기도 한다.[2]

이 대단한 역설은 마르크스 이론의 기초 가운데 하나다. 인간은 자신의 노동을 통해 세계를 만들고, 그 과정에서 자기 해방의 수단도 만들어 낸다. 그러나 자본주의 사회의 노동과정은 생산자들이 그런 해방의 가능성에서 멀어지게 만든다. 왜냐하면 생산물이 생산자들의 손을 떠나 대상, 즉 **상품**으로 사고 팔리며, 노동자들은 그 상품을 결코 통제할 수 없기 때문이다.

이것은 사회의 지배적 사회관계 때문이다. 즉, 특정 계급에게 모든 생산물의 소유권을 부여하고 재화를 생산하는 다수의 다른 계급은 노동력만 소유하게 만드는 계급 구조 말이다. 자본가는 노동력을 또 하나의 상품으로 구매한다. 그리고 생산을 좌우하는 것은 사회적 필요가 아니라 자본가의 이윤 추구 욕망이다.

슐레지엔 직물 노동자 반란 소득 감소와 생계난을 배경으로 벌어졌다

따라서 노동자들이 소외를 극복할 수 있는 방법은 자본가들에 대항하는 실천적 투쟁뿐이다. 1844년 바로 그해에 벌어진 독일 슐레지엔 직물 노동자 투쟁을 보며 마르크스는 노동자들이 어떻게 체제에 맞서 싸울 수 있는지 분명히 깨달았다. 자신의 고국을 되돌아보며 마르크스는 프랑스의 공장주와 자본가계급이 1789년에 강력한 국가를 공격해 무너뜨린 것과 달리 독일의 공장주와 자본가계급은 너무 취약해서 그럴 수 없다는 것을 깨달았다. 따라서 오직 노동계급만이 그런 과제를 수행할 수 있다고 봤다.

마르크스는 당시 독일 노동자들이 정치적으로 충분히 교육받지 못했다고 주장하는 일부 사람들을 경멸하며 독일 노동자들의 계급의식이 충분히 성숙했다고 반박했다. 그리고 슐레지엔 직물 노동자들의 투쟁이야말로 그 분명한 증거라고 주장했다. 마르크스가 슐레지엔 직물 노동자들을 열정적으로 옹호한 것을 보면, 그가 옛 동료들[청년 헤겔주의자들]로부터 얼마나 멀어졌는지 알 수 있다.

마르크스는 자본주의 생산 체제의 작동 방식을 설명한 영국 경제학자들의 연구를 탐독하며 세계를 새롭게 이해하게 됐다. 이제 "노동계급의 자력 해방"을 말하기 시작한 마르크스에게 그런 새로운 이해는 혁명의 대의에 이바지하는 것이었다. 이제 그는 역사의 원동력이 신이나 이성 같은 어떤 외부의 힘이 아니라 경제적 목표를 추구하는 사회 세력들이라는 사실을 깨달았다.

철학자 루트비히 포이어바흐도 종교를 비판하며 마르크스와 비슷한 방향으로 나아가고 있었다. 그러나 마르크스는 한층 더 멀리 나아가, 역사를 움직이는 것은 인간의 행동이며 물질세계와 생산조건을 변화시키기 위한 투쟁 과정에서 인간의 의식도 바뀐다고 주장했다.

세계를 뒤흔든 열흘[*]

1844년에 마르크스는 위대한 협력자 프리드리히 엥겔스를 처음 만났다.[**] 기업인의 아들인 엥겔스는 이미 잉글랜드 북부 맨체스터에

---

[*] 존 리드가 러시아 혁명에 대해 쓴 유명한 책의 제목. 프랜시스 윈은 이 제목을 이용해 1844년 8월 마르크스와 엥겔스의 첫 만남을 재치 있게 묘사했다(《마르크스 평전》, 푸른숲, 2001) — 지은이.

[**] 엄밀하게 말하면, 두 번째 만남이었다. 그보다 2년 전에 우연히 잠깐 만난 적이 있지만, 그때는 대화를 거의 나누지 않았다 — 지은이.

있는 아버지의 공장에서 근무하며 "노동계급의 상태"(새로운 공장에서 그들이 겪는 착취와 빈곤, 산업자본주의의 생산 기계를 움직이는 사람들의 불행)를 목격했다. 엥겔스는 점차 대중운동으로 성장하던 차티스트운동과* 긴밀한 관계를 맺고 있기도 했다. 그 운동은 새로운 [산업자본주의] 사회의 비참한 현실에 맞서 노동계급의 저항을 조직하기 시작했다.

두 청년(엥겔스는 마르크스보다 두 살 어렸다)은 8월에 파리에서 만나기 전에 이미 서로의 저작을 알고 있었다. 그래서 두 혁명가는 만나자마자 의견이 일치했고 노동계급의 혁명적 투쟁을 고무할 수 있는 새로운 공산주의 세계관을 발전시키는 것이 자신들의 과제라고 확신했다.

그러나 먼저 노동자 운동 내의 영향력을 둘러싼 전투, 특히 독일 노동자들에게 어느 정도 영향력을 미치던 사람들과 전투가 벌어졌다. 《신성 가족》은 한때 마르크스와 함께했던 청년 헤겔주의자들을 겨냥한 장황하지만 논쟁적인 저작이었다. 이제 마르크스와 엥겔스는 사상을 정치적 맥락에서 떼어 놓고 논의하기를 거부했다. "사상은 아무것도 실현할 수 없다. 사상을 실현하기 위해서는 실천적 힘을 발휘할 수 있는 사람들이 필요하다."[3]

그때부터 마르크스와 엥겔스는 (엥겔스가 "부자와 빈민의 공공연한 전쟁"이라고 부른) 혁명을 준비하는 데 도움이 될 수 있는 조

---

* 차티스트운동 1830~1840년대에 영국 노동자들이 보통선거권 등의 요구 사항을 담은 차터, 즉 (인민)헌장을 국회에 제출해 참정권을 확대하고자 한 운동.

직을 건설하기 시작했다. 그들의 활동은 프랑스(마르크스가 여전히 살고 있던)나 독일(엥겔스가 여러 정치조직과 노동자 단체를 상대로 연설하던) 보안경찰의 감시를 피할 수 없었다. 마르크스가 기고하던 독일어 신문 〈포어베르츠!〉(전진)는 1844년 말에 프랑스 당국에 의해 발행이 금지됐다. 몇 주 뒤인 1845년 2월, 독일 정부의 압력을 받은 프랑스 정부가 마르크스를 추방했다. 두 달 뒤, 머지않아 자신에게도 추방 명령이 내려질 것이라고 확신한 엥겔스도 독일을 떠났다.

두 혁명가는 벨기에 브뤼셀에서 다시 만났다. 브뤼셀에서도 늘 보안경찰의 감시를 받았지만, 어느 정도 정치 활동이 허용됐다. 이미 마르크스는 "포이어바흐에 관한 테제"와 《독일 이데올로기》를 저술하고 있었다. 혁명은 구체적 상황에서 현실의 노동자들이 일으키는 것이었고, 엥겔스는 마르크스가 이미 《1844년 수고》에서 일반적으로 묘사한 노동자들의 투쟁과 물질적 조건에 대한 생생한 증거를 제공할 수 있었다.* 철학(사상을 통해 세계를 파악하는 것)은 이제 혁명적 실천으로 대체됐다. 혁명적 실천은 자본주의와 소외를 끝장낼 수 있는 도구들을 만드는 것이었다. 마르크스주의는 **노동자 혁명의 이론과 실천**이 돼야 했다.

마르크스와 엥겔스는 이 새로운 사상을 《독일 이데올로기》에서 표현했다. 그들은 이 책에서 공산주의를 "노동계급의 해방을 위한 조건에 대한 원칙"으로 규정했다. 겨우 3쪽밖에 되지 않고 11개

---

* 엥겔스는 1844~1845년에 《영국 노동계급의 상황》을 썼다.

의 테제에 불과한 "포이어바흐에 관한 테제"는 그들이 과거의 사상과 어떻게 단절하고 있는지를 아주 분명하게 보여 줬다. 청년 헤겔주의자들은 사상과 의식이 행동을 낳는다고 주장했다. 그래서 그들은 슐레지엔 직물 노동자들이 아직 "충분히 의식적"이지 않다는 이유로 그들의 파업을 경멸했다. 마르크스는 청년 헤겔주의자들을 비웃으며 인간은 세계를 변화시키는 과정에서 자신의 사상도 변화시킨다고 반박했다. 마르크스는 역사적 과정이 "개인의 변화와 환경의 변화가 동시에 일어나는" 과정이라고 말했다. "의식이 존재를 결정하는 것이 아니라 존재가 의식을 결정한다."[4]

그런 통찰 덕분에 마르크스와 엥겔스는 사상이 계급 분열을 유지하는 데 어떻게 이용되는지도 알 수 있었다. 그들은 《독일 이데올로기》에서 다음과 같이 썼다. "어느 시대에나 지배계급의 사상이 지배적 사상이다. 즉, 사회의 물질적 힘을 지배하는 계급이 정신적 힘도 지배한다."[5]

흔히 상식이라고, 보편적·일반적 진리라고 널리 알려진 것들을 마르크스는 이데올로기라고 불렀다. 다시 말해, 특정 계급의 관점에서 세계를 이해하고 파악하는 방식이라는 것이었다. 그리고 그 계급이 생산수단뿐 아니라 표현 수단과 설명 수단도 대부분 지배한다. 그래서 예컨대, 민족주의는 모든 국민이 공통의 이해관계를 공유한다고 시사하지만 그것은 사회의 핵심에 존재하는 뿌리 깊은 계급 갈등을 감출 뿐이다. 대부분의 시기에 이데올로기는 지배자들에게 유리하게 사회의 응집력을 유지해 준다. '진리'라는 가면 뒤에 이해관계를 숨기는 것이다.

그러나 이런 일은 빈번한 강압이 없이는 불가능하다. 사람들은 일상적 경험을 통해 자신들이 불평등하고 부당하고 분열된 사회에서 살고 있음을 끊임없이 깨닫는다. 과거에는 교회가 지배 이데올로기를 선전하고 강화한 반면, 오늘날 우리가 사는 사회에서는 한편으로는 교육이, 다른 한편으로는 대중문화가 그런 사상을 퍼뜨리고 강화한다. 착취당하는 다수의 경험과 지배 이데올로기가 충돌할 때라야 새로운 급진적 사상이 위력을 발휘할 수 있게 된다. 노동자들이 체제에 맞서 공공연한 반란을 일으킬 때, 수많은 사람들이 자신들의 진정한 이해관계를 반영하는 새로운 사상에 설득될 수 있다.

그래서 마르크스가 "포이어바흐에 관한 테제"의 마지막 테제에서 내린 유명한 결론은 철학자들이 세계를 이해하려 하는 것 이상의 일을 해야 한다는 것이었다. 즉, 철학자들은 세계를 변화시키는 투쟁의 능동적 일부가 돼야 한다는 것이었다. 이제 마르크스와 엥겔스는 이 프로젝트에 자신들의 삶과 에너지를 쏟아붓게 된다.

1845년에 마르크스는 엥겔스와 함께 영국으로 갔다. 영국에서 마르크스는 차티스트운동의 지도자들을 비롯해 여러 사람을 만났다. 그들은 런던에 거주하는 사회주의자들의 모임이 그해 말에 열려야 한다고 주장했다. 비록 마르크스와 엥겔스 둘 다 참석할 수는 없었지만, 그 모임은 앞으로 일어날 일의 맛보기였다. 두 사람 다 자본주의의 국제적 성격을 강조했고 노동계급의 대응도 자유롭게 국경을 넘나들 수 있어야 한다고 주장했다. 다시 브뤼셀로 돌아온 마르크스와 엥겔스는 제1인터내셔널의 전신인 공산주의자통신위원회를 결성했다. 그들의 목적은 "유럽의 프롤레타리아를 설득해 자신들의 신념을 받아들이게 하는 것"이었다.

공산주의자통신위원회는 노동계급의 투쟁에 직접 관여할 수 있는 새로운 정당의 맹아였다고 할 수 있다. 혁명가들이 노동계급 내에서 노동계급과 함께 활동해야 한다는 당연한 듯한 신념을 자칭 공산주의자들이 모두 공유한 것은 아니라는 사실을 기억할 필요가 있다. 노동계급의 해방이 혁명의 동력인데도 혁명가들이 모두 그런 신념을 공유한 것은 결코 아니었다!

당시 마르크스는 고통스런 저술 일정을 특별히 늦추지 않으면서도 엥겔스와 함께 조직 문제에도 관심을 기울였다. 어느 누구도 1848년의 혁명적 사건들을 예측할 수 없었지만, 이미 분위기는 바뀌고 있었다. 마르크스와 엥겔스는 유럽의 사회주의 지도자들을 불러 모아 노동계급 운동과 어떤 관계를 맺어야 하는지 분명히 설명하기 시작했다. 그리고 흔히 그랬듯이 그들은 운동 내의 다른 경향들과 격렬하게 논쟁을 벌여야 했다. 왜냐하면 운동 내의 다른 경향들이 가진 사상은 사뭇 다른 형태의 조직으로 표현될 것이었기 때문이다.

예컨대, 피에르조제프 프루동의 사상은 장인과 숙련 노동자의 신념을 표현했는데, 그는 자본의 순환 밖에서 활동하는 조합들을 만들어야 한다고 주장했다. 그러나 프루동은 노동조합에 적대적이었고 "혁명에 반대"했다.^{*} 더 중요한 것은 급진적 재단사 빌헬름 바이

---

* 마르크스에게 보낸 편지에서 프루동 자신이 쓴 표현이다. 마르크스의 유명한 저서 《철학의 빈곤》은 프루동을 비판한 것이다.

틀링 같은 사람들의 사상이었다. 프랑스의 오귀스트 블랑키와 마찬가지로 바이틀링도 노동자들이 아직 혁명을 일으킬 준비가 돼 있지 않다고 생각했다. 그들은 노동자들이 혁명을 일으킬 준비가 될 때까지는 소수의 음모가 집단이 노동자들을 대신해서 혁명을 일으켜야 한다고 주장했다. 소수 정예 집단의 음모적 방법으로 사회 변화를 달성하려는 블랑키와 그 지지자들의 시도는 번번이 실패했지만, 그들은 조금도 굴하지 않고 계속 그 방법을 고수하는 듯했다.

그러나 마르크스와 엥겔스는 그런 사상이 차티스트운동 모델(노동자들의 대중조직)을 따라 혁명 조직을 건설하는 데 심각한 걸림돌이라고 생각했다.

1846년 말쯤 마르크스와 엥겔스의 사상을 지지하는 사람들이 늘고 있었다. 특히 의인동맹* 런던 지부에서 그랬다. 의인동맹 런던 지부는 유럽 대륙의 다른 지부들보다 차티스트운동의 영향을 더 많이 받았다. 유럽에서 득세하는 것처럼 보인 "대륙의 지식인들"에 대한 불신이 어느 정도 존재했다. 그러나 이제 마르크스와 엥겔스는 '당'을, 적어도 모종의 조직을 건설하는 것이 중요하다고 생각했다. 그런 조직을 통해서 자신들의 사상이 전파되리라고 본 것이다. 브뤼셀에서 활동하던 그들은 공산주의자통신위원회가 성기적 회합을 열어야 한다고 주장했고, 독일 공산주의자들이 자유주의 개혁가들과 어떤 관계를 맺어야 하는가 등등의 전략·전술 문제들을 논

---

* 의인동맹 주로 해외에 이주해 있던 독일 숙련공들로 이뤄진 국제 비밀결사. 빌헬름 바이틀링이 주도했으며 1839년 블랑키의 파리 봉기에 참가했다가 패배하자 본부를 런던으로 옮겼다.

의하기 시작했다. 이런 활동은 마르크스와 엥겔스가 순전히 지식인 노릇만 한다는 비난을 반박하는 가장 효과적인 대답이었다.

독일에서 긴장이 점차 고조되고 영국에서 차티스트운동이 계속 성장하고 있을 때 두 사람은 정치조직 문제에 몰두했다. 그들의 저작도 그와 관련된 과제를 많이 다뤘다.

의인동맹 런던 지부는 1847년 5월 1일 런던 국제회의를 소집했다. 그들은 회의 소집과 관련해서 마르크스와 엥겔스에게 상의하지는 않았지만, 특사 한 명을 브뤼셀로 보내 의인동맹 가입과 5월 회의 참석을 요청했다. 그것은 운동 내에서 마르크스와 엥겔스의 정치적 권위가 높아지고 있다는 것을 아주 선명하게 보여 주는 증거였다.

결국 그 회의는 1847년 6월 초에 열렸다. 그것은 의인동맹이 공산주의자동맹으로 이름을 바꾼 뒤 개최한 첫 회의였다. 공산주의자동맹은 개회사에서 "기존 사회질서와 사적 소유를 비판하고 소유 공동체를 염원하는" 조직을 표방했다. 그리고 "만국의 노동자여, 단결하라!"를 구호로 채택했다. 엥겔스와 빌헬름 볼프(마르크스와 엥겔스의 가까운 협력자)만이 그 회의에 참석할 수 있었다. 마르크스는 브뤼셀에 남아 있었다. 그러나 '마르크스·엥겔스파'의 영향력은 이미 명백했고 그해 11월, 공산주의자동맹의 제2차 회의가 가까워짐에 따라 더욱 강력해졌다. 왜냐하면 공산주의자동맹의 목표가 점점 더 분명해지고 있었기 때문이다. 엥겔스는 다음과 같이 썼다.

공산주의는 교리가 아니라 운동이다. 공산주의는 원칙이 아니라 사실에서 출발한다. 공산주의가 이론이라면, 그것은 이 투쟁에서 프롤레타리아가 차지하는 위치와 … 프롤레타리아 해방의 조건을 이론으로 표현하는 것이다.⁶

11월 대회에 참가한 각국 대표들은 앞으로 어떤 종류의 운동을 건설할지를 놓고 열흘 동안 토론하고 논쟁했다. 마르크스와 엥겔스 둘 다 그 대회에 참석했다. 마침내 대회가 합의에 이르렀을 때, 새 조직의 선언문 작성 책임이 두 사람에게 맡겨졌다. 브뤼셀로 돌아간 마르크스는 선언문 집필을 주저하거나 적어도 원고 마감을 계속 어긴 듯하다. 수백 쪽을 단숨에 써 내려갈 수도 있는 사람이 그러고 있었다. 그러나 런던에서 날아온 최후통첩 때문에 결국 마르크스는 움직여야 했다. 1848년 2월 말에 《공산당 선언》(주로 마르크스가 썼지만 마르크스와 엥겔스가 모두 서명했다) 원고가 출판사로 보내졌다. 《공산당 선언》이 길거리 간이 서점에 깔린 뒤 겨우 며칠 만에 전 유럽은 소용돌이에 휘말리게 된다.

혁명의 물결에 올라타기

마르크스와 엥겔스의 위대한 업적 가운데 하나는 1848년의 정신이 분명히 드러나기도 전에 그 정신을 그토록 분명하게 표현한 저작을 쓴 것이다. 《공산당 선언》은 당대의 물질적 현실에서 출발해서, 흔히 거의 드러나지 않고 표면 아래 숨어 있는 긴장과 갈등을

《공산당 선언》 초판 표지

파악하는 정치적 세계관을 강조한다. 마르크스와 엥겔스는 《공산당 선언》의 유명한 첫 문장에서 다음과 같이 말했다. "유령 하나가 유럽을 배회하고 있다. 공산주의라는 유령이."[7]

《공산당 선언》은 그저 그런 정치 소책자가 아니라, 열정적 선언이고 비전이다. 21세기의 독자에게, 그리고 지금까지 《공산당 선언》을 읽은 사람들 모두에게 그 책은 놀랄 만큼 동시대 현실과 관련이 있는 것처럼 보였다. 《공산당 선언》이 묘사하는 세계는 오늘날 우리에게도 아주 익숙하다. 그러나 《공산당 선언》이 출판될 당시의 세계는 여전히 [자본주의의] 유아기였다. 마르크스가 그토록 심오한 통찰력으로 이해한 산업자본주의는 그 가차 없는 발전의 첫 단계를 지나고 있었을 뿐이다. 이때 이미 마르크스와 엥겔스는 체제 전체의 바탕이 되는 착취의 비밀과 이윤 추구에서 비롯하는 인간성 파괴를 폭로했다. 그러나 자신들의 말이 후대 사람들이 보기에도 소름이 확 끼칠 만큼 정확한 것으로 입증되리라고는 생각하지 못했을 것이다.

> 부르주아지는 생산도구를 끊임없이 혁신하고 그럼으로써 생산관계와 … 사회관계 전체도 끊임없이 혁신하지 않으면 생존할 수 없다. … 모든 사회 조건의 끊임없는 교란, 끝없는 불확실성과 동요야말로 과거와 다른 부르주아 시대의 특징이다. 확고부동하던 관계들은 모두 … 사라져 버리고, 새로 형성된 관계들은 미처 확립되기도 전에 모두 낡은 것이 돼 버린다. 단단한 것은 모두 녹아서 흔적도 없이 사라지고, 신성한 것은 모두 더럽혀진다. 마침내 인간은 자신의 진정한 생활 조건과 인간관계를 냉철하게 바라볼 수밖에 없게 된다. …
>
> 부르주아지는 생산물 시장을 끊임없이 확대해야 하기 때문에 전 세계를 누비고 다녀야 한다. 부르주아지는 어느 곳에서나 둥지를 틀어야 하고, 정착해야 하고, 연고를 맺어야 한다.⁸

독자들이 기억해야 할 사실이 하나 있다. 마르크스와 엥겔스가 《공산당 선언》을 쓴 것은 석유에 대한 탐욕이 지구 정반대 편에 있는 중동을 전쟁터로 만들기 전이었고, 나이키와 코카콜라의 로고가 수많은 이질적 문화에 새겨지기 전이었고, 런던 주식시장에서 내려진 결정이 가난한 나라의 수많은 사람들의 삶을 망가뜨리기 전이었다.

《공산당 선언》의 강점은 자본주의 체제에 대한 분석, 체제의 작용과 충격에 대한 묘사가 정확하다는 것만이 아니다. 그런 주장을 뒷받침하는 강렬한 비난과 열정적 폭로도 《공산당 선언》의 강점이다. 이것은 어쨌든 공산당 선언이다. 따라서, 자본주의의 진취적 역동성을 인정하면서도 자본주의 체제를 칭찬하지 않고 매장해야 한다고 주장한다. 문제는 자본주의의 무덤을 파는 자가 누구인가 하는 것이다.

그 답은 좀 더 뒷부분에 나온다. 자본주의가 낡은 사회 안에서 등장함에 따라, 소규모 작업장은 대규모 공장에 흡수되고, 소농은 현대적 집약 생산 농장 체제(성장하는 도시들에 식량을 공급하는)의 농업 노동자가 되고, 소상인은 끊임없이 성장하는 국민적·국제적 규모의 상업 단위에 의해 뒷전으로 밀려난다. 그래서 브리티시페트롤리엄이나 핼리버튼 같은 기업들이 나타나기 시작한다.

도시 안팎에서 성장하는 산업들로 빨려 들어온 노동자들은 새로운 폭정에 직면한다.

> 공장에 집결한 노동자 대중은 군대식으로 편제된다. 그들은 산업 군대의 병사로서, 완벽한 위계제에 따라 장교와 부사관의 지휘·통제를 받게 된다. 노동자들은 부르주아 계급과 부르주아 국가의 노예일 뿐 아니라 매일 매시간 기계, 감독관, 특히 부르주아 공장주 개인의 노예가 된다.[9]

처음에 노동자들은 공장 소유주의 협박과 작업반장의 위협에 잔뜩 움츠러들어 감히 조직적으로 저항하지 못한다. 비록 고통 속에서 때때로 분노를 터뜨리며 기계를 부수기도 하지만 말이다.

아이러니는, 당연히 기계가 노동자들의 적이 아니라는 것이다. 기계는 적에게 이용될 뿐이다. 마르크스는 이것이 분명히 역설이라고 생각했다. 인간이 더 많이 생산할수록, 노동의 노예에서 해방될 가능성은 더 커진다. 그러나 자본주의 사회에서는 그 가능성을 자본가들이 가로챈다. 기계가 인간을 해방하기는커녕 점점 더 노예로 만든다. 그러나 뭔가 다른 일도 일어난다. 프롤레타리아, 즉 노동계급은 도시로 이끌릴 뿐 아니라 생산이 점차 복잡해지고 기계화함에 따라 점점 더 집중되기도 한다. 그래서 기업주들은 훨씬 더 많은 이윤을 뽑아낼 수 있게 된다. 그러나 같은 이유로 노동자들의 집단적 힘도 강화된다. 그래서 그들은 스스로 조직하고 기계 소유주들에 맞서 싸울 수 있게 된다.

따라서 마르크스는 노동계급이 사회주의 혁명의 주체라고 생각했다. 그가 노동자들을 이상화했거나, 노동자들이 더 강력하고 훌륭한 투사들이라고 생각했거나, 그들이 자본주의 사회에서 비롯하는 온갖 모순적 태도에서 어느 정도 벗어나 있는 사람들이라고 생각했기 때문이 아니다. 노동자 개인은 여느 사람들과 마찬가지로 이기적이거나 여성 차별적이거나 잔인할 수 있다. 그럼에도 새로운 자본주의 사회에서 차지하는 독특한 위치 때문에 노동자들은 사회를 변혁하는 데 이해관계가 있게 되고 사회를 변혁할 수 있는 잠재력을 갖게 된다. 그들은 무산자 계급이고, 그들의 무기는 집단적 힘밖에 없다.

마르크스는 브뤼셀 한복판에 있는 빌 광장의 '푸른 앵무새' 카페에 앉아서 《공산당 선언》을 대부분 썼다. 원고는 1848년 2월에 인쇄소로 보내졌다. 《공산당 선언》이 출간됐을 때, 프랑스의 거리에 바리케이드가 설치되고 전투가 벌어지고 있다는 소식이 들려왔다. 증오의 대상이던 총리 프랑수아 기조가* 사임했고 이튿날 국왕이 퇴위했다. 몇 주 만에 봉기의 열기가 베를린에 이르렀고 또 다른 정부가 무너졌다. 흥분한 엥겔스는 다음과 같이 썼다. "튈르리와 팔레루아얄[파리의 왕궁들]의 불길은 프롤레타리아의 서광이다. … 이제 어디서나 부르주아지의 지배는 무너질 것이다. … 독일도 그 뒤를 따르기 바란다."[10]

　브뤼셀 당국은 유럽을 휩쓸기 시작한 불길에 겁을 먹었고, 마르크스 부부에 대한 그들의 관용도 갑자기 사라졌다. 3월에 마르크스는 파리로 추방당했다. 이제 그는 파리가 공산주의자동맹의 본부라고 선언했다. 엥겔스도 파리로 합류했고, 두 사람은 독일로 돌아갈 준비를 하기 시작했다. 그러나 독일인 망명자들 사이에서 격렬한 논쟁이 벌어졌다. 그들 일부는 무장 원정대인 '독일인 군단'을 조직하자고 주장했다. 이에 마르크스는 여느 때처럼 격렬하게 반대했다. 마르크스는 더 광범한 민주주의 운동 내에서 노동자 운동을 조직하는 것이 급선무라고 생각했다. 4월에 독일로 돌아온 마르크스는 쾰른에서 새 일간지 〈노이에 라이니셰 차이퉁〉(신라인 신문)을 발행할 준비를 했다. 이 신문은 마르크스가 혁명운동 내의 정치적 논쟁에 개입하기 위한 수단이었고 절정기에 5000부가 판매됐다.

　이 신문의 전신인 〈라이니셰 차이퉁〉은 4년 전, 좌절한 독일 중간

---

* 프랑수아 기조 본래 1830년 7월 혁명에 참가한 자유주의자였으나 루이 필리프 왕정에서 요직을 맡으면서 급격히 보수화해 노동자들을 탄압했다.

계급의 지지를 받았다. 이제 그들은 마르크스의 사업을 지지하기를 더 주저했다. 낡은 정권이 몰락한 뒤에 등장한 새 제도들(예컨대 새 국회)에 대해 〈노이에 라이니셰 차이퉁〉이 너무 비판적이었기 때문이다. 독일 전역에서 노동자 단체들이 결성되고 있었다. 비록 그들의 요구가 당면한 경제 쟁점이나 순전히 민주주의적인 요구에만 집중하는 경향이 있긴 했지만 말이다. 6월에 창간호가 나왔을 때 마르크스와 엥겔스는 그 신문을 공산주의자들의 조직적 구심으로 여겼다.

공산주의자동맹은 어떻게 됐을까? 마르크스와 엥겔스 둘 다 공산주의자동맹이 너무 작아서, 수많은 사람들을 공공연한 활동에 끌어들이고 있는 사건들에 중대한 영향을 미치기에는 역부족이라고 생각했다. 급속한 변화와 격변의 시기에는 공산주의자들이 더 큰 운동과 분리되거나 심지어 반대하기보다는 운동에 영향을 미치는 것이 중요했다. 마르크스의 새로운 세계관의 핵심 사상은 거대한 의식의 변화가 자동으로 일어나는 것이 아니라 물질적 변화라는 맥락 속에서 일어난다는 것이었다. 새로운 사상이 채택되고 받아들여지려면 그 사상이 운동 내에 존재해야 한다. 마르크스는 그렇게 주장하면서 또 다른 주요 독일 사회주의자 고트샬크와* 격렬하게 논쟁했다. 고트샬크는 독일 노동자들 사이에서 인기가 많았지만, 노동자들이 더 광범한 혁명운동에 참여해선 안 된다는 생각을

---

* 안드레아스 고트샬크 가난한 사람들을 치료해 준 의사로 인기가 많았고 공산주의자동맹 쾰른 분회와 쾰른노동자협회의 지도적 인물이었다. 의회 선거 보이콧을 주장해서 마르크스에게 종파주의자라고 비판받았다.

부추기고 있었다.

사실, 독일 노동자 운동의 발전 단계는 민주적 권리를 쟁취하려 애쓰는 수준이었다. 반면에, 영국 차티스트운동은 영향력이 절정에 달했고 마르크스와 엥겔스는 차티스트운동이 분명히 유럽 노동자 투쟁의 최선두에 서 있다고 생각했다. 마찬가지로, 그들은 자유주의자들과 공동 활동을 한다고 해서 운동의 정치적 지도력도 그들에게 넘겨줘야 하는 것은 결코 아니라는 점을 분명히 했다.

〈노이에 라이니셰 차이퉁〉 첫 호가 발행됐을 때 유럽의 사태는 또다시 새로운 국면에 접어들었다. 프랑스에서는 2월에 왕정을 대체한 자유주의 정부의 민주주의 공약들이 실행되지도 못하고 파산했음이 드러났다. 이제 우파가 다수인 새 국회가 2월 혁명의 직접적 성과들을 공격하고 있었다. 도시 노동자의 생계를 보장해 주던 국립작업장이 6월에 폐쇄됐고, 노동자들은 빈곤으로 내몰렸다. 대중이 파리의 거리로 쏟아져 나와 항의했다. 이제 그들은 가혹한 탄압에 직면했다. 마르크스가 프랑스 부르주아지의 비겁한 행동을 비난했을 때, 독일 부르주아지는 마르크스의 비난이 자신들을 직접 겨냥한 것이라고 여기고 〈노이에 라이니셰 차이퉁〉에 대한 지지를 철회했다.

7월에 독일에서도 반동적인 정부가 상대적으로 자유주의적인 정부를 대체했다. 마르크스와 그의 신문 〈노이에 라이니셰 차이퉁〉은 탄압의 첫 표적 가운데 하나였고, 그 뒤 몇 달 동안 신문 발행이 여러 차례 금지됐다. 그러나 빈에서 베를린까지 민주적 권리가 점차 위협받고 있을 때 마르크스와 그의 신문은 여전히 노동자의 권리를

〈노이에 라이니셰 차이퉁〉 종간호 프로이센 당국의 탄압으로 폐간되는 것에 항의해 모든 글씨를 빨간색으로 인쇄했다

일관되게 옹호하며 강력하게 투쟁했다. 마르크스는 늘 노동자들 사이에서 영향력을 건설하는 전략(나중에 그가 "연속혁명"이라고 부른)을 중요하게 여겼다. 그러나 운동이 저항할 준비가 되기 전에 반동의 공세를 불러올 무모한 행동에도 적극적으로 반대했다. 마르크스와 엥겔스가 썼듯이, 당시는 "혁명적 자제"의 시기였다. 왜냐하면 그들은 반혁명이 반격을 준비하고 있다는 것이 머지않아 분명해질 것이라고 생각했기 때문이다.

빈(오스트리아 수도)의 운동은 거리에서 그런 탄압에 직면했다. 독일의 여러 곳에서 대중 시위가 벌어져 빈의 형제·자매를 지지하자고 호소했다. 10월에 그 운동들은 패배했고, 두 달 뒤에 베를린과 독일 전역에서도 반혁명 쿠데타가 일어나 프리드리히 4세가 프로이센 국가 수반이 됐다. 그 뒤 몇 달 동안 마르크스와 엥겔스는 특히 신문을 통해 쉴 새 없이 활동했다. 민주주의 세력을 불러 모으고, 노동자와 농민의 동맹을 건설하고, 가장 중요하게는 독일 운동을 국제적 상황의 일부로 분석하고 이해하기 위해 노력했다.

독일에서는 운동이 잇따라 후퇴했지만 마르크스는 유럽 곳곳에서 계속되는 투쟁을 보며 혁명의 가능성을 낙관했고, 바덴 임시의회와 프랑크푸르트 임시의회처럼 여전히 저항하는 조직들을 지지했다.

1849년 중반 무렵 혁명운동은 퇴조하고 있었다. 헝가리 봉기는 러시아의 차르[황제] 군대에 짓밟혔다. 독일에서는 반동 세력이 나날이 힘을 얻고 있었다. 5월 16일 마르크스는 자신을 쾰른에서 추방한다는 명령서를 받았고 이튿날 파리를 향해 출발했다. 한편, 엥겔스는 바덴 봉기군에 가담했다. 그들이 떠나기 전에 발행된 〈노이에 라이니셰 차이퉁〉 종간호는 온통 빨간 잉크로 인쇄돼 있었다.

> 비록 우리의 요새를 넘겨줘야 했지만, 우리가 무기와 짐을 챙겨서 철수하는 동안 밴드가 음악을 연주하고 지붕에는 붉은 기가 펄럭이고 있었다. … 언제 어디서나 우리의 마지막 말은 '노동계급의 해방'이 될 것이다.[11]

돌아보기, 내다보기

마르크스는 성장하는 혁명운동의 선동가이자 지식인 지도자로서 명성을 얻었기 때문에 어디를 가든 그 나라 정부는 그를 의심의 눈초리로 바라봤다. 파리를 떠나라는 압력을 받은 마르크스와 그 가족은 1849년 8월 런던으로 돌아왔다. 머지않아 그의 친구이자 동지이자 협력자인 프리드리히 엥겔스도 런던으로 왔다. 그들끼리 있을 때 엥겔스는 '장군'으로 통했다. 왜냐하면 엥겔스가 독일에서의 경험 이후 혁명적 봉기를 조직하는 데 관심이 많았기 때문이다.

비록 유럽의 혁명운동은 후퇴했지만, 두 사람 다 독일과 프랑스에서 새로운 운동이 분출할 것이라고 여전히 낙관적으로 전망하고 있었다. 예니의 편지가 여실히 보여 주듯이, 마르크스 가족은 엄청난 경제적 곤경에 처해 있었다. 그들이 가진 얼마 안 되는 돈은 대부분 독일을 빠져나온 동지들을 돕거나 또 다른 잡지를 발행하는 데 쓰였다. 1850년 1월에 첫 호가 발행된 그 잡지는 5호까지 발행됐다.* 임신한 예니가 런던에 도착한 것은 9월의 어느 흐린 날이었다. 마르크스는 무심한 사람은 아니었지만, 1848~1849년 사건들의 연장선에서 운동을 건설하려는 생각에 여전히 들떠 있었다.

1848년에 마르크스와 엥겔스는 공산주의자동맹이 해체돼야 하고 사회주의자들이 혁명 속에서 떠오른 더 광범한 운동에 관여하고 그 안에서 이데올로기적 영향력을 확대하기 위해 투쟁하는 것이 더 긴급한 과제라고 주장했었다. 1850년 초에는 이제 핵심 과제가 바뀌었음이 분명해지고 있었고, 그들은 동맹이 재건돼야 한다고 강력하게 주장했다. 그들은 또 유럽 전역의 노동계급 활동가들과 사회주의자들의 기억 속에 생생하게 남아 있는 사건들에서 배우고 그 교훈을 이해하는 것이 장차 혁명 조직 건설 국면에서 엄청나게 중요한 기여가 될 것이라고 생각했다.

마르크스는 세 편의 역사 저술에서 당시의 사건들을 분석했다.

---

* 《노이에 라이니셰 차이퉁 폴리티쉬 외코노미셰 레뷔》(신라인 신문 정치경제 평론).

1장 카를 마르크스　35

하나는 새로 재편된 공산주의자동맹에 보낸 호소문(1850년 3월과 6월)이고 또 하나는 단명한 잡지에 실린 일련의 에세이들(1월부터 10월까지)로 훗날 《1848~1850년 프랑스 계급투쟁》이라는 제목으로 발간됐다. 세 번째 해설서인 《루이 보나파르트의 브뤼메르 18일》은 마르크스의 역사 저술 가운데 십중팔구 가장 탁월한 저작일 것이다.

그러나 이 저작들은 사건과 무관한 객관적 관찰자의 단순한 변론이 아니었다. 어쨌든 마르크스는 또다시 공산주의자동맹의 집행위원회 의장으로 선출됐고, 그의 저작은 1848년 혁명에서 배우고 이를 바탕으로 사회주의 조직을 건설하는 데 적극적·의식적으로 기여했다. 마르크스가 썼듯이, "혁명은 죽었다. 혁명 만세!"

1848년의 경험에서 마르크스가 끌어낸 결론과 통찰은 놀랍게도 지금도 여전히 유효한 듯하다. 그러나 당시의 사건들에 대한 나름의 해설서들을 발간한 다른 많은 평론가들과 달리 마르크스는 노동계급의 관점에서, 그리고 미래의 사회주의자들이 배울 정치적·조직적 결론들을 끌어내려는 노력의 일환으로 그 사건들을 평가했다.

마르크스가 내린 첫째 결론은 혁명이 일어날 때마다 처음에는 중간계급의 중요한 부문이 노동계급과 함께 행동했다는 것이다. 그러나 그런 공동 행동은 독일에서든 프랑스에서든 오래가지 못했다. 어느 나라에서든 의회제 민주주의 도입(1848년 혁명의 즉각적 성과)의 주된 수혜자가 될 부르주아지가 이제 혁명이 그 수준에서 멈추지 않고 노동계급과 그 동맹 세력이 사유재산의 존재 자체를 위협하는 수준으로까지 혁명을 더 멀리 더 신속하게 밀고 나아갈까 봐 두려워했다. 그래서 부르주아지는 한때 동맹 세력이던 노동계급을 배반했고, 얼마 전까지만 해도 타도 대상이던 옛 지배계급과 많은 경우 타협하려 했다.

자본주의 사회의 보존에 이해관계가 걸린 계급이 자본주의 사회의 변혁을 끝까지 추구하지는 못할 것이라는 점을 생각하면, 노동계급이 어제의 동맹 세력에게서 독립해서 그런 변혁을 지속하는 것이 절박한 과제가 된다. 부르주아지에게는 혁명을 최대한 빨리 끝내는 것이 이로운 반면, "우리에게 이로운 것, 우리의 과제는 혁명을 연속적인 것으로 만드는 것이다." 이 연속혁명 사상은 레온 트로츠키* 사상으로 알려졌지만, 그 기원은 마르크스가 1848년의 혁명적 경험을 성찰한 데서 유래했다.

또한 마르크스는 블랑키주의자들과도 격렬한 논쟁을 벌였다. 파리 봉기에서 중요한 구실을 한 블랑키주의자들은 이제 혁명가들이 비밀리에 활동해야 한다고 거듭거듭 강조했다. 마르크스와 엥겔스는 그 주장을 끈질기게 비판했다. 결정적으로 중요한 것은, 부르주아지가 조만간 운동을 중단시키려 할 것임을 노동계급이 깨닫고 부르주아지로부터 **독립해서** 조직해야 한다는 것이었다. 그러려면 노동자 운동이 노동계급의 이해관계와 다른 사회계급들의 이해관계를 분명히 인식하고 혁명이 어떻게 일어날 수 있는지 분명히 이해해야 했다. 다시 혁명적 분출이 시작되기 전에 적어도 일부 노동자들이 그 점을 이해하는 것이 아주 중요했다.

---

* 레온 트로츠키 러시아 혁명을 승리로 이끈 볼셰비키 지도자. 5장 참조.

이제 혁명적 노동계급 정당을 건설하는 것이 과제가 됐다. 마르크스는 그 시점에 혁명의 즉각적 전망을 지나치게 낙관한 듯하다(마르크스가 죽은 뒤 엥겔스는 《1848~1850년 프랑스 계급투쟁》 개정판 서문에서 이 점을 인정했다). 그러나 마르크스가 혁명가들의 과제는 혁명운동의 지도력을 장악하고 그 운동을 끝까지 밀고 나아갈 수 있는 정당을 건설하는 것이라고 주장한 것은 완전히 정당했다. 그런 결론을 마르크스는 다음과 같이 요약했다. "프롤레타리아 독재."

마르크스의 말 중에서 이만큼 오해를 불러일으키고 잘못 해석된 말도 드물 것이다. "독재"라는 말은 나치즘이나 스탈린주의, 그리고 지난 100년 남짓 동안 자본주의가 만들어 낸 온갖 폭정 따위를 떠올리게 만든다. 그러나 마르크스가 그 말을 썼을 때는 그런 뜻이 아니었다. 사실, 마르크스는 모든 형태의 국가에 대해 말한 것이었다. 그 국가가 얼마나 민주주의적인가 하는 것과 무관하게 말이다. 마르크스는 모든 국가를 계급 지배의 도구로 봤다.

프랑스와 독일에서 혁명 뒤에 들어선 국가는 노동자들을 무자비하게 탄압했다. 그 국가의 많은 장관들이 민주주의 투쟁에서 한때 노동계급의 동맹 세력이었는데도 말이다. 마르크스는 어떤 종류의 국가가 다수의 이익을 보호할 것인가 하고 물었다. 그의 대답은 다음과 같았다. "노동계급의 배타적인 정치적 지배, 그리고 이와 분리될 수 없는 사회적 조건의 완전한 혁명적 변화."[12] 오직 그런 국가만이 노동자들이 이룩한 성과를 지킬 수 있고 그런 성과를 보증할 사회적 조건의 변혁을 감독할 수 있을 것이다. 당시 마르크스는 단지 일반적 사상(즉, 이론)만을 갖고 있었다. 그 실체는 1871년의 파리코뮌을 통해 드러나게 된다.

마르크스는 [1848년 혁명이라는] 이 흥미진진한 세계적 격변의 시기를 되돌아보며 경제체제의 위기와 혁명 사이의 분명한 연관을 신중하게 분석했다. 경제 위기는 실수나 우연의 산물이 아니라 자본주의에 고유한 내적 모순의 결과였다. 마르크스가 내린 결론은 위기의 부재, 다시 말해 1840년대 말 영국의 번영과 경제성장의 물결 때문에 차티스트운동의 혁명적 잠재력이 가라앉았다는 것이다. 반면에, 프랑스에서는 노동계급이 혁명적 잠재력을 실현할 만큼 경제적으로 충분히 강력하거나 핵심적이지 않았다.

마르크스 같은 혁명적 유물론자에게 분명한 사실은 "사상이 역사를 바꾸지 않는다"는 것이었다. 물질적 환경 속에서 살아 움직이는 사회 세력들이 그런 사상을 구현하고 전달해야만 사상이 역사를 바꿀 수 있다. 마르크스는 자본주의가 어떤 리듬과 추진력으로 전진하는지, 그리고 어떤 환경에서 위기가 발생하는지를 이해하는 것이 노동계급의 조직을 건설하고 그 성원들을 정치적으로 준비시키는 것만큼이나 중요한 과제라고 생각했다.

"새로운 과학적 관점"

1850년 중반쯤 마르크스는 혁명이 더는 당면 의제가 아니라는 것을 분명히 깨달았다. 유럽 자본주의는 성장과 팽창의 시기로 접어들고 있었고, 프로이센 황제 암살 기도가 실패한 뒤 쾰른의 공산주의자들이 박해를 받긴 했지만 부르주아 민주주의는 큰 어려움 없이 낡은 질서의 찌꺼기를 털어내고 있었다.

공산주의자동맹 내에서 격렬한 논쟁이 벌어졌다. 조직의 지도부 다수는 여전히 혁명이 금방이라도 일어날 수 있다고 확신했고, 따라서 무기와 굳건한 확신만 있으면 된다고 봤다. 또, 1848년 운동 직후에 독일 동지들이 자기 나라의 노동계급은 계속 급진화하고 있다고 강조함에 따라 민족주의적 색채를 띤 주장들이 대두했다.

그래서 마르크스와 엥겔스는 두 가지 쟁점을 중요시했다. 첫째, 그들이 《공산당 선언》에서 아주 분명히 밝혔듯이, 노동자들의 혁명 운동은 국제적 성격을 띠어야 한다. 둘째, 혁명이 일어나려면 주관적 요인(노동자들의 의식과 노동자들 사이에서 혁명적 사상의 고양)과 객관적 요인(체제의 위기)이 결합돼야 한다.

독일 민족의 관점이 《공산당 선언》의 보편적 전망을 대체했다. 독일 장인의 민족 감정에 영합하는 행태도 있었다. 《공산당 선언》의 유물론적 관점이 관념론에 굴복했다. 혁명은 현실 상황의 산물이 아니라 의지력을 발휘한 결과로 여겨졌다. 우리는 노동자들에게 다음과 같이 말한다. '상황을 바꾸고 여러분 스스로 권력을 행사할 수 있도록 단련되려면 여러분은 15년, 20년, 50년의 내전을 겪어야 합니다.' 반면에 (그들은 다음과 같이 말한다) '우리는 지금 당장 권력을 장악해야 합니다. 그러지 않으려면 집에 가서 잠이나 자는 게 나을 것입니다.'[13]

당시는 마르크스에게 편한 시기가 아니었다. 그는 비참할 정도로 가난했고 그의 가족은 자주 이사해야 했다. 엥겔스의 헌신적이고 끊임없는 지원만이 마르크스의 가족을 벼랑 끝에서 계속 구해 준 듯하다. 그해 말 마르크스 부부가 무척 사랑한 아들 하인리히(마르크스가 "포크시"라고* 부른)가 죽었다. 여섯 달 뒤, 그들과 함께 살던 하녀가 아들 프레디를 낳았다. 프레디의 아버지는 분명히 마르크스였다. 그는 결코 인정하지 않았지만 말이다. 엥겔스가 자신의 친구이자 동료를 보호하기 위해 프레디의 아버지인 양 행세했다. 엥겔스의 그런 희생은 처음도 아니었고 마지막도 아니었다!

이제 마르크스는 대영박물관 열람실에 자주 갔다. 그는 자본주의 체제 전체의 일반적 특징을 규명하고 설명하려는 아주 거창한 프로젝트(마르크스 이외의 사람들이 보기에는)에 착수했다. 운동 내의 일부 사람들(주로 밤늦게까지 앉아서 무장봉기 계획을 짜곤 했던)은 마르크스가 정치로부터 후퇴했다고 비난했다. 그러나 마르크스와 엥겔스는 정치조직 건설을 포기한 것이 결코 아니었다. 그들은 당 건설이라는 생각을 결코 포기하지 않았다. 비록 1864년 제1인터내셔널 창설 전까지는 겉으로 드러나지 않았지만 말이다.

마르크스는 결코 다른 사회주의자들과의 논쟁을 그만두지도 않았고, 소책자를 발간하고 빈번하게 신문 기사 쓰는 일을 그만두지도 않았다. 그들이 공산주의자동맹과 결별한 뒤에 찾아온 일시적

---

* 영국 국왕 일가를 살해하고 의회를 폭파하기 위해 '화약 음모 사건'(1605년)을 공모한 가이 포크스를 기념하는 날(11월 5일)에 태어났기 때문에 붙인 별명.

소강상태에서 그런 논쟁들은 새로운 당 건설 과정의 일부였다.

그러나 당시 마르크스가 자본주의 체제를 탐구하는 것이 자신의 주요 정치적 과제라고 생각한 것은 분명하다. 그것은 단지 적을 아는 문제만은 아니었다. 자본주의 체제의 동력, 자본주의 체제의 발전이 낳는 모순과 긴장을 이해하려는 것이었다. 그리고 자본주의 체제가 위기를 피할 수 없다는 점을 생각할 때, 중요한 것은 언제 어디서 균열이 나타날지를 예상하거나 심지어 예측하는 것이었다. 이 모든 것은 공산주의자들로 하여금 미래의 계급투쟁을 준비하게 만드는 과업의 일부였다.

마르크스가 스스로 설정한 과제는 자본주의 세계 체제가 작동하고 발전하는 방식을 이해하는 것(체제의 "운동 법칙"을 밝히는 것)이었다. 그러나 그것이 다가 아니었다. 문제는 겉으로 드러나는 것과 내부에서 체제를 움직이는 것이 다를 수 있다는 점이다. 어쨌든, 마르크스는 초기 저작에서 자본주의의 메커니즘과 법칙에 대한 설명과 사상이 실상을 은폐하거나 왜곡하는 방식(그가 "이데올로기"라고 말한)을 길게 분석한 바 있다.

예컨대, 오늘날 우리는 권력자들이 자신들의 이익을 위해 내린 경제적 결정을 마치 자연현상인 양 사람들에게 설명하는 것을 흔히 목격한다. 뉴스를 보면 "시장의 움직임"이나 이런저런 지표의 등락을 설명하는 골치 아픈 통계 수치들이 나오는데 흔히 방송 말미에 자연재해 소식과 일기예보 사이에 배치된다. 마치 우리가 결코 통제할 수 없는 사물의 영역이라는 듯이 말이다. 부르주아 "경제학자들은" 특정 계급(사회의 부를 생산하면서도 체제와 체제의 작동 방식을 전혀 통제할 수 없는 사람들과 이해관계가 정반대인)의 이해관계에 따라 결정되는 "부르주아 생산관계를 … 마치 고정불변 영원한 것인 양 묘사한다."¹⁴

마르크스는 청년기 저작에서, 자본주의 사회에서 노동자들이 겪는 경험(대다수 노동자들이 스스로 무기력하다고 느끼게 만들고 그들이 다루는 기계 자체가 생명을 갖고 있다고 느끼게 만드는 소외)을 묘사한 바 있다. 문제는 부의 생산자들과 자본 소유자들 사이의 그런 관계를 만들어 내는 자본주의의 구체적 조건이 무엇인가 하는 점이었다. 그리고 자본가의 이런저런 행동과 노동자들을 다루는 특정 사례들이 아니라 체제 전체가 앞으로 나아가게 만드는 진정한 동력이 무엇인가 하는 점이었다. 세계 자본주의 체제에서 자본가계급과 노동계급의 관계는 어떠한가?

물론 그 답은 추상적 공식 속에 있지 않았다. 무엇보다 마르크스는 유물론자였다. 따라서 그의 태도는 실제의 역사적 시기에 정말로 살아 움직이는 세력들의 행동을 관찰한 것에 바탕을 두고 있었다. 그가 한 일이 모두 그랬듯이, 이론의 검증은 물질적 현실과 그 발전을 설명하는 실천적 검증이 될 것이다. 그리고 역사의 운동이 그렇듯이 그 과정은 변증법적일 것이다. 즉, 오직 사회를 변화시킴으로써만 해결할 수 있는 모순과 갈등을 만들어 내는 변증법적 과정 말이다. 그런 긴장들은 자본주의 사회의 주기적 위기에서 드러났다. 중요한 것은 혁명운동이 그런 위기의 본질을 이해하고 예상하며 그런 위기가 제공하는 기회를 이용할 수 있는 조직적 준비였다. 따라서 마르크스는 그런 탐구의 시기가 근본적으로 정치적인 그

프로젝트에 직접적·물질적으로 기여하는 것이라는 점을 믿어 의심치 않았다.

> 우리 당이 또다시 탐구에 몰두할 수 있는 평화를 얻게 돼서 기뻤다. 우리 당의 이론적 토대가 새로운 과학적 관점이라는 사실은 대단한 장점이었다. 그런 관점을 정교하게 다듬는 것만으로도 충분히 바빴다. 그런 이유만으로도 우리 당은 '위대한 망명객들'과 달리 결코 사기가 꺾일 수 없었다.[15]

마르크스가 말한 "우리 당"은 자신과 엥겔스였다. 투쟁의 즉각적 전망이 밝지 않았지만 그들은 낙심하지 않았다. 정말이지, 마르크스의 회복력은 특히 놀랍다. 왜냐하면 당시 마르크스와 그의 가족은 가난과 불안정에 시달리며 아주 힘든 나날을 보내고 있었기 때문이다. 그들은 끊임없이 이사를 다녀야 했고, 마르크스 부부를 비롯해 가족 모두 자주 병치레를 했고, 어린 아들 에드가가 죽었다. 오직 엥겔스의 성실하고 헌신적인 지원만이 그들을 파멸에서 구해 줬다.

마르크스는 그 뒤 20년을 대부분 《자본론》을 쓰며 보냈다. 그러나 《자본론》 1권은 1867년에야 출간됐고, 세 권이 모두 출간된 것은 그가 죽은 뒤였다. 《자본론》 초고의 첫 부분은 (1859년에) 《정치경제학 비판 서설》이라는 제목으로 출판됐다.

야수를 규명하기

이 놀라운 저작의 핵심 사상은 무엇이었을까? "봉건사회의 폐허에서 성장한 현대 부르주아 사회는 계급 적대를 없애지 못했다. 오히려 새로운 계급들, 억압의 새로운 조건들, 투쟁의 새로운 형태들을 만들어 냈을 뿐이다."[16]

첫째, 자본주의는 변화하고 발전하는 역사의 한 단계였다.(그리고 오늘날 일부 부르주아 이론가들의 주장과 달리 "역사의 종말"도 아니다!) 자본주의는 특정한 역사적 상황에서 나타났고, 그 전의 모든 계급사회와 마찬가지로 내부 모순들 때문에 분열해 있었다. 둘째, 가차 없는 이윤 창출 압력 때문에 자본주의는 노동생산성 증대와 기술 진보를 끊임없이 추구했다. 따라서 《공산당 선언》에서 마르크스가 멋지게 표현한 "생산의 끊임없는 혁신"이 일어났다. 셋째, 이윤의 원천은 노동 자체, 좀 더 정확히 말하면 노동 착취다. 요즘 사람들은 착취를 도덕적 문제(권력 남용)로 보는 경향이 있다. 마르크스는 더 특수하고 기술적인 의미로 착취라는 말을 사용해서 자본과 노동의 관계를 묘사했다. 자본은 노동자가 계속 제구실을 할 수 있게 하는 데 들어가는 비용보다 훨씬 더 많은 양의 가치(잉여가치)를 노동자에게서 뽑아내려 한다.

따라서 마르크스는 자본주의가 계급사회라고 봤다. 즉, 소수의 계급이 생산수단을 소유하고(마르크스는 이들을 부르주아지라고 불렀는데, 오늘날 우리가 말하는 자본가계급이다) 나머지(압도 다수)는 노동할 능력만을 소유한(이들이 프롤레타리아, 즉 노동계급이

다) 사회라는 것이다.

각각의 계급은 성性·인종·외모·취향 등에 따라 내부적으로 엄청나게 다양할 것이다. 자비로운 기업주가 있는 반면 억압적인 기업주도 있을 것이다. 인종차별주의자도 있고 자유주의자도 있을 것이다. 민족주의자도 있고 세계시민주의자도 있을 것이다. 노동자들 중에도 교육받은 노동자와 그렇지 않은 노동자, 숙련 노동자와 미숙련 노동자, 흑인과 백인, 남성과 여성이 있을 것이다. 그러나 그들은 사회적 자원과 맺는 관계나 조직되는 방식에 따라 서로 다른 계급에 속한다. 부르주아지는 무엇보다 사회의 부에 대한 소유권을 지키기 위해 행동했을 뿐 아니라 힘과 권위를 이용해 사회적 생산을 자신들에게 이롭게 조직했다.

"축적하라, 축적하라. 이것이 모세와 예언자들의 말씀이니라."[17] 이 간단한 말로 마르크스는 자본주의의 추진력을 요약했다. 생산수단을 소유한 사람들은 같은 계급이지만, 그들은 또한 시장을 지배하고 더 많은 이윤을 차지하기 위해 자기들끼리 서로 경쟁한다. 체제를 움직이는 것은 이윤이다. 자본가는 단지 생산수단을 소유한 것만이 아니다. 그런 자원을 이용해 돈을 더 많이 벌고 경쟁자들을 앞지르기 위해 노력하기도 한다. 자본주의는 그런 일이 가능하도록 경제체제를 조직하는 방식이다.

그런 조직 체계(마르크스가 생산양식이라고 부른)는 물론 복잡하다. 거기에는 생산 자체를 준비하는 특정 방식뿐 아니라 생산을 지속시킬 수 있는 다양한 형태와 구조도 필요하다. 즉, 노동자들의 출퇴근 수단, 그들에게 새로운 기계의 사용법을 가르쳐 줄 교육, 실제로 생산을 해야 하는 사람들이 가난에 시달리는데도 현재의 세계야말로 가능한 최상의 세계라고 그들을 설득할 다양한 문화적 수단의 창출 등등이 필요한 것이다. 마르크스는 이 모든 측면을 분석하고 검토했다.

　그러나 그 핵심에는 생산이 놓여 있었다. 자본가들은 어떻게 이윤을 얻었는가? 그들은 돈을 투자하고 기계를 구입하고 사람을 고용하고 무엇을 어떻게 생산할지를 결정했다. 그러나 물건을 실제로 생산하는 사람은 임금을 받고 기계를 작동시키는 노동자들이었다. 마르크스 시대에 바로 그런 일을 하는 사람들이 계속 늘어나고 있었다. 분명히 그는 수천 명이 거대한 생산 라인에서 제품을 생산하는 20세기의 대규모 공장들을 상상할 수 있었을 것이다.

　그때도 지금처럼 생산은 갖가지 사람들이 참가하는 매우 복잡한 과정이었다. 19세기의 방적 공장들에서는 인도와 이집트의 노예 노동자들이 수확한 면화를 사용했다. 그 면화를 영국 랭커셔로 운반하는 데 수많은 사람들의 노동이 들어갔다. 일부 사람들(지금보다는 훨씬 더 수가 적었다)은 방적 공장의 노동자들을 먹이고 교육하고 간호했다. 그때 이후 더욱 야만적이고 비인간적이게 돼 가는 체제에 희생당하는 사상자들을 돌봐 줄 사람들[서비스 노동자]이 대거 생겨났다. 생산의 사슬에서 서로 다른 위치에 있는 이 사람들(콜센터의 상담원부터 사회복지사와 버스 기사까지)을 모두 단결시켰고 지금도 단결시키고 있는 것은 그들과 체제가 맺는 관계다. 그들은 생산수단을 소유한 자들에게 자신의 노동력을 판매하고 임금을 받는다.

그러나 자본주의적 생산의 핵심은 노동자들이 임금으로 받는 것보다 훨씬 더 많은 것을 생산한다는 사실이었다. 그들이 생산한 것의 가치와 임금으로 받는 돈의 차이(잉여가치)는 자본가들의 수중으로 들어갔다.

물론 기업주들은 자신들이 그 돈을 가져가는 것이 정당하다고 항상 주장한다. 왜냐하면 그들은 재투자를 해야 하고, 자신들이 돈을 투자하는 과정에서 무릅쓰는 "위험"에 대한 보상이 필요하기 때문이라는 것이다. 그러나 투자가 실패하고 노동자들이 일자리를 잃을 때 경영진과 이사들은 거액의 보상을 받고 노동자들과 달리 자신들이 "위험을 무릅쓴" 결과로부터 보호받는다.

사실, 그들이 기계를 수리하거나 교체하고 은행에 대출금을 갚고 난 뒤 남은 이윤의 일부는 부르주아 생활양식을 유지하는 데 쓰인다. 그러나 다른 일부는 새롭고 더 나은 기계를 구입하는 데 투자되기도 한다. 그런 기계 덕분에 노동자들은 훨씬 더 많은 잉여가치를 생산하고 투자자는 경쟁에서 우위를 차지할 수 있게 될 것이다. 그러나 모든 자본가가 그와 똑같이 하려고 할 것이다. 그렇다면 어떻게 해야 그가 다른 자본가들보다 유리해질까? 그 답은 아주 간단하다. 노동자들이 더 많이 생산하도록 쥐어짜는 데 성공한 자본가가 앞서 나간다.

그러나 노동자 한 사람이 맡는 기계가 점점 더 많아질수록 전체 생산과정에서 이윤의 원천(노동자의 살아 있는 노동)이 차지하는 비율은 감소한다. 이 때문에 이윤율의 저하 경향이 나타나는데, 심지어 이윤의 총량이 증가하더라도 이윤율은 저하할 수 있다. 이것은 장기적으로 자본주의에 심각한 위협이다.

따라서 자본주의적 생산을 움직이는 것은 다른 자본가들을 희생시켜 이윤을 축적하려는 가차 없고 필사적인 노력이다. 축적과 경쟁이 표어다. 그리고 한 공장의 노동자가 동일한 임금을 받는 다른 공장의 노동자보다 더 많이 생산한다면, 그 공장의 이윤은 늘어날 것이다. 이것이 실제로 뜻하는 바는 시장을 향한 그런 경쟁에서 전 세계의 자원을 점점 더 많이 차지해야(소비하고 파괴해야) 한다는 것이다. 삼림을 벌목하고, 땅속에서 석유와 가스를 채굴하고, 화석연료를 태우고, 농업을 집약화하고, 그 과정에서 점점 더 많은 토지를 고갈시킨다. 그러나 현재의 공장들(한때 유럽과 북아메리카에만 있었으나 지금은 중국·한국·멕시코에도 있는)은 미래의 자원을 사용하고 있다.

왜 그들은 그 사실을 깨닫지 못할까? 수많은 사람들에게 명백한 그 사실을 왜 조지 W 부시는 인정하지 않을까?[*] 자본가는 끊임없이 경쟁을 해야 하기 때문에 멈춰 서서 미래(오늘 내일 정도가 아니라 장기적 미래)를 생각하지 않는다. 왜냐하면 다른 자본가도 모두 똑같이 행동하기 때문이다. 마르크스가 확인한 자본주의 추진력의 모순 하나는 그것이 장기적으로 지구를 파괴한다는 것이다. 그러나 핼리버튼과 제너럴모터스는 내년에 관심이 없다. 바로 오늘 회계장부에서 이윤이 났음을 보여 줘야 한다. 그것이 모세와 예언자들의

---

[*] 이 글이 쓰인 2006년 당시 미국 대통령 조지 W 부시는 교토의정서 비준을 거부했을 뿐 아니라 기후변화 대책을 반대하는 일에 앞장섰다.

말씀이다!

중요한 문제가 하나 더 있었다. 이 제품들은 누구를 위해 생산되는가? 생산이 사람들의 필요에 부응하는 사회에서는 무엇을 생산할 것인가 하는 문제가 사람들의 필요에 따라 결정될 것이다. 공장은 굶주린 사람들을 위해 식품을 생산하고 아픈 사람들을 위해 구급차를 생산할 것이다. 그러나 자본주의 사회에서는 다른 고려 사항들이 우세하다는 것이 아주 명백하다. 그래서 무기가 넘쳐나는데도 구급차는 부족하고, 불필요하고 쓸모없는 식품이 상상할 수 없을 만큼 많이 생산되고 적잖이 버려지는데도 기본 식료품이 모자라 수많은 사람들이 굶주린다. 상품은 시장에서 사고 팔리는 것이기 때문이다. 생산자와 소비자 사이에 직접적 관계가 존재하지 않는다. 그리고 무엇을 생산할 것인가 하는 문제는 이윤 창출의 관점에서만 결정된다.

시장을 위한 생산의 또 다른 결과는 자본주의 사회에서는 생산과 사회적 필요를 조정하려는 종합적 노력이 전혀 없다는 것이다. 마르크스가 썼듯이, 공장 내의 독재는 그 대립물, 즉 경제 전체의 자의성(무계획성)과 맞물려 있다. 개별 기업 내에서는 계획이 이뤄지지만, 체제 전체에는 계획이 없다. 이 때문에 많은 자본주의 옹호론자들의 주장과 달리 불안정, 위기, 호황과 불황이 자본주의 경제 체제의 우연한 특징이 아니라 고유한 본질이 된다. 따라서 자본주의는 본질적으로 투쟁·충돌·모순을 바탕으로 하는 체제다.

그래서 우리는 다음과 같은 역설에 직면한다. 한편으로 자본주의는 생산을 더 '효율적'으로 만드는 방식을 끊임없이 발전시키고, 값싼 노동력을 찾아 끊임없이 이동하고, 노동생산성을 향상시킬 기술을 발전시키고, 원료 가격을 낮추기 위해 분투한다. 그리고 다른 한편으로 오늘날 많은 노동자들은 전보다 더 많은 시간을 직장에서 보내고 있고, 대자본이 한때 마지못해 약속했던 연금을 다시 빼앗아 가려 함에 따라 머지않아 노동자들의 정년퇴직 연한이 더 높아질 듯하다.

이처럼 자본주의는 전 세계인에게 식량, 주택, 의료 서비스를 제공할 잠재력이 있지만 체제의 본성 때문에 수많은 사람들이 그런 기본적 필요조차 충족시키지 못한 채 살아가고 있다. 자본주의 사회에서는 인류를 노동에서 해방시켜야 하는 것이 오히려 정반대의 결과를 낳고 있다.

위기와 기회

마르크스는 1848년을 돌아보며 자본주의의 위기가 혁명적 반응을 낳았다고 생각했다. 비록 그 결과는 그의 희망과 달랐지만, 그럼에도 그 혁명은 노동계급의 힘과 지배자들의 무자비함을 모두 보여 줬다. 이것은 다음번 위기(그의 연구에 따르면, 자본주의는 그 무질서한 본성 때문에 위기를 피할 수 없음이 드러났다) 때 기억해야 할 중요한 교훈이었다. 그리고 다음번에 노동계급 운동은 미리 준비돼 있어야 한다.

1857년에 경제 위기가 시작됐다. 그 위기는 마르크스에게는 약간

얄궂은 것이었다. 왜냐하면 1년 전에 예니가 유산을 조금 물려받은 덕분에 마르크스 가족은 밀린 빚을 갚고 더 나은 집으로 이사할 수 있었기 때문이다. 막상, 1857년의 경제 위기에도 불구하고 투쟁은 분출하지 않았다. 그러나 새로운 운동이 나타났다. 특히 유럽 [대륙]에서 그랬다. 프랑스와 독일에서 노동계급의 수가 늘고 있었고, 노동계급 조직화를 가장 급진적으로 표현한 차티스트운동이 소멸함으로써 생겨난 정치적 공백을 새로운 정치적 표현들이 메우고 있었다.

1863년 영국에서는 미국 남북전쟁의 북군을 지지하고, 영국 정부가 노예 소유를 허용하는 남부연합 편을 들어 전쟁에 개입하는 것에 반대하는 대규모 노동자 집회들이 열렸다. 마르크스는 이것이 매우 중요한 의미가 있다고 생각했다. 런던에서 열린 대중 집회들에서는 이탈리아 급진주의자 가리발디가 환영받았고 폴란드에서 일어난 반란도* 열렬한 지지를 받았다. 더욱이, 이 집회들은 모두 (몇 년 전부터 마르크스·엥겔스와 협력해 온) 런던노동조합협의회가 조직한 것이었다.

1864년 9월 바로 그 노동자 단체가 국경을 뛰어넘은 연대를 강화하고 각국의 노동자들이 자본가들의 농간에 빠져 서로 싸우지 않도록 하기 위한 국제 대회를 열자고 호소했다. 머지않아 국제노동자협회[제1인터내셔널]가 될 단체의 창립에 마르크스가 직접 관여한

---

* 1863년 1~6월 옛 폴란드-리투아니아 연방에서 러시아제국의 지배에 반대하는 무장봉기가 일어났다.

것은 아니었지만, 창립 대회에 참가해 달라는 초청을 받았다. 마르크스는 그 전 한두 해 동안 이렇다 할 개입을 한 적이 없었지만, 그 기회는 결코 놓치지 않았다. 왜냐하면 그가 썼듯이 이번에 만들어지는 조직은 "정말로 중요한 사람들", 즉 노동운동 지도자들의 조직이었기 때문이다. 비록 대회 참가자들이 모두 노동계급 소속인 것도 아니었고 국제 노동자들의 대의에 완전히 헌신하는 사람들인 것도 아니었지만 말이다.

조직의 규약과 원칙을 작성해 달라는 요청을 받은 마르크스는 그 어느 때보다 발 빠르게 움직여야 했다. 마르크스의 중요한 역할을 인정하고 그에게 참여를 요청한 사람들조차 사회주의에 회의적이었고 혁명의 필요성에 대해서는 전혀 확신하지 못하고 있었다. 영국의 노조 지도자들은 자신들의 목표가 모든 노동자의 표를 획득하는 것이라고 생각했다.[18] 대회에 참가한 프랑스인들은 마르크스의 오랜 적수인 프루동의 영향을 크게 받은 사람들이었다. 이탈리아인들은 마치니의* 급진적 민족주의를 지지하는 사람들이었다.

이것은 노동자 운동의 지도자들 사이에서 혁명적 사상의 영향력을 유력하게 만들 수 있는 흔치 않은 정치적 기회였다. 비록 당시는 그 운동이 아직 성숙하지 않은 듯했지만 말이다. 그러나 마르크스가 《자본론》을 쓰기 위해 자본주의의 발전을 연구하면서 더 확신하게 된 사실은 유럽 자본주의의 맹아기는 노동계급의 수가 늘어나

---

* 주세페 마치니 이탈리아 통일 운동을 이끈 민족주의자. 마르크스는 마치니의 사상을 "중간계급[부르주아] 공화주의자의 낡은 사상"이라고 비판했다.

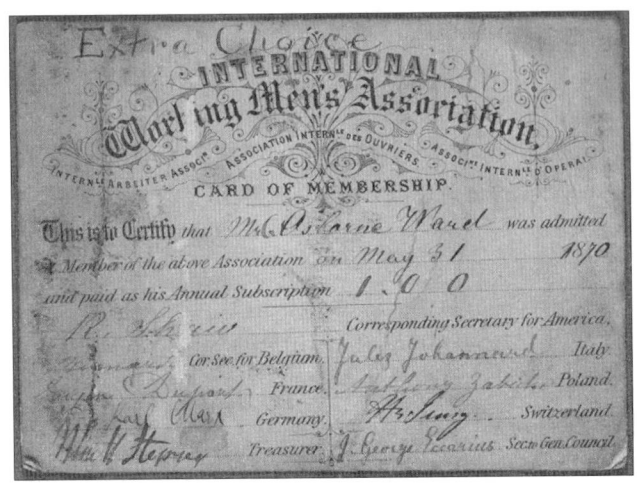
마르크스의 국제노동자협회 회원증

고 자본과 노동의 충돌이 불가피하게 심화한 시기이기도 했다는 것이다. 마르크스는 "국제노동자협회 개회사"에서 1848년 이후 노동자 투쟁이 어떻게 발전했는지 설명했다. 그런 분석을 통해 얻은 핵심 사상은, 그때조차 노동계급 운동의 국제주의가 사회주의를 위한 투쟁에 필수적이라는 것이다.

마르크스는 모든 지부들에 단일한 중앙집중적 규약이 적용되지는 않을 것이라는 점을 규약에서 신중하게 밝혔다. 그러나 운동에 중앙집중적이고 통일된 방향이 필요하다는 것이 곧 인터내셔널 내부 논쟁에서 명백하게 드러날 것이라는 점 또한 분명히 깨닫고 있었다. 사실, 국제노동자협회 잠정 규약은 마르크스의 가장 핵심적인 사상을 고스란히 담고 있다.

노동계급의 해방은 노동계급 스스로 쟁취해야 한다. … 노동계급의 해방을 위한 투쟁은 계급적 특권이나 독점을 위한 투쟁이 아니라 평등한 권리와 의무를 위한 투쟁, 모든 계급 지배의 철폐를 위한 투쟁이다.[19]

"개회사"는 "노동계급이 정치권력을 장악하는 것"이 국제노동자협회의 목표라고 강조했는데, 참가자들은 이 말을 저마다 다르게 이해했다. 이 때문에 책략과 논쟁의 여지가 생겼다. 그러나 1년 뒤에 열린 국제노동자협회 대회에서 일부 프랑스 대표들이 마르크스의 참석권에 문제를 제기했을 때, 영국 노동조합 대표 한 명이 "시민 마르크스는 노동계급의 승리를 위해 전 생애를 바쳤다"는 것을 그들에게 일깨웠고, 다른 대표 한 명은 "노동계급의 관점에서 정치경제학을 연구한 사람들이 모두 대회에 참석할 수 있게 해야 한다"고 주장했다.[20]

마르크스의 참석을 반대한 사람들은 프루동 지지자들이었다. 그들의 다수는 노동자들이었지만, 대체로 자본주의의 새로운 주요 산업들에 종사하는 노동자들은 아니었다. 그들은 숙련직 수공업 노동자들이었고, 자본주의에 대한 모종의 대안으로 상호부조 단체들의 설립을 주장한 프루동의 사상을 여전히 고수하고 있었다.* 이것은 부르주아지의 계급 권력에 도전하고 새로운 사회질서(다수의 이익이 보장되고 이윤이 더는 사회의 편제를 모두 좌우하는 동력 구실을 하지 않는)의 건설을 준비하는 노동자들의 혁명적 단체를 만들

---

* 프루동이 여성 노동은 "타락"이고 여성이 있어야 할 곳은 가정이라고 주장했다는 점도 지적해야겠다. 이런 견해는 마르크스의 철저한 비판을 받았고 결국 패배했다 — 지은이.

자는 마르크스의 주장과는 정반대였다.

독일에서는 페르디난트 라살의* 지지자들을 상대로 전투가 벌어졌고, 빌헬름 리프크네히트가** 이끄는 사회민주주의노동자당의*** 건설은 "마르크스의 당"을 향한 중대한 일보 전진이었다.

새로운 권력: 파리코뮌

1871년에 역사는 이런 논쟁을 극적인 형태로 표현했다. 1870년 7월 프랑스의 루이 보나파르트(나폴레옹 3세)가 프로이센 지도자 비스마르크의**** 도발에 대응해 전쟁을 선포했다. 9월에 나폴레옹 3세는 포로가 됐다. 파리에서는 국민방위정부가 들어서서 공화국을 선언했다. 그러나 그 정부의 저항은 오래가지 않았고, 1871년 2월에 신생 통일 독일과 평화 협상을 벌이기 위한 국회의원 선거가 실시됐다.

---

* 페르디난트 라살 전독일노동자협회(ADAV)의 창시자. 국가를 통한 사회주의 도입을 지지해 마르크스의 비판을 받았다.

** 빌헬름 리프크네히트 마르크스와 엥겔스의 오랜 협력자. 7장에 나오는 카를 리프크네히트의 아버지다.

*** 사회민주주의노동자당 훗날 사회민주당이 된다.

**** 오토 폰 비스마르크 프로이센의 총리로 오스트리아와 프랑스를 상대로 전쟁을 벌여 승리했다. 1871년 독일제국을 건설하고 초대 총리가 됐으며 사회주의 운동을 강력하게 탄압했다.

반동적인 티에르가* 이끄는 정부는 파리를 떠나 베르사유에 머무르고 있었다. 정부와 부자들은 프로이센 군대에게 포위당한 수도 파리를 포기했다. 오직 국민방위군이라는 시민군만이 도시를 보호하고 있었다. 무장한 민중의 위협을 점차 두려워하게 된 티에르가 몽마르트 언덕의 국민방위군 대포들을 탈취하려 했을 때, 파리 시민들이 들고일어나 코뮌 수립을 선포했다.

파리코뮌이 존속한 두 달 동안 마르크스는 코뮌을 주목했고 완전히 매료됐다. 마르크스는 그 전부터 루이 나폴레옹의 제2공화국을 맹비난하며 프랑스에서 새로운 혁명이 일어나리라고 확신하고 있었다. 사실, 몇 달 동안 포위된 채 물자 부족에 시달리고 있었기 때문에 노동자들이 봉기하기에 좋은 상황은 아니었다. 마르크스는 파리 노동자들이 베르사유로 진군하지 않으면 고립돼 패배할 것이라고 우려했다. 그리고 이번 봉기로 부르주아 국가의 무자비함(그리고 지배계급에게는 양심의 가책 따위가 전혀 없다는 것)이 드러나리라는 것도 알고 있었다.

그러나 마르크스는 코뮌을 분석하며 노동자 권력의 모습을 봤다. 그것이 직면할 문제, 극복해야 할 한계, 완전히 새로운 질서를 건설하는 과정에서 보여 줄 수 있는 창의성을 봤다. 1871년 3월 파리코뮌으로 새로운 권력이 탄생했다. 마르크스는 코뮌이 초기에 저지른

---

* 아돌프 티에르 1830년 7월 혁명과 1848년 2월 혁명에 참가한 프랑스 부르주아 자유주의자. "권좌 밖에 있을 때는 거리낌 없이 혁명을 부채질했지만 정권을 장악했을 때는 주저 없이 폭력을 동원해 혁명을 교살했다"(마르크스). 파리코뮌을 진압하고 대통령이 된다.

파리코뮌의 투사들

실수들과 무관하게 코뮌을 열정적으로 옹호했다. 실제로 마르크스는 자신의 사위인 폴 라파르그를 파리로 보내 코뮈나르[코뮌 참가자]들과 협력하게 했다.

코뮌의 어떤 점이 새로웠을까? 파리에서 일어난 사건들에 대한 마르크스의 분석서인 《프랑스 내전》은 당시 세대(그리고 후대)의 그런 물음에 답한다. "이것은 근본적으로 노동계급의 정부였고 … 노동자들의 경제적 해방을 이뤄 낼 정치형태가 드디어 발견된 것이다."

가장 중요한 점은 코뮌이 부르주아지의 지배 도구들을 폐지했다는 것이다. 상비군이 시민군, 즉 "무장한 인민"으로 대체됐고, 부르주아 민주주의 기구들은 이제 직접민주주의로 대체됐다. 그래서 모든 대표들이 즉시 해임되고 새로 선출될 수 있었고(이런 직접민주주의의 권리는 1905년과 1917년 러시아 혁명의 소비에트에서 되살아났다), 정치적 의무를 지는 대가로 특권을 누릴 수도 없었다("공무를 수행한 대가는 노동자들의 평균임금 수준이어야 했다"). 코뮌은 새로운 국가였다. 낡은 국가는, 레닌이 말했듯이, "궁극적으로 다수를 폭력으로 억압하는 데" 항상 의존했다. 그러나 파리에서는 다수와 분리되지도 않고 다수 위에 군림하지도 않으며 오히려 다수에 복종하는 통치 형태가 낡은 국가를 대체했다. 이것은 마르크스가 아주 오래전부터 상상해 온 프롤레타리아 독재였다.

겨우 두 달 동안 존속했기 때문에 코뮌은 새로운 질서를 실행에 옮길(여성 해방에 착수하고, 착취를 폐지하고, 공동의 사회생활 구조들을 창출할) 시간이 부족했다. 마르크스가 썼듯이, "코뮌의 가장 큰 업적은 코뮌이 존재했다는 것 자체였다." 그리고 이로부터 마르크스가 끌어낸 결론은 마르크스의 주장 가운데 아마 가장 영향력 있는 주장일 것이다. "노동계급은 단순히 기존의 국가기구를 인수해서 자신의 목적에 맞게 사용할 수 없다."[21]

부르주아 국가는 자본가계급의 지배를 지키고 유지하기 위해서 존재한다. 부의 재분배, 착취의 폐지, 평등에 전념하는 사회는 독자적 권력 기구, 즉 노동자 국가가 필요하다. 그런 사회의 모습이 어떨지, 그리고 노동자 민주주의 기구들이 어떻게 건설될 수 있는지를 역사는 그 두 달 동안 파리에서 힐끗 보여 줬다. 그리고 패배의 대가가 얼마나 끔찍한지도 보여 줬다.

인터내셔널 회원 17명이 코뮌 의회 의원이었다(그 17명 중 극소수만이 마르크스 지지자였다). 코뮌 의원 92명의 견해는 아주 다양했고, 코뮌 방어와 반동적인 공화국 비판을 제외하면 분명한 입장도 거의 없었다. 프루동 지지자들은 분열해 있어서 그중에는 심지어 코뮌이 존속한 기간 내내 베르사유에 있으면서 수수방관한 사람들도 있었다.

또 다른 사람들은 블랑키 지지자들과 러시아 아나키스트 미하일 바쿠닌 지지자들이었다. 바쿠닌은 코뮌의 유산이 무엇인지를 둘러싸고 마르크스와 논쟁을 벌였고, 이 때문에 결국 제1인터내셔널은 붕괴하게 된다. 바쿠닌은 열정적 음모가였고 국가를 철저하게 적대시했지만, 노동계급의 친구는 결코 아니었다. 사실, 바쿠닌은 노동계급이 스스로 권력 장악을 조직하거나 준비해서는 안 된다고 주장했다. 그것이 모종의 권위주의 체제로 귀결될 것이라는 이유에서였다. 모순되게도, 그는 소수의 비밀 음모가 집단이 국가를 공격해야 한다고 주장했다. 그들은 아무에게도 책임지지 않고, 심지어 자신들이 대변한다는 사람들에게도 결코 책임지지 않을 것이다!

무엇보다, 바쿠닌이 마르크스의 가장 핵심적이고 귀중한 원칙(노동계급의 해방은 노동계급 자신의 행동이어야 한다는 것)에 반대했다는 점이 중요했다. 1872년에 열린 인터내셔널 대회에서 바쿠닌은 중앙집중적이고 규율 있는 조직이라는 생각을 비판했다. 마르크스와 엥겔스는 가장 단호한 말로 응수했다. 인터내셔널은 "토론 클럽이 아니라 혁명의 강력한 엔진"이다. "그것은 멋진 이론이 아니라 투쟁을 위해 조직된 단체다."[22]

코뮌은 노동계급의 용기와 창의성을 입증했고, 새로운 사회질서를 힐끗 보여 줬으며, 그런 사회질서를 건설하려면 부르주아 국가를 파괴해야 한다는 것도 분명히 입증했다. 코뮌의 패배와 겁에 질린 지배계급의 끔찍한 보복(코뮈나르 수만 명을 살해했다)을 통해 인터내셔널의 필요성도 극명하게 보여 줬다.

마르크스는 코뮌의 패배가 "파리 프롤레타리아의 이 최상의 봉기에 호응하는 혁명운동이 베를린·마드리드 등 모든 중심지에서 나타나지 않았기 때문"이라고 주장했다.[23] 미래를 위한 과제는 다음번 반란이 훨씬 더 널리 확산될 것임을 깨닫고 확실히 그렇게 되도록 만드는 것이었다.

바쿠닌파와 마르크스파로 나뉜 제1인터내셔널은 그런 도구가 될 수 없었다. "괴로워하는 야수를 죽여서 그 고통을 끝내 준" 것은 바로 마르크스와 엥겔스 자신들이었다. 1876년에 인터내셔널은 공식적으로 해체됐다.

마르크스는 1883년 3월에 죽었다. 역설이게도, 마르크스의 말년은 그와 예니와 자녀들의 삶을 그토록 괴롭힌 금전적 압박에서 자유로웠다. 그러나 늘그막에 약간 편안해지기는 했지만, 그 무엇도 자녀들의 죽음과 2년 전 예니의 죽음을 보상할 수 없었다. 물론 마르크스를 처음 만난 뒤 혁명가의 길을 줄곧 함께 걸어 온 엥겔스가 그의 임종을 지켰다. 엥겔스는 그 뒤 12년을 더 살면서, 자신의 친구·협력자·동지의 사상을 퍼뜨리는 데 전념했다. 특유의 겸손한 태도로 엥겔스는, 마르크스가 죽어서 "인류가 머리 하나만큼 작아졌다"고 선언했다. 엥겔스는 또 자신의 오랜 친구에 대해 다음과 같이 말했다.

마르크스는 무엇보다 혁명가였습니다. 그의 진정한 임무는 어떻게든 자본주의 사회와 그로부터 생겨난 국가기구를 전복하고 현대 프롤레타리아의 해방에 기여하는 것이었습니다. … 투쟁이 그의 본성이었습니다. 그리고 그는 어느 누구보다 열정적으로 완강하게 투쟁했습니다.[24]

우리 시대의 마르크스

"21세기에 대해 마르크스가 할 수 있는 말은 전혀 없다"고 떠드는 사람들이 항상 있다. 마르크스의 사상이 한때 유행하긴 했지만 과거지사일 뿐이라고 주장하는 사람들이 늘 있었다. '공산주의'의 몰락은 마르크스가 쓸모없음을 입증하는 명백한 증거라고들 한다.

1989년에 동유럽 정권들이 순식간에 잇따라 무너진 것은 사실이다. 그 정권들은 사회주의 사회를 자처했지만, 그들이 무너질 때 드러난 사실은 노동계급이 사회를 전혀 통제하지 못했고 자원 할당 방식도 노동계급의 이해관계에 따라 결정되지 않았다는 것이다. 오히려 소수 지배자들이 자신들의 이익을 위해 다수를 희생시키는 기괴하고 잔인한 폭정을 정당화하기 위해 마르크스의 핵심 사상(혁명은 노동계급의 자력 해방이라는)이 뒤집혀 있었다. 그런 나라들에서 득세한 것은 자본의 논리, 즉 어떤 대가를 치러서라도 이룩해야 하는 축적과 국가 간 경쟁이었다. 그러나 이런 것들은 사회주의가 아니라 자본주의의 특징이다.

자본주의의 작동 방식을 해명해 주는 운동 법칙과 추진력을 이해하기 위해 우리는 거듭거듭 마르크스에게 되돌아간다. 가차 없는 잉여가치 추구가 여전히 다른 모든 고려 사항을 압도하고, 자본의 지배가 세계의 모습을 결정한다. 아니 더 정확히 말하면, 세계를 기형으로 만든다.

노동과정의 외관이 변하고, 부르주아지의 복장과 생활양식이 바뀌고, 작업복보다 가운이나 근무복을 입는 노동자가 점차 늘어나고, 전에는 귀청이 터질 듯 시끄럽던 공장에서 이제는 나지막한 잡음만 들릴 수 있다. 그러나 사회의 부와 자원을 소유하고 통제하고 관리하는 사람들과, 그 부를 생산하며 받는 임금에 의존해 살아가는 사람들 사이의 관계는 여전히 마르크스가 묘사한 그대로다. 오히려 마르크스가 살던 때보다 오늘날의 자본주의가 마르크스의 묘사에 더 가깝다. 오늘날 한국의 노동계급만 해도 마르크스가 살던 빅토리아 시대 중반의 전 세계 노동계급보다 더 많다. 마르크스 시대보다 오늘날에 세계 노동계급에 대해 말하기 더 쉽다.

온실가스, 오염된 호수, 사막화되는 광활한 지역들, 산업화 초기에 지어져 이제는 뒤틀리고 텅 빈 역사적 건축물들은 세계의 가차 없는 변모가 세계를 파괴하는 지경에 이르렀음을 증언하고 있다.

그러나 마르크스가 자본주의와 그 야만성을 이해하는 데 관심을 가진 것은 도덕적 비판을 위해서가 아니라 노동계급의 해방을 준비하기 위해서였다. 자본주의가 일체의 한계나 국경의 제한도 인정하지 않고 확장한 것과 꼭 마찬가지로 노동계급의 혁명운동도 국제적이어야 한다. 노동계급의 조직된 힘이 언젠가는 권력과 지배의 구조들을 쓸어버리고 국가 자체도 사멸시킬 것이다. 그러나 그런 일은 자동으로 일어나지 않는다. 오직 노동자들의 투쟁을 통해서만 가능할 것이다. 그리고 그런 투쟁 과정에서 자본의 힘이 도전받고 극복될 뿐 아니라 새로운 사회가 탄생할 것이다. 그런 사회에서는 인류의 자원이 인간 해방을 달성하는 데 쓰일 것이다.

그 과제가 지금처럼 절박한 때는 결코 없었다.

이 글의 지은이 **마이크 곤살레스**는 글래스고대학교 라틴아메리카학과 명예교수다. 국내에 소개된 책으로는 《혁명의 현실성: 20세기 후반 프랑스, 칠레, 포르투갈, 이란, 폴란드의 교훈》(공저, 2011), 《체 게바라와 쿠바 혁명》(2005), 《벽을 그린 남자: 디에고 리베라》(2002)가 있다.

2장

프리드리히 엥겔스

자기 계급을 배신한 혁명가

프리드리히 엥겔스는 1820년 11월 28일 라인란트의 소도시 바르멘(오늘날 독일의 부퍼탈)에서 태어났다. 그는 상당히 유복한 가정에서 태어났지만 역사상 가장 중요한 혁명적 사회주의자 중 한 명이 됐다. 그래서 부모님을 실망시켰고 자기 계급도 배신했다.

엥겔스의 아버지는 번창하던 면사 표백·방적 공장을 물려받아서 [네덜란드인인] 고드프리·페터 에르멘 형제와 동업을 시작했다. 팔남매 중 첫째로 태어난 엥겔스는 어린 시절 독실한 프로테스탄트 중간계급 가정에서 풍족한 생활을 하며 자랐다.

당시 유럽의 모습은 오늘날과 사뭇 달랐다. 1789년 프랑스 혁명 이후 나폴레옹 보나파르트의 군대가 유럽 대륙을 휩쓸었다. 그러나 엥겔스가 태어날 무렵 나폴레옹은 [세인트헬레나섬에서] 유배 생활 중이었고, 프랑스에는 왕정이 복원돼 있었다. 반동 세력이 다시 득세했다. 1871년에야 겨우 통일국가가 되는 독일은 1820년에는 39개의 소국들(흔히 대공국과 공국 등)을 모아 놓은 독일연방이었는데, 거기서 지배적인 세력은 북부의 크고 강력한 프로이센 왕국과 남부의 오스트리아 제국이었다.

여러 군주들이 급진적 사상(특히 외국의 사상)을 탄압하는 데 열을 올리고 있었으므로 정치적 자유는 거의 없었다. 언론 자유에 대한 규제 때문에 문화가 정치 생활에서 중요한 구실을 하게 됐다. 엥겔스는 이런 문화적 저항운동에서 한몫을 했다. 10대 시절 엥겔스의 장래 희망은 작가가 되는 것이었다. 그는 폭정과 불의에 맞선 반란을 노골적으로 호소한 "해적 이야기"라는 단편소설을 썼을 뿐 아니라, 많은 시도 짓고 그림도 그렸다.

엥겔스의 개성을 보여 주는 몇몇 편지가 남아 있다. 예컨대, 그는 [아버지의 강요로 사업을 배우기 위해 고교를 중퇴한 후] 학교 동창인 프리드리히 그래버 [형제]에게 쓴 편지에서 답장을 늦게 보낸다고 투덜거리고 놀리면서 장난을 친다. "너희는 항상 '이런저런' 핑계를 대며 답장을 미루더라. 말해 봐. 내 편지를 받고 나서 날마다 30분만 시간을 내서 편지를 쓸 수 없냐? 그러면 사흘 만에 다 썼을 거다."[1]

엥겔스가 살던 라인란트 지방은 섬유산업의 중심지였으므로 그는 어렸을 때부터 산업자본주의의 현실에 익숙해졌다. 겨우 18살 때인 1839년에 엥겔스는 자유주의 신문 〈텔레그라프 퓌어 도이칠란트〉(독일 통신)에 연재한 글에서 바르멘과 인근 엘버펠트의 상황을 묘사하면서, 공장 노동으로 말미암아 질병과 고통이 널리 퍼져 있다는 것을 보여 줬다. "천장이 낮은 방에서 산소보다는 석탄재와 먼지를 더 많이 마시며 일하는 사람들은 … 힘도 삶의 즐거움도 모두 잃어버릴 수밖에 없다." 느릿느릿 흐르는 부퍼강은 빨간색이었는데, 피 때문이 아니라 강 주변의 염색 공장에서 나온 오염 물질 때문이었다. 그 연재 기사에서 엥겔스는 독실한 기독교 신자인 공장주들의 위선을 맹비난했다. 그들은 노동자들을 끔찍하게 다뤘고, 노동자들이 술에 절어 사는 것을 막는다는 구실로 빈곤에 빠뜨렸다.

청년 엥겔스는 이미 뛰어난 언론인이었다. 그가 [프리드리히] '오스발트'라는 가명으로 쓴 그 연재 기사들은 선풍적 인기를 끌었고, 그의 글이 실린 신문은 날개 돋친 듯 팔렸다. 사람들은 필자가 누구인지 궁금해했고, 엥겔스는 재빨리 친구들에게 사실을 털어놨다. "필자는 지금 이 편지를 쓰고 있는 분이시다. 그렇지만 이 사실은 절대 비밀로 해라. 골치 아픈 일에 휘말리고 싶지 않으니까."[2]

엥겔스는 16살 때 가족 기업인 섬유 회사에서 일하기 시작했다. 18살 때는 이미 아들이 급진파가 되고 있는 것을 걱정한 아버지가 그를 브레멘으로 보내 사무원 일을 배우게 했다. 그러나 이런 조치는 엥겔스가 비슷한 견해를 가진 사람들과 만날 수 있도록 해 줬을 뿐이다. 동시대의 많은 지식인과 마찬가지로 엥겔스도 독일어를 사용하는 사람들은 단일한 국가로 통일돼야 한다는 사상에 이끌렸고, 1789년의 프랑스 혁명에서 영감을 얻으려 했다. 이 시점에 그가 지닌 사상은 지금 보면 사회주의라기보다는 자유주의에 가까웠다. 그는 자유무역을 지지했고, 언론 자유와 대의제 정부 같은 것이 핵심이라고 생각했다. 그러나 당시는 자유주의적 민족주의 사상이나 무신론, 공화주의조차 테러리즘 비슷한 취급을 받았다.

1841~1842년에 엥겔스는 베를린에서 병역의무를 이행했다. 베를린대학교 학생으로 정식 등록하지는 않았지만 강의를 들을 수 있었다. 또, 파티에 가고 술을 마시고 담배를 피우고 검술을 익힐 기회도 놓치지 않았다. 나중에 유명해진 수염을 기르기 시작했고, 심지어 "콧수염이 괜찮은" 친구들을 불러 모아 "콧수염 사나이의 밤"이라는 행사를 열고 모두 콧수염을 길러야 한다고 역설하기도 했다.*

베를린에서 엥겔스는 철학에 관심을 갖고 공부하다가 청년 헤겔주의자들을 알게 됐다. 이 철학자 집단은 위대한 독일 철학자 헤겔의 영향을 받았다. 헤겔은 세계 전체가 끊임없는 변화와 변형 과정 속에 있다는 것을 보여 준 최초의 인물이었다.

1840년대에는 헤겔이 죽은 지 이미 10년이 지났는데도 그의 유산을 둘러싼 투쟁이 여전히 계속되고 있었다. 헤겔의 저작 자체에 모호한 구석이 많아서 그 투쟁은 쉽게 끝나기 힘들었다. 헤겔은 한때 프랑스 혁명의 지지자였지만, 말년에는 프로이센 국가를 역사적 과정의 종점으로 여겨 지지하게 됐다. 헤겔 지지자들 가운데 일부는 헤겔의 견해를 더 보수적으로 해석하려 했다. 그래서 '헤겔 우파'라는 이름을 얻게 됐다. 이와 달리 청년 헤겔주의자, 즉 헤겔 좌파는 헤겔의 사상이 변화와 발전을 강조한 것에, 다시 말해 합리적 이

---

* 권위주의 시대에 바이에른 같은 곳에서는 보안상의 이유로 콧수염 기르는 것을 금지했기 때문에 이에 저항하는 정치적 의미가 있었다고 한다.

성의 힘 아래서 인간의 자유가 발전했음을 강조한 것에 이끌렸다. 그들은 모든 것을 이성의 빛에 비춰 보고자 했다. 청년 헤겔주의자 중에서 영향력 있는 철학자 한 명이 바로 루트비히 포이어바흐였다. 그는 《기독교의 본질》이라는 책을 써서 기독교의 신은 인간의 욕구가 반영된 것일 뿐이므로 인간이 없다면 신도 존재하지 않을 것이라고 주장했다.

이 논쟁은 단지 철학 논쟁만은 아니었다. 독일어를 사용하는 국가들은 영국만큼 산업화가 진전되지도 않았고 전투적 노동계급 운동이 있는 것도 아니었다. 이 때문에 당시의 핵심 논쟁이 철학 영역에서 벌어지고 있었던 것이다. 카를 마르크스가 나중에 말했듯이 "다른 나라 국민들이 실행한 것을 독일인들은 생각했다."

청년 헤겔주의자의 몇몇 사람들, 특히 포이어바흐와 마찬가지로 엥겔스의 사상도 변화하기 시작했다. 엥겔스는 가난한 사람들의 상황과 재산의 공동 소유에 더 많은 관심을 갖게 됐다. 쾰른에서 엥겔스는 모제스 헤스를 만났다. 헤스는 공산주의로 전향한 최초의 독일 철학자 중 한 명이었고, 급진적 언론 〈라이니셰 차이퉁〉(라인신문)을 창간한 사람이었다. 헤스의 공산주의 사상과 예측, 즉 영국에서 머지않아 혁명이 일어날 것이라는 예측은 엥겔스에게 결정적 영향을 미쳤다.

언론 자유에 대한 규제가 약간 완화되자 엥겔스는 〈라이니셰 차이퉁〉에 기고하기 시작했다. 1842년 말에 그 신문의 편집자는 카를 마르크스였다. 당시 마르크스는 [철학] 박사학위를 받았지만 급진적 견해 때문에 대학에서 일자리를 구하기 힘들게 되자 정치적 언론 활동으로 방향을 바꾼 상태였다. 그리고 이 무렵 마르크스는 청년 헤겔주의자와 갈라서고 있었다. 왜냐하면 그는 사상의 힘이 아니라 사회혁명이 변화를 불러올 것이라고 생각했기 때문이다. 그는 이미 널리 찬사를 받고 있었다. 심지어 헤스는 마르크스를 일컬어 "생존하는 가장 위대한 철학자"라고 할 정도였다. 그러나 실제로는 엥겔스가 비록 두 살 어리기는 했지만 마르크스보다 훨씬 더 널리 알려져 있었다. 기사와 소책자 50개를 이미 펴냈으니 말이다.

마르크스와 엥겔스는 나중에 둘도 없는 친구이자 평생의 협력자가 된다. 그러나 1842년에 두 사람이 처음 만났을 때 마르크스는 엥겔스가 여전히 정치적으로 청년 헤겔주의자와 가깝다고 여겨 대수롭지 않게 생각했다.

영국 노동계급

1842년 11월 엥겔스는 [아버지와 에르멘 형제의 동업 회사] 에르멘앤드엥겔스의 영국 지사에서 일하기 위해 맨체스터로 갔다. 그는 곧 메리 번스라는 아일랜드 여성을 만나 [1863년에] 그녀가 죽을 때까지 사랑하게 된다. 메리가 에르멘앤드엥겔스의 공장에서 일했을 수도 있지만, 일부 역사가들은 그녀가 가판대에서 오렌지를 팔았다고 말한다. 두 사람은 출신 배경이 매우 달랐다. 엥겔스는 많이 배운 특권층 출신인 반면, 메리와 여동생 리디아('리지')는 못 배운 노동계급 출신으로서 공장 노동자의 딸이었다.

그러나 메리가 엥겔스에게 가르쳐 준 것도 많은 듯하다. 그녀는 이 독일 청년에게 [맨체스터의] 좁고 복잡한 미로 같은 골목길을 구석구석 안내하면서, 평범한 사람들이 어떻게 사는지를 보여 줬다.

당시는 차티스트운동이 노동자들 사이에서, 특히 잉글랜드 북부에서 높은 지지를 받고 있을 때였다. 차티스트들은 남성 보통선거권, 국회의원 보수 지급(그래야 부자가 아닌 사람들도 국회의원이 돼 일을 할 수 있을 터였다), 해마다 총선 실시 등을 요구했다. 차티스트운동을 지지한 노동자들은 보통선거권이 더 나은 노동조건을 쟁취하기 위한 수단이라고 생각했다.

1842년 5월 차티스트들이 330만 명의 서명을 받은 청원서를 국회에 제출했지만 거부당했다. 8월에 [맨체스터 근처의] 스테일리브리지와 애슈턴에서 노동자들이 임금 50퍼센트 삭감에 항의하는 총파업을 시작했다. 그 투쟁은 '플러그 폭동'이라고도 했는데, 노동자들이 공장마다 돌아다니며 생산을 중단시키려고 증기 엔진의 보일러 플러그를 뽑아 버렸기 때문이다. 그 파업은 노동자 50만 명이 참가하는 운동으로 성장했다. 1842년 8월 9일에는 수많은 노동자가 맨체스터 도심을 행진하며 다른 노동자들도 파업에 동참하도록 고무했다. 차터가 그들의 요구 사항 중 하나였다.

[1840년 7월 설립된] 전국인민헌장협회는 매우 조직적이어서 업종별로 지부가 있었고 매주 회비를 걷었다. 엥겔스는 차티스트운동 지지자가 됐고, 차티스트운동의 신문인 〈노던 스타〉(북극성) 정기 구독자가 됐다. 그래서 방직공이자 차티스트운동 지도자인 제임스 리치와 친해졌는데, 리치가 자신의 체험을 바탕으로 노동자들의 상

런던에서 열린 대규모 차티스트 집회(1848년) 엥겔스는 차티스트운동과 긴밀한 관계를 맺었다

황을 묘사한 소책자는 엥겔스의 연구에 중요한 영향을 미쳤다. 맨체스터에서는 [로버트 오언 지지자들이 건립한] 과학관에 일요일 저녁마다 3000명이 모여서 다양한 강연을 들었다. 그곳을 방문한 엥겔스는 노동자들이 명쾌하고 열정적으로 주장하는 모습에 깊은 인상을 받았다.

이런 사건들에서 영감을 얻은 엥겔스는 최초의 저서 《영국 노동계급의 상황》을 쓰기 시작했다. 그는 이 책을 영국 노동계급에게 바친다면서, 자신이 노동자들의 불만과 투쟁에 관해 배우려고 그들과 함께 시간을 보내며 "중간계급의 [사교와 만찬, 포트와인과] 샴페인"을 포기했다고 말했다.

《영국 노동계급의 상황》은 영국 독자들이 아니라 독일 독자들을 겨냥해 쓴 책이었다. 엥겔스는 노동계급이 어떻게 사는지를 독일 독자들에게 알려 주고 싶었다. 산업혁명의 영향이 가장 첨예하게 나타난 곳은 영국이었지만, 머지않아 독일에서도 산업은 발전할 터였다. 그러나 엥겔스는 독일 지식인들 사이에서 벌어지는 이론적 논쟁에도 관여하고 있었다. 이때쯤 그는 사상의 구실을 강조하는 헤겔 철학에 몰두하던 과거의 태도에서 벗어나 자본주의에 대한 더 구체적 분석을 발전시키기 시작했다. 그는 자본주의 체제가 사람들을 분열시킨다는 것, 즉 생산수단을 소유한 부르주아 계급과 노동력 말고는 아무것도 소유하지 못한 노동계급으로 사람들을 분열시킨다는 것을 깨달았다. 엥겔스는 경제적 관계가 사회형태를 좌우하고 계급투쟁의 바탕에 있다는 것을 훨씬 더 강조하기 시작했다.

《영국 노동계급의 상황》 머리말에서 엥겔스는 영국 노동계급의 역사가 증기기관의 발명과 함께 시작됐다고 말한다. 1820년대가 되자 방직업에서 역직기가 대규모로 사용됐다. 이런 기계의 도입으로 상품을 더 값싸게 훨씬 더 많이 생산할 수 있었다. 예컨대, 물레와 베틀을 사용해서 직물류를 생산하는 것은 이제 더는 경제적이지 않았다.

신기술 때문에, 그동안 농촌에 살면서 집에서 가족과 함께 일하던 사람들이 도시로 가서 일자리를 찾게 됐다. 엥겔스의 계산을 보면, 영국 면방직 산업의 중심지인 랭커셔의 인구는 80년 사이에 10배로 늘었다. [영국의 연간] 원면 수입량은 1775년 약 500만 파운드[약 2268톤]에서 1844년 6억 파운드[27만 2155톤]로 증가했다. 면방직 산업의 성장은 국제적 영향도 끼쳤다. 왜냐하면 면화를 북아메리카에서 노예들이 재배했고, [영국의] 면제품이 해외로 수출됐기 때문이다. 막대한 부가 소수의 수중에 쌓였다.

엥겔스의 책을 읽고 있으면 암울한 느낌이 든다. 노동자들은 아침 일찍부터 밤늦게까지 공장에서 일했다. 그들은 어린 나이에 일하기 시작해서 힘들고 지루한 일을 끝없이 반복하다가 일찍 죽거나 병이 들거나 장애인이 됐다. 엥겔스는 노동자들이 장시간 서서 일하기 때문에 등뼈와 다리가 기형이 된다고 설명하는 의사들의 말을 인용한다. 노동자들의 임금은 낮고, 공장주들은 처벌을 면할 수만 있다면 노동자들에게 현금이 아니라 썩은 음식 따위로 임금을 지급하려 한다. 하루 종일 일해서 기진맥진한 노동자들은 축축하고 비좁은 집으로 돌아간다. 음식은 흔히 부족하고, 그나마 벌이가 괜찮은 노동자들은 고기를 먹을 수 있지만 가장 가난한 노동자들은 오직 "빵과 치즈, 죽과 감자"만 먹고 살아야 한다. 그러다가 일자리라도 잃게 되면 굶어 죽는 사람도 있다. 많은 노동자는 변변한 옷도 없고, 집은 "통풍이 안 되고 축축하고 건강에 해롭다."

엥겔스는 런던의 세인트자일스 지역 빈민굴을 다음과 같이 묘사한다. "불결하고 위태로운 폐허는 말로 표현할 수 없을 정도다. … 쓰레기 더미와 잿더미가 사방에 널려 있고, 문 앞에 부어 버린 구정물이 모여서 웅덩이를 이루고 악취가 코를 찌른다."[3] 앤 골웨이의 사례는 인상적이다. 45세의 골웨이는 남편·아들과 함께 살던 방에서 죽은 채 발견됐다. 그 방에는 침대로 쓰인 깃털 더미 말고는 가구가 아무것도 없었고, 한쪽 구석의 방바닥이 깨져서 생긴 구멍이 변소로 쓰이고 있었다. 골웨이는 거의 벌거벗은 채로 누워서 굶어 죽었고, 시신에는 해충에 물린 상처가 있었다.⁴ 엥겔스는 부르주아지를 "사회적 살인" 죄로 고발했다. 부르주아지는 사람들이 일찍 죽을 수밖에 없다는 것을 알면서도 그런 상황으로 사람들을 몰아넣었기 때문이다.

엥겔스는 공장 제도가 사회관계를 바꿔 놓는데, 그중 하나가 '가족의 해체'라고 봤다. 전에는 가족이 협력해서 재화를 생산했다. 예컨대, 면방적업에서 가족이 하나의 생산 단위로 일을 했다. 그러나 산업자본주의와 함께 이런 시스템이 무너지기 시작했다. 아이들은 일하러 나갔다가 자기 임금의 일부를 부모에게 줬다. 그러면서 가족을 가정이 아니라 하숙집처럼 취급하게 됐다.

《영국 노동계급의 상황》이 완벽한 책은 아니다. 엥겔스가 아일랜드 이주민에 관해 이야기할 때 쓰는 용어는 오늘날 사회주의자라면 쓰지 않을 것이다. "그들은 문명과 거의 무관하게 자랐고" 잉글랜드로 이주하면서 "불결함과 알코올의존증"도 가져왔다고 엥겔스는 말한다.⁵ 그는 또, 젊은 여성들에 관해 매우 도덕주의적으로 이야기하고, 10대의 음주와 도박에 분노한 자유주의자들의 보고서를 무비판적으로 거듭 인용한다. "공장 조사 위원이 찾아간 맥줏집에는 [거의 전부 17세 이하인] 청춘 남녀 40~50명이 [모두 이성을 옆에 끼고] 앉아 있었다. … 여기저기서 카드놀이를 하고 있었고, 다른 곳에서는 춤을 추고 있었으며, 어디서든 술을 마시고 있었다."⁶ 당연히 엥겔스의 이런 태도가 훨씬 더 놀라운 이유는 자신도 음주와 파티를 즐겼기 때문이다.

그러나 이런 결함에도 불구하고 《영국 노동계급의 상황》은 사회주의 역사에서 인상적인 책이다. 그 책은 현실에 대한 관찰과 현실이 왜 그런지에 대한 분석, 그런 현실에 대한 분노를 결합한다. 마르크스는 나중에 이 책을 다시 읽어 보고 자신의 걸작 《자본론》에서 언급한다.

프롤레타리아는 도시 생활을 통해 극심한 빈곤을 겪게 됐을 뿐아니라, 급진적 사상도 접하게 됐다. 엥겔스는 "기계의 발전이 수공업 기술을 침범하는 정도에 정비례해서" 노동자들이 노동운동에 동참하게 됐다고 주장한다.⁷ 엥겔스는 전투적 차티스트들 사이에서 대중투쟁의 가능성을 발견했다. 지금 보면, 영국 프롤레타리아가 틀림없이 승리할 것이라던 그의 예측이 지나치게 낙관적이었음을 알 수 있다. 그렇지만 엥겔스가 대중투쟁의 시대에 살았다는 것을 감안하면, 청년 엥겔스가 다가오는 혁명을 기대한 것은 이해할 만한 일이다.

역사유물론

마르크스는 1843년 [6월] 예니 폰 베스트팔렌과 결혼했다. 그러나 검열 때문에 독일에서는 언론 활동을 계속할 수 없었으므로 [10월에] 아내와 함께 파리로 이사했다. 이듬해 [8월] 파리를 방문한 엥겔스와 마르크스는 다시 만났다. [2년 전에] 처음 만났을 때는 분위기가 썰렁했지만 이제 두 사람은 사상적·정치적 동반자가 돼 서로 협력하기 시작했다. 그 결과 오늘날 마르크스주의 사상의 토대가 구축됐다. 두 사람은 거의 따로따로 노동계급의 중요성에 관한 똑같은 결론에 이르렀다. 엥겔스는 영국 노동자들을 보고 그랬고, 마르크스는 슐레지엔 직물 노동자 반란을 보도하면서 그랬다. [1844년 6월에] 슐레지엔 지방의 직물 노동자 수천 명이 임금과 생활수준 저하에 항의하는 파업에 나서서 기계를 부수며 투쟁했다.

맨체스터에 있을 때 엥겔스는 경제학을 다룬 중요한 글 "정치경제학 비판 개요"를 써서 마르크스가 [청년 헤겔주의 철학자 아르놀트 루게와 함께] 공동 편집자로 일하던 잡지 《도이체·프란최지셰 야르뷔허》(독일·프랑스 연감)에 기고했다. 그 글을 보면 엥겔스는 단지 노동계급이 어떻게 사는지를 관찰한 것만이 아니라, 그런 관찰과 날카로운 경제적 분석을 결합하기도 했다는 것을 알 수 있다. "정치경제학 비판 개요"는 자본가계급의 부도덕성과 위선을 맹비난할 뿐 아니라, 경제체제의 내적 작동 방식에 대한 많은 통찰도 보여 주고 마르크스가 나중에 《자본론》에서 주장하게 되는 일부 내용도 예고한다. 예컨대, 엥겔스는 자본주의에서 부의 원천은 노동이라고 말하기 시작한다.

엥겔스는 또, 토머스 맬서스의 "천박한" 이론을 강력하게 비판한다. 맬서스는 과잉인구 때문에 식량난이 생긴다고 주장하며 빈민 구제 대책을 반대했다. 엥겔스는 오직 경쟁 상황에서만, 즉 인간이 자기 노동의 대가로 받는 임금에 따라 평가되고 주기적 경제 위기가 수많은 인간을 실업으로 내모는 상황에서만 과잉인구가 사회의 문제인 것처럼 보일 수 있다고 주장했다.

마르크스와 엥겔스는 함께 브루노 바우어를 비판한 책 《신성 가

족: '비판적 비판주의'에 대한 비판》을 썼다. 바우어는 전에 청년 헤겔주의자였는데 이제는 엘리트주의적 태도를 취하면서, 대중을 '이성'의 적으로 여기고 무시했기 때문이다. 처음에 엥겔스는 이 소책자를 마르크스와 함께 쓰기 시작했지만, 1844년 9월 [파리를 떠나] 고향 바르멘으로 돌아가면서 (어쩌면 어리석게도) 마르크스에게 원고를 완성하라고 맡겨 놨더니 마르크스는 책의 분량을 크게 늘려 버렸다.

부모 집으로 돌아온 엥겔스는 《영국 노동계급의 상황》 원고를 다듬으며 출판 준비를 했다. 그러나 바르멘도 계급 정치의 무풍지대는 아니었다. 엥겔스와 헤스는 그곳에서 1845년 [2월]에 200명이 참석한 공산주의 집회를 열었다. 이 모든 것 때문에 명망 있는 엥겔스 아버지는 몸서리를 쳤고, 엥겔스와 부모의 관계는 점점 더 나빠졌다. 또, 그 때문에 엥겔스는 경찰과 [엘버펠트] 시장의 감시 대상이 됐고, 결국 그들은 공산주의 집회를 금지해 버렸다.

한편, 마르크스는 [1845년 2월] 파리에서도 추방되자 [벨기에] 브뤼셀로 이사했다. 엥겔스도 [1845년 4월] 브뤼셀로 와서 마르크스와 합류했다. 두 사람은 몇 날 며칠 밤을 함께 보내면서 나중에 《독일 이데올로기》로 알려지게 되는 책의 원고를 작성했는데, 엥겔스가 글의 대부분을 썼다.*

《독일 이데올로기》에서 마르크스와 엥겔스는 자신들의 핵심 사

---

* 알렉스 캘리니코스는 《카를 마르크스의 혁명적 사상》에서 마르크스가 글의 대부분을 썼다고 했다.

상 몇 가지를 보여 줬다. 관념론 사상가들의 주장과 달리, 역사를 이해하는 가장 중요한 출발점은 사람들의 머릿속 생각이 아니라 실제로 존재하는 인간들의 현실 생활과 활동이라는 것이 두 사람의 통찰이었다. 마르크스와 엥겔스는 인간이 자연 세계의 일부임을 인정하면서 다음과 같이 말했다. "모든 인간 역사의 첫째 전제는 물론 살아 있는 개인들의 실존이다. [따라서 가장 먼저 규명해야 하는 사실은 이 개인들의 신체 조직이고, 이 신체 조직에 따라 맺어진 인간과 나머지 자연 사이의 관계다.]" 인간과 나머지 자연 사이의 일부 관계는 인간과 여타 동물에게 공통된 것이다. 그러나 인간은 목적의식적으로 자신의 환경을 변화시킨다는 점에서 다른 동물들과 구별된다고 마르크스와 엥겔스는 주장했다.

또, 마르크스와 엥겔스는 경제적 관계가 사람들의 생활을 형성하는 데서 중요한 구실을 한다는 것을 깨달았다. 유사 이래 인간이 살아온 사회형태는 다양했다. 수렵·채집 사회도 있었고, 고대 노예제 사회도 있었으며, 봉건제와 산업자본주의 사회도 있었다. 마르크스와 엥겔스는 이렇게 생계 수단을 생산하기 위해 사회를 조직하는 다양한 방식에 따라 사람들 사이의 다양한 사회관계도 생겨났다고 봤다. 노동자와 산업자본가의 관계는 농노와 봉건영주의 관계와 사뭇 달랐다.

마르크스와 엥겔스는 이른바 생산력과 사회관계를 구분했다. 생산력은 인간이 재화를 생산하기 위해 이용할 수 있는 수단, 즉 인간의 노동, 원료, 기술과 지식 등이다. 이 생산력이 계속 발전하면 때로는 기존 사회관계와 충돌할 수 있다. 그러면 낡은 사회관계가 새로운 사회관계로 대체되는 혁명적 변화의 토대가 마련된다.

마르크스와 엥겔스가 지적했듯이, 자본주의는 봉건제를 산산조각 냈고 그 과정에서 노동계급을 창출했으며 노동계급은 계속 성장했다. 자본주의 체제는 노동계급의 노동력에 의존하므로 노동자들은 자본주의를 무너뜨리는 데 이해관계도 있고 그럴 능력도 있다. 자본주의에서 노동자들은 흔히 대규모 작업장에 집중돼서, 자본가가 판매할 상품을 생산한다. 이런 상황 때문에 수많은 노동자가 처음으로 함께 조직하는 것이 가능해진다. 그러나 노동자들이 자기 힘을 깨닫고 사회주의 혁명을 이끄는 것이 필연적이지는 않다. 자본주의 체제의 내적 모순 때문에 자본주의는 [전쟁과 파시즘 같은] 야만으로 미끄러질 수도 있다. 그러나 더 나은 사회가 실현될 수 있는 가능성은 존재한다.

마르크스와 엥겔스는 또, 어떤 사회에서도 지배적인 사상은 지배계급의 사상이라고 주장했다. 자본가계급은 자신들이 지배하는 자본주의 사회가 자연스러운 체제처럼 보이게 만들 수 있다. 빅토리아 시대 영국에서는 부자가 자기 실력과 노고로 사회 상류층이 됐다고 믿는 사람이 매우 많았다. 따라서 사회가 조직되는 방식은 지배적인 문화 규범과 사상에도 영향을 미친다.

데이비드 매클렐런은 《독일 이데올로기》가 마르크스와 엥겔스의 저작 중에서 "십중팔구 그들의 유물론적 역사관을 가장 폭넓게 설명한 책"일 것이라고 주장했다.[8] 《독일 이데올로기》는 비록 완성되지도 않았고 두 사람의 생전에 출판되지도 않았지만, 그래도 그들이 당시의 철학을 어떻게 생각하고 다뤘는지를 보여 준다.

화산 위에서 잠자고 있는

마르크스와 엥겔스는 공산주의자들이 조직을 결성하는 것이 필수적이라고 생각했다. 엥겔스는 특히 유럽 대륙 전체에서 혁명가들의 연결망을 구축하는 데 관심이 많았다. 그러나 이것이 항상 쉬운 일은 아니었다. 1846년에 엥겔스는 파리로 가서 의인동맹의 모임에 참석했다. 의인동맹은 주로 수공업자 출신 사회주의자들로 이뤄진 조직이었다. 의인동맹에 가장 중요한 영향을 미친 인물은 재단사이자 발명가인 빌헬름 바이틀링이었다. 그는 당장 사회주의 봉기에 나서야 한다고 주장해서 갈수록 인기를 끌었다. 바이틀링의 사상은 매우 급진적인 것처럼 보였다. 그러나 그는 소수가 대중을 대신해서 혁명을 성취할 수 있다고 생각했다. 또 다른 유력 인사들은 이른바 '참된 사회주의자들'이었다. 그들은 인민대중을 도덕적으로 교육해야 한다고 강조했다. 이 두 이데올로기는 모두 계급투쟁을 하찮게 여긴 반면, 마르크스와 엥겔스는 공산주의 혁명을 위해서는 계급투쟁이 필수적이라고 생각했다.

이듬해에 엥겔스는 의인동맹 런던 지부에서 더 큰 성공을 거뒀다. 그 조직이 비밀결사에서 [공개적] 선동 조직으로 탈바꿈하도록 만든 것이다. 조직 이름도 공산주의자동맹으로 바뀌었고, 구호도 "모든 사람은 형제다"에서 "만국의 노동자여, 단결하라!"로 바뀌었다. 마르크스와 엥겔스는 새 조직의 정치를 밝히는 선언문 작성의 임무를 맡게 됐다. 그 결과가 바로 《공산당 선언》이라는 문서였다.

《공산당 선언》은 혁명적 사상을 설명하는 가장 유명한 문서 중

하나가 됐다. [2009년에 작고한 영국의 혁명적 사회주의자] 크리스 하먼은 다음과 같이 주장했다. "주류 경제학자들과 사회학자들은 결코 설명할 수 없는 오늘날의 세계, 즉 전쟁이 끊이지 않고 경제 위기가 거듭되는 세계, 한쪽에서는 수억 명이 굶주리는데도 다른 쪽에서는 '과잉생산'에 시달리는 세계를 《공산당 선언》은 여전히 설명할 수 있다."⁹

《공산당 선언》의 초안이 된 "공산주의의 원리"를 작성한 사람은 엥겔스였다. 25개의 문답 형식으로 된 그 글은 비록 《공산당 선언》 같은 미사여구와 문학적 웅변은 없지만, 간결하고 이해하기 쉽게 글을 쓰는 엥겔스의 특별한 재능을 잘 보여 준다.

["공산주의의 원리"에서] 엥겔스는 어떻게 자본주의가 노동계급을 만들어 내고 발전시켰는지, 또 어떻게 체제가 주기적으로 경제 위기에 빠지는지를 설명한다. 자본주의는 생산력이 너무 많이 성장해서 이제 자본주의적 사회관계가 생산력 발전에 족쇄가 됐다. "강력하고도 쉽게 증대되는 이 생산력은 사유재산과 부르주아지보다 훨씬 더 많이 성장해서, 언제라도 사회질서의 극심한 교란을 불러일으킬 지경이 됐다. 이런 상황에서는 사유재산의 폐지가 가능할 뿐 아니라 절대로 필요하다."

엥겔스는 또, 혁명정부가 처음에 실시할 몇 가지 조치들도 설명한다. 예컨대, 토지·공장·은행 국유화, "공동 주거를 위한 대주택을 건설하기", 모든 아동을 위한 무상교육 등. 그러나 엥겔스는 이런 조치들이 과도적 수단이라고 생각했다. 공산주의는 결국 사람들의 생활을 더 근본적으로 변화시켜서 계급 없는 사회를 실현할 것이다.

국가는 쓸모없게 될 것이고, 그래서 시들어 죽을 것이다. 남성과 여성의 관계는 국가가 개입할 필요가 전혀 없는 "순전히 사적인 문제"가 될 것이고, 국경이나 국적도 없어질 것이고, 종교도 더는 도움이 안 될 것이므로 사라질 것이다.

오늘날 마르크스와 엥겔스의 혁명적 지지자들은 흔히 자신들을 사회주의자라고 부른다('공산주의'라는 말이 20세기의 스탈린주의를 연상시키기 때문이다). 그러나 마르크스와 엥겔스는 자신들을 공산주의자라고 부르면서 당대의 사회주의자들과 구별했다. "공산주의의 원리"에서 엥겔스는 다양한 사회주의자들을 구분한다. 즉, 봉건제가 지배적이던 사회로 돌아가기를 원하는 반동적 사회주의자들이 있는가 하면, 흔히 자본주의 사회의 가장 끔찍한 폐해들에 질겁하면서도 자본주의 사회를 단지 개혁하려고만 하는 부르주아적 사회주의자들도 있고, 마지막으로 민주적 사회주의자들도 있다. 부르주아적 사회주의자들의 주요 관심사는 현 사회를 유지하는 것이므로 그들은 혁명적 변화에 저항하지만, 민주적 사회주의자들은 [자본주의] 체제를 변혁한다는 사상에 열려 있다. 그래서 사회를 더 민주적으로 변화시키기 위해 공산주의자들과 함께 행동하고 협력할 수 있는 사람들이다. 그렇지만 민주적 사회주의자들은 엥겔스가 말한 과도적 요구들만으로도 자본주의 사회가 낳는 불행을 끝장내는 데 충분하다고 생각하는 경향이 있으므로 프롤레타리아 혁명의 필요성을 실천 속에서 그들이 납득할 수 있게끔 설득해야 한다.

마르크스와 엥겔스는 "[공산주의라는] 유령이 유럽을 배회하고 있다"는 유명한 말로 《공산당 선언》을 시작한다. 이 말은 예언이었음이 곧 입증된다. 1847년에 경제 위기가 식량 폭동으로 이어졌고, 1848년 3월 무렵에는 혁명이 유럽 대륙으로 확산되고 있었다. 파리에 바리케이드가 세워졌다. 프랑스 국왕 루이 필리프는 권좌에서 쫓겨나 영국으로 도망쳤고, 제헌의회가 소집됐다. 자유주의자 국회의원 알렉시 드 토크빌은 [1848년 2월 혁명 직전에 국회에서 연설할 때] "지금 우리는 화산 위에서 잠자고 있습니다" 하고 말했다.

헝가리에서는 코슈트 러요시가 이끄는 민족주의자들이 합스부르크 왕가의 지배에서 벗어나기 위한 독립 전쟁을 주도해서 민주적 의회를 수립했다. 이에 고무된 반란이 [합스부르크 왕가가 지배하는 오스트리아 제국의 수도] 빈을 휩쓸면서, 보수주의자인 클레멘스 폰 메테르니히 후작의 오스트리아 정부가 무너졌다. [영국의 마르크스주의] 역사가 에릭 홉스봄에 따르면, [겨우 몇 주 만에] 오늘날의 유럽 10개국* 국토의 전부나 일부가 포함되는 지역에서 쓰러지지 않고 살아남은 정부는 단 하나도 없었다.

5월이 되자 프랑스의 급진파들은 의회를 전복하려 하고 있었고, 6월에는 급진적 노동자들과 부르주아 자유주의자들 사이에서 격렬한 투쟁이 벌어졌다. 왕정을 무너뜨릴 때까지는 급진파들이 자유주의자들의 뒤를 따랐지만, 그 뒤에는 부르주아 자유주의자들과 급진적 노동자들의 이해관계가 갈수록 벌어진 것이다. 어떤 사람들은 언론 자유를 요구한 반면, 다른 사람들은 당장 먹고사는 절박한 문

---

* 홉스봄의 책 《자본의 시대》 초판이 발행된 1975년 당시 프랑스·서독·동독·오스트리아·이탈리아·체코슬로바키아·헝가리·폴란드·유고슬라비아·루마니아를 말한다.

1848년 6월 파리 봉기

제의 해결을 요구했다. 과거의 혁명들과 달리 이제는 노동계급이 상당한 세력을 이뤄서, 흔히 부르주아지의 요구를 뛰어넘는 독자적 요구를 제기하며 경제체제에 도전하기 시작했다.

이른바 6월 봉기 때 파리 노동자 수만 명이 바리케이드를 쌓고 의회에 맞서 싸웠다. 그러나 결국 국민방위군에게* 진압됐고, 그 과정에서 약 3000명이 살해당했다. 엥겔스가 썼듯이, 그것은 "프롤레타리아가 독자적 계급으로서 [자신의 이익과 요구를 내걸고] 부르주아

---

* 국민방위군 1789년 프랑스 혁명 때 질서 유지와 자기방어를 목적으로 창설된 시민군으로, 정규군과 별도로 운영된 조직이다.

지에 맞서 용감하게 일어서자마자 부르주아지가 얼마나 미친 듯이 잔인하게 보복하는지를 보여 준 사건이었다."[10] 마르크스와 엥겔스가 이 경험에서 배운 교훈은 노동자들이 자유주의 [부르주아지] 세력에 의존해서는 안 된다는 것이었다. 노동자들은 독자적 계급 이익을 분명히 인식하고 독립적 조직을 만들어야 하고 혁명 상황에서는 노동자 정부를 독자적으로 구성해야 한다는 것이었다. 마르크스와 엥겔스는 노동자 권력이 수립될 때까지 혁명이 중단되지 않는 연속혁명이 필요하다고 이야기하기 시작했다.

이제 유럽 대륙 전역에서 반혁명이 일어나 혁명 세력을 분쇄했다. 베를린·프라하·빈에서 의회는 문을 닫아야 했다. 1848년 12월 나폴레옹 보나파르트의 조카인 루이 나폴레옹이 프랑스 [제2]공화국의 대통령으로 당선해서, 질서 회복을 바라는 보수파들의 희망이 이뤄졌다. 마르크스는 (엥겔스가 [1851년 12월 3일] 보낸 편지에 나오는 문구를 빌려서) 조카 나폴레옹의 통치는 역사적으로 위대한 인물들은 모두 두 번 나타나지만 "처음에는 비극으로, 나중에는 희극으로" 끝난다는 것을 보여 준다고 말했다.[11] 마르크스는 1848년 혁명이 1789년의 사건들에 전혀 미치지 못한다고 느낀 것이다. 그러나 여러 곳에서 새로운 전선이 열렸다. 예컨대, 로마에서는 교황이 도망치고 공화국이 선포됐다.

엥겔스는 이런 많은 사건들의 목격자이자 참가자였다. 1847년 말에 그는 파리에서 열린 반정부 연회들에 참석한 후 보도 기사를 썼다(이런 연회는 정부가 정치 집회를 금지하자 이를 회피하는 방편으로 열린 것들이었다).

1848년 초[4월]에 엥겔스와 마르크스는 라인란트[의 쾰른으]로 돌아왔다. 독일연방에 속한 많은 국가에서도 혁명이 일어나 5월에 온건한 새 의회가 프랑크푸르트에 수립됐다. 그러나 프랑크푸르트 국민의회는 노동자들과 귀족 양쪽에서 압력을 받았다. 의회 지도자들은 반혁명의 위험에 직면했지만, 개혁을 허용했다가 프랑스에서 일어난 것 같은 노동자 봉기로 발전할까 봐 전전긍긍했다.

6월에 마르크스와 엥겔스는 〈노이에 라이니셰 차이퉁〉(신라인 신문)이라는 일간지를 발행하기 시작했다. 그 신문은 독일의 통일과 민주화를 요구했다. 마르크스와 엥겔스는 비록 부르주아 민주주의자들을 비판했지만, 당시 두 사람의 전략은 부르주아지와 함께 민주화 운동에 관여하면서도 〈노이에 라이니셰 차이퉁〉을 이용해 그 운동을 프롤레타리아 쪽으로 더 끌어당기려고 노력한다는 것이었다. 혁명을 수호하기 위해 쾰른에 공안위원회가 수립됐을 때 마르크스와 엥겔스는 모두 공안위원으로 선출됐다. 1848년 9월 엥겔스는 8000명의 청중이 모인 대규모 야외 집회에서 연설했다.

《공산당 선언》은 1848년의 혁명들에 딱히 영향을 미치지는 못했다. 당시 그 문서는 공산주의자동맹 회원 몇백 명에게 배포됐을 뿐이다. 그러나 마르크스와 엥겔스가 작성한 1장짜리 전단 "독일 공산당의 요구들"은 널리 배포됐다. 그렇지만 곧 [쾰른에 계엄령이 선포돼] 공안위원회는 폐쇄됐고 대중 집회는 금지됐다. 엥겔스는 반역죄로 체포되지 않기 위해 프랑스로 도망갈 수밖에 없었다. 그는 이후 몇 개월 동안 프랑스와 스위스의 시골 마을을 돌아다니며 그 지역의 포도주를 맛보고 들판에서 여성들과 노닥거리기도 했다. 그러나

1849년 초에 엥겔스는 다시 라인란트로 돌아와 투쟁에 참여할 수 있었다.

엘버펠트에서 바리케이드 설치 책임을 맡은 엥겔스는 바리케이드 위에 붉은 깃발을 달았다.(그 깃발은 시장 관사의 커튼을 찢어서 만든 것이었다!) 그러나 [공산주의 급진파의 득세를 두려워한] 시 공안위원회의 명령에 따라 결국 깃발을 내려야 했다. 이때쯤 독일의 무장봉기는 끝나 가고 있는 것처럼 보였다. 그러나 엥겔스는 노동자와 대학생 자원병 부대의 일원이 돼 마지막 무장투쟁에 참가했다. 28세의 엥겔스는 [혁명군 1만 3000명의 4배나 되는] 프로이센 군대에 맞서 4차례 전투에 참가한 뛰어난 군인이었다. 무장투쟁에 참가해서 그가 인정받은 진정성은 유용하다는 것이 드러났다. 다른 지식인들은 혁명에 관해 말로만 떠든 반면, 엥겔스는 혁명을 수호하려고 실제로 싸웠던 것이다. 그러나 사실 그 군사작전은 실패할 운명이었다. 결국 엥겔스는 국경을 넘어 스위스로 도망칠 수밖에 없었고, 나중에 마르크스의 조언에 따라 영국으로 향했다.

맨체스터의 망명객

1850년에 엥겔스는 맨체스터로 돌아와 에르멘앤드엥겔스에서 다시 일하기 시작했다. 처음에는 10대 시절처럼 그리 많지 않은 보수를 받는 사무직 일을 했다. 이제 엥겔스 아버지는 만족했다. 아들이 맨체스터에 있으니 동업자인 고드프리 에르멘이 영국에서 허튼짓을 하지 않는지 감시할 수도 있었다.

엥겔스는 점점 더 승진해서 결국 연간 수입이 1000파운드가 넘는 부자가 될 수 있었다. 이 돈을 오늘날 가치로 환산하면 10만 파운드쯤* 된다.[12] 맨체스터에서 엥겔스의 라이프스타일은 여러모로 빅토리아 시대 부유한 신사의 전형이었다. 그는 여우 사냥을 매우 좋아해서 체셔 여우 사냥 대회에 자주 참가했다. 그러나 부르주아 손님들을 접대할 수 있는 공식적 집을 유지하는 동시에 비공식적 집에서는 메리 번스 자매와 함께 살았다. 또, 프로이센 국가의 탄압을 피해 영국으로 온 망명객이었으므로 당국의 의심과 감시를 받았다.

노동자들의 무장봉기를 옹호하는 동시에 면방직 공장을 운영하고 노동자들을 착취해 이윤을 얻는 것은 모순된 생활이었다. 엥겔스가 결코 내키지 않은 그 일을 하는 데 동의한 이유 하나는 마르크스가 생활을 유지할 수 있도록 돈을 대 주기 위해서였다. 당시 런던의 소호에서 가족과 함께 살던 마르크스는 대영박물관의 도서관 열람실에서 다시 경제학을 연구하는 데 많은 시간을 쏟고 있었다. 마르크스 가족은 가난에 허덕이며 살았다. 특히 런던 생활 초기에 그랬다. 마르크스의 자녀 6명 가운데 겨우 3명, 즉 예니·라우라·엘리너만이 살아남아서 어른이 될 수 있었다. 마르크스는 [엥겔스에게] 끊임없이 돈을 달라고 부탁했고 20년 넘게 엥겔스는 맨체스터에서 일하면서 자기 소득의 거의 절반을 마르크스 가족에게 송금했다.

1851년에 마르크스의 가정부 헬레네 데무트가 사내아이를 낳았

---

* 1파운드를 약 1400원으로 계산하면 1억 4000만 원쯤 된다.

을 때 엥겔스는 아이의 아버지를 자처했고 자기 세례명을 아이에게 주기도 했다. 그러나 알려진 바로는 프레디 데무트가* 사실은 마르크스의 아들이고 엥겔스는 마르크스의 명성을 보호하기 위해 그랬다고 한다.

마르크스는 심지어 1863년 메리 번스가 (마흔이 조금 넘은 나이로) 죽어서 엥겔스가 슬퍼하고 있을 때 써 보낸 편지에서 [의례적인 애도의 말 뒤에] 눈치 없이 돈 좀 보내 달라고 부탁하기도 했다. 이에 엥겔스는 분노했지만, 마르크스가 진심 어린 사과를 하자 두 사람의 우정은 회복될 수 있었다. 메리가 죽은 뒤 엥겔스는 메리의 여동생 리지와 사귀기 시작했다. 아내가 죽으면 노처녀인 여동생과 살림을 합치는 것은 빅토리아 시대에 꽤 흔한 관행이었다. 전에 마르크스의 부인 예니는 엥겔스와 메리의 관계를 탐탁잖아 했는데, 이제 마르크스 가족은 리지와 더 따뜻한 관계를 맺게 됐다. 그들은 번스 자매가 엥겔스에게 얼마나 소중한지를 경험으로 배우게 된 것이다.

1850년대는 영국과 유럽의 노동계급이 비교적 수동적인 시기였다. 영국의 차티스트운동은 체계적으로 분쇄됐다. 1857년 세계적 경제 위기가 닥치자 엥겔스는 이것이 혁명으로 이어지기를 바랐지만 그 기대와 예상은 빗나가고 말았다.

마르크스와 엥겔스는 독일인 망명가 집단 사이에서 친한 사람이 별로 없었다. 공산주의자동맹은 지도부가 체포돼 재판에 넘겨진 뒤 1852년에 해산했다. 마르크스와 엥겔스의 몇 안 되는 협력자 중 한

---

* 프레디는 프리드리히의 영어식 표현인 프레더릭의 애칭이다.

명이 페르디난트 라살이었다. 전에 헤겔 지지자였던 라살은 베를린을 근거지로 활동하는 재능 있고 영리한 조직자였다. 그러나 마르크스와 엥겔스는 라살이 귀족들을 설득해서 위로부터 보통선거권을 부여하게 하려는 전술을 쓰는 것에 반대했다. 라살의 목표는 기존 국가를 개혁(해서 민중의 국가로 전환)하는 것이었다. 그는 또, 보수적 독일 총리 오토 폰 비스마르크를 은밀히 만나서 부르주아지에 대항하는 동맹을 결성하려고 시도하기도 했다. 이와 달리 엥겔스는 독일어를 사용하는 국가들에서 부르주아지가 낡은 봉건 체제를 전복하는 것이야말로 프롤레타리아 사회주의 혁명의 조건을 창출할 수 있는 절호의 기회를 제공할 것이라고 주장했다. 1864년 라살은 (연적과 결투하다 배에 총을 맞고) 죽었지만, 국가가 주도하는 사회주의라는 그의 사상은 계속 영향력이 있었다.

맨체스터에서 엥겔스는 밤에 시간을 내서 저술 활동을 계속할 수 있었다. 마르크스는 〈뉴욕 데일리 트리뷴〉에 기고하는 일거리를 얻게 되자 엥겔스에게 글을 대신 써 달라고 부탁했다. 엥겔스가 마르크스보다 영어를 훨씬 더 잘했기 때문이다. 엥겔스는 특히 군사전략과 국제정치 문제에 관심이 많았고, 그 분야에서 "19세기 하반기의 가장 독창적인 사상가 중 한 명"이라고 일컬어졌다.[13] 사신의 직접적 군사 경험을 바탕으로 엥겔스는 크림전쟁, 가리발디가 이끄는 이탈리아 통일 운동, 다가오는 프랑스·프로이센 전쟁 등을 다룬 매우 해박한 기사들을 쏠 수 있었다.

엥겔스는 16세기에 독일 전역에서 일어난 농민들의 무장봉기로 눈을 돌려 《독일 농민 전쟁》이라는 소책자를 쓰기도 했다. 그의 목적은 1525년의 사건들과 1848~1849년에 일어난 혁명들 사이에 뚜렷한 유사성이 있음을 강조하려는 것이었다.

16세기에 공업이 발전하고 중간계급이 성장하기 시작하면서 독일 사회는 변화하고 있었다. 또, 무지막지하게 착취당하는 농민 대중이 엄청나게 많았다. 그들은 영주의 토지에서 일하도록 강요당했고, 자기 토지의 생산물에 대해서도 추가로 세금을 내야 했다. 산림과 목초지 같은 공유지는 영주에게 강탈당했고, 이에 저항하면 고문을 당할 수 있었다.

봉건제에 반대하는 중간계급을 대변한 사람이 마르틴 루터였다. 그는 처음에 가톨릭교회의 성직자들을 비판하는 설교를 해서 반란을 촉발했는데, 그 반란은 점점 더 많은 사회계층을 끌어들였다. 그러나 반란이 경제적 억압에 근본적으로 도전하는 방향으로 나아갈 듯하자 루터는 농민군을 멀리했다. 그것은 마치 1848~1849년 혁명 때 부르주아지가 프롤레타리아에게 등을 돌린 것과 비슷했다. 엥겔스는 루터가 농민반란의 위험을 너무 두려워한 나머지 결국 농민들을 억압하는 교황의 편에 서서 심지어 자신의 이상조차 배신하게 됐다고 지적했다. 한편, 농민들의 지도자 토마스 뮌처는 수많은 사람을 자신의 대의로 설득할 수 있었지만, 그를 따르는 농민군은 무기가 형편없었고 결국 전투에서 패배했다.

봉건제에 대항하는 반란은 흔히 종교적 이단의 형태를 띠었다. 뮌처는 모든 재산을 공유하는 사회를 건설해야 하고 "하느님의 계시를 방해하는" 자들을 무자비하게 파멸시켜야 한다고 설교했다. 당시 전쟁의 양편에서 싸운 수많은 사람들 사이에서 종교는 핵심적 구실을 했다. 그렇지만 엥겔스는 이들이 단지 [종교적] 관념 때문에 싸운 것만은 아니라는 사실을 보여 줬다. 서로 다른 계급들이 형성되고 그들이 서로 싸운 데는 물질적 근거가 있었고, 이것이 종교를 둘러싼 싸움처럼 보인 것의 밑바탕에 있었다는 것이다. 따라서 《독일 농민 전쟁》은 역사유물론의 방법을 체계적으로 적용한 최초의 역사 저작이었다.

제1인터내셔널

마르크스와 엥겔스는 영국의 노동계급 정치에 직접 관여할 기회는 거의 없었지만 세계적 사건들, 특히 미국 남북전쟁에 관해서는 논평할 수 있었다. 남북전쟁은 당시 노예제가 합법이던 남부 주_州들과 산업이 더 발전한 북부 주들이 서로 싸운 전쟁이었다(북부는 에이브러햄 링컨이 이끌고 있었다). 영국 지배계급은 면화 생산지인 남부를 지지하는 경향이 있었지만, 노동자들 사이에서는 노예제 반대 투쟁에 공감하는 정서가 강했다. 이른바 '면화 기근' 때, 즉 북군이 남부의 항구들을 봉쇄해서 영국이 면화를 수입할 수 없게 됐을 때 랭커셔 주민의 4분의 1이 실업자가 됐는데도 노동조합들과 존 브라이트 같은 급진적 국회의원들은 링컨을 지지하는 운동을 전개했다.

1864년 영국과 프랑스의 노동자 조직 대표들이 폴란드 독립을 지지하기 위해 런던에 모였다(당시 폴란드는 러시아·오스트리아·독일이 분할 점령하고 있었다). 분명히 일부 노동계급 사이에는 국제주의 정서가 있었다. 이런 상황에서 마르크스와 엥겔스는 각국의 노동자들을 단결시키기 위해 국제노동자협회(나중에 제1인터내셔널로 알려지게 된다)라는 조직을 설립하는 데 참여했다. 그 조직은 모든 나라의 노동자들이 자국 지배계급보다는 다른 나라 노동자들과 단결하는 것이 더 이롭다는 인식을 바탕으로 건설됐다(그 명칭에도 불구하고* 국제노동자협회에는 여성 회원들과 지도자들도 있었다).

마르크스는 곧 국제노동자협회의 중앙집행위원으로 선출됐고(독일을 대표하는 중앙집행위원 중 한 명이었다), 조직의 핵심 이론가이자 활동가가 된다. 국제노동자협회는 노동자들로 이뤄지고 노동자들이 지도하는 조직이 돼야 했다. 마르크스가 작성한 국제노동자협회 잠정 규약 전문前文에는 "노동계급의 해방은 노동계급 스스로 쟁취해야 한다"고 명시돼 있었다. 마르크스와 엥겔스가 1848년의 경험에서 배운 교훈은 노동자들이 부르주아지에게 의존해서는 해방을 쟁취할 수 없다는 것이었다.

영국 노동조합원 2만 5000명이 참여한 국제노동자협회는 런던에서 보통선거권을 요구하는 대규모 노동자 시위들을 후원했다. 또, 파리의 청동 가공 노동자들이 벌인 파업을 영국 노동자들이 지지하도록 조직했고, 벨기에에서 광원들이 체포되자 법률적 도움을 주

---

* 국제노동자협회의 영어 이름 International Working Men's Association은 직역하면 국제 남성 노동자 협회다.

기도 했다. 국제노동자협회는 독일·프랑스·이탈리아에서 사회주의 정당의 씨앗을 뿌렸는데, 이것을 토대로 해서 대중적 사회주의 정당들이 성장하게 된다.

이쯤에서 엥겔스가 다양한 인종을 대하는 태도 문제를 다뤄야 할 것 같다. 유감스럽게도 1848년 혁명을 다룬 엥겔스의 저작들에는 오늘날 우리가 인종차별주의라고 부를 만한 견해가 들어 있다. 엥겔스가 높이 평가한 코슈트 러요시의 헝가리 봉기는 어느 정도는 마자르인들의 문화·언어·정체성에 바탕을 두고 슬라브인들에 반대한 민족주의 운동이었다. 엥겔스는 마자르인들이나 독일인들은 혁명적 변화 과정에서 능동적 구실을 하고 있다고 여긴 반면, (폴란드인들을 제외한) 슬라브인들은 "역사가 없는 민족"이라고 말한 바 있다. 엥겔스가 이렇게 비판한 이유 하나는 슬라브인들이 흔히 합스부르크 제국이나 제정러시아 편에 붙었[고 마자르인들의 독립운동에 대항했]기 때문이다. 엥겔스는 평생 동안 이 낡은 제국들을 증오했다. 아무리 그래도 엥겔스의 견해를 지지할 수는 없는 노릇이다.[14]

그렇지만 나중에 엥겔스는 "역사 없는 민족"에 관한 견해를 버리고 중국·알제리·콩고의 저항운동 같은 반反식민지 투쟁들을 지지하기 시작했다. 그는 식민지의 자원을 약탈하는 식민주의가 흔히 본국의 노동자들을 억압하는 바로 그 자본가들을 부유하게 한다는 것을 인식했다. 엥겔스는 유대인 혐오를 강하게 규탄했다. 또, 아일랜드 해방에 관심을 갖고 어떻게 영국의 식민주의가 아일랜드인들을 예속 상태에 묶어 두는지를 개괄적으로 설명하는 책을 쓰려고 했다(물론 이 저작은 완성되지 못했다). 리지 번스도 아일랜드

마르크스와 그 세 딸과 함께

공화주의를 적극 지지해서, 1867년 맨체스터에서 아일랜드공화주의 형제단원 3명이 처형당했을 때 애도의 표시로 검은 상복을 입기도 했다.

1860년대에 마르크스는 또 다른 성공을 거뒀다. 엥겔스의 오랜 독촉 끝에 마침내 《자본론》 1권을 완성해 출판한 것이다. 그 책은 옳게도 마르크스의 걸작으로 여겨진다. 《자본론》은 자본주의 체제의 어느 한 측면만을 이해하는 것이 아니라 체제 전체의 작동 방식을 분석했다. 노동자 착취와 자본가들의 경쟁이 어떻게 자본주의의 핵심 추진력이 되는지를 설명했다. 《자본론》은 경제학을 다룬 탄탄한 저작으로서, 마르크스와 엥겔스가 다른 전통 출신의 사회주의자들과 이런저런 논쟁을 할 때 매우 유용한 도구 노릇을 했다.

엥겔스의 재정적 지원과 격려가 없었다면 마르크스가 《자본론》 [1권]을 완성할 수 있었을지 의심스럽다. 마르크스 자신이 [엥겔스에게 보낸 편지에서] 다음과 같이 말했다. "[자네가 없었다면 나는 이 책을 끝내지 못했을 걸세.] 자네가 주로 나 때문에 자네의 그 뛰어난 재능을 상업에 탕진하며 녹슬게 했다는 것이 항상 내 양심을 악몽처럼 짓눌렀다네."[15]

엥겔스가 공장 내부에서 공장이 어떻게 돌아가는지를 보면서 얻은 지식이 마르크스가 《자본론》을 쓰는 데 필수적이었다. 《자본론》의 몇몇 장章에서 끔찍한 노동조건을 묘사하는 부분, 특히 장시간 노동의 효과를 설명하는 부분을 읽다 보면 엥겔스의 책 《영국 노동계급의 상황》이 떠오른다. 처음에 "정치경제학 비판 개요"를 써서 마르크스가 경제학에 관심을 갖도록 자극한 사람도 엥겔스였다. 《자본론》에 나오는 노동과 소외 개념은 《독일 이데올로기》 같은 초기 저작들에서도 발견된다. 또, 마르크스는 《자본론》을 홍보하려고 애쓴 엥겔스의 노력 덕을 보기도 했다. 주요 언론들이 《자본론》에 관해 의도적으로 침묵하는 것처럼 보였을 때 엥겔스는 직접 여러 언론에 《자본론》 서평을 기고했다.

프림로즈힐에서

1869년 엥겔스는 에르멘과 동업자 계약이 만료되자 드디어 맨체스터의 공장을 떠날 수 있게 됐다. 마르크스의 딸 엘리너는 엥겔스가 마지막 출근 날 얼마나 기뻐했는지를 다음과 같이 묘사했다. "그날 아침 아저씨가 구두를 신고 나가면서 신바람이 난 듯 '오늘이 마지막이다!' 하고 외치던 모습을 결코 잊을 수 없다."[16] 엥겔스는 리지와 함께 런던으로 이사해서 프림로즈힐의* 리전트파크 로드 122번지에 집을 구했다. 메이틀랜드파크 로드 41번지에 있는 마르크스 집에서 10분만 걸어가면 되는 가까운 거리였다.

런던에서 살게 됐다는 것은 엥겔스가 국제노동자협회에서 훨씬 더 능동적 구실을 할 수 있게 됐다는 뜻이었다. 그는 벨기에·이탈리아·스페인·포르투갈·덴마크 지부 담당 연락 간사가 됐다. 사실상 유럽 대륙 전체의 운동을 조정하는 막중한 책임을 맡게 된 것이다. 엥겔스는 19세기에 사회주의 운동을 이끌던 다양한 인물들이 자기 집으로 찾아오는 것을 환영했다. 그중에는 독일 사회주의 운동에서 핵심적 구실을 하게 되는 아우구스트 베벨,** 에두아르트 베른슈타인, 카를 카우츠키도 있었고, 독일의 화학자 카를 쇼를레머, 장차 영국 노동당 창립자가 되는 키어 하디, 직물 디자이너이자 사회주의 활동가인 윌리엄 모리스 같은 사람들도 있었다. 엥겔스와 손님들은 흔히 새벽 2~3시까지 독일산 필젠*** 맥주나 [프랑스산] 보르

---

* 프림로즈힐 런던 시내 중앙에 있는 리전트 파크의 북쪽 언덕으로, 시내가 한눈에 내려다 보이는 고급 주택가.

** 아우구스트 베벨 1892년부터 1913년 병으로 죽을 때까지 독일 사회민주당 대표였다. 카우츠키가 이론적 지도자였다면 베벨은 실제 조직가로서 엄청난 권위를 누렸다.

*** 오늘날 체코의 플젠.

도 포도주를 마시며 정치 토론을 했다. 엥겔스는 당대에 가장 학식이 풍부한 사람 중 한 명이었다. 그는 적어도 9개 나라 말을 유창하게 할 수 있었고, 날마다 그의 집에는 유럽 각국의 신문들이 배달됐다.

엥겔스는 마르크스 가족 성원 모두와 절친한 사이가 됐고, 마르크스의 딸들에게는 작은아버지나 다름없었다. 마르크스 가족은 "천사표 아저씨", 리지 "아줌마", 번스 자매의 조카딸인 엘런(별명이 '펌프스'였다)과* 함께 자주 브라이튼이나 이스트본 같은 바닷가[나 공원]로 나들이나 소풍을 갔다.

엥겔스는 노동자들의 생활 조건에 관한 글을 쓰는 일로 돌아가서, 주택문제를 다룬 연재 기사를 썼다. 사람들이 도시로 대거 이주하자 주택이 부족한 것처럼 보이는 현상이 나타나 심각한 사회문제가 됐다. 그러나 엥겔스는 부르주아 박애주의자들이 내놓은 해결책, 즉 본질적으로는 노동자들이 자기 집을 소유하게 해야 한다는 주장을 비판했다. 독일의 농촌 지역에서는 노동자들이 실제로 자기 집을 소유하고 흔히 작은 정원도 갖고 있지만, 이 때문에 사용자들은 노동자에게 임금을 적게 주면서 노동자가 [정원에서] 스스로 재배해서 얻은 약간의 식량을 먹고 살게 한다고 엥겔스는 지적했다. 그래서 자기 집이 없는 노동자들을 포함해 산업 전반의 모든 노동자 임금을 떨어뜨리는 경향이 있다는 것이었다.

엥겔스가 보기에 이렇게 반쯤 봉건적인 생활 방식으로 돌아가는

---

* 펌프스(pumps) 끈이나 고리가 없고 발등이 깊이 파져 있는 여성용 구두.

것은 대안이 아니었다. 주택문제의 진정한 해결책은 단 하나, 즉 "지배계급이 노동계급을 착취하고 억압하는 것 자체를 폐지하는" 것뿐이었다. 이것은 부자들의 집을 몰수해서 노동자들에게 나눠 주는 과정을 동반할 것이다. 엥겔스는 엄밀히 말해 주택이 부족한 것은 아니라는 사실을 알고 있었다. 소수가 주택을 통제하는 것이 문제였다.

1870년 프랑스·프로이센 전쟁이 일어났다. 프로이센이 순식간에 승리했고 프랑스에서는 루이 나폴레옹의 통치가 끝났다. 아돌프 티에르가 이끄는 프랑스의 새 임시정부는 프랑스를 점령한 프로이센 군대에 항복하려 했다. 그러나 파리 사람들은 이에 반발하면서 1871년 3월 파리코뮌을 수립하고 프로이센 침략군과 티에르 정부에 모두 맞서 싸웠다.

파리코뮌은 평범한 사람들이 민주적으로 사회를 운영할 수 있다는 것을 보여 줬다. 파리코뮌을 운영한 것은 선출되고 언제든지 소환될 수 있는 대표들의 평의회였다. 그 대표들이 받은 임금은 [노동자들의 평균임금인] 6000프랑을 넘지 않았다. 평의회의 의원들은 유휴 공장과 작업장을 접수해서 협동조합으로 운영할 계획을 세웠고, 공공 식당과 응급 치료소뿐 아니라 아동 교육기관도 설립했다. 여성들도 코뮌을 군사적으로 방어하는 활동에 참여하는 등 능동적 구실을 했다. 그러나 파리코뮌은 겨우 2개월 동안 존속하다가 프랑스 군대의 공격으로 전복됐다. 야만적 탄압이 뒤따랐고, 코뮌 투사와 지지자 약 3만 명이 군대의 총검에 살해됐다.

마르크스와 엥겔스는 파리코뮌 운동의 계급적 성격을 높이 평가

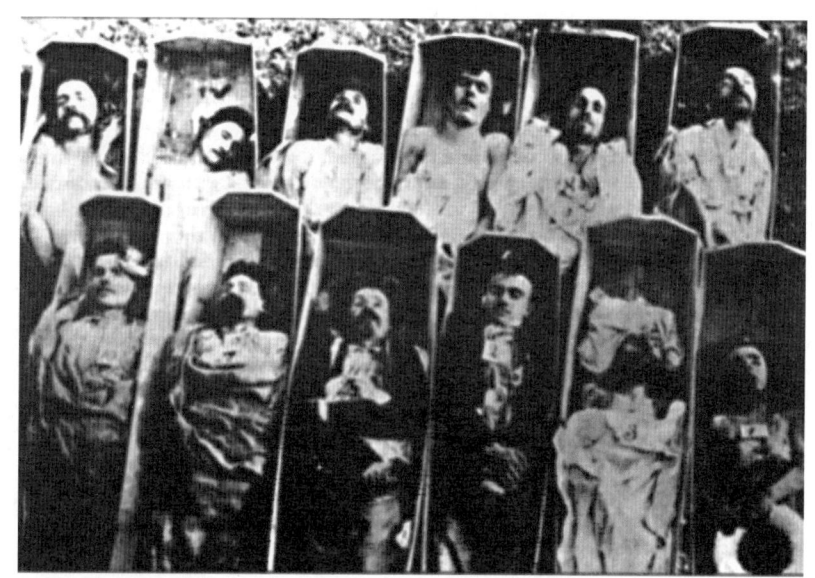
살해된 파리코뮌 투사들

하고 살인자들을 비난했다. 그러나 두 사람은 파리코뮌이 살아남을 가능성에 대해서는 회의적이었다. 파리코뮌을 [옹호하며] 설명한 마르크스의 저작 《프랑스 내전》에 붙인 머리말에서 엥겔스는 파리코뮌이 저지른 전술적 실수 몇 가지를 지적했다. 잘 훈련된 마르크스주의 조직의 지도가 없는 상황에서 코뮌 내의 일부 사람들은 프랑스 군대와 휴전해야 한다고 주장했다. 그들은 프랑스 군대가 기꺼이 프로이센 군대와 협력해서 코뮌을 분쇄하려 한다는 것을 과소평가했다. "[파리의] 북쪽과 동쪽의 요새들을 점령하고 있던 프로이센 군대는 베르사유 군대가 휴전협정에 따른 출입 금지 구역인 파리시의 북쪽 지역을 가로질러서 돌진하도록 허용했다. 그래서 파리 사람들이 당연히 휴전협정에 따라 방어된다고 생각해서 병력을 조

2장 프리드리히 엥겔스 101

금만 배치한 긴 전선으로 [베르사유 군대가] 진군해서 공격할 수 있게 해 줬다."[17]

마르크스와 국제노동자협회가 파리코뮌을 배후 조종했다고 생각한 사람들도 있었다. 실제로는 코뮌 내부의 마르크스 지지자는 소수에 불과했지만, 유럽 각국의 정부와 언론은 그들을 비난했다. 파리코뮌이 무너진 뒤 영국의 주요 노동조합 활동가 몇 명이 국제노동자협회를 탈퇴했다.

마르크스·엥겔스와 러시아 아나키스트 미하일 바쿠닌 사이에 벌어진 논쟁은 [국제노동자협회의] 또 다른 위협 요인이었다. 바쿠닌은 1848년 혁명에 참여했고 나중에 러시아의 차르 정부에 체포돼 [1857년] 시베리아로 유배됐다. [4년 후] 유배지를 탈출한 바쿠닌은 마침내 런던에 도착했다.

바쿠닌은 국가를 폐지해야 한다고 주장하고 개인의 완전한 자유를 옹호했다. 그는 공산주의도 결국은 권력을 국가의 수중에 집중시킬 것이고 국가는 계속 재산을 소유하면서 주민을 착취할 것이라고 생각했다. 본질적으로 바쿠닌의 이론은 자본주의가 아니라 국가가 주적이라는 것이었다. 엥겔스는 다음과 같이 썼다. "바쿠닌은 … 무엇보다도 국가가 폐지돼야 하고 그러면 자본주의는 저절로 파멸할 것이라고 주장합니다."[18] 자신의 조직, 즉 국제사회민주주의동맹을 설립한 바쿠닌은 지지자들과 함께 국제노동자협회에 가입해서 그 지부들을 아나키즘으로 개종시키려 했다.

마르크스와 엥겔스는 파리코뮌의 경험을 볼 때 노동자들은 단순히 "기존의 국가기구를 인수해서 자신의 목적에 맞게 사용할" 수는 없다고 생각했다.[19] 노동자들이 독자적 국가, 즉 프롤레타리아 독재를 수립하지 않는다면 혁명은 성공할 수 없을 터였다. 당시 '독재'라는 용어는 오늘날과 달리 폭압 체제를 의미하지 않았다. 마르크스와 엥겔스가 그 말을 썼을 때는 파리 노동자들이 그랬듯이 특정한 계급이 일시적으로 권력을 장악해서 자기 방어 활동을 조직하는 것을 의미했다. 노동자들이 모종의 중앙집중적 국가를 조직하지 않고도 모든 형태의 권위주의를 폐지하고 평등한 사회를 건설할 수 있을 것이라는 생각은 마르크스와 엥겔스가 보기에 잘해야 순진한 것이고 최악의 경우에는 위험했다.

두 사람은 바쿠닌이 국제노동자협회 내에 비밀 조직을 만들려고 한다는 이유로 그를 제명했다. 그러나 이때쯤에는 파리코뮌도 패배했고 영국 노조 지도자들도 탈퇴한 상태였으므로 국제노동자협회 자체도 하나의 정치 세력으로서 이미 무력해진 뒤였다.

《반뒤링론》

프랑스·프로이센 전쟁에서 프로이센이 승리한 뒤 비스마르크는 독일을 통일했다. 이제 독일은 주요 경제 강국으로 부상했다. 산업이 발전했고 노동계급이 성장하기 시작했다. 엥겔스의 동료인 아우구스트 베벨을 지지하는 사람들과 페르디난트 라살을 지지하는 사람들이 한데 뭉쳐서 독일 사회주의노동자당을 만들었다. 1875년에 그들이 작성한 고타 강령은 두 분파의 타협이 이뤄진 결과였다. 사회주의를 탄압하는 비스마르크의 법률에도 불구하고 사회주의노동자당은 계속 성장했다. 마침내 1890년 그 법률이 폐지됐을 때 사회주의노동자당은 의회에 들어갈 수 있었고, 당명을 독일 사회민주당으로 바꿨다.

마르크스와 엥겔스는 고타 강령을 비판했고, 라살파와 통합하는 문제에서도 신중한 태도를 취했다. 엥겔스가 베벨에게 보낸 편지에서 설명했듯이 고타 강령의 문제점 하나는 기존 국가를 혁명으로 전복하기보다는 기존 국가와 협력해서 개혁을 쟁취하려 한다는 것이었다. 유일한 사회주의적 강령은 국가가 노동자들의 독자적 협동조합 설립을 지지해야 한다는 것이었다. 고타 강령은 국제주의를 언급하지도 않았고 여러 나라 노동자들의 연대를 분명히 주장하지도 않았으며 노동조합의 구실도 무시했다. 엥겔스가 지적했듯이 노동조합은 노동자들이 스스로 조직하고 자본에 맞서 투쟁하는 핵심 수단인데도 말이다.

또, 고타 강령은 프롤레타리아를 제외한 다른 모든 계급을 "반동적 대중"이라고 불렀다. 엥겔스는 프롤레타리아 혁명 상황에서는 이 말이 옳다고 썼다. 그러나 혁명적이지 않은 상황에서 다른 계급 사람들을 '반동적'이라고 일축하는 것은 사회민주당과 협력할 수 있는 사람들한테서 당을 고립시킬 위험이 있었다. 다른 계급 사람들도 때로는 혁명적 사상을 받아들일 수 있다는 사실을 간과해서는 안 됐다.

엥겔스는 또, 맹인 학자인 오이겐 뒤링의 사상을 반박할 필요도 느꼈다. 뒤링은 독일의 운동 안에서 특별히 영향력 있는 인물이 됐는데, 청년 이론가인 에두아르트 베른슈타인* 같은 사람들조차 뒤링의 영향을 받고 있었다. 뒤링은 어떻게 사회주의를 실현할 수 있는지에 관해 완결된 계획을 제시했다. 그는 자신의 이론이 유일하게 올바른 것이라고 주장하면서 마르크스와 엥겔스를 격렬하게 비판했다. 그러나 뒤링이 마르크스주의의 대안으로 내놓은 것은 사회주의에 대한 기계적 해석이었다. 뒤링의 매력은 많은 부분 실용주의 때문이었지만, 그는 미래의 사회주의 사회가 어떤 모습일지를 매우 규범적인 방식으로 명시했다. 그의 사상에는 공상적 [사회주의의] 요소들이 들어 있었다.

사회민주당에 새로운 청년들이 많이 가입하게 되면서 당내의 이론적 이해 수준이 대체로 낮아졌다. 《자본론》을 읽거나 이해한 사람이 드물었다. 이 때문에 뒤링 같은 괴짜들이 당원들 사이에서 경청자를 얻을 수 있었던 것이다. 그래서 엥겔스는 마르크스주의 철학의 기본 원칙들을 다시 분명히 할 필요가 있다고 생각했다. 이를 위해 쓴 책이 《오이겐 뒤링 씨의 과학 혁명》(흔히 《반뒤링론》이라고 부른다)이었다.

또, 《반뒤링론》의 일부를 발췌해서 《공상적 사회주의와 과학적 사회주의》라는 얇은 소책자를 만들기도 했다. 이 소책자는 딱히 뒤링을 거론하지 않고 공상적 사회주의 일반을 다룬다. 《공상적 사회

---

* 에두아르트 베른슈타인 수정주의의 창시자로 불린다. 훗날 제1차세계대전이 터지자 전쟁공채 발행에 찬성했다. 러시아 혁명이 일어나고 독일에서도 반전 여론과 운동이 커지자 전쟁 반대로 돌아서서 1917년 카우츠키와 함께 독립사회민주당을 건설했다가 1919년 다시 사회민주당으로 돌아간다.

《반뒤링론》 초판 표지

주의와 과학적 사회주의》는 [엥겔스 생전에] 독일에서 4판까지 나왔고 수많은 외국어로 번역됐으며 오늘날까지도 유용한 마르크스주의 입문서 구실을 하고 있다.

엥겔스는 [《공상적 사회주의와 과학적 사회주의》에서] 19세기 초의 공상적 사회주의 사상가들, 특히 생시몽 백작, 샤를 푸리에, 로버트 오언의 영향을 묘사했다. 공상적 사회주의자들은 권위주의를 날카롭게 비판했고, 자본주의가 인간의 필요를 충족시키지 못하고 잠재력도 발휘하지 못하게 막는다고 주장했다. 그들은 계급 없는 사회를 꿈꿨고, 흔히 시대를 앞선 평등주의적 견해를 품고 있었다. 예컨대, 푸리에는 어떤 사회가 얼마나 해방됐는지를 알려면 여성해방 수준을 보면 된다고 주장했다.

공상적 사회주의자들의 전략은 "선전宣傳을 통해, 또 할 수만 있다면 모범적 실천 사례를 통해 외부에서 현존 사회에" 더 완벽한 사회질서를 강요하는 것이었다. 오언은 스코틀랜드의 뉴래나크에서 2500명이 일하는 면방직 공장을 운영했다. 교육을 강조한 그는 노동자들을 위해 유치원을 설립했다. 어른들은 하루에 10시간 30분을 일했고, 1810년부터는 하루 노동시간이 8시간으로 줄어들었다(오언의 경쟁자들은 노동자에게 하루 13~14시간씩 일을 시켰다). 오언은 또, 자신의 사회 개혁 사상을 실천하려고 미국의 인디애나주 뉴하모니 같은 곳에 실험적 공동체를 건설했다. 비록 이런 실험들은 단명했지만 노동자들의 생활수준을 실제로 향상시켰다. 엥겔스의 표현을 빌리면, 오언은 노동자들에게 "인간다운 환경"을 제공했다.

그러나 엥겔스는 공상적 사회주의에 감탄하면서도 그것이 다양한 이론과 사상이 '뒤죽박죽' 섞인 것일 뿐이고 그런 이론과 사상 가운데 어떤 것도 자본주의 전체에 도전하지 못했다고 비판했다.

엥겔스는 자신과 마르크스의 과학적 사회주의가 왜 공상적 사회주의와 다른지를 설명하면서 역사유물론과 또 하나의 핵심 개념인 변증법을 설명했다.

변증법은 세계를 변화시키고자 하는 사람들을 위한 철학이다. 주류 철학과 과학은 외부에서 뭔가가 변화를 불러일으키지 않는다면 세계는 고정불변일 것이라는 관점에서 출발한다. 이와 달리 변증법 사상가들은 우리가 보는 모든 것은 끊임없이 변화하고 발전하고 있다고 주장한다. "움직이지 않고 변하지 않는 것은 아무것도 없다. 모든 것은 운동하고 변화하며 발생하고 소멸한다."[20] 변증법은 자본주의 체제를 포함한 모든 체제가 출현해서 뭔가 다른 것으로 교체될 가능성이 있다는 것을 인정한다.

엥겔스가 형이상학이라고 부른 부르주아 사상도 세계를 다루지만, 세계를 낱낱의 부분들로 분리할 수 있고 각 부분을 따로따로 이해하고 분석할 수 있는 것처럼 취급한다. 변증법은 세계의 다양한 측면을 서로 연관된 전체의 일부로 본다.

변증법의 또 다른 핵심 측면은 모순을 이해한다는 것이다. 자본주의는 모순으로 가득 찬 체제다. 즉, 엄청나게 많은 부를 생산하지만, 그 부를 세계 인구 중 극소수의 수중에 집중시켜서 거대한 빈곤을 만들어 내기도 한다. 변화와 발전은 현재 상태에 존재하는 모순에서 비롯한다.

마르크스는 《자본론》에서 변증법적 방법을 사용했다. 마르크스와 엥겔스의 변증법 이해는 헤겔 철학에 기원을 두고 있다. 그렇지만 헤겔의 세계관은 그의 관념론 때문에 한계가 있었다. 엥겔스가 지적했듯이 헤겔은 모순된 견해를 갖고 있었다. 변증법은 진화가 어느 방향으로도 나아갈 수 있는 열린 과정이라고 본다. 그러나 헤겔이 생각한 진화는 그가 "절대이념"이라고 부른 것의 발전에 의해 특정한 종점을 향해 나아가게 돼 있었다. 이런 모순에서 벗어나려면 헤겔 철학을 유물론 철학으로 전환해야 했다.

엥겔스의 과학적 사회주의는 역사유물론과 변증법에 바탕을 두고 있었으므로 공상적 사회주의나 뒤링의 사회주의와 달랐다. 공상적 사회주의자들은 소수의 사람들이 모범 사회를 만들고 이런 사회를 세계 전역으로 확산해서 사회주의를 건설할 수 있다고 생각했다. 그러나 마르크스와 엥겔스는 사회주의가 현존하는 사회의 조건들에서 출발해야 한다고 생각했다. 그들의 사회주의는 어떻게 자본주의가 역사적으로 생겨났고 어떻게 전복될 수 있는지를 설명하려

했다. 새로운 사회는 자본주의의 모순들에서 생겨날 것이고, 무엇보다도 노동계급의 행동을 통해 건설될 것이다.

과학과 자연

1873년 엥겔스는 마르크스에게 보낸 편지에서 어느 날 아침 침대에 누워 있다가 문득 자연과학이라는 것이 사실은 모두 운동하는 물질에 관한 것이라는 결론에 이르렀다고 말했다. 그 뒤 10년 동안 엥겔스는 이른바 《자연 변증법》이라는 책을 쓰는 일에 공을 들였다. 이 책에서 엥겔스는 변증법의 관점을 과학과 자연의 문제들에 적용하려고 시도했다.

과학에 대한 엥겔스의 관심은 19세기 자연과학 자체의 발전이라는 맥락 속에서 이해해야 한다. [영국의] 지질학자 찰스 라이엘은 지구의 표면이 끊임없는 변화를 겪었으며 지층은 계속 파괴되고 생성되는 과정 속에 있다는 것을 보여 줬다. 찰스 다윈은 생물 종이 고정불변의 실체가 아니고 진화할 수 있다는 것, 심지어 시간이 흐르면 완전히 새로운 종이 생겨나기도 한다는 것을 보여 줬다. 과학자들 스스로 변화와 역동성이 자연 세계를 이해하는 데 가장 중요하다고 보게 됐다.

엥겔스 자신도 맨체스터에서 대중 강연을 듣고 카를 쇼를레머 같은 친한 과학자들과 대화를 나누며 이런 과학의 발전에 정통해 있었다. 마르크스와 엥겔스 모두 다윈이 쓴 《종의 기원》을 읽고 다원이 형이상학적 사고방식에 큰 타격을 준 변증법적 사상가라고 높이 평가했다.[21] 다윈은 결코 마르크스주의자가 아니었다. 공장 소유자 집안 출신의 자유주의자였다. 다윈의 진화론은 그 급진적 함의에도 불구하고 개인주의와 경쟁을 강조하는 식으로 해석될 수도 있었다. 그렇다고 해서 마르크스와 엥겔스가 다윈의 사상을 진지하게 여기지 않은 것은 아니었다.

《자연 변증법》에서 엥겔스는 변증법의 3가지 '법칙'을 제시했다. 즉, 대립물의 상호 침투, 양질 전이, 부정의 부정이 그것이다. 이 '법칙'들을 설명할 때는 흔히 자연의 사례를 든다. 예컨대, 물에 열을 가하면 [온도에] 양적 변화가 일어난다. 그러다가 끓는점에 이르면 질적 변화가 일어난다. 액체인 물이 질적으로 다른 특성을 지닌 수증기로 바뀌는 것이다. 또, 도토리가 자라서 참나무가 되는 것을 보자. 도토리에는 참나무가 될 수 있는 잠재력이 들어 있다. 참나무는 도토리가 '부정'된 결과이고 이 참나무에서 새로운 도토리가 열리는 것은 참나무가 부정된 결과, 즉 '부정의 부정'이라고 할 수 있다. 이런 '법칙'들은 변증법이 어떤 철학인지를 보여 주는 데 유용하다. 그러나 그 '법칙'들을 너무 문자 그대로 받아들여서는 안 된다. 자연은 끓는 물과 도토리 같은 진부한 사례들로 파악할 수 있는 것보다 훨씬 더 복잡하기 때문이다.

그렇지만 《자연 변증법》에서 정말로 통찰력 있는 부분으로서 두드러진 것은 엥겔스의 글 "유인원이 인간으로 진화하는 데서 노동이 한 구실"이다. 이 글에서 엥겔스는 역사유물론의 중심 전제 하나, 즉 우리는 노동하는 능력 덕분에 인간이 될 수 있었다는 사실을 다시 강조했다. 그러나 그는 또, 우리의 먼 조상들이 진화해 인간이 되는 과정을 노동이 용이하게 했다고도 주장했다. 엥겔스는 인간이 똑바로 서서 걷는 법을 터득한 덕분에 손이 자유로워지자 도구를 발전시킬 수 있었고, 도구를 사용하다 보니 큰 뇌를 발전시켰다고 추측했다. 엥겔스가 생각한 사건의 발생 순서는 다윈과 반대였다. 즉, 다윈은 인간의 뇌가 먼저 발전했고 이것이 도구 사용으로 이어졌다고 생각했지만 엥겔스는 그 반대라고 생각한 것이다. 다윈은 인간의 지적 능력이 손재주로 이어졌다고 주장했다는 점에서 관념론적 견해인 반면, 엥겔스의 견해는 유물론적이었다. 이후의 고고학적 증거를 보면 이 문제에서 엥겔스의 주장이 옳았음을 알 수 있다.

인간과 그 밖의 동물들이 [자연] 세계에 영향을 미치고 세계를 변화시키듯이 세계도 우리에게 영향을 미치고 우리의 진화를 추동하므로 우리는 진화의 객체이기도 하고 주체이기도 하다. 그러나 다른 [생물] 종들이 일으키는 변화와 달리 인간은 우리의 직접적 환경을 목적의식적으로 변화시킨다. 그렇지만 엥겔스는 인간이 자연을 지배하는 것은 아니라고 결론짓는다. "우리는 결코 정복자가 다른 민족을 지배하듯이 자연을 지배하는 것은 아니다."

애석하게도, 엥겔스는 자연 변증법을 다루는 그 책을 제쳐 둬야 했다. 1883년 어느 날 엥겔스가 마르크스의 집에 도착했을 때 집안의 모든 사람이 울고 있었다. 사랑하는 아내 예니와 [큰]딸 예니 롱게를 잃고 얼마 안 돼 카를 마르크스가 사망한 것이었다. 마르크스의 장례식 때 엥겔스는 무덤가에서 다음과 같이 말했다. "3월 14

일 오후 2시 45분쯤 현존하는 가장 위대한 사상가가 생각하기를 멈췄습니다." 그 추도 연설에서 엥겔스는 다시 한 번 다윈을 거론했다. "다윈이 유기적 자연의 발전 법칙을 발견했듯이 마르크스는 인간 역사의 발전 법칙을 발견했습니다." 그리고 "마르크스는 무엇보다도 혁명가였습니다"라는 말로 연설을 끝맺었다. 마르크스의 주요 목적은 항상 자본주의 사회를 전복하는 것이었고, 언론 활동을 통해, 무엇보다도 국제 노동자 운동의 지도자로서 수많은 사람들에게 영감을 줬다는 것이었다.

여성과 가족

마르크스는 말년에 루이스 헨리 모건의 책 《고대 사회》(1877)에서 여러 곳을 발췌하고 비평한 노트를 남겼다. 모건은 미국의 변호사이자 인류학자로 뉴욕주의 아메리카 원주민인 이로쿼이족을 연구해서 그 책을 썼다. 친구가 죽은 뒤 엥겔스가 처음으로 계획한 일 가운데 하나가 마르크스의 노트를 바탕으로 《가족, 사유재산, 국가의 기원》(1884)이라는 책을 쓰는 것이었다. 엥겔스가 이 책의 출판을 서두르게 된 것은 아우구스트 베벨의 책 《여성과 사회주의》(1879)의 영향력에 대항하기 위해서였다. 그 책에서 베벨이 여성은 항상 억압받았다고 주장했기 때문이다.

모건이 19세기에 이로쿼이족을 연구할 때쯤에는 이로쿼이족 사이에서도 일부일처제가 확립돼 있었다. 그러나 모건은 인류의 초기 역사에서는 "한 부족 내의 성적 자유가 조금도 제한받지 않아서" 남성과 여성이 성교 상대를 자유롭게 선택하던 시기가 있었다고 말했다.[22] 모건에 따르면, 일부다처제의 가장 초기 형태 하나는 혈연 가족인데, 여기서는 같은 세대의 사람들은 누구나 서로 부부로 여겨지고 따라서 당연히 서로 성교하는 것이 허용됐다. 가족의 형태는 점차 변화해서 집단혼[군혼]이 대우혼으로 대체됐(지만 여전히 남성과 여성의 지위는 동등했)다. 초기 인류가 [성적으로] 무규율했다는 모건의 결론은 19세기의 내숭 떠는 독자들에게는 충격적인 것이었다.

엥겔스는 모건의 책에 의지해서, 여성 억압이 어떻게 생겨났는지를 설명했다. 엥겔스는 해부학상 현생 인류가 13만 년 전에 출현한 이후 대부분의 기간에 인간은 계급으로 분열된 사회에 살지 않았다고 말했다. 초기 인류는 새로운 식량 공급원을 찾아서 여기저기 돌아다니며 살았다. 그들은 간단한 집을 지었고 소유물은 거의 없었다. 소유물을 가지고 돌아다니기 힘들었기 때문이다. 출산율은 낮았고, 여성은 한 번에 한 명 이상 어린아이를 돌볼 수 없었으므로 어느 정도 터울을 두고 아이를 낳았다.

선교사들의 설명을 들어 보면, 이런 유형의 사회에서는 여성이 의사 결정 과정에서 중요한 구실을 했다. 어린아이와 노인은 가까운 친척들이 책임지는 것이 아니라 무리 전체가 집단적으로 돌봤다. 남성과 여성이 하는 구실은 조금씩 달랐지만, 어느 한쪽의 지위가 더 높아야 할 이유는 전혀 없었다. 엥겔스는 이런 사회를 일컬어 '원시 공산주의'라고 했다.

초기 사회들에 관해 엥겔스가 구할 수 있는 정보는 제한적이었고, 그의 일부 견해는 최근의 증거를 바탕으로 비판받았다. 그러나 최근의 인류학 연구는 엥겔스의 많은 주장을 뒷받침해 준다. 예컨대, 2015년에 [콩고와 필리핀의] 수렵·채집 사회들을 연구한 결과를 발표한 인류학자들은 계급 출현 이전 사회의 특징이 양성 평등을 포함한 평등주의라고 결론지었다.[23]

약 1만 1000년 전부터 인간은 점차 정착 생활로 전환해서 동물을 길들이고 곡식을 재배하며 농사를 짓기 시작했다. 때때로 '신석기 혁명'이라고도 부르는 이런 변화는 세계의 여러 지역에서 서로 다른 이유로 일어났다. 메소포타미아(오늘날의 이라크)에서는 일련의 기후변화로 말미암아 정착 생활과 더 많은 식량 생산이 가능해졌고 그래서 인구가 늘어났다. 역사유물론의 방법을 써서 엥겔스는 어떻게 인간이 주위 세계를 변화시키면서 자신들의 사회도 변화시켰는지를 보여 줬다.

농사를 짓는 데는 수렵·채집보다 더 많은 노동이 필요했다. 그러나 그 덕분에 식량을 당장 필요한 것보다 더 많이 생산할 수 있게 됐다. 농사일에 더 많은 인력이 필요해지면서 출산율도 높아졌다. 시간이 흐르자 한 계층의 사람들이 남들보다 더 많은 것을 갖게 됐다. 크리스 하먼은 이제 토지가 작은 땅 조각들로 나뉘고, 남들보다 더 많은 식량을 생산하는 특정 가족들은 다른 사람들의 신망을 얻게 됐을 것이라고 말한다. 그런 가족들은 [기근 따위로] 식량이 부족해졌을 때 다른 사람들을 도와줄 수 있었기 때문이다. 그들은 모순된 압력에 직면했다. 자신들이 먹고 살 것을 생산할 필요와 때로는 다른 가족들을 도와주고 집단 전체의 재생산을 보장할 의무가 충돌할 수 있었던 것이다.[24] 잉여 식량 생산은 결국 일부 사람들이 식량을 구하는 일 외의 일들을 할 수 있게 됐다는 것을 의미했다. 그래서 일부 사람들은, 예컨대 지도자나 군인이 될 수 있었다. 이것이 나중에 계급사회가 되고 결국 국가로 발전하게 되는 것의 맹아적 형태였다.

엥겔스는 정착 사회로 전환하는 과정에서 여성의 지위에 결정적 변화 두 가지가 일어났다고 주장했다. 농업이 더 정교해져서 동물이 끄는 쟁기 같은 장비를 사용하게 되자 여성이 임신하거나 젖먹이를 돌보는 동안에는 식량 생산에 직접 참여하기가 더 힘들어졌다. 그리고 농사일에 필요한 노동을 유지하려면 더 많은 인구가 필요했으므로 여성은 점점 더 많은 시간을 임신이나 육아에 쓰게 됐다. 역사상 처음으로 임신과 출산의 능력이 여성에게 짐이 됐고, 그래서 여성은 생산의 중요 분야에서 배제됐다.

이제 여성은 가정에 묶이게 됐고, 다음 세대를 재생산하는 일은 가족의 사적 책임이 됐다. 여성은 남성에게 더 의존하게 됐다.

둘째로, 일부 남성들이 소유물을 모으기 시작하자 그들에게는 자신의 생물학적 자식이 누구인지를 아는 것이 중요해졌다. 그래야 자신의 부를 물려줄 수 있을 터였다. 따라서 여성의 성(생활)은 훨씬 더 엄격하게 통제됐다. 엥겔스는 이런 변화를 두고 "여성의 세계사적 패배"라고 말했다. 나중에 일부 사회들에서는 이상적 일부일처제를 어긴 여성들이 끔찍한 처벌을 받았다. 예컨대, 고대 메소포타미아에서는 그런 여성의 이를 부러뜨렸다. 시간이 흐르면서 이런 가혹한 처벌은 완화됐지만, 여성의 종속적 구실은 지속됐다. 핵가족이 결국 표준이 됐다.

책 제목에서 분명히 드러나듯이 《가족, 사유재산, 국가의 기원》은 여성 억압과 계급사회의 발전, (다른 사람들의 노동을 감독하는 '위대한 남성들'로 이뤄진) 지배계급의 성장을 서로 연결시킨다. 따라서 이런 계급 분열은 대다수 남성에게 해로운 것이기도 했다. 가정의 주인이라는 말을 들었지만 결코 생산을 통제하지는 못했기 때문이다. 엥겔스가 보기에, 고된 노동을 하는 계급의 남성은 사회가 계급으로 분열되면서 생겨난 억압 체제를 옹호하는 것에서 결코 물질적 이득을 누릴 수 없었다.

엥겔스는 또, 미래 사회에 기대를 걸기도 했다. 그는 미래 사회의 남녀 관계가 어떤 모습일지를 묻고 나서 "진정한 사랑이 아닌 다른 이유로 남성에게 자신을 허락하는 일이 결코 없을 [새로운] 여성 세대"가 성장하게 되면 그 답을 알 수 있을 것이라고 말했다.

엥겔스의 책은 20세기의 여성운동을 지지한 사상가들, 예컨대 인류학자 엘리너 버크 리콕 같은 사람들에게 큰 영향을 미쳤다. 버크 리콕은 1971년에 쓴 글에서, 때때로 중간계급 여성들이 지배한 여성운동 안에서 자신이 여성해방을 위한 요구들과 사회 계급 문제를 연결시키는 데 엥겔스의 이론이 도움이 됐다고 말했다.

그러나 엥겔스의 책을 둘러싼 논란도 많다. 마르크스주의 페미니즘 사상가인 리즈 보걸은 옳게도 계급 착취와 여성 억압을 별개의 쟁점으로 보지 않고 둘을 아우르는 단일 이론을 구성하려 했다. 그러나 보걸은 엥겔스 자신이 계급 착취와 여성 억압에 관한 이원론적 사고에 책임이 있다고 비난했다. 때때로 엥겔스가 물질적 재화를 만드는 생산 영역과 아이를 낳고 기르는 재생산 영역을 구별했기 때문이라는 것이다. 그러나 이것은 분명히 엥겔스의 실제 목적이 아니었다. 왜냐하면 물건이 생산되는 방식과 사람들이 서로 관계 맺는 방식 사이의 복잡한 관계를 보여 주는 것이 엥겔스의 목적이었기 때문이다.[25]

더 최근에 엥겔스를 비판한 헤더 브라운은 2013년에 펴낸 책 《젠더와 가족에 관한 마르크스의 견해》에서 마르크스가 여성해방에 관심이 많았음을 보여 주는 풍부한 증거를 제공하지만, 이 쟁점에서 마르크스와 엥겔스는 달랐다고 주장한다. 엥겔스는 기술 변화의 구실을 지나치게 강조하면서 그것이 가족의 유형을 결정했다고 본 반면, 마르크스는 가족 자체 안에 모순된 과정이 있다고 봤다는 것이다. 브라운은 부르주아 여성도 억압에 시달리므로 억압을 계급으로만 설명할 수 없다고 지적하는 데서 더 나아가, 수렵·채집 사회에서도 중요한 성별 분업이 존재했다는 사실을 마르크스는 알고 있었지만 엥겔스는 간과했다고 주장한다. 여성 억압과 관련된 생각들, 예컨대 여성은 남성보다 더 온화하다거나 가정적이라는 생각이 모든 계급의 여성에게 영향을 미친다는 것은 사실이다. 그러나 그런 생각들의 뿌리가 계급사회의 발생에 닿아 있다는 사실을 아는 것도 중요하다.

동성 관계에 대해서 또는 남성이나 여성 외의 다양한 성 정체성에 대해서 엥겔스가 해 줄 말은 별로 없다. 그렇지만 오늘날 우리는 동성애나 다양한 성 정체성이 역사 내내 흔했다는 사실을 알고 있다. 예컨대, 북아메리카 원주민들은 이른바 '두 영혼의 사람들'을 비롯해 다양한 성 정체성이 존재한다는 사실을 인정했다. 그렇지만 이성애 핵가족 모델이 어떻게 해서 생겨났고 왜 지속되는지에 관한 엥겔스의 일반적 통찰은 성소수자 억압의 뿌리를 이해하는 데도 도움이 될 수 있다.

《가족, 사유재산, 국가의 기원》은 여성 억압을 이해하고 싶은 사람에게는 필독서다. 일부 페미니스트들은 베벨과 마찬가지로 역사 내내 남성이 항상 여성을 억압했다고 주장한다. 다른 페미니스트들은 남성이 갖고 있는 여성 차별 관념을 비난하거나 문화적 태도나 종교적 태도의 차이를 탓하기도 한다. 엥겔스는 이런 견해들을 강력하게 비판한다. 그는 여성 억압이 역사의 특정한 시점에 계급사회의 필요 때문에 생겨났다는 것을 보여 준다. 착취와 억압은 똑같은 역사적 과정에서 생겨났고, 여성해방을 위한 투쟁은 여전히 계급투쟁과 분리될 수 없다. 이런 [엥겔스의] 사상을 이용해서 여러 세대의 사회주의자들은 계급사회를 전복하고 진정한 해방을 실현할 수 있는 운동을 옹호했다.

마르크스 사후

엥겔스는 인류학을 연구하는 동시에 《자본론》 2권과 3권을 출판하는 일도 준비했다. 《자본론》 1권은 노동자들을 착취하는 자본의 생산과정을 다룬다. 2권과 3권은 어떻게 자본이 경제에서 유통되는

지(다시 말해, 생산된 상품을 자본가들이 판매하려 할 때 무슨 일이 일어나는지), 또 왜 자본주의 체제는 경제 위기에 빠지는 경향이 있는지를 자세히 논한다. 《자본론》 2권과 3권을 편집하는 일이 마르크스 사후 엥겔스의 주요 작업이었다. 이것은 몹시 힘든 일이었다. 왜냐하면 마르크스가 미완의 원고들을 남긴 데다 워낙 악필이어서 글씨를 알아보기도 힘들었기 때문이다.

마르크스 사후 엥겔스는 독일로 돌아가지 않고 영국에 남기로 했다. 이제 그는 마르크스와 독립적으로 사회주의 운동에 참여하게 된 것이다. 엥겔스는 때때로 영국 노동자 운동의 전망에 관해 비관적이었다. 영국에는 노동조합들이 있었지만, 흔히 숙련 노동자들이 지배하던 이 노조들은 불안정 고용 노동자나 여성 노동자, 이주 노동자 같은 중요한 집단들을 배제했다. 노조 지도부는 보수적이고 편협한 경향이 있었다. 엥겔스는 노동조합운동의 경제적 요구들과 정치적 사상을 결합할 수 있는 노동자 정당이 필요하다는 것을 알고 있었다.

19세기 말 영국에서는 다양한 사회주의 운동이 출현했다. 많은 사회주의 운동에는 저마다 이런저런 문제들이 있었다. 비어트리스 웨브와 시드니 웨브 부부가 설립한 페이비언협회는 중간계급에 기반을 두고 있었고, 마르크스와 엥겔스가 사회주의를 혁명적 변화로 이해한 것과 달리 사회주의를 점진적 변화로 해석했다.

헨리 하인드먼이 이끄는 사회민주연맹은 공공연히 마르크스주의를 표방했다. 그러나 선전 조직 구실만 하는 경향이 있었고, 노동자 투쟁에 참여하는 것은 들쑥날쑥했다. 결국 사회민주연맹에서 분열이 일어나, 하인드먼과 갈라선 사람들이 사회주의동맹이라는 조직을 새로 만들었다. 사회주의동맹은 윌리엄 모리스가 편집하는 언론 〈커먼윌〉(공공의 복지)을 창간했고, 사회민주연맹의 일부 회원들을 끌어당겼다. 그렇지만 사회민주연맹의 문제점을 모두 해결하지는 못했다.

엥겔스는 신노동조합운동이* 가장 큰 가능성을 보여 준다고 생각했다. 1888년 런던 동부에 있는 브라이언트앤드메이 성냥 공장의 여성 노동자들이 파업에 들어갔다. 약 1400명의 젊은 여성과 10대 소녀 노동자들이 저임금과 위험한 노동조건에 항의하며 파업을 벌인 것이다. 또, 런던 동부에서 윌 손이 이끄는 가스 노동자들이 하루 8시간 노동제를 요구하며 스스로 노동조합을 조직하기 시작했다. 숙련 노동자와 미숙련 노동자를 모두 아우르는 가스노조는 영국에서 처음으로 여성을 조합원으로 받아들인 노조였다. 엘리너 마르크스는 이런 운동들에 주도적으로 참여했고 운동 안에서 사회주의 사상을 전파하는 데 한몫했다.

다양한 사회주의 단체와 노조가 1890년 5월 4일로 예정된 최초의 메이데이 행진을 위해 모였다. 그 결과 20만 명이 참가한 대규모 집회가 하이드파크에서 열렸다. 그 집회에서 엥겔스는 중화물重貨物 마차 위에 올라가서 연설했다. 그는 수많은 군중 사이에 여기저기

---

* 신노동조합운동(New Unionism movement) 1880년대 영국에서 일어난 운동으로 미조직 노동자들의 투쟁과 노조 조직 물결을 일컫는다. 차티스트운동의 쇠퇴 이후 수십 년 동안의 패배를 끊어 냈고, 오늘날 영국일반노조(GMB)와 유나이트(UNITE) 노조로 성장하는 노조들이 탄생했다. 3장 참조.

1893년 제2인터내셔널 대회에서(왼쪽에서 네 번째가 엥겔스)

배치된 연단에서 발언한 여러 연사들 가운데 한 명이었다. 당시 그는 엘리너 마르크스의 파트너인 에드워드 에이블링과 긴밀하게 협력했다. 에이블링은 마르크스의 철학을 대중화하는 일을 도왔고, 엘리너 마르크스가 런던 동부의 노동자들을 노조로 조직하는 일도 거들었다. 그러나 베른슈타인과 카우츠키를 포함한 많은 좌파는 에이블링을 극도로 싫어했다. 그는 정직하지 않고 믿을 수 없는 오만한 인간이라는 평판이 자자했다. 또, 에이블링은 엘리너를 잔인하게 대했는데, 아마 이것이 엘리너가 자살한 한 요인이었을 것이다.

노년의 엥겔스는 사회주의 운동의 조언자 구실을 했을 뿐 아니라, 여전히 가공할 지적 능력을 보여 주기도 했다. 74세의 나이에도 그는 계속 글을 쓰고 있었다. 예컨대, "초기 기독교의 역사"나 "프랑스와 독일의 농민 문제" 같은 글들을 써서 [독일 사회민주당의 이론지]

2장 프리드리히 엥겔스 121

《노이에 차이트》(새 시대)에 기고했다.

그렇지만 그의 건강이 나빠지기 시작했다. 1895년 8월 5일 엥겔스는 집에서 후두암으로 사망했다. 마르크스는 하이게이트 공동묘지에 묻혔었는데, 처음에 세워진 묘비가 1950년대에 공산당에 의해 커다란 흉상으로 교체됐다. 엥겔스는 그런 운명을 겪지 않았다. 그가 유언장에 명시한 대로 유해는 가까운 친구 몇 명이 이스트본 근처의 비치헤드에서 몇 킬로미터 떨어진 바다에 뿌렸다.

엥겔스의 유산

엥겔스가 죽고 나서 수십 년 뒤에 세계 역사상 가장 중요한 몇 가지 사건이 일어났다. 1917년 2월 러시아 노동자들이 혁명을 일으켜 제정을 무너뜨렸다. 10월에 일어난 2차 혁명으로 볼셰비키가 집권했다. [1928년] 스탈린의 반혁명 전까지 잠시나마 러시아 혁명은 평범한 사람들이 사회를 운영할 수 있다는 희망을 전 세계에 심어 줬다.

볼셰비키 지도자 레닌은 엥겔스의 사상에 의지해서 《국가와 혁명》이라는 중요한 책을 썼다. 레닌은 어떤 사회에서도 국가는 권력을 장악한 계급의 이익을 대변한다고 주장했다. 아무리 국가가 중립적인 것처럼 보이더라도 말이다. 따라서 프롤레타리아는 기존 국가를 분쇄해야 하고 노동자들에게 이롭게 사회를 운영할 수 있는 국가를 독자적으로 건설해야 한다는 것이 레닌의 결론이었다. 마르크스와 엥겔스, 그들의 파리코뮌 경험, 그들이 다른 좌파들(개혁주의자들이나 바쿠닌 같은 아나키스트들)과 주고받은 논쟁이 레닌에게 직접 영향을 미쳤다.

레닌은 1918년에 쓴 글에서 엥겔스가 이미 1887년에 세계대전을 정확히 예측했다고 지적했다. 당시 엥겔스는 다음과 같이 썼다. "이제 프로이센·독일에는 세계대전 말고 다른 어떤 전쟁도 가능하지 않다. 정말이지 그 세계대전의 규모와 폭력성은 전에는 꿈도 꾸지 못했을 만큼 어마어마할 것이다. 800만~1000만 명의 군인이 서로 학살할 것이고, 그 과정에서 그 어떤 메뚜기 떼가 한 것보다 더 끔찍하게 전 유럽을 황폐하게 만들어 버릴 것이다."[26]

엥겔스는 1870년 이후 독일과 프랑스 사이에서 군비경쟁이 치열해지는 것을 보면서, 양국의 군비 투자 확대로 말미암아 미래의 전쟁은 전례 없는 규모가 될 것이라고 주장했다. 그는 역사유물론 덕분에 자신의 사후에 전개될 추세를 알아낼 수 있었다. 엥겔스는 또, 미래의 전쟁은 교전국 가운데 한 나라(어쩌면 러시아)에서 혁명이 일어나야 끝날 수 있을 것이라고도 생각했다. 그러나 그는 전쟁이 혁명을 위한 조건을 창출한다고만 생각하지는 않았다. 노동자들이 전쟁터에서 서로 대량 학살을 자행함에 따라 국수주의가 팽배할 가능성이 더 높다고 생각했고, 따라서 모든 나라의 사회주의자들이 그런 전쟁을 막으려고 애쓰기를 바랐다.

마르크스와 엥겔스의 연속혁명 개념은 나중에 또 다른 러시아 혁명가 레온 트로츠키가 확대·발전시켰다. 트로츠키는 20세기의 러시아와 세계 상황에 연속혁명 이론을 적용했다. 그는 러시아 혁명이 부르주아지에 의존할 수 없고 노동자들은 독자적 조직들을 만들어서 권력을 장악해야 한다고 설득력 있게 주장했다. 사회주의에 이르기 전에 자유민주주의라는 중간 단계가 있을 것이고 노동계급은 자유민주주의를 지지하는 수준에서 자제해야 한다고 생각하는 사람들을 트로츠키는 비판했다.

영국에서는 독립노동당이 떠올라서 1906년에 노동당의 일부가 됐다. 엥겔스는 독립노동당 창립자인 키어 하디와 개인적으로는 친했지만 딱히 독립노동당에 관여하지는 않았다. 이것은 어느 정도는 엥겔스가 말년에 점차로 (하디와 사이가 틀어진) 에이블링에 의존해서 영국 노동자 운동에 관한 정보를 얻었기 때문이다.

그렇지만 엥겔스의 사상은 서유럽의 다른 나라 사회주의 운동에서는 훨씬 더 영향력이 있었다. 특히 독일 사회민주당에서 그랬다. 엥겔스는 사회민주당의 규모와 조직에 감명을 받았다. 한때 자유주의 사상조차 의심하던 나라에서 이제 거대한 사회주의 정당, 세계에서 가장 강력한 사회주의 정당이 활동하고 있었다. 사회민주당은 20세기로 접어든 뒤에도 계속 성장했고, 노동자들을 위해 실질적 개혁을 성취할 수 있었다.

그러나 사회민주당은 개혁주의적 태도를 취했다. 그들은 입으로는 혁명을 이야기했지만, 실천에서는 의회를 통한 요구 쟁취 등 개혁을 확대하는 과정에서 프롤레타리아의 지배가 실현될 것이라고 생각하는 경향이 있었다. 사회민주당 [지도자들], 특히 베른슈타인은 경제결정론적 관점을 취했다. 그래서 자본주의가 성장할수록 노동자들은 점점 더 많은 권리를 쟁취할 것이라고 생각했다. 사회민주당은 결국 제1차세계대전을 지지해서 수많은 지지자들을 배신했다. 사실상 국제 노동계급이 아니라 독일 국가의 지배계급 편을 든 것이다.

더 나쁜 것은 엥겔스의 사상을 조잡하게 해석한 이론을 스탈린과 소련이 주장했다는 사실이다. 스탈린 치하 소련은 마르크스가 자본주의의 근본적 특징이라고 지적한 착취·경쟁·억압이 존재하는 사회였다. 스탈린주의자들이 이해한 변증법은 변증법의 급진성과 반대되는 경직된 법칙들로 전락해 버렸다. 엥겔스의 《자연 변증법》은 결코 완성된 책이 아닌데도 소련의 과학관과 농업관에 중대한 영향을 미쳤다. 소련의 과학관에 어떤 문제가 있었는지는 1920년대 말 이후 이른바 '프롤레타리아 과학'이 득세한 것에서 극명하게 드러났다. 과학자의 저술이 충분히 '변증법적'이지 않다고 여겨지면 그 과학자는 자리에서 쫓겨나거나 심지어 투옥됐다.

마르크스와 엥겔스는 노동계급의 자력 해방, 즉 평범한 사람들이 스스로 해방을 쟁취할 수 있다고 주장했다. 그러나 독일 사회민주당의 개혁주의와 [소련의] 스탈린주의는 모두 (비록 그 방식은 달랐지만) 권력을 차지한 위인들이 노동자들을 대신해서 가져다주는 것이 바로 사회주의라는 생각을 바탕에 깔고 있었다.

어떤 논자들은 엥겔스가 마르크스의 사상을 왜곡했고, 따라서 20세기에 마르크스의 사상이 악용된 것은 어느 정도 엥겔스 탓이라고 주장했다. 예컨대, 테럴 카버는 다음과 같이 주장한다. 마르크스와 엥겔스의 차이는 중요한 문제다. 특히 엥겔스가 마르크스보다 오래 살면서 노동자 운동 안에서 마르크스의 사상을 대중화하는 데 큰 기여를 했기 때문이다. 따라서 우리가 마르크스의 사상이라고 알고 있는 것은 대부분 엥겔스의 영향을 크게 받은 것이다.[27]

확실히 마르크스와 엥겔스가 자신들의 저작을 다루는 방식에는 차이가 있었다. 그들의 문체도 서로 달랐다. 철학 박사학위를 취득한 마르크스는 인간의 주체성을 더 강조하는 경향이 있는 반면, 엥겔스는 자연과학의 영향을 더 많이 받았다.[28] 처음에는 마르크스와 엥겔스가 함께 글을 쓰려고 노력했지만 나중에는 흔히 따로 썼다. 둘 사이에는 분업이 확립돼 있었다. 마르크스는 《자본론》에 집중했고, 엥겔스는 뒤링과 논쟁하는 등 다른 일들을 맡았다.

그러나 마르크스와 엥겔스의 사상에 모종의 더 근본적 차이가 있다는 생각은 면밀히 살펴보면 틀렸음을 알 수 있다. 두 사람이 서로 상대방의 글을 자주 읽고 토론했다는 것은 분명하다. 런던으로 이사한 후 엥겔스는 거의 날마다 마르크스를 방문했다. 따라서 엥겔스가 무슨 글을 쓰고 있는지를 마르크스가 알지 못했다거나 마르크스가 실제로는 엥겔스와 견해가 다른데도 말을 하지 않았다고 보기는 힘들다. 마르크스가 친구의 생각에 대한 동지적 비판을 삼가야 할 이유는 없었다.

그래도 카버는 엥겔스의 관점이 마르크스보다 더 결정론적이었다고 주장한다. 즉, [카버는 다음과 같이 주장했다.] 엥겔스는 [자연]과학에 관심이 많았기 때문에 사회 발전에도 물리법칙과 비슷한 인과관계 '법칙'이 있다고 주장했다. 또, 엥겔스는 특정 사회의 경제적 토대(물건이 생산되고 [생산과정에서] 사람들이 서로 관계 맺는 방식)와 상부구조(정치적 이데올로기, 종교, 철학 등을 포함한 그 사회의 사상) 사이에 엄격한 인과관계가 있다고 생각했다. 셋째로, 마르크스의 사상을 자연에 대한 이해로까지 확대하려다 보니 엥겔스는 [사회] 변화를 불러일으키려는 노동자들의 행동을 포함한 의식적 인간 행동의 구실을 간과하게 됐다.

그러나 엥겔스는 평생 동안 경제결정론을 반대했다. 그는 자본주의에서 노동계급이 창출된다는 것은 곧 계급투쟁이 벌어질 수 있다는 것을 의미한다고 주장했다. 그러나 계급투쟁이 경제적 상황의 필연적 결과라고 말하지는 않았다. 엥겔스는 자신과 마르크스의 사상을 "경제적 요인만이 유일한 결정 요인이라는 말"로 "왜곡하는" 사람은 누구든지 두 사람이 실제로 말한 것과 어긋나는 주장을 하는 셈이라고 썼다.[29] 엥겔스 사후 출판된 마르크스의 소책자 《1848~1850년 프랑스 계급투쟁》에 붙인 머리말에서 엥겔스는 의회 활동을 승인하고 혁명을 거부하는 것처럼 보였다. 그러나 이것은 독일 사회민주당 지도부가 혁명적 내용을 많이 삭제하는 등 글을 심하게 편집해서 마치 엥겔스가 그들의 점진적 개혁주의 전략에 동의하는 것처럼 보이게 만들었기 때문이다.[30]

자연에 대한 변증법적 접근은 확실히 마르크스주의 철학이 어떤 것인지에 관한 의문을 제기한다. 엥겔스는 마르크스주의가 단지 정치경제학과 계급투쟁에 관한 비평과 주장일 뿐 아니라, 인간관계와 직접 관련되지 않은 자연 세계의 여러 측면에도 적용될 수 있는 세계관이기도 하다고 생각한 듯하다. 그렇지만 마르크스와 엥겔스는 모두 인간을 자연의 일부로 봤다. 그들은 함께 쓴 《독일 이데올로기》에서 자연과 [인간의] 관계가 자신들의 분석의 출발점이라고 말했다. 따라서 마르크스가 변증법을 오로지 인간 사회에만 적용하기를 원했다는 것은 말이 안 된다. 오늘날 우리는 엥겔스와 마찬가지로 마르크스도 자연과학의 발견들, 특히 토양학과 농학의 발견들에 관심이 많았다는 사실을 알고 있다.

그렇지만 마르크스든 엥겔스든 인간의 역사가 결정론적 자연법칙을 따른다고 단순하게 주장하지는 않았다. 사실은 두 사람 모두 인간은 자신의 특정한 목적을 추구하며 의식적으로 행동할 수 있다고 수도 없이 지적했다. 엥겔스는 《독일 이데올로기》에서* 다음과 같이 썼다. "역사는 자신의 목적을 추구하는 인간의 활동일 뿐이다." 베른슈타인 같은 사람들의 생각과 달리 역사적 사건들은 단지 경제적 조건의 산물이 아니라 노동자들의 행동이 결합된 결과다. 마르크스와 엥겔스는 유물론자였다. 또, 사람들이 처한 물질적 상황이 사람들의 행동에 영향을 미친다는 것은 분명하다. 그러나 마르크스는 다음과 같이 말하기도 했다. 사람들은 스스로 역사를 만든다. 비록 자신이 선택한 상황에서는 아니지만 말이다.

엥겔스의 현재성

엥겔스의 삶에서 두드러진 두 측면이 있다. 하나는 세계를 알고 배우고자 하는 의욕이고, 다른 하나는 세계를 변화시키려는 헌신적

---

* 《신성 가족》의 오타인 듯하다.

활동이다. 세계는 엥겔스가 살아 있을 때도 급변하고 있었고 그가 죽은 뒤에도 계속 변모했지만, 여전히 우리는 그의 저작에서 많은 것을 배울 수 있다.

엥겔스의 책 《영국 노동계급의 상황》은 노동자들이 어떻게 살고 죽었는지를 묘사하는 선구적 저작이다. 그 책은 지금도 출판되고 있는데, 아마 임금과 노동시간, 고용 불안, 열악한 주택 때문에 여전히 싸우고 있는 노동자들이 공감할 만한 내용이 매우 많기 때문일 것이다. 그 책에서 엥겔스가 우리에게 경고한 많은 쟁점은 세계 인구의 절반 이상이 도시에 사는 오늘날 훨씬 더 유의미하다.

엥겔스의 용어 "사회적 살인"이 2017년 6월 런던의 그렌펠 타워 화재로 72명이 사망한 사건을 묘사하는 데 사용된 것은 옳았다. 지방정부와 건물 관리 회사가 안전 문제를 무시한 결과로 일어난 참사였기 때문이다. 같은 책에서 엥겔스는 대기오염과 수질오염이 빈곤층의 건강에 미치는 영향을 생생하게 묘사하는데, 이것은 여전히 전 세계 도시들에서 사람들의 건강에 영향을 미치는 중요한 문제이기도 하다.

엥겔스는 인간이 자연 세계에 미치는 영향 때문에 문명의 존재 자체가 위협받을 것임을 예견할 수 없었고 기후변화가 수많은 사람을 길거리로 내몰 것임을 예상하지 못했다. 그러나 그는 모든 인간이 환경과 관계 맺는 방식은 우리가 살고 있는 사회가 어떤 사회인지에 따라 달라진다는 것을 알고 있었다. 생태 마르크스주의자들은 이런 사고방식을 활용해서, 자본주의 체제에서는 화석연료 기업들이 점점 더 많은 석유와 가스를 추출할 수밖에 없으므로 우리는 생태 재앙으로 내몰리게 된다는 것을 알게 됐다.

여성 억압의 기원에 관한 엥겔스의 연구를 살펴보면 여성과 성소수자가 항상 억압받지는 않았음을 분명히 알 수 있다. 계급사회의 발생과 함께 여성의 예속, 또 이른바 '정상적 이성애'에 순응하지 않는 모든 사람의 예속이 시작됐다.

마르크스주의는 고정불변의 독단적 진리가 아니라, 우리가 세계를 이해하는 데 도움이 될 수 있는 방법이자 도구다. 역사유물론과 변증법 덕분에 마르크스와 엥겔스는 인간이 서로 다른 여러 사회에서 존재할 수 있으면서도 새로운 방식으로 생활할 수 있다는 생각에 바탕을 둔 철학적 관점을 정립했다.

자본주의 체제는 여전히 노동자 착취와 자본가들의 경쟁 위에 구축돼 있다. 노동자들의 노동은 자본주의의 이윤도 만들어 내지만, 노동자들은 자본주의 체제를 전복할 잠재력도 있다. 그리고 오늘날의 노동계급은 19세기보다 더 강력해졌다. 오늘날 전 세계 인구의 다수는 (적어도 자기 생계의 일부를) 임금노동에 의존한다. 또, 노동자들의 대중파업이 전 세계의 이런저런 반란에서 중요한 구실을 한다.

엥겔스는 노동자 운동에 적극 참여했고, 사회주의자들이 함께 조직돼야 한다고 주장했으며, 국제 조직들을 건설하는 데 주도적으로 관여했다. 그는 자신의 경험에서 배웠다. 엥겔스는 다양한 배경의 동지들이 자기 집으로 찾아오는 것을 환영했지만, 자신의 원칙을 기꺼이 옹호하면서 때로는 견해가 다른 사람들과 비타협적으로 논쟁하기도 했다.

엥겔스는 항상 다른 세계가 가능하고 또 필요하다고 주장했다. 오늘날 그의 사상에서 배우는 것과 더 나은 미래를 위해 투쟁하는 것도 모두 필요하다.

이 글의 지은이 **커밀라 로일**은 런던대학교 킹스칼리지에서 지리학 박사학위를 받았고 현재 더럼대학교 지리학부에서 학생들을 가르치고 있다. 국내에 소개된 책으로는 《기후 위기, 불평등, 재앙: 마르크스주의적 대안》(공저, 2021)이 있다.

3장

엘리너 마르크스

머리말

엘리너 마르크스는 선동가·조직가·저술가였다. 그녀는 제국주의·인종차별·여성차별에 반대하는 투쟁에 헌신했다. 평생 활동가들에 둘러싸여 살아온 그녀는 자신 또한 당대의 뛰어난 활동가 중 한 명이 됐다. 단지 위대한 혁명가 카를 마르크스의 막내딸이기만 한 것이 아닌 훨씬 더 중요한 인물이었다.

우리와 마찬가지로 엘리너 마르크스도 자신이 살고 활동하던 시대의 산물이었다. 1871년 파리코뮌부터 1880년대 영국 신노동조합운동 시기의 노동자 투쟁까지 당대의 승리와 패배가 그녀의 정치적 사상과 행동, 헌신에 녹아 있다.

엘리너 마르크스는 연극과 연기를 무척 좋아했다. 이것이 수많은 노동자 집회에서 연설하는 데 도움이 됐음은 의심할 여지가 없다. 그녀는 열렬한 독자이자 배우였다. 입센과 플로베르를 영국 독자들에게 소개하는 데 기여한 동시에, 런던 이스트엔드에서* 무자비한 기업주들의 삶을 공포에 빠뜨렸다. 미국 남북전쟁부터 셰익스피어 [의 문학작품]까지 온갖 문제에 자기 의견을 내놓았다.

엘리너의 마음 가장 깊숙한 곳에는 항상 혁명적 사회주의가 있었다. 카를 마르크스가 큰딸 예니는 자신을 많이 닮았지만 "투시[엘리너의 별명 — 지은이]는 곧 나"라고 말했다는 사실은 유명하다. 엘리너 마르크스의 가족, 특히 아버지의 투철한 사회주의가 그녀의 삶과 정치에 엄청난 영향을 미쳤다. 10대 시절에 이미 최초의 국제 노동자 조직인 국제노동자협회의 여러 대회에 참석하며 시간을 보냈고, 어른이 돼서는 아버지의 저작을 번역하고 보급하는 데 많은 시간과 노력을 쏟았다. 그러나 아버지의 정신을 이어받기도 했지만 엘리너의 독자성도 있었다.

엘리너의 정치 핵심에는 국제주의가 있었다. 겨우 16살의 나이에 파리코뮌을 보고 (남성과 여성) 노동자들이 무엇을 할 수 있는지를 깨달았다. 그래서 파리코뮌의 역사와 교훈을 알리는 일에 발 벗고 나섰다. 어렸을 때부터 엘리너는 사회에서 가장 억압받는 사람들을 옹호했다. 어린아이였을 때 이미 아일랜드 공화주의자들의 투쟁을 지지했고, 이것은 나중에 런던 동부에서 정치의식 있는 아일랜드 노동자들을 조직하는 활동에 도움이 됐다.

---

* 이스트엔드 19세기에 런던의 유명한 빈민 거주 지역이었다.

엘리너는 영국에서 노동당이 생기기 훨씬 전에 사회주의 조직을 건설했다. 활동가들이 거리에서 자유롭게 발언하고 조직할 수 있는 권리를 쟁취하고자 언론 자유 운동도 펼쳤다.

그녀는 운동을 건설하고 사회주의 사상을 운동의 중심에 놓는 것이 중요함을 깨달았다. 1890년 [최초의] 메이데이 시위 연설에서 이 점을 다음과 같이 훌륭하게 표현했다. "우리는 일부 기독교인들이 그러하듯이 6일 내내 죄를 짓다가 7일째 교회 가는 식이어서는 안 됩니다. 우리는 날마다 우리의 대의를 주장해야 하고, 우리가 만나는 사람들, 특히 여성들이 우리 대열로 와서 우리를 도와주게 해야 합니다."[1]

엘리너는 신노동조합운동, 즉 "조직될 수 없는" 노동자들을 조직해서 하루 8시간 노동, 임금 인상, 노동조건 개선을 요구하며 싸운 운동의 투쟁과 파업, 교훈을 확산하고자 끊임없이 노력했다.

최근 몇 년 동안 노동의 성격 변화와 이것이 노동자들을 조직하는 데 미친 영향을 두고 많은 논쟁이 있었다. 이런 논쟁들이 중요한 이유는 특정 노동자 집단이 스스로 조직하거나 체제에 맞서 싸울 수 있는가 없는가 하는 문제와 관련돼 있기 때문이다.

1880년대의 성냥 공장 여성 노동자들, 가스 노동자들, 항만 노동자들의 삶은 오늘날 패스트푸드 노동자들이나 콜센터 노동자들 못지않게 불안정(했거나 어쩌면 더 심)했다. 그들은 조직화의 역사가 거의 없거나 전혀 없었고, 기존 노동조합에서 배척당했고, 천대받고 업신여김을 당했다. 그러나 그들은 투쟁했고 승리했다. 엘리너는 영국 전역에서 이런 노동자들을 조직했고, 전국가스·일반노조(오늘날 영국일반노조의 전신)를 만든 주역 중 한 명이었다.

엘리너는 영국과 미국의 노동자 운동, 노동자들의 끔찍한 노동조건과 빈곤을 다루는 글을 썼다. 그녀는 억압받는 사람들의 호민관이었다. 특히 (실버타운의* 여성 노동자들부터 스테프니의** 유대인 재단사들까지) 여성이나 이주 노동자들과 함께, 또 그들 사이에서 조직하고 선동했다.

엘리너는 여성해방 문제에 관해서도 글을 쓰고 연설했다. 그녀가 살아 있을 때 영국 여성운동을 지배한 것은 주로 중간계급 여성들과 그들의 이해관계였다. 그러나 엘리너는 여성이 노동자 운동의 성공과 노동계급 전체의 해방에서 결정적으로 중요하다고 봤고, 마찬가지로 여성해방의 열쇠는 노동자 운동과 노동자 운동의 진보에 있다고 봤다. 그녀는 여성 교육 등의 분야에서 이뤄진 성과를 부정하지 않았지만, 여성 노동자들이 여권운동 지도자들보다는 남성 노동자들과 공통점이 더 많다는 것을 일찍부터 깨달았다. 그녀는 여성이 투표권을 얻는 것은 중요하지만 투표 자체만으로는 충분하지 않다고 주장했다.

엘리너는 여성과 남성이 함께 조직해야 한다는 것을 알고 있었다. 1892년에 그녀는 다음과 같이 썼다. "이제 우리 여성들은 무엇을 해야 하는가? 한 가지는 매우 분명하다. 우리는 조직할 것이다.

---

* 실버타운(Silvertown) 1846년 새뮤얼 윙크워스 실버라는 자본가가 런던 동부에 세운 고무·전기 공장에서 이름이 유래한 산업 지구다.
** 스테프니(Stepney) 런던의 이스트엔드에 있는 지역명이다.

그러나 '여성'으로서가 아니라 '프롤레타리아'로서, 우리 남성 노동자들과 경쟁하는 여성으로서가 아니라 그들과 함께 투쟁하는 동지로서 조직할 것이다."²

엘리너의 열정과 용기는 사람들에게 감명을 줬다. 가스 노동자들은 그녀를 "우리의 오랜 화부火夫˚"라고 불렀다. 가스 노동자들뿐 아니라 다른 노동자들도 귀에 쏙쏙 박히고 설득력 있는 엘리너의 연설에 늘 감탄했다.

그러나 엘리너의 생애를 다룬 많은 전기는 흔히 그녀의 힘들었던 사생활과 비극적 자살에 초점을 맞춘다. 엘리너의 생애와 그녀가 남긴 유산에는 그보다 훨씬 많은 것이 있다. 엘리너 마르크스에게 제자리를 찾아 줘야 한다. 즉, 영국 노동조합운동의 성격을 바꿔 놨을 뿐 아니라 사회에서 가장 착취받고 억압받는 사람들의 처지도 바꿔 놓은 강력한 노동자 운동의 한가운데로 돌려놔야 한다.

어린 시절

엘리너 마르크스는 1855년 1월 런던의 한복판이자 당시 정치적 망명자들의 생활 중심지이던 소호의 딘 스트리트에서 태어났다. 엘리너가 어렸을 때 가족은 빈곤의 압력에 끊임없이 시달렸다. 그래

---

* 화부는 가스 공장이 가동되는 데 필수적인 핵심 노동자여서 때때로 '가스 노동자'와 동의어로 쓰였다.

서 집행관이 뻔질나게 집에 들이닥쳤다.

엘리너가 태어나기 3년 전에 마르크스 가족은 프란치스카라는 딸이 죽었을 때 관도 살 수 없어서 많은 돈을 빌려야 했다. 그런 빈곤의 압력은 당연히 큰 타격을 줬다. 1862년 카를 마르크스는 [엥겔스에게 보낸 편지에서] 다음과 같이 썼다. "날마다 아내는 자식들과 함께 죽어 버렸으면 좋겠다고 말한다네. 그러면 내가 뭐라고 말할 수도 없는 것이, 이런 상황에서 겪어야 하는 수모와 고통과 두려움은 이루 말할 수도 없기 때문이네."[3]

마르크스 가족을 압박한 빈곤에도 불구하고, 또 가족이 모두 이런저런 질병에 시달렸지만, 막내딸은 어린 시절 내내 사회적·문화적으로는 물론이고 정치적으로도 많은 자극을 받는 생활을 한 듯하다.

막내딸과 아버지의 관계는 친밀했다. 엘리너는 어렸을 때 아버지의 서재에서 많은 시간을 보냈다. 딸이 놀고 있는 옆에서 아버지 카를 마르크스는 《자본론》 1권을 집필했고 어머니 예니는 그 원고를 계속 옮겨 적었다.*

아버지 마르크스는 재능 있는 이야기꾼이기도 했다. 그래서 스스로 지어낸 이야기와 유명한 작가들의 이야기로 엘리너를 즐겁게 해 줬다. 엘리너는 형편없는 마법사 한스 뢰클 이야기를 특히 좋아했고, 그림 형제의 동화로 독일어를 배웠다. 그녀는 어렸을 때부터 호메로스의 작품들과 《천일야화》를 들으며 자랐고, 셰익스피어의 작

---

* 마르크스가 악필이어서 글씨를 알아보기 힘들었기 때문이다.

품에 나오는 구절을 모두 암송할 수 있었다(마르크스 가족에게 세익스피어의 작품은 모종의 성서 같은 것이었던 듯하다). 어머니는 딸들을 데리고 런던의 웨스트엔드로* 가서 연극을 보여 주곤 했다. 이 모든 것이 엘리너에게 문학과 연극에 대한 열정을 불어넣었고, 그녀는 평생 이 열정을 간직하고 살았다.

비록 공식 학교교육을 받지는 않았지만 엘리너는 똑똑한 아이였다. 언니들은 14살 때까지 학교에 다녔지만, 엘리너는 11살이 돼서야 학교에 다녔고 그조차도 꽤 드문드문 나갔다. 많은 아이들과 마찬가지로 엘리너도 학교가 실생활에 방해가 된다는 것을 깨달았다.

마르크스 가족은 프리드리히 엥겔스의 도움에 엄청나게 의존해야 했다. 엥겔스는 마르크스의 절친한 친구이자 협력자였고, 그 자신도 뛰어난 이론가였다. 엥겔스의 재정 지원 덕분에 마르크스 가족은 빈곤에서 살아남을 수 있었다. 엘리너는 어린 시절부터 엥겔스와 아주 가깝게 지냈다. 엘리너는 우표 수집을 계기로 엥겔스와 처음으로 편지를 주고받았고, 엥겔스는 우표를 넉넉히 보내 줘서 엘리너가 많이 모을 수 있게 해 줬다.

엘리너는 어려서부터 정치에 열정을 쏟았다. 그녀가 특별히 관심을 갖고 추적한 사건은 미국 남북전쟁이었다. 그래서 9살 때 엘리너는 에이브러햄 링컨에게 편지를 썼는데, 나중에 그 이유를 다음과 같이 설명했다. "에이브러햄 링컨에게는 전쟁에 관한 내 조언이 절실

---

* 웨스트엔드 영국의 국회의사당과 버킹엄궁전 따위가 있는 웨스트민스터의 서부 지역으로 런던에서 가장 번화한 거리로 유명하다.

'맨체스터 순교자들' 3인을 기리는 그림 아일랜드 문제는 엘리너의 지속적 관심사였다

히 필요할 것이라고 확신했다."⁴ 엘리너는 또, 이탈리아 공화주의 지도자 주세페 가리발디의 런던 방문에 큰 관심을 보이기도 했다.

　14살 때 엘리너는 아버지와 함께, 맨체스터에 사는 엥겔스와 그의 파트너 리지 번스를 방문했다. 바로 여기서 엘리너는 아일랜드 정치에 관심을 갖기 시작했다. 당시 맨체스터에서는 '맨체스터 순교자들'이라는 아일랜드인 2명이* 처형된 사건 때문에 긴장이 고조되고 있었다. 그들은 투옥된 아일랜드 공화주의 지도자 2명을 구출하

---

*　3명을 잘못 쓴 듯하다.

3장 엘리너 마르크스　139

는 작전 과정에서 경찰관 1명을 살해한 혐의로 기소돼 신빙성 없는 재판에서 사형선고를 받고 1867년에 처형됐다.

카를 마르크스와 엥겔스는 모두 아일랜드 민족주의 운동을 이해하고 설명하고자 노력했다. 엘리너에게 맨체스터 방문은 매우 흥분되는 교육 시간이었다. 그녀는 어느 날 리지와 함께 특별히 급진적 구경을 한 경험을 [언니에게 보낸 편지에서] 다음과 같이 묘사했다. "[리지 아줌마와 함께 시장에 갔는데 아줌마가] 켈리[감옥에서 탈출하는 데 성공한 아일랜드 공화주의 지도자 — 지은이]가 냄비를 팔던 가판대와 그가 살던 집을 구경시켜 줬어."⁵

런던으로 돌아오자마자 엘리너는 피니언 단원들을* 지지하는 시위에 온 가족을 데려갔다. 엥겔스가 아일랜드에 관한 책을 쓰겠다고 하자 이를 돕겠다며 연구를 시작했고, 맨체스터의 리지에게 자신의 연구 진척 상황을 알리는 편지를 써 보냈다. 아일랜드 신문들도 읽었다. 따라서 엘리너가 편지에 자신의 서명을 "피니언 자매"라고 쓴 것은 전혀 놀라운 일이 아니었다.

그러나 아일랜드 정치가 엘리너의 지속적 관심사이기는 했지만, 머지않아 프랑스에서 일어난 사건이 엘리너와 전 세계 사회주의자들에게 가장 중요한 문제로 떠오르게 된다.

---

* 피니언 단원들 19세기와 20세기 초에 영국의 아일랜드 지배를 끝장내기 위해 투쟁한 비밀 정치조직 피니언형제단과 아일랜드공화주의형제단을 통칭하는 말이다.

파리코뮌

1871년 파리가 봉기했다. 바로 이 결정적 사건이 엘리너와 그녀의 정치에 진정으로 큰 영향을 미쳤다. 당시 엘리너의 나이는 겨우 16살이었다. 세계 최초로 성공한 노동계급 혁명을 불러일으킨 것은, [루이 보나파르트의 프랑스 제2]제국을 무너뜨렸지만 노동자들을 위해서는 아무것도 해 준 게 없는 부르주아 정부에 대한 혐오감이었다.

파리코뮌은 겨우 2개월 동안 존속했다. 그러나 당시까지 세계 역사상 가장 민주적이고 자유로운 정부였다. 그것은 노동자들이 지도하는, 노동자들을 위한 정부였다. 파리코뮌은 사회를 바꿔 놓았고, 노동자들이 권력을 장악한 파리코뮌의 민주주의는 지금까지도 [부르주아 민주주의의] 대안으로서 중요한 모델을 제공한다.

당시는 고무적인 시기였다. 파리코뮌이 72일 동안 해낸 일은 대다수 개혁주의 정부가 몇 년씩 집권하는 동안 한 일보다 더 많았다. 파리코뮌은 많은 사람을 빈곤에서 구제했다. 징병제도 폐지했다. 상비군을 없애고, 모든 노동자가 참여할 수 있는 국민위병[시민군]을 도입했다.

파리코뮌 평의회의 선출된 위원 아르튀르 아르누는 다음과 같이 말했다. "[코뮌의 ― 지은이] 짧은 통치 기간에 단 한 명의 남성도, 여성도, 어린이도, 노인도 굶주리거나 추위에 떨거나 노숙하지 않았다. … 이 정부가 어떻게 아주 적은 자원만 갖고도 … 엄청나게 많은 사람의 가정에서 굶주림을 몰아냈는지를 보면 정말 놀랍다. … 그것은 진정한 민주주의가 일으키는 기적 중 하나였다."[6]

파리코뮌은 모든 공무원이 선출되고 언제든지 소환될 수 있고 노동자 임금 수준의 보수를 받(아서 특권을 누리지 못하게 하)는 원칙을 확립했다.

카를 마르크스는 파리코뮌에서 배우기 전까지는 진정한 민주주의가 어떤 모습일지를 이론적으로 설명하지 못했다. 그는 자신의 가장 중요한 저작 중 하나인 《프랑스 내전》에서 파리코뮌을 분석하며 노동계급이 배울 수 있는 교훈을 끌어냈다. 마르크스는 파리코뮌이 "노동계급의 정부였고 … 노동의 경제적 해방이 완성될 수 있는, 마침내 발견된 정치 형태"였으며 "노동하는 남성들[원문 그대로다 — 지은이]의 파리는 그 코뮌과 더불어 새로운 사회의 영광스러운 선구자로서 영원히 칭송될 것"이라고 말했다.[7]

그러나 당연히 파리는 노동하는 남성들만의 것이 아니었다. 파리코뮌을 위한 투쟁에서 여성들도 중요한 역할을 했고, 그 투쟁은 그들의 삶을 바꿔 놓았다. 파리코뮌은 남녀 동일 임금을 도입했고, 이혼의 권리를 승인했으며, 여아 교육을 장려했다. 코뮌에는 여성 지도자가 많이 있었는데, 가장 두드러진 사람은 루이즈 미셸이었다. 미셸은 여성과 남성의 단결이 이로울 뿐 아니라 코뮌의 성공에도 결정적으로 중요하다고 주장했다. 파리코뮌의 여성들은 새로운 사회를 지키기 위해 남성들과 함께 싸웠다. 엘리너는 이 점이 결정적으로 중요하다고 생각했다. 그녀는 여성들이 스스로 조건을 개선할 수 있을 뿐 아니라, 여성과 남성이 새로운 사회를 만들기 위해 함께 싸울 수 있다는 것도 깨달았다.

엘리너는 파리코뮌과 개인적 인연도 있었다. 엘리너의 친구 옐

파리코뮌의 여성 투사들

리자베타 드미트리예프는 제1인터내셔널 러시아 지부의 공동 창립자였는데, 파리코뮌에 특사로 파견돼 파리에서 여성들의 위원회와 '[파리 방어와 부상자 치료를 위한] 여성 연합'을 조직했다. 또 엘리너의 큰언니인* 라우라의 남편이 위대한 코뮌 투사 폴 라파르그였다.

그러나 파리코뮌은 프랑스 정부의 야만적 탄압으로 분쇄됐다. 코뮌은 겨우 72일 동안 존속한 후 '피의 1주일' 동안 약 2만 명의 코뮌 투사와 지지자가 학살당했다. 당시 엘리너는 [프랑스 서남부의 항구도시] 보르도에 살던 라우라를 방문하고 있었고, 형부인 폴 라파

---

* 작은언니를 잘못 쓴 듯하다.

르그는 실종됐다.

프랑스에서 엘리너는 처음으로 구속될 뻔했다. 프랑스 지배계급은 코뮌 지지자로 보이는 사람을 모조리 처벌하기로 작정했다. 마르크스와 라파르그의 가족은 처벌 대상자 명단의 상위에 있었다. 결국 엘리너와 [큰]언니 예니는 사흘 동안 투옥돼 심문을 받았다.

런던으로 돌아온 뒤 엘리너는 파리코뮌 연대 운동을 조직하고, 처벌을 피해 영국으로 망명한 프랑스인들을 지원하는 일에 헌신했다. 9월 런던에서 국제노동자협회의 협의회가 열렸다. 파리코뮌과 망명자 문제가 집중적으로 토론됐다. 엘리너는 이런 토론에 열심히 참가했다. 그러나 실천 활동에도 헌신적이었다. 1871년 말쯤 엘리너는 '코뮌 투사 구호 위원회'의 활동을 조율하는 데서 중요한 구실을 하기 시작했다. 그녀는 영국으로 탈출하는 데 성공한 프랑스인 망명자들을 돕기 위한 모금 활동을 했다.

망명자들의 상황은 엘리너에게 엄청난 영향을 미쳤다. 그래서 독일 혁명가 빌헬름 리프크네히트에게 보낸 편지에서 다음과 같이 썼다. "여기에는 코뮌 투사들이 아주 많고, 가난한 망명자들은 끔찍한 고통을 겪고 있어요. … 그들은 모두 빈털터리이고, 그들이 일자리를 구하기 얼마나 힘든지 상상도 못 하실 거예요. 그들이 훔쳤다고 의심받는 그 거액의 다만 얼마라도 갖고 있다면 정말 좋겠어요."[8]

망명한 코뮌 투사들이 마르크스 집 문을 두드리고 있었다. 파리코뮌이 마침내 분쇄됐을 때 마지막 바리케이드를 마지막으로 떠난 사람이 프로스페르 올리비에 리사가레라는 투사였다. 그는 영국으로 피신해서 마르크스의 집을 찾아갔다(당시 수많은 혁명가와 망명자가 그랬다). 리사가레는 엘리너의 첫 연인이 됐다.

그는 파리코뮌과 자신의 경험을 다룬 책을 써서 펴냈다. 엘리너는 리사가레의 조사·연구를 도와주고 그의 글을 영어로 번역했다. 엘리너가 번역한 책 《파리코뮌의 역사》는 코뮌 투사들의 실제 경험을 수많은 사람들이 접할 수 있게 해 줬고, 지금도 여전히 파리코뮌을 다룬 뛰어난 저작 중 하나로 남아 있다.

모든 사람이 코뮌 투사들을 높이 평가한 것은 아니었다. 국제노동자협회 내에서도 그들을 지지할지 말지, 또 노동자들의 자주적 활동을 강조할지 말지를 두고 견해가 갈렸다. 1871년까지도 노동자들의 자력 해방 사상은 꽤나 추상적이었고, 심지어 마르크스 자신도 어느 정도는 그랬다.

그 뒤 여러 해 동안 엘리너는 해마다 파리코뮌 기념식을 조직하고 거기서 연설했다. 이런 연설에서 그녀는 여성의 구실 문제를 되풀이해 거론했다. [엘리너 마르크스의 전기를 쓴] 레이철 홈스는, 예컨대 1885년 기념식을 다음과 같이 묘사했다. "엘리너는 파리코뮌과 사회주의에서 여성들의 핵심적 구실을 주제로 연설했다. 그것은 파리코뮌에서 여성들이 한 지도적 구실이 기념식 연설의 주제가 된 최초의 사례였다."[9]

엘리너는 중요한 교훈을 배우고 있었다. 파리코뮌의 경험은 그녀에게 사회주의 사회에서는 노동계급이 스스로 자신의 삶을 조직하고 통제할 수 있다는 생각을 갖게 해 줬다. 그녀는 다른 세계가 가능하다는 것을 처음으로 알게 됐다. 이 깨달음은 평생 그녀에게 근본적 영향을 미쳤다.

가장 바쁜 10년

1880년대는 엘리너 마르크스의 생애에서 가장 중요한 10년이었다. 1880년대 초에 엘리너의 개인적 삶에서 중요한 전환점이 찾아왔다. 1881년 어머니가 암으로 죽었고, 1883년에는 언니 예니와 아버지가 모두 죽었다.

어머니·언니와 엘리너의 관계는 친밀했다. 그러나 아버지와의 관계가 엘리너에게 가장 중요한 영향을 미쳤다. 오랫동안 그녀는 아버지의 비서이자 연구원 노릇을 하면서 아버지의 정치 활동에 중요한 기여를 했다. 가족의 죽음은 그녀가 홀로 설 수 있는 중요한 변화의 계기이기도 했다. 엘리너는 아버지가 남긴 서류들을 관리하는 책임을 맡아서, 아버지의 노트를 모으고 저작을 번역하는 일을 조직하기 시작했다. 또, 에드워드 에이블링이라는 남자를 만나 평생 그와 정치적 관계뿐 아니라 (흔히 평탄치 않은) 개인적 관계도 유지했다.

이 10년 동안 엘리너는 급속한 변화의 시기에 중요한 정치적 구실을 하게 된다. 수십 년 동안 [영국의] 노동계급과 그 조직들은 대체로 활동이 중단된 상태였다. 1895년에 쓴 글에서 엘리너는 당시를 다음과 같이 묘사했다. "오랫동안 노동계급의 정치적 운동은 완전히 죽지는 않았을지라도 적어도 깊이 잠들어 있었다."[10]

당시는 사회의 조직 방식에 관한 새로운 사상이 등장하기 알맞은 때였다. 아일랜드에서는 오랫동안 탄압이 계속되고 있었고, 빅토리아 시대의 경제적 번영을 끝장낸 불황이 닥쳤다. 빈부 격차가 엄청나게 벌어졌다.

엥겔스는 런던을 비롯한 여러 도시의 대다수 노동자들이 "고통과 슬픔의 … 웅덩이, 즉 일자리가 없을 때는 굶주림을, 있을 때는 신체적·도덕적 타락을 끊임없이 퍼뜨리는 웅덩이"에서 살고 있다고 썼다.[11] 오늘날과 마찬가지로 그때도 제국주의적 모험과 끔찍한 착취 때문에 노동자들은 현재의 사회 상태에 의문을 품을 수 있었다.

약 30년 전 차티스트운동이 끝난 이후 산업 투쟁이 완전히 사라진 것은 아니었다. 전국에서, 또 다양한 산업에서 파업이 벌어졌다. 그러나 이런 투쟁들은 대체로 직업별 노조, 즉 '숙련' 노동자를 대표하는 조직들이 벌인 것이었다. 그들은 대부분 도제 기간을 마친 노동자였다. 그 노동자들은 노동계급 전체의 이익을 증진시키는 문제나 중대한 정치적 문제보다는 특정 노동자 집단의 문제에 관심이 더 많았다.

엘리너의 또 다른 관심사이던 여성운동도 마찬가지로 한계가 있었다. 엘리너가 살아 있을 때 지배적인 관념은 여성이 현모양처가 돼야 한다는 것이었다. 엘리너의 신념처럼 사회의 지배적 사상은 지배계급의 사상이라면 지배계급은 여성이 가정에 매여 있기를 원했던 것이다.

여성운동 안에서는 여성의 교육 기회나 참정권 등을 요구하는 중요한 캠페인이 전개되고 있었다. 그러나 여성운동을 지배한 중간계급 여성들은 잘해야 박애주의자였고 최악의 경우에는 노동계급 여성을 노골적으로 경멸하는 자들이었다.

엘리너가 지지하고 건설한 대중운동 중에서 노동계급 여성들이 없는 운동은 결코 없었다. 실제로 여성들은 섬유산업의 대중 투쟁부터 차티스트운동을 거쳐 아일랜드 독립 투쟁까지 19세기 초의 많은 노동계급 투쟁에 참가했다.

차티스트운동 시기에 수많은 여성이 청원서에 서명했고 시위행진에 참가했으며 공개 연단에서 발언했다. 또, 여성들은 1842년에 여러 공장을 돌아다니며 노동자들을 밖으로 이끈 대규모 파업 지원단(플라잉 피켓)에도 광범하게 참가했다. 노동계급 여성들이 특히 급진적인 곳은 그들이 산업 현장에서 힘을 발휘할 수 있는 지역들이었다.

1848년 유럽 대륙에서 일어난 봉기들을 탄압한 작자 한 명이 1850년 영국을 방문했을 때, 그는 차티스트운동을 지지하는 군중을 피해 필사적으로 도망쳐야 했다. 어떤 신문은 당시 상황을 다음과 같이 묘사했다. "많은 여성이 이 통쾌한 사건에 가담해서 그 작자의 기분 나쁜 콧수염을 뜯어 버렸다. 그는 고통과 분노로 고함을 지르며 도망쳤다."[12]

그러나 [차티스트운동이 끝난 이후] 여성 노동자들을 포함한 전체 노동계급의 투쟁 수준이 전반적으로 낮아졌다. 과거의 투쟁적이고 능동적인 운동들을 대체한 많은 조직은 여성뿐 아니라 노동계급 남성도 편견을 갖고 대했다. 예컨대, 직업별 노조는 거의 남성들만의 배타적 조직이었지만, 압도 다수의 노동계급 남성도 배척했다. 여성 노동조합 조직이 존재하는 곳에서도 그것은 직업별 노조였고, 그 지도부는 여성노조동맹 사무총장인 클레멘티나 블랙 같은 중간계급 여성들이 독차지했다.

노동계급 남성과 여성은 직업별 노조에 의해서도 대체로 무시당했지만 마찬가지로 주요 정당들에 의해서도 무시당했다. 의회 정치를 지배한 것은 두 주류 정당인 자유당과 보수당이었다. 여성은 말할 것도 없고 거의 절반의 남성도 투표권이 없었다.

성장하는 도시로 수많은 청년 노동자가 몰려와 일하며 살았다. 많은 작업장이 몰려 있고 엘리너가 자신의 조직 활동을 대부분 집중한 곳인 런던 [동부의] 웨스트햄은 1851년부터 1891년까지 인구가 10배나 늘었다. 산업화가 진척되면서 이런 일이 영국 전역의 도시에서 되풀이됐다.

극명한 사회적 분열이 나타났다. 페이비언협회의 점진적 사회주의자 언론인 애니 베전트는 부르주아지가 "공장의 종소리가 들리는 곳의 악취 나는 빈민가'에 사는 사람들의 노동 위에다 자신들의 '대저택과 유원지'"를 지었다고 묘사했다.[13]

빈곤이 만연했다. 노동환경은 위험했다. 비위생적 조건과 과밀 주거 때문에 콜레라와 결핵 같은 병이 거듭거듭 발생했다.

1880년대에 엘리너는 런던 이스트엔드의 빈곤을 직접 목격하기 시작했다. 그리고 자신이 목격한 것을 여러 편지에서 묘사했다. 예컨대, 1887년 [11월 언니 라우라에게 보낸 편지에서] 다음과 같이 썼다. "거리를 걷다 보면 가슴이 미어져. 나는 이스트엔드를 잘 알고, 거기 오랫동안 살고 있는 사람들도 알아. … 보통은 겨울이 시작되고 몇 달 동안 어떻게든 견뎌 낼 수 있던 많은 사람들이 올겨울에는 굶주리고 있어."[14]

만연한 빈곤, 맹위를 떨치는 불황, 표면 아래서 들끓는 정치 쟁점들, 노동계급 사람들을 대변할 [정치] 세력의 부재, 이 모든 것이 결합돼 1880년대를 형성했다.

1880년대 동안 엘리너 마르크스는 교사·타이피스트·연구원으로 일했다. 그녀는 귀스타브 플로베르의 《보바리 부인》과 헨리크 입센의 《인형의 집》을 번역했다(번역을 위해 노르웨이어를 배웠다). 또, 아버지의 위대한 저작 《자본론》을 번역하는 일을 조직했고, 미국과 유럽을 다녀오기도 했다. 그러나 주로 조직가이자 선동가로서 정치 활동을 하는 데 관심을 쏟았다. 1880년대는 그녀의 가장 바쁜 10년이 된다.

과도기

1880년대 초 영국에서는 사회주의 조직이 발전하기 시작했다. 엘리너는 그 조직의 중심 인물이 됐고, 조직의 방향을 결정하는 데서 큰 구실을 했다. 1881년에 여러 사회주의자와 좌파 자유주의자가 민주주의연맹이라는 조직을 만들었다.

그 조직의 지도자는 헨리 하인드먼이었다. 민주주의연맹이 처음에 집중한 문제는 토지개혁(많은 아일랜드 노동자를 끌어들인 운동이었다)과 농촌 실업이었다. 곧 날카로운 정치적 차이가 나타났다. "아일랜드에 대한 글래드스턴[자유당 정부의 총리]의 강압 정책에 민주주의연맹은 격분했다. 그들은 하이드파크에서 열린 대규모 반정부 시위에 참가했다. [그러자] 많은 급진주의자가 만들어진 지 얼마 안 된 이 조직에서 탈퇴했다. 이 조직이 자유당 정부에 적대적 태도

노동자 집회를 그린 삽화 왼쪽 하단에 엘리너의 초상화가 있다

를 취했기 때문이다. 이로써 사회주의자들이 가야 할 길이 분명해졌다."[15]

민주주의연맹은 1884년에 사회민주연맹으로 이름을 바꿨다. 엘리너는 이 새 조직에 가입해서 활동하기 시작했다. 파업 중인 노동자들에게 의미 있고 효과적인 연대를 제공하고 사회주의 사상과 대중운동을 결합하는 것이 결정적으로 중요하다고 믿었기 때문이다. 그녀와 에드워드 에이블링은 모두 사회민주연맹의 집행위원으로 선출됐고, 새 조직이 분명한 사회주의적 강령을 채택하도록 만드는 데 일조했다. 엘리너는 특별히 부지런해서 집행위원회 회의에 빠짐없이 참석했고 거리 집회와 시위도 조직했다. 사회민주연맹은 노동계급 사람들과 소통하는 새로운 방식을 이용하기 시작했다. 예컨대,

시중의 신문 가판대들이 사회민주연맹의 신문 〈저스티스〉(정의)를 판매하지 않으려 하자 회원들이 직접 거리에서 신문을 판매하기 시작했다.

처음에 사회민주연맹은 조직적 성공을 거뒀다. 런던 동부에 근거지를 두고 활동하던 사회주의 클럽 노동해방동맹이 사회민주연맹에 가입했다. 그래서 사회민주연맹은 이 중요한 지역과 연계를 맺을 수 있었다. 또, 뉴캐슬과 리버풀에 지부가 생기고 브리스틀과 에든버러에도 지지자들이 나타나는 등 전국 수준에서 성장 가능성이 있는 세력으로 떠오르기 시작했다.

비록 사회민주연맹의 일부 지도자들은 파업을 계급투쟁의 핵심 현장이 아니라 주로 사회주의를 선동하는 공간으로 여겼지만, 사회민주연맹은 노동계급 대중이라는 더 광범한 청중과 연관 맺기 시작했다. [극작가이자 계간지 《크리티컬 무슬림》의 부편집자인] 하산 마함달리는 다음과 같은 사례를 들었다. "[사회민주연맹이] 1884년 면방직 노동자 파업에 개입한 후 블랙번에 지부가 설립됐다는 사실에서, 능동적 노동자들이 마르크스주의를 받아들일 수 있다는 것이 입증됐다."[16]

그러나 1884년 말쯤 사회민주연맹 지도부는 해소할 수 없는 분열을 겪고 있었다. 이 분열을 밀어붙인 사람은 엘리너였고, 에이블링뿐 아니라 윌리엄 모리스나 어니스트 벨퍼트 백스 같은 지도적 사회주의자들도 엘리너를 지지했다. 결국 그들은 사회민주연맹을 탈퇴하고 [1885년 1월] 사회주의동맹이라는 조직을 따로 만들어서 옛 조직의 엘리트주의적·민족주의적 관점에 도전했다.

분열의 주요 원인은 헨리 하인드먼의 태도였다. 그는 프록코트를˚ 차려입은 보수당원 출신으로 후진적 사상을 많이 고수하는 사람이었다. 엘리너와 하인드먼은 [의견 충돌의] 전력이 있었다. 하인드먼은 예전에 엘리너와 아버지를 자기 집으로 초대해서 민주주의연맹 설립 문제를 의논한 적 있었는데, 그들은 처음부터 하인드먼의 태도를 탐탁지 않게 여겼다. 특히 하인드먼은 노동자들을 대하는 태도가 아주 거만했다. 하인드먼은 "노예는 스스로 해방될 수 없다"고 믿었다. 그의 주장인즉 "지도력·주도권·가르침·조직은 [노동자들과는] 타고난 지위가 다른 사람들, 어려서부터 자기 능력을 활용하도록 훈련받은 사람들이 제공해야 한다"는 것이었다.[17]

하인드먼은 대중의 자주적 행동 없이도 사회주의를 대중에게 설파할 수 있다고 확신했다. 엘리너와 그 동지들은 항상 노동자의 자주적 행동을 중심으로 사고했다. 그녀는 사회주의를 노동자들에게 그저 설파하는 것만으로는 효과가 없다고 생각했다. 엘리너는 마르크스주의 사상과 노동자들의 일상적 삶, 정치적 행동을 연결하고자 했다.

하인드먼의 민족주의, 국수주의, 유대인 혐오는 유명했다. 엘리너는 1885년 초 빌헬름 리프크네히트에게 보낸 편지에서 다음과 같이 썼다. "하인드먼과 우리가 충돌하는 주요 문제 하나는 진정한 국제적 운동을 원하는 우리와 달리 … 하인드먼 씨는 할 수만 있다면 언제나 영국 노동자들이 '외국인'에 반감을 품게 만들려고 애쓴다

˚ 프록코트 무릎까지 내려오는 신사용 검은색 예복이다.

는 것입니다."[18]

엘리너와 사회주의동맹의 동지들은 민족주의가 "사회주의자들의 끈질긴 적"이라고 말했다. 파리코뮌에서 영감을 얻고, 런던의 이주 노동자들과 대화하고, 수많은 해외 사회주의자들과 연락하고, 그 자신이 이민자의 딸인 엘리너에게 국제주의는 엄청나게 중요했다.

분열의 또 다른 원인은 자유당 좌파를 대하는 하인드먼의 태도였다. 윌리엄 모리스는 하인드먼이 "[자유당의] 급진주의자들을 끊임없이 조롱하고 모욕했다"고 말했다.[19] 모리스(와 엘리너)는 비록 사회주의자들과 급진주의자들의 정치적 차이가 분명 존재하지만, 급진주의자들은 여러 운동에서 사회주의자들과 협력할 수 있는 중요한 집단이며 흔히 사회주의 사상을 귀담아듣고 받아들일 수 있는 청중이라고 옳게 주장했다.

엘리너와 엥겔스의 지속적 관계는 사회주의동맹 설립 시기에 특히 중요했다. 엥겔스는 엘리너가 이론적 머리도 뛰어난 재능 있는 조직가라고 인정했다. 그는 [1886년 1월 미국 사회주의자 프리드리히 조르게에게 보낸 편지에서] 다음과 같이 썼다. "지금까지 이 나라의 운동은 완전히 허깨비 같은 것이었지만, 사회주의동맹 내에서 이론적 이해력이 있는 중핵을 육성할 수만 있다면 (머지않아 찾아올) 진정한 대중운동의 분출을 위해 큰 도움이 될 것입니다."[20]

엘리너는 윌리엄 모리스가 편집한 사회주의동맹의 신문 〈커먼윌〉(공공의 복지)에 다양한 글을 쓰기 시작했다. 엘리너의 국제주의는 진가를 발휘했다. 그녀는 〈커먼윌〉의 '혁명적 국제 운동' 면을 맡아서, 전 세계 사회주의자들이 보내오는 소식을 실었다.

그 뒤 1890년경까지 사회민주연맹과 사회주의동맹은 서로 겹치는 부분이 상당히 많았다. 두 조직은 흔히 경쟁 관계였다. 두 조직 모두 벤 틸렛, 톰 만, 윌 손 같은 젊은 노동자들과 좋은 관계를 발전시키고 있었다. 그 노동자들은 모두 노동계급 속에 뿌리내린 재능 있는 투사였고, 1880년대 말 신노동조합운동의 발전에서 핵심적 구실을 했다.

1880년대 내내 사회민주연맹과 사회주의동맹은 모두 비교적 작은 조직이었다. 두 조직은 노동자들과 연계를 맺었고, 이후 벌어지는 여러 파업과 운동의 중요한 지도부가 됐지만 선전주의 유산이 강하게 남아 있었다. 내부 논쟁도 중요했지만 그런 내분 때문에 그들은 가끔 [운동에] 뒤처졌다. 요컨대, 당시는 사회주의자들에게 새로운 시기, 때로는 쉽지 않은 시기였고 새로운 문제들이 계속 제기되고 있었다. 많은 사회주의자는 자기 조직의 덕을 보기보다는 조직[이 제기하는 어려움]에도 불구하고 노동자 운동에서 중심적 위치를 차지했다. 이후 몇 년 동안 엘리너는 이 두 조직과 자신이 속한 지부인 블룸즈버리사회주의협회* 사이를 오가며 활동했다.

사회주의자들은 중대한 문제들, 흔히 처음 맞닥뜨리는 문제들을 두고 논쟁했다. 사회주의동맹 안에서도 곧 논쟁이 벌어지기 시작했다. 먼저, 의회 선거에 후보를 낼지 말지, 심지어 투표 자체를 할지 말지를 두고 견해 차이가 컸다. 엘리너를 중심으로 한 집단은 사회

---

*   엘리너 등은 자신들이 속한 사회주의동맹 블룸즈버리 지부가 선거 때 사회민주연맹과 공동 후보들을 출마시켰다는 이유로 단체에서 제명당하자 1888년 8월 블룸즈버리사회주의협회라는 조직을 새로 만들어 활동했다.

주의동맹이 선거와 투표 문제에 관여해야 한다고, 그러지 않으면 순전히 선전주의 조직이나 더 나쁘게는 독서 모임으로 전락할 위험이 있다고 생각했다. 엘리너는 [사회주의동맹 내의] 아나키스트 분파를 특히 신랄하게 비판했다. 그들이 선거 문제, 파업, 노동조건 개선에 관여하는 것을 임시방편의 '미봉책'일 뿐이라고 비난했기 때문이다.[21]

그러나 정치적 거리 운동들이 시작되고 있었다. 사회주의 조직들의 내부 논쟁에도 불구하고(어쩌면 그런 논쟁에 자극을 받아서) 엘리너는 이런 운동에 직접 뛰어들어 마르크스주의와 노동계급 대중의 상황을 연결하려고 노력했다.

여성 문제

1886년 엘리너는 에드워드 에이블링과 함께 《사회주의 관점에서 본 여성 문제》라는 소책자를 펴냈다. 이 중요한 책은 여성운동과 노동운동 모두에서 벌어지는 논쟁에 기여했다. 그 책은 여성의 사회적 지위를 설명하고 당시에 제기된 많은 쟁점을 다뤘다. 그러나 진정한 여성해방을 달성하기 위해 여성운동과 노동운동이 취해야 할 조치들을 설명하는 것도 그 책의 목적이었다.

《사회주의 관점에서 본 여성 문제》는 여성, 특히 노동계급 여성에게 추가 부담을 지우고 관계와 섹슈얼리티를 왜곡하는 자본주의 체제를 비판했다. 비록 20세기에 그 책이 다시 발행될 때는 흔히 "사회주의 관점에서 본"이라는 말이 제목에서 빠졌지만, 그 책에는 사회주의 사회에 대한 급진적 비전이 담겨 있다.

사회에서 여성이 하는 구실을 두고 논쟁이 벌어지고 있었고 좌파와 우파가 저마다 '여성 문제'를 제기하고 있었다. 엘리너 마르크스와 에드워드 에이블링은 여성 차별을 마르크스주의적으로 이해하는 데 기여하고자 했다.

그로부터 겨우 2년 전에 프리드리히 엥겔스가 여성 차별 문제를 다룬 책 《가족, 사유재산, 국가의 기원》을 썼다. 《사회주의 관점에서 본 여성 문제》는 비록 아우구스트 베벨의 책 《여성과 사회주의》에 대한 서평처럼 돼 있지만, 여성 차별의 계급적 뿌리를 분명히 밝힌 엥겔스의 저작을 토대로 해서 쓴 글이다.

엥겔스와 마찬가지로 엘리너와 에이블링도 "여성 문제는 곧 전체 사회조직의 문제"라는 것을 인식했다. 그러나 그들은 여성운동 안에서 우세한 흐름은 혁명적 경향이 아니라 개혁주의 경향이라고 지적했다. "완벽하게 정당한 목표인 여성 참정권 보장, 전염병방지법* 폐지, … 여성에게 고등교육을 제공하고 대학의 문을 개방할 것, 여성에게 학문적 직업과 교사부터 외판원까지 모든 직업을 허용할 것을 강력히 주장하는 뛰어나고 근면한 사람들"이 여성운동을 지배하고 있었다.

엘리너와 에이블링은 이런 개혁을 요구하며 운동하는 사람들이

---

* 전염병방지법 1864년 군대에서 성병이 확산되는 것을 막으려고 제정된 법으로, 경찰은 성매매 여성으로 의심되는 사람을 체포해서 강제로 검사한 후 폐쇄 병동에 감금할 수 있었다.

"대체로 부유한 계급 출신"이고 개혁의 결과가 "[병을] 치료하는 것이 아니라 일시적으로 완화하는 것에 불과했다"는 사실을 인식했다. 엘리너 자신도 이런 운동에 한때 참가했다. 예컨대, 런던 교육위원회 선거에서 중간계급 여성 후보들을 지지했고, 교사로서 여아·여성 교육의 중요성을 인정했다. 그러나 자기 소책자에서 엘리너는 이런 운동들이 충분히 나아가지 않았다고 주장했다.

투쟁의 침체는 여성과 남성에게 모두 악영향을 미쳤고, 《사회주의 관점에서 본 여성 문제》의 목적은 반격을 고무하는 것이었다. '여성 문제'를 노동운동, 사회주의 운동과 연결해서 분명한 방향을 제시하는 것이 그녀의 목적이었다. 그 소책자는 계급이 여성해방에 가장 중요하다고 주장했지만, 여성들이 경험하는 성차별을 무시하지 않았다.

예컨대, 《사회주의 관점에서 본 여성 문제》는 성매매 문제를 도덕적 관점이 아니라 정치적 관점에서 다룬다. 엘리너는 그 전에도 성매매 문제를 다룬 글을 썼지만, 여기서는 자본주의의 구실을 정면으로 다룬다.

> 성매매를 없애려면 성매매를 낳은 사회적 조건을 없애야 한다. 고통받는 사람들을 위한 심야 모임이나 보호소 등 이 끔찍한 문제를 해결하고자 좋은 의도로 시행된 모든 조치는 그것을 주도한 사람들도 절망적으로 인정하듯이 아무 소용이 없었다. … 이것, 즉 자본주의 생산 체제를 없애면 성매매도 사라질 것이라고 사회주의자들은 말한다.

엘리너는 지배계급에게 책임이 있다고 단호하게 주장했다. "여성에게 도움이 되기를 간절히 바라는 사람들조차 충분히 깨닫지 못하는 사실은 노동계급과 마찬가지로 여성도 억압받는 처지에 있다는 것이다. 노동계급과 마찬가지로 여성의 지위도 완전히 땅에 떨어져 있다. 여성은 남성의 조직적 폭정의 산물이듯이 노동자들은 놀고먹는 게으름뱅이들의 조직적 폭정의 산물이다. 이런 사실이 많이 알려진 곳에서도 우리가 끊임없이 주장해야 하는 것은, 노동계급과 마찬가지로 여성에게도 그들이 직면한 어려움과 문제의 해결이 현재의 사회 조건에서 불가능하다는 사실이다. … 억압받는 계급인 여성과 직접 생산자들이 모두 알아야 하는 사실은 그들의 해방을 그들이 스스로 쟁취해야 한다는 것이다."

《사회주의 관점에서 본 여성 문제》에서 엘리너와 에이블링은 억압과 착취를 서로 바꿔 쓸 수 있다고 보는 듯한 표현을 사용한다. 그들은 경제적 잉여가치 추출과 체계적인 사회적 차별을 구분하지 않는 것처럼 보인다. 그러나 그들은 노동계급 여성과 부르주아 여성은 성차별을 서로 다르게 경험하고, 따라서 우선순위도 다르다고 주장한다.

엘리너는 마르크스주의가 여성 억압의 기초와 그것을 없앨 수 있는 토대를 모두 설명하는 데 도움이 된다고 봤다. 그녀는 어떤 것도 영원하지 않으며 억압과 착취는 모두 "사회의 일시적 관습일 뿐"이라고 주장했다. "그것은 마치 프랑스어가 외교 언어로 쓰이는 관습과 마찬가지"라는 것이다.

《사회주의 관점에서 본 여성 문제》는 결론 부분에서 남성과 여성을 위한 대안 사회의 비전을 제시한다. "사회주의 사회에서 국가(정말이지 그토록 추악한 역사적 집단을 일컫는 말이 계속 남아 있다면 말이지만)는 노동자 공동체의 조직적 능력일 것이다. 사회주의 국가의 관리들은 다른 사람들보다 더 부유하지도 가난하지도 않을 것이다. 예술과 노동의 분리, 즉 예술가들의 마음을 비통하게 만들면서도 대다수 예술가들이 그 비통함의 경제적 원인을 알지 못한 채 괴로워하게 만드는 정신노동과 육체노동의 대립도 [사회주의 사회에서는] 사라질 것이다."

이후 10년 동안 엘리너의 견해는 더 분명해진 듯하다. 아마 자신이 관여한 정치적 운동들과 산업 투쟁 때문이었을 것이다. 1892년 엘리너는 독일 사회주의자 루이제 카우츠키의 특별한 부탁을 받고 오스트리아 여성 신문에 글을 4편 기고했다. 이 글들은 영국의 여성 노동자들이 어떻게 노동조합으로 조직되고 있는지를 전하면서, 어떻게 여성이 조직돼야 하는가 하는 문제를 다룬다. 엘리너는 다음과 같이 썼다.

> 나는 우리가 먼저 노동조합원으로 조직되는 데서 시작해야 한다고 본다. 그래서 우리의 단결된 힘을 궁극적 목표, 즉 우리 계급의 해방을 달성하는 수단으로 사용해야 한다. 그것은 쉽지 않은 일일 것이다. 사실 여성 노동자의 처지는 매우 열악해서 속상할 정도로 개선하기 어려운 경우가 다반사다. 그러나 하루하루 조금씩 해 나가다 보면 일은 더 쉬워질 것이고, 모든 노동자가 단결하는 것이 어떤 장점이 있는지를 여성들과 특히 남성들이 깨닫게 될수록 일은 점점 더 쉬워 보일 것이다.[22]

1896년 엘리너는 사회민주연맹의 신문 〈저스티스〉에 독일 사회민주당의 고타 당대회 소식을 전하는 글을 썼다. 그녀가 특히 강조한 것은 독일 마르크스주의자 클라라 체트킨의* 연설이었다. 나중에 세계 여성의 날 창설을 주도한 체트킨은 당시 독일 사회민주당에서 벌어지던 논쟁에, 그리고 여성 억압을 마르크스주의 관점으로 이해하는 데 중요한 기여를 했다. 체트킨은 부르주아 여성은 부르주아 남성과 경쟁하고 있지만 노동계급 여성을 노동계급 남성이 억압하는 것은 아니라고 주장했다. 그녀는 노동계급 여성과 남성은 이해관계가 다르지 않다고 강조했다. 엘리너는 체트킨의 다음과 같은 말을 인용했다. "바로 그 때문에 노동계급 여성은 부르주아 여성과 같을 수가 없는 것입니다. 부르주아 여성은 자기 계급의 남성에 맞서 싸워야만 합니다. … 반대로, 프롤레타리아 여성은 자본가계급에 맞서 자기 계급의 남성과 함께 투쟁해야 합니다. 노동계급 여성의 목적과 목표는 남성과 자유롭게 경쟁할 수 있는 권리가 아니라, 프롤레타리아의 정치권력을 쟁취하는 것입니다."

엘리너 마르크스는 체트킨의 연설을 보도할 때 중요한 점을 인식하고 있었다. 노동계급 여성의 처지는 "단지 [자본주의 생산의 소용돌이 속으로 끌려 들어온] 소극적인 것이 아니라 혁명적이기도 하다"는 것이었다.

---

* 클라라 체트킨 독일 사회민주당이 불법이던 시절부터 그 당에서 활동한 사회주의자다. 로자 룩셈부르크와 함께 스파르타쿠스단과 그 후신인 독일 공산당을 건설한다.

미국 순회

1886년 엘리너 마르크스는 에드워드 에이블링, 독일 사회민주당 지도자 빌헬름 리프크네히트와 함께 4개월 동안 미국을 순회[하며 사회민주당을 위해 모금]했다. 그 경험을 통해 엘리너는 새로운 현실에 눈뜨게 됐다. 그래서 영국으로 돌아와 1888년 펴낸 중요한 소책자에서 미국 순회 동안의 경험을 다뤘다. 그들은 뉴욕에서 캔자스시티까지 여러 곳을 지나며 약 35곳의 마을과 도시를 방문했다.

당시 미국은 영국과 마찬가지로 끊임없이 변화하고 있었다. 미국 정부와 대기업들은 남북전쟁[1861~1865년] 이후의 상황을 통제하려고 애썼지만, 수많은 노동자들은 급진적 사상을 받아들이고 있었다. 영국과 마찬가지로 미국에서도 19세기 대부분 기간에 산업 투쟁은 제한적이었지만, [이제] 사정이 달라지고 있었다. 산업 영역과 정치 영역 모두에서 대단한 운동들이 1880년대 내내 전진했다. [미국 사회주의자] 하워드 진은 당시 상황을 다음과 같이 묘사했다. "미국의 주요 도시에는 혁명적 조직들이 존재했고, 혁명 이야기들이 널리 퍼지고 있었다."[23]

아일랜드와 동유럽에 더해 독일·이탈리아·그리스 출신 이민자들이 미국으로 몰려들고 있었는데, 이 점도 런던과 비슷했다. 1880년대에 미국으로 이민 온 사람이 500만 명이 넘었다. 비록 사용자들은 이런 이주 노동자들을 이용해 다른 노동자들의 힘을 약화시키려 했지만 이주 노동자들은 미국 사회주의 운동에 영향을 미치고 있었다.

미국을 방문한 엘리너. 왼쪽은 빌헬름 리프크네히트, 오른쪽은 에드워드 에이블링

엘리너가 에이블링과 함께 쓴 책 《미국의 노동계급 운동》은 급진적 출판물의 긴 목록(그러나 결코 완전한 목록은 아니다)을 근거로 미국 노동계급 운동을 평가하면서 시작한다. 지은이들에게 깊은 인상을 준 것은 미국 노동자 조직들의 수가 많을 뿐 아니라, 미국 노동자들의 계급의식 수준이 높다는 점이었다.

엘리너와 에이블링은 다음과 같이 주장했다. "영국에서는 대체로, 노동자와 사용자의 이해관계가 일치한다고 노동자들이 믿게 만들려는 시도가 여전히 성공하고 있다. … 그러나 미국에서는 이런 상호 기만이 거의 끝나 가고 있다. 대부분의 경우 노동자와 자본가는 계급으로서 상대방이 불구대천 원수라는 사실을 아주 잘 알고 있다."

그래서 긴장이 높았다. 엘리너가 미국에 도착하기 4개월 전[1886년 5월 4일] 시카고에서 3000명이 [하루 8시간 노동제를 요구하며] 벌인 시위가 전환점이 됐다. 그 시위는 헤이마켓 사건으로 알려지게 된다. 노동자들의 [평화적] 시위 도중 폭탄이 터지자(아마 경찰 끄나풀의 소행이었을 것이다) 경찰과 시위대가 충돌했다. 1명이 죽고 여러 명이 다쳤다.* 경찰은 시카고의 아나키스트 지도자 8명을 [폭탄 투척 용의자로] 체포했지만, 그중에 시위 참가자는 1명뿐이었다. 그들은 모두 사형선고를 받았다.

이 부당한 판결을 두고 뜨거운 논쟁이 벌어졌고, 엘리너는 발언과 글로 이 문제를 다뤘다. 그녀는 지배계급의 거짓말을 맹비난했고, 시위대를 악마처럼 묘사하는 대중매체의 구실에 관해 특별히 주의를 환기했다. 그리고 전 세계 노동자들의 연대를 호소하는 글을 써서 영국 신문에 기고했다.

미국 순회 중 시카고를 방문한 엘리너는 많은 모임에서 연설했다. 가장 인상적인 것은 그녀가 시카고 아나키스트들을 지지하면서도 견해차를 맵시 있게 드러냈다는 점이다.

어떤 연설에서 엘리너는 다음과 같이 말했다. "오늘 저녁 여기 모인 모든 분들의 마음과 머릿속에 틀림없이 있을 한 사건을 제가 거론하지 않는다면, 명백한 의무를 게을리하는 일이 될 것입니다. 당연히 저는 아나키스트 7명에게 사형을 선고한 재판을 말하는 것입니다(그런 것을 재판이라고 불러야 한다면 말입니다). 이제 저는 조

---

* 경찰 7명과 4명 이상의 민간인이 죽고 수십 명이 다쳤다는 기록도 있다.

금도 망설이지 않고 말하겠습니다. 만약 그 사형선고가 집행된다면, 그것은 지금껏 자행된 것 중 가장 악명 높은 사법 살인이 될 것입니다. 이 사람들을 처형하는 것은 살인 그 이상도 이하도 아닐 것입니다. 저는 결코 아나키스트가 아니지만 그래서 더욱더 이런 말씀을 드려야겠다는 생각이 듭니다."[24]

그렇다고 엘리너가 아나키스트들과 사회주의자들 사이의 논쟁을 회피한 것은 아니었다. 《미국의 노동계급 운동》은 다음과 같이 지적했다. 사회주의자들과 아나키스트들은 모두 자본주의를 맹비난하지만 "아나키스트들은 개인주의적·보수적·반동적 관점에서 그런다." 엘리너는 부당한 판결이 내려졌다고 한결같이 비판했지만, 자신이 보기에 성공할 가망이 없는 관점[아나키즘]에는 타협하지 않았다. 레이철 홈스는 다음과 같이 썼다. "엘리너는 미국 '선동' 순회 처음부터 '대중 사이에서 선동·교육·조직이라는 세 가지 폭탄을 던지라'고 청중을 고무했다."[25]

노동자 조직이 탄압을 받았지만 투쟁은 계속됐다. 1886년에는 1400여 건의 파업에 50만 명의 노동자가 참가했다. 영국에서 발전하고 있던 것과 아주 비슷한 매우 중요한 운동이 하루 8시간 노동제를 쟁취하려는 운동이었다.

여성들도 조직되고 있었다. 엘리너 마르크스는 미국 여성 노동자들의 투쟁에 감명을 받았다. 1884년 여성 섬유 노동자들이 파업에 들어갔다. 1885년에는 뉴욕에서 셔츠를 만드는 남녀 노동자들이 함께 파업에 들어갔다. 그들은 임금 인상과 노동시간 단축을 쟁취했다. 노동자 단체인 노동기사단에는 거의 200개의 여성 모임에 5만 명의 여성 회원이 있었고, 여성 지도자들도 등장하고 있었다. 예컨대, 미국으로 이민 온 아일랜드 여성 리어노라 배리는 자기 지부의 의장이 됐다.

엘리너는 12월 23일 미국에서 마지막으로 연설할 때 다시 여성을 조직하는 문제를 다뤘다. 그녀는 미국의 여성 노동자들이 (영국의 여성 노동자들보다 훨씬 더 열악한 처지에 있다고 생각했는데) 전체 노동자 운동과 따로 조직해서는 안 되고 그 일부로서 조직해야 한다고 주장했다.

엘리너는 미국 노동계급 운동의 중요한 시기에 미국을 순회하며 노동자들한테서 영감을 얻고 교훈을 끌어냈다. 그리고 엘리너도 미국 노동자들에게 오랫동안 지속될 깊은 인상을 남겼다. 그래서 1930년대에 스칸디나비아노동자동맹 시카고 지부가 모이는 장소의 이름이 엘리너 마르크스 여성 클럽이었다.

운동들

1885년은 엘리너 마르크스에게 특히 바쁜 한 해였다. 1월에 [영국 식민지인] 수단의 총독 찰스 조지 고든 장군이 수단인들에게 살해되자* 영국의 언론과 정치인들은 대영제국에 반대하는 사람들을 향

---

* 하르툼 전투 마흐디가 이끄는 저항군이 1885년 1월 26일 하르툼을 장악했고 그 전투 과정에서 고든 장군이 사망했다.

해 총공세를 폈다.

엘리너는 수단에서 [반란 진압] 전쟁을 벌이는 것에 반대하는 집회 조직을 거들었고 제국주의를 비판하는 인상적 소책자 제작에 기여했다. 사회주의적 관점에서 제국주의를 비판하는 그 소책자는 전쟁이 단지 자본주의의 확장을 위한 것일 뿐이고 아프리카인들에게는 결코 이득이 되지 않는다고 주장했다. 그러면서 다음과 같이 결론지었다. "여러분은 이와 비슷한 경우에 [전쟁터에서] 싸워야만 하는 사람들이 누구인지 생각해 보기를 바란다. 시장을 찾아 전 세계를 돌아다니는 계급 그 자신들인가? 그들이 군대의 일반 사병을 이루고 있는가? 아니다! 본국 노동계급의 아들들과 형제들이다. … 바로 그들이 부유한 중간계급과 상층계급을 위해, 착취할 새 땅과 약탈할 새 주민을 정복한다."[26]

그때는 제1차세계대전이 일어나기 30년 전이었다. 제국주의 전쟁에서 수많은 노동계급 사람이 헛되이 학살당하는 일을 아직 목격하지 못한 조직으로서는 놀라운 선견지명이었다.

그러나 이런 견해가 비록 감명 깊은 것이기는 했지만 영국 노동계급을 저항에 나서게 하지는 못했다. 경찰 탄압이 강력한 항의 행동을 촉발한 계기였다. 많은 사람이 사회주의 사상을 받아들이기 시작하자 사회주의자들은 경찰 탄압에 시달리기 시작했다. 사회주의자들의 가판대가 금지당했고, 런던 중심부에 있는 인터내셔널 클럽이 경찰의 습격을 받았다. 사회주의 사상의 영향력 때문에 국가는 분명히 흔들리기 시작하고 있었다.

새로운 사회주의 조직들에 몸담고 있던 급진주의자들과 사회주의자들은 경찰에게 두들겨 맞았다. 그들이 런던 동부의 항만 구역으로 가서 집회를 하면, 도로 교통 방해죄로 기소됐다(그때나 지금이나 경찰이 거리 시위를 금지하려고 써먹는 수법이다). 사회주의자들은 매주 체포돼 벌금을 물었다. 이것이 운동의 자극제가 됐다. 1885년 9월 [런던 동부의 항만 지구인] 라임하우스의 도드 스트리트에서 경찰이 사회주의 연설가들을 체포하자 그다음 주 야외 집회에 5만 명이 모였다. 엘리너 마르크스는 그 집회의 연사 중 한 명이었다. (새롭게 변화하는 조직들에 몸담고 있던) 사회주의자들이 그토록 두드러지게 많은 사람을 불러 모은 것은 인상적인 일이었다.

언론 자유 운동과 나란히, 점차 눈에 띄고 있던 실업 노동자들의 운동도 전개되고 있었다. 1886년 2월 트래펄가 광장 시위에서는 사회주의자들도 연설했다. 사회민주연맹 회원이자 나중에 신노동조합 운동의 지도자가 되는 존 번스가 시위대를 이끌고 [런던의 부촌인] 웨스트엔드를 지나 행진했다. 부자들이 시위대를 공격했다. 길가에 서 있던 신사 양반들은 말로, 그 하인들은 시위대에게 돌을 던지며 물리적으로 공격했다. 그 보복으로 실업 노동자들은 상점과 클럽을 박살 냈다.

아일랜드 문제를 중심으로 대중을 동원하는 운동도 성장하고 있었다. 1887년 부활절에 아일랜드에서는 소작농을 토지에서 쫓아내는 데 항거할 권리를 박탈하는 '범죄법'에 항의하는 15만 명의 시위가 있었다.

런던을 비롯한 영국 전역에서 아일랜드 노동자들은 사회의 밑바닥 인생이었다. 거의 틀림없이 아일랜드 독립 문제는 한 세기 동안 영국 정치에서 가장 끊임없이 반복되는 쟁점이었다. 엘리너는 어렸을 때부터 줄곧 아일랜드 문제에 관심이 많았는데, 이런 관심이 이 시기 내내 그녀에게 큰 도움이 됐다.

많은 아일랜드인은 항만, 성냥 공장, 가스 산업에서 일하는 '미숙련' 노동자였다. 예컨대, 1888년 성냥 공장 여성 노동자 파업 기록을 보면 아일랜드인 이름이 많이 나온다. 헨리 메이휴나 찰스 부스 같은 여러 사회 평론가들은 파업이 가장 많이 벌어진 작업장들 근처에 아일랜드 이민자가 많이 산다는 사실을 흔히 간과했다.[27] [그러나] 이 노동자들의 다수는 연방법* 폐지부터 토지 투쟁, 영국의 억압과 결국 아일랜드 자치법으로 귀결되는 헌법 논쟁에 이르기까지 아일랜드인들의 다양한 대의를 지지했다.

아일랜드인들은 이 시기 내내 급진주의자들과 사회주의자들이 겨냥한 청중이었고, 1887년은 아일랜드 상황 때문에 런던에서 거대한 대중 동원과 상당한 소요가 일어난 해였다. 사회주의 조직들의 지부는 아일랜드계 인구 비율이 높은 지역들에 많았고, 〈커먼윌〉과 〈저스티스〉(각각 사회주의동맹과 사회민주연맹의 신문이었다)는 모두 캐닝타운, 포플러, 라임하우스, 섀드웰 같은 아일랜드인 거주 지역이 시위 동원의 거점이었다고 기록한다.[28]

이런 운동들이 성장하고 그 과정에서 사회주의자들이 한 구실이 곧 분출할 산업 투쟁의 중요한 배경이었다. 엘리너는 정치투쟁과 경제투쟁을 연결하는 것이 필수적이라고 생각했다. 그녀가 보기에 정

---

* 연방법 1800년에 아일랜드의 자치를 취소하고 영국과 합병을 규정한 법이다.

치투쟁은 노동자들이 기업주와 정부에 맞서 싸울 자신감을 얻는 중요한 공간이었다.

신노동조합운동의 탄생

영국에서 사회주의를 주장한 사람은 오랫동안 소수였다. 1888년에 그들은 분출하는 대중투쟁의 한복판에 서 있음을 깨달았다. 그해는 신노동조합운동과 현대적 노동조합운동의 탄생을 알린 해였다. 그리고 엘리너는 이 새로운 운동에 뛰어들어서 전국을 돌아다니며 선동하고 조직하고 연설했다.

신노동조합운동은 미조직 노동자들이 노동조합을 조직하고 노동조합 활동에 참여하기 시작한 운동이었다. 영국과 특히 런던은 이 새로운 열기에 사로잡혔다. 브라이언트앤드메이 성냥 공장의 여성 노동자들부터 기록되지 않은 다른 많은 투쟁을 거쳐 항만 대파업에 이르기까지 그 운동에는 수많은 노동자가 참가했고 그것은 전국에서 벌어진 대중파업과 시위로 나타났다. 엥겔스의 말을 빌리면 그것은 오랜만에 출현한 "가장 위대한 약속의 운동"이었다.[29]

신노동조합운동은 모든 것을 바꿔 놓았다. 노동조합 투쟁의 경험이 거의 없거나 전혀 없는 노동자들을 끌어들였을 뿐 아니라, 사회에서 가장 짓밟힌 사람들(여성 노동자와 이주 노동자 같은 불안정 노동자들)도 자기 목소리를 낼 수 있게 해 줬다. 오랫동안 그 노동자들은 터무니없는 임금을 받았고 작업장에서 끔찍한 노동조건에

브라이언트앤드메이 성냥 공장 파업위원회

시달렸다. 그들의 일은 임시직이었고, 그들의 노동은 일회용품 취급을 받았다. 여러 해 동안 제한된 수준으로 산업 투쟁이 이어지다가 마침내 저항의 불꽃이 튀었다. 1888년 여름 런던 동부의 보 지역에 있는 브라이언트앤드메이 성냥 공장의 여성 노동자 약 1400명이 파업에 나선 것이다.

성냥 공장 여성 노동자들의 고무적인 파업은 당시 여성들의 노동조합 활동이나 신노동조합운동 전체에 관한 기록 중에서 가장 잘 기록된 사례에 속한다. 그 투쟁은 신노동조합운동의 두드러진 특징들, 예컨대 열악한 노동조건에 맞서 싸우고 그동안 조직되지 않던 노동자들을 조직한 특징을 압축적으로 보여 준다.

성냥 공장 여성 노동자의 다수는 아일랜드계였다. 그들이 직면한 인종차별과 그들을 희생양 삼으려던 시도 등을 감안하면 그 파

3장 엘리너 마르크스 171

업은 특히 고무적이었다. 성냥 공장 여성 노동자들 전에도 런던 선창가의 부두 일꾼 노조는 초창기에는 "조합원과 간부가 런던에 거주하는 아일랜드인"이었고, 파업 노동자 명단의 적어도 3분의 1은 아일랜드인이었으며, 파업이 조직된 곳도 흔히 아일랜드식 술집이었다.[30] 아일랜드인들은 그 시기 내내 노동자로서 반격하고 사회주의자들과 급진주의자들의 연대를 받는 집단이었다.

형편없는 임금은 브라이언트앤드메이 성냥 공장에서 일하던 여성 노동자들의 주요 불만 사항 가운데 하나였다. 심지어 다른 공장 여성 노동자들과 비교해 봐도 그들은 믿기 힘들 만큼 형편없는 임금을 받았고 무자비하게 착취당했다. 〈커먼윌〉은 성냥 공장 여성 노동자들의 처지를 다음과 같이 묘사했다. 그들은 "갖가지 이유로 벌금을 냈는데, 그 이유가 뭔지 항상 들은 것도 아니었다. 심지어 공장 바닥을 쓰는 빗자루 값도 노동자들이 내야 했다."[31]

루이즈 로가 2011년에 펴낸 《성냥불 붙이기: 브라이언트앤드메이 성냥 공장 여성 노동자들의 역사적 위치》는 그 파업을 이해하는 데 큰 기여를 한 책이다. 브라이언트앤드메이 성냥 공장 파업은 노동자들이 스스로 고무하고 격려해서 일어난 것이 아니라, 〈링크〉(유대)라는 신문에 "런던의 백인 노예제"라는 글을 쓴 애니 베전트의 노력 덕분이었다고들 흔히 생각한다. 오랫동안 사람들은 베전트의 이 글이 여성 노동자들의 파업을 촉발했다고 여겼다. 그러나 로가 설명하듯이 "동시에 베전트는 노조 결성은 역효과를 낳을 것이라고 분명히 말했다." 베전트는 다음과 같이 썼다. "(브라이언트앤드메이 공장에) 노조가 만들어져서 소녀들이 파업에 들어간다고 생각해 보라.

그러면 현장 감독은 그냥 시간당 얼마에 일손을 구한다는 공고를 낼 것이고 몇 시간 만에 공장 문 앞에는 사람들이 길게 줄을 설 것이다."[32]

베전트의 말은 틀렸다. 노동자들은 스스로 조직했고 3주 동안 파업을 계속해서 요구들을 쟁취하고 노조를 결성했다. 이듬해에 신노동조합운동 지도자들은 성냥 공장 여성 노동자들의 사례를 항만과 가스 공장으로 전파했다.

엘리너의 태도는 베전트와 근본적으로 달랐다. 엘리너는 노동자들의 자주적 행동이 중요하다는 것을 인정했을 뿐 아니라, 그런 운동 안에서 사회주의자들의 구실이 중요하다는 것도 인정했다. 성냥 공장 여성 노동자들을 비롯해 전국의 수많은 여성 노동자들이 벌인 투쟁은 특히 이듬해에, 또 향후 오랫동안 엘리너에게 자극제가 됐다.

실버타운에서

1889년은 신노동조합운동이 전면에 떠오른 해였고 엘리너 마르크스는 그 운동의 성공에서 중요한 구실을 했다. 그 운동은 가스 노동자들과 함께 시작됐다. 1889년에 맨 처음 일어난 중요한 노동쟁의는 3월 런던의 이스트햄에 있는 벡턴 가스 공장에서 벌어진 투쟁이었다.

벡턴 가스 공장의 경영진이 얼마 전에 도입한 새 기계 때문에 노동조건이 나빠진 것이 발단이었다. 그렇지만 그 노동쟁의에는 그보다 훨씬 많은 것이 걸려 있었다.

월 손이 노동자들을 조직하기 시작했다. 손은 사회민주연맹 캐닝타운 지부에서 오랫동안 활동한 경험 많은 투사였고, 선동 활동으로 잔뼈가 굵은 사람이었다. 그는 신노동조합운동을 "억압받는 저임금 노동자들 사이에서 오랫동안 사회주의 선전 활동을 해 온 성과"로 묘사했다.[33] 월 손과 엘리너는 친구이자 동지가 됐다. 손은 엘리너의 정치적 지혜뿐 아니라 실천적 도움도 매우 유익했다고 생애 말년에 회고했다. 엘리너가 그에게 읽고 쓰는 법과 책을 다루는 법도 가르쳐 줬기 때문이다.

가스 노동자들은 파업 한 번 하지 않고 하루 8시간 노동 요구를 쟁취하는 데 성공했다. 전국적 파업 물결도 성과가 있었다. 예컨대, 리즈·브리스틀·선덜랜드·노팅엄·셰필드·베리 등지에서 벌어진 파업들도 승리했다.

이런 투쟁들을 바탕으로 1889년 3월 12일 윌 손과 엘리너 마르크스 등이 주도한 캐닝타운 집회에서 전국가스·일반노조가 만들어졌다. 이본 캅은 그 노조의 엄청난 성공과 급속한 확장을 다음과 같이 묘사했다. "노동자들은 커다란 환호를 지르며 노조 출범을 반겼다. 갓 생겨난 이 노조에 800명이 즉석에서 가입하며 조합비 1실링씩을 양동이에 던져 넣었다. 2주 만에 아직 조합원증도 없고 매우 초보적인 규약 말고는 아무것도 없으며 선출된 집행부조차 없는 이 노조의 조합원이 3000명에 이르렀다."[34]

이 성장하는 노조에는 여성 지부들도 있었는데, 1889년 10월 웨스트햄에 있던 '인도 고무, 구타페르카* 앤드 텔레그래프 공장'(더 흔하게는 [설립자의 이름을 따서] 실버 공장으로 알려져 있었다)에서 파업이 벌어졌을 때 엘리너가 설립하고 조직한 것들이었다. 존 툴리의 책 《실버타운: 런던을 뒤흔들고 현대 노동운동의 시작에 기여한 잊힌 파업 이야기》(Lawrence & Wishart, 2014)는 가스 노동자들과 항만 노동자들을 보며 영감을 얻은 그 파업을 생생하게 묘사한다. "거의 말 그대로 자기 공장 문 앞에서 벌어지고 있는 항만 노동자들의 투쟁에 고무된 고무·전신기·전기 노동자들이 투쟁에 나서자 실버의 거대한 공장 자체도 완전히 멈춰 버렸다."[35]

실버 공장 노동자의 거의 15퍼센트가 여성이었다. 여성을 신노조의 조합원으로 받아들인 것은 중대한 변화였고, 엘리너 자신의 정치적 영향력과 헌신뿐 아니라 투쟁에 참가한 노동자들의 정치적 영향력과 헌신도 보여 준 본보기였다.

엘리너는 단결이 필요하다고, 단지 노동조합 안에서 숙련 노동자와 미숙련 노동자의 단결뿐 아니라 남성 노동자와 여성 노동자의 단결도 필요하다고 끊임없이 주장했다. 마크 허친스와 윌 손은 각각 전국가스·일반노조의 위원장과 사무총장이었는데 "우리 노조는 남녀 조합원의 조건이 동등한 몇 안 되는 노조 가운데 하나이기도 하다"고 말하면서 노조가 여성 노동자들에게 관심을 쏟는 이유를 설명했다.[36]

---

* 구타페르카 열대 지방에서 자라는 구타페르카 나무의 수액을 말린 천연 열가소성 고무로 전기의 절연 재료나 방수 재료, 치과 재료 따위로 쓰인다.

그들은 특히 노조 내 여성 지부 설립과 남성 조합원들이 여성 조합원을 대하는 태도가 중요하다고 강조했다. "실버타운에서 여성 노조를 조직하기 시작한 에이블링 부인[엘리너 마르크스 — 지은이]이 그 여성들을 조합원으로 받아들이겠느냐고 물었다. … 집회에 참가한 3000명의 남성 노동자는 그 물음에 '예!' 하고 한목소리로 열렬히 대답했다. 그때 이후로 런던과 브리스틀에서 여성 지부들이 조직됐(고 매우 번창했)다. … 남성과 여성 조합원의 지위는 동등했다."[37] 이런 태도는 노동조합운동에서 중요한 변화였다. 노동자들은 기성 노동조합운동의 족쇄를 벗어 던지고 있었고, 그 덕분에 성공을 거뒀다.

사회주의자들과 사회주의 사상이 새로운 노동조합들에 큰 영향을 미치기 시작했다. 엘리너의 활동은 흔히 당대의 많은 사람들에게 무시당했지만, 해외의 사회주의자들은 그녀의 활동을 간과하지 않았다. 엘리너의 언니 라우라 라파르그는 클라라 체트킨이 [런던에 들렀다가] 파리에 와서 자신을 만났을 때 "투시[엘리너 마르크스 — 지은이]의 소식"을 다음과 같이 들려줬다고 [엥겔스에게 보낸 편지에서] 말했다. "체트킨은 투시의 선동에 매우 열광했대요. 특히 투시가 탁자와 의자 위로 올라가서 실버타운 여성 노동자들의 파업에 관해 열변을 토했을 때 그랬대요."[38]

엘리너는 집회에서 탁자 위로 뛰어올라 간 것 말고도, 더 일상적인 임무들에도 기꺼이 헌신했다. 신노동조합운동의 지도자 벤 틸렛은 엘리너가 "더 책임 있는 임무뿐 아니라 지루하고 따분한 사무 업무도" 성실히 해냈다고 말했고, 톰 만은 그녀가 "경제학에 완전히

통달한" 사람이어서 "대화할 때든 공개 연단에서든 어떤 전문가 못지않았다"고 말했다.³⁹

어떤 지역 신문은 다음과 같이 보도했다. "엘리너는 … 여성 노동자들에게 노동조합을 만들어야 하고 남성 노동자들의 노조와 협력해야 한다고 강력히 호소했다. 항만 파업의 교훈이 숙련 노동자와 미숙련 노동자는 협력해야 한다는 것이었듯이, 이번 파업에서는 또 다른 위대한 교훈, 즉 남성 노동자와 협력할 때만 여성 노동자들은 승리할 수 있다는 교훈을 배워야 한다는 것이었다. 자본가는 여성들을 이용해 남성들에게 저임금을 강요하는데, 여성들이 자신의 형제나 남편보다 싼값에 노동력을 판매하기를 거부하지 않으면 그런 사정은 바뀌지 않을 것이다."⁴⁰ 연대와 단결이 엘리너의 구호였다.

항만 대파업과 유대인 재단사들

템스강변의 항만에서 일하던 수많은 노동자는 1888년에는 성냥 공장 여성 노동자들이, 1889년 초에는 가스 노동자들이 싸워서 성과를 쟁취한 것을 똑똑히 봤다. 1889년 항만 대파업은 신노동조합 운동의 가장 중요한 투쟁으로 런던 동부의 수많은 노동자가 참가했다. 1880년대에 약 15만 가구가 항만 노동에 의존한 것으로 추산된다. 항만 노동자는 대부분 임시직이었고, 상시 정규직으로 고용된 노동자는 겨우 10퍼센트뿐이었다.⁴¹

8월 중순 포플러에서 시작된 파업은 강을 따라 위아래로, 또 다

1889년 런던 항만 파업

른 업종들로 확산됐다. 8월 22일 무렵에는 3만 7000명의 노동자가 파업을 벌이고 있었다. 8월 25일이 되자 약 13만 명이 파업에 참가하고 있었는데, 그중에는 선박 도장공과 목수뿐 아니라 잼·비스킷·성냥 제조처럼 주로 여성이 일하는 업종의 노동자들도 있었다.[42]

크고 작은 작업장 수백 곳이 있었고, 그중에는 항만 자체와 강변 공장들, 부두 등도 있었다. 이런 작업장이 런던 중앙부의 구시가지부터 동부의 벡턴까지 죽 이어져 있었다.

가스 노동자 중 다수가 항만을 따라 나란히 발전한 여러 산업에서도 일하고 있었다는 사실을 지적해 둘 만하다. 가스 수요는 겨울과 여름에 큰 차이가 있었다. 따라서 겨울이 다가올수록 가스 노동자 수요도 크게 증가했다. 이것이 의미하는 바는 가스 노동자들의 쟁의에 참가한 사람들과 항만 대파업에 참가한 사람들이 상당히 겹쳤다는 것이다. 마찬가지로, 서로 다른 산업의 노동자들이 흔히 같은 빈민가에 살았고, 한 가족이었으며, 아일랜드와 스코틀랜드, 나머지 잉글랜드의 같은 지역 출신 사람들이었다.

이들은 흔히 '미숙련' 노동자로 여겨졌다. [그러나] 결코 그렇지 않았다. 예컨대, 가스 공장에서 노동자들은 장시간 수많은 위험과 씨름하는 경우가 흔했다. 새 기계를 사용해서 이윤을 뽑아내려는 노력은 매우 숙련되고 고달픈 노동으로 이어졌다.

벤 틸렛은 일거리를 얻기 위한 싸움이 때로는 얼마나 폭력적이었는지를 다음과 같이 묘사했다. "[죽기 살기로 다투다 보니] 외투와 살점, 심지어 귀도 찢겨 나갔다. … 힘이 센 사람들은 말 그대로 다른 사람들 머리 위로 몸을 던지[고 발로 차고 욕설을 퍼부으]며 앞으로 나갔다."[43] 엘리너 자신은 항만의 광경을 다음과 같이 묘사했다. "사람들은 (인간이 아니라) 야수처럼 서로 싸우고 밀치고 떠밀었다. 기껏해야 시간당 3~4펜스를 벌겠다고 그 난리를 친 것이다! 아귀다툼이 너무 심해지자 '당국'은 일부 쇠 말뚝을 나무 말뚝으로 교체해야 했다. 혼잡한 군중 사이에서 힘이 약한 사람들이 말뚝에 찔렸기 때문이다!"[44]

여성들은 엘리너가 조직한 가스 노조 여성 지부뿐 아니라 신노동조합운동, 특히 항만 대파업에도 계속 참여했다. 그들은 눈에 띄는 방식으로 파업 지지를 표현했다. 약 1만 명의 노동자가 런던 도심을 가로지르며 시위를 벌이던 도중에 행렬이 잠시 멈춰 서서 일부 파업 불참자들에게 작업을 중단하라고 촉구했다. 〈커먼윌〉은 당시 상황을 다음과 같이 보도했다. "그들이 이 요구에 따르기를 거부하자 군중 사이에서 욕설과 비난이 터져 나왔는데, 여성들의 목소리가 가장 컸다."[45] 루이즈 로도 항만 파업을 지지하는 여성 노동자들에 관해 다음과 같이 말했다. "여성들의 파업 참가를 보여 준 또 다른 사례는 150명의 양철 세공 노동자(대부분 소녀였다)가 연대 행동에 나선 것이었다. 그들은 항만 노동자 행렬이 [그들을 — 지은이] 지나갈 때 … 행렬 뒤에 따라붙어서 노래하고 춤추고 하모니카를 불었다."[46] 여성들은 또, 섀드웰의 커머셜 로드에서 집세 납부 거부 운동을 선언하고, 집주인들을 비난하는 현수막을 만들어 도로가에 내걸었다.

항만 파업 기간에 엘리너는 막후에서 중요한 구실을 했다. 그녀는 [파업 기금을 모으고 선전 활동을 하고 파업에 우호적인 시민과 단체, 다른 노조 등에서 보내 준 구호품을 배분하는 등] 많은 행정 업무의 책임을 맡았는데, 이것은 단지 배후 작업만은 아니었다. 노동자들이 파업을 포기하고 일터로 돌아가도록 사용자들이 강요하고 있는 상황에서 수많은 파업 노동자들과 그 가족을 지원하는 일은 대단히 중요한 조직적 임무였다. 당시 어떤 신문은 엘리너 마르크스와 그 지역 여성들이 "파업 노동자들을 위해 하루 16~17시간씩 일한다"고 보도했다.[47]

엘리너 마르크스를 비롯한 여러 사회주의자들은 여성이 신노동조합운동에 동참해야 한다고 주장했을 뿐 아니라, 연대와 자체 조직화도 중요하다고 강조했다. '저 높은 곳에서' 사회주의 사상을 설파하던 활동에서 기층의 조직 활동으로 전환한 것은 당시의 영국

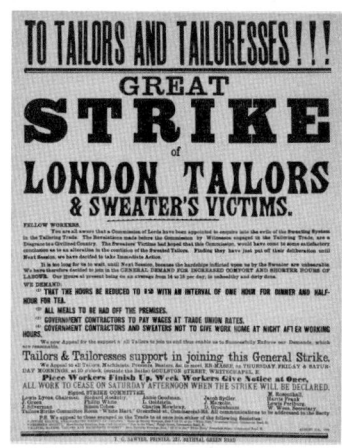

1889년 런던 유대인 재단사 파업을 알리는 포스터
하루 노동시간을 12시간으로 줄이고 점심시간 1시간과 티타임 30분을 보장할 것 등의 요구 사항을 담고 있다

사회주의 운동에서 완전히 이례적인 것이었다. 그래서 윌 손은 다음과 같이 썼다. "그동안 그들[노동자들]에게 정치는 교회 설교 같은 것, 즉 혁명에 대한 모호하고 막연한 호소에 불과했지만, 우리는 그들에게 뭔가 손에 잡히는 것, 즉 그들이 고통에서 벗어날 수 있는 분명하고 뚜렷한 길을 제공했다."[48]

노동자들은 스스로 조직하기 시작했고 실질적 변화가 이뤄지는 것을 목격했다. 웨스트햄에서, 또 전국의 다른 많은 산업 중심지에서 우세한 산업 형태는 대공장이나 대공장과 연계된 작업장이었다. 더 서쪽의 스테프니와 포플러에서는 노동계급 인구의 구성과 노동 유형이 달랐지만 착취는 똑같았다. 그래서 이곳의 노동자들도 신노동조합운동에 동참하게 된다.

1889년 9월 유대인 재단사 파업은 크고 전투적이었다. 이곳의 작업장은 템스강변의 대공장과 달리 노동자가 겨우 몇십 명 정도였다. 그런 곳에서 6000명 넘는 노동자가 파업에 참가해서 약 120개의

3장 엘리너 마르크스 181

작업장이 문을 닫았다. 그들의 요구는 가스 노동자들과 마찬가지로 노동시간 단축이었고, 항만 노동자들과 마찬가지로 임금 인상이었다. 유대인 재단사들은 또, 서로 조건이 다르고 불균등한 노동조건 속에서 비교적 소규모 작업장에서 일하는 문제와도 씨름해야 했다. 파업 노동자들은 남성과 여성이 단결해서 투쟁했고 마침내 요구들을 쟁취했다.

엘리너가 유대인 재단사 파업과 그 주위 운동에 관여한 것은 억압받는 사람들을 옹호하는 일에 헌신한 또 다른 사례다. 그녀는 이 노동자들과 소통하기 위해 이디시어를* 배웠고 많은 시위와 파업 집회에서 연설했다. 엘리너에게 노동자 운동은 단지 영국 노동자들만을 위한 것도, 영국과 아일랜드 노동자들만을 위한 것도 아니고, 맞서 싸우기를 원하는 모든 노동자를 위한 것이었다. 주로 아일랜드 노동자들을 조직한 그녀의 경험과 사회주의 선전 활동 덕분에 그녀는 남성과 여성 노동자가 사용자에 맞서 함께 투쟁하는 데 공통의 이해관계가 있는 것과 꼭 마찬가지로 영국 노동자와 이주 노동자가 함께 투쟁하는 것이 서로 이익이 된다는 사실을 잘 알고 있었다.

엘리너는 마르크스 가족 중에서 유대인 정체성을 가장 흠뻑 받아들인 사람인 듯하다. 마일엔드 공원에서 열리는 유대인 노동자 집회에 와서 연설해 달라는 초청장을 받고 그녀는 답장에서 다음과 같이 썼다. "[1890년 — 지은이] 11월 1일 집회에서 연설하게 돼 무

---

* 이디시어 중동부 유럽의 유대인들이 쓰던 언어로 고지(高地) 독일어에 히브리어·슬라브어 따위가 섞인 말이었다.

척 기쁩니다. 우리 아버지가 유대인이었기에 더 기쁩니다." 그 집회는 단지 파업을 위한 것만은 아니었고, [1917년] 혁명 전의 제정러시아에서 유대인들이 겪고 있던 억압과 집단 학살에 항의하는 것이기도 했다. 당시 런던 동부에 살던 많은 유대인은 얼마 전에 영국으로 이민 온 사람들이었다. 그곳이 이주 노동자 밀집 지역이라는 오랜 역사가 반영된 일이었다.

신노동조합운동은 작업장 안팎뿐 아니라 거리와 광장에서도 표출됐다. 그 점을 가장 잘 보여 준 것이 1890년 메이데이 시위였다. 엘리너 마르크스가 가장 유명한 연설 하나를 한 곳도 바로 여기였다. 그녀는 연설 첫머리에 [하루] 8시간 노동제라는 핵심 쟁점을 제기하며, 파업 투쟁의 성과인 8시간 노동 법안이 국회에서 통과돼야 한다고 주장했다. 그러면서 다음과 같이 말했다. "전에 우리가 8시간 노동 법안을 요구하며 하이드파크에 모였을 때 겨우 수십 명에 불과하던 것이 생각납니다. 그러나 그 수십 명이 수백 명으로, 수백 명이 수천 명으로 늘어나서 마침내 오늘 이 공원을 가득 메운 채 당당하게 시위를 벌이고 있습니다."49

그러나 엘리너는 단지 개혁을 요구하는 데서 그치지 않았다. 그녀는 "[사회주의자들로서] 우리의 목표는 한 계급[노동계급]이 다른 두 계급[자본가계급과 지주들]을 부양하지 않는 시대, 사회의 상층과 기층에서 실업자가 모두 사라지는 시대를 여는 것"이라고 선언했다. 그리고 시인 퍼시 비시 셸리의 다음과 같은 말을 인용하며 연설을 끝맺었다. "여러분은 다수이고 저들은 소수입니다."

실버타운부터 스테프니까지, 또 영국 전역의 도시들에서 분출한 신노동조합운동은 (전혀 과장하지 않고) 노동계급 역사의 전환점 중 하나였다. 9월 7일 자 〈이스트 런던 뉴스〉의 사설(제목이 "파업 열기"였다)은 당시 파업이 얼마나 광범하게 확산됐는지를 압축적으로 보여 준다. "이번 주는 파업 주간이라고 부르는 것이 적절할 듯하다. 석탄 산업의 남성 노동자, 성냥 공장 여성 노동자, 소포 배달원, 차량 승무원, 넝마·뼈·종이 수집·운반원, 잼·비스킷·밧줄·다리미·나사·의류 제조업체 직원과 철도 노동자 등이 (실제든 상상한 것이든) 모종의 불만 사항을 발견하고, 파업이라는 전염성 높은 사례를 뒤따랐다."[50]

그 "전염"은 지금도 여전히 영감을 준다. 노동조건 개선, 임금 인상, 노동시간 단축을 스스로 쟁취할 수 없을 것이라는 말을 오랫동안 듣고 그렇게 믿던 노동자들이 반격을 시작하고 있었다. 그들의 사례는 "조직될 수 없는" 노동자들에 관한 신화를 산산조각 냈다. 엘리너는 신노동조합운동이 성공하는 데서, 또 노동자들이 반격할 자신감을 얻는 데서 중요한 구실을 했다.

기업주들의 공세

1880년대가 파업과 시위의 시대였다면 1890년대는 기업주들의 공세와 개혁주의가 득세한 시대였다. 신노동조합운동의 정신은 쇠퇴하기 시작했다. 그 10년은 개인적으로도 엘리너 마르크스에게 어려운 시기였다. 비록 그녀는 계속 능동적이었고 현실에 관여했지만 말이다.

 기업주들의 공세는 날카롭고 악랄했다. 노동자들은 블랙리스트에 올랐고, 연대가 무너지면서 굶주림을 견디지 못하고 작업에 복귀해야 했다. 기업주들은 신노동조합운동의 절정기에도 파업을 분쇄하려 했다. 당시에는 흔히 투쟁의 규모와 전투성 덕분에 그런 공세를 물리칠 수 있었다. 그러나 실버타운에서 그랬듯이 어떤 경우에는 기업주들의 공세가 성공하기도 했다. 1890년대에는 기업주들이 더 결정적 승리를 거두기 시작했다.

 경찰이 파업을 분쇄하는 데서 중요한 구실을 했다. 존 툴리는 실버타운 상황을 다음과 같이 묘사했다. "샘 실버[기업주 — 지은이]는 실버타운 피켓라인의* '공포정치'는 '따지고 보면 경찰의 무능 탓이었다고 할 수 있는데, 경찰이 막상 단호한 태도를 취하자 파업은 붕괴했습니다' 하고 주주들에게 말했다. 그리고 다음과 같이 덧붙였다. '항만 파업 이래로 경찰과 정부는 파업 노동자들을 상대로 단호하게 행동하라는 강한 압력을 사용자들과 그들의 국회의원 친구들한테 계속 받았습니다.'"⁵¹

 1892년 브래드퍼드 근처의 매닝엄 공장에서 노동자 3000명(그중의 다수는 여성이었다)이 믿기 힘들 만큼 전투적인 파업을 벌였다. 임금의 3분의 1이 삭감되는 것에 항의하는 파업이었다. 지역사회 전체가 동참한 그 파업은 거의 6개월 동안 계속됐다. 그러나 파업 기

---

* 피켓라인 파업 때 대체 인력 투입을 저지하고 파업을 유지·확대하기 위한 노동자들의 집단적 대열을 일컫는다.

금도 바닥나고 연대도 사라지자 결국 노동자들은 굶주림을 견디지 못하고 작업에 복귀했다. 파업을 끝장내겠다는 기업주의 의지는 단호했다.

신노조들은 조합원들을 격려해 행동에 나서게 만들지 못했고, 이런 패배로 말미암아 심각하게 약해졌다. 1890년대의 첫 2년 동안 신노조의 조합원 수는 32만 명에서 13만 명으로 급감했다. 출범 초기에 엘리너가 매우 중요한 구실을 했던 전국가스·일반노조도 1896년까지 조합원 6만 명의 절반 이상을 잃어버렸다.

운동이 쇠퇴하자 구노조들이 자기네 방식이 옳았다고 주장하며 신노조의 방식을 앞장서서 공격했다. 런던 지역노조연합체 의장인 조지 십턴은 국가에 개혁을 요구하기 위해 파업과 시위를 이용할 것이 아니라 국가를 이용해 개혁을 실행하는 방식만이 가능하다고 주장했다. "노동자들에게 … 투표권이 없었을 때는 머릿수를 과시하는 방법뿐이었지만, 이제는 노동자들에게 투표권이 있다."⁵²

물론 모든 노동자에게(여성 노동자뿐 아니라 남성 노동자도) 투표권이 있었던 것은 아니다. 125년이 지난 지금까지도* 십턴 같은 사람들의 주장은 비슷비슷하게 되풀이되고 있다. 노동당이 집권하면 노동자들이 투쟁하지 않아도 될 것이라는 주장은 여전히 계속되고 있다.

구노조들의 적대감과 목 조르기 때문에 노동자들의 단결과 파업의 승리는 거의 불가능해졌다. 엘리너 자신도 ['노동하는 여성'이 아니

---

* 이 글의 원서는 2015년에 출판됐다.

라는 이유로] 1892년* 영국노총 대의원대회에 참석하지 못하게 됐을 때 기존 노조 지도자들의 분노와 보복을 절감했다.** 그녀는 다음과 같이 썼다. "그런데 첫째, 나는 노동하는 여성이다. 나는 타이피스트로 일하고 있다. 둘째, 영국노총 대의원대회에 누구는 참석하고 누구는 참석하지 못한다는 것을 영국노총 자체가 아니라 다른 누군가가 결정한다는 것은 완전히 터무니없는 일이다."53

엘리너가 건설하고 지지한 신노조들은 이보다 훨씬 더 민주적이었다. 비록 신노조에도 [집행]위원회는 있었지만, 대규모 집회를 열어서 모든 조합원이 노조 정책에 관해 발언할 수도 있게 했다. 영국노총의 조치는 구노조 지도층이 자기네 방식을 재천명하는 것이었을 뿐 아니라, 사회주의자들과 사회주의 사상을 공격하는 것이기도 했다.

엘리너는 신노동조합운동의 많은 지도자가 낡은 관료주의 방식으로 이끌리고 있다는 사실을 깨달았다. 그들도 기성 노조 지도층 집단의 일부가 됐다. 1893년 벤 틸렛은 헐 항만에 대한 대규모 대체 인력 투입을 저지하려는 전국적 파업을 하지 못하게 막았다. 1894년 윌 손은 조합원들에게 간부들의 조언을 따르라고 촉구하면서 "간부들의 태도를 도저히 참을 수 없을 만큼 억압이 극심하지 않다면, 파업에 나서려는 노동자들을 확실히 뜯어말려야 한다"

---

*   1890년을 잘못 쓴 듯하다.
** 1890년에 조합원 6만 명의 전국가스·일반노조는 영국노총 대의원대회에 9명의 대의원을 보낼 수 있었고, 엘리너 마르크스는 런던 지역을 대표하는 대의원 3명 중 1명이었다.

고 단언했다.[54] 존 번스는 나중[1905년]에 자유당 정부의 장관이 됐을 때 "노동계급의 신발, 노동계급의 기차, 노동계급의 주택, 노동계급의 마가린"에 신물이 난다고 말했다.[55]

이것은 엘리너 마르크스의 태도와도, 사실은 1880년대 말 신노동조합운동 절정기의 신노조 지도자들 자신의 태도와도 크게 다른 것이었다. 엘리너가 특히 실망한 것은 노동운동 안에서 민족주의의 영향력이 다시 강해지고 있었다는 점이다.

사회주의자들은 비록 소수였지만 신노동조합운동에서, 또 그 운동이 다양한 성공을 거두는 데서 결정적 구실을 했다. 연대를 조직하는 일부터 중대한 정치적 문제들에 관한 주장을 하는 것까지 사회주의자들은 구노조들의 조직 활동 방식에서 벗어나 노동계급 전체의 운동을 건설하고 노동계급 투쟁을 대변하려고 애썼다. 사회주의자들은 산업 쟁점과 정치 쟁점을 연결했고, 정치와 경제를 분리하며 변화는 투표함을 통해(아마 자유당과 동맹해서) 실현될 것이라는 생각에 도전했다.

서로 다른 두 길이 앞에 놓여 있었다. 하나는 1880년대의 전투적 행동 대신 의회에 들어가 노동자들을 대변하는 길이었고, 다른 하나는 혁명의 길이었다. 그리고 당시 상황은 개혁주의가 성장하기에 적합했다. 노동자들은 패배에도 불구하고 조금씩 자신감을 얻고 있었고 두 주류 정당[자유당과 보수당]에서 벗어날 길을 찾고 있었다. 많은 노동자들은 자유당이 더는 자신들의 이익을 대변해 주지 않는다고 느꼈다. 1893년 사회주의자이자 노조 지도자인 키어 하디의 주도로 독립노동당이 만들어졌다. 하디는 나중[1900년]에 노동당의 첫 국회의원이 된다.

독립노동당은 의회에서 노동자들을 대변하는 길로 나아가는 새롭고 근본적인 첫걸음이었다. 그러나 그것은 전투적 행동에서 멀어지는 길이었다는 점에서 모순된 것이기도 했다. 그 길은 거리와 작업장에서 노동계급 정치를 구현하려는 것이 아니라, 의회적 방식을 통해 체제 내의 변화를 추구하는 것이었다. 패배의 시기에 창당했기 때문에 독립노동당의 정치는 결코 [체제에] 도전하는 것이 아니었다. 독립노동당을 탄생시킨 것은 신노동조합운동의 전투적이고 결정적인 승리가 아니라 패배였다.

엘리너는 국제적 활동을 계속했다. 1889년 각국의 사회주의 정당과 노동조합을 불러모은 제2인터내셔널 창립에서도 결정적 구실을 했다. 엘리너가 국제주의의 중요성을 인정한 것은 단지 세계 각국에 친구들이 있었기 때문만은 아니었다. 그녀는 자본이 국경을 넘어 조직돼 있듯이 노동자들도 그래야 한다고 주장했다.

엘리너는 계속해서 노동자들에게 주장하고 독립노동당과 사회민주연맹의 집회에서 연설했다. 그러나 신노동조합운동의 정신은 쇠퇴하고 있었다. 그녀는 노동조합의 집행부를 떠났다. 1890년대 하반기는 엘리너가 특히 고립된 시기였다. 1895년 엘리너의 질친한 동지이자 친구인 엥겔스가 죽었다. 그 뒤 에드워드 에이블링이 몰래 다른 여성과 결혼했다는 사실이 드러나 엘리너는 엄청난 인간적 배신감과 좌절감을 느꼈다.

결국 1898년 엘리너 마르크스는 청산가리로 자살했다. 그녀는 신노동조합운동, 즉 자신이 그토록 많은 에너지를 쏟아붓고 정치 활동으로 헌신한 그 운동이 원래의 정신을 잃어버리고 투쟁에서 패배하는 것을 목격했다. 그러나 그 운동의 교훈은 여전히 남아 있고 그녀가 미친 영향도 마찬가지다.

맺음말

엘리너 마르크스는 중대한 사회적 변화를 일으키는 데 큰 구실을 했다. 그녀라면 아마 오늘날 우리가 사는 세계를 이해할 수 있을 것이다. 신노동조합운동이 벌어진 시기는 대단히 중요하고 고무적인 시기였다.

파업이 노동자들의 삶에 실질적 변화를 가져다줄 수 있음(파업이 더 투쟁적일수록 효과가 더 좋았다)을 수많은 노동자가 보여 줬다. 그 전까지 노동계급과 그 조직들은 길고 고통스러운 휴지기를 겪고 있었다. 엘리너는 노동계급과 그 조직들이 활력을 되찾게 하는 데서 중요한 구실을 했다.

기업주들과 정치인들에게, 심지어 노동조합에게도 무시당하던 노동자들이 상황을 완전히 뒤집어 엎고 현대적 노동조합운동을 탄생시켰다. 신노동조합운동은 상황이 근본적으로 달라질 수 있음을 보여 줬다.

이런 종류의 고무적 투쟁 사례는 계속 나타나고 있다. 2014년 미국의 패스트푸드 노동자들(주로 흑인이나 이주 노동자였고 노동조합으로 조직된 역사도 거의 없었다)이 빈곤층 수준의 임금과 끔찍한 노동조건 개선을 요구하며 반격에 나섰다. 어디서 많이 듣던 소리 아닌가? 그들의 구호 하나가 "우리는 7.25달러[연방 최저임금]로 살 수 없다"는 것이었다. 이들의 처지가 [1880년대 영국의] 성냥 공장 여성 노동자들, 항만 노동자들, 가스 노동자들과 비슷하다는 것은 분명하다. 현재 미국 노동자들이 최저임금 15달러와 노조 결성을 위해 조직할 권리를 요구하는 것도 마찬가지다.

계약직 청소 노동자들부터 오락과 서비스 산업 노동자들, 0시간 계약직* 노동자들까지 이른바 '조직될 수 없는' 노동자들 사이에서 노조 조직화의 씨앗이 뿌려지고 실제로 반격이 시작된 것 또한 유사성을 여실히 보여 준다.

엘리너 마르크스는 억압받는 사람들을 옹호하는 투사였다. 이민을 반대하는 신화가 끊임없이 지속되는 사회(와 때로는 노동자 운동)에서 그녀는 노동자들이 진정한 적인 기업주와 국가에 맞서 단결하는 것이 중요함을 알고 있었다. 2015년 영국 총선을 앞두고 다시 한 번 이민 문제가 핵심 정치 쟁점이 됐다. 긴축의 시대에 정치인들은 이민자들을 공격하면서, 평범한 사람들의 기대를 충족시켜 줄 수 없는 [자본주의] 체제가 아니라 이민자들에게 비난의 화살을 돌리고 있다. 엘리너 마르크스는 이주 노동자들과 내국인 노동자들이 단결할 수 있도록 조직했다. 신노동조합운동은 이주 노동자를 희생양 삼는 인종차별적 행태에 가장 강력하고 훌륭하게 대응했다.

엘리너는 노동계급 남성과 여성의 이해관계가 서로 다르다고 생

---

* 0시간 계약직 정해진 노동시간 없이 사용자가 요청할 때 일하는 형태의 일자리.

각하지 않고 둘의 결합에 희망이 있다고 봤다. 그녀는 여성을 성매매, 저임금, 도덕적 이중 잣대에 시달리게 만드는 이 체제에 저항했다. 여성이 있어야 할 곳은 [가정이 아니라] 노동조합이 될 세상을 위해 싸웠다. 그리고 노동계급의 해방은 노동계급 스스로 쟁취해야 한다는 신념이 항상 그녀의 주장 핵심에 있었다.

엘리너의 생애 말년에 노동계급을 대변하는 최상의 방법이라며 떠오른 것은 노동당이었다. [노동계급이 자유당에 의존하는 태도에서 벗어나는] 정치적 독립성은 중요한 진일보였다. [그러나] 대중 동원을 그만두고 의회의 해결책을 기다리게 된 것은 후퇴였다.

엘리너 마르크스는 다른 대안이 있다고 봤다. 부자들이 그러듯이 국경을 뛰어넘어 조직되는 [노동]계급이 바로 그 대안이었다. 그녀는 억압받는 사람들의 투사로서 일상적 투쟁과 원대한 전망을 연결했다. 우리의 임무도 바로 그것이다.

이 글의 지은이 **시번 브라운**은 영국의 혁명적 월간지 《소셜리스트 리뷰》의 편집위원이었다.

2부
러시아 혁명의 위대한 혁명가들

"제국주의 전쟁을 내전으로 전환시켜라. 전시에도 거듭거듭 벌어질 모든 계급투쟁, 만만찮게 일어날 '대중 행동'의 모든 전술은 이 구호로 이어질 수밖에 없다."
― 블라디미르 레닌

"정치적 동맹 세력들이 서로 반대 방향으로 끌어당기는 경향이 있을 때는 그 합력이 영(0)이 될 수 있다. … 프롤레타리아와 부르주아지의 정치적 동맹은 오늘날 근본적 문제들에서 둘의 이해관계가 정반대이기 때문에 보통은 프롤레타리아의 혁명적 힘을 마비시킬 뿐이다."
― 레온 트로츠키

"부르주아 도덕은 전적으로 사유재산에 바탕을 둔 내향적이고 개인주의적인 가족을 통해 한 사람이 다른 한 사람을 완전히 '소유'해야 한다는 생각을 주도면밀하게 발전시켰다. … 우리는 사랑하는 사람의 비밀을 모두 알 권리를 요구한다. … 우리는 사랑의 가장 간단한 규칙, 즉 상대방을 아주 사려 깊게 대해야 한다는 규칙조차 따르지 못한다."
― 알렉산드라 콜론타이

4장

블라디미르 레닌

레닌이 왜 오늘날에도 유효한가?

 역사가들은 대부분 레닌과 레닌주의가 아주 나쁜 것이라고 말한다. 레닌이 자신이 만든 당을 통해, 나중에는 러시아 혁명으로 탄생한 국가를 통해 독재 권력을 휘둘렀다는 것이다. 이들에 따르면, 많은 사람들이 죽고 권위주의 사회가 건설된 것이 모두 레닌 탓이고, 스탈린은 단지 레닌의 뒤를 따랐을 뿐이며, 레닌은 히틀러나 오늘날의 사담 후세인 같은 악당 반열에 오를 수 있는 인물이다. 최근 언론들이 마틴 에이미스의 새 책을 엄청 띄워 줬는데, 그는 이 책에서 (섹스 소설과 폭력 소설들을 쓰던 경력에서 잠시 이탈해) 러시아 역사에 대한 방대한 지식을 과시하며 다음과 같이 결론 내렸다. 레닌과 트로츠키는 "스탈린보다 시기적으로만 앞선 것이 아니다. 그들은 아주 효율적인 경찰국가를 만들었고, 스탈린은 나중에 그것을 이용했을 뿐이다."[1]

좌파들도 레닌이 크론시타트 반란을 진압했고, 우크라이나 아나키스트들의 독립운동을 억압했으며, 혁명 이후 등장한 공장위원회들을 파괴했다고 비판한다.

레닌의 진정한 모습은 약간 더 복잡하다. 그가 여러 가지 실수를 한 것은 분명하다. 레닌은 가차 없었고(사리사욕이 아니라 대의를 위해서였지만) 자신이 옳다고 믿는 것을 위해 지칠 줄 모르고 투쟁했다. 무엇보다 그는 1917년 10월 러시아 혁명의 성공에서 핵심적 구실을 했다. 러시아 혁명은 스탈린에게 질식사당하기 전까지 아주 잠시 동안 다른 세계의 가능성을 열어 놓았다. 이윤이 아니라 인간의 필요를 위해 생산하고, 가진 자들이 아니라 일하는 사람들이 결정을 내리고, 인종과 민족을 떠나 모든 인류가 서로 싸우지 않고 협력하며, 아이들이 전쟁과 빈곤을 역사의 교훈으로만 배우고 그런 끔찍한 일들이 있었다는 사실에 경악하는 그런 세계의 가능성을 열어 놓았다.

오늘날의 세계는 레닌 생전의 세계와 사뭇 다르다. 레닌이 처음 만든 전단들은 직접 손으로 쓴 것이었지만, 오늘날은 키보드만 누르면 자신의 사상을 전 세계에 퍼뜨릴 수 있다. 그러나 레닌이 살아 돌아온다 해도 몇 가지 사실은 단번에 알아차릴 것이다. 끝없는 전쟁, 빈부 격차 심화, 국가 탄압 강화, 부유한 기업들의 가난한 나라 약탈, 주류 정치인들의 부패와 무능 등등. 다른 세계는 가능할 뿐 아니라 인류의 생존을 위해 필요한 것이기도 하다. 다른 세계를 성취하려면 우리에게 조직이 필요하다. 우리의 적들이 강력하게 조직돼 있으므로 우리도 그렇게 조직돼야 한다.

레닌의 생애에서 핵심 주제는 조직의 필요성이었다. 조직의 형태는 시대에 따라 매우 달랐다. 따라서 신화적인 '레닌주의 당' 따위는 존재하지 않는다. 레닌의 저작은 비법들을 모아 놓은 책이 아니고, 가장 훌륭한 레닌주의자는 레닌의 말을 가장 많이 인용하는 사람이 아니다. 레닌의 경험과 업적을 분석하는 것은 우리가 그의 방법들을 이해하는 데 도움이 되고, 따라서 우리 자신의 투쟁에 필요한 조직 형태를 더 쉽게 발전시키는 데도 도움이 될 것이다.

레닌은 어떻게 혁명가가 됐을까?

나중에 레닌으로 알려진 블라디미르 울리야노프는 1870년에 장학사의 아들로 태어났다. 당시 러시아는 광대한 제국이었고, 대다수 사람들은 무지몽매한 농민으로 태어나서 살다가 죽었다. 그들은 등뼈가 휘도록 일했고, 주기적 기근에 시달렸고, 전쟁터로 끌려가 학살당하지 않는 한은 자기 고향 마을 밖의 세계는 아는 게 거의 없었다. 농민을 사실상 지주의 재산으로 만든 농노제는 1861년에야 폐지됐다. 차르로 불린 황제는 제멋대로 통치했고, 어떤 의회 기구도 없었다.

당시의 주요 좌파 세력은 나로드니키(민중주의자)였다. 요즘으로 치면 그들은 '테러리스트'로 불렸을 것이다. 그들은 주로 학생과 지식인이었고, 억압받는 농민을 해방하는 것을 사명으로 여겼다. 그들의 투쟁 방법은 흔히 폭탄 투척과 요인 암살이었다. 그들은 엄청난 용기를 보여 줬지만 그 영향력은 미미했다. 레닌의 형도 그런 활동에 가담했다가 1887년에 교수형당했다.

그 사건을 계기로 레닌은 혁명가가 됐다. 한동안 그는 세계를 변혁할 전략을 모색했다. 결국 그는 카를 마르크스의 저작에 의존했다. 마르크스는 자본주의가 노동자들을 착취한다고, 즉 노동자들은 자신이 생산한 제품의 가치보다 훨씬 더 적은 임금을 받는다고 주장했다. 그러나 착취당하는 노동자들이 혁명을 일으켜 자본주의 체제의 무덤을 팔 것이고, 공동 소유를 바탕으로 하는 사회를 건설할 것이다. 농민이 아니라 노동자가 사회변혁의 핵심이다. 지주를 제거한 농민은 자기들끼리 토지를 나눠 가질 수 있지만, 노동자는 공장을 나눠 가질 수 없다. 노동자들에게는 오직 집단적 해결책만이 가능하다. 마르크스는 소수의 영웅적 혁명가들이 노동자들을 해방할 수 없다고 주장했다. "노동계급의 해방은 노동계급 자신의 행동이어야 한다."

레닌은 노동자들이 있는 곳에 혁명가들이 있어야 한다고 생각했다. 그러나 1890년대 초의 소규모 학습 서클들에서 활동하던 노동자 지식인들과 결의에 찬 개인들은 지식을 얻고자 했을 뿐 동료 노동자들과 가깝게 지내지는 않았다. 레닌은 사회주의자들이 임금이나 노동조건 같은 쟁점을 둘러싸고 벌어지는 현실 투쟁에 관여해야 한다고 주장했다. 그런 쟁점들이 아무리 중요하지 않은 것처럼 보이더라도 말이다. 레닌은 1890년대에 페테르부르크에서 활동을 시작

레닌(가운데)이 속해 활동한 '노동계급 해방 투쟁 동맹' 페테르부르크 지부(1897년)

할 때 선동가를 훈련하는 것이 중요한 과제라고 주장했다. 레닌도 공장의 조건들을 탐구하고 유인물을 만들어 공장에서 배포하는 활동을 했다.

1899년에 그는 《러시아 자본주의의 발전》을 출간했다. 3년간의 탐구를 바탕으로 감옥과 유형지에서 쓴 책이었다. 상세한 통계 수치들로 가득한 그 책의 요지는 간단했다. 러시아는 여진히 농민이 압도적으로 많은 나라지만, 현대식 공업이 점차 성장하고 있고 그와 함께 노동계급도 성장하고 있다는 것이다. 나로드니키는 틀렸다. 러시아의 미래는 노동계급의 것이다.

그런 사회 발전은 모순적 결과를 초래했다. 노동자들은 남녀를 불문하고 야만적으로 착취당하고 있었다. 그러나 공업 덕분에 그들은 무지에서 벗어날 수 있었고, 농민 가정의 고립된 생활에서도 벗어날 수 있었고, 공장에서 집단적 반란을 일으킬 수 있었다. 공업화 전의 농민 생활이라는 황금기로 돌아가는 것은 불가능했다. "자본주의의 진보성을 확신하고 싶다면 … 소생산자들의 엄청난 고립성·분산성을 떠올리기만 해도 된다. 자본주의는 경제와 생활의 낡은 형태들을 그 뿌리까지 해체하고 있다."[2]

레닌은 공장 노동자들이 사회주의 의식을 발전시키기 시작했다고 주장했다. "파업은 모두 노동자들의 마음속에 사회주의 사상을 아주 강력하게 불어넣는다."[3]

볼세비즘의 탄생: 《무엇을 할 것인가?》

1898년 민스크에서 열린 러시아 사회민주노동당 창당 대회에는 겨우 아홉 명의 대표만이 참석했다. 레닌은 혁명 활동 때문에 붙잡혀 시베리아에서 유형 생활을 하고 있었으므로 그 대회에 참석할 수 없었다.

차르 치하에서 사회주의 활동은 불법이거나 기껏해야 반半합법이었다. 체포돼 투옥되거나 시베리아로 끌려가지 않은 채 1년 이상 활동한 혁명가는 거의 없었다. 1900~1905년에 레닌은 런던·뮌헨·제네바 등지에서 망명 생활을 했다.

1902년에 레닌은 《무엇을 할 것인가?》를 출간해 자신의 조직관을 자세히 설명했다. 레닌을 비판하는 사람들뿐 아니라 지지자들도

《무엇을 할 것인가?》 초판 표지

대부분 레닌이 그 책에서 시공을 초월한 바람직한 혁명 조직의 상像을 제시했다고 생각한다. 이것은 터무니없는 생각이다. 레닌은 특정 상황에 맞는 책을 썼을 뿐이다. 《무엇을 할 것인가?》는 보편적 처방전이 아니라 역사적 문서다. 그러나 오늘날에도 여전히 유효한 중요한 주장들을 일부 담고 있기도 하다.

그보다 몇 해 전에 레닌은 노동자들이 노동조합 활동을 통해 사회주의 쪽으로 끌려온다고 강조했다. 이제 그는 정반대 말을 했다. "노동조합운동은 노동자들이 부르주아지에게 예속된다는 것을 뜻한다."⁴ 이것은 엄청난 과장이었지만, 레닌이 말한 요지는 노동조합이 자본주의 체제 자체를 제거하기 위해서가 아니라 자본주의 체제 안에서 노동자들의 조건을 개선하기 위해 존재한다는 것이었다.

당의 과제는 사회주의를 위해 투쟁하는 것이었다. 노동조합 투쟁은 그 목적을 위한 수단일 뿐 그 자체로 목적은 아니었다. 사회주의 사상은 자동으로 발전하지 않을 것이다. 마르크스와 엥겔스에서

4장 블라디미르 레닌　201

레닌 자신에 이르기까지 중요한 사회주의 사상가들은 노동자 출신이 아니었다. 흔히 하루에 11시간씩 고되게 일하는 공장 노동자들은 글을 쓰는 것은 말할 것도 없고 책을 읽기도 힘들다. 그런 상황에서 레닌은 다음과 같이 주장한 것이다(흔히 문맥에서 따로 떼어서 인용되곤 한다). "계급의 정치의식은 오직 외부에서만, 즉 경제투쟁의 외부에서만, 다시 말해 노동자와 사용자의 관계라는 영역 밖에서만 노동자들에게 도입될 수 있다."[5]

레닌은 또 부르주아 사상이 사회에서 지배적인 이유를 묻고 다음과 같이 답했다. "부르주아 이데올로기가 사회주의 이데올로기보다 훨씬 오래전에 생겨났고, 더 발전해 있고, 마음대로 사용할 수 있는 온갖 선전 수단을 훨씬 더 많이 갖고 있다는 단순한 이유 때문이다."[6] 레닌이 오늘날의 대중매체를 본다면 뭐라고 말할까?

노동자들은 "자생적으로" 사회주의 사상에 도달하지 못할 것이다. 기존 질서는 매우 강력한 자기 방어 수단을 갖고 있다. 사회주의자들도 자신들의 대안을 위해 투쟁할 강력한 수단이 필요하다.

이를 위해 꼭 필요한 수단은 바로 사회주의 신문이다. 《무엇을 할 것인가?》의 마지막 부분에서 레닌은 러시아 전역에 배포될 신문이 필요하다고 주장했다. 레닌은 신문이 집단적 조직가이기도 하다고 생각했다. 그런 신문은 "행위자들의 네트워크", 즉 규율 있고 잘 조직된 사람들의 연결망이 필요할 것이다. 그런 활동은 "노동계급 대중의 가장 광범한 계층과 우리의 접촉을 강화해 줄 것이다."[7]

레닌이 편집부의 일원이었던 〈이스크라〉(불꽃) 같은 신문들은 해외에서 인쇄해 몰래 러시아로 들여오거나 불법 지하 인쇄소에서 비밀리에 인쇄됐다.

레닌은 당이 당의 사상에 대체로 공감하는 사람들을 모두 받아들이는 개방적 조직이 아니라 온 힘을 다해 투쟁을 건설하고 규율 있게 활동할 각오가 돼 있는 직업 혁명가들의 조직이어야 한다고 주장했다. 그가 지적했듯이, 러시아의 억압적 조건에서 "대중에게 가장 쉽게 '접근할 수 있는' … 광범한 노동자 조직"은 실제로는 "경찰이 혁명가들에게 가장 쉽게 접근할 수 있도록" 해 줬을 뿐이다.[8]

《무엇을 할 것인가?》에서 레닌은 중앙집중적 조직("안정되고 중앙집중적이며 전투적인 혁명가들의 조직")이 필요하다고 강조했다.[9]

오직 중앙집중적 조직만이 비밀경찰의 위협에 대처하고, 모든 지역에서 동일한 쟁점들을 제기하는 전국적 신문을 중심으로 활동할 수 있었다. 러시아 사회주의 운동의 특징은 역사 내내 격렬한 논쟁이 끊이지 않았으면서도 일단 결정이 내려지면 모든 사람이 그 결정을 실천해야 했다는 것이다. 그래서 정책은 실천 속에서 검증될 수 있었고, 필요하다면 교정될 수 있었다.

이것이 바로 '민주집중제'로 알려진 원칙이었다. 민주집중제에 뭔가 대단한 비법 따위는 존재하지 않는다. 단지 토론하기 위해서가 아니라 뭔가를 성취하기 위해 모인 사람들의 조직이라면 그 형태가 어떻든 그 조직에는 민주집중제의 원칙이 존재하기 마련이다.

그 이듬해[1903년] 러시아 사회민주노동당은 분열했다. 사회주의 운동은 너무 많은 분열을 겪었고, 그래서 어떤 사람들은 분열을 거듭함으로써 자신들이 레닌주의자임을 입증할 수 있다고 믿는 듯하다. 그러나 당시의 분열은 중요한 원칙을 둘러싼 것이었다. 레닌은 당 규율에 단순히 동의하는 사람들이 아니라 실제로 당 규율에 따라 활동하는 사람들의 당을 원했다. 분열의 결정적 원인은 하찮은 조직 문제였지만, 그 문제는 중요한 차이를 반영하는 것이었다. 레닌 지지자들은 다수파가 됐고 볼셰비키(러시아어로 다수파라는 뜻)라는 이름을 얻었다. 패배한 측은 멘셰비키(소수파)라고 불렸다. 이것은 분열의 시작이었을 뿐이다. 많은 지역 조직들은 1905년 혁명 때도 여전히 통일돼 있었다. 당을 다시 통합하려는 다양한 움직임이 있었고 최종 분열은 1912년에야 일어났다.

레닌의 조직 원칙들은 어려운 시기에 볼셰비키를 단결시키는 데 도움이 됐다. 그러나 머지않아 투쟁이 발전하자 완전히 새로운 종류의 조직이 필요해졌다.

1905년 혁명과 임시정부

1905년 1월 페테르부르크에서 가폰* 신부가 주도한 대규모 시위가 벌어졌다. 군대가 시위대에 발포해 수백 명이 죽었다. 새로운 시기가 시작됐다. 《무엇을 할 것인가?》의 사상은 잊혔다. 이제 당의 과제는 차르 국가에 반대하는 운동을 진전시키는 것이었다. 이를 위

---

* 게오르기 가폰 러시아정교회 신부로 주바토프 운동(노동자들이 혁명가들과 접촉하지 못하게 하려고 경찰이 조직한 노동조합운동)의 지도자였다. 1905년 1월 9일 노동자들을 이끌고 차르에게 청원하러 갔다가 본의 아니게 '피의 일요일' 사건을 촉발하게 된다. 나중에 경찰 첩자임이 드러나 암살당한다.

해서는 혁명가들의 소규모 조직만으로는 불충분했고, 노동계급의 가장 투쟁적인 활동가들이 모두 필요했다.

1905년 2월에 쓴 편지에서 레닌은 볼셰비키에게 다음과 같이 촉구했다. "더 많은 청년들을 더 과감하게 받아들여야 합니다. … 지금은 전쟁의 시기입니다. 청년들(학생들과 더 많은 청년 노동자들)이 전체 투쟁을 좌우할 것입니다."

그는 새로운 사람들이 능동적으로 바뀌고 있다면 "그들이 실수를 한다고 해도 해롭지 않습니다" 하고 강조했다.[10]

1905년 9월에 페테르부르크의 인쇄 노동자들이 도급률을 둘러싸고 파업에 돌입했다. 그들은 구두점 작업에도 수당을 지급하라고 요구했다. 그 투쟁은 급속하게 확산돼 총파업으로 발전했다. 파업에 들어간 작업장들은 소비에트(러시아어로 평의회라는 뜻)라고 불린 중앙 파업위원회에 대표들을 파견했다. 그것은 새로운 형태의 조직이었다. 몇 주 만에 소비에트에 20만 명의 노동자를 대표하는 562명의 대표들이 집결했다. 그것은 노동계급의 이익을 방어하는 정치 기구가 됐다. 낡은 편견들은 사라졌다. 유대인 혐오가 널리 퍼져 있었지만, 노동자들은 유대인 청년을 주요 지도자로 선출했다. 그의 이름은 레온 트로츠키였다.

몇 년간의 비합법 활동 때문에 볼셰비키 활동가들 사이에는 보수적이고 종파적인 관행이 배어 있었다. 그래서 완전히 새로운 상황에 적응하기가 쉽지 않았다. 페테르부르크의 많은 볼셰비키는 처음에 소비에트를 불신했다. 그러나 모스크바 등지의 볼셰비키는 소비에트에서 중요한 구실을 했다. 레닌은 당이 완전히 새로운 상황에 처해 있음을 깨달았다. 그는 즉시 위조 여권을 이용해 페테르부르크로 돌아왔다.

그는 당이 혁명적 노동자들, 투쟁하기를 원하는 모든 사람들 사이에 뿌리를 내려야 한다고 주장했다. 예컨대, 그리스도교를 믿는 노동자도 당에 가입할 수 있도록 해야 한다. 투쟁하기를 원하면서도 종교 신앙을 갖고 있다면 그들은 "모순에 빠질 것"이라고 레닌은 주장했다. 그는 다음과 같이 생각했다.

현실의 투쟁과 대중 속에서의 활동은 활력 있는 인자들 모두에게 마르크스주의가 진리라는 사실을 확신시킬 것이며, 활력이 없는 사람들을 모두 제쳐 버릴 것이다.[11]

볼셰비키와 다른 정치 경향들의 차이점 하나는 볼셰비키가 노동자들의 무장을 주장했다는 것이다. 레닌은 일부 자유주의자들과 벌인 논쟁을 소개했다. 어떤 자유주의자가 다음과 같이 말했다. "우리 앞에 맹수, 예컨대 사자가 있다고 칩시다. 그리고 우리 두 사람은 그 사자 앞에 던져진 노예들이라고 칩시다. 그런 상황에서 우리가 논쟁을 시작하는 것이 적절한 일일까요? 우리가 단결해서 이 공동의 적과 싸워야 하지 않을까요?" 레닌은 다음과 같이 대답했다. "그러나 한 노예는 무기를 구해서 사자를 공격하자고 주장하는 반면, 다른 노예는 싸우는 와중에도 사자의 목에 걸린 '헌법'이라는 꼬리표를 가리키며 '나는 우파의 폭력이든 좌파의 폭력이든 일체의 폭력에 반대한다' 하고 소리치기 시작한다면, 어찌 되겠소?"[12]

혁명은 모두 뜻밖의 사건이다. 혁명가의 과제는 사회적 폭발을 예견하는 것이 아니라 새로운 상황에 대처하는 방법을 찾아내는 것이다. 운동이 별로 활발하지 않은 오랜 시기 동안 살아남으려면 혁명적 정당은 조직·규율·일상이 필요하다. 그러나 이런 자질들이 급격한 변화의 시기에는 걸림돌이 될 수 있다. 1905년 전에 볼셰비키는 사회주의 사상을 노동자들에게 전달하려 애쓰는 소수였다. 1905년에 그들의 과제는 근본적으로 바뀌었다. 이제 그들의 핵심 과제는 노동자들의 말을 듣고 그들에게 배워서 운동을 진전시키는 것이었다. 몇몇 실수도 저질렀지만, 1905년에 볼셰비키의 활동 덕분에 당의 명성은 높아졌고, 그 뒤 2년 동안 당원이 급증해 4만 명에 달했다. 새 세대 투사들은 앞으로 벌어질 투쟁들에서 결정적으로 중요한 구실을 하게 된다.

당의 결속을 유지하기

차르는 통제력을 회복했다. 레닌은 핀란드로 후퇴해야 했으며, 1907년 말에는 다시 스위스로 옮겨야 했다. 노동자들의 자신감은 땅에 떨어졌다. 대규모 거리 시위는 사라지고, 1905년을 겪으면서 배운 것을 주장하는 소규모 조직들만 남았다. 볼셰비키당은 노동계급 속에 진정한 기반이 있었기 때문에 노동계급의 사기 저하에서 자유롭지 않았다. 1907년에 볼셰비키 당원은 4만 명이었지만, 1910년에는 수백 명쯤으로 감소했다.

레닌은 곤경이 한없이 계속되지는 않을 것임을 알고 있었다. 늘 그렇듯이 머지않아 자본주의는 노동자들로 하여금 투쟁에 나서게 만들 것이다. 당의 과제는 결속을 유지하고 다음번 투쟁 물결에 대비하는 것이었다. 투르 드 프랑스의* 경주 코스를 따라가 본 사람은 누구나 알겠지만, 산꼭대기 너머로 내려가는 방법을 모른다면 굳이 산꼭대기까지 올라가는 것은 의미가 없다. 아무리 규모가 작더라도 지역 조직들이 살아남았다는 것은, 다시 고양기가 찾아왔을 때 당이 대응할 수 있을 것이라는 뜻이었다.

레닌은 유난히 외골수였다. 마르크스나 엥겔스, 트로츠키와 비교하면 레닌은 아주 편협한 사람처럼 보인다. 마르크스·엥겔스·트로츠키는 문학·문화·과학 등 광범한 분야에 관심이 많았고 그런 분야에 관한 저작들을 남겼지만, 레닌은 그렇지 않았다. 레닌은 일부러 문화생활을 멀리했다. 고리키의** 회상에 따르면, 레닌은 베토벤의 음악을 들으면 그 음악이 너무 아름다워서 "머리를 쥐어박아야 할 사람"의 등을 토닥여 주고 싶어진다고 말했다.[13]

레닌은 당 건설에 철저하게 몰두했다. 다른 혁명가들은 지름길을 찾아 나섰다. 레닌의 친구 고리키는 1905년 볼셰비키에 가입했고 소설 《어머니》(1906)에서 혁명운동을 훌륭하게 묘사했다. 1909년 고리키가 [망명 와중에] 조직한 정치학교에 참석한 러시아 활동가

---

* 투르 드 프랑스 프랑스의 자전거 경주 대회.
** 막심 고리키 사회주의리얼리즘의 창시자로 유명한 작가. 레닌과 개인적으로 친했지만 정치적으로는 반대편에 서는 경우가 많았다.

는 겨우 13명이었다. 레닌은 고리키와 철학이 다르다는 이유로 참석하지 않았다. 학생 다섯 명과 조직자 한 명이 고리키와 사이가 틀어져 학교를 뛰쳐나오자, 레닌은 즉시 그들을 파리로 초빙해 만났다. 모든 개인이 소중했다.

일부 볼셰비키는 지루하고 고된 당 건설 활동을 포기하고 신비한 사상들을 계발하는 데 빠져들었다. 그들은 '창신創神주의'를* 주장했다. 레닌은 그런 사상들을 비판했다. 당원이 몇 명 없는 상황에서 마르크스주의의 철학적 토대를 명확히 하는 것은 중요했다.

전술 논쟁도 있었다. 차르는 두마라는 가짜 의회를 만들었다. 두마에는 진정한 권력이 없었고, 투표 제도도 불공정해서 지주 한 명의 표가 노동자 45명의 표와 맞먹었다. 그러나 노동자 후보들이 선출될 수 있다는 것은 기회였다. 멋진 공상과학소설 《붉은 별》을 쓴 보그다노프** 등 일부 볼셰비키는 당이 두마에 전혀 관여하지 말아야 한다고 주장했다. 레닌은 그런 주장에 격렬하게 반대했다.

볼셰비키는 두마를 선전과 선동의 기회로 이용했다. 두마 의원 중 한 명인 바다예프는 다음과 같이 썼다. "우리는 두마 연단을 이용해, 의원들의 갑론을박을 무시한 채 대중에게 연설했다."¹⁴ 나중에

---

* 창신주의 마르크스주의에 종교적 요소를 도입하려 한 시도로 보그다노프, 루나차르스키, 고리키 등이 이런 경향을 보였다. 레닌은 이것을 "지식을 신앙으로 대체하려는 것, 다시 말해서 일반으로 신앙에 중대한 의미를 부여하려는 일종의 교리"라고 규정했다.

** 알렉산드르 보그다노프 1905년 혁명 당시 볼셰비키 지도자였고 경제학·사회학·자연과학·철학 등에 상당한 명성이 있는 저술가였다. 혁명이 패배한 뒤 전술 전환(두마 선거 참여 등)에 반대하다 제명당했다.

볼셰비키 의원들은 가짜 의회를 박차고 나와 파업을 지원하고 거리 시위에 동참하게 된다.

1912년: 노동자들의 신문

1910년에 대규모 학생 시위들이 벌어진 뒤 1911년에는 노동자 파업 건수가 급증했다. 몇 년 동안 잠잠하던 노동계급 운동이 다시 살아나기 시작했다.

볼셰비키는 일간신문을 발행하기로 결정했다. 흔히 다른 사회주의자들과의 난해한 논쟁에 몰두하곤 하던 과거의 소규모 신문과 달리 새 신문은 노동자 대중에게 그들 삶의 진정한 문제들에 대해 말해야 했다. 일간지 〈프라우다〉(진실)는 1912년 4월에 처음 발행됐고, 정부의 거짓말을 폭로하는 것을 목표로 삼았다.

〈프라우다〉는 정말 적절한 때 창간됐다. 그달 초에 레나 금광의 파업을 경찰이 공격해 수백 명이 죽거나 다쳤다. 파업 물결이 러시아 전역으로 퍼졌다. 여러 해 동안 볼셰비키는 비합법으로 활동해 왔다. 그런 관행은 경찰의 탄압을 피하기 위해 절대적으로 필요했지만, 이제는 신속하게 고쳐야 했다. 시류를 거슬러 활동하는 데 익숙해진 혁명가들은 이제 시류에 맞게 활동하는 법을 배워야 했다.

〈프라우다〉는 러시아 국내에서 인쇄됐고 공장과 거리에서 공개적으로 판매됐다. 차르 정권은 새 신문을 전면적으로 탄압할 수는 없었지만 끊임없이 괴롭혔다. 활동가들은 당국을 속이기 위해 온갖

〈프라우다〉 창간호(1912년 4월 22일)

방법을 고안해 냈다. 때때로 신문 발행이 금지되면 재빨리 다른 이름, 예컨대 〈세베르나야 프라우다〉(북쪽의 진실)로 다시 발행됐다.

레닌은 〈프라우다〉가 조직가 구실을 하는 것이 결정적으로 중요하다고 생각했다. 〈프라우다〉에는 광범한 노동자 통신원들이 있었다. 그들은 자신의 작업장에서 발생하는 문제나 투쟁 소식을 신문에 기고했다. 고립된 독자들은 〈프라우다〉 덕분에 계급 전체의 경험에서 배울 수 있었다.

돈은 정치적 문제였다. 〈프라우다〉는 독자들이 보내 준 돈으로 유지됐다. 노동자들은 대부분 가난하게 살았지만, 레닌은 노동자들이 월급날마다 적어도 1코페이카(아주 작은 금액)씩 모금하도록 장려해야 한다고 주장했다. 레닌은 부유한 동조자를 무시하지 않았다. 그러나 노동자들의 정기적 기여가 더 중요했다. 이를 통해 노동자들은 〈프라우다〉를 자신의 신문으로 여기게 됐다. 〈프라우다〉는 노동자들의 지지가 없었다면 사라지고 말았을 것이다.

전쟁과 치머발트 대회

1914년에 주요 유럽 열강 사이에(영국·프랑스·러시아 대 독일·오스트리아) 전쟁이 벌어졌다. [그 전에] 노동계급 운동 안에서는 전쟁 가능성을 둘러싸고 많은 논의가 있었다. 1910년과 1912년에 제2인터내셔널(유럽의 사회주의 정당들이 모두 속해 있었다) 대회에서는 사회주의자들이 전쟁을 막기 위해 적극 노력하자고 선언한 결의안들이 통과됐다.

그러나 1914년 8월, 전쟁에 정말로 반대한 것은 러시아와 발칸반도의 사회주의 정당들뿐이었다. 전에 반전 입장을 취하던 다른 나라 사회주의 정당들과 노동조합들은 이제 자국의 전쟁 노력을 지지했다. 영국과 프랑스의 사회주의 지도자들은 자국 정부에 참여해 동료 노동자들더러 전쟁터로 나가 죽으라고 권장했다. 극소수 투사들만이 국가 탄압과 전쟁 지지 여론의 비난을 무릅쓴 채 전쟁에 반대했다. 전쟁에 반대한 사람들은 갑자기 자신들이 철저하게 고립됐음을 깨닫고 경악했다.

처음에 레닌은 사회주의 조직들이 배신했다는 언론 보도를 믿지 않았다. 그러나 곧 소수의 반전 세력들을 불러모으기 위해 부지런히 노력했다.

또한 그는 철학, 특히 청년 마르크스에게 영감을 준 독일 철학자 헤겔의 철학을 탐구하는 데 몰두했다. 헤겔에게서 레닌이 배운 것은 모든 상황을 상호 연관된 전체로 이해해야 한다는 것, 그러나 그 전체 안에는 모순이 있고 그 모순 때문에 갑작스럽고 급격한 변화가 일어날 수 있다는 것이다. 그는 헤겔 변증법의 핵심 특징을 다음과 같이 묘사했다. "비약. 모순. 점진성의 중단."¹⁵ 항상 레닌은 철학을 행동으로 연결했다.

1915년 9월 스위스의 치머발트에서 소규모 반전 회의가 열렸다. 회의에 참석한 대표들은 모두 합쳐 마차 네 대에 다 탈 수 있을 만큼 소수였다. 수백만 노동자들을 대표한 제2인터내셔널의 붕괴 후에 남은 세력은 그들이 전부였다.

레닌은 두 가지 과제가 있다고 봤다. 운동을 건설하려면 단결도 필요하지만 명확성도 필요했다.

치머발트 회의에 참석한 사람들 중에는 자본주의에 대한 혁명적 도전 없이도 전쟁을 끝낼 수 있고 [국제주의를] 배신한 제2인터내셔널을 되살릴 수 있다고 믿는 사람들도 있었다. 레닌은 제2인터내셔널과 철저하게 결별하고 전쟁을 초래하는 낡은 질서를 분쇄해야만 운동이 전진할 수 있다고 생각했다.

갓 태어난 반전 운동의 단결을 깨뜨리지 않기 위해 노심초사한 레닌은 치머발트 회의의 주요 결의안에 찬성표를 던지며, 그 결의안이 "기회주의에 대항하는 진정한 투쟁을 향한 일보 전진"이라고 설명했다.¹⁶ 또, 레닌과 다른 참석자 다섯 명은 다수파의 견해에 분명한 단서들을 붙인 성명서도 발표했다.

레닌은 "차르 왕정의 패배가 … 차악次惡이라는 사실"을 러시아 노동자들이 알아야 한다고 주장했다.¹⁷ 사회주의자들에게는 계급이 민족[국민]보다 더 중요하다. 즉, 사회주의자들의 주요 목표는 자국 지배계급을 공격하는 것이어야 한다. 레닌과 같은 시대를 산 독일의 반전 사회주의자 카를 리프크네히트의* 말처럼, "주적은 국내에 있다." 그러나 레닌은 그런 급진적 견해를 자신의 당원들에게도 설득할 수 없었다.

제국주의

전쟁 내내 레닌은 전쟁을 더 명확히 이해해야 한다고 주장했다. 1916년에 그는 《제국주의》라는 소책자를 썼다. 그 책에서 레닌은 전쟁에 더 효과적으로 반대하기 위해 전쟁의 원인을 분석했다.

이미 마르크스는 자본주의가 경쟁을 바탕으로 하고 있음을 보여 줬다. 자본주의 기업들은 모두 경쟁 업체들을 이기기 위해, 생산비를 낮추기 위해, 더 큰 시장에서 판매하기 위해 애써야 한다. 그러나 자본주의 지지자들의 주장과 달리, 경쟁은 영원한 원칙이기는커녕 그 반대인 독점을 낳는다. 가장 성공한 기업들은 경쟁 업체들을 업계에서 몰아내고 그들의 자산을 인수하거나 그들과 합병해 더 효과적으로 이윤을 얻는 기업이 된다. 세계는 대기업들이 지배하게 된다.

특히 레닌은 자본주의 기업들이 커질수록 더 많은 원료와 더 큰 판매 시장이 필요해진다는 사실을 강조했다. 그들은 국민국가의 틀

---

* 카를 리프크네히트 독일 사회민주당 국회의원 가운데 처음으로 전쟁공채 발행에 반대표를 던진 인물. 7장 참조.

안에서는 존재할 수 없고 전 세계를 차지하기 위해 밖으로 뻗어 나간다. 19세기의 마지막 25년 동안 유럽의 제국주의 열강은 아프리카를 대부분 식민지로 만들었고 토착 문명들에 자신들의 지배를 강요했다. 그것이 체제의 논리였다. 더 인간적인 자본주의는 불가능했다. 레닌은 다음과 같이 썼다. "자본가들이 세계를 분할하는 것은 어떤 특별한 악의 때문이 아니다. 이윤을 얻으려면 그런 방법을 채택할 수밖에 없을 만큼 자본의 집중이 고도화했기 때문이다."[18]

카를 카우츠키 같은 제2인터내셔널의 일부 사상가들은 자본주의가 발전하면 전쟁으로 치닫는 경향이 줄어들 것이라고 주장했다. 그런 신화는 오늘날에도 여기저기서 찾아볼 수 있다. 세계화가 전쟁을 종식시킬 수 있다는 주장이 그렇다. 레닌은 자본주의가 존속하는 동안에는 전쟁 몰이도 계속될 것이라고 주장했다. 오늘날의 자본주의는 어느 때보다 더 국제화한 체제다. 그렇다고 해서 대기업들 간의 관계가 더 조화로워진 것은 아니다. 오히려 경쟁과 충돌이 더 격렬해졌다.

레닌 시대 이래로 많은 것들이 변했다. 식민주의는 대체로 끝났다. 흔히 제국주의는 정치적 지배에 의존하지 않고도 제3세계 나라들을 꽤 효과적으로 착취할 수 있다. 그러나 근본적인 점에서 레닌이 옳았음이 입증됐다. 국제적 협력의 시기는 막간극일 뿐이다.

레닌은 다음과 같이 썼다. "평화적 동맹은 전쟁을 준비하고, 또 전쟁을 통해 그런 동맹이 생겨나기도 한다."[19] 날마다 뉴스에서 확인할 수 있듯이, 자본주의는 여전히 전쟁을 일으키고 있다.

4장 블라디미르 레닌 215

1917년: 전망을 수정하기

1917년 1월에 레닌은 취리히의 한 집회에서 연설하면서 다음과 같이 말했다. "우리 나이 든 세대는 머지않아 일어날 이 혁명의 결정적 전투들을 보지 못하고 죽을 것 같다."[20] 곧 그는 깜짝 놀라게 된다.

경제가 저발전 상태였던 러시아는 다른 나라들보다 더 큰 부담 때문에 고통을 겪고 있었다. 1917년 2월에 페트로그라드(1914년에 차르 정부가 독일식 이름인 페테르부르크를 페트로그라드로 바꿨다)의 여성 섬유 노동자들이 파업에 들어갔다. 당시 볼셰비키가 파업 투쟁을 만류했지만 노동자들은 파업에 돌입했다. 노동자들이 당보다 앞서 나아가고 있었다.

파업이 확산됐다. 1주일 뒤 차르는 물러났다. 임시정부가 수립돼, 보통선거권 도입과 헌법 제정을 약속했다. 파업 기간에 노동자들은 1905년에 탄생한 조직, 즉 소비에트를 부활시켰다.

아직 스위스에 있던 레닌은 역사의 새 국면이 시작되고 있음을 깨달았다. 거의 10년 동안 러시아에 발을 들여놓은 적이 없던 그는 이제 러시아로 돌아가기로 결심했다. 레닌은 스웨덴어를 한마디도 할 줄 몰랐지만 스웨덴인으로 위장할 계획을 세웠다. 그런데 독일 정부가 레닌이 열차로 독일 영토를 지나 러시아로 돌아갈 수 있도록 허용하겠다고 약속했다. 4월에 그는 페트로그라드에 도착했다.

예기치 못한 상황에 직면한 레닌은 자신의 정치 전략의 토대가 된 근본 사상들을 모두 재검토했다. 그 전까지 레닌은 러시아에는 사회주의 혁명에 필요한 조건들이 조성돼 있지 않다고 주장했다. 러시아에는 의회 민주주의가 없기 때문에 1789년의 프랑스 혁명 같은 민주주의 혁명(마르크스주의자들이 '부르주아 혁명'이라고 부른 것)이 필요하다고 생각했다.

그러나 트로츠키는 러시아가 곧장 사회주의 혁명으로 나아갈 수 있다고 주장했다. 트로츠키는 '연속혁명' 이론을 발전시켜, 혁명이 다른 나라들로 재빨리 확산된다면 러시아 혁명은 곧장 노동자 권력으로 나아갈 수 있다고 주장했다. 볼셰비키는 트로츠키를 이단아 취급했다.

이제 레닌은 트로츠키와 비슷한 견해를 취하게 됐다. 레닌은 가까운 미래에 볼셰비키의 지도에 따라 곧장 노동계급의 권력 장악으로 나아갈 수 있다고 주장했다. 그가 만든 당의 당원들은 충격을 받았다. 따라서 레닌의 첫 과제는 당원들과 격렬한 논쟁을 벌여 승리하는 것이었다.

레닌에게는 농민을 위한 전략도 필요했다. 농민은 수가 엄청나게 많았고 노동계급은 소수였기 때문이다. 2월 혁명 직후 러시아 전역에서 농민 반란이 시작됐다. 레닌은 그 운동이 도시 노동자들의 투쟁과 연계돼야 함을 알고 있었다. 그렇게 되려면 토지 경작자들에게 토지를 균등하게 분배하라는 농민의 요구를 지지해야 했다. 볼셰비키는 사회혁명당(나로드니키의 후예들)의 강령에 있는 요구들을 채택했다.

주로 농민 출신인 병사들은 평화를 원했다. 1917년 내내 100만 명 이상의 병사들이 탈영했다. 농민은 토지를 소유하고 싶어 했다.

도시 노동자들은 식량을 원했다. "평화·토지·빵"이 볼셰비키의 구호가 됐다.

이중 권력

혁명은 자생적으로 시작됐지만, 자생적으로 끝날 수 없었다. 어떤 노동자들은 다른 노동자들보다 더 투쟁적이었다. 옛 지배계급은 노동자들의 분열을 교묘하게 이용했다. 당은 계급 전체의 이익을 위해 투쟁해야 했다. 빅토르 세르주가* 썼듯이, "당은 노동계급의 신경 체계이자 두뇌다."[21]

당시 레닌에게는 이중의 과제가 있었다. 당에 관여해 당이 영향력을 강화할 수 있도록 고무하는 동시에 당원이 아닌 노동자 대중에도 주목해야 했다. 그들이 없다면 혁명도 없을 것이기 때문이다. 당이 성장할 수 있었던 것은 그 전의 투쟁들에서 당이 한 구실을 노동자들이 기억하고 있었기 때문이다. 그러나 당은 노동계급에 정말로 뿌리를 내리고 있었기 때문에, 계급 내의 서로 다른 흐름에 따라 당도 흔들렸다. 레닌은 어떤 흐름을 고무하고 어떤 흐름을 저지할지를 판단해야 했다.

레닌의 첫 과제는 당을 전투대형으로 바꾸는 것이었다. 1905년과

---

* 빅토르 세르주 벨기에 출신의 혁명가로 1919년부터 볼셰비키당에 가입해 러시아에서 활동했다. 훗날 트로츠키의 좌익반대파에 가담해 스탈린에 맞서 싸운다.

마찬가지로 최상의 투사들을 모두 끌어들이는 것이 목표였다. 당은 급속하게 성장했다. 연초에 약 4000명이던 당원이 연말에는 아마도 25만 명쯤 됐을 것이다. 이바노보보즈네센스크 같은 도시에서는 몇 달 사이에 당원이 10명에서 5000명 이상으로 증가했다.

볼셰비키는 모든 당원이 명령에 복종하는 관료 조직이 아니었다. 1917년 봄에 당의 사무실은 작은 방 두 개가 전부였고 사무국 직원도 모두 합쳐 여섯 명뿐이었다. 당의 활동은 체계적이지 않을 때가 많았고, 그래서 당원들은 명령을 기다리기보다는 주도력을 발휘해야 했다.

5월에 트로츠키가 러시아로 돌아왔다. 그 전 15년 동안 레닌과 트로츠키는 서로 험악한 말을 주고받으며 싸웠다. 그러나 혁명이 일어나자 그런 다툼은 이제 의미가 없어졌다. 레닌은 언제 분열해야 할지(그리고 언제 단결해야 할지) 알고 있었다. 여름에 트로츠키와 트로츠키 지지자들이 볼셰비키당에 가입했다. 트로츠키는 거의 즉시 중앙위원으로 선출됐다.

급성장하는 볼셰비키당에게도 동맹 세력은 필요했다. 멘셰비키(권력이 부르주아지의 수중에 남아 있어야 한다고 믿었고 점차 대중의 지지를 잃어 감에 따라 끊임없이 동요하고 있었다)가 볼셰비키와 손잡을 가능성은 거의 없었다. 그러나 사회혁명당은 임시정부에 대한 태도를 둘러싸고 점차 분열했고, 사회혁명당 좌파는 점차 볼셰비키와 가까워졌다.

불안정한 균형 상황이 지속되고 있었다. 레닌은 그런 상황을 "이중[이원] 권력"이라고 불렀다.[22] 사회를 통제하는 단일한 권위가 존

1917년 4월 18일 겨울궁전 앞 시위 "민주공화국 만세"(왼쪽 깃발)와 "사회주의 만세"(오른쪽 깃발)가 동시에 등장했다.

재하지 않았다. 임시정부는 자본가들의 경제 권력에 도전할 생각이 없었다. 작업장과 지역사회에서는 소비에트가 사실상 상황을 통제하고 있었다. 일부 공장에서는 노동자들이 관리자들을 손수레에 싣고 가서 공장 문밖에 내다 버리는 등 노동자들의 힘을 보여 줬다.

당은 노동계급 조직들 안에서 사상투쟁을 벌여야 했다. 소비에트 안에는 온갖 정당의 지지자들이 다 모여 있었다. 레닌은 볼셰비키의 견해를 참을성 있게 설명하는 것이 중요하다고 강조했다. 볼셰비키는 "동지적 설득" 방식을 사용해야 하고 "요란하게 혁명적 미사여구나 늘어놓는 것"을 피해야 한다는 것이다.[23] 8월 말에야 볼셰비키는 자신들이 가장 강력한 지역 중 하나였던 페트로그라드 소비에트에서 다수파가 될 수 있었다.

여름에 레닌과 볼셰비키는 두 가지 혹독한 시련을 겪었다. 7월에 페트로그라드 노동자들이 대규모 시위를 벌이며 소비에트의 즉각 권력 장악을 요구했다. 볼셰비키는 그 운동을 자제해야 한다고 주장했다. 가장 투쟁적인 노동자들만으로는 정부를 전복하더라도 권력을 유지하기 힘들 것이라는 주장이었다. 대다수 노동자들이 준비될 때까지 시간이 더 필요했다.

그 뒤 코르닐로프라는 우익 군 장성이 임시정부를 전복하고 다시 권위주의 정권을 수립하기 위해 쿠데타를 일으켰다. 볼셰비키는 노동자 수천 명을 동원해 페트로그라드를 방어했다. 철도 노동자들이 철로를 파괴하고 코르닐로프 군대가 탄 열차들을 엉뚱한 곳으로 보내 버리는 동안 다른 노동자들은 코르닐로프 휘하의 병사들이 노동자들 편으로 돌아서게 만들었다. 병사들은 페트로그라드 공격을 거부했고 코르닐로프는 체포됐다. 레닌은 볼셰비키가 코르닐로프에 맞서 싸워야 하지만 절대로 임시정부를 지지해서는 안 된다는 점을 분명히 밝혔다. 실제로 그런 사건들을 거치며 임시정부는 약해졌고 볼셰비키의 명성은 더 높아졌다.

국가와 혁명

레닌에게 이론과 실천은 항상 연관돼 있었다. 사상이 행동으로 이어지지 않는다면 그 사상은 아무 의미가 없다. 그러나 사회가 변화하는 방식을 이해하고 이를 지침으로 삼지 않는다면 아무리 열정적인 행동도 쓸데없는 짓이 되고 만다.

7월에 레닌은 지하로 숨어야 했다.* 그는 몇 주간의 상대적 평화를 이용해 자신의 가장 중요한 저작 《국가와 혁명》을 썼다(만약 여러분이 레닌의 책을 한 권만 읽어야 한다면 《국가와 혁명》을 읽어야 한다). 《국가와 혁명》이 출간됐을 때 많은 '정설' 마르크스주의자들은 깜짝 놀랐지만, 아나키스트들은 그 책을 높이 평가했다.

레닌은 국가 문제를 다루면서 사회주의란 무엇인가 하는 논쟁의 핵심을 파고들었다. 사회주의를 반대하는 사람들(그리고 많은 사회주의 지지자들조차)은 사회주의를 국가 소유와 동일시했다. 그들은 경제의 주요 부문들이 국유화돼 있기만 하면 '사회주의' 사회라고 불렀다.

레닌은 그런 견해를 격렬하게 비판했다. 그는 계급으로 분열된 사회에서 "한 계급이 다른 계급을 억압하는 기구"가 바로 국가라고 주장했다.[24] 국가는 국민 대중이 기존 소유권과 착취 형태에 도전하지 못하게 막는 데 사용되는 억압 기구 전체다. 즉, 국가는 "감옥 등을 보유하고 통제하는 무장한 사람들의 특수한 기구들"이다.[25] 그런 기구들은 중립적이지 않다. 법은 부자와 빈민을 똑같이 취급하지 않는다. 법은 부자와 권력자를 지켜 주기 위해 만들어졌다. 레닌은 《공산당 선언》에서 다음과 같이 쓴 마르크스의 견해에 전적으로 동의했다. "현대 국가의 집행부는 부르주아지 전체의 공동 업무

---

* 이른바 7월 사태 후 임시정부는 볼셰비키를 탄압했다. 많은 볼셰비키가 수감되고 레닌도 체포 대상이 됐다. 그러나 얼마 뒤 코르닐로프의 쿠데타를 저지하고 나서 상황은 반전된다.

를 관장하는 위원회일 뿐이다."

따라서 레닌은 사회주의자들이 기존의 국가기구들을 인수해서 그대로 사용할 수는 없다고 주장했다. 그는 의회를 "돼지우리"라고 불렀고, 그것은 우리로 하여금 "지배계급 가운데 누가 의회를 통해 사람들을 억압하고 짓밟을 것인지 몇 년에 한 번씩 결정하도록" 할 뿐이라고 비판했다.[26] 혁명가들은 국가기구를 "분쇄"할 필요가 있다고 믿는데, 이것이 혁명가들과 개혁주의자들의 차이라고 레닌은 썼다.[27] 그 때문에 "폭력혁명"이 필요하다는 것이다.[28]

그러나 무엇이 국가를 대체할 것인가? 아나키스트들은 기존 국가를 분쇄할 수 있을 뿐 아니라 더 나아가 국가 없는 자유로운 사회를 즉시 건설할 수 있다고 생각했다. 레닌은 불행하게도 그럴 수 없다고 생각했다. 노동계급이 사회를 인수하면, 다른 계급들은 자신의 특권을 되찾기 위해 무자비하게 반격할 것이다. 노동계급은 반혁명에 맞설 자신만의 국가가 필요할 것이다. 레닌은 그 국가를 "프롤레타리아 독재"라고 불렀다.[29] 간단히 말하면 "노동자 권력"이다.

결국, 레닌은 사회를 재편할 수 있고 부를 재분배할 수 있다고 주장했다. 자본주의적 낭비는 인간의 필요를 충족시키는 훨씬 더 효과적인 생산으로 교체될 것이다. 계급 분할은 사라질 것이고, 모든 사람은 사회에 유용한 일을 하는 노동자일 뿐 아니라 사회적 자원의 사용 방식을 결정하는 민주적 과정에 참여하는 지배자이기도 할 것이다. 국가는 점차 불필요해질 것이고 점차 "사멸"할 것이다.[30] 레닌은 자신의 주장을 다음과 같이 요약했다. "국가가 존재하는 한, 자유는 없을 것이다. 자유가 존재한다면, 국가는 없을 것이다."[31] 레닌의 목표는 아나키스트들의 목표와 똑같았지만, 레닌은 그 목표에 이르는 길이 복잡할 것이라는 사실을 인정했다.

레닌은 많은 역사적 사례들, 특히 1871년 파리코뮌의 경험을 인용했다. 당시 파리의 노동자들은 10주 동안 도시를 장악하고 지배하다가 파리 밖에서 몰려온 군대에게 학살당했다. 노동자 정부의 관리들은 모두 노동자의 평균임금을 받았으며, 자신들을 선출한 사람들에 의해 언제든지 소환될 수 있었다. 그것은 소비에트와 똑같은 형태의 민주주의였다. 1917년 이전에 노동자들이 비록 잠시나마 사회를 인수한 사례는 파리코뮌뿐이었고, 따라서 그로부터 배우는 것이 중요했다.

《국가와 혁명》은 결코 완성되지 않았다. 레닌이 다시 활동으로 되돌아가야 했기 때문이다. 그 책의 결론 부분에서 레닌이 썼듯이, "혁명에 대해 쓰는 것보다는 '혁명의 경험'을 직접 겪어 보는 것이 더 즐겁고 유익한 일이다."[32]

무장봉기의 타이밍

1917년 여름에 레닌은 너무 일찍 권력을 장악하려 한 사람들에 맞서 싸웠다. 그러나 가을이 되자, 권력 장악에 유리한 상황이 무르익고 있었다. 너무 늦기 전에 혁명가들이 기회를 붙잡는 것이 긴급한 과제였다. 레닌은 시간을 낭비할 여유가 없으며 즉시 무장봉기를 준비할 필요가 있다고 주장하는 글을 쓰고 또 썼다. 그는 10월에는

중앙위원회에 편지를 보내 "더 '기다리는 것'은 범죄"라고까지 주장했다.[33]

거리에는 봉기를 기대하는 분위기가 퍼져 있었다. 노동자들은 레닌이 쓴 "위기는 무르익었다" 같은 글을 읽고 있었다.[34] 노동자들은 중대한 변화가 임박했음을 알고 있었지만, 그들이 모두 함께 행동할 수 있도록 해 줄 중앙집중적 세력이 필요했다.

볼셰비키당의 중앙위원 두 명, 즉 지노비예프와 카메네프는* 레닌의 계획에 반대했다. 그리고 레닌을 비판하는 글을 볼셰비키 기관지가 아닌 다른 신문에 기고했다. 이 때문에 봉기 계획 전체가 어그러질 위험이 있었다. 그러나 레닌이 무자비한 독재자라는 신화와 달리, 그는 두 사람을 당에서 축출하자고 중앙위원들을 설득하는 데 실패했다.

페트로그라드 소비에트는 군사위원회를 수립했고 트로츠키가 의장이 됐다. 군사위원 60명 가운데 48명이 볼셰비키였고, 일부는 사회혁명당 좌파, 네 명은 아나키스트였다.

생애 내내 당 건설 과제에 몰두해 온 레닌은 당 자체가 봉기를 호소해야 한다고 생각했다. 소비에트에서 활동한 경험이 레닌보다 많았던 트로츠키는 당의 지지만으로는 충분히 광범하지 않기 때문

---

* 그리고리 지노비예프와 레프 카메네프 레닌 다음으로 권위 있는 고참 볼셰비키 지도자들이었다. 10월 봉기에 반대했을 뿐 아니라 봉기가 성공한 뒤에도 멘셰비키·사회혁명당과 연립정부를 구성해야 한다고 주장해 레닌·트로츠키와 대립했다. 레닌 사후에는 스탈린과 연합해 트로츠키를 공격하다가 스탈린의 독재가 심해지자 트로츠키와 통합반대파를 형성했다. 결국 스탈린에게 투항했지만 처형당한다.

러시아 병사들이 "공산주의"가 적힌 현수막을 들고 행진하고 있다(1917년 10월)

에 소비에트가 봉기를 호소해야 한다고 레닌을 설득했다. 레닌은 결코 독재자가 아니었다. 그는 기꺼이 배우려는 자세가 돼 있었기 때문에 위대한 지도자가 될 수 있었다.

수백만 명을 전쟁터로 보내 죽게 만든 차르와 달리, 레닌은 자신을 지지하는 사람들의 목숨을 우습게 여기지 않았다. 혁명가들이 단호했기 때문에, 그리고 필요하다면 어떤 강압이든 사용할 태세가 돼 있음을 보여 줬기 때문에, 페트로그라드에서는 봉기로 인한 사상자 수가 아주 적었다. 10년 뒤 위대한 영화감독 예이젠시테인이* 10월 혁명을 영화로 만들었다. 그 영화를 찍다가 죽은 사람이 페트

---

* 세르게이 예이젠시테인 몽타주 이론을 개척한 영화감독. 대표작은 〈전함 포톰킨〉, 〈10월〉, 〈이반 뇌제〉 등이다.

로그라드 봉기 당시 죽은 사람보다 더 많았다고 한다.

봉기가 시작된 지 하루도 채 안 돼 임시정부는 무너졌고 볼셰비키가 정권을 잡았다. 다른 곳, 특히 모스크바에서는 저항이 더 격렬했고 사상자도 더 많았다. 봉기 다음 날 레닌은 페트로그라드 소비에트에서 다음과 같이 선언했다. "우리는 이제 러시아에서 프롤레타리아 사회주의 국가 건설에 착수해야 합니다."[35]

혁명의 성과

소비에트를 기반으로 새 국가가 수립됐다. 레닌은 새 정부의 수반이 됐다. 흔히 그가 권력을 추구했다고 비난하는 사람들이 많지만, 사실 레닌은 정부 수반이라는 직책을 맡고 싶어 하지 않았다. 그는 트로츠키를 설득해 그 직책을 맡게 하고 자신은 모든 에너지를 당에 집중하려 했다. 그러나 트로츠키는 이를 거절했다.[36]

새 혁명정권은 즉시 급진적이고 광범한 개혁 프로그램을 도입하기 시작했다. 최초의 포고령들 가운데 하나는 공장에서 노동자 통제를 제도화한 것이었다.

토지의 사적 소유는 무상으로 폐지됐다. 토지 이용권은 토지 경작자에게 넘어갔다. 격렬한 논쟁 뒤에 독일과 평화조약이 체결됐다. 러시아는 전쟁에서 빠져나왔다.

러시아제국 내에서 억압받던 민족들은 독립할 기회를 얻었다. 그 뒤 몇 년 동안 다섯 개의 독립국가가 창건됐고, 새 러시아 연방 내에 17개의 자치 공화국·지역이 생겨났다.

옛 법률은 폐지됐고, 사법제도는 완전히 개혁됐다. 인민 법정이 세워지고 판사들은 선출됐다.

여성은 투표권과 완전한 시민권, 동등한 임금과 취업권을 획득했다. 법률이 바뀌자 가족의 성격이 완전히 바뀌기 시작했다. 상호 합의에 따른 이혼 제도가 확립됐다.* 어떤 평의회 대의원이 말했듯이, 결혼은 "남편과 아내가 재소자들처럼 갇혀 사는 감옥이 아니게 됐다." 혼외 자녀 차별이 끝났다. 1920년에 러시아는 세계에서 처음으로 임신 중지를 합법화한 나라가 됐다. 동성애도 더는 범죄가 아니게 됐다. 그런 변화들 덕분에 러시아는 서유럽의 선진국들보다 앞서 나갈 수 있었다.

1년 만에 학교 수가 50퍼센트 이상 증가했고, 문맹자들에게 읽고 쓰는 법을 가르치는 운동이 벌어졌다. 대학 등록금이 폐지돼 고등교육 기회가 확대됐다. 시험이 없어졌고 순전히 암기력에 의존하는 공부는 크게 줄어들었다. 학교 공부는 현실의 육체노동과 결합됐고, 모든 교직원과 12세 이상 학생들이 참가하는 민주적 운영 조처들이 도입됐다. 레닌은 개인적으로 도서관 확대 사업에 큰 관심을 쏟았다.

포고령은 그토록 많은 변화의 시작이었을 뿐이다. 무지, 미신, 반동적 태도를 근절하려면 더 많은 시간이 필요할 터였다. 레닌은 노

---

* 서로 합의하면 즉시 이혼할 수 있었다. 배우자 어느 한쪽이 요구할 경우에도 간단한 법정 신문만 거쳐 이혼할 수 있었다.

동계급의 자력 해방이 중요하다고 강조했다. 혁명은 "노동자들의 이런 독자적 주도력, 일반으로는 모든 피착취 노동 대중의 주도력을 발전시켜야 하고, 그것을 창조적인 조직 활동에서 최대한 광범하게 발전시켜야 한다. 무슨 수를 써서라도 우리는 낡고 불합리하고 야만적이고 비열하고 역겨운 편견, 즉 이른바 '상층계급'만이, 부자들만이, 부자들의 학교를 나온 자들만이 국가를 운영할 수 있고 사회주의 사회의 유기적 발전을 지도할 수 있다는 편견을 분쇄해야 한다."[37] 혁명 후의 끔찍한 곤경에도 불구하고, 많은 노동 대중은 옛 생활 방식이 가하는 제약에서 해방됐다고 느꼈다. 공장에서 하루 일을 마친 노동자들이 즉흥 연극을 공연하거나 시 쓰는 법을 배우러 다녔다는 당시의 기록들이 아직도 남아 있다.

혁명 러시아의 문학·미술·영화는 혁신과 실험의 열기에 휩싸였다. 예술가의 사회적 지위는 바뀌었다. 시인 마야코프스키는 다음과 같이 썼다. "거리는 우리의 붓, 우리의 팔레트, 광장은 넓은 도화지라네."[38]

취약한 노동자 국가

새 사회는 많은 난관에 부딪혔다. 전쟁과 차르의 폭정에서 비롯한 경제 혼란이 계속됐다. 러시아 노동계급은 형성된 지 얼마 되지 않았다. 노동자들은 대부분 도시에 와서 일하게 된 농민의 자식이었다. 많은 노동자들이 읽고 쓸 줄 몰랐다. 노동계급은 엄청나게 많은 농민에 둘러싸여 있었고 아주 소수였다.

레닌은 노동 대중의 적극적 참여 없이는 계획경제가 불가능하다는 것을 처음부터 알고 있었다. 한 신문은 레닌의 연설을 다음과 같이 보도했다. "경제생활을 조직하기 위한 분명한 계획은 존재하지 않았고 존재할 수도 없었다. 그런 계획은 아무도 제시할 수 없었다. 그것은 오로지 아래로부터, 대중에 의해, 그들의 경험을 통해 가능할 것이다. 물론 지침이 제공돼야 하고 방법이 제시돼야 하지만, 위와 아래에서 동시에 시작될 필요가 있다."[39]

다시 말해, 노동자 민주주의와 동떨어진 '경제계획'은 존재할 수 없었다. 역사는 레닌이 얼마나 옳았는지 보여 줬다. 대중이 참여하지 않은 상태에서 위로부터 계획이 강요될 때마다 이른바 '사회주의'는 기괴한 권위주의 체제로 변모하고 말았다.

그러나 레닌이 의존했던 노동자들은 그들의 발전을 왜곡하고 방해하는 사회에서 나고 자랐다. 레닌이 1919년에 말했듯이, 사회주의는 "자본주의 사회에서 성장하고 자본주의에 의해 타락하고 부패한 사람들"과 함께 건설해야 했다.[40] 러시아는 산업과 문화가 서유럽보다 덜 발전했으며, 경제는 세계대전으로 엉망이 됐다. 처음부터 볼셰비키당은 어느 정도 노동자 대중을 대리해야 했다.

행정 업무 경험이 있는 혁명적 활동가들이 크게 부족했다. 유능한 사람들은 흔히 몇 가지 일을 한꺼번에 하고 있었다. 러시아에 와서 혁명을 돕게 된 벨기에 태생의 혁명가 빅토르 세르주는 언론인·교사·장학사·번역가·무기밀수업자·문서보관인의 일을 동시에 하고 있었다.

이런 경험 부족은 특히 국가 보안 기구에서 심각했다. 새 정권은 체카(반혁명과 사보타주에 맞서 투쟁하는 전 러시아 비상위원회)라는 기구를 창설했다. 그 기구는 분명히 필요했다. 옛 특권층의 다수는 새 정권을 사보타주(파괴)하기를 원했다. 그들을 저지해야 했다. 그러나 흔히 체카 요원들은 사회주의 원칙에 대한 헌신성이 부족했고 자신들의 권위를 잘못 사용했다. 그들의 손에 고통을 겪은 무고한 사람들이 많았다. 그것이 비상조치였다는 데에는 다들 공감하고 있었고, 그래서 1922년에 레닌과 다른 사람들의 촉구로 체카는 권한이 더 제한된 기구로 교체됐다.

일부 혁명가들은 너무나 조급하게 너무나 많은 것을 기대했다. 1917년에 많은 노동자들이 공장위원회를 건설했고, 흔히 볼셰비키는 공장위원회에서 핵심 구실을 했다. 그러나 그런 기구들은 흔히 계급 전체의 이익보다는 특정 노동자 집단의 이익을 대변했다. 1918년 3월에 실랴프니코프(나중에 노동자반대파* 지도자가 된다)는 철도 부문에서 [공장위원회의] 노동자 통제 때문에 빚어지는 혼란을 묘사한 보고서를 작성했다.⁴¹ 그런 혼란은 노동자 전체의 이익에 어긋나는 것이었다. 왜냐하면 일반 노동자들에게는 효율적 운송 체계가 필요했기 때문이다. 볼셰비키는 원칙에서는 노동자 통제를 적극 지지했지만 어쩔 수 없이 공장위원회를 노동조합에 통합시켰다.

---

* 노동자반대파 1920년에 형성된 볼셰비키 당내 분파. 금속 노동자 출신으로 초대 노동 인민위원을 지낸 실랴프니코프, 유명한 여성 지도자인 알렉산드라 콜론타이 등이 이끌었다. 노동조합이 경제관리 권한을 가져야 한다고 주장했고 당의 관료화를 비판했다.

러시아가 진공 속에 존재했다면 그런 문제들은 몇 년 안에 해결됐을지 모른다. 그러나 유럽 열강은 러시아 혁명의 생존을 바라지 않았다. 그들은 전쟁에 지친 [자국] 노동자들 사이에서 러시아 혁명이 얼마나 인기가 많은지 알고 있었고, 그래서 혁명의 확산을 몹시 두려워했다.

1918년 휴전협정 체결 전날에 윈스턴 처칠은˚ 독일 군대를 재건해 볼셰비즘에 맞서 싸워야 할지 모른다고 영국 내각에게 말했다. 2주 뒤 그는 어느 모임에서 다음과 같이 말했다. "광대한 지역에서 문명이 완전히 소멸하는 동안, 볼셰비키는 폐허가 돼 버린 도시와 희생자들의 시체 사이에서 광포한 원숭이 무리처럼 설쳐 대고 있습니다."⁴²

1920년까지 잔혹한 내전이 러시아 전역을 휩쓸었다. 사실, '내전'은 정확한 용어가 아니다. 영국·프랑스·캐나다·미국 등 17개국 군대가 혁명으로 쫓겨난 잔인하고 부패한 옛 러시아 지도층과 손잡고 러시아를 침략했다.

페트로그라드는 두 번이나 하마터면 반동 세력의 손에 넘어갈 뻔했다. 레닌은 볼셰비키가 다시 지하조직 시절로 돌아가야 할지도 모른다고 우려했다.⁴³

《공산주의 흑서黑書》의 저자들처럼 레닌을 헐뜯으려는 사람들은 레닌의 말을 인용해 마치 그가 피에 굶주린 짐승처럼 보이게 만든

˚   윈스턴 처칠 당시 영국 군수 장관이었다. 훗날 1926년 총파업을 탄압하고 무솔리니의 파시스트 독재를 찬양할 정도로 강경 우파였다. 제2차세계대전이 터지자 총리가 된다.

다. 1918년 8월에 레닌은 전보를 보내, 쿨락(빈농에 적대적인 비교적 부유한 농민)의 반란에 대처하는 방법을 다음과 같이 이야기했다.

여러분의 지역 다섯 군데에서 쿨락이 일으킨 봉기는 무자비하게 진압돼야 합니다. 혁명 전체의 이익을 위해 그런 행동이 필요합니다. 왜냐하면 쿨락과의 최후의 투쟁이 이제 막 시작됐기 때문입니다. 여러분은 다음과 같이 본때를 보여야 합니다. (1) 적어도 100명의 쿨락, 부자 놈들, 남의 고혈을 빨아먹는 것으로 유명한 자들을 교수형에 처할 것(그들을 공개 처형해서 사람들이 볼 수 있게 할 것). (2) 그들의 명단을 공개할 것. (3) 그들이 가진 곡식을 모두 압수할 것. (4) 어제 보낸 전보에서 지시한 대로 인질들을 잡아 둘 것.⁴⁴

이런 말은 맥락에서 따로 떼어 놓고 보면 소름이 끼치는 말이다. 당시는 잔혹한 내전 상황이었고, 반혁명 세력은 볼셰비키보다 훨씬 더 잔인했다. 1919년 [러시아에 쳐들어온] 시베리아 주둔 미군 사령관 윌리엄 S 그레이브스는 다음과 같이 증언했다. "시베리아 동부 지방에서 볼셰비키가 한 명 죽일 때마다 반反볼셰비키 세력은 100명씩 살해했다고 장담할 수 있다."⁴⁵ 레닌은 비폭력주의자가 아니었고, 볼셰비키의 승리를 위해 할 수 있는 일은 뭐든 했다. 《공산주의 흑서》의 저자들은 특히 조지 W 부시, 토니 블레어, 아리엘 샤론의* 폭력

---

* 아리엘 샤론 이스라엘의 강경 시온주의자로 2001~2006년 총리를 지냈고, 1982년 국방부 장관 시절 레바논 침공을 주도했고, 유명한 '사브라·샤틸라 난민촌 학살'을 사실상 배후 조종해서 '도살자'라는 비난을 받았다.

4장 블라디미르 레닌 233

을 비판하는 말은 전혀 하지 않는다. 레닌을 비난함으로써 자신의 양심을 속이는 것이 더 쉬운 일이다.

반혁명 세력은 아주 썩어 빠진 유대인 혐오자들이었다. 그들은 신뢰를 잃어버린 옛 질서를 되살리는 것 말고 달리 아무것도 할 수 없었다. 결국, 엄청난 용기와 과단성을 보여 준 볼셰비키가 내전에서 승리했다.

레닌은 당에 정치적 방향을 제시하는 데서 결정적 구실을 했다. 그러나 그는 결코 독재자가 아니었다. 혁명 이후 몇 달 동안 볼셰비키 지도부는 중요한 문제들을 둘러싸고 심각하게 분열하곤 했다. 레닌은 때때로 소수파였고 자신의 견해를 관철하기 위해 격렬하게 논쟁해야 했다.

레닌은 어떤 일도 무시하거나 하찮게 여기지 않았다. 그는 아주 사소한 행정 업무에도 많은 시간을 썼다. 오늘날의 독재자들과 비교하면, 레닌의 신변 경호는 아주 보잘것없었다. 한번은 차를 타고 가다 강도들을 만났다. 그는 차에서 내려야 했고, 강도들은 그의 차를 몰고 사라져 버렸다. 한참 시간이 흐른 뒤에야 다른 차가 와서 그를 태워 줬다.

그는 자신만의 특권을 추구하지 않았다. 1918년에 인민위원회가 레닌의 봉급을 인상하자 그는 인민위원들을 "호되게 질책"했다.[46] 1920년에 레닌은 한 도서관 사서에게 매우 정중한 편지를 보낸 적이 있는데, 다음 날 아침 일찍 반환하는 조건으로 몇몇 참고서를 밤새 대출해 줄 수 있는지 묻는 내용이었다.[47] 스탈린이나 사담 후세인이 도서관의 규칙을 그렇게 존중했으리라고 상상하기는 힘들다.

국제 운동

레닌은 러시아의 사회주의 혁명이 아주 빨리 다른 나라로 확산되지 않으면 가망이 없다는 사실을 항상 알고 있었다. 1917년 12월에 그는 다음과 같이 썼다. "그러므로 러시아에서 시작된 사회주의 혁명은 전 세계 사회주의 혁명의 시작일 뿐이다."[48] 그렇게 됐다면 특히 독일 노동자들이 러시아를 경제적으로 도울 수 있었을 것이다.

러시아 혁명이 확산될 것이라는 레닌의 희망은 현실적인 것이었다. 유럽에서 혁명이 일어날 것이라는 전망은 전쟁 말기에 충분히 근거가 있었다. 전쟁이 일어난 지 4년 뒤에 노동자들은 그토록 많은 죽음과 파괴를 초래하는 체제에 신물이 나 있었다. 1918~1920년에 도처에서 파업과 폭동, 공장점거가 벌어졌고 노동자·병사 평의회가 생겨났다. 특히 전쟁에서 패배한 독일은 혁명 직전의 상황처럼 보였다.

문제는 지도부였다. 노동계급 운동의 옛 지도자들은 거의 모두 전쟁을 지지했다. 전쟁이 계속되는 동안 새 세대 투사들이 나타났지만, 그들은 경험이 없었다. 경험 많은 지도부와 노동자들 사이에 실질적 기반을 갖춘 볼셰비키 같은 당은 어디에도 없었다. 1919년 1월 독일 사회주의자 로자 룩셈부르크가 정적들에게 살해당했다. 룩셈부르크는 레닌과 대등한 반열에서 논쟁을 벌일 수 있는 사실상 유일한 유럽 지도자였다.

레닌은 제2인터내셔널을 되살리려는 시도는 쓸데없는 짓이라고 주장했다. 새 인터내셔널을 건설해야 한다는 것이었다. 1919년 3월 모스크바 회의에 참석한 대표들은 제3인터내셔널, 즉 공산주의 인터내셔널(코민테른)을 선포했다. 그 뒤 3년 동안 세 차례 더 회의가 열렸고, 더 많은 조직이 새 인터내셔널에 가입했다.

1914년 이전에 노동계급 운동은 심각하게 분열해 있었다. 한편에는 마르크스주의자들이 있었고, 다른 한편에는 아나키스트들과 신디컬리스트들이 있었다. 러시아 혁명 이후 많은 아나키스트와 신디컬리스트가 혁명을 지지했다. 레닌은 그들을 끌어당기는 일에 열중했다.

레닌은 미국에서 온 에마 골드먼(엠마 골드만)이나* 우크라이나 출신의 마흐노** 같은 아나키스트들과 몇 시간씩 논쟁했다. 1920년 유럽의 신디컬리스트들이 천신만고 끝에 모스크바에 왔을 때 일부 볼셰비키 지도자들은 그들에게 혁명적 정당의 필요성을 호통치듯 설교했다. 레닌은 훨씬 더 우호적으로 대했다. 그는 가장 투쟁적인 노동자들로 구성된 "조직된 소수"라는 신디컬리즘 사상과 혁명적 정당이라는 볼셰비즘 사상이 똑같은 것이라고 주장했다.[49] 레닌의 그런 전략은 트로츠키의 지지를 받았다. 다른 많은 볼셰비키는 더 종파적인 태도를 취했다.

---

* 에마 골드먼 리투아니아 출신의 미국 아나키스트로 반전 운동을 벌이다 수감돼 1919년에 러시아로 추방됐다. 처음에는 10월 혁명을 지지했지만 1921년 크론시타트 반란 진압을 보고 볼셰비키 반대로 돌아서 러시아를 떠났다.

** 네스토르 마흐노 러시아 내전 때 농민군을 조직해 처음에는 백군에 맞서, 나중에는 적군(赤軍)에 맞서 싸웠다. 내전 말기에 결국 적군에 진압당했다.

제3인터내셔널(코민테른) 대회에서 연설하는 레닌

레닌은 이른바 "좌익 공산주의"에* 심각한 문제가 있음을 깨달았다. 투쟁의 고양기에 새로운 투사들이 대거 행동에 나섰다. 그들은 패배의 기억이 없기 때문에 다수의 노동자들을 끌어당기는 일의 어려움을 과소평가하기 십상이었다. 많은 새 세대 활동가들은 의회 민주주의가 사기라는 것을 자신들이 깨달았다 해서 다른 노동자들도 모두 그 점을 쉽게 받아들일 수 있을 것이라고 생각했고, 혁명가들이 의회 선거에 참여해서는 안 된다고 생각했다. 레닌은 수많은 노동자들이 여전히 의회를 신뢰하고 있음을 그들에게 상기시켰다. "우리에게 쓸모없다고 해서 대중에게도 쓸모없는 것이라고 생각해

---

* 좌익 공산주의 의회나 기존 노동조합에서 활동하기를 거부한 초좌파 경향을 비판하며 레닌이 붙인 용어. 대표적 인물은 영국의 실비아 팽크허스트, 이탈리아의 아마데오 보르디가, 네덜란드의 안톤 파네쿠크와 헤르만 호르터르 등이었다.

서는 안 된다."⁵⁰

그는 여전히 노동당에 충성하는 노동자 대중을 끌어당기기 위해 영국 공산당이 노동당에 가입해야 한다고 촉구했다. 노동당 지도부가 아무리 우파적이더라도 말이다. 레닌은 그러면서도 공산주의자들이 "노동계급의 배신자들을 폭로하고 비판하는 데 필요한 자유"를 유지해야 한다고 주장했고, 공산주의자들이 축출당한다면 그것은 "커다란 승리"일 것이라고 결론지었다.⁵¹ 중요한 것은 이런저런 조직적 해법이 아니라 공산주의 사상이 최대한 많은 노동자들에게 확실히 전달될 수 있도록 하는 것이었다.

일부 혁명가들은 노동조합 지도층이 부패하고 반동적이라는 이유로 노동조합에서 완전히 나오고 싶어 했다. 레닌은 축출 위협을 받는 혁명가들이 노동조합 안에 남아 있기 위해서 "다양한 술책, 권모술수, 불법적 방법, 회피와 속임수에 의존"해야 한다고까지 주장했다.⁵² 이 말은 흔히 맥락에서 떼어 내, 마치 레닌이 부정직한 언행 일반을 옹호한 것처럼 묘사할 때 인용된다. 그러나 레닌은 혁명가들이 노동자들에게 진실을 말해야 한다고 항상 주장했다. 레닌은 노조 지도층이 혁명가들을 마녀사냥하고 규약을 자의적으로 적용해 축출하려 한다면 혁명가들은 노조에 남아 있기 위해 자신들이 공산당원이라는 사실을 굳이 말하지 말아야 한다고 주장했을 뿐이다. "'대중'을 돕고 '대중'의 공감과 지지를 얻고자 한다면, '지도자'들이 시키는 어렵고 귀찮은 일, 그들의 속임수·모욕·박해를 두려워해서는 안 되며 … 대중이 있는 곳이라면 어디서든 그들과 함께 활동해야 한다."⁵³

레닌은 격렬하게 논쟁할 줄도 알았지만, 운동에서 배울 줄도 알았다. 프랑스 신디컬리스트인 알프레드 로스메르가* 레닌을 처음 만났을 때, 레닌은 프랑스 혁명가들이 사회당에서 즉시 분열해서 새로 공산당을 결성해야 한다고 주장하는 글을 쓰고 있었다. 로스메르는 몇 달 더 기다리며 다수를 설득하는 것이 더 나을 것이라고 레닌에게 설명했다. 레닌은 즉시 "제가 어리석은 짓을 할 뻔했군요" 하고 대답하며 자신의 글을 고쳤다.[54] 레닌은 남의 말을 들을 줄 알고 자신의 생각을 바꿀 줄 아는 지도자였다. 오늘날의 정치인들과는 사뭇 달랐다. 그들은 실수를 인정하는 것을 실패를 인정하는 것으로 여긴다.

1922년 말 코민테른에서 한 마지막 연설에서 레닌은 러시아의 경험을 다른 나라들에 강요하는 것은 위험하다고 경고했다. 어디서든 혁명가는 자신의 원칙을 현실의 경험이라는 구체적 상황에 적용해야 한다.

그 결의안은 너무 러시아적입니다. 그것은 러시아의 경험을 반영하고 있습니다. 그 때문에 외국 동지들이 이해하기 너무 어렵습니다. 외국 동지들은 그 결의안을 성상聖像처럼 벽에 걸어 놓고 그 앞에서 기도하는 데 만족해서는 안 됩니다.[55]

---

* 알프레드 로스메르 프랑스 신디컬리스트 지도자 가운데 제1차세계대전에 반대한 몇 안 되는 인물이었다. 훗날 프랑스 공산당을 이끌다가 스탈린주의에 반대해 제명당한다.

후퇴와 신경제정책

안정되고 경험 많은 지도부가 없던 독일 공산당은 오락가락하다가 오랜 사회 위기를 혁명의 성공으로 이끌지 못했다. 러시아는 고립됐다.

볼셰비키는 내전에서 승리하고 권력을 유지했지만, 엄청난 대가를 치렀다. 경제는 파탄 났다. 노동계급 자체가 크게 줄어들었다. 1921년에 러시아 노동계급의 규모는 1917년의 약 3분의 1 수준이었다. 많은 투쟁적 노동자들이 공장을 떠나 군대에 들어갔고 상당수가 돌아오지 못했다. 다른 노동자들은 실업과 굶주림 때문에 시골에 있는 가족에게 돌아갔다. 거기서는 조금이나마 식량을 구할 수 있었기 때문이다. 소비에트는 빈 껍데기가 돼 버렸다.

볼셰비키는 권력을 그냥 반납할 수 없었다. 그랬다면 옛 지배계급이 그나마 남아 있는 노동계급 조직을 완전히 분쇄하고 살육해 버렸을 것이다. 볼셰비키는 권력을 유지하며 서유럽의 혁명적 격변을 기다리는 것 말고 달리 대안이 없었다.

대중이 불만을 표출한 것도 당연한 일이었다. 가장 심각한 사태는 1921년 봄에 찾아왔다. 페트로그라드 바로 외곽에 있는 크론시타트 해군기지에서 수병들이 반란을 일으켰다. 그들 일부는 [1917년 2월과 같은 해 10월의 뒤를 잇는] "3차 혁명"을 요구했다. 그들의 비판 몇 가지는 정당한 것이었다.

그러나 "3차 혁명"은 순전한 공상이었고, 그 반란은 볼셰비키 정권을 위협했다. 볼셰비키가 쫓겨났다면, 그 결과는 더 민주적인 사회가 아니라 옛 체제의 복귀였을 것이다. 반란을 군사적으로 분쇄해야 한다는 결정이 내려졌다. 그것은 볼셰비키에게 최악의 상황이었지만, 다른 대안이 없었다.

레닌은 군사적 조처로 문제를 진정으로 해결할 수 없음을 알고 있었다. 그는 크론시타트 사건을 "그 어느 것보다 현실을 밝게 비춘 섬광 같은 것"이었다고 묘사했다.[56] 다시 한 번 그는 뜻밖의 현실에 직면해서 필요한 해결책을 채택할 수 있는 능력을 보여 줬다. 다양한 기업들을 책임지고 있는 당 간부들이 기업을 제대로 운영할 수 있는 능력이 없었기 때문에 러시아 경제는 망가지고 있었다. 도시와 농촌 사이의 적절한 균형은 달성되지 않았다.

레닌은 신경제정책으로 알려지게 된 조처들을 도입했다. 농민의 곡물을 징발하던 것을 중단하고 대신에 세금을 부과해 농민이 더 많이 재배하도록 권장했다. 사유재산이 부분적으로 복원됐고, 사적 거래와 소규모 사기업이 새로 허용되자 상인 계급(이른바 네프맨)이 등장했다.

신경제정책 덕분에 경제적 재앙을 피할 수 있었다. 빅토르 세르주는 다음과 같이 말했다. "신경제정책은 몇 달 만에 이미 놀라운 결과를 낳고 있었다. 한 주 한 주 지날수록 기근과 투기가 눈에 띄게 줄어들고 있었다."[57]

그 정책은 많은 사람들을 충격에 빠뜨렸다. 레닌은 사회주의 원칙들을 굳건히 고수했기 때문에 오히려 그런 후퇴를 옹호할 수 있었다. 그는 핵심 문제가 다음과 같은 것이라고 인정했다. "여러분이 다른 것들뿐 아니라 경제도 운영할 수 있습니까? 옛 자본가는 그럴 수 있지만, 여러분은 그럴 수 없습니다." 그 결과 "자본가들이 우리와 함께 경영하고 있습니다. 그들은 강도들처럼 경영하고 이윤을 얻지만, 어떻게 경영해야 하는지를 알고 있습니다."[58]

신경제정책은 단기적 후퇴였지, 자본주의와의 장기적 타협은 아니었다. 레닌은 여전히 다른 나라에서 혁명이 일어나 러시아를 구해 줄 것이라는 희망을 간직하고 있었다.

레닌의 마지막 투쟁

1922년부터 레닌은 매우 아팠다. 암살 미수 사건* 당시 입은 부상과 엄청난 과로 때문에 기력이 쇠했다. 그는 혁명을 지도해 가장 어려운 국면을 헤쳐 나갈 수 있을 때까지 살지 못할 것임을 알았다.

레닌은 또 혁명의 전개 과정을 보고 경악했다. 노동계급이 쇠퇴하자, 당 안팎에서 관료 집단이 성장하기 시작했고, 그들은 흔히 노동계급 민주주의의 원칙과는 전혀 다른 방식을 사용했다. 민족주의가 발전하는 것도 위험한 일이었다.

레닌은 성장하는 관료 집단에 대항하는 투쟁에 힘을 쏟아부었다. 레닌은 마지막으로 쓴 글 "느릿느릿 걸어도 황소걸음으로"에서 혁명 이후 5년이 지난 지금 국가기구가 "통탄할 만하고 형편없어졌

---

* 내전이 한창이던 1918년 8월 한 사회혁명당원이 레닌을 저격해 중태에 빠뜨렸다. 레닌은 4년 동안 목에 총알이 박힌 채로 살아야 했다.

레닌은 뇌졸중으로 고통받는 와중에도 스탈린주의의 부상에 맞서 끝까지 투쟁했다

다"는 것을 인정했다.[59] 더 많은 노동자들을 국가기구에 받아들이고 진정한 노동자 민주주의를 위해 끈질기게 투쟁하는 것 말고는 다른 비결이 없었다.

이를 위해 우리 사회체제의 최상의 인자들(예컨대, 첫째, 선진 노동자들, 둘째, 말과 행동을 혼동하지 않을 뿐 아니라 자신의 양심에 어긋나는 말은 한마디도 하지 않을 것이라고 우리가 보증할 수 있는 정말로 각성한 인자들)은 어떤 어려움도 인정하기를 두려워해서는 안 되고, 스스로 진지하게 설정한 목표를 달성하기 위한 투쟁은 어느 것도 회피해서는 안 된다.[60]

레닌의 정직함과 비판 정신은 스탈린과 그 후계자들의 집권 시기 러시아 국가의 특징이던 자기만족이나 오만과 뚜렷하게 대조된다.

레닌은 누가 자신의 후계자가 돼야 하는지를 생각할 수밖에 없었다. 그는 볼셰비키 지도자들의 능력을 검토한 짧은 글을 썼다. 그는 그들을 모두 비판했지만, 특히 스탈린을 가장 날카롭게 비판하며 당 서기장[사무총장] 자리에서 해임해야 한다고 주장했다.[61]

1922년 중반 이후 레닌은 몇 차례 뇌졸중을 일으켰다. 1923년 초에 그는 자신이 건설한 당내 논쟁에 개입할 수 없었다. 1924년에 레닌이 사망하자 그의 시체는 미라가 됐고 그는 일종의 성인처럼 떠받들어졌다. 레닌이 그 사실을 알았다면 아마 기겁했을 것이다. 많은 투쟁을 함께한 레닌의 아내 크룹스카야는* 그런 식으로 레닌을 찬양하는 것에 반대하며 다음과 같이 촉구했다.

> 레닌 기념관을 건립하지 마십시오. … 레닌은 평생토록 그런 것을 중요하게 여기지 않았습니다. … 여러분이 블라디미르 일리치[레닌]의 이름을 기리고 싶다면 보육시설·유치원·주택·학교·도서관·보건소·병원·장애인복지관 등을 건립하시고, 무엇보다 그의 권고를 실천에 옮기십시오.[62]

---

* 나데즈다 **크룹스카야** 볼셰비키 혁명가로 오랫동안 레닌의 비서 구실을 했으며 10월 혁명 뒤 교육 부(副)인민위원을 맡아 많은 활동을 했다. 훗날 스탈린의 반혁명에 저항해 트로츠키, 지노비예프, 카메네프와 통합반대파를 결성하기도 했으나 결국 스탈린에게 투항했다.

레닌이 스탈린의 원조인가?

많은 학자·정치인·언론인은 스탈린 집권 시대의 잔학무도한 행위들이 레닌의 방법과 정책에서 비롯한 것이라고 주장한다. 그런 역사 설명 방식은 스탈린 집권까지의 복잡한 역사적 과정을 살펴보지 않는 게으른 방식이다. 그것은 역사란 위대한 개인들의 이야기일 뿐이고 소수 지도자들의 심리를 이해하기만 하면 된다는 사상과 들어맞는다.

물론 사실들을 맥락에서 따로 떼어 내 선별한다면 무엇이든 증명할 수 있다. 내전 와중에 볼셰비키에 가입하고 나중에 스탈린에게 박해받은 빅토르 세르주는 그런 태도의 오류를 다음과 같이 요약했다. "흔히 '스탈린주의의 세균은 모두 볼셰비즘에 처음부터 포함돼 있었다'고들 말한다. 글쎄, 반대하지는 않겠다. 다만, 볼셰비즘에는 다른 좋은 세균도 많이 포함돼 있었다. 그리고 최초의 승리한 사회주의 혁명의 열기로 가득 찼던 첫 5년을 겪은 사람들은 이 사실을 결코 잊어서는 안 된다."[63]

레닌의 전략은 모두 러시아 혁명이 유럽의 다른 나라들로, 나아가 전 세계로 확산될 것이라는 원칙을 바탕으로 하고 있었다. 그러나 혁명은 확산되지 않았고, 레닌도 알고 있었듯이, 혁명은 수출될 수도 없었다.

그런 고립이야말로 러시아 혁명이 잘못된 근본 원인이었다. 레닌을 강하게 비판하곤 했던 로자 룩셈부르크는 다음과 같이 썼다. "러시아 동지들은 … 이 악마의 잔치에서 살아남을 수 없을 것입니다. … 왜냐하면 고도로 발전한 서유럽 사회민주주의가, 러시아 동지들이 피 흘리며 죽어 가는 것을 팔짱 끼고 지켜보며 내버려 둘 비열하고 형편없는 겁쟁이들로 이뤄져 있기 때문입니다."[64]

정말로 비난받아야 할 사람들은 혁명으로 수립된 국가를 무력을 동원해 공격한 윈스턴 처칠 같은 서유럽 지도자들과, 러시아 혁명을 반쯤만 옹호하거나 전혀 옹호하지 않은 노동계 지도자들이다.

물론 레닌이 1924년 이후에도 살아 있었다면 어떤 일을 했을지 알 수 없다. 그러나 그가 하지 않았을 일은 아주 분명히 알 수 있다.

레닌이 죽은 뒤에 시작된 스탈린의 해결책은 '일국사회주의'였다. 스탈린은 세계 어디서든 혁명운동이 고양되면 이를 고무하기는커녕 오히려 가라앉히기 위해 애썼다.

레닌이 살아 있을 때는 다양한 전략을 토론하는 포럼이었던 코민테른이 이제는 누구나 똑같은 노선에 복종하는 상명하복식 관료 기구가 돼버렸다. 1927년에 중국 공산당은 독립성을 포기하고 장제스에게[*] 투항하라는 스탈린의 말을 따랐지만, 장제스에게 이용만 당하고 나중에 학살당했다. 독일 공산당에게 스탈린은 사회민주당이 파시스트와 다를 바 없다고 말했다. 그래서 독일 공산당은 히틀러에 대항하는 공동 행동을 하지 않았다. 스페인 내전에서 공산당은 전쟁을 혁명으로 전환하고 싶어 한 노동자들에게 총부리를 들이댔다.

스탈린은 러시아가 자체적으로 공업화를 추진해야 한다고 결정

---

* 장제스 중국 국민당 지도자. 1926~1927년 북벌 과정에서 공산당원들과 노동자들을 학살했다. 1949년 결국 마오쩌둥의 농민군에 패배해 대만으로 쫓겨난다.

했다. 그는 서유럽이 오랜 시간을 들여 이룩한 것을 러시아가 따라 잡아야 한다고 주장했다. "우리는 선진국들보다 50년이나 100년 뒤처져 있다. 10년 안에 이 격차를 메워야 한다. 그러지 못하면 그들이 우리를 분쇄할 것이다."[65]

19세기 영국의 공업화는 정말 야만적이었다. 러시아의 공업화 과정은 훨씬 더 급속했으며 따라서 그것이 낳은 고통도 훨씬 더 컸다. 스탈린주의를 비판하는 사람들이 대부분 보려 하지 않는 것은 그런 고통을 초래한 체제가 근본적으로 똑같은 체제라는 것이다. 국유제에도 불구하고 러시아 경제를 움직인 경제법칙은 자본주의 경제법칙이었다.

혁명의 성과는 대부분 사라졌다. 독립적 노동조합과 파업권이 사라졌고 임금이 억제됐다. 임신 중지와 동성애는 다시 범죄가 됐다. 예술적 혁신은 '사회주의 리얼리즘'이라는 단조롭고 보수적인 교리로 대체됐다.

강제 농업 집산화라는 스탈린의 잔혹한 정책은 레닌의 견해와 정반대되는 것이었다. 레닌은 항상 농민과의 동맹을 유지하려 했다.

이제 독자적 이해관계를 가진 관료 계급이 새로 등장했다. 가장 헌신적인 투사들로 이뤄졌던 공산당(1929년까지 당원은 지위 고하를 떠나 숙련 노동자의 임금만을 받았다)은 이제 스탈린에 기대어 자신들의 이익을 지키는 엘리트들의 조직이 돼 버렸다.

흔히 레닌은 일당독재 국가를 도입했다는 비난을 받는다. 그러나 그 문제에서 볼셰비키는 선택의 여지가 거의 없었다. 혁명이 성공하자 멘셰비키와 사회혁명당은 연립정부를 제안했지만, 레닌과 트로츠키를 배제하자는 결코 받아들일 수 없는 조건을 제시했다. 그 뒤 사회혁명당은 새 정권에 맞서 폭력을 사용했고, 1918년 8월 한 사회혁명당원은 레닌을 암살하려 했다.

레닌은 흔히 반대파와 격렬한 논쟁을 벌였다. 그러나 사상과 정책을 둘러싸고 논쟁을 벌였지, 반대파가 결코 저지르지 않은 범죄를 근거로 그들을 비난하지는 않았다. 1921년에 볼셰비키당이 분파 결성을 금지했지만, 레닌은 다음과 같이 주장했다. "근본 문제들을 놓고 이견이 있을 경우 당에 제소할 권리를 당과 중앙위원들에게서 박탈할 수 없다."⁶⁶ 1930년대의 숙청과 여론 조작용 불공정 재판 당시 스탈린의 희생자들은 나치와 협력했다는 식의 날조된(흔히 터무니없는) 혐의로 기소됐다.

내전 시기에 가혹한 탄압이 있었다는 것은 분명하지만, 그것을 스탈린 정권의 야만적 행위와 비교할 수는 없다. 당시 러시아에 있어서 상황을 잘 알았던 빅토르 세르주는 다음과 같이 평가했다. "이론과 실천에서 [스탈린의 — 지은이] 감옥 국가는 내전 시기 코민 국가의 공안 조처들과 전혀 공통점이 없다."⁶⁷

스탈린은 자신의 권력을 강화하기 위해 레닌의 최측근들(지노비예프·카메네프·라데크*·부하린**)을 죽여야 했다. 스탈린의 공작원

---

* 카를 라데크 폴란드와 독일에서 활동하다가 10월 혁명 뒤 러시아에 들어와 볼셰비키 정부와 코민테른의 요직을 맡았다. 한때 트로츠키의 좌익반대파에 가담했다가 스탈린에게 투항했으나 결국 강제수용소에서 죽었다.

** 니콜라이 부하린 볼셰비키 중앙위원과 코민테른 집행위원을 지냈다. 레닌 사후에 스탈린과 동맹을 맺고 트로츠키를 공격했으나 훗날 결국 스탈린에게 처형당했다.

들은 트로츠키를 찾아 전 세계를 뒤졌고 결국 멕시코에서 살해했다. 고참 볼셰비키 평당원 수천 명이 물리적으로 제거됐다.

1944년에 스탈린은 1918년 당시 러시아 침략을 지원했던 윈스턴 처칠과 마주 앉았다. 그들은 유럽을 각자의 '세력권'으로 분할했으며 수많은 사람들의 운명을 마음대로 결정해 버렸다. 처칠은 바보가 아니었다. 그는 누가 자신의 진정한 적인지 알고 있었다.

가장 일관되게 스탈린에 반대한 사람들은 레닌 시절을 기억하고 레닌과 공유한 가치들의 관점에서 스탈린을 비판하는 사람들이었다. 특히 레온 트로츠키와 그를 따른 소수의 사람들, 그리고 빅토르 세르주나 알프레드 로스메르 같은 용감한 저술가들이 바로 그런 사람들이었다. 그들은 스탈린주의가 무너지기 시작할 때 진정한 사회주의 운동이 다시 나타날 수 있는 토대를 놓았다.

오늘날의 레닌주의

레닌은 특히 두 가지, 단결과 명확성을 중요하게 여겼다. 노동 대중이 최대한 광범하게 단결하지 않으면 세계를 변혁하려는 행동은 불가능하다. 그러나 사회가 조직되는 방식을 명확하게 이해한 바탕 위에서 하지 않으면 그것은 쓸데없는 행동이다. 두 원칙이 때로는 서로 모순되는 것처럼 보일지 모른다. 그래서 레닌의 저작들에는 강조점 바꾸기와 외관상의 불일치가 존재한다. 명확성이 없는 단결은 혁명가들이 대중운동의 부침浮沈에 따라 이리저리 휩쓸릴 뿐 그 운동에 영향을 미칠 수 없다는 것을 뜻한다. 단결 없는 명확성은 혁명가들이 자기들끼리 쓸데없는 논쟁만 일삼을 뿐 마찬가지로 사태에 영향을 미칠 수 없다는 뜻이다.

1917년 이래로 많은 것이 변했고, 항상 레닌은 우리가 스스로 생각해야 한다는 점을 일깨워 준다. 그러나 레닌 저작의 일관된 세 가지 근본 주제는 요즘에도 여전히 아주 중요하다.

노동계급의 독립성. 오늘날 우리가 사는 세계는 여전히 착취를 바탕으로 하고 있으며, 그 세계를 바꾸기 위해 떨쳐 일어나 싸울 세력으로 우리가 의존할 수 있는 사람들은 바로 착취당하는 사람들뿐이다. 나는 존 케리나 고든 브라운이* 조금이라도 진정한 변화를 가져다줄 것이라는 환상을 갖고 있지 않다. 노동계급은 독자적 정책과 독자적 조직이 필요하다.

사회주의자들은 의회든 지방정부든 국가기구를 인수할 수 없다(그런 기구를 발언대로 이용할 수는 있지만 말이다). '테러와의 전쟁'을 빌미로 해외에서 군사력을 사용하고 국내에서 시민적 자유를 공격하는 것은 국가기구가 노동 대중을 겨냥한 무기라는 사실을 그 어느 때보다 여실히 보여 준다. 국가기구는 파괴되고 대체돼야 한다.

상대편은 엄청난 자원을 갖고 있고 아주 잘 조직돼 있다. 우리도 조직될 필요가 있다. 우리에게 중앙집중적 조직이 필요한 이유는 고도로 중앙집중화한 적에 맞서고 있기 때문이다. 그러나 투쟁하는 사람들의

---

* 이 글이 쓰인 2005년 당시 미국과 영국에서 각각 조지 W 부시나 토니 블레어의 대안으로 거론된 주류 정치인들.

경험을 활용하기 위해 우리는 민주적이기도 해야 한다. 세부적 조직 형태는 당면 과제에 비춰 끊임없이 수정돼야 한다. 그러나 혁명 조직의 근본적 필요성은 1902년이나 지금이나 여전히 절박하다.

이 글의 지은이 **이언 버철**은 영국의 사회주의자이자 역사학자로 런던 미들섹스대학교 프랑스어학과 부교수였고 역사 저널 《레볼루셔너리 히스토리》 편집위원이었으며 '런던 사회주의 역사가 그룹'의 회원이었다. 국내에 소개된 저서는 《전후 공산당의 배신: 1943~1973년 공산당들은 어떻게 노동계급을 배신했는가?》(2025), 《서구 사회민주주의의 배신 1944~1985》(2020), 《혁명의 현실성: 20세기 후반 프랑스, 칠레, 포르투갈, 이란, 폴란드의 교훈》(공저, 2011)이 있다.

5장

레온 트로츠키

21세기와 트로츠키

21살의 트로츠키는 첫 유형지 시베리아에서 다음과 같이 썼다. "살아 숨 쉬는 한 나는 미래를 위해 투쟁하리라." 그 뒤 그는 20세기의 가장 놀라운 사건들을 겪으며 실제로 그렇게 투쟁했다.

어느 누가 보더라도 트로츠키의 인생은 경이로웠다. 그는 1917년 러시아 10월 무장봉기의 핵심 조직자였고, 10월 혁명 뒤에는 10여 개국 침략군에 맞서 싸운 적군赤軍의 지도자였다. 또, 제1차세계대전의 학살에 반대하고 히틀러의 발흥에 저항하는 등 가장 암담한 시기에 조직 활동을 하기도 했다.

트로츠키는 세계를 변혁하려고 끊임없이 노력하는 과정에서 자신의 사상을 발전시키고 논쟁하고 수많은 글을 썼다. 오늘날의 세계는 트로츠키가 활동하던 시기와 여러모로 달라 보인다. 그러나 오늘날 전쟁과 신자유주의에 반대하는 세계적 운동이 직면한 많은 문제들은 트로츠키가 다룬 문제들이기도 하다. 국민의 대다수가 산업 노동자가 아닌 나라에서 어떻게 자본주의에 도전할 수 있을까? 정치 개혁을 위한 투쟁과 진정한 경제적 평등을 위한 투쟁의 관계는 어떠해야 할까? 우리 운동에서 국제주의는 어떤 의미일까? 광범한 사람들과 협력하는 원칙을 지키면서도 혁명적 사상의 영향력을 확대하려면 어떻게 해야 할까?

오늘날 자본주의보다 나은 세계를 원하는 많은 사람들은 사회주의 사상과 소름 끼치는 스탈린주의를 구분하지 않는다. 그러나 트로츠키는 스탈린주의의 발흥을 가장 일관되게 반대했고, 스탈린주의를 비판한 최초의 사회주의자였다. 트로츠키가 끈질기고 단호하게 벌인 스탈린 반대 투쟁(이 때문에 트로츠키는 결국 목숨까지 잃었다)은 스탈린주의가 아닌 사회주의 전통이 존재한다는 것을 입증했다. 노동 대중 스스로 세계를 변혁해야 한다는 사상과 국제주의를 바탕으로 한 사회주의가 그것이다.

트로츠키는 평생 동안 전쟁과 불의를 맹비난했다. 1938년에 그는 시인 앙드레 브르통에게* 보낸 편지에서 다음과 같이 불평했다. "우리가 사는 이 지구는 더럽고 냄새나는 제국주의 병영兵營으로 바뀌고 있습니다."[1] 전쟁과 자본주의의 폐해가 갈수록 심각해지는 오늘

---

* 앙드레 브르통 프랑스의 초현실주의 시인. 1938년 멕시코에 망명 중이던 트로츠키를 찾아와 함께 "예술의 완전한 자유"를 주장하는 선언문을 썼다.

날 이를 저지하려고 애쓰는 우리는 트로츠키에게서 결정적으로 중요한 통찰을 얻을 수 있다.

트로츠키, 혁명가가 되다

트로츠키는 시베리아에서 처음으로 탈출할 때 자신을 감시하던 교도관의 이름을 따서 자신의 가명을 지었다. 본명이 레프 다비도비치 브론시테인인 트로츠키는 1879년 우크라이나의 작은 농촌 마을에서 태어났다. 그의 부모는 비교적 부유한 유대인 농민이었다.

트로츠키가 태어난 러시아는 차르와 러시아정교회가 지배하는 억압적인 사회였다. 농노제가 폐지된 지 20년도 채 안 됐다. 러시아는 국토가 대부분 농촌이었고 도시에서 소규모로 공업이 성장하고 있었지만 대체로 농업을 바탕으로 한 사회였다.

차르는 독일에서 아돌프 히틀러와 나치가 대두하기 전에 다른 어느 나라보다 끔찍한 유대인 박해를 자행했다. 실제로 러시아 국가는 유대인에 대한 군중 폭력과 학살(포그롬)을 사주하는 등 유대인 혐오를 부추겼다. 러시아에는 유대인의 정착과 토지 소유가 금지된 지역이 많았다. 트로츠키 가족이 우크라이나에 정착한 것도 그 때문이었다.

당시 차르에 맞선 저항의 형태는 주로 나로드니키, 즉 '민중의 벗'이라고 부른 운동이었다. 그들은 러시아 농촌의 전통에 의존해서 서유럽 자본주의의 폐해를 피하려 했다. 그러나 농민과 함께 살면서 반란을 선동하려는 노력들이 실패하자 나로드니키는 점차 음모적이고 폭력적인 저항 방식에 의존했다. 1881년에 그들은 차르를 암살하는 데 성공했다. 그들은 이를 계기로 농민 반란의 물결이 일어나기를 바랐지만, 오히려 더 가혹한 국가 탄압이 뒤따랐을 뿐이다.

이런 탄압에도 불구하고 1890년대 중반에 저항과 도전의 물결이 일기 시작했다. 1896년에 학생 수백 명이 새 차르에 대한 충성 서약을 거부했고 노동자 3만 명이 수도인 페테르부르크에서 파업을 벌였다. 이것은 러시아 최초의 대규모 파업이었고, 새로운 세력인 도시 노동계급의 탄생을 알리는 신호였다.

그해에 17살의 학생 트로츠키는 프란스 슈비고프스키라는 정원사의 오두막을 근거지로 활동하던 혁명가 서클에 가입했다. 트로츠키의 아버지는 아들이 엇나가는 것을 심히 걱정했다. 고집 센 청년 활동가 트로츠키는 집에서 돈 받기를 포기하고 슈비고프스키의 '혁명 오두막'으로 이사했다.

주위의 대다수 노동자·학생과 마찬가지로 트로츠키도 처음에는 나로드니키를 자처했다. 사람들은 나로드니키의 용기와 헌신성을 칭송했다. 이 오두막을 중심으로 모인 서클에서 트로츠키는 첫 아내가 될 여성 알렉산드라 소콜로프스카야를* 처음 만났다. 소콜로프스카야는 그때 이미 마르크스주의자를 자처했다. 몇 달 뒤 트로츠키도 마르크스주의자가 됐다.

---

*   알렉산드라 소콜로프스카야 마르크스주의 혁명가였고 트로츠키와 결혼해 두 딸을 뒀으나 1902년 트로츠키가 시베리아 유형지에서 탈출하면서 헤어졌다.

마르크스는 자본주의의 성장으로 생겨난 노동계급이 체제를 전복할 만큼 강력할 뿐 아니라 정말로 혁명적인 새로운 사회를 건설하는 것이 노동계급 전체에 득이 된다고 주장했다. 그래서 마르크스는 노동계급을 자본주의의 무덤을 파는 사람들이라고 불렀다. 그는 또, 착취당하는 사람들을 대신해서 누군가가 그들을 해방할 수는 없다고, 다시 말해 "노동계급의 해방은 노동계급 자신의 행동이어야 한다"고 주장했다. 트로츠키는 평생 동안 이 원칙을 지켰다.

트로츠키의 서클은 노동자들 사이에서 선동하고 혁명적 문헌을 보급하고 그들을 토론에 끌어들였다. 오래지 않아 회원이 200명을 넘었다. 그들 자신도 놀란 대성공이었다.

이 소규모 서클의 급성장에 경악한 경찰은 1898년에 트로츠키를 비롯한 회원들을 체포했다. 트로츠키는 감옥에 갇혀 지낸 2년 동안 많은 책을 읽고 많은 글을 썼다. 그가 처음으로 레닌의 몇몇 저작을 읽고, 프리메이슨의 역사를 다룬 마르크스주의 저작을 처음 쓴 것도 이때였다. 그는 또, 동료 재소자들 사이에서 선동을 하기도 했다. 비록 효과는 없었지만 극적인 모자 벗지 않기 투쟁을 벌였다가 한동안 독방에 갇힌 적도 있었다.*

트로츠키는 감옥에서 결혼한 알렉산드라와 함께 시베리아로 유형을 떠났다. 시베리아에서 그는 신문 기사를 쓰기 시작했고, 시사 쟁점이나 문학을 주제로 강연도 했다. 헌신적 혁명가이자 확신에

---

* 한 소년수가 교도소장을 보고도 모자를 벗지 않았다는 이유로, 즉 예의를 지키지 않았다는 이유로 징벌방에 갇히자 트로츠키는 재소자들을 선동해 교도소장 앞에서 단체로 모자를 벗지 않는 시위를 벌였다.

찬 마르크스주의자가 된 트로츠키는 점차 유형지 생활에 절망하고 있었다.

어떤 종류의 정당인가?

1902년에 트로츠키는 건초 더미를 실은 마차에 숨어 시베리아를 탈출했다. 그는 유럽 전역의 활동가들한테서 도움을 받아 런던으로 갔다. 킹스크로스 근처의 어느 집에서 그는 〈이스크라〉라는 혁명적 신문을 중심으로 활동하던 주요 러시아인 혁명가들을 만났다. 그중에는 레닌도 있었다. 〈이스크라〉는 정기적으로 러시아 국내의 활동가들에게 몰래 전달됐다. 트로츠키는 이제 〈이스크라〉에 글을 쓰기 시작했다.

〈이스크라〉를 중심으로 활동하던 그룹은 러시아 사회민주노동당의 일부였다. 이 사회주의 정당은 1898년에 겨우 아홉 명의 대의원이 모여 창당했고, 1902년쯤에는 규모와 영향력이 상당히 커져 있었다.

러시아 사회민주노동당은 1903년 당대회에서 분열했다. 당대회 참가자들은 사소한 조직 문제를 둘러싸고 당이 분열한 것에 경악했다. 당시에는 그 문제가 아주 하찮게 보였기 때문이다. 레닌이 논쟁의 한 축을 이끌었고, 트로츠키는 다른 쪽에 있었다.

논쟁은 당원 자격을 둘러싼 문제에서 시작됐는데, 이 논쟁은 더 심각한 분열(어떤 종류의 정당이 필요한지를 둘러싼)을 반영하고 있었다. 당시 레닌은 잘 짜인 중앙집중적 혁명가 조직의 중요성을 강조했다. 트로츠키는 레닌의 모델이 결국은 대리주의, 즉 중앙집중적 당이나 당 지도부가 노동계급의 자주적 행동을 대신하는 것으로 귀결될 거라고 생각했다. 트로츠키는 서유럽 사회주의자들이 조직한 대규모 정당들, 특히 독일 사회민주당을 본뜬 광범한 대중정당 모델을 지지했다.

레닌의 당 개념은 아직 발전의 초기 단계였고, 부분적으로는 차르 경찰의 탄압이라는 불법 상황에서 비롯한 측면도 있었다. 그러나 더 일반적으로는, 노동자들이 스스로 해방해야 하지만 노동자들의 생각이 모두 똑같지는 않다는 것이 레닌 당 개념의 근본 사상이었다. 진보적·혁명적인 노동자도 있지만 반동적인 노동자도 있다. 대다수 노동자는 이 둘의 중간 어딘가에 있다. 당은 혁명가들을 단결시켜서 그들이 다른 노동자들에게 다가가 영향을 미칠 수 있게 해야 한다.

레닌의 분파는 대의원 다수의 지지를 받아서 볼셰비키(다수파)라는 이름을 얻었다. 트로츠키는 소수파인 멘셰비키에 가담했지만, 1년 뒤에 멘셰비키와 결별했다. 그 뒤 10년 동안 트로츠키는 볼셰비키와 멘셰비키의 통합을 위해 노력했다.

많은 사람들이 볼셰비키와 멘셰비키의 통합을 원했고, 두 분파는 1912년에야 최종 공식 분열했다. 일부 지역에서는 혁명의 해인 1917년까지도 볼셰비키와 멘셰비키가 사실상 통합돼 있었다. 1903년에 볼셰비키와 멘셰비키의 지향점이 근본적으로 다를 것이라고 예상한 사람은 아무도 없었다. 1903년부터 1917년까지 혁명·반혁명·전쟁 등의 우여곡절을 겪은 뒤에야 둘의 차이가 분명해지고 확고해졌다.

이 시기에 트로츠키는 탁월한 웅변가, 저술가이자 독창적 사상가로 성장했다. 그러나 1917년까지 그에게는 혁명의 성공을 위한 더 광범한 전략과 자신의 기여를 연결시킬 조직이 없었다. 트로츠키는 1917년에 볼셰비키당에 가입했다. 나중에 그는 더 일찍 볼셰비키당에 가입하지 않은 것이 생애 최대의 실수였다고 말했다.

1905년: 최초의 노동자 평의회

때때로 사람들은 소수의 혁명가들이 계획하고 조직한 대로 혁명이 일어난다고 생각한다. 사실, 뜻밖의 사람이나 사건이 오랜 분노와 고통의 초점이 되고 대중운동이나 심지어 혁명의 도화선이 될 수 있다.

1905년 1월 러시아에서는 차르와 재앙적인 러일전쟁에 대한 불만이 팽배해 있었다. 이런 분노에 불을 붙인 것은 가폰 신부가 이끈 시위였다. 가폰 신부는 결코 혁명가가 아니었다. 가폰 신부와 경찰 끄나풀이 차르에게 개혁을 청원하려는 사람들을 이끌고 행진했다. 차르는 군대에 발포 명령을 내려 시위대를 학살했다. 이 학살이 '피의 일요일'이다.

이것이 러시아에서 1년 동안 계속된 대규모 격변의 도화선이었다. '피의 일요일' 이후 두 달 동안 러시아 전역의 120여 도시에서 노동자 100만 명 이상이 참가하는 파업이 벌어졌다. 노동자들의 대중파업은 농촌에서 농민 소요를 불러일으켰고, 전함 포톰킨호의 반란(세르게이 예이젠시테인이 동명同名의 영화에서 탁월하게 묘사한)을 비롯해 육군과 해군 부대에서도 반란이 일어났다.

10월 초에 철도 노동자들이 일으킨 파업이 러시아제국 전역의 총파업으로 발전했다. 이 소식을 들은 트로츠키는 서둘러 러시아로 돌아왔다. 그는 러시아 역사상 최초의 소비에트인 페테르부르크 노동자 대표 소비에트가 창립된 지 딱 하루 뒤인 10월 14일 페테르부르크에 도착했다.

노동자 소비에트는 새로운 형태의 조직이었다. 그것은 러시아 최초의 민주주의 기구였고, 노동자들이 직접 선출한 대표들이 논쟁과 표결을 통해 정책을 결정했다. 파업을 조직할 직접적 필요 때문에 창립된 소비에트는 절정기에 페테르부르크에서 147개 공장의 대표 562명을 포함했다. 소비에트의 구실은 파업 투쟁을 조율하던 것에서 식량 배급을 조직하고 국가와 우익 폭력배들의 공격에 맞서 노동자들을 무장시키는 것으로 재빨리 바뀌었다.

소비에트는 경제적 요구와 정치적 요구를 결합시켰고, 두 가지 요구를 모두 포함하는 구호들을 제기했다. 트로츠키는 다음과 같이 썼다. "이제부터 '8시간 노동과 총'이라는 구호가 모든 페테르부르크 노동자들의 마음속에 살아 있을 것이다."[2] 소비에트는 차르의 국가에 대항하는 기층의 권력 중심을 새롭게 창출하기 시작했다. 트로츠키는 이를 두고 "노동자 정부의 맹아"라고 불렀다. 3개월이 채 안 돼 러시아 전역에서 40~50개의 소비에트가 창립됐다. 비록 어느 것도 페테르부르크 소비에트만큼 힘과 권위가 있지는 않았지만 말이다.

1905년 러시아 혁명은 대중파업과 결합된 최초의 혁명이었고 노동자 평의회가 등장한 최초의 혁명이었다. 그때 이후 진정한 대중 혁명이 일어날 때마다 노동자들은 언제나 소비에트와 비슷한 방식으로 자신들을 조직해서 토론하고 논쟁하고 결정할 수 있는 민주적 회의체를 만들어 냈다. 러시아에서 소비에트가 등장했다면, 1978~1979년 이란 혁명에서는 쇼라가 등장했고, 1972~1973년 칠레에서는 코르돈이 등장했다.

트로츠키는 당대의 다른 어느 혁명적 지도자보다 더 명확하게 소비에트의 중요성을 파악하고 소비에트 활동에 열성적으로 참가했다. 반면에, 많은 볼셰비키는 처음에 이 새로운 조직을 의심했다.

유대인 혐오가 강력한 나라에서 26살의 유대인 청년인 트로츠키가 페테르부르크 소비에트의 의장으로 선출됐고, 소비에트의 핵심 대변인이자 기관지 편집자가 됐다.

소비에트는 50일 동안 지속했다. 그 기간에 트로츠키는 때로는 노동자들이 전진해야 한다고 주장했고 때로는 후퇴해야 한다고 주장했다. 그는 소비에트가 차르의 거짓 약속을 믿어서는 안 된다고 경고했다. 트로츠키는 차르 반대 투쟁에 동참하라고 농민에게 호소하는 성명서를 비롯해 소비에트의 많은 성명서를 기초했다. 그는 러시아 국가가 부추기는 포그롬에 대항해 노동자들을 무장시키기도 했다.

나중에 그는 이런 사건들의 한복판에 있을 때 느낀 흥분에 대해 다음과 같이 썼다. "혁명에 의해 제거되고 전복되는 사람들만이 혁명을 완전히 미친 짓으로 본다. 우리는 혁명을 전혀 다르게 봤다. 혁명이 비록 거센 폭풍우처럼 보일지라도 우리는 혁명을 만끽하고 있었다."³

소비에트에 관여하며 트로츠키도 변했다. 자신감과 능력도 커졌고, 반항적인 청년에서 실천과 사상의 지도자로 성장했다.

1905년 12월에 무장봉기가 진압되고 혁명은 막을 내렸다. 트로츠키는 다시 감옥에 갇혔다. 차르의 국가는 한동안 혁명의 물결을 막았지만, 러시아는 결코 과거와 똑같지 않았다. 노동자들은 언뜻 자신들의 힘을 느꼈고, 강력한 힘을 과시했고, 새롭게 조직하는 법을 배웠다. 러시아 노동계급은 극적으로 역사에 흔적을 남겼다.

연속혁명

1905년 혁명의 경험에서 배운 트로츠키는 연속혁명 이론을 발전시켰다. 연속혁명론은 마르크스주의에 대한 가장 독창적이고 중요한 공헌 가운데 하나다. 그것은 오늘날 제3세계의 혁명이나 해방 문제와도 직접적 관련성이 있다.

1905년 혁명 이후 러시아 사회주의자들과 국제 운동 전체에서 엄청난 논쟁이 벌어졌다. 1905년까지만 해도 많은 활동가들은 다음 혁명이 어디서 일어날지, 어떤 혁명이 일어날지를 둘러싸고 논쟁을 벌였다. 러시아에서 노동자 혁명이 일어날 것이라고 생각한 사람은 아무도 없었다.

러시아는 서유럽보다 경제적·정치적으로 매우 후진적인 사회였다. 차르의 독재가 여전했고, 국민의 대다수는 농민이었다.

유럽 전역의 사회주의자들은 러시아가 서유럽의 뒤를 따라 1789년의 프랑스 혁명 같은 부르주아(자본주의적) 혁명을 거쳐야 할 것이라는 데 대체로 동의했다. 자본주의의 토대를 구축한 뒤에야 비로소 사회주의 혁명을 기대할 수 있다는 것이었다.

러시아 마르크스주의자들은 혁명이 일어나면 차르가 제거되고 자본주의 발전의 길이 닦일 것이라는 데 거의 모두 동의했다. 어떤 세력이 그런 혁명을 이끌어야 하는지가 쟁점이었다.

멘셰비키는 노동자들과 자유주의자들(자본가계급의 정치적 대표들)이 동맹해야 한다고 주장했다. 레닌과 볼셰비키는 그런 동맹 맺기에 반대했다. 레닌은 자유주의자들의 소심한 정치적 실천을 지적하며, 노동자들은 자본가계급으로부터 독립적이어야 한다고 주장했다. 레닌은 노동자들이 농민과 동맹을 맺고 혁명을 이끌어야 한다고 주장했다.

트로츠키는 새롭고 독창적인 태도를 취했다. 1905년의 경험을 바탕으로 트로츠키는 러시아에서 노동자들이 이끄는 사회주의 혁명이 일어날 수 있다고 주장했다.

마르크스는 1848년 유럽 전역에서 일어난 혁명을 겪은 뒤 자본가계급이 더는 혁명적 세력이 아니라고 지적했다. 이런 통찰을 바탕으로 트로츠키는 이제 러시아에서는 노동계급이야말로 결정적인 혁명적 세력이라고 주장했다.

트로츠키는 레닌과 마찬가지로 러시아 자본가들(자유주의자들)을 경멸했다. 그들은 개혁이 필요하다고 사탕발림을 늘어놓았지만, 정작 1905년에 차르보다 노동자들을 더 두려워한다는 것을 분명히 보여 줬다. 그러나 트로츠키는 [멘셰비키·볼셰비키와 달리] 러시아 혁명이 서유럽과 똑같은 경로를 거쳐야 한다거나 의회제 자본주의 국가 수립의 틀 안에 머물러야 한다고 생각하지 않았다.

트로츠키의 출발점은 러시아의 발전을 세계적 맥락에서 살펴보는 것이었다. 러시아의 발전 경로는 소규모 장인들에서 소공장 단계를 거쳐 대공장으로 발전한 프랑스나 영국과 달랐다. 국제적인 군사·경제 경쟁 때문에 러시아는 중간 단계를 건너뛰어 세계에서 가장 선진적인 산업을 곧장 도입했다.

나중에 트로츠키는 이런 패턴을 불균등·결합 발전이라고 불렀다. 서로 다른 지역들에서 서로 다른 속도로 자본주의가 발전한다는 점에서 불균등 발전이고, 이런 발전의 일부 단계들이 서로 뒤섞이거나 공존할 수 있다는 점에서 결합 발전이었다. 오늘날 제3세계의 많은 지역에서 이런 발전 패턴을 볼 수 있다. 농사 지어 겨우 입에 풀칠하는 농민이나 빈민가 판자촌에 사는 사람들이 세계 최첨단 공장이나 기술과 공존한다. 사실, 트로츠키의 통찰은 1905년 이후에 현실 관련성이 훨씬 더 커졌다. 왜냐하면 자본주의가 세계의 점점 더 많은 지역을 엄청나게 그리고 불균등하게 변모시켰기 때문이다.

트로츠키는 비록 많은 농민이 변화를 위한 투쟁을 지지하더라도 (어쨌든 그는 1905년 혁명 때 농민에게 다가가기 위해 노력한 사람

가운데 하나였다) 농민은 흩어져 있고 개별적 생산에 집착하므로 정치적으로 경제적으로 사회주의 혁명의 중심이 될 수 없다고 주장했다.

러시아에서는 자본주의가 발전하면서 매우 강력한 노동자들을 창출하고 그들을 집중시키고 있었다. 노동자들은 1905년 혁명의 핵심이었다. 그들은 차르에 맞서 정치적 자유를 쟁취하려는 투쟁을 승리로 이끌 수 있는 유일한 세력이었다. 그러나 그들은 자본가들의 착취에 맞서 싸워야 한다는 것도 깨달았다. 따라서 노동자들은 단지 자본주의의 틀 안에서 민주 개혁을 위해 투쟁한 것이 아니라 노동자 권력과 사회주의 혁명을 위해 투쟁하고 있었다.

물론 트로츠키는 러시아에서 노동자들이 여전히 소수라는 사실을 알고 있었다. 따라서 혁명의 성공과 사회주의 건설은 세계 상황(혁명이 선진 자본주의 나라들로 확산되는 것)에 달려 있을 것이다. 앞으로 보겠지만, 트로츠키는 이 국제주의를 죽을 때까지 고수했다. 이 국제주의의 토대는 제국주의라는 현실, 세계 각지의 상호 의존성 증대(오늘날 우리가 세계화라고 부르는)라는 현실이었다.

자본주의는 오늘날 세계 모든 나라를 지배하고 있다. 그러나 아직도 일부 지역에서는 산업 노동자들이 인구의 소수다. 연속혁명론은 그런 나라들에서도 노동계급이 변혁의 핵심 세력인 이유를 설명해 준다. 노동자들은 자본주의를 마비시킬 수 있는 집단적 힘이 있다. 그들의 투쟁은 폭발 잠재력이 있는 억압받는 집단과 미조직·농촌·임시직 노동자들의 저항에 힘과 조직을 제공할 수 있다. 트로츠키의 이론은 또, 민주 개혁을 위한 효과적인 투쟁이 사회주의를 위한 더 광범한 투쟁으로 어떻게 발전할 수 있는지를 보여 준다.

트로츠키는 이것이 필연적이라고 결코 주장하지 않았다. 연속혁명은 대안에 관한 이론이다. 즉, 민주주의를 위한 투쟁과 사회주의를 위한 투쟁이 결합할 수도 있지만, 부르주아 국가 건설만을 원하는 자들이 투쟁을 가로챌 수도 있다.[4]

러시아의 민주주의는 자본주의 의회제 민주주의 단계를 거치지 않고 노동자 평의회로 곧장 나아갔다. 마찬가지로, 트로츠키는 자본주의가 먼저 발전한 서유럽 각국이 거쳐 간 자본주의 발전 단계를 그대로 따라가지 않고도 러시아에서 사회주의 혁명이 가능하다고 주장했다. 이것은 단지 첫걸음일 뿐이다. 사회주의 사회는 혁명이 확산돼야만 수립될 수 있고 유지될 수 있다. 1917년 러시아 혁명은 트로츠키의 이론이 옳았음을 긍정적으로도 부정적으로도 확증해 줬다.[*]

전쟁이라는 시험대

1914년 7월에 시작된 제1차세계대전은 언뜻 보면 오스트리아 황태자 프란츠 페르디난트의 암살 때문에 일어났다. 그러나 실제로는

---

[*] 농민이 다수인 상대적 후진국 러시아에서 노동계급이 권력을 잡았다는 점에서 긍정적으로 연속혁명론을 확증했고, 그 권력이 서구 혁명의 패배로 고립돼 변질되고 마침내 정반대의 것(자본주의의 변형인 국가자본주의)으로 바뀌었다는 점에서 부정적으로 연속혁명론을 확증했다.

자본주의 경쟁과 확장 때문에 일어난 전쟁이었고, 세계 역사상 전례 없이 유혈 낭자한 전쟁이었다. 그 전쟁으로 러시아인 170만 명과 독일인 180만 명을 비롯해 적어도 1000만 명이 죽었다. 제1차세계대전은 경제 전체, 따라서 사회 전체가 전쟁 몰이에 좌우된 최초의 전쟁이었다.

각국 지배자들은 민족주의 물결을 부추겨서 자신들의 전쟁 목표를 자국민이 지지하도록 만들려 애썼다. 트로츠키는 "자본주의 자칼들의 애국주의 울부짖음"에 유럽이 피바다에 빠져들고 있다고 묘사했다.

전쟁 전에 제2인터내셔널 산하의 주요 사회주의 단체들은 모두 제국주의 전쟁에 반대한다고 공언했었다. 그러나 전쟁이 시작되자 이 사회주의자들의 다수는 자국 정부와 같은 편에 서서 전쟁을 지지했다. 러시아 사회주의자들, 특히 볼셰비키와 세르비아 사회주의자들을 비롯한 유럽의 극소수 투사들만이 전쟁에 반대했다.

또다시 시베리아를 탈출한 트로츠키는 전쟁이 터졌을 때 빈에 살고 있었다. 오스트리아 정부가 트로츠키를 가두겠다고 위협하자 그는 중립국인 스위스로 도피했다. 스위스에서 그는 《전쟁과 인터내셔널》이라는 소책자를 썼다. 그것은 러시아 혁명가가 쓴 최초의 반전 성명서였다.

그 소책자에서 트로츠키는 주로 독일 사회민주당(제2인터내셔널에서 가장 크고 가장 탄탄한 조직)의 배신을 비판했다. 트로츠키와 레닌은 모두 사회민주당이 전쟁을 지지한 것에 충격을 받았다.

독일 사회민주당은 수많은 당원을 거느린 거대한 선거 기구였다.

1915년 치머발트 반전 회의가 열린 호텔 트로츠키는 이 회의의 개최를 도왔다

이미 오래전에 사회민주당은 자본주의의 틀 안에서 활동하는 데 적응하기 시작했다.

일부 사회민주당원들은 차르 치하의 러시아보다 독일이 더 진보적인 사회이기 때문에 전쟁에서 독일을 지지한다고 주장했다. 트로츠키는 이 말에 격분했다. 그는 제국주의 열강의 군사적 개입이 차르에 맞선 러시아인의 투쟁에 도움이 되기는커녕 오히려 방해가 될 뿐이라고 지적했다.

트로츠키는 전쟁에 반대하는 것 이상을 원했다. 그는 전쟁 몰이의 배후에 있는 동력도 이해하기를 원했다. 그는 자본주의의 경제력이 국민국가의 틀을 뛰어넘었다고 주장했다. 그래서, 점점 더 통합되는 세계시장에서 무장한 국가들이 서로 권력 쟁탈전을 벌이느라 전쟁은 자본주의의 상시적 특징이 됐다. 트로츠키는 피억압 민족의 자결권과 민중 항쟁을 바탕으로 한 평화를 호소했다.

전쟁 때문에 많은 사람들과의 오랜 인간관계가 흔들렸다. 트로츠키는 그때까지 국제적으로 가장 중요한 당이라고 봤던 독일 사회민주당과 결별했을 뿐 아니라 오랜 동지나 동료 중에서 전쟁을 지지한 사람들과도 결별했다. 그는 심지어 오랜 동료 한 명이 전쟁 지지자로 변신하자 "살아 있는 동료에게 바치는 추도사"를 쓰기도 했다. 그와 동시에, 새 동료들도 사귀고 유럽에서 전쟁에 반대하는 일부 개인들과 지속적인 정치적 관계를 맺기도 했다.

볼셰비키의 단호한 반전 입장과 점차 동요하고 민족주의에 타협하는 멘셰비키의 차이점이 전쟁 기간에 분명해졌다. 처음으로 트로츠키는 멘셰비키와 자신의 차이점을 일부 밝히는 저작을 출판했다. 비록 여전히 볼셰비키에 가입하지는 않았지만 말이다.

트로츠키는 1915년 9월 국제 반전 활동가들이 스위스 치머발트에서 첫 회의를 여는 것을 도왔다. 그 회의에는 11개국 대표 38명이 참가했다. 비록 규모는 작았지만, 치머발트 회의는 중립국의 사회주의자들뿐 아니라 서로 교전 중인 나라의 사회주의자들도 불러 모은 매우 중요한 회의였다.

트로츠키와 레닌은 모두 제2인터내셔널이 전쟁 지지 문제로 돌아올 수 없는 강을 건넜으므로 더는 개혁될 수 없다는 데 동의했다. 치머발트 회의 이후 새 인터내셔널 건설 움직임이 시작됐다.

당시 트로츠키는 파리에 살면서 전쟁 관련 글을 쓰고 사회주의 신문 편집을 도왔다. 1916년 10월 그는 스페인으로 추방됐다. 3개월 뒤 또 추방당해서 이번에는 뉴욕으로 갔다. 그는 다음과 같이 썼다.

"나는 피바다가 된 유럽을 떠났지만, 혁명이 다가오고 있다는 믿음은 더욱 강해졌다."[5]

1917년 러시아 혁명

1917년 2월 페트로그라드(페테르부르크의 새 이름) 여성들의 시위와 파업을 계기로 혁명이 일어나 차르가 쫓겨나고 자유주의 자본가들이 주도하는 임시정부가 권력을 잡았다. 4월 초에 러시아로 돌아온 레닌은 보통의 노동자들과 병사들이 서로 토론하고 논쟁하고 조직하는 러시아야말로 세계에서 가장 자유로운 사회라고 말했다.

새 임시정부는 매우 불안정했다. 혁명으로 차르가 제거됐지만, 러시아 대중이 직면한 문제들(임시정부가 여전히 지속시킨 전쟁, 빈곤, 지주의 지배, 소수민족 억압, 자본가의 노동자 착취 등)은 해결되지 않았다.

1905년 혁명의 경험에서 배운 노동자들은 다시 소비에트를 건설해 소비에트를 중심으로 조직하고 토론하고 논쟁했다. 그래서 러시아에는 임시정부와 소비에트라는 두 권력이 서로 경쟁하는 "이중[이원] 권력" 상황이 조성됐다. 재미있게도, 임시정부와 소비에트는 우연히 똑같은 건물을 사용하고 있었다.

트로츠키는 5월에 러시아에 도착했다. 그는 비록 전에 레닌과 견해차가 있었지만 이제는 혁명의 핵심 문제들에서 둘의 견해가 일치하고 있음을 깨달았다. 러시아에 돌아온 레닌은 트로츠키와 사실상 똑같은 주장(혁명이 사회주의로 나아가야 한다)을 해서 모든 사람을 놀라게 만들었다. 이제 트로츠키도 혁명에서 볼셰비키가 차지하는 중요성을 이해할 수 있었다. 트로츠키와 그 지지자들은 레닌과 긴밀하게 협력했고 7월에 볼셰비키에 공식 가입했다. 트로츠키는 가입하자마자 중앙위원으로 선출됐다. 그는 가장 많은 표를 얻은 중앙위원 가운데 한 명이었다.

1905년과 마찬가지로 소비에트는 다당제 민주주의 조직이었다. 노동자들과 병사들은 소비에트에서 토론하고 논쟁하고 조직했다. 트로츠키가 러시아에 돌아왔을 때 소비에트의 다수파는 멘셰비키를 비롯한 온건파들이었다. 그들은 임시정부에 참가하기로 이미 결정했다. 임시정부는 이 결정을 이용해 임시정부 자신의 위상을 높이고 혁명의 요구들을 더 쉽게 제한할 수 있다고 생각했다. 트로츠키는 러시아에 돌아온 다음 날 소비에트에 출석해서 이 결정이 혁명의 긴박한 문제들을 전혀 해결하지 못할 것이라고 지적하며 반대했다.

레닌은 볼셰비키가 노동자들에게 "참을성 있게 설명"할 필요가 있다고, 그래서 왜 혁명이 앞으로 전진해야 하는지 이해하도록 노동자들을 설득해야 한다고 볼셰비키 안에서 주장했다. 전쟁과 끊임없는 착취에 불만을 품은 많은 노동자들과 병사들, 특히 페트로그라드 노동자들과 병사들은 혁명이 사회주의 혁명으로 계속 나아가야 한다는 결론을 이미 내렸지만, 다수는 여전히 임시정부에 희망을 걸고 있었다. 7월에 레닌과 트로츠키는 노동자들과 병사들이 페트로그라드에서 권력을 장악할 수는 있겠지만 러시아의 나머지 지역은 아직 한참 뒤처져 있다고 주장하며 수도에서 섣부른 권력 장악 기도를 하지 못하게 저지해야 했다.

'7월 사태'라고 알려진 이 사건 뒤에 볼셰비키에 대한 탄압과 중상모략이 벌어졌다. 많은 볼셰비키가 감옥에 갇혔고, 레닌과 볼셰비키 지도자 두 명에게 체포영장이 발부됐다. 레닌은 다시 지하로 숨어야 했다. 트로츠키는 레닌과 견해가 같은 자신에게는 왜 체포영장을 발부하지 않느냐고 정부에 항의하는 공개서한을 발표했다. 트로츠키도 2주 뒤 체포됐는데, 혁명정부를 자처하는 임시정부가 트로츠키를 투옥한 감옥은 1905년 혁명 패배 뒤 차르가 트로츠키를 잡아 가둔 바로 그 감옥이었다.

임시정부는 계속 불안정했다. 많은 노동자·농민·병사뿐 아니라 우익도 새 정부를 좋아하지 않았다. 8월에 코르닐로프라는 장군이 군사 쿠데타를 기도했다. 쿠데타가 일어나자 볼셰비키는 자신들을 감옥에 가둔 임시정부를 방어하기 위해 싸웠다.

임시정부는 어쩔 수 없이 볼셰비키를 석방해서 혁명을 수호하게 했다. 볼셰비키는 쿠데타를 패퇴시키는 데서 결정적 구실을 했다. 그래서 볼셰비키야말로 혁명의 성과를 지키는 데서 가장 헌신적이고 유능한 세력임을 대중에게 입증했다. 코르닐로프는 총 한 방 쏘지 못하고 패배했다. 그 뒤 트로츠키는 소비에트로 가서 멘셰비키 지도부 불신임 동의안을 제출했다. 그 동의안은 트로츠키 자신도 놀랄 만큼 압도 다수의 찬성으로 가결됐다. 볼셰비키는 소비에트에서 다수파가 됐고, 트로츠키는 페트로그라드 소비에트 의장으로 선출됐다.

1917년 10월 25일 오전 10시 페트로그라드 소비에트 군사위원회가 발표한 포고문 임시정부가 무너지고 소비에트가 국가권력을 장악했다는 소식을 담고 있다

  이제 선택은 사회주의 혁명으로 나아갈 것인가 아니면 임시정부를 고수할 것인가가 아니었다. 임시정부가 하도 취약해서 혁명은 앞으로 나아가지 않는다면 반혁명에 직면할 것이었다. 군사 쿠데타가 이를 입증했다.
  이 시기 내내 소비에트의 권위는 기층 대중 속에서 점차 커졌다. 많은 공장과 군부대가 소비에트에 지도를 요청하기 시작했다. 소비에트는 점차 러시아의 진정한 의사 결정 기구가 됐다.
  1917년 10월 트로츠키는 무장봉기를 조직했고 마침내 볼셰비키 지도 아래 소비에트가 권력을 장악하게 했다. 10월 혁명은 수도에서는 거의 무혈혁명이었다. 정치적 권위와 대중의 신뢰를 얻는 싸움에서 이미 승리했기 때문이다.
  레닌은 소비에트에서 다수파가 된 볼셰비키당이 무장봉기를 주도하기를 원했다. 그러나 트로츠키는 무장봉기를 조직하기에 당은 너무 협소하다며 소비에트가 봉기를 호소하고 조직해야 한다고 레닌

5장 레온 트로츠키   273

을 설득했다.

트로츠키를 의장으로 하고 주로 볼셰비키로 이뤄진 군사위원회가 페트로그라드 [소비에트]에 설치됐다. 그러나 다른 좌파 사회주의자들과 아나키스트들도 군사위원회에 참여했다. 트로츠키는 무장봉기의 타이밍을 결정했고, 주요 국가기구들을 장악하기 위한 세부 사항들도 조직했다.

카를 마르크스는 무장봉기가 기예라고 주장했다. 다시 말해, 무장봉기에는 탄탄한 조직뿐 아니라 어느 정도의 직감과 상상력도 필요하다. 트로츠키는 1917년에 이 능력을 입증했다. 그는 10월 혁명에서 매우 중요한 구실을 했다.

그러나 수많은 노동자·병사가 없었다면, 그리고 작업장·지역사회·군대에 뿌리내린 볼셰비키 당원들이 없었다면 혁명은 불가능했을 것이다. 여러 해 동안 투쟁의 부침을 겪으면서도 줄곧 혁명을 위해 싸워 온 그들의 정치와 조직이 없었다면 말이다.

새 사회의 시작

10월 혁명으로 러시아 역사상 가장 민주적인 기구인 소비에트를 기반으로 새 국가가 건설됐다. 트로츠키는 새 국가의 수반을 맡아 달라는 요청을 받았지만 거절했다. 그래서 레닌이 소비에트 러시아의 지도자가 됐다.

러시아의 경제적 빈곤과 새 사회의 존재 자체에 대한 위협에도 불구하고 혁명은 세계에서 가장 자유롭고 가장 민주적인 조처들이 시행될 것임을 예고했다.

노동자들이 공장을 통제했고, 농민들이 지주한테서 토지를 접수했다.

트로츠키는 독일과 평화조약 체결을 협상하는 임무를 맡았다. 많은 논쟁과 극적인 사건들을 경험한 뒤에 마침내 러시아는 전쟁에서 빠져나왔다. 러시아제국에게 억압받던 소수민족들은 독립을 얻었다.

트로츠키는 "인간 사회를 평가"하는 최상의 방법은 그 사회가 "여성에게 어떤 태도를 취하는지 살펴보는 것"이라고 여러 차례 주장했다.[6] 러시아는 야만적인 여성 억압이 뿌리 깊은 사회였다. 여성을 남성의 재산으로 취급하는 사람도 많았다.

혁명정부는 이런 상황을 바꿔 놓았다. 여성은 투표권, 온전한 시민권, 동등한 임금과 취업권을 보장받았다. 혁명 러시아는 세계 최초로 임신 중지를 합법화한 나라였다. 동성애도 합법화됐다. 혼외 자녀 차별이 폐지됐다. 그리고 배우자의 성姓과 자신의 성을 병기할 수 있게 됐다. 트로츠키는 공식 서류에서 두 번째 아내인 나탈리아 세도바의 성을 함께 사용했고, 두 아들도 그렇게 했다. 배우자 일방의 요청만으로도 이혼이 가능해졌다.

트로츠키는 법률적 평등이 시작일 뿐이라는 사실을 알고 있었다. 소비에트 국가는 여성 억압의 물질적 조건을 제거하려고 노력했다. 그래서 공동 육아 시설과 식당 등 여러 시설을 건립했다.

평등을 위한 노력은 여러 생활 분야에서 성과를 거뒀다. 예컨대 유아사망률이 혁명 후 4년 만에 극적으로 감소했다. 내전 때문에 경제가 망가졌는데도 그랬다.

혁명은 교육을 포함한 모든 생활 분야를 바꿔 놓았다. 학교 수가 갑절로 늘었고, 새 국가는 러시아의 높은 문맹률을 낮추기 위한 운동을 조직했다. 대학 등록금이 폐지됐다. 레닌과 트로츠키는 모두 도서관을 늘리는 데 관심을 쏟았다. 교육의 동기가 바뀌자, 시험이 폐지되는 등 교육의 본질 자체도 바뀌었다.

트로츠키는 평생 동안 문화·예술·문학에 관심이 많았다. 사람들이 혁명을 통해 자신의 경제적 조건을 바꾸기 시작하자, 인간의 실존과 표현에 관한 온갖 문제에 흥미를 느끼는 사람들이 대거 늘어났다. 혁명은 예술·문학·영화 분야의 실험들에 영감을 줬다.

아나키스트 출신으로 내전 기간에 볼셰비키에 가입한 빅토르 세르주는 혁명 이후, 심지어 내전이 한창일 때조차 예술에 대한 사람들의 열정이 대단한 것을 보고 큰 감명을 받았다.

1919년 6월 페트로그라드가 [백군에] 포위당했을 때, 세르주는 다음과 같이 썼다. "나는 내전의 한복판에서도 사람들이 끈질기게 미美를 추구하는 것을 보며 절제·힘·자신감을 발견했다. 명백히 그것은 붉은 도시가 고통을 겪으면서도 언젠가 모든 사람이 여가와 예술을 누릴 수 있도록 투쟁하고 있었기 때문에 가능했다."[7]

침략과 내전으로 러시아 경제가 붕괴하자 국가가 할 수 있는 일은 심각하게 제한됐다. 그럼에도 소비에트 러시아는 잠시나마 역사상 가장 평등하고 민주적인 사회였다.

혁명을 무장시키다

10월 혁명 거의 직후부터 새 정부에 반대하는 세력들의 조직화가 시작됐다. 옛 제정 체제 충성파들은 한 달 뒤에 행동에 들어갔다. 그와 동시에 카자크의* 일부(부농)도 볼셰비키에 반대하기 시작했다.

새 노동자 국가는 국내의 반대뿐 아니라 주요 제국주의 열강의 침략과 개입, 적대에도 부딪혔다. 1918년 상반기에 영국·프랑스·미국·일본 등 10여 개 자본주의 국가 군대들이 소비에트 국가를 공격했다. 혁명정부의 생존 자체가 위험했다.

1918년 1월 레닌은 공식적으로 노동자·농민의 적군赤軍을 창설했다. 두 달 뒤 트로츠키가 전쟁 담당 인민위원과 전쟁위원회 의장으로 임명됐다. 트로츠키는 실제 군사훈련을 받은 경험은 전혀 없지만, 군사 저작들을 읽고 발칸전쟁과 제1차세계대전 당시 종군기자로 활동한 적이 있었다.

트로츠키는 엄청난 과제에 직면했다. 그는 거의 맨손으로 창조하다시피 한 군대를 지휘해 국경선이 약 8000킬로미터나 되는 영토를 지켜야 했다.

트로츠키는 옛 제정의 군대를 이용하려 했지만 그럴 수 없었다. 왜냐하면 옛 제정의 군대는 사실상 붕괴해 버렸기 때문이다. 약

---

* 카자크(코사크) 러시아 남부에서 자치적 군사 공동체를 이룬 농민 집단. 10월 혁명이 일어나자 빈농은 혁명을 지지한 반면 부농은 백군에 가담했다.

적군(赤軍)을 지휘하는 트로츠키

900만 명의 군인 중에서 1917년까지 남아 혁명을 수호한 사람은 겨우 4만~5만 명뿐이었다. 병사들은 이제 더는 싸울 마음이 없었고, 옛 장성 가운데 일부는 혁명에 반대하는 활동을 하고 있었고, 군대의 체계는 완전히 무너져 엉망진창이었다.

대중은 전쟁에 신물이 났다. 볼셰비키가 성공을 거두고 인기를 끌 수 있었던 이유 하나는 그들이 대다수 노동자와 농민이 느낀 반전 정서를 분명하게 표현했기 때문이다. 이제 트로츠키는 군대가 성공하려면 혁명을 지지하는 사람들, 절실히 원하는 뭔가를 지키려고 싸우는 사람들을 군대의 중핵으로 만들어야 한다는 것을 깨달았다.

트로츠키는 처음 적군 창설에 착수했을 때 자원병들에게 호소했다. 그는 혁명을 수호해야 한다고 확신하는 노동자들을 군대의 중핵으로 삼았다. 1918년 4월까지 약 20만 명이 자원입대했다.

그러나 자원병 수가 너무 적어서 소비에트 러시아를 공격하는 대규모 중무장 세력들을 물리칠 수 없었다. 트로츠키는 적군을 건설하기 위해 어쩔 수 없이 징병제를 도입해야 했다. 이 때문에 많은 농민이 군대에 들어와 군대를 정치적·조직적으로 불안정하게 만들었다. 많은 농민은 볼셰비키에 모순된 태도를 취했다. 그들은 옛 지주들한테서 빼앗은 토지를 얻게 된 것은 좋아했지만, 소비에트 정권이 도시의 식량 부족 문제를 해결하려고 곡물을 징발하는 것에는 반대했다.

그토록 어려운 상황에서 군대를 건설해야 했기 때문에 트로츠키는 또 점차 엄격한 규율을 군대에 강요해야 했다. 적군이 처음 창건됐을 때는 옛 제정 군대의 억압적 위계질서와 분명하게 단절하면서 적군의 사병들이 장교를 선출할 수 있었다. 나중에 군대를 결속시키고 일부 전선에 작전을 집중시키기 위해 더 정규적인 규율이 필요해지자 이 장교 선출 제도는 폐지됐다. 그러나 트로츠키는 항상 일반 사병들을 존중해야 한다는 태도를 아주 확고하게 지켰다. 그는 신체 폭행이든 욕설이든 상관들의 가혹 행위를 강력하게 반대했다.

전략을 훈련하고 발전시킬 평화적 여유 시간이 없었기 때문에 적군은 전문적 기술과 군사 경험이 부족했다. 논쟁 끝에 트로츠키는 옛 제정 군대의 장교들을 적군에 영입했다. 그들에게 군사 전문가의 구실을 맡기는 한편, 각급 부대에 정치위원들을 파견해 그 장교들을 감시하게 했다. 트로츠키는 또 공산당(볼셰비키의 후신) 당원들에게 군에 입대해서 사병들을 정치적으로 교육하고 고무하는 비공식적 구실을 해 달라고 호소했다.

트로츠키는 내전 기간에 매우 실천적인 활동을 했다. 나중에 그는 전선을 방문해 군대의 상태를 점검하고 병사들에게 연설하고 전략을 발전시키며 거의 2년 내내 군용 열차에서 시간을 보냈다고 회고했다.

내전 기간에 혁명은 몇 차례 성패의 고비를 넘었다. 1919년에 '백군'(혁명 국가에 반대하는 러시아인들)은 수도인 페트로그라드에서 겨우 15킬로미터 떨어진 도시를 점령했다. 백군 탱크가 페트로그라드 외곽에 나타났다. 레닌은 페트로그라드에서 퇴각하기를 원했지만, 트로츠키는 페트로그라드에 남아서 필요하다면 도시 게릴라 전쟁을 벌여서라도 도시를 지켜야 한다고 주장했다. 트로츠키는 심지어 말을 타고 전투 현장으로 가서, 후퇴하는 병사들을 멈춰 세우고 계속 전투를 벌이도록 설득해서 마침내 결정적 승리를 거뒀다.

천신만고 끝에 1920년 결국 적군이 내전에서 승리했다. 그것은 트로츠키가 이끈 엄청난 성과였지만, 다른 사람들에게 혁명을 위해 함께 투쟁하자고 설득한 수많은 사람들의 결단·희생·용기 덕분에 가능했다.

그러나 승리에는 대가가 따랐다. 최상의 공산당원들, 정치적으로 가장 헌신적인 노동자들이 내전에서 대거 사망했다. 산업과 경제는 붕괴했다.

혁명의 확산

트로츠키는 세계를 통합된 국제 체제로 이해해야 한다고 주장했다. 그와 레닌은 모두 러시아 혁명의 미래는 혁명의 확산에 달려 있다고 항상 주장했다.

제1차세계대전에서 비롯한 경제적·정치적 격변이 서로 맞물리고 여기에다 러시아 혁명의 영감이 더해져 1918~1920년에 세계 전역에서 격변이 일어났다. 1918년 11월 독일제국이 붕괴하고 '인민위원'들이 새 정부를 구성했다.* 헝가리와 [독일] 바이에른에서 반란이 일어나 단명한 소비에트 공화국이 수립됐다. 이탈리아에서도 1919~1920년의 '붉은 2년' 기간에 노동자 대중투쟁과 공장점거가 확산됐다. 1918년에 투쟁 물결이 스페인을 휩쓸었다. 당시 발렌시아에서는 파업 노동자들이 일부 거리의 이름을 '레닌 거리'나 '10월 혁명 거리'라고 바꿔 부르기도 했다.

영국에서도 파업과 소요 사태가 전국을 휩쓸었다. 프랑스 [군대]와 영국 군대에서 반란이 일어났다. 영국은 식민지에서 대규모 반란에 직면했다. 특히 인도와 이집트에서 그랬고 아일랜드에서는 게릴라 전쟁이 벌어졌다. 미국·호주·캐나다에서도 노동자 파업 물결이 일었다.

---

* 1918년 11월 10일 구성된 독일 인민위원회 정부를 가리킨다. 사회민주당 3명, 독립사회민주당 3명으로 이뤄졌으며 러시아 혁명정부를 본떠 이름을 지었지만, 바로 이 정부가 독일 혁명을 진압하고 로자 룩셈부르크와 카를 리프크네히트를 비롯한 혁명가들을 살해했다.

바로 이런 상황에서 볼셰비키는 새로운 국제적 조직을 창설했다. 코민테른으로 알려진 제3인터내셔널이 그것이다. 볼셰비키는 새 혁명 국가를 분쇄하려는 국제 세력들에 맞서 혁명 국가를 수호하고자 적군을 창건함과 동시에, 국제 혁명 세력들을 결집해 공세에 나섰다.

당시 트로츠키는 적군을 지도하는 일에 몰두하고 있었지만 새 인터내셔널에서도 처음부터 핵심적 구실을 했다. 그는 1919년 3월에 열린 코민테른 1차 대회 참석을 요청하는 초청장의 초안을 썼다. 또, 코민테른 첫 5년 동안 여러 회의와 논쟁에 기여하는 글들을 썼을 뿐 아니라 각종 선언문과 결의안도 작성했다.

코민테른은 두 근본 원칙을 바탕으로 하고 있었다. 하나는 국제주의였고, 다른 하나는 개혁 세력과 혁명 세력의 분립이었다.

두 세력의 차이는 1914년 제2인터내셔널의 사회주의 정당들이 결국 자국 정부를 따라 전쟁을 지지했을 때 극명하게 드러났다. 그때 레닌과 트로츠키는 혁명과 진정한 국제주의에 확고하게 바탕을 둔 새로운 인터내셔널이 필요하다고 처음으로 주장했다. 반란 물결 속에서 제3인터내셔널이 창설됐을 때, 그런 선명함은 그 어느 때보다 절실하게 필요했다. 사회주의를 자처하는 단체들 가운데 상당수가 사실은 개혁주의 단체들이었다. 그들은 자본주의의 틀 안에서 활동하며 변화를 이룰 수 있다고 생각했다.

이와 반대로, 코민테른은 아래로부터의 혁명적 사회주의 정치(노동자 민주주의의 필요성, 자본주의 국가를 이용해 사회주의를 실현할 수 있다는 생각을 거부하는 것)를 바탕으로 창설됐다.

1919년 열린 코민테른 1차 대회 맨 위 줄 가운데에 트로츠키가 있다

1919년의 코민테른 1차 대회는 규모도 작았고 대표성도 부족했다. 그러나 세계적인 불안정 심화 때문에 많은 단체와 개인이 점점 더 급진화했고, 코민테른에 가입하는 단체도 늘어났다. 1920년 여름에 열린 2차 대회 무렵 제3인터내셔널은 대중조직이 돼 있었다.

트로츠키와 레닌은 자본주의의 핵심 지역들 가운데 하나인 서유럽의 혁명이 국제 혁명의 미래를 보증하는 데 꼭 필요하다고 생각했다. 그러나 레닌과 트로츠키는 모두 식민주의와 제국주의에 억압받는 사람들의 반란이 중요하다는 점도 알고 있었다.

1919년 트로츠키는 전선의 적군을 방문했을 때 다음과 같이 썼다. "파리와 런던으로 가는 길은 아프가니스탄의 도시들과 인도의 펀자브와 벵골을 지나야 한다."[8]

식민주의에 맞서 싸운 많은 투사들은 볼셰비키 혁명의 성공과 피억압 민족에 대한 볼셰비키의 진보적 정책에서 영감을 얻었다.

볼셰비키는 전 세계 피억압민에게 다가가기 위해 특별한 노력을 기울였다. 예컨대, 1920년에 볼셰비키는 아제르바이잔의 바쿠에서 동방인민대회를 개최했다. 이 대회에는 아시아 전역에서 2000여 명의 대표들이 참가해서 동방 전역으로 혁명을 확산할 방안에 대해 토론하고 논쟁했다.

공동전선

코민테른은 전 세계 혁명가들을 불러 모아 전략·전술을 토론하고 논쟁했다. 트로츠키와 레닌은 코민테른이 혁명의 확산을 주장할 핵심 공간이라고 봤다. 1921년 6~7월에 열린 코민테른 3차 대회 때는 자본주의가 전후 최초의 혁명적 투쟁 물결을 극복하고 살아남았음이 분명해졌다. 코민테른 산하 단체들이 직면한 문제는 당장 혁명이 일어날 것 같지 않은 상황에서 어떻게 조직을 건설할 것인가 하는 것이었다. 트로츠키는 코민테른 3차 대회를 "혁명 전략의 최고 학교"라고 불렀다.

이 대회의 가장 중요한 토론이자 오늘날의 활동가들에게도 많은 영감을 주는 토론은 공동전선에 대한 토론이었다. 이 논쟁과 논쟁 직후 쓴 글에서 트로츠키는 혁명가들이 원칙을 지키면서도 다른 사람들(혁명가가 아닌 노동계급 대중)과 어떻게 협력하고 단결해야 하는지 자세히 설명했다. 공동전선 전략은 첫째, 자본주의의 공격과 만행에 맞서 진정으로 단결할 필요를 느끼는 노동자들의 정서에서 비롯했다. 트로츠키는 다음과 같이 주장했다. "노동 대중은 단결된 행동, 자본주의의 맹공격에 맞선 단결된 저항, 이에 맞선 단결된 반격의 필요성을 느끼고 있다."⁹

둘째, 혁명적 투쟁의 절정기가 아닌 일상적 시기에 혁명적 사상을 갖고 있는 노동자들은 극소수다. 자본주의 사회에서 대다수 사람들은 흔히 자본주의의 틀 안에서 자신들의 생활 조건을 개선할 수 있다고 생각한다. 개혁주의 사상을 받아들이는 것이다. 혁명가들은 이런 사람들로부터 고립돼서는 안 된다.

트로츠키는 운동에 초강경 비타협주의 태도를 취하는 것에 반대했다. 남들이 당신의 말에 모두 동의해야만 그들과 협력할 수 있다고 주장하는 것은 단결을 추구하는 진심 어린 태도가 아니다.

그렇다고 해서 트로츠키가 사람들을 혁명적 정치로 설득하는 데 관심이 없었다는 말은 아니다. 그가 주장한 요지는 사람들의 생각이 투쟁 속에서 바뀐다는 것, 그리고 공동의 목표를 위해 함께 투쟁하는 과정에서 혁명가들은 투쟁이라는 진정한 시험을 통해 왜 혁명이 대안인지 보여 줄 수 있다는 것이다.

이런 식으로 볼셰비키는 1917년에 대중을 이끌고 혁명에 성공했다. 그들은 코르닐로프 쿠데타에 맞선 투쟁에서 자신들이 최상의 투사들임을 입증했다. 트로츠키는 개혁을 성취하는 것이 중요하지 않다고 생각하는 사람들의 주장을 반박했다. 왜냐하면 크고 작은 승리는 모두 사람들의 자신감을 고무할 수 있기 때문이다.

당시 대다수 나라에서는 혁명적 단체들이 개혁주의자들과 갈라선 지 얼마 되지 않았다. 트로츠키는 그 단체들이 개혁주의자들과

5장 레온 트로츠키   285

결별하고 독자적 조직을 결성한 것이 옳았고 이런 독자성과 정치적 선명성은 유지돼야 한다고 주장했다. 이런 차이를 인식하면서도 대중과 유리되지 않으려면 개혁주의자들과 협력할 필요가 있었다.

트로츠키는 또 개혁주의 지도자들을 무시하는 것에 반대했다. 혁명가들의 과제 한 가지는 이 지도자들이 성심껏 투쟁을 지도하려 하지는 않는다는 점을 들춰내는 것이다. 그러나 그들을 그냥 제쳐 놓거나 비난만 해서는 이 일을 할 수 없다. 투쟁 과정에서 그들의 한계를 들춰내야 한다.

이 점은 오늘날의 노동조합원과 활동가에게도 중요한 교훈이다. 트로츠키는 공동전선의 지도적 원칙이 다음과 같은 것이어야 한다고 썼다. "대중과는 항상 함께, 동요하는 지도자들과는 가끔 함께, 그것도 그들이 대중의 선두에 있을 때만 함께한다. … 동요하는 지도자들을 대중이 지지하고 있을 때는 그 지도자들을 이용해야 한다. 물론 그들에 대한 비판을 결코 포기해서는 안 된다. 그리고 그들이 동요하다가 배신하거나 적대 행위를 하는 바로 그 순간 그들과 결별해야 한다."[10]

공동전선은 트로츠키가 죽을 때까지 몇 번이고 살펴본 주제였다. 그는 독일 파시즘의 성장과 1930년대 프랑스·스페인의 상황을 다룬 저작들에서 공동전선 문제를 구체적으로 논의했다. 그 저작들에서 트로츠키는 스탈린의 '민중전선' 전략이 노동자들의 이익을 '자유주의' 자본가들의 이익에 종속시킨다며 반대했다.

공동전선은 오늘날의 혁명가들에게도 여전히 핵심적인 전략적 도구다. 공동전선은 상당히 효과적인 공동 활동을 건설하는 방법일 뿐 아니라(전쟁저지연합은˚ 최근 영국에서 이 점을 입증한 가장 중요한 사례다), 그런 투쟁 안에서 개혁주의 사상의 영향력을 약화시키는 투쟁 방법이기도 하다.

관료 집단의 성장

볼셰비키는 내전에서 승리했다. 그러나 러시아는 폐허가 됐다. 1921년의 공업 생산은 1913년 수준의 31퍼센트에 불과했다. 대규모 공업의 생산수준은 훨씬 더 낮았다. 철강 생산은 1913년 수준의 겨우 4퍼센트였다. 교통과 운송은 마비됐다. 연료도 부족했고 질병과 기근이 만연했다.

산업이 붕괴했을 뿐 아니라 혁명을 일으킨 노동계급 자체도 해체됐다. 대량 실업 위기에 직면한 많은 노동자들은 먹을 것을 구하러 농촌으로 돌아갔다.

볼셰비키는 빈곤과 기근으로 황폐해진 나라에서 이제 거의 존재하지 않는 계급을 대신해서 국가를 운영해야 했다.

레닌과 트로츠키가 이끄는 공산당 정부는 러시아의 사회 기반시설과 경제를 재건하기 위해 백방으로 노력했다. 경제 재건 방안

˚ 전쟁저지연합 2001년 9월에 결성된 영국의 반전 공동전선이다. 사회주의노동자당(SWP)이 발의해 노동당 좌파, 평화운동, 노동조합, 무슬림 공동체 등 다양한 집단이 함께한 광범한 공동전선이었다. 2003년 2월 15일 200만 명이 참가한 영국 역사상 최대 규모의 시위를 조직했다.

을 둘러싸고 많은 논쟁이 벌어졌고 어느 누구도, 심지어 레닌이나 트로츠키조차 모든 문제에서 자신의 뜻을 관철시키지는 못했다.

내전 기간에 경제는 군대와 도시 노동자들을 먹여 살리기 위해 농민한테서 곡물을 강제 징발하는 것에 의존해야 했다. 농촌에서 반란이 일어나는 등 압력이 가중되자 볼셰비키는 농민에게 생산 인센티브를 제공하기 위해 신경제정책이라는 제한적 시장 개혁 조처를 도입했다.

트로츠키와 레닌은 이것이 일시적 해결책이라고 생각했다. 러시아의 절망적 상황을 개선하기 위해 갖가지 단기 처방들이 도입됐지만, 진정한 해결책은 혁명의 확산, 특히 서유럽으로의 확산에 달려 있었다. 러시아 경제에 가해지는 압력을 극복하고 노동계급의 정치적 힘과 규모를 강화·확대할 수 있는 길은 그것뿐이었다.

내전이 끝난 뒤 혼돈과 폐허 상태의 러시아에서 한 집단의 규모와 중요성이 증대하기 시작했다. 바로 국가 관료였다. 행정 관리와 공무원이 점차 나라의 일상사를 좌우하게 된 것이다. 이들은 점차 자신의 이익을 추구하며 다른 사회계층 위에 군림하는 특권층이 됐다. 이 성장하는 관료 집단이 스탈린도 만들어 냈다. 스탈린은 이 사회계층의 이익을 구현하게 된 이류 볼셰비키 지도자였다.

트로츠키와 레닌은 모두 관료 집단의 성장을 경계했다. 레닌은 이미 1921년 1월에 "관료적 왜곡"을 경고했다. 1929년에 트로츠키는 관료 집단의 정치적 성격을 다음과 같이 설명했다. "대중 위에 군림하는 이 공무원들의 다수는 대단히 보수적이다. … 이 보수적 계층이 스탈린의 가장 강력한 지지 기반이다."[11]

레닌은 떠오르는 관료 집단을 점차 비판하기 시작했다. 1924년 죽기 직전에 레닌은 나중에 '유언장'으로 알려진 글을 썼다. 그 글에서 레닌은 스탈린을 당 지도부에서 쫓아낼 것을 요구했다. 볼셰비키당 중앙위원회는 그 유언장을 공개하지 않기로 결정했다. 트로츠키는 레닌의 비판에 공감했음에도 당의 분열을 우려해서 이 결정을 따랐다.

스탈린은 이미 관료 집단 속에 깊이 뿌리를 내리고 있었고, 1924년쯤에는 수많은 정부 위원회들에 관여하고 있었다. 그는 레닌의 죽음을 이용해 자신의 지위를 강화했다. 그는 레닌의 장례식을 배후 조종하며 이를 이용해 자신이 레닌의 진정한 계승자인 양 행세해서 레닌의 아내 나데즈다 크룹스카야를 당황하게 만들었다. 그 후에는 트로츠키와 트로츠키가 대변하는 정치에 대한 공격이 늘어났다.

일국사회주의

트로츠키는 성상하는 관료 집단의 위험성을 깨닫고 이를 저지할 방안을 모색했다. 그래서 좌익반대파를 만들었다. 좌익반대파는 계획적 공업화를 추진해 노동계급의 규모와 사회적 비중을 늘리고, 노동자들의 생활수준을 향상시키고, 노동자 민주주의를 증진시키자고 제안했다.

스탈린과 그 지지자들은 이런 조처들에 반대했다. 오히려 그들은 공업과 농업 사이의 완만하고 신중한 균형을 유지했고, 생산에서 시장 인센티브 확대를 허용했다. 이것은 자본주의 부활의 토대를 놓기 시작했다.

물론 트로츠키는 무엇보다 혁명의 확산만이 러시아가 빈곤을 극복하고 세계 자본주의의 압력에서 벗어날 수 있는 길이라고 봤다. 그러나 국제 운동은 1923년 독일에서 중대한 패배를 겪었다. 독일 혁명가들이 실패한 이유는 기회나 머릿수가 모자라서가 아니라 그들의 당이 경험이 없고 취약하고 분열했기 때문이다.

독일 혁명이 실패하자 트로츠키는 《10월의 교훈》을 썼다. 이 책에서 그는 불가피한 머뭇거림을 극복할 수 있는 자신감 있는 혁명적 정당의 결정적 구실을 살펴봤다. 러시아에서는 그런 정당이 있었기에 독일과 달리 혁명이 성공할 수 있었다.

《10월의 교훈》이 출판되자 트로츠키에 대한 비판 공세가 새롭게 시작됐다. 스탈린과 그 지지자들은 '트로츠키주의'라는 말을 만들어 내고 트로츠키에 대한 거짓말들을 늘어놓았다. 그리고 당내에서 트로츠키의 영향력을 제거하기 위한 전쟁을 시작했다. 특히, 그들은 트로츠키가 1917년에야 볼셰비키에 가입한 사실을 부각하고 트로츠키의 연속혁명론을 끊임없이 비난했다.

독일 혁명이 패배하자 러시아의 노동자·농민 사이에서 비관과 수동성이 확산됐다. 그들은 이미 고난과 전쟁의 어려운 시절을 보내며 지칠 대로 지친 상태였다.

1924년 말에 스탈린은 트로츠키의 연속혁명론을 비판하는 글에서 처음으로 '일국사회주의'라는 용어를 사용했다. 자본주의에 포위된 러시아에서 사회주의 사회를 건설할 수 있다는 발상은 혁명의 확산이라는 극히 중대한 과제에서 결정적으로 후퇴하는 것이었다. 그것은 마르크스주의의 핵심인 국제주의에 대한 치명타였다. 트로츠키는 혁명이 확산되지 않으면 결국 세계 자본주의의 압력 때문에 패배할 것이라고 주장했다. 단지 러시아에서만으로도 사회주의 사회를 건설할 수 있다는 스탈린의 말은 이 딜레마를 회피하는 것이었을 뿐이다.

1928년에 관료들은 냉혹한 현실에 부딪혔다. 영국과 전쟁을 벌여야 할지도 모르는 상황에서* 농촌의 위기가 심화하자 스탈린은 강제 농업 집산화로 급선회했다. 국가가 농민의 토지를 강제로 빼앗고, 도시에서 급속한 공업화를 무자비하게 추진했다. 이것은 트로츠키가 제안한 공업화 정책의 정반대였다. 스탈린의 공업화는 노동자 민주주의를 증진시키기는커녕 노동자들의 생활수준을 엄청나게 떨어뜨렸다.

이것은 '일국사회주의' 건설의 필연적 논리였다. 러시아는 선진 자본주의 나라들을 따라잡지 않으면 안 됐던 것이다. 스탈린은 1931년 관리자들에게 한 연설에서 다음과 같이 설명했다. "우리는 선진국들보다 50년이나 100년 뒤치져 있다. 10년 안에 이 격차를 메워야 한다. 그러지 못하면 그들이 우리를 분쇄할 것이다."[12]

자본주의 세계와의 경제적·군사적 경쟁이 러시아 체제 자체에 영향을 미쳤다. 1929년에 시작된 제1차 5개년 계획은 생활수준을

---

* 1927년 영국 정부가 소련과 외교 관계를 단절했다.

엄청나게 저하시켰고 대규모 기아 사태를 일으켰다. 1928년부터 1930년까지 노동 수용소 재소자 수는 20배 이상 증가했다. 이런 제도를 강요하기 위해 스탈린은 점차 억압적인 체제에 의존했고 정치적 반대파를 모두 분쇄했다. 그때까지 남아 있던 민주주의의 흔적도 모두 파괴됐다.

'일국사회주의'는 국제 공산주의 운동에도 재앙적 영향을 미쳤다. 전략·전술의 국제 학교였던 코민테른은 점차 스탈린의 외교정책에 따라 움직이는 도구로 전락했다. 즉, 노동계급의 이익이 거듭거듭 스탈린주의 관료들의 필요에 따라 희생됐고, 느닷없이 좌충우돌하는 전략 때문에 재앙적 결과들이 나타났다.

1926년에 트로츠키는 전에 스탈린과 동맹했던 지노비예프·카메네프와 손잡고 '통합반대파'를 결성했다. 트로츠키와 지노비예프·카메네프의 적대적 역사 때문에 그 지지자들은 서로 상대방을 신뢰하기가 힘들었다. 이런 동맹의 결속을 유지하기 위해 양측은 많은 타협을 했다. 심지어 트로츠키는 자신의 연속혁명론을 일시적으로 철회하기까지 했다.

전쟁과 기아로 노동자·빈농 대중이 약화됐기 때문에, 스탈린과 관료 집단에 도전할 수 있는 반대파의 지지 기반은 얼마 되지 않았다. 결국 반대파는 분쇄됐다. 혁명 10주년 기념식에 반대파 지지자들을 결집하려 한 시도가 트로츠키를 공산당에서 축출하는 구실로 이용됐다. 1917년 10월 무장봉기를 조직한 지 겨우 10년 만에, 그리고 세계 최강의 제국주의 군대들을 물리치는 데 일조한 지 겨우 6년 만에 트로츠키는 자신의 당에서 축출되고 러시아를 떠나 망명 길에 올라야 했다.

비자 없는 지구

스탈린의 명령에 따라 트로츠키는 1928년 1월 러시아의 극동 지방 알마아타[현재 카자흐스탄의 알마티]로 추방됐다. 1년 뒤 다시 알마아타에서 터키[현재 튀르키예]로 추방됐다. 터키에서 트로츠키는 뷔위카다(프린키포)섬에 정착했다.

그는 터키에서 4년 넘게 지냈다. 물론 그가 원해서는 아니었다. 트로츠키는 그 시절을 일컬어 "비자 없는 지구"라고 했다. 어떤 나라도 트로츠키를 받아들이려 하지 않았다. 그가 너무나 체제 위협적인 인물이었기 때문에, 자칭 민주주의 국가라는 유럽의 모든 나라가 트로츠키의 입국을 거부했다.

결국 트로츠키는 지지자들 덕분에 프랑스와 노르웨이에서 잠시 지낼 수 있었지만 스트레스를 많이 받았다. 그러나 노르웨이 정부는 트로츠키가 스탈린의 공격에 대항하기 위한 공개적 활동을 하지 못하게 금지했고, 이 때문에 트로츠키는 또다시 새로운 거처를 찾아 떠나야 했다.

1936년 말 위대한 화가 디에고 리베라가* 멕시코 정부를 설득

---

* 디에고 리베라 멕시코 벽화 운동의 거장. 멕시코 공산당원이었고 트로츠키주의자는 아니었지만 트로츠키를 존경했다.

해서 트로츠키의 망명 신청을 받아들이게 만들었다. 트로츠키는 1940년 스탈린이 보낸 보안경찰 첩자에게 살해당할 때까지 계속 멕시코에서 살았다.

이 망명 기간 내내 트로츠키는 광범한 저술 활동을 했다. 트로츠키에 대한 스탈린의 중상모략은 대부분 러시아 혁명 당시 트로츠키가 한 구실이나 트로츠키와 레닌의 관계를 왜곡하는 내용들이었다. 트로츠키는 정확한 역사적 기록을 남기려고 자서전 《나의 생애》, 《러시아 혁명사》 같은 책들을 썼다. 《러시아 혁명사》는 가장 탁월한 역사책 중 하나일 뿐 아니라 트로츠키의 가장 위대한 업적 가운데 하나이기도 하다.

비록 고립돼 있었지만 트로츠키는 세계 정치의 변화와 우여곡절을 추적하며 많은 나라의 운동이 직면한 전략·전술 문제들을 다룬 글을 폭넓게 썼다.

마르크스·엥겔스·레닌과 마찬가지로 트로츠키의 신념은 이론과 실천의 통일이었다. 심지어 망명 중에 감시를 받으면서도, 트로츠키는 스탈린과 비교하면 세력이 늘 보잘것없었지만 최선을 다해 자신의 지지자들을 국제적으로 조직하려 애썼다. 그는 스탈린 치하 코민테른의 재앙적 구실에 맞서는 투쟁을 조직하려 노력했고, 코민테른이 저지른 실수들을 날카롭게 비판했다. 그 실수 가운데 최악은 독일 공산당이 코민테른의 지침을 따르다가 히틀러의 집권을 허용하게 된 것이었다.

반파시즘 투쟁

트로츠키는 독일에서 파시즘이 발호한 것을 두고 "노동계급 역사상 최악의 패배"라고 말했다. 1933년 1월 히틀러가 정권을 잡았다. 그 전 3년 동안 트로츠키는 파시즘의 승리가 독일 노동계급만의 패배가 아니라 유럽 각국 진보 세력 전체의 패배이기도 할 것이라고 주장하며 위험성을 경고했다.

트로츠키는 파시즘을 저지할 수 있다고 주장했다. 당시 독일 노동계급의 조직들은 세계 어느 나라 조직들보다 더 컸다. 1932년에 개혁주의 조직인 사회민주당의 당원은 100만 명이 넘었고 공산당 당원은 거의 30만 명이었으며, 두 당의 청년 조직은 회원이 각각 5만 명 이상이었다.

1930년 9월 총선에서 사회민주당과 공산당은 둘이 합쳐 나치의 갑절이 넘는 표를 얻었다. 심지어 1933년 3월(히틀러가 집권한 뒤 공산당을 불법화하고 좌파에 대한 테러를 감행하기 시작했을 때)에도 사회민주당과 공산당은 합쳐서 1200만 표를 얻었다. 그러나 트로츠키는 노동계급이 독일 경제의 심장이라 할 수 있는 공장들에 뿌리내린 집단적 조직의 힘을 갖고 있다는 점이 득표수보다 더 중요하다고 주장했다.

트로츠키는 히틀러와 나치를 저지할 길은 공산당과 사회민주당의 공동전선뿐이라고 주장했다. 이것은 스탈린의 코민테른이 제시한 전망과 전략을 엄격하게 고수하는 공산당의 정책을 정면으로 거스르는 것이었다.

1928년에 코민테른은 이른바 제3기 정책으로 급선회했다. 제1기는 1917~1923년의 혁명적 고양기였고, 제2기는 1923~1928년의 자본주의 안정기였다. 트로츠키가 지적했듯이, 코민테른은 제2기에 중국에서 민족주의자들에게 의존하고* 영국에서 노조 지도층에 의존하다가** 끔찍한 재앙들을 불렀다.

스탈린과 코민테른 지도자들에 따르면, 제3기의 특징은 자본주의의 마지막 위기였다. 이것은 코민테른이 이른바 '혁명적 공세'로 급선회한다는 뜻이었다. 그래서 '적색' 노동조합(사실상 공산주의자들만의 노동조합)을 별도로 건설하고, 공동전선을 거부하고, 이제 사회민주당을 '사회파시스트'라고 부르며 주적主敵으로 여겼다!

반면에, 트로츠키는 경제 위기로 대중의 혁명적 급진화가 일어나고 있다는 증거가 전혀 없다고 주장했다.*** 그는 공산당이 사회민주당에 반파시즘 공동전선을 건설하자는 압력을 가해야 한다고 거듭거듭 강조했다.

---

* 1925~1927년 중국 혁명 때 중국 공산당은 코민테른의 지시에 따라 국민당과의 연합에 매달리다가(1차 국공합작) 1927년 상하이에서 장제스의 국민당 군대와 우익 폭력배들에게 학살당했다.

** 1925년 코민테른은 소련의 노동조합 간부들과 영국노총 중앙집행위원들(특히 좌파)의 합동 회의인 '영·소 노동조합위원회'를 만들었다. 영국의 좌파 노조 지도자들을 포섭해 영국이 소련에 개입하지 못하게 하려는 것이었다. 그러나 영국 공산당은 이 동맹에 발목이 잡혀 1926년 총파업 당시 노조 지도자들의 배신을 제대로 비판하지 못했고 파업은 패배했다.

*** 스탈린이 말한 제3기의 1928년은 물론이고, 세계 대불황이 벌어진 1929년에도 노동자 투쟁은 활발하지 않았다. 오히려 1928~1932년 독일의 파업 일수는 계속 줄었다.

1931년 돌격대를 이끌고 행진하는 히틀러 트로츠키는 파시즘의 성격을 설득력 있게 분석하고 맞설 방법을 제시했다

트로츠키의 전략은 파시즘에 대한 설득력 있는 분석을 바탕으로 하고 있었다. 그는 파시즘이 "절망에 빠진" 중간계급의 "반혁명 운동"이라고 주장했다. 1930년대 초에 독일을 강타한 경제 위기 때문에 중간계급은 공포와 불안의 광기에 사로잡혔다. 트로츠키는 히틀러를 이런 맥락에서, 즉 이 광기에 사로잡힌 중간계급의 화신으로 봐야 한다고 썼다.

트로츠키는 중간계급이 파시즘의 대중적 기반이지만 히틀러는 자본가계급 일부의 지지를 받지 못한다면 집권할 수 없을 것이라고 주장했다. 자본가들은 보통 부르주아 민주주의를 선호한다. 그들이 파시즘에 의존하는 것은 오직 첨예한 위기에 직면했을 때뿐이다. 트로츠키는 이것을 치과 의사를 두려워하면서도 치통이 참을 수 없을 만큼 심해지면 치과 의사를 찾아가는 환자에 비유했다.

5장 레온 트로츠키 297

1930년대 초에 경제가 붕괴하자 독일 자본가들은 히틀러야말로 노동계급 조직을 모두 박살 내고 자신들의 이윤을 회복시켜 줄 수 있는 인물로 여겼다.

트로츠키는 이것이 파시즘의 주된 기능이기 때문에 파시즘은 모든 형태의 노동계급 조직, 심지어 부르주아 민주주의조차 파괴한다고 주장했다. 이 점은 독일에서 모든 형태의 자주적 조직, 심지어 보이스카우트조차 금지된 것에서 사실로 입증됐다. 바로 그래서 헌법의 틀 안에서 파시즘에 반대한다는 사회민주당의 전략이 효과를 낼 수 없었던 것이다. 나치는 헌법의 틀을 존중하지 않았고 가능한 한 빨리 민주주의의 요소들을 모조리 분쇄했다. 트로츠키는 나치가 인종차별을 이용해(그는 이것을 "인종 발명"이라고 불렀다) 나치 체제에 대한 지지를 강화한 것도 설명했다. 공산당원들만의 힘으로는 파시즘을 쳐부술 수 없었다. 그러나 공산당은 사회민주당을 주적으로 보는 자멸적 정책을 계속 추구했고, 공산당 평당원들과 사회민주당의 반목을 일부러 조장하는 듯했다.

트로츠키는 당시 독일에서 파시즘을 저지할 길은 노동조합과 정당으로 조직된 수많은 노동자들의 단결된 행동뿐이라고 주장했다. 그는 또, 그런 공동전선이 방어 조직에서 공격 조직, 즉 소비에트형 조직으로 나아갈 수 있는 방법이라고 주장했다. 그러나 그의 호소는 거듭거듭 무시당했다.

독일에서 트로츠키의 주장이 실현되기는 결코 쉽지 않았을 것이다. 사회민주당 지도자들이 공산당 지도자 로자 룩셈부르크와 카를 리프크네히트가 살해당하도록 만든 게 10여 년밖에 안 됐다. 그러나 트로츠키는 단결을 건설하려 애쓰는 것이 결정적으로 중요하다고 주장했다. 그는 이런 단결이 건설된 매우 사소한 사례들을 몇몇 지적할 수 있었다. 그런 사례는 트로츠키 지지자들이 있는 경우였다. 그러나 이들은 여전히 소수였고, 이 사례들은 예외적 경우였다.

트로츠키가 탁월했음에도 아무도 그의 말을 듣지 않았다. 독일의 트로츠키 지지자들은 미미한 세력이었다. 그들은 500명을 넘은 적이 없었고, 한동안 격주간 신문을 발행하다가 나중에는 소식지를 복사해 배포했다. 트로츠키의 여러 저작이 나와 있었지만, 실질적 영향력이 거의 없었다.

파시즘의 실체는 점차 드러났지만 아무도 이를 저지할 수 없었다. 트로츠키는 노동자들에게 다음과 같이 경고했다. "파시즘이 권좌에 오른다면, 가공할 탱크처럼 여러분의 온몸을 짓이길 것이다."[13] 비극이게도, 그의 말은 옳았다.

배반당한 혁명

1933년까지도 트로츠키는 코민테른과 소련 공산당을 개혁할 수 있다고 믿었다. 독일 공산당이 소련의 조언을 따라 히틀러와 제대로 싸움 한 번 못 해 보고 집권을 허용한 뒤에 트로츠키는 더는 소련 공산당을 개혁할 수 있다고 믿지 않았다. 이제 그는 소련의 정치 혁명과 새로운 인터내셔널이 필요하다고 생각했다.

5년 뒤인 1938년에 11개국 대표 21명이 프랑스의 한 집에 모여 자신들이 제4인터내셔널이라고 선언했다. 미국 대표를 제외하면 이들은 모두 미미한 세력을 대표했다. 대중운동의 고양기에 출범해서 오래지 않아 많은 대규모 조직들을 끌어모은 제3인터내셔널과 달리 제4인터내셔널은 오랜 패배기 뒤에 파시즘이 발호하고 제2차세계대전의 그림자가 어른거릴 때 출범했다. 이 때문에 제4인터내셔널은 결코 고립에서 벗어나지 못했다.

1936년에 트로츠키는 스탈린주의 소련의 현실을 상세히 다룬 책 《배반당한 혁명》을 썼다. 이 책은 자유·평등·민주주의를 바탕으로 하는 체제인 사회주의의 진정한 의미를 되찾으려는 투쟁의 일환이었다. 스탈린은 소련에서 사회주의가 완성됐다고 선언했다. 트로츠키는 스탈린의 소련에서 심화하는 불평등을 낱낱이 지적하며 소련은 결코 사회주의 사회가 아니라고 주장했다. 다시 한 번 사회의 여성 문제를 살펴보며 트로츠키는 다음과 같이 썼다. "성매매가 엄연히 존재하는데도 사회주의의 승리 운운하는 것은 어불성설이다."[14]

오늘날 스탈린의 범죄는 만천하에 드러나 있다. 그러나 1930년대에는 그렇지 않았다. 트로츠키는 스탈린주의 소련에 대한 마르크스주의적 분석을 시도한 최초의 사회주의자였다. 그의 비판은 선구적이었고 정치적 폭발력이 있었다. 트로츠키는 스탈린이 10월 혁명의 성과들을 뒤집었다고 지적했다. 예컨대, 스탈린은 임지 중지를 다시 범죄화했고, 이혼을 그 대가를 치를 수 있는 사람들만의 특권으로 만들었고, 옛 가족 형태의 부활을 장려해 여성에 대한 편견과 억압을 부추겼다. 진정한 민족 해방에 대한 헌신은 사라지고 대★러시아 국수주의가 부활하고 민족적 권리들이 파괴됐다.

관료 집단과 스탈린의 성장은 새로운 현상이었다. 트로츠키는 스탈린을 가차 없이 비판했지만, 심지어 그조차 스탈린 치하의 반혁명이 얼마나 심각한지를 과소평가했다. 트로츠키는 당시의 소련이 여전히 모종의 노동자 국가라고 잘못 생각했다. 나중에 토니 클리프* 같은 사회주의자들은 트로츠키의 분석을 바탕으로 하면서도 스탈린 치하 소련이 국가자본주의 체제, 즉 국제적 경쟁 압력을 받고 개별 기업들이 아니라 국가 자체에 의해 운영되는 자본주의의 한 형태라고 주장했다.

노동자·농민의 생활수준에 대규모 공격을 감행하기 위해 스탈린은 일체의 이견이나 반발에 대한 탄압을 더욱 강화했다. 그는 트로츠키를 비롯한 반체제 인사들을 테러리스트나 파시즘의 첩자로 몰았다. 스탈린은 '트로츠키주의'의 위협을 날조해 의도적으로 공포 분위기를 조성했다. 심지어 트로츠키를 비롯한 유대인 반체제 인사들에 대한 반감을 부추기기 위해 유대인 혐오를 이용하기도 했다.

당내 반대파들은 대거 숙청당했다. 특히, 1917년 혁명에 참가했던 옛 스탈린 지지자들을 포함한 고참 볼셰비키들이 숙청당했다. 많은 사람들이 수용소에 갇히거나 재판에 회부됐다.

스탈린은 이들이 다른 사람들을 파시즘의 첩자로 몰거나 테러 음모를 꾸몄다고 허위 자백하고 밀고하게 해서, 대중 앞에서 스스로를 비하하고 치욕을 느끼게 만들어 파멸시키기 시작했다. 많은 사

---

* 토니 클리프 영국 사회주의노동자당(SWP)의 전신인 국제사회주의자들(IS)의 창시자. 《트로츠키 사후의 트로츠키주의》(책갈피, 2010)의 지은이다.

1938년에 제작된 미국 트로츠키 지지자들의 신문. 1917년 당시 볼셰비키당 중앙위원 가운데 "사형집행인 스탈린 혼자만 살아남았다"

람들이 이를 거부하다가 즉결 처형당했다. 이를 받아들인 사람들은 아마 고문이나 절망감 때문에 그랬거나, 스탈린을 지지하지 않는 것은 히틀러를 지지하는 것과 마찬가지라는 정치적 협박에 시달린 끝에 그랬거나, 단순히 형의 집행유예를 바라면서 그랬을 것이다.

차르 치하에서 고문·감옥·압제를 견뎌 낸 불굴의 투사들인 고참 볼셰비크들이 스탈린의 명령에 굴복한 것이야말로 스탈린 반혁명이 낳은 절망과 공포가 얼마나 큰지를 가장 잘 보여 준다.

1935~1937년에 스탈린은 여론 조작용 공개재판을 끊임없이 열어 주요 볼셰비크들을 법정에 세웠다. 이 피고인들 중에는 지노비예프와 카메네프도 있었다. 그들은 1917년에 볼셰비키 중앙위원이었

고 그 뒤 스탈린과 동맹을 맺었다가 나중에는 트로츠키와 함께 통합반대파를 결성했다. 그들은 자기 자신을 비난하고 트로츠키를 파시즘의 첩자라고 비난하는 등 공개적으로 자기 망신을 주는 치욕스런 짓을 하지 않으면 안 됐다. 그러나 이조차 그들의 목숨을 구하지 못했다.

사실, 이때까지 살아 있던 1917년 당시 볼셰비키 중앙위원 가운데 스탈린, 망명 중인 트로츠키, 외국 주재 대사였던 알렉산드라 콜론타이를 제외한 나머지 사람들은 이때쯤 모두 처형당했다. 스탈린은 레닌의 진정한 계승자인 척했다. 심지어 오늘날에도 많은 사람들은 스탈린의 범죄를 레닌과 연결시킨다. 그러나 스탈린이 1917년 10월의 진정한 유산을 말 그대로 일소해야 했다는 것이야말로 레닌과 트로츠키가 이끈 10월 혁명과 악랄한 스탈린주의 체제 사이의 단절을 더할 나위 없이 분명히 보여 준다.

1936년에 트로츠키는 다음과 같이 썼다. "지금의 숙청은 볼셰비즘과 스탈린주의 사이에 핏방울이 아니라 피의 강물이 흐르게 만들었다."[15]

1940년에 스탈린의 첩자 한 명이 멕시코의 트로츠키 집에서 트로츠키를 살해했다. 스탈린은 트로츠키만 살해한 게 아니라 그의 가족 전체를 몰살했다. 트로츠키의 작은딸은 공산당에서 축출당하고 노동을 금지당한 뒤 결핵으로 죽었다. 트로츠키의 큰딸 지나는 절망 끝에 결국 자살했다. 그들의 남편들은 시베리아의 강제 노동 수용소로 끌려갔다. 별명이 료바였던 트로츠키의 큰아들 레온 세도프(망명 중인 아버지와 매우 긴밀하게 협력했다)는 1938년에 스탈린의 보안경찰에게 독살당했다. 트로츠키의 작은아들은 일부러 정치를 멀리한 과학자였는데, 그조차 1934년에 수감돼서 스탈린의 수용소로 끌려갔다. 그의 마지막 소식은 1936년에 단식투쟁에 돌입했다는 것이었다. 트로츠키의 첫 아내 알렉산드라(그녀 자신도 반대파의 적극적 일원이었다)는 1936년에 레닌그라드에서 쫓겨났고 결국 1938년에 총살당했다.

이것은 단순한 개인적 비극이 아니라 스탈린이 정적들을 파멸시키고 10월 혁명의 유산을 파괴하기 위해 얼마나 멀리 나아갔는지 보여 주는 사건이다. 트로츠키의 아들 료바는 다음과 같이 썼다. 스탈린은 "트로츠키가 10월 혁명의 사상과 전통의 살아 있는 화신이기 때문에 트로츠키를 증오한다."¹⁶

트로츠키가 스탈린을 꺾을 수 있었을까?

많은 역사가들은 트로츠키와 스탈린 사이의 투쟁을 두 독재자의 권력 쟁탈전으로 묘사한다. 그러나 개인으로 보면, 트로츠키의 능력이 스탈린보다 훨씬 뛰어났다. 트로츠키와 달리 스탈린은 1917년에 사소한 구실을 했을 뿐이다. 1917년 혁명의 연대기를 쓴 수하노프는* 다음과 같이 회상했다. "스탈린은 … 어렴풋한 인상을 줬을 뿐

---

* 니콜라이 수하노프 멘셰비키 국제주의파였고 1917년 2월 혁명 이후 페트로그라드 소비에트 집행위원을 지냈다.

이다. 나만 그런 인상을 받은 것이 아니었다."¹⁷ 반면에, 트로츠키는 웅변술과 글재주, 1917년 무장봉기와 적군의 승리를 조직한 것으로 유명했다. 그에게 우호적인 사람이든 적대적인 사람이든 그 사실을 인정했다.

그러나 트로츠키와 스탈린의 투쟁은 개인 간 투쟁이 아니었다. 그들은 러시아의 서로 다른 두 세력을 대표하고 있었다. 트로츠키의 정치적 기반은 노동계급, 즉 10월 혁명을 일으킨 사람들이었다. 스탈린의 기반은 성장하는 관료 집단이었다.

내전 말기에 관료의 수는 노동자보다 훨씬 많았다. 1921년에 러시아의 국가 관료는 대략 590만 명이었다. 반면에, 생산직 노동자의 수는 겨우 125만 명이었다. 내전이 끝나고 공업이 재건되자 노동자가 늘어났다. 그러나 그들은 여전히 정치적으로 너무 취약했고 규모도 작았고 자신감도 없었기 때문에 스탈린에 맞서는 투쟁을 할 수 없었다.

그 때문에, 트로츠키가 비록 혁명의 지도자, 적군의 지도자로 엄청난 존경을 받았음에도 그가 마녀사냥 당하고 추방당했을 때 그를 지지하는 대중 반란이 없었던 것이다.

트로츠키는 전술적 오류들을 범했다는 비판을 받는다. 그의 사상을 지지하는 사람들조차 그렇게 비판한다. 예컨대, 레닌이 유언장에서 스탈린에 맞서 투쟁할 것을 촉구했을 때 트로츠키가 즉시 그렇게 하지 않았다는 것이다. 때때로 트로츠키가 분명한 목소리를 낼 수 있었을 때 오히려 침묵을 지킨 것은 사실이다. 때때로 하지 말았어야 할 타협을 한 것도 사실이다. 그러나 이런 오류 가운데 어느 것도 결정적이지 않았다.

소비에트 러시아의 운명은 혁명의 확산에 달려 있었다. 국제 자본가계급은 러시아를 고립시키는 데 성공했고, 이 때문에 스탈린이 집권할 수 있는 상황이 조성됐다.

스탈린의 집권은 관료 집단의 강력함, 노동자들과 혁명가들의 취약함과 사기 저하 덕분이었다. 외국의 혁명이 실패할 때마다 노동자들의 자신감은 떨어졌고, 그래서 노동자들은 점차 위로부터의 변화에 기대를 걸게 됐다. 그리고 스탈린의 기반이 강화될수록 그는 각국 공산당을 러시아 외교정책의 도구로 변모시킬 수 있었다. 그리고 이것이 이번에는 또 다른 국제적 패배를 재촉하는 전략들을 채택하게 만들었다.

트로츠키는 패배했지만, 원칙을 지키며 스탈린에 맞서 싸웠다. 이는 스탈린주의와 사뭇 다른 전통이 존재한다는 것을 보여 준다. 트로츠키는 10월 혁명의 민주주의·국제주의 정신에 여전히 충실했다. 마르크스 혁명론의 핵심은 노동 대중이 스스로 세계를 변혁해야 한다는 사상이다. 이것이 바로 트로츠키가 대변하는 전통이다. 그가 투쟁하지 않았다면(그럴 리는 없었겠지만), 그 전통은 스탈린의 집권과 더불어 영원히 사라지고 말았을 것이다.

트로츠키의 유산

트로츠키의 생애와 그의 저작을 살펴보면 두 가지 원칙이 두드러진다. 국제주의와 아래로부터 사회주의에 대한 헌신이 그것이다. 오늘날 전쟁과 신자유주의에 반대하는 전 세계 대중운동과 더불어 국제적 투쟁에 대한 자각도 성장하고 있다. 트로츠키는 전 세계의 피착취·피억압 대중을 지지했지만, 국제주의가 단순한 연대 이상의 것이어야 한다고 주장했다. 국제주의는 각각의 투쟁을 세계경제의 맥락 속에서 살펴보는 것이다. 현대의 '세계화' 이론보다 훨씬 더 전에 쓴 글에서 트로츠키는 세계를 통합된 전체로 이해해야 한다고 주장했다. 즉, 세계경제와 세계적 투쟁으로 말이다.

그는 다음과 같이 썼다. "국제주의는 결코 추상적 원칙이 아니다. 국제주의는 세계경제의 성격, 생산력의 세계적 발전, 세계 규모의 계급투쟁을 이론적·정치적으로 반영한다."[18]

그의 모든 활동은 세계를 통합된 전체로 보는 관점에서 출발했다. 연속혁명론을 발전시킨 것, 제국주의 전쟁에 반대한 것, 혁명의 확산에 헌신한 것, 국제적 운동에 관여한 것이 모두 그랬다.

이런 관점과 불균등·결합 발전에 대한 트로츠키의 인식에서 우리는 모종의 전략적 통찰을 얻을 수 있다. 오늘날 전 세계의 농민은 트로츠키 당시보다 훨씬 더 적다. 토지에서 일하는 사람들은 이제 대부분 농업 노동자들이고, 그들의 삶과 노동을 자본주의와 대기업들이 좌우한다.

그러나 제3세계의 도시들에서 어지럽게 늘어나는 빈민가의 특징은 농촌을 떠나온 미조직 빈민이 주변화한 경제 부문에서 근근이 생계를 이어 간다는 것이다. 라틴아메리카 등지의 많은 도시에서 가장 가난한 사람들은 수십 년 동안 착취와 빈곤뿐 아니라 인종차별에도 시달려 온 원주민들이다. 이 원주민들과 '비공식' 부문 노동자들은 제3세계의 현대화한 도시들에서 불안정하고 폭발적인 요인이 되고 있다. 그들은 반란과 폭발적 항쟁의 도화선이 될 수 있다. 궁극적으로 이런 투쟁들은 자본주의 경제의 핵심에 있는 전략적 세력인 조직 노동자들의 힘과 연결될 필요가 있다. 그렇게 투쟁이 결합되면 혁명이 일어날 수 있다.

연속혁명론은 또, 민주적 권리와 개혁을 위한 투쟁이 어떻게 경제적 해방(노동자 통제)을 위한 투쟁으로 비화할 수 있는지 보여 주고, 이런 문제들이 왜 개별 국민국가 안에서는 해결될 수 없는지도 보여 준다.

오늘날 가난한 나라의 문제는 국민국가의 틀 안에서 해결될 수 없다. 예컨대, 팔레스타인 문제의 해결 방안은 더 광범한 중동 전역 노동자들의 투쟁에서 찾아야 한다. 특히, 이집트 노동자들의 투쟁이 가장 중요하다. 아무리 부유한 나라일지라도 한 나라에서는 사회주의가 불가능하다. 이 점은 사하라 사막 이남 아프리카 같은 지역에서는 훨씬 더 진실이다.

트로츠키가 혁명에 헌신한 것은 무장봉기라는 최고의 순간에 국한되지 않았다. 마르크스와 마찬가지로 트로츠키도 해방은 노동 대중 자신의 행동이어야 한다고 생각했다. 이와 관련해 분명한 문제 하나는 대부분의 시기에 대다수 사람들은 혁명의 필요성을 느끼지 못하거나 그들 자신의 능력에 대한 믿음이 없어서 혁명이 불가능하다고 믿는다는 것이다. 이런 문제 때문에 트로츠키는 대중운동을 건설하고 사람들을 개혁주의에서 혁명적 사상 쪽으로 이끌

수 있는 전략과 전술을 발전시켰다.

오늘날 우리는 세계 전역에서 새 세대의 대중운동을 목격하고 있다. 그와 동시에, (영국의 노동당 같은) 전통적 사회민주주의 정당들이 노동 대중에게 뭔가를 제공할 수 있다는 믿음이 점차 사라지고 있다. 이런 상황에서 트로츠키의 공동전선 전략은 광범하고 원칙적인 운동을 건설할 수 있는 결정적 수단이다. 크고 작은 모든 투쟁에서 개혁주의 전술과 혁명가들이 선택하는 방식 사이에 논쟁이 벌어진다. 전자는 [자본주의] 국가의 한계 안에서 위로부터 변화를 추구하는 반면, 후자는 자주적 행동, 대중 동원, 아래로부터의 투쟁, 국가에 대한 과감한 도전을 제기한다. 이런 투쟁 과정에서 사람들의 생각은 바뀌기 시작한다. 트로츠키의 위대한 공헌은 공산당에서 축출되고 러시아에서 추방됐을 때조차 스탈린에 투항하거나 절망에 빠지지 않고 계속 조직 활동을 했다는 것이다. 가장 어려운 상황에서 벌인 그런 투쟁 덕분에 진정한 혁명적 사회주의 전통이 오늘날까지 보존될 수 있었다. 진정한 평등·해방·국제주의를 표방하는 전통 말이다.

트로츠키의 사상은 그보다 앞선 마르크스의 사상과 마찬가지로 독단적 교조가 아니다. 트로츠키가 항상 옳았던 것도 아니다.

살해당하기 직전에 그는 서방 자본주의와 스탈린주의가 모두 제2차세계대전 때문에 심각한 위기에 빠질 것이라고 예측했다. 결국 두 예측 모두 틀렸음이 입증됐고, 그 때문에 전후에 많은 트로츠키 지지자들은 혼란에 빠졌다. 그의 사상을 계승하고 발전시키는 것은 미래 세대의 과제로 남았다. 그러나 누군가가 더 멀리 내다볼 수 있다면, 그것은 그가 거인의 어깨 위에 서 있기 때문일 것이다. 트로츠키의 사상과 방법은 전쟁과 자본주의에 저항하는 새 세대를 위한 교훈으로 가득하다. 트로츠키 자신에게 그랬듯이 우리에게도 그의 사상과 방법은 세계 변혁과 미래를 위한 투쟁의 도구다.

이 글의 지은이 **에스미 추나라**는 영국 사회주의노동자당(SWP) 당원이고 《인터내셔널 소셜리즘》 편집위원이다. 《크게 외쳐라: 인종차별에 맞선 투쟁과 마르크스주의(Say It Loud: Marxism and the Fight Against Racism)》(2013)의 공저자다.

6장

알렉산드라 콜론타이

알렉산드라 콜론타이는 누구인가?

알렉산드라 콜론타이는 여성해방과 인간의 자유를 위해 평생 헌신한 혁명적 사회주의자였다. 그녀는 1905년과 1917년 러시아 혁명의 주요 투사였다. 콜론타이는 여성해방을 위한 투쟁을 사회주의를 위한 투쟁의 중심에 놓았다.

콜론타이가 산 역사적 시대의 두드러진 특징은 제1차세계대전의 유혈 낭자한 만행이었다. 그래서 제국주의 전쟁에 격렬하게 반대한 그녀는 모든 나라의 노동계급과 억압받는 사람들이 자국의 전쟁광 지배자들에 맞서 단결해야 한다고 주장했다. 헌신적 국제주의자 콜론타이는 1910년에 전 세계 여성 노동자들의 투쟁을 기념하고 단결을 도모하기 위해 국제 여성 노동자의 날을 제창한 여성 사회주의자 중 한 명이었다.

콜론타이는 1917년 러시아 혁명 때 노동계급의 엄청난 승리에 기여한 볼셰비키라는 혁명적 정당의 지도적 당원이었다. 대다수 국가가 여전히 여성에게 투표권을 주지 않던 시대에 그녀는 볼셰비키 정부 초창기에 사회복지 인민위원(장관 비슷한 직책)을 맡았다.

콜론타이는 성적 관계와 인간관계가 인간의 자유를 위한 투쟁과 어떤 연관이 있는지를 다룬 글을 많이 썼다.

1917년 러시아 혁명의 비극적 운명, 혁명의 성과를 모두 뒤집어 버린 스탈린주의의 끔찍한 유산 때문에, 여러 세대의 활동가들이 사회주의는 여성해방을 위한 투쟁이 나아갈 길이 아니라고 생각하게 됐다.

콜론타이의 유산을 두고 논쟁도 벌어진다. 어떤 사람들은 그녀가 여성 차별은 남성 탓이므로 여성은 남성과 따로 조직돼야 한다고 생각하는 페미니스트일 뿐이라고 주장한다. 다른 사람들은 그녀가 교차성이나 특권 이론 같은 최신 사상을 아주 일찍부터 주창한 선구자라고 생각한다. [여성]해방에 관한 콜론타이의 견해를 보면 이런 사상의 지지자들이 추구하는 목표와 비슷한 점이 많다. 그러나 그 무엇보다 콜론타이는 마르크스주의자이자 혁명가였다.

그녀는 여성 차별이 계급사회의 산물이라고 봤다. 따라서 여성해방은 평범한 사람들의 반자본주의 투쟁과 결부돼 있다고 봤다.

오늘날의 경제 위기, 인종차별, 전쟁, 기후 재앙은 자본주의가 고장 났다는 사실을 분명히 보여 준다. 자본주의는 결코 여성을 해방하지 못했다. 오히려 여성 차별은 기업 이사회실부터 학교 교실까지

이 체제가 작동하는 모든 부분에 체계적으로 내재한다.

그와 동시에 우리는 여성과 남성이 체제의 여성 차별에 맞서 계속 저항하는 것도 보고 있다. 전 세계 여성 노동자들의 고무적인 파업과 운동이 이런 저항의 중심에 있었다. 혁명적 변화의 필요성은 1917년과 마찬가지로 지금도 절실하다. 바로 이런 이유 때문에 콜론타이의 활동과 저작이 오늘날 우리에게도 중요한 의미가 있는 것이다.

콜론타이는 어떻게 혁명가가 됐는가?

콜론타이는 1872년 러시아의 페테르부르크에서 태어났다. 당시 러시아는 여전히 로마노프 왕조의 차르(황제)가 지배하는 나라였다. 콜론타이 집안은 귀족이었지만, 그래도 비교적 진보적인 가문이었다. 아버지는 군 장성이었고, 어머니는 핀란드 농부 출신의 부유한 목재상 딸이었다. 압도 다수의 러시아인(80퍼센트가 농민이었다)이 가난에 허덕이고 있을 때 콜론타이는 안락하고 유복한 어린 시절을 보냈다.

콜론타이 자신의 말에 따르면 "가족들이 응석을 다 받아 줘서 버릇없이 자란 막내딸"이었다.[1] 비록 안락하게 자라기는 했지만 부모는 콜론타이가 근면한 생활을 하도록 가르쳤다.

그녀는 어린 시절을 다음과 같이 회상했다. "나는 어른들이 부당하다고 비판했고, 내가 모든 것을 누리는 반면에 다른 아이들은 많은 것을 누리지 못한다는 사실을 명백한 모순으로 느꼈다."[2]

콜론타이의 성장기에 러시아에서는 이제 막 산업화가 시작되고 있었다. 러시아의 산업화 속도는 놀라울 정도였다. 봉건 러시아에서 흔히 농노로 알려진 농민들은 아무런 자유도 없었고 자신이 일하는 특정 토지에 매인 몸이었다. 1861년에 차르 알렉산드르 2세가 농노제를 폐지했을 때에야 비로소 이 족쇄는 끊어졌고 산업 자본주의가 발전할 수 있는 길이 열렸다. 다수의 여성을 포함한 수많은 농민은 논밭을 떠나 공장으로 가서 일해야 했다. 그래서 노동 생활의 경험이 근본적으로 바뀌었다.

공장의 상황은 소름끼쳤다. 여성 노동자의 상황은 최악이어서, 흔히 하루에 14시간씩 일하면서도 남성 노동자 임금의 5분의 1밖에 받지 못했다. 여성 노동자는 일상적으로 경영자의 성적 괴롭힘에 시달렸고 심지어 강간을 당하기도 했다. 빈곤층 수준의 임금 때문에 많은 여성이 성매매에 의존해야 했는데, 이를 위해 국가의 허가를 받아야 했다.

농민 여성들도 계속 끔찍한 상황에 직면했다. 농민의 딸이 17살이 됐는데도 결혼하지 않으면 그 가족이 벌금을 내야 했다. 젊은 며느리는 흔히 시아버지와 동침하는 것이 당연하게 여겨졌다. 러시아 정교회의 규칙 때문에 가난한 사람들은 이혼이 거의 불가능했다.

콜론타이의 부모는 당대의 여성 차별 관행을 대부분 거부했고 여아 교육을 장려했지만, 딸들이 '시집 잘 가기'를 바라기도 했다. 콜론타이는 부모가 19살의 큰언니를 거의 70살의 부유한 남성과 결혼시켰을 때 진저리를 쳤다. "나는 이 정략결혼, 돈 보고 하는 결

1888년 16살의 콜론타이

혼에 반기를 들었다. 내가 원하는 결혼은 오직 사랑해서 하는 결혼, 순수한 열정에서 비롯한 결혼뿐이었다."³

콜론타이가 블라디미르 콜론타이라는 기술자를 연인으로 선택하자 그녀의 부모는 탐탁지 않게 여기고 둘 사이를 떼어 놓으려고 콜론타이에게 유럽 여행을 다니게 했다. 그녀는 파리의 서점에서 우연히 카를 마르크스와 프리드리히 엥겔스의 《공산당 선언》과 엥겔스의 《가족, 사유재산, 국가의 기원》을 접했다. 마르크스는 1848~1850년 독일 혁명에 적극 참가한 혁명가였다. 마르크스와 엥겔스는 모두 제1인터내셔널, 즉 국제노동자협회의 지도자였다. 국제노동자협회는 착취에 반대하고, 억압받는 사람들의 해방을 위해 노동자들을 국제적으로 단결시키는 조직이었다.

엥겔스는 여성 차별의 기원이 계급사회의 발생에 있다고 봤다. 그리고 계급사회의 최신 형태인 자본주의는 여성이 가정에서 하는 구실, 직장에서 당하는 착취, 재산권도 없는 처지를 통해 여성 차별을 강화하고 여성 차별에서 이득을 본다고 주장했다. 콜론타이는 마르크스와 엥겔스의 책을 읽으며, 계급 없는 해방된 사회라는 비전에 눈을 떴다.

그녀는 러시아로 돌아오자마자 부모를 설득해서 마침내 블라디미르 콜론타이와 결혼했다. 그러나 결혼 생활과 임신·출산·육아는 콜론타이가 바라던 자유를 가져다주지 않았다. 그녀는 다음과 같이 회상했다. "나는 여전히 남편을 사랑했다. 그러나 가정주부와 배우자로서 행복한 생활은 나에게 새장 같은 것이 돼 버렸다."[4]

1894년에 변화가 찾아왔다. 차르 니콜라이 2세가 노동계급에 대한 전면 공격에 나서자 이에 항의하는 파업과 시위가 잇따랐다. 콜론타이는 파업에 고무됐다. 그중에는 페테르부르크의 라페르메 담배 공장에서 여성 노동자 2000명이 벌인 파업도 있었다. 콜론타이는 나데즈다 크룹스카야 같은 경험 많은 여성 혁명가들과 함께 활동하기 시작했다(크룹스카야의 연인은 러시아의 지도적 마르크스주의자인 블라디미르 레닌이었다). 그들은 야학에서 노동자들을 가르치고 파업 기금을 모으고 불법 소책자들을 밀반입하는 활동을 했다.

콜론타이의 혁명적 활동으로 말미암아 결혼 생활에 긴장이 조성되고 있었다. 남편은 콜론타이를 공장으로 데려가서 자신이 환기 장치를 개선하려고 애쓰고 있다는 것을 보여 줬다. 그러나 콜론타이는 [공장의] 현실을 목격하고 경악했다. 1만 2000명의 노동자가 섬유 먼지로 오염된 숨 막힐 듯한 공장에서 주 7일, 하루 18시간씩 일하고 있었다. 많은 노동자가 결핵에 걸려 30살이 되기 전에 죽었다. [남편의 기대와 달리] 콜론타이는 안심하기는커녕 체제에 대항하는 노동자들의 혁명적 투쟁 필요성을 훨씬 더 굳게 확신하며 공장 문을 나섰다. "노동자들이 그토록 끔찍하게 노예처럼 살고 있을 때 내가 행복하고 평화로운 생활을 할 수는 없었다. 그래서 이 운동에 가담해야만 했다."[5]

1896년 페테르부르크의 모든 섬유 공장에서 러시아 최초의 대중 파업 물결이 분출했다. 노동자의 40퍼센트를 차지하는 여성 노동자들이 파업을 주도했다. 콜론타이는 다음과 같이 회상했다. "공장에서 모든 사람에게 멸시당하며, 가혹하고 참을 수 없는 노동조건에 짓눌려 절망적으로 살아가던, 정치적으로 소박한 여성 노동자들이 … 이제 노동계급의 권리와 여성해방을 위해 선두에서 싸우는 모습은 참으로 경이로웠다."[6]

콜론타이는 나중에 다음과 같이 썼다. "여성 노동자들의 운동은 본질적으로 전체 노동자 운동의 분리할 수 없는 일부다. … 차르 체제가 그토록 증오하는 모든 봉기와 모든 공장 소요에서 여성 노동자는 남성 노동자와 나란히, 동등하게 싸웠다."[7]

1897년에 또 다른 파업 물결이 일었고, 이어서 제정 당국의 극심한 탄압 시기가 찾아왔다. 많은 혁명가가 차르의 경찰에 체포돼 시베리아로 유형을 갔다. 잡히지 않은 사람들은 지하에서 활동해야만 했다.

바로 이런 상황에서 콜론타이는 남편 곁을 떠나기로 결심했다. 그녀는 아들을 자신의 부모에게 맡기고 유럽행 기차에 몸을 실었다. 그리고 마르크스주의를 공부하고 사회주의 운동에 투신할 계획을 세웠다.

독일과 러시아에서 벌어진 논쟁들

콜론타이는 1898~1899년의 대부분을 스위스 취리히에서 마르크스주의를 공부하고 독일 사회민주당의 내부 논쟁에 참여하며 보냈다. 사회민주당은 마르크스주의에 사상적 뿌리가 있었는데, 당시 수많은 당원을 거느린 세계 최대의 사회주의 조직이었다. 또, 유럽 전역의 사회주의자들에게 영감의 원천이자 길잡이 구실을 하는 정당이었다.

독일 자본주의가 성장함에 따라 노동계급에 대한 카이저(독일 황제)의 공격도 거세졌다. 사회민주당은 앞장서서 카이저에게 저항했고, 선거에서 450만 표를 얻어 국회 다수 의석을 차지할 정도로 엄청난 성공을 거뒀다. 사회민주당이 선거에서 승승장구할 때 신생 노동조합들도 산업 투쟁 수준을 높이는 등 독일 노동계급은 잇따라 승리를 맛봤다.

사회민주당이 선거에서 성공을 거두자 당 지도자 에두아르트 베른슈타인은 사회주의를 실현하는 데 더는 혁명이 필요하지 않다고 주장했다. 사회주의자들이 선거에서 당선해 의회에 들어가고 노동조합이 노동자들의 조건을 개선해서 점진적으로 사회주의를 실현할 수 있을 것이라는 주장이었다. 이것은 마르크스주의의 혁명적 목표를 근본적으로 수정하는 노선이었으므로 '수정주의'로 알려지게 된다. 사회민주당이 말로는 혁명에 헌신한다면서도 실제로는 점점 개혁주의로 나아가고 있음이 드러난 것이다.

콜론타이는 자신이 경험한 러시아의 파업 물결을 근거로 수정주의를 비판했다. 그녀의 생각은 폴란드 출신의 마르크스주의자 로자 룩셈부르크와 더 가까웠다. 독일 사회민주당의 주요 당원인 룩셈부르크도 노동계급이 자본주의를 혁명으로 전복하는 것만이 사회주의에 이르는 유일한 길이라고 주장했다. 나중에, 즉 1901년에 콜론타이와 룩셈부르크는 잠깐 만났고, 콜론타이는 룩셈부르크에게 영감을 얻어 마르크스주의 경제학을 공부했다.

러시아로 돌아온 콜론타이는 레닌의 정당인 러시아 사회민주노동당에 가입했다.

1901년 러시아에서는 차르 체제에 대항하는 대중파업과 소요가 다시 벌어졌다. 차르는 엄청나게 많은 경찰 첩자를 이용해 저항을 폭력적으로 짓밟았다. 그래서 저항을 조직하기가 거의 불가능해졌다. 차르를 반대하는 사람들 사이에서는 이렇게 어려운 상황에서 어떻게 조직할 것인지를 두고 논쟁이 벌어졌다.

레닌을 비롯한 많은 사회주의자는 지하에서 활동하는 꽉 짜인 혁명적 정당이 필요하다고 주장했다. 그래야 사회주의자들이 가장 자신감 있는 노동자들의 투쟁을 지원하면서도 경찰에 체포되지 않을 터였기 때문이다.

다른 러시아 사회주의자들은 더 느슨한 조직, 즉 신흥 자유주의 자본가계급과 관계가 더 가까운 조직을 원했다. 그러나 러시아가 어떻게 사회주의에 이를 수 있는지에 관한 의견 불일치가 여기서 드러났다. 더 느슨한 조직을 원하는 사람들은 러시아에서 의회제 민주주의와 자본주의의 발전을 이루려면 자유주의자들과 동맹해야 한다고 생각했다. 그렇게 해서 의회제 민주주의와 자본주의가 발전한 뒤에야 사회주의를 위한 투쟁이 본격적으로 시작될 수 있다는 것이었다.

이 논쟁 때문에 결국 1903년 러시아 사회민주노동당은 레닌을 지지하는 볼셰비키('다수파'라는 뜻)와 반대하는 멘셰비키('소수파'라는 뜻)로 분열했다.

콜론타이는 헌신적 혁명가들의 꽉 짜인 조직이 필요하다는 점에 관해서는 레닌의 주장에 동의했다. 그러나 멘셰비키의 주장에도 공감했고 많은 멘셰비키 지도자를 존경했다. 처음에 콜론타이는 두 분파 어디에도 가담하지 않았다. 당시의 많은 혁명가처럼 콜론타이도 때에 따라 양쪽에서 적극적으로 활동했다.

1904년 2월 차르는 조선과 만주(오늘날 러시아와 몽골로 둘러싸인 중국 북동부 지방)를 누가 지배할 것인지를 두고 일본 제국과 전쟁을 시작했다. 러시아 국가는 일본인에 대한 끔찍한 인종차별적 선동을 전개했다. 수많은 러시아 노동자와 농민이 전쟁터로 가서 죽어야 했다.

자유주의 자본가계급은 수치스럽게도 전쟁을 지지했고, 일부 멘셰비키 당원은 그들을 추종했다. 이에 분노한 콜론타이는 볼셰비키 편에 가담했다.

전쟁 때문에 농민 여성들과 아이들은 굶주림에 시달렸다. 그래서 가장 위험한 공장에서 저임금을 받으며 일하거나 성매매에 의존할 수밖에 없었다. 불만이 고조됐다. 농민 여성들은 난생 처음 "집을 떠나서 수동성과 무지를 떨쳐 버리고 도시로 달려가 일자리를 찾거나 남편과 아들, 아버지의 소식을 들을 수 있기를 바라며 정부 기관의 복도를 배회하고 유족 연금을 요구하고 자신의 권리를 찾기 위해 싸웠다. 시골로 돌아온 사람들의 정신은 냉철하고 단단해져 있었다."[8]

1905년 혁명

1905년 1월 초에 빈곤과 재앙적 전쟁에 대한 분노와 절망이 최고조에 이르렀다. "이 켜켜이 쌓인 불만의 화약고에 불을 붙인 불꽃"은 페테르부르크의 거대한 푸틸로프 군수공장에서 시작된 파업이었다고 콜론타이는 말했다.[9]

그 파업은 도시 전체로 확산돼, 조선소부터 제과점까지 모두 파업 물결에 휩쓸렸다. 1월 21일쯤에는 페테르부르크 전체가 마비돼 전기도 들어오지 않고 신문도 발행되지 않았으며 제과점도 문을 닫았다.

1월 22일 가폰 신부가 이끄는 노동자 수천 명이 차르의 겨울궁전

---

* 1918년 1월까지 러시아에서 사용된 구력(율리우스력)으로는 1월 8일이었다.

푸틸로프 공장의 5월 1일 시위(보리스 쿠스토예프, 1906년 작)

을* 향해 행진했다. 그들은 헌법과 민주적 기본권을 요구하는 청원서를 들고 있었다. 평화적 시위대를 향해 총탄이 빗발치듯 쏟아졌다. [당시 현장에 있던] 콜론타이의 마음속에는 "[차르를] 믿고 기대에 찬 얼굴들, 겨울궁전을 경비하는 군대의 운명적 [시위 진압] 신호, 하얀 눈밭에 군데군데 고인 피, 경찰의 고함 소리, 사망자와 부상자, 총에 맞은 아이들"의 모습이 깊이 각인됐다.[10]

약 2000명의 노동자가 학살당한 그 사건은 '피의 일요일'로 알려지게 된다. 콜론타이는 다음과 같이 썼다.

---

*   러시아 황제들이 거주한 궁전으로 주로 겨울에 사용돼 겨울궁전(또는 동궁)으로 불린다. 현재는 에르미타주 박물관으로 사용된다.

바로 그날 차르는 훨씬 더 중대한 뭔가를 살해했다. 그가 살해한 것은 미신, 즉 차르가 정의를 실현해 줄 것이라는 노동자들의 믿음이었다. 그때 이후로 모든 것이 달라졌고 새로워졌다.[11]

총파업이 러시아의 주요 도시들로 확산됐다. 흑해 함대의 수병들이 반란을 일으켰다. 이후 몇 달 동안, 경찰의 무력 진압에도 굴하지 않고 차르에게 대항하는 노동자·학생·농민의 운동은 갈수록 성장했다. 국내에서 혼란에 빠진 차르는 일본과 협상에 나설 수밖에 없었다.

콜론타이는 혁명 기간 내내 지칠 줄 모르고 일했다. 볼셰비키는 잠시 그녀를 핀란드로 파견해서 노동자들을 조직하는 활동을 지원하게 했다. 콜론타이가 어렸을 때 외갓집에 가서 익힌 핀란드 언어와 문화에 관한 지식을 활용한 것이다.

1890년대의 파업 기간에 러시아 노동자들은 독립적 파업 위원회를 설립했다. 1905년에도 민주적으로 선출된 이 대중적 평의회, 즉 소비에트가 등장해서 공식 노동조합과 따로 활동했다. 수도의 노동계급 전체가 페테르부르크 노동자 평의회로 조직됐다. 노동계급은 비록 러시아 사회에서 소수였지만, 새로운 형태의 민주적 조직과 의사 결정 방식으로 길을 선도하고 있었다.

여성 노동자들은 혁명을 이끌었고, 뿌리 깊은 여성 차별에 도전하기 시작했다. 콜론타이는 다음과 같이 말했다.

여성 노동자가 점차 자신이 살고 있는 세계를 이해하고 자본주의 체제가 정의롭지 않다는 사실을 알게 될수록 자신이 참고 있는 고통에 대해 더 쓰라린 심정을 갖게 됐고, 여성 노동자의 요구를 인정하라는 노동계급의 목소리도 더 크고 강력하게 들리기 시작했다.[12]

여성들은 출산휴가, 직장 내 돌봄 시설과 수유 시간 보장을 요구하기 시작했다. 콜론타이는 1905년에 "자기 목소리를 내고 새로운 권리를 요구하는 여성의 주장이 들리지 않은 곳은 한 군데도 없었다"고 말했다.[13]

1905년까지 줄곧 지하에서 활동하던 볼셰비키는 이제 문을 활짝 열고 공장 노동자들을 받아들였다. 이제 경찰국가하에서 비합법으로 활동하던 시기는 끝났다.

콜론타이는 노동자들과 긴밀하게 접촉하고 있었기 때문에, 10월에 페테르부르크 [노동자 대표] 소비에트의 첫 회의가 열렸을 때 노동자들의 초대를 받아 90명의 대표와 함께 회의에 참석했다(레온 트로츠키가 이 소비에트의 의장이었다˚). 트로츠키는 유대인 혐오가 극심한 제정러시아에서 성장한 젊은 유대인 혁명가였다. 그는 노동자 소비에트가 차르 체제를 전복하는 데서 핵심적 구실을 할 것이라고 주장했다.

트로츠키의 주장은 콜론타이에게 엄청난 영향을 미쳤다. "그는 소비에트를 꿰뚫어 보고 그 중요성을 직감적으로 파악했으며, '노동자

---

* 1905년 10월 설립된 페테르부르크 소비에트의 초대 의장 흐루스탈레프노사르가 11월 경찰에 체포된 후 트로츠키가 의장으로 선출됐다.

들을 단결시키는' 이 새 조직의 임무를 아주 명쾌하게 정리했다."[14]

페테르부르크 소비에트는 총파업을 선언했다. 대중파업과 농민 반란은 1905년 12월까지 계속됐다. 저항이 계속 성장하는 것을 보며 겁에 질린 차르는 혁명을 가라앉히려는 노력의 일환으로 약간 제한적인 양보 조치를 내놨다. 그래서 러시아 역사상 처음으로 두마, 즉 의회가 세워졌다. 의원을 뽑기 위한 선거가 실시됐고, 다양한 정당과 사회주의자, 노동조합 활동가가 선거에 참여할 수 있었다.

그러나 두마는 사실상 아무 실권이 없었다. 선거 규정상 지주들이 의회의 다수 의석을 차지하게 돼 있었고, 모든 장관은 차르가 시키는 대로 하지 않으면 안 됐다. 여성은 두마 선거에 참여할 권리조차 없었다.

혁명이 일어나자 자연스럽게 사회주의자들이 단결했다. 그러나 두마가 만들어지자 볼셰비키와 멘셰비키 사이에 새로운 의견 불일치가 생겨났다.

처음에 볼셰비키는 두마를 보이콧했다. 두마는 혁명을 후퇴시키려는 '사이비 의회'일 뿐이라는 것이었다. 멘셰비키는 제한적 참여를 지지했다. 두마 덕분에 혁명적 노동자 조직들이 자유주의자들과 협력할 수 있는 기회가 생긴다고 봤기 때문이다.

콜론타이는 두마가 속임수일 뿐이라는 데 동의했지만, 노동자 조직들이 요구를 제기할 수 있는 기회를 어떻게든 붙잡아야 한다고도 생각했다. 그래서 볼셰비키를 떠나 멘셰비키에 가담하기로 결심했다.

그런데 혁명이 끝났다는 것이 분명해지자 볼셰비키는 두마 선거에 참여했다. 물론 사회주의자들이 두마에 참여하는 목적은 단지 사회주의의 깃발을 높이 올리고 노동계급을 대변하기 위해서라는 점을 분명히 했다. 자유주의 자본가계급과 동맹하면, 노동자들의 요구를 둘러싸고 이해관계가 충돌할 것이 뻔하다고 볼셰비키는 생각했다.

1905년 혁명은 콜론타이에게 그랬듯이 더 광범한 혁명운동 자체에도 전환점이었다. 노동계급이 공장의 담을 넘어서는 요구들을 제기하고 차르 체제를 붕괴 직전까지 몰아붙일 수 있는 엄청난 힘이 있다는 사실이 혁명에서 드러났다.

로자 룩셈부르크는 그동안 정치적 권리를 박탈당한 사람들이 혁명을 통해 어떻게 각성했는지를 다음과 같이 묘사했다.

> 혁명적 시기, 즉 엄청나게 격동적인 계급투쟁의 폭풍우 속에서, 급속한 자본주의 발전과 사회민주주의의 영향력이 일으키는 모든 교육 효과가 가장 광범한 민중 사이에서 처음으로 드러난다. 반면에 평화적 시기에는 조직된 사람들의 명단과 심지어 선거 통계를 아무리 들여다봐도 그런 것을 파악하기 힘들다.[15]

실제로 여성 노동자들은 자신들이 혁명운동의 중심 세력이라는 것을 입증해 보였다. 콜론타이는 여성 노동자들이 "잠에서 깨어났다"고 썼다. "모든 곳에서 여성 노동자를 볼 수 있었다."[16]

여성운동이 성장하다

1905년에 일어난 사건들은 모든 것을 바꿔 놨다. 러시아 역사상 처음으로 여성해방 문제가 대중적으로 제기됐다. 차르 체제에 대항하는 투쟁을 통해 노동계급 여성들과 농민 여성들은 사회 전체에 퍼져 있는 여성 차별적 생각과 관행에 도전하기 시작했다.

노동계급 운동의 어깨 위에 올라탄 중간계급 여성들도 자기 목소리를 내기 시작했다. 영국 여성참정권 운동가들인 서프러제트의 투쟁에서 영감을 얻은 러시아 여성평등권연합의 부르주아 여성들은 두마에 호소해서 투표권을 얻으려 했다. 그러나 두마는 그들의 요구를 거부했다. 그러자 1905년의 경험에서 배운 그 부르주아 여성들은 노동계급 여성에게 의지해서 유산[계급] 여성의 투표권을 얻으려는 운동을 건설했다.

그들은 만약 중간계급 여성들이 두마에 들어가면 노동계급 여성들도 이혼의 권리 같은 개혁으로 혜택을 볼 것이라고 약속했다.

콜론타이는 중간계급 여성들의 이익을 위한 투쟁이 노동계급 여성들에게도 이로울 것이라는 주장을 납득할 수 없었다. 그녀는 새 여성운동의 등장이 엄청나게 중요하고 혁명의 사회적 파급력을 보여 주는 징후라고 생각했다. 그러나 중간계급 여성의 투표권으로 요구를 제한하면 애초에 두마를 쟁취한 수많은 노동계급 남녀의 입지를 약화시킬 것이라고도 생각했다.

투표권을 요구하는 페미니스트들의 투쟁에 사회주의자들이 얼마나 관여해야 하는지를 두고 국제 사회주의 운동 안에서 논쟁이 벌

1905년의 콜론타이

어지고 있었다. 영국에서는 여성 사회주의자들이 중간계급 페미니스트들과 매우 긴밀하게 협력했다. 오스트리아에서는 중간계급 여성들이 노동계급의 단결을 방해할까 봐 사회주의자들이 페미니스트들의 투쟁에 관여하지 않았다.

러시아에서 멘셰비키는 사회주의자 여성과 중간계급 여성의 광범한 동맹을 원했지만 볼셰비키는 반대했다. 왜냐하면 중간계급 자유주의자들은 결국 차르 편에 설 것이므로 결코 신뢰할 수 없는 동맹이라고 봤기 때문이다. 콜론타이는 비록 멘셰비키 당원이었지만 볼셰비키와 비슷한 이유에서 중간계급 페미니스트들과 동맹하는 데 반대했다. 그렇지만 사회주의자들이 투표권 같은 남녀평등을 위한 투쟁에 관여해야 한다고도 주장했다.

콜론타이는 나중에 다음과 같이 썼다. "나는 러시아의 여성참정권 운동가들이 벌이는 투쟁에 뛰어들었고, 노동계급 운동이 여성 문제를 투쟁 목표에 포함시키도록 설득하려고 온 힘을 다해 분투했다."[17] 콜론타이는 독일 사회주의자 클라라 체트킨의 선례를 따랐다. 체트킨에게 여성의 동등한 권리 문제는 결코 협상의 대상이 될 수 없었다. 오히려 체트킨은 사회주의자들의 요구가 중간계급 여성의 투표권을 넘어서는 것으로, 즉 모든 사람의 투표권(보통선거권)으로 확대돼야 한다고 주장했다.

1905년 내내 많은 노동계급 여성은 점차 자신감이 커졌지만, 아직 독자적 요구를 내걸고 투쟁할 만큼은 아니었다. 그래서 많은 여성 노동자가 부르주아 페미니스트들(자신감 있고 교육받은 여성들)의 지도를 받아들였고, 혁명 기간 내내 여성평등권연합의 모임에 참석했다. 콜론타이는 그 여성 노동자들을 지지하며 다음과 같이 말했다. "여성의 정치적 지위가 열등하다는 것을 막 깨닫기 시작한 여성 노동자들은 이 문제를 자기 계급 전체의 투쟁과 연결시킬 준비가 돼 있지 않았다. 그래서 스스로 해방에 이르는 길을 아직 찾지 못했고 여전히 부르주아 페미니스트들의 치맛자락을 붙잡고 있었다."[18]

콜론타이는 부르주아 여성과 노동계급 여성을 함께 조직하기는 어렵다고 말했다. "그들[여성평등권연합]은 지체 높은 여성 고용주와 하녀가 함께 모이는 이상적인 조직을 건설하려 했다. … 그들은 여주인의 감시 아래서 하녀를 조직하려고 애썼다."[19]

예컨대, 어떤 여성 요리사가 자신이 일하는 집의 부엌에서 [여성 노동자들의] 모임을 조직하기 시작했다. 그녀의 여주인은 부르주아 페미니스트 조직자였는데, 그 모임을 지지하고 모임에서 발언도 자주 했다. 그러나 모임 참석자가 늘어났을 때 그 노동자들은 결코 본채로 초대받지 못했고 하인들의 숙소에서 갇혀 있어야 했다.

콜론타이를 중심으로 한 여성 사회주의자들은 노동계급 여성을 위한 클럽을 조직했다. 그 클럽에서 다룬 쟁점들은 근무 중 수유 시간 보장, 작업장 위생, 산전·산후 건강 관리 같은 여성 노동자들의 요구였다. 매일 밤 운영된 그 클럽은 수백 명의 노동자를 끌어들였지만, 여성 당원들을 포함한 일부 볼셰비키 당원들의 반발에 부딪히기도 했다. 그들은 여성 위주의 활동이 여성 노동자와 남성 노동자 사이에 분열의 씨앗을 뿌릴까 봐 걱정한 것이다.

노동계급 여성들이 투쟁에 나설 수 있으려면 그들을 짓누르는 집안일의 부담에서 벗어나야 했다. 그래서 클럽에는 사회주의 연속 강의와 도서관뿐 아니라, 돌봄 시설과 간이 식당도 있었다.

그러나 1905년의 혁명적 에너지가 서서히 사그라지자 새로운 여성운동도 시들해졌다. 반동기가 찾아왔고 차르의 경찰이 거리에서 혁명가들을 체포했다.

1908년의 험악한 정치 환경에서 페미니스트들은 제1차 전국여성대회로 여성들을 단결시켜서 여성운동에 새로운 활력을 불어넣으려 했다. 그러나 부르주아 페미니스트들은 여성의 단결 운운하면서도 [여성] 혁명가들이 운동의 일부로서 혁명적 요구를 제기하는 것을 더는 용납하지 않았다. 부르주아 페미니스트들은 노동계급 여성들이 여전히 "자신들의 치맛자락을 붙잡고 있는" 것에 기뻐했지만 노동계급적인 정치적 지도는 결코 원하지 않은 것이다.

1908년 제1차 전국여성대회 부르주아 여성들은 콜론타이 등 여성 혁명가들을 체포하라고 경찰에 요청했다

콜론타이는 그 여성 대회가 여성 노동자들을 행동으로 동원할 수 있는 기회라고 생각하는 한편, 토론회장에서 페미니스트들의 진정한 계급 동맹이 무엇인지를 검증할(즉, 폭로할) 수 있을 것이라고도 생각했다. 여성 대회는 노동조합들의 지지를 받았고, 대회 조직위원회에는 여성 섬유 노동자, 인쇄 노동자, 제과점 노동자 등도 포함됐다. 최대 650명의 여성 노동자가 대회 준비 모임에 참가했는데, 거기서 콜론타이와 그 동지들은 여성해방이 사회주의를 위한 계급투쟁의 일부가 돼야 한다고 주장했다.

부르주아 여성들은 차르 정권의 탄압을 이용해, 콜론타이를 비롯한 여성 혁명가들의 대회 참석을 막아 달라고 경찰에 요청했다. 그래도 콜론타이 등은 기어코 참석해, 대회에 참석한 1053명의 대표 중 45명을 이뤘다.

대회에서 [여성 노동자들이] 질병 수당 도입을 주장했을 때 부르주아 여성들이 시끄럽게 떠들었다. 한 여성 노동자는 다음과 같이 외쳤다. "마차 타고 다니면서 우리에게 흙탕물이나 튀기는 당신들이 우리의 삶을 알기나 해?"[20]

어떤 부르주아 페미니스트는 정당이 여성운동에 관여하도록 허용해서는 안 된다고 주장했다. 그러자 한 볼셰비키 여성 당원이 서로 다른 계급의 여성들은 요구도 서로 다르므로 다른 방식으로 조직될 필요가 있다고 지적했다. 노동계급 정당에 가입하는 것은 노동계급 여성의 권리여야 한다는 것이었다. 그것은 여성 노동자의 투쟁에 매우 중요한 것이었기 때문이다.

콜론타이는 혁명의 필요성에 관해 다음과 같이 주장했다.

여성 문제는 '권리와 정의'의 문제라고 페미니스트들은 말합니다. 여성 문제는 '빵 한 조각'의 문제라고 프롤레타리아 여성은 대꾸합니다. … 독립적 여성 문제 따위는 없습니다. 여성 문제는 우리 시대의 총체적 사회 문제의 일부로서 생겨났습니다. 그러므로 사회 성원으로서, 즉 노동자·개인·아내·어머니로서 여성의 해방은 사회 전체의 문제가 해결될 때만, 현재의 사회질서가 근본적으로 변혁될 때만 가능할 것입니다.[21]

그러자 부르주아 여성들이 노동계급 대표단에게 분노를 터뜨렸다. 콜론타이는 급히 대회장을 빠져나와서 가까스로 체포를 면했다. 이튿날 노동계급 여성 12명이 대회장에서 경찰에 체포됐다. 여성운동 내의 정치적 긴장이 확실히 드러났다. 부르주아 여성들의 목표는 체제 내의 [남녀]평등이었지만, 노동계급 여성들에게 이것은 결코 충분하지 않았던 것이다.

콜론타이는 몰래 기차를 타고 러시아를 빠져나와 독일 베를린으로 향했다. 이후 8년 반 동안 그녀는 주로 독일에서 망명 생활을 하다가 1917년 2월에 러시아 혁명이 분출한 뒤에야 비로소 귀국하게 된다.

여성 문제의 사회적 토대

콜론타이는 [1908년 12월] 제1차 전국여성대회에 대응하기 위해 《여성 문제의 사회적 토대》라는 소책자를 쓰기 시작했다. 1909년에 펴낸 그 책에서 콜론타이는 여성해방에 대한 사회주의자들의 태도를 요약했다. 그녀는 하나의 단결된 여성운동이 가능할지를 묻고 나서 다음과 같이 말했다. "여성의 세계도 남성의 세계와 마찬가지로 두 진영으로 분열돼 있다. 한쪽의 여성들은 자신의 이해관계와 염원 때문에 부르주아 계급과 가까워진다. 그러나 다른 쪽의 여성들은 프롤레타리아와 긴밀하게 연결돼 있고, 그들이 요구하는 [여성]해방은 여성 문제의 완전한 해결을 포함한다. [그러므로 두 진영이 모두 '여성해방'이라는 일반적 요구를 지지하더라도 목표나 이해관계는 서로 다르다.]"

투표권 같은 특정 요구를 중심으로 여성운동이 단결할 수 있는 상황도 있지만 "페미니스트들은 자신의 계급 지위 때문에 현재의

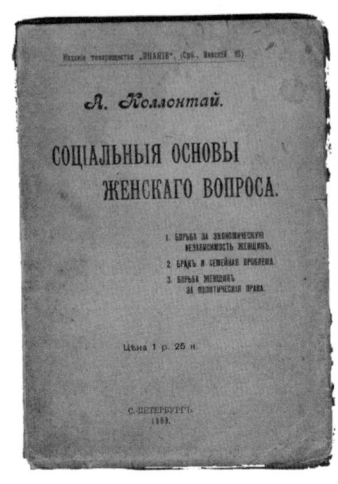

《여성 문제의 사회적 토대》 초판 표지

경제·사회 구조를 근본적으로 변혁하는 투쟁에 나설 수 없다. 그러나 그런 근본적 변혁이 없다면 여성해방도 완수될 수 없다"는 사실을 명심해야 한다고 콜론타이는 주장했다.

콜론타이가 설명했듯이 "대다수 프롤레타리아 여성에게 남녀평등권이란 단지 불평등을 [프롤레타리아 남성과] 똑같이 공유하는 것이지만, '선택받은 소수'인 부르주아 여성은 남녀평등권을 통해 지금까지 부르주아 남성의 전유물이던 권리와 특혜를 함께 누릴 수 있는 기회를 실제로 얻게 된다." 부르주아 여성에게 이런 새로운 특권은 노동계급 여성을 착취할 수 있는 새로운 무기가 될 터였다.

콜론타이는 또, 여성 차별이 남성 탓이라는 생각도 비판했다. "페미니스트는 남성을 주적으로 여긴다. … 프롤레타리아 여성의 태도는 다르다. 그들은 남성을 적이나 억압자로 여기지 않는다. 오히려 자신과 마찬가지로 날마다 힘들고 지겨운 일을 하면서 더 나은 미래를 위해 함께 싸우는 동지로 여긴다."

콜론타이는 여성 차별이 여성의 생물학적 조건 때문에 시작된 것이 아니라 계급사회가 발생하면서 사유재산과 위계적 가족 구조가 처음으로 나타났을 때 시작됐다고 본 엥겔스와 마르크스의 통찰을 받아들였다. [계급 발생 이전] 수렵·채집 사회의 특징은 평등과 협력이었다. 따라서 여성의 지위는 임신과 출산에 따라 결정되지 않았(고 육아도 여성만의 책임이 아니라 집단 전체의 책임이었)다. 다른 사람들을 착취하고 부를 소유·통제하는 특권 계급이 출현하자 사람들 사이의 관계가 근본적으로 바뀌었다. 여성은 점차 생산의 책임에서 제외되고 그에 따른 지위를 상실했으며, 가족을 돌보는 일을 모두 책임지게 됐다.

이런 일이 일어난 구체적 방식은 지역마다 달랐고 계급사회의 형태에 따라 다양했지만, 그 모든 경우에 여성의 사회적 지위는 남편이나 아버지, 남자 형제들보다 낮아졌다.

콜론타이는 자본주의 사회에서 여성 노동자들이 이중의 부담을 지고 있다고 말했다. 즉, 한편으로는 직장에서 착취당하고 다른 한편으로는 집안일과 자녀 양육을 대부분 책임지고 있다는 것이었다. 그 덕분에 자본주의는 엄청난 규모의 서비스를 공짜로 얻을 수 있었다. 핵가족(한 쌍의 부부와 미혼 자녀만으로 이뤄진 가족)의 발전은 여성 차별을 강화하는 데 도움이 됐다. 여성은 남편과 따로 법적 권리나 재정적 권한, 재산권 따위를 누리지 못했고 이혼할 권리도 없었다.

중간계급 여성들이 맞닥뜨린 문제들은 노동계급 여성들과 똑같지 않았다. 중간계급 여성들은 하인을 고용할 수 있었고 이혼하는 데 드는 비용도 치를 수 있었기 때문이다. 콜론타이는 부르주아 페미니스트들이 요구하는 "임신·출산의 권리"나 결혼하지 않고도 자녀를 낳아 기를 권리 문제를 논하면서, 이것이 비록 중요한 요구이기는 하지만 그 자체로는 충분하지 않다고 주장했다. 부르주아 페미니스트들에게 임신·출산은 쟁취해야 할 권리들 중 하나라기보다 아예 "여성의 삶의 목표가 돼 버렸다"는 것이다.

콜론타이는 가족과 가정이 사람들에게 엄청난 위안이 된다는 것을 인정했다. "오늘날 같은 핏줄의 가족과 친척이 흔히 삶의 유일한 버팀목이자 힘들고 불행할 때 위로를 받는 유일한 피난처 구실을 한다는 것은 사실이다." 콜론타이와 아들 미샤의 관계는 그녀의 삶에서 가장 중요한 관계 중 하나였다. 그러나 이 위안의 원천[가족]은 [여성] 차별의 원천이기도 했다.

콜론타이가 보기에 여성해방은 집안일이 완전히 사회화하고 여성이 정치와 교육, 직장에서 완전한 평등을 누리는 데 달려 있었다. 그리고 이것은 자본주의에 반대하고 사회주의를 추구하는 혁명적 투쟁을 통해서만 실현될 수 있었다.

미래 [사회주의] 사회에서 가족과 결혼 관계가 어떻게 바뀔 것인지에 관해서 콜론타이는 다음과 같이 말했다. "체제 전체가 근본적으로 바뀐 미래 사회에서 남녀 관계의 모습이 어떨지를 미리 말하는 것은 불가능하다. 그러나 [지금도] 남녀 관계가 서서히 변화하면서 발전하고 있는 것을 볼 때 관습처럼 하는 결혼과 강압적이고 고립된 가족은 사라질 운명임이 분명하다."

성과 계급투쟁

1910년 봄에 페테르부르크의 섬유 노조 여성 노동자들은 콜론타이를 덴마크 코펜하겐에서 열리는 제2차 국제 사회주의 여성 대회에 대표로 파견했다.

그 대회에서 클라라 체트킨은 전 세계 여성 노동자들의 투쟁을 단결시키고자 3월 8일을 국제 여성 노동자의 날로 정하자고 제안했다. 콜론타이는 1911년 제1회 국제 여성 노동자의 날에 유럽 전역에서 벌어진 시위를 조직하는 데 기여했다. 그날[1911년 3월 19일]* 독일·오스트리아·덴마크·스위스 등지에서 100만 명 이상이 행진을 하면서 여성의 투표권, 남녀 동일 임금, 직장 내 여성 차별 폐지를 요구했다.

콜론타이는 그 운동의 에너지와 열정을 다음과 같이 묘사했다. "집회장에 사람들이 너무 많이 몰리는 바람에 여성들은 남성들에게 자리를 양보해 달라고 부탁해야 할 정도였다. 여느 때와 달리 이번에는 남편들이 자녀와 함께 집에 있고 집안에 갇혀 지내던 주부들이 집회에 나갔다. 베를린은 분노로 들끓는 여성들의 바다였다."22

러시아에서는 1913년에 처음으로 페테르부르크에서 국제 여성 노동자의 날을 기념하는 행사가 열렸다. 1000명이 모인 집회에서 섬유 노조의 여성 노동자들이 연설했다.

---

* 당시 독일 사회주의자들은 1848년 혁명 때 프로이센 왕이 노동자 봉기의 위협에 굴복해서 여성의 선거권 허용 등을 약속한 날인 3월 19일을 국제 여성 노동자의 날로 선택했다.

또, 1913년에는 볼셰비키당이 특별히 여성 노동자들을 겨냥한 신문 〈라보트니차〉(여성 노동자)를 발행하기로 결정했다.* 그 신문의 편집자는 이네사 아르망과 나데즈다 크룹스카야를 포함한 지도적 볼셰비키 여성 당원들이었다. 경찰의 검열에 맞서 싸우고 여성 노동자들이 모금해 준 돈으로 운영된 신문 〈라보트니차〉는 출산휴가, 육아, 노동조건, 보건 의료, 가족, 선거 등의 쟁점을 다뤘다. 볼셰비키의 일부 여성 당원들은 〈라보트니차〉가 여성 노동자와 남성 노동자 사이에 분열의 씨앗을 뿌릴 수 있다고 걱정해서 신문 발행에 반대했다.

제1차세계대전이 터지자 〈라보트니차〉는 겨우 7호 발행을 끝으로 종간했다. 그리고 3년 후 혁명이 한창일 때 다시 발행된다.

콜론타이는 망명 생활을 하면서, 자본주의가 사람들의 성적 관계에 미친 영향도 탐구했다. 그녀는 여성 차별이 어떻게 남녀 관계를 불평등하(고 흔히 뒤틀리)게 만드는지를 묘사했다. 이때 자신의 경험, 즉 초기 결혼 생활과 나중의 연애 경험(볼셰비키 조직자인 알렉산드르 실랴프니코프와 훗날 17세 연하의 볼셰비키 수병 파벨 디벤코 등이 그녀의 연인이었다)에도 의지했다.

연애는 콜론타이의 삶에서 중요한 일부를 차지했지만, 그녀에게 좌절감을 안겨 주기도 했다. 부르주아 사회가 부추기는 연애의 성격, 즉 모든 시간과 에너지를 쏟아붓는 연애는 혁명을 위해 글을 쓰고 활동하고자 하는 그녀의 의욕과 충돌했다. 콜론타이는 실랴

---

* 창간호는 1914년 국제 여성의 날에 나왔다.

〈라보트니차〉 창간호(1914년 2월 23일)

프니코프를 사랑했지만 흔히 그가 찾아와서 오래 머물다 돌아가고 나면 그제서야 활동에 집중할 수 있게 됐다며 안도하곤 했다.

그녀는 나중에 쓴 단편 소설 하나에서 이런 좌절감을 [젊은 여성 당 활동가의 입을 빌려] 다음과 같이 표현했다. "열렬한 사랑을 하려면 한가한 시간이 있어야 해요.] 저는 소설을 많이 읽어서, 열애에 빠지면 얼마나 많은 시간과 에너지가 소모되는지를 잘 알아요. 그런데 지금 저는 시간이 없어요."

그녀의 사생활을 두고 이러쿵저러쿵 말이 많았다. 1917년에 우파 언론인[이자 볼셰비키 정권을 전복하려 한 사회혁명당원] 피티림 소로킨은 콜론타이에 관해 다음과 같이 썼다. "어제 공개 도론회에서 트로츠키·콜론타이와 논쟁했다.] 이 여자로 말할 것 같으면, 그녀의 혁명적 열정은 음란한 성욕을 만족시키기 위한 것일 뿐이다. [많은 '남편'이 있는데도 콜론타이는 아직 만족하지 못한다.]"

콜론타이는 또, [1921년에] 다음과 같은 글을 썼다가 비판을 받기도 했다. "성행위를 부끄럽다거나 죄가 되는 것으로 여겨서는 안 된다. 건강한 생물의 다른 욕구들, 예컨대 배고픔이나 목마름을 해결하려는 것과 마찬가지로 자연스러운 욕구로 여겨야 한다."[23] 일부 볼셰비키 당원들은 그녀의 사상이 다수의 노동자들보다 너무 앞서 나간다고 느꼈고, 다른 일부는 젊은 노동자들을 혁명적 투쟁에서 멀어지게 만든다고 생각했다.

그러나 낭만적 연애라는 이상에 이견을 제기하고자 한 사람은 콜론타이만이 아니었다. 도시에 일자리를 얻고 살면서 농촌 생활의 제약을 벗어나게 된 여성 노동자들은 [전통적 남녀] 관계도 변화시키고 있었다. 콜론타이는 "신여성"(1918)이라는 글에서 이런 변화가 문학작품에 어떻게 반영되고 있는지를 살펴봤다. 콜론타이는 [소설의 주인공] 아그네스 페트로브나라는 러시아 여성 노동자의 다음과 같은 말을 인용한다.

> 그러나 왜 이 모든 것이 오직 한 사람만을 위한 것이어야 하는가? … 만약 내가 남을 위해 헌신해야 한다면, 오직 한 사람만을 위해 맛있는 점심 식사와 편안한 잠자리를 준비하지는 않을 것이다. 오히려 그 모든 것을 이런저런 다른 불행한 사람들에게도 제공할 것이다.

콜론타이는 낭만적 연애라는 것이 사회적으로 지나치게 중시된다고 느꼈다. "성 문제가 사회생활에서 이토록 중요한 자리를 차지한 지금 같은 시기는 십중팔구 없었을 것이다. … 성에 관한 이야기는 모든 종류의 예술에 영감을 주는 끊임없는 원천이 됐다."[24]

콜론타이는 "성과 계급투쟁"이라는 글에서 자신의 생각을 밝혔는

데, [1911년] 망명지에서 쓴 이 글을 1921년 볼셰비키 정부가 책으로 펴냈다. 콜론타이의 주장인즉, 성(생활)과 성적 관계는 인간 삶의 본질적 일부이지만, 자본주의 사회에서 성적 관계는 철저한 개인주의와 (사사로운 핵가족 제도 속에 자리 잡은) 배타성에 바탕을 두게 됐다는 것이다. 여성의 가사 노동은 불평등한 관계를 더 체계적인 것으로 만들었다. 콜론타이는 이것이 개인들을 엄청나게 짓누르고 "피할 수 없는 정신적 외로움"을 만들어 냈다고 말했다.

우리는 떠들썩한 소음과 사람들이 넘쳐 나는 도시 한복판에서도, 친한 친구나 직장 동료와의 모임에서도 이런 '외로움'을 느낀다. 외로움 때문에 우리는 이성 중에서 '영혼의 짝'을 찾으려는 환상에 이기적이고 병적으로 집착하기 쉽다.

그래서 사람들은 가장 사랑하는 사람에게 화풀이를 하면서 자신의 불안감과 외로움을 해소하려 들 수 있다. "영원한 외로움의 위협에서 벗어나기 위해 우리는 잔인하고 배려심 없는 태도로 사랑하는 사람의 감정을 지배하기 위한 '공격을 감행한다.' 미래의 세대는 이런 태도를 결코 이해하지 못할 것이다."

더욱이 "단 하나의 진실한 사랑"이라는 이상은 사람들이 마치 자신의 파트너를 소유하고 있다는 듯이 행동하도록 부추긴다.

부르주아 도덕은 전적으로 사유재산에 바탕을 둔 내향적이고 개인주의적인 가족을 통해 한 사람이 다른 한 사람을 완전히 '소유'해야 한다는 생각을 주도면밀하게 발전시켰다. … 우리는 사랑하는 사람의 비밀을 모두 알 권리를 요구한다. … 우리는 사랑의 가장 간단한 규칙, 즉 상대방을 아주 사려 깊게 대해야 한다는 규칙조차 따르지 못한다.

콜론타이는 부르주아적 사랑의 해결책이 무엇일까 하고 물었다. 그녀는 노동계급 사이에서는 항상 불륜, 혼외 출산, 동성애 등 다양한 종류의 성적 관계가 실험됐다고 지적했다. 중간계급 사람들도 결혼하지 않고 함께 살거나(때때로 '자유 결혼'이라고 불렀다) 여러 사람과 관계를 맺는 것 같은 실험을 하고 있었다.

그러나 이런 실험적 관계에서조차 여성은 여전히 이중 잣대에 시달렸다. 남성은 사회의 도덕적 판단을 받지 않은 채 행동할 자유가 어느 정도 있지만 여성은 그렇지 않았다. 그래서 콜론타이는 계급 불평등과 여성 차별을 인정하지 않은 채 지금 여기서 '자유 결혼'과 '자유 연애'(결혼이나 연인 관계에 얽매이지 않고 성적 관계를 맺는 것)를 지지하는 중간계급 사람들을 가차 없이 비판했다.

착취와 억압에 바탕을 둔 계급사회에서 '자유 결혼'과 '자유 연애'는 사실상 남성이 아무런 부양 책임도 지지 않고 자녀가 있는 여성을 버리는 결과만을 초래할 수 있다. 그렇다고 해서 새로운 종류의 관계를 위해 싸울 수 없다거나 싸우지 말아야 한다는 것은 아니지만, 이 투쟁은 평등과 협력, 인간의 필요에 바탕을 둔 사회, 즉 공산주의 사회를 위한 더 광범한 투쟁과 분리될 수 없다. 이런 집단적 투쟁의 일부가 될 때 남성과 여성은 자본주의 사회의 위선적이고 억압적인 도덕을 깨뜨리기 시작하고 새로운 종류의 관계를 만들기 위해 분투할 수 있다.

오직 그럴 때만 우리는 진정한 '자유 연애'를 이야기하기 시작할 수 있을 것이라고 콜론타이는 주장했다. 모든 사람의 물질적 필요가 사회적으로 충족될 때만 모든 개인(과 특히 여성)은 관계를 시작할지 또는 끝낼지를 자유롭게 선택할 수 있을 터였다. "여성이 더는 가사에 얽매이지 않을 것입니다! 가족 안에 더는 불평등이 없을 것입니다. 여성이 더는 남성에게 버림받고 혼자 자녀를 키워야 할까 봐 두려움에 떠는 일도 없을 것입니다. 공산주의 사회에서 여성은 더는 남편에게 의존하지 않을 것입니다."

전쟁 반대

콜론타이가 망명 생활을 하는 내내 세계를 지배하는 유럽 열강 사이에서는 긴장이 고조됐고 금방이라도 전쟁이 일어날 것처럼 보였다.

콜론타이를 비롯한 일부 사회주의자들은 전쟁의 위협을 알아차리고 적극적으로 전쟁에 반대했다. 국수주의적 민족주의의 격화는 제국주의 열강(프랑스·영국·러시아·독일 등)의 경제적 경쟁이 세계 분할을 위한 정치적·군사적 경쟁으로 번지는 것을 가리는 포장지일 뿐이라는 사실을 그 사회주의자들은 알고 있었다. 세계대전이 벌어지면 수많은 노동자들이 자본가의 이윤을 위해 전쟁터로 끌려가서 서로 죽고 죽이고 할 터였다.

다른 사회주의자들, 예컨대 독일 사회민주당의 지도자들은 소리 높여 전쟁을 반대하고 반전 서약서에 서명했지만 전쟁이 벌어질 수 있다는 것을 부정했다. 그들은 서로 경쟁하는 국민국가의 지배계급들이 자본주의의 안정을 유지하는 데 공통의 이해관계가 있으므로 서로 전쟁을 벌이는 것은 그들의 이익에 어긋난다고 믿었다.

콜론타이는 전쟁에 반대하는 운동을 건설하려고 열심히 노력했다. 이제 그녀는 정치적으로 볼셰비키와 더 가까워졌다. 왜냐하면 멘셰비키와 달리 볼셰비키는 전쟁에 반대하는 운동을 일관되게 전개했기 때문이다.

1914년 8월 실제로 전쟁이 터졌을 때 독일 사회민주당을 포함한 유럽의 사회주의 운동과 노동조합운동 지도자들은 대부분 자국 정부를 지지했다. 주요 사회주의 정당 중에서 공공연히 전쟁에 반대한 것은 볼셰비키와 세르비아의 정당뿐이었다. 전 세계의 부르주아 페미니스트 단체들은 여성참정권 운동을 중단하고 전쟁을 지지했고, 노조 지도자들도 자국 정부를 지지하면서 자기 조합원들의 파업을 적극 반대했다.

거의 2800만 명이 제1차세계대전의 피바다에 빠져 목숨을 잃어 버렸다. 전쟁 첫해가 끝날 때쯤 러시아에서만 거의 100만 명이 사망했다.

처음에 콜론타이는 모든 종류의 전쟁을 반대하는 평화주의자들과 보조를 같이했다. 이와 달리, 레닌이 이끄는 볼셰비키는 제국주의 전쟁을 노동자·병사·농민이 자국 지배계급에 맞서 싸우는 혁명적 내전으로 전환시켜야 한다고 주장했다.

그러나 전쟁이 계속되자, 전쟁을 끝낼 유일한 길은 노동자와 농민이 자국 지배계급에 대항하는 것뿐이라는 사실이 콜론타이에게 점점 더 분명해졌다. 빈곤과 학살이 만연한 상황에서 멘셰비키처럼 "평화"를 요구하는 것은 공허하게 들렸다.

콜론타이는 1915년 볼셰비키당에 다시 가입했고, 로자 룩셈부르크나 카를 리프크네히트 같은 독일 사회주의자들과 함께 전쟁에 반대하는 혁명가들의 새로운 국제 조직 설립을 도왔다.

바로 그해에 콜론타이는 미국 내 독일인 사회주의자들의 초청을 받아 4개월간 미국을 돌아다니며 노동자들에게 왜 전쟁에 반대해야 하는지를 역설했다.

그녀는 [미국의 동쪽 끝] 뉴욕부터 [서쪽 끝] 샌프란시스코까지 100군데가 넘는 도시에서 수많은 노동자에게 러시아어·독일어·영어로 연설했다. 세계산업노동자동맹의* 조직자이자 작사가인 조 힐이 처형당한 것을 슬퍼하는 노동자들 앞에서 연설했고, 세계산업노동자동맹 지도자인 빌 헤이우드를 만났으며, 유명한 사회주의자로서 미국 대통령 선거에 다섯 번 출마한 유진 V 데브스와 함께 연설하기도 했다.

1915년 여름 러시아 군대는 동부 전선에서 엄청난 패배를 당했다. 러시아의 산업과 수송은 거의 붕괴했고 식량도 거의 남아 있지 않았다. 여러 도시에서 폭동이 잇따랐다.

---

* 세계산업노동자동맹(IWW) 1905년 시카고에서 설립된 노동조합으로 혁명적인 노동조합 활동가들이 주축이었다. 인종, 성별, 출신, 기술 수준을 가리지 않고 모든 노동자를 조직하려 애쓴 점에서 기존 노조들과 차이가 있었다.

"민족주의인가, 국제주의인가?" 1915년 미국에서 열린 콜론타이 강연을 알리는 포스터

레닌은 콜론타이를 격려해서 《누구에게 전쟁이 필요한가?》라는 소책자를 쓰도록 했다. 그 소책자는 수백만 부가 출판됐고 여러 나라 말로 번역됐으며 군대에도 배포됐다.

《누구에게 전쟁이 필요한가?》에서 콜론타이는 다음과 같이 썼다.

> 평화를 이루기 위해 가장 먼저 해야 할 일은 전쟁을 일으킨 범인들을 지목하는 것이다. 차르와 카이저 같은 자들이 아니라면 과연 누가 범인이겠는가? … 우리의 적은 우리나라 안에 있고, 이 적은 전 세계 모든 노동자의 적이기도 하다. 그 적은 자본주의이고, 탐욕스럽고 부패한 계급의 정부이다.[25]

1917년이 가까워졌을 무렵에 콜론타이는 다시 노르웨이에서 망명 생활을 하고 있었다. 전쟁은 악화하고 있었고 수많은 사람이 죽어 가고 있었다. 바로 그때 러시아에서는 파업과 시위가 증가하고 있었다.

혁명이 시작되다

"우리 여성 노동자들은 러시아 혁명의 나날 동안 가장 먼저 붉은 깃발을 들어 올렸고, 여성의 날에 가장 먼저 거리로 뛰어나갔다."[26]

1917년 국제 여성 노동자의 날(당시 러시아 달력으로는 2월 23일) 시작된 혁명에 불을 붙인 것은 페트로그라드(페테르부르크의 새 이름)의 노동계급 여성들이었다. 1917년 1월 차르 [정부]의 관리는 이 여성들을 일컬어 "화약고 같다"고 했다.

3년 동안 유혈 낭자한 전쟁과 기근에 분노한 페트로그라드의 여성 섬유 노동자들은 파업에 들어갔다. 그들은 거리를 행진할 때 큰 공장들을 지나가면서 남성 노동자들을 밖으로 불러냈다.

당시 페트로그라드의 노벨 기계 공장에서 일하던 노동자는 다음과 같이 회상했다. "투지가 충만한 여성 노동자 무리가 길을 가득 메우고 있었다. 우리를 본 여성들이 손을 흔들며 '나와요!', '작업을 멈춰요!' 하고 외치기 시작했다. 우리 창문으로 눈 뭉치가 날아들었다. 우리는 혁명에* 동참하기로 결정했다."[27]

이튿날 거대한 푸틸로프 군수공장이 폐쇄돼 일을 할 수 없게 된 노동자들이 거리 시위를 시작했고, 가정주부와 여성 노동자들도 시위 대열에 합류했다. 그들이 들고 있는 깃발에는 "전쟁을 끝장내자! 높은 물가를 끝장내자! 굶주림을 끝장내자! 노동자들에게 빵을 달라!" 하고 쓰여 있었다.[28]

---

* '시위'로 표기된 문헌들도 있다.

차르의 경찰이 채찍을 휘두르며 시위대를 해산시키려 하자 여성 노동자들은 파업을 확산시키는 것으로 대응했다. 둘째 날까지 130곳 넘는 공장에서 15만 명 넘는 노동자가 파업에 들어가서 차르의 퇴진과 전쟁 종식을 요구했다. 병사들은 반란을 일으키고 시위대에게 총을 쏘기를 거부했다.

1905년에 그랬듯이 여성 노동자들은 자신들이 가장 대담하고 용감하다는 것을 입증해 보였다. 많은 여성 노동자가 병사의 아내였다. 그들은 병영으로 쳐들어가서 병사들에게 총을 내려놓고 파업에 동참하라고 요구했다. 곧 16만 7000명의 병사가 반란을 일으켰고, 학생들도 시위에 동참했으며, 페트로그라드에서는 총파업이 벌어졌다. 파업은 페트로그라드에서 모스크바로, 또 동부의 더 작은 도시와 촌락까지 전국으로 확산됐다. 이제 농촌에서는 농민들이 토지를 점거하고 있었다.

볼셰비키 여성 당원들은 저항의 중심에 있었다. 볼셰비키 금속 노동자인 니나 아가자노바는 시가전차(트램)와 금속 노동자들의 시위를 이끌었고, 감옥과 병영에 갇혀 있던 정치수들을 석방시켰다. 볼셰비키 학생 당원인 알렉산드라 신거는 전화 교환원들이 대부분 도망가 버렸을 때 전화 교환국을 운영했다.

적위대(무장한 노동자들의 부대)가 조직돼 거리에서 질서를 유지했다. 1905년 혁명 때 처음 만들어진 소비에트, 즉 대중적 노동자 평의회가 재빨리 다시 조직됐다. 페트로그라드 소비에트는 수도 전체의 공장과 군부대에서 선출된 대표들로 구성됐다. 며칠 만에 차르 니콜라이 2세가 퇴위했다.

1917년 2월 혁명의 도화선이 된 여성 섬유 노동자 파업. 현수막에 "여성이 노예라면 [누구에게도] 자유는 없다. 여성 평등 만세"라고 쓰여 있다

소비에트의 노동자들은 아직 스스로 권력을 장악할 만큼 자신감이 크지는 않았다. 차르가 퇴위한 뒤 임시정부와 소비에트가 함께 러시아를 통치하는 '이중[이원] 권력' 시기가 있었다. 임시정부는 알렉산드르 케렌스키 같은 자본가계급의 대표들로 이뤄져 있었다. 소비에트는 노동자·병사·농민이 선출한 대표들로 이뤄져 있었다. 임시정부는 대다수 노동자들의 염원과 반대로 전쟁을 계속하기를 원했다. 또, 문제를 회피하려고 [제헌의회] 선거를 계속 연기했다.

콜론타이는 "러시아에서 혁명이 일어나다"라는 제목의 신문 기사를 읽자마자 서둘러 러시아로 돌아갈 계획을 세웠다. 레닌도 여전히 스위스에서 망명 생활을 하고 있었는데, 자신이 쓴 "멀리서 보낸 편지들"을 받을 때까지 1주일만 귀국을 늦춰 달라고 콜론타이를 설득했다. 콜론타이에게 보낸 전보에서 레닌은 혁명적 노동자들이 자유주의 자본가계급과 동맹해서는 안 된다고 경고했다. "우리의 전술은 임시정부를 절대 믿지 말라는 것입니다."²⁹

콜론타이는 레닌의 "멀리서 보낸 편지들"을 코르셋 속에 숨긴 채 러시아행 기차에 올라탔다. 핀란드에 도착해서는 썰매로 갈아타고 러시아로 가는 길을 재촉했다. 추위가 매서웠지만 콜론타이는 마냥 신이 났다. "투쟁과 일, 일과 투쟁이 나를 기다리고 있었다. 그날 내 마음은 우리를 둘러싸고 있는 새하얀 눈과 차가운 공기처럼 눈부시게 밝고 상쾌했다."³⁰

국경을 지키는 관리들은 차르 정권이 오래전에 발부한 콜론타이 구속영장을 찢어 버렸다. 열차 기관사들은 콜론타이에게 다음과 같이 설명했다. "[모든 것이 한꺼번에 뒤집어졌습니다! 차르는 사라졌습니다!] 이제 국민이 주인입니다! 당신은 단지 노동자가 아니라 [자유로운] 시민입니다!"³¹

콜론타이는 페트로그라드가 저항과 시위로 완전히 변했다는 것을 깨달았다. 그녀는 병사들과 '솔다트키', 즉 병사나 전사자의 아내들이 벌인 거리 시위에 동참했다. 병사들은 콜론타이를 어깨 위에 올려 태우고 "우리 아이들에게 빵을 달라!", "전쟁을 끝장내자!" 하고 외쳤다.³² 콜론타이는 혁명이 그동안 거둔 성과에도 불구하고 여전히 갈 길이 멀다는 것을 알 수 있었다.

콜론타이는 스탈린이나 카메네프 같은 러시아 국내의 볼셰비키 지도부와 뜻이 맞지 않았다. 당 기관지 〈프라우다〉의 편집부를 장악한 그들은 러시아 혁명이 프랑스 혁명이나 영국 혁명처럼 부르주아 혁명 단계에서 멈춰야 한다고 생각했다. 러시아에서는 먼저 자본주의가 완전히 발전해야 하고 그런 뒤에야 비로소 노동계급은 사회주의를 건설할 준비가 될 것이라고 봤기 때문이다.

콜론타이는 그런 생각에 동의하지 않았다. 그녀는 레닌이 "멀리서 보낸 편지들"에서 주장한 바를 받아들여 혁명이 계속돼야 한다고 생각했다. 러시아 노동자들이 전쟁을 끝장내고 진정한 해방을 위한 투쟁을 시작할 수 있는 길은 오직 그것뿐이었다.

임시정부 치하에서 생활비는 폭등했다. 식량은 부족했고, 농민은 여전히 지주에게 얽매여 있었으며, 전선에서는 병사들이 계속 죽어 나갔다. 자유주의 중간계급은 러시아가 전쟁을 계속하고 노동계급과 농민이 그 대가를 치르도록 만드는 데 몰두했다.

콜론타이는 3월 [6일] 〈프라우다〉에 실린 기사에서 다음과 같이 썼다. "[오늘은 러시아 혁명의 영웅적 희생자들을 땅에 묻는 날이다.] 오늘 혁명의 첫 단계가 끝났다. 지금까지는 옛것을 파괴하는 단계였다. 이제 동지들, 다시 서둘러 일하자! [우리는 서둘러야 한다. 우리는 새로운 것을 만들어 내야 한다.] 우리는 새롭고 민주적이고 자유로운 러시아를 건설해야 한다!"[33]

콜론타이의 주장은 노동자들에게 반향을 불러일으켜서, 그녀는 페트로그라드 소비에트의 대의원으로 선출됐다.

4월 3일 레닌이 마침내 러시아로 돌아왔다. 콜론타이를 비롯한 몇몇 동지들이 많은 노동자·병사·수병과 함께 기차를 타고 핀란드 국경까지 마중나갔다. 레닌은 차르에 반대하는 혁명이 이제 임시정부에 반대하는 노동자 혁명으로 바뀌어야 한다고 선언해서 볼셰비키 지도부와 즉시 충돌하기 시작했다.

이튿날 볼셰비키 당원 모임에서 레닌이 연설했을 때 자리에서 일어나 레닌의 주장을 옹호하는 발언을 한 사람은 콜론타이뿐이었다. 〈프라우다〉는 그녀를 일컬어 "혁명의 발키리", 즉 저승사자라고 비아냥거렸다.[34]

1917년 봄 내내 레닌과 그를 지지하는 콜론타이 등은 혁명을 가속하기 위해 당내에서 날카로운 논쟁을 벌였다. 파업과 시위는 계속 증가했고, 사상과 주장은 날카로워졌다. 3주가 채 안 돼 볼셰비키 당원의 다수가 레닌의 주장을 지지했다.

이제 노동계급과 소비에트의 다수를 설득해서 볼셰비키의 주장을 받아들이게 만드는 것이 볼셰비키의 긴급한 임무였다. 볼셰비키는 파업과 시위에 계속 참가해서, 혁명을 확산하고 임시정부를 전복하고 전쟁을 끝장낼 필요성을 참을성 있게 설명해서 결국 그 임무를 완수했다.

여성 노동자들이 길을 선도하다

수많은 남성이 멀리 전쟁터로 떠났으므로 이제 여성이 페트로그라드 노동자의 43퍼센트를 차지하고 있었다. 어떤 작업장에서는 여성 노동자가 남성 노동자보다 더 많았다. 여성 노동자들은 1917년 봄에 벌어진 파업들의 중심에 있었다. 가정부, 레스토랑 노동자, 초콜릿 공장 노동자의 노조들이 참가한 어떤 파업은 여성 노동자 임금 125퍼센트 인상, 남성 노동자 임금 100퍼센트 인상을 요구해서 쟁취하기도 했다.

콜론타이는 5월에 세탁부 4만 명이 임금 인상과 노동조건 개선을 요구하며 파업에 들어가자 그들을 조직하는 활동을 지원했다. 볼셰비키 당원인 세탁부 곤차로바는* [노조의 다른 여성 활동가들과 함께] 여러 세탁소를 돌아다니며 더 많은 여성들이 파업에 동참하도록 설득해서 그들의 자신감을 높이는 데 기여했다. 그들은 양동이에 차가운 얼음물을 가득 담아 가서 빨래를 삶고 있던 솥의 불을 꺼뜨렸다. 어떤 세탁소 주인이 쇠 지렛대로 곤차로바를 공격하려 했을 때 여성 노동자들이 뒤에서 그를 붙잡아 밖으로 쫓아내 버렸다.

콜론타이는 5월에 많은 시간을 할애해서 핀란드 헬싱포르스에** 있는 발트함대의 수병들 사이에서 반전 운동을 전개했다. 수많은 수병이 전에 그녀의 반전 소책자를 읽어 봤고, 이제 줄지어 볼셰비키 당에 가입하고 있었다. 그러자 임시정부는 발트함대를 해체하려 했다. 콜론타이가 볼셰비키 수병 파벨 디벤코를 만난 곳이 바로 여기였다. 디벤코는 1915년 해군 반란에 참여하고 반전 활동 때문에 투옥된 적 있는 경험 많은 투사였다. 콜론타이와 디벤코는 함께 수병들의 대중 집회에서 연설하면서 혁명이 계속돼야 한다고 주장했다.

러시아로 돌아온 뒤 콜론타이는 볼셰비키의 여성 신문 〈라보트니차〉를 다시 발행하는 일에도 관여했다. 여성 노동자가 다수인 곳

---

* 곤차로바는 곤차르스카야를 잘못 쓴 듯하다.
** 헬싱포르스는 오늘날의 헬싱키다.

에서도 오랜 여성 차별의 유산 때문에 혁명의 지도 조직인 소비에트 대의원의 다수는 남성인 경우가 흔했다. 모스크바에서는 공장 노동자의 절반 이상이 여성이었는데도 1917년 5월에 대의원 4743명 중에서 여성은 259명뿐이었다.

혁명이 성공하려면 여성의 지위가 높아지고 여성의 요구가 제기돼야 했다. 콜론타이는 5월 5일 〈프라우다〉에 실린 기사에서, 다가오는 노동조합 대회의 안건에서 남녀 동일 임금 논의가 빠져 있다고 비판했다.

1917년 5월 무렵 〈라보트니차〉의 판매 부수는 4만~5만 부에 달했다. 〈라보트니차〉는 기업주와 부자가 직장 내 여성 불평등에 책임이 있다고 폭로했고, 여성의 권리를 위해 투쟁하는 것이 남성 노동자들에게도 이롭다고 주장했다.

콜론타이는 6월 21일 노동조합 대회에서 다음과 같이 연설했다. "계급의식을 깨친 노동자는 남성 노동의 가치가 여성 노동의 가치에 달려 있음을 이해해야 하고, 자본가가 남성 노동자를 더 값싼 여성 노동으로 대체하겠다고 위협해서 남성의 임금에 압력을 가할 수 있다는 것도 알아야 합니다."[35]

〈라보트니차〉에 실린 기사에서 콜론타이는 다음과 같이 썼다. "더 나은 삶을 위한 노동자 투쟁의 성공은 … 이제 남성 [노동자들]의 의식과 조직화뿐 아니라, 조직 노동계급 대열로 들어오고 있는 여성 노동자의 수에도 달려 있다."[36]

저항의 여름

1917년 여름은 격동의 시기였다. 만연한 기근과 빈곤이 전쟁에 대한 분노를 부채질하고 있었다.

6월 초에 콜론타이는 핀란드 [사회민주당] 동지들을 설득해서 혁명이 계속돼야 한다는 주장을 지지하도록 만들기 위해 다시 헬싱포르스로 파견됐다.

6월 말에 임시정부 지도자 케렌스키가 국민 화합과 단결을 복원하려는 노력의 일환으로 군사적 공세를 재개했다. 그러나 공세는 재앙으로 끝났고, 외무부 장관 파벨 밀류코프가 러시아는 전쟁을 계속할 것이라고 연합국에 약속하는 비밀 각서를 보낸 사실이 폭로되는 바람에 케렌스키는 더 궁지에 몰렸다.*

7월 2일부터 7일까지 페트로그라드에서는 분노한 병사들과 노동자들이 임시정부 즉시 퇴진을 요구하며 대규모 시위와 파업, 폭동을 일으켰다.

'7월 사태'로 알려지게 된 그 기간에 콜론타이는 스웨덴에서 열린 [국제 반전] 회의에 [볼셰비키 대표로] 참석하고 있었다. 그녀는 페트로그라드 노동자·병사·수병의 행동은 노동계급이 혁명을 향해 전진하고 있다는 증거라고 생각했다.

볼셰비키는 노동자·수병·병사의 저항을 지지하면서도, 소비에트

---

* 밀류코프가 비밀 각서를 보낸 사실이 폭로된 것은 4월이었고 당시 케렌스키는 법무부 장관이었다. 5월 초 밀류코프가 사임한 뒤 케렌스키는 전쟁부 장관이 됐고 6월에 러시아 군대의 공세를 밀어붙였다가 낭패를 당했다.

가 권력을 장악해야 한다는 점을 노동계급과 농민의 다수가 확신할 때까지는 무장봉기에 나서지 말아야 한다고 주장했다. 때 이른 무장봉기는 노동계급의 가장 투쟁적인 부문을 고립시키고 임시정부의 공격에 취약하게 만들 수 있다는 것이었다.

7월 사태에 대한 대응으로 케렌스키는 혁명가들을 마녀사냥했다. 노동자 신문들은 금지됐고, [전선에서] 병사들에 대한 사형제가 부활했으며, 볼셰비키 당원들은 체포·투옥됐다. 임시정부는 혁명가들에 대한 증오와 공포를 부추겼다.

'독일 첩자'로 낙인찍힌 레닌은 핀란드로 도망가서 숨어 지내야 했다. 볼셰비키 지도부 대다수는 투옥되거나 지하로 숨어야 했다. 그런 마녀사냥은 노동계급에게 심각한 영향을 미쳤다. 레닌과 볼셰비키는 대중의 눈앞에서 타격을 입었다. 당원증을 찢어 버리는 볼셰비키 당원들도 있었다.

그러나 당을 방어하는 당원도 많았다. 예컨대, 한 무리의 여성 노동자들은 경찰이 〈라보트니차〉 편집부 사무실을 습격하기 전에 미리 가서 깨끗하게 청소했다. 그들은 남아 있던 신문을 모두 가져가서 밤에 공장 노동자들에게 배포했다.

콜론타이가 스웨덴에서 돌아오자 구속영장이 발부됐다. 기차 종업원은 그녀를 보고 "피에 굶주린 년"이라고 욕을 하며 고객 서비스 제공을 거부했다. 러시아 국경을 넘자마자 체포된 콜론타이는 거의 두 달 동안 감옥에 갇혀 있었다. 겨우 5개월 전 귀국할 때 받은 따뜻한 환대와는 천양지차였다.

[그러나] 콜론타이는 감옥에서도 혁명적 낙관주의를 계속 간직했

다. "임시정부는 전쟁을 끝내고 토지를 농민에게, 권력을 노동자에게 주라는 대중의 요구를 들어줄 수 없다. 임시정부는 그저 시간을 벌고 있을 뿐이다. 역사는 새로운 사회주의 미래를 향해 한 걸음 더 나아갈 것을 요구한다는 사실을 임시정부는 모르고 있다!"[37]

8월에 차르 군대의 장군인 코르닐로프가 군사 쿠데타를 일으켰다. 처음에 케렌스키는 코르닐로프가 볼셰비키만 공격할 것이라고 생각해서 그를 지지하며 책략을 부렸다. 그러나 코르닐로프는 케렌스키도 노리고 있었기 때문에 케렌스키는 하룻밤 사이에 태도를 바꿨다.

볼셰비키는 노동자들이 케렌스키의 임시정부와 일시적 공동전선을 형성해서 군사 쿠데타에 맞서 혁명을 방어해야 한다고 주장했다. 철도 노동자들과 병사들은 코르닐로프가 페트로그라드를 공격하라고 보낸 군부대에 다른 부대가 합류하지 못하도록 [군용 열차의 노선을 바꿔 버리는 등] 방해 작전을 펼쳤다. 여성 노동자들도 바리케이드를 쌓고 의료 지원단을 조직했다.

결국 코르닐로프의 쿠데타가 실패하자 노동자와 병사의 다수는 볼셰비키야말로 진짜 우리 편인 유일한 정당이라고 확신하게 됐다. 케렌스키의 기회주의가 폭로됐다. 볼셰비키가 소비에트에서 다수파가 됐고, 얼마 전 볼셰비키당에 가입한 트로츠키가 1905년과 마찬가지로 페트로그라드 소비에트의 의장이 됐다.

감옥에서 풀려나는 길에 콜론타이는 그동안 혁명에 헌신하고 전쟁에 반대해 온 노력 덕분에 자신이 볼셰비키당의 중앙위원으로 선출됐음을 알게 됐다.

무장봉기

시위와 파업, 농민 봉기는 가을까지 계속됐다. [노동]계급의 자신감과 투지를 보며 소비에트는 임시정부에서 권력을 빼앗을 때가 왔음을 확신했다. 전국 소비에트 대회에서 다수가 무장봉기에 찬성표를 던졌다.

10월 말에 거대한 파업 물결이 수도에서 전국으로 확산됐다. 적위대가 거리로 쏟아져 나왔고, 케렌스키의 임시정부는 겨울궁전에 틀어박혔다. 볼셰비키도 이제 더는 혁명을 망설일 수 없었다.

10월 25일 적위대가 겨울궁전으로 쳐들어가서 임시정부 장관들을 체포했다.

그날 밤 페트로그라드 소비에트의 본부가 있는 스몰니 학원에서 열린 대중 집회[제2차 전국 소비에트 대회]에 모인 군중은 레닌이 "이제 우리는 사회주의 체제 건설을 향해 나아갈 것입니다" 하고 말하자 박수갈채를 보내며 환호했다.

미국 언론인 존 리드는 러시아 혁명을 기록한 책[《세계를 뒤흔든 열흘》]에서 당시 상황을 다음과 같이 묘사했다. "머리가 희끗희끗한 병사는 어린애처럼 흐느꼈고 알렉산드라 콜론타이는 눈을 깜빡이며 눈물을 참고 있었다. [인터내셔널가] 제창 소리가 대회장을 가득 채우더니 창문과 문 밖으로 흘러나가 고요한 밤하늘로 퍼졌다."[38]

콜론타이는 다음과 같이 썼다. "내 인생에서 가장 위대하고 가장 기억할 만한 순간이 언제였느냐고 묻는다면, 소비에트 권력이 선언됐을 때라고 조금도 주저하지 않고 대답하겠다. … '모든 권력이 노

스몰니 학원 앞 적위대

동자·병사·농민 대표 소비에트로 넘어왔습니다!'"³⁹

무장봉기 이후 며칠 동안 노동자·병사·농민은 온몸을 던져 혁명을 방어했다. 그 과정에서 많은 사람이 목숨을 잃었다. 예컨대, 〈라보트니차〉에서 콜론타이와 함께 일하던 베라 슬루츠카야는 바리케이드를 건너 의약품을 전달하려다가 살해당했다.

혁명은 자력 해방 과정이다. 혁명은 난 하루에 일어나는 사건도 아니고 직선적 과정도 아니다. 몇 달, 심지어 몇 년이 걸릴 수도 있다. 혁명은 위대한 지도자들의 행동으로 쟁취되는 것이 아니라, 사회에서 가장 억압받고 착취당하는 사람들이 스스로 조직해서 이루는 성과다. 이 점을 가장 잘 보여 준 것이 1917년 러시아 혁명이다.

10월 혁명은 노동계급이 권력을 장악해서 스스로 사회를 운영하기 시작한 진짜 사회주의 혁명의 유일한 사례다. 마르크스는 노동계급이 오직 혁명 과정을 통해서만 "낡은 사회의 온갖 쓰레기"(여성 차별과 인종차별을 비롯한 온갖 사회적 편견 따위)를 떨쳐 버리고 "새로운 사회를 운영하는 데 적합해질" 수 있을 것이라고 생각했다.

10월 혁명 이후 몇 주, 몇 달 동안 토론과 논쟁이 만개했다. 혁명은 정말이지 "억압받는 사람들의 축제"였다. 글을 모르는 사람들에게 읽고 쓰는 법을 가르쳐 주기 위해 약 12만 5000개의 학교가 세워졌고, 광장에는 연극 공연을 관람하고 시 낭송을 들으려는 노동자와 농민이 넘쳐 났다.

볼셰비키는 또, 국립학교를 세워서 모든 사람에게 무상교육을 제공했다. 사교육 기관은 모두 폐지돼서, 심지어 귀족의 자녀들도 국립학교에 다녀야 했다. 학교에서는 세계에서 가장 선진적인 교육 방법 일부를 활용하고 발전시켰다.

혁명은 볼셰비키가 조직하는 방식에도 엄청난 변화를 몰고 왔다. 그들은 임시정부에 이런저런 요구를 하던 선동가 집단에서 이제 스스로 포고령을 작성하고 법률을 공포하는 세력으로 바뀌어 있었다. 볼셰비키는 차르 시대의 반동적이고 자본주의적인 법률과 기관을 모두 뒤집었다. 피억압 민족의 국가와 종교적 소수파는 모두 완전한 자유를 얻었다. 세계에서 가장 반동적인 국가 축에 들던 러시아가 며칠 만에 가장 진보적인 국가로 바뀌었다.

혁명은 옛 러시아제국의 동부 지방에 사는 무슬림들에게도 영향을 미쳤다. 1917년 4월 제1차 전국 무슬림 여성 대회가 열렸다. 그 대회에서는 이혼의 권리를 포함해 여성과 남성의 정치적 평등을 지지하는 결의안들이 채택됐다. 10월 혁명 후* 제1차 전국 무슬림 대회가 [모스크바에서] 열렸다. 그 대회에서는 여성에게도 평등한 참정권 보장, 퍼다(여성이 남성의 눈에 띄지 않도록 집 안의 별도 공간에 살거나 얼굴을 가리는 것)와 일부다처제의 폐지를 결정했다. 러시아의 무슬림 지역사회는 세계 최초로 이슬람 사회의 공통 관행과 제도에서 여성을 해방했다.

1917년** 11월 콜론타이를 비롯한 지도적 볼셰비키 여성들은 여성 노동자·농민 대회를 조직했다. 그날 그들은 80명의 대표가 참석할 것으로 예상하고 맞을 준비를 하고 있었다. 그러나 500명 넘는 대표가 몰려온 것을 보고 당황했다. 많은 대표들은 머릿수건을 두른 채 아이를 데리고 있었다. 그들은 약 8만 명의 여성 노동자·노동조합원·농민을 대표했다.

콜론타이 등이 실행하려 한 정책들과 그런 정책이 여성에게 가져다준 변화들은 혁명의 가장 뛰어난 업적에 속하는 것이었다.

사회복지 인민위원

[볼셰비키가 이끄는 소비에트 정부의] 사회복지 인민위원은 어린이·어머니·노인·장애인을 돌보는 일을 책임졌다. 콜론타이는 자유주의

---

* '전'을 잘못 쓴 듯하다.

** 1918년을 잘못 쓴 듯하다.

집 없는 아동들과 함께한 사회복지 인민위원 시절의 콜론타이(왼쪽 아래)

자 여성 백작 소피아 파니나를 대신해서 사회복지부를 이끌게 됐다. 파니나는 임시정부의 사회복지부와 교육부 장관을 지냈고, 콜론타이의 정치를 혐오했다. "이 어리석은 콜론타이 부인은 자기 모임에 하인들을 초대해서 안락의자에 앉힙니다. 결코 있을 수 없는 일이에요!"⁴⁰

콜론타이는 사회복지부의 노동자들을 모두 평등하게 대했다. 그녀는 다음과 같이 회상했다. "우리는 배가 고팠고 밤에 잠도 거의 못 잤고 힘들고 위험한 일도 너무 많았지만, 모두 열정적으로 일했다. 왜냐하면 우리는 새로운 소비에트 생활을 건설하느라 바빴고, 오늘 우리가 하는 모든 일이 아무리 어설프고 서투른 것일지라도 내일 절실히 필요할 것이라고 느꼈기 때문이다."⁴¹

미국 출신의 급진적 언론인 루이즈 브라이언트는 이 시기에 콜론타이와 함께 많은 시간을 보냈는데, 콜론타이의 사무실을 자주 방문하면서 과거의 하인들이 주도적 구실을 하는 것을 보고 매우 놀라워했다. 브라이언트는 날마다 콜론타이의 사무실 밖에 "상냥한 얼굴의 노인들"이 줄지어 서 있었다고 회상했다. 콜론타이는 양로원에서 관리자를 쫓아내고 양로원을 작은 공화국처럼 만들었다고 설명했다. 그래서 양로원에 사는 노인들은 스스로 관리자를 선출했고 우선 사항이 무엇인지를 두고 논쟁했고 음식 메뉴도 스스로 골랐다. 그들이 날마다 콜론타이 사무실을 방문해서 고마움을 표하고 있었던 것이다.

브라이언트는 전국적 수준의 식량 부족 상황에서 그 노인들이 과연 메뉴를 얼마나 고를 수 있겠느냐고 물었다. 콜론타이는 웃으며 다음과 같이 대답했다. "분명히 아셔야 하는 사실이 하나 있습니다. 걸쭉한 양배추 수프를 먹을지 묽은 양배추 수프를 먹을지를 결정할 때 커다란 도덕적 만족감을 느낄 수 있다는 것입니다!"[42]

사회복지 인민위원을 하면서 콜론타이는 [여성]해방으로 가는 길을 연 획기적 포고령 작성에 기여했다. 상속 법률들은 폐지됐고, 가족 내에서 남성의 권위도 마찬가지였다. 이혼은 합법화됐고, '적자'와 '혼외 자녀'의 차별도 사라졌다. 결혼식은 간단해져서 18세 이상의 남성과 16세 이상의 여성은 누구나 간단한 민간 예식을 거쳐 결혼할 수 있었다. 콜론타이와 디벤코는 새로운 법률에 따라 결혼한 첫 커플이었다.

콜론타이는 또, 여섯 명으로 이뤄진 [사회조사]팀이 아이가 있는 여성들이 일하는 직장 내 조건을 살펴보도록 도와줬다. 그들의 첫 포고령은 직장 내 무료 돌봄 시설과 수유를 위한 휴식 시간을 요구했다. 여성에게 4개월간의 [유급] 출산휴가가 보장됐는데, 이것은 당시 전 세계 어느 나라보다도 선진적인 모성보호 정책이었다.

남녀 동일 임금이 도입됐고, 작업장의 모든 조건은 남녀에게 평등해졌다. 하루 8시간 노동제가 확립됐다. 여성과 아동의 야간 근무, 중노동, 위험 업무, 지하 작업은 금지됐다.

볼셰비키는 포고령 발표만으로는 충분하지 않다는 것을 알고 있었다. 여성의 집안일 부담을 덜어 줘야 했다. 콜론타이는 공공 어린이집·식당·숙소·세탁소·학교 설립을 도왔는데, 이런 시설 덕분에 여성 노동자와 농민은 힘들고 지겨운 집안일의 부담에서 해방되기 시작했다.

차르 시대에 널리 퍼져 있던 성매매는 거의 사라졌다. 마음대로 성매매를 할 수 있던 부유한 남성들은 대체로 혁명 기간에 [외국으로] 도망쳤다. 성매매에 의존해 살던 여성들은 이제 범죄자가 아니라, 경제 상황과 여성 차별의 피해자로 여겨졌다.

콜론타이는 공공 보육 시설과 출산 시설을 현실화고자 했다. 최초의 국영 산부인과 병원과 어머니·아동 보호 시설에는 도서관과 임상 검사실, 자체 낙농장도 있었다.

옛 차르 정권 지지자들은 볼셰비키가 어머니와 자녀를 강제로 떼어 놓는다는 소문을 퍼뜨렸다. 콜론타이는 이런 비난을 부인했다. 제정러시아는 노동계급의 자녀들을 돌보지 않았고 그들이 굶주리도록 방치했지만, 사회주의 국가는 모든 아동에게 보호자가 있도록 조치하면서도 결코 부모에게 공공서비스 이용을 강요하지 않았다.

전쟁 때문에 러시아가 직면한 빈곤뿐 아니라 옛 정권의 지지자들도 사회복지 인민위원회의 노력을 방해했다. 최초의 어머니·아동 보호 시설이 문을 열기 전날 밤에 콜론타이는 반혁명 세력이 그 시설에 불을 질렀다는 보고를 받았다.

비록 혁명이 승리해서 새로운 사회를 건설하는 일이 시작됐지만, 혁명의 적들은 사라지지 않았다. 차르 정권의 지지자들은 전열을 가다듬고 조직을 재정비해 반혁명을 시작했다. 이 반혁명 책동은 내전으로 비화해서 이후 2년 동안 러시아를 황폐하게 만들었다.

내전

차르 정권의 지지자들은 이른바 백군白軍으로 조직됐다. 이 반혁명 세력은 독일·영국·일본·미국·프랑스를 포함한 10여 개국의 도움을 받아 철저하게 무장했다. 유럽과 전 세계의 열강은 러시아에서 일어난 노동자 혁명이 그들 모두에게 위협이 된다는 사실을 잘 알고 있었다. 특히, 전쟁으로 지친 병사들과 노동자들이 러시아 혁명에 고무돼 자국 지배자들에 맞서 봉기할까 봐 두려워했다.

러시아 혁명이 일어나자 거의 즉시 강대국들은 이 신생 노동자 국가에 경제봉쇄를 가해서 이미 끔찍한 상황을 더 악화시켰다. 거의 4년 동안 전쟁과 굶주림을 견뎌 낸 러시아의 노동자와 농민은 이제 똑같이 끔찍한 조건에서 새로운 사회를 건설하려고 애쓰고 있었다.

볼셰비키 정부의 긴급한 임무는 러시아의 전쟁 참여를 끝내는 것이었다. 그들은 1918년 3월 3일 독일제국, 오스트리아·헝가리제국, 불가리아, 오스만제국으로 이뤄진 '동맹국'들과 브레스트리토프스크 강화조약을 체결해서 그 임무를 완수했다.

콜론타이는 볼셰비키가 강화조약을 받아들이는 것에 반대했다. 그녀는 강화조약을 승인하면 핀란드와 우크라이나 같은 나라들을 제국주의 전쟁광들에게 넘겨줘야 할 것이라고 생각했다. 콜론타이는 새로운 사회주의 국가가 독일을 상대로 '혁명전쟁'을 벌일 준비를 해야 한다고 주장했다.

브레스트리토프스크 강화조약은 확실히 제국주의 국가들과 타협하는 것이었지만, 레닌과 트로츠키는 그 조약을 받아들이는 것 말고는 달리 선택의 여지가 없다고 생각했다. 백군이 공격해 오고 있었고, 노동자 국가의 적군赤軍은 계속 전쟁에 참여한다면 백군과 싸워 이길 수 없었던 것이다.

러시아는 독일제국을 상대로 혁명전쟁을 벌일 수 없었다. 이웃 나라들의 노동계급이 혁명을 일으켜 자국 지배자들을 끌어내려야 했다. 혁명이 확산되지 않는다면 러시아 혁명은 살아남을 수 없을 터였다.

브레스트리토프스크 강화조약에 관한 견해 차이 때문에 콜론타이는 사회복지 인민위원 자리에서 물러났다. 그래도 혁명이 확산돼야 한다는 점에 관해서는 레닌이나 트로츠키와 견해가 일치했다.

볼셰비키는 도시를 위협하는 굶주림에 대처하기 위해 가혹한 조치들을 잇따라 취할 수밖에 없었다. 페트로그라드에서만 1917년

240만 명이던 인구가 1920년 8월 57만 4000명으로 급감했다. 많은 사람이 질병이나 굶주림으로 죽었고 살아남은 사람들도 식량을 찾아 농촌으로 떠났기 때문이다. 볼셰비키 정부는 이른바 전시공산주의 정책을 시행했다. 농민의 곡물을 강제 징발해서 적군과 도시 노동자들을 먹여 살렸고, 엄격한 통제와 배급제를 실시해서 암시장을 막으려 했다. 이 때문에 노동자와 농민 사이에 심각한 긴장이 조성됐고, 일부 우파 농민 조직들은 볼셰비키에 맞서 싸우는 백군을 편들었다.

1920년까지 계속된 내전에서 7만 3858명이나 되는 여성이 볼셰비키를 위해 싸웠고 거의 2000명이 목숨을 잃었다. 콜론타이는 여성들을 정치 활동으로 조직했고, 1918년 봄과 여름을 대부분 '선동 열차'와 증기선을 타고 전국을 돌아다니며 보냈다. 그들은 영화와 슬라이드 상영, 소책자 보급과 연설 등을 통해 러시아 전역에서 적군과 민중을 결집해서 혁명을 방어했다.

여성 공산주의자

혁명은 적어도 서류상으로는 여성의 처지를 엄청나게 개선했지만, 경제봉쇄와 내전의 참화 때문에 실제로는 여성은 여전히 억압과 차별에 시달리고 있었다. 이에 대응하여 볼셰비키는 여성에게 초점을 맞춘 활동에 헌신했다.

레닌은 콜론타이가 당 활동에 복귀한 것을 환영했다. 1918년* 11월 제2차 여성 노동자·농민 대회가 조직됐다. 300명이 참석할 것으로 예상하고 준비된 대회장에 1147명의 노동계급과 농민 여성이 몰려들었다.

대회장에서는 반발하는 분위기가 느껴졌다. 이네사 아르망이 공공 어린이집의 필요성에 관해 이야기하자 "우리는 아이들을 결코 포기하지 않을 것이다!" 하는 외침이 터져 나왔다.[43] 콜론타이가 일어나 발언하면서, 국립학교가 보편적 육아와 교육을 보장하겠지만 어머니와 자녀를 강제로 떼어 놓는 일은 결코 없을 것이라고 안심시켰다.

콜론타이는 또, 진보적 이혼법이 불행한 결혼 생활을 하는 여성들에게 도움도 되지만 다른 한편으로는 여성들, 특히 경제적으로 여전히 남편에게 의존하는 여성들을 겁먹게 만든다는 사실도 알고 있었다.

그녀는 어떻게 사회주의 국가가 여성의 집안일 부담을 덜어 줄 공공서비스 시설들을 설립하는 과정을 시작하고 있는지를 설명했다. "전문적 의류 수선소 덕분에 여성 노동자는 저녁에 옷을 수선하느라 시간을 낭비하지 않고 책을 읽거나 모임에 참석하거나 콘서트에 갈 수 있을 겁니다."[44]

대회에서 레닌은 여성의 권리를 제약하는 규제를 모두 폐지하는 일에 국가가 매진하고 있다고 주장했다. 레닌과 콜론타이의 발언에

---

* 1919년을 잘못 쓴 듯하다.

대표들은 열렬한 환호를 보냈고 갑자기 '인터내셔널가'를 부르기 시작했다.

대회는 어머니와 아동을 보호하기 위한 특별 제안들을 통과시켰고, 나라 전체에서 여성해방을 목표로 하는 체계적 활동의 토대를 놨다. 새 기구인 [노동]여성[선전선동]위원회를 구성하기 위해 콜론타이와 몇몇 볼셰비키 여성 당원들이 선출됐다(위원장은 이네사 아르망이었다). 볼셰비키당의 지부마다 여성위원회가 만들어졌다.

이제 실질적 활동이 시작됐다. 공공 식당은 개별 가정의 부담을 덜어 주는 데 필수적이었고, 1920년까지 모스크바 시민의 60퍼센트가 공공 식당에 등록했고 페트로그라드에서는 90퍼센트가 등록했다. 빈민가에 살던 약 30만 가구가 전에 부자들이 소유하던 대저택을 개조한 공동 주택으로 이사했다. 이런 주택은 여전히 이상과는 거리가 멀었다. 사람들은 비좁은 방에서 낯선 사람들과 함께 살았다.

1919년 1월 과로로 기진맥진한 콜론타이는 심근경색을 일으켜 3개월 동안 앓아누웠다. 자리에서 일어난 그녀는 백군 세력이 모이고 있던 우크라이나 지방의 남부 전선으로 가서 선동 활동을 했다.

1919년 여름에 콜론타이는 페트로그라드로 돌아왔다. 그녀는 여성위원회가 제노텔(여성부)로 바뀌었다는 것을 알게 됐다. 제노텔은 〈코무니스트카〉(여성 공산주의자)라는 신문을 발행했다. 그 신문은 제노텔의 주요 조직 수단이었다. 제노텔은 여성을 위해 활동했고, 직장과 가정에서 여성의 권리를 보호할 법적 권한이 있었다. 여성 '대표들'을 선발해서 수습 기간을 거쳐 정치적 지도부, 조직적 임무, 행정 업무에 적합하도록 훈련시켰다.

콜론타이는 농민과 함께 하는 활동을 책임졌다. 그녀는 유럽러시아의 모든 주州에 제노텔이 설립되도록 지원했다. 또, (흔히 머릿수건이나 베일을 두른) 볼셰비키 여성 대표들을 조직해서 동부 지방으로 보내 무슬림 여성들과 함께 활동하도록 했다. 그들은 교육 프로그램을 운영하고 정치 활동을 장려했다.

혁명으로 쟁취한 종교의 자유 덕분에, 억압받는 종교 집단들에게도 상당한 진보가 있었다. 모스크바에는 무슬림의 이익을 돌보는 일을 맡은 무슬림 인민위원회도 있었다. 그래서 무슬림 지도자들의 다수는 노동자 국가를 지지했다. 많은 무슬림 여성도 당 활동에 참여했다.

발진티푸스와 약한 심장 때문에 건강이 안 좋아서 1919년과 1920년 내내 콜론타이의 활동은 계속 중단됐다. 1920년 가을에 아르망이 콜레라로 죽은 뒤 콜론타이는 제노텔 조직자로 복귀했다.

그녀는 여성의 성건강 위원회를 부활시키기 시작했다. 그것이 긴급한 문제였기 때문이다. 내전으로 인한 혼란과 붕괴 때문에 성병, 산후 합병증, 위험한 방식의 임신 중지가 급증했다. 1920년의 임신 중지 합법화는 이런 문제들을 해결하기 위해 한 걸음 더 나아간 것이었다.

콜론타이는 계속 제노텔 활동에 몰두했다. 심지어 1920년 내전 말기에 경제적 붕괴 때문에 여성에게 필요한 공공시설들을 운영하는 것이 거의 불가능해졌을 때도 그랬다.

노동자 반대파

1920년 봄쯤 적군은 백군을 물리치고 혁명 러시아를 방어하는 데 성공했다. 그러나 승리를 위해 엄청난 대가를 치러야 했다. 러시아는 정치적으로 고립됐고, 적대적인 제국주의 강대국들에 둘러싸여 있었다. 기근, 질병, 경제 위기가 닥쳤다. 생산은 전쟁 전 수준의 5분의 1에 불과했다.

전시공산주의 정책은 일부 농민들의 분노와 반란을 불러일으켜서 혁명에 매우 실질적 위협을 가했다. [노동자] 국가를 붕괴에서 구하기 위해 옛 차르 정권의 관리들을 힘 있는 자리로 불러들여야 했다. 정부와 당에서 관료들이 성장하고 있었다.

혁명 때 가장 용감하게 싸운 많은 노동자는 내전에서 혁명을 방어하다 죽어 갔다. 겨우 몇 달 전까지만 해도 농민이던 사람들이 이제는 공장에서 일하거나 수병으로 복무하고 있었다. 그들은 노동조합 활동 경험이 거의 없거나 사회주의 사상을 알지 못했다. 그들은 노동자 국가에 대항해서 반란을 일으켰다.

이 때문에 볼셰비키 당내에서는 이 새로운 노동계급과 어떻게 관계를 맺어야 하는지를 두고 뜨거운 논쟁이 벌어졌다. 콜론타이는 노동자반대파라는 당내 분파에 가담했다. 그 분파는 유명한 노동조합 활동가들이 주도했다. 콜론타이는 노동자반대파의 목표를 개괄하는 중요한 글을 썼다. 그들은 노동자 통제라는 이상을 복원하고 관료적 통치 경향에 대항하려면 (국가가 아니라) 노동조합이 생산을 완전히 통제해야 한다고 주장했다.

그러나 이것은 러시아의 아주 위험한 상태를 무시한 주장이었다. [1921년 3월 10차] 당대회에서 트로츠키는 혁명이 당장 위험에 처해 있으므로 농민의 반혁명을 막기 위해 국가가 노동조합을 통제해야 한다고 주장했다. 레닌을 비롯한 다수의 당 지도자들은 노동조합이 노동자들의 이익을 지킬 수 있게 해야 하는 한편으로 국가와 당이 사회 전체의 이익을 위해 산업을 통제하는 균형을 취해야 한다고 주장했다.

이 논쟁에 엄청나게 중대한 이해관계가 걸려 있었음은 10차 당대회가 열리고 있을 때 페트로그라드 근처의 크론시타트 요새에서 일어난 수병들의 반란으로 드러났다. 그 반란은 새 정부를 진짜로 위험에 빠뜨렸다. 유혈 낭자한 반란 진압 과정은 그것이 볼셰비키에게도 얼마나 힘든 선택이었는지를 보여 준다.

이런 압력에 대응해서 볼셰비키는 1921년에 전시공산주의 정책을 완화하고 신경제정책을 도입했다. 그래서 곡물 생산을 장려하기 위해 농민에게 모종의 금융 인센티브를 제공했다. 레닌은 신경제정책을 농민이 반혁명으로 나아가는 것을 막기 위한 일시적 필요악으로 봤다.

노동자반대파가 몇 개월 동안 당 언론을 이용해 공개적으로 활동한 뒤 10차 당대회에서는 표결 끝에 일시적으로 분파를 금지하기로 결정했다. 콜론타이는 노동자반대파가 탈당해야 한다고 주장했다.

나중에 11차 당대회에서 콜론타이는 분파 활동에 관여했다는 이유로 제명당할 처지에 놓였다. 당대회에 참석한 대의원의 다수가 콜론타이 제명안에 반대표를 던진 덕분에 제명은 면했지만 호된 질책을 받아야 했다. 2월 초에 이미 그녀는 제노텔 책임자 자리에서 해임된 상태였다.

스탈린의 부상

이오시프 스탈린은 1903년에 볼셰비키당이 만들어졌을 때부터 당원이었다. 그는 1917년 내내 당 중앙위원이었다(비록 레닌이나 트로츠키처럼 혁명에서 지도적 구실은 결코 하지 않았지만 말이다). 내전이 끝난 뒤 스탈린은 관료들에 기반을 둔 당내 분파를 만들기 시작했다.

1922년에 스탈린을 당 서기장으로, 1923년에는 지도자로 선택한 것은 바로 이 성장하는 관료 집단이었다. 스탈린은 당 기구를 자신에게 철저히 충성하는 기구로 변질시켰고, 혁명 초기의 급진주의에서 후퇴했으며, 레닌과 트로츠키의 국제 혁명 전망을 포기했다.

관료 집단의 성장은 전쟁으로 완전히 파괴되고 혁명이 다른 나라들로 확산되지 못해 고립된 나라에서 계속 권력을 유지해야 하는 절박한 필요의 산물이었다. 레닌은 관료 집단의 성장이 위험하다는 것과 그 때문에 당과 혁명이 일그러지고 있다고 경고했다. 1922년 12월 병상에 누워 있던 그는 스탈린을 서기장에서 해임해야 한다고 주장했다. 1924년 1월 레닌이 죽은 뒤 스탈린은 공식적으로 소련의 지도자 자리를 차지했다.

러시아 혁명을 구할 수 있는 유일한 방법은 다른 나라, 특히 유럽 나라들에서 혁명이 일어나는 것뿐이었다. 그러나 스탈린의 관료 집단은 국제 혁명 요구에 반대했다. 스탈린은 [1923년 10월] 트로츠키가 직접 독일로 가서 혁명의 성공을 지원하겠다고 나서자 못 가게 막았고, 독일 공산당이 무장봉기를 준비하던 결정적 순간에 권력 장악에 나서지 말고 자중하라고 경고했다. 스탈린의 이런 개입은 결국 독일 혁명이 분쇄되는 데 한몫했다. 독일 혁명이 성공했다면 러시아 [혁명]을 구하는 데 결정적 도움이 됐을 것이다.

'일국사회주의'는 스탈린과 그 추종자들을 단결시키는 구호 노릇을 했다. 스탈린은 트로츠키 같은 국제주의자들을 "애국심이 없다"고 비난했다.

1922년 말 오데사에 있던 콜론타이는 스탈린의 요구에 따라 노르웨이 [주재 소련 대사관 직원으]로 갔다. 그녀를 외국으로 보내 버린 것은 당 활동에 더는 관여하지 못하게 하는 편리한 방법이었다(일종의 정치적 유배였던 셈이다). 그녀는 남은 생애 동안 [멕시코·노르웨이·스웨덴에서] 소련 대사로 일하게 된다.

콜론타이가 외교관 직책을 받아들이기로 결정한 것은 어쩌면 혁명 러시아의 고립과 퇴보를 반영한 것일지 모른다. 그러나 그것은 곧 그녀가 러시아 혁명으로 여성들이 얻은 성과를 지키려는 투쟁에서 손을 뗀다는 것을 의미했다. 그 성과를 스탈린이 체계적으로 청산하기 시작한 바로 그때 말이다.

트로츠키는 러시아에서 혁명가들이 노동자 민주주의와 국제 노동자 투쟁과의 연대를 건설해야 한다고 주장하며 좌익반대파를 결성해서 스탈린의 관료 집단에 맞선 투쟁을 계속했다. 콜론타이는

1927년에 잠시 모스크바로 돌아왔을 때 트로츠키의 좌익반대파와 관계를 맺었지만, '당의 단결' 필요성을 강조하면서 트로츠키를 정치적으로 지지하지 않았다.

콜론타이가 트로츠키를 편들지 않은 것에 격분한 실랴프니코프가 콜론타이를 "출세주의자"라고 비난하자 그녀는 트로츠키의 주장이 자신에게는 "매우 생경하다"고 주장하며 이런 비난을 거부했다.[45]

트로츠키는 자서전에서 콜론타이가 "레닌·트로츠키 정권에 대항하는 투쟁은 많이 벌였지만 나중에 스탈린 정권에는 아주 감동적으로 고개를 숙였다"고 말했다.[46]

스탈린은 반대파에게 침묵을 강요했다. 트로츠키와 그 지지자들을 모조리 체포해서 감옥이나 유배지로 보냈다. 40만 명의 볼셰비키 당원이 감시당했다. 트로츠키는 남은 생애 동안 망명지를 전전하다가 결국 1940년 멕시코에서 스탈린의 첩자에게 살해당했다. 콜론타이는 볼셰비키의 지도적 당원 가운데 (스탈린 자신을 제외하면) 스탈린의 숙청에서 살아남은 유일한 인물이었다.

콜론타이가 쓴 일기를 보면, 혁명에서 여성의 구실이 쇠퇴하고 소련 체제가 '혁명적 휴머니즘'을 잃어버린 것에 실망했다는 말들이 나온다.[47] 그러나 공개적으로는 결정적 순간마다 스탈린에 대한 지지를 표명했다.

스탈린의 우선순위는 러시아 경제를 최대한 빨리 현대화·산업화해서 국제 수준에서 유럽의 주요 열강이나 미국과 경쟁할 수 있게 만드는(특히 또 다른 전쟁 가능성에 대비하는) 것이었다. 이를 위해 그는 1928년에 제1차 5개년 계획을 밀어붙였다. 이제 신경제정책은

6장 알렉산드라 콜론타이 375

"영웅 어머니에게 영광을" 1944년 러시아에서는 자녀를 10명 이상 낳는 여성에게 훈장을 수여하는 제도가 실시됐다

끝났다. 농업은 강제 집산화됐고 농민의 곡물은 강제 징발됐다. 사람들의 생활수준을 희생시킨 대가로 경제 발전이 이뤄졌다(노동자와 농민의 생활수준이 급락했다). 러시아는 사람들의 필요를 충족하기 위한 생산에 바탕을 둔 국가에서 서방과의 군비경쟁을 위한 급속한 자본축적 드라이브에 바탕을 둔 국가로 변모했다.

러시아는 이제 더는 노동자 국가가 아니라, 국가자본주의가 돼 버렸다. 사적 자본가들이 아니라 막강한 권력을 가진 관료 집단이 지배하는, 착취와 억압에 바탕을 둔 체제가 됐다. 이 철저한 경제적 변화는 혁명 러시아에 최후의 일격을 가해서 그 위대한 성과들을 완전히 파괴해 버렸다. 이 점은 여성들의 삶에서 아주 분명히 드러났다. 제노텔은 1920년대 내내 재정 지원을 받지 못하다가 결국 1932년에 문을 닫았다. 1933년에는 여성의 지하 작업과 야간 근무를 금지한 규정이 폐지됐고, 남녀 동일 임금은 뒤집어졌다. 공공서비스에 대한 재정 지원은 삭감됐고, 여성은 다시 가정으로 돌아가 사사로운 집안일에 얽매이게 됐다.

성적 자유는 "마르크스주의를 정면으로 거스르는" 짓이며 노동자들의 생산자·어머니 구실을 방해하는 것이라고 경멸당했다. 스탈린이 지배하는 국가에는 더 많은 노동자가 필요했으므로 결혼과 핵가족, 높은 출산율이 권장됐다. 대다수 사람들에게 이혼은 비용이 너무 많이 들어서 엄두가 나지 않는 일이 됐고 혼인법은 엄격해졌다. 남성 동성애는 범죄가 됐고 임신 중지는 금지됐다.

국가가 나서서 "모성의 기쁨"을 장려했다. 자녀를 5명 이상 낳은 여성에게는 상금과 훈장이 수여됐다. 독신으로 살거나 자녀가 너무 적은 사람들에게는 세금이 부과됐다.

1948년에 콜론타이는 소련 정부가 "여성이 타고난 의무, 즉 어머니가 되고 자녀를 교육하고 가정의 안주인이 되는 의무를 이행하는 데" 필요한 모든 조건을 갖춰 줬다고 칭찬하는 글을 썼다.[48] 이것은 자신의 초기 저작에서 여성을 가정 내 억압에서 해방해야 한다고 주장한 것을 우스꽝스럽게 만들어 버리는 말이었다.

콜론타이는 80세 생일을 몇 주 앞두고 1952년 3월 9일 모스크바에서 죽었다. 그녀의 가장 위대한 업적은 그보다 30여 년 전에 여성해방에 대한 헌신과 혁명적 반자본주의 투쟁을 결합한 저작과 활동에 있었다.

해방을 위한 투쟁

1917년에 [러시아] 노동계급이 권력을 장악한 지 100년도 넘었지만, 알렉산드라 콜론타이 같은 혁명가들의 활동과 저작은 오늘날에도 여전히 의미가 있다. 미국의 도널드 트럼프부터 브라질의 자이르 보우소나루까지 우리 시대의 여성차별주의자, 인종차별주의자, 편견투성이 고집불통에 대항하는 엄청난 투쟁이 벌어지고 있다.

[여성]해방을 위한 투쟁이 자본주의의 틀 안에서 형식적 평등을 얻는 데 제한돼야 한다고 보는 사람들은 결국 체제의 우선순위에 타협하고 순응하게 된다. '유리 천장'을 박살 내라는 요구들은 '끈적거리는 바닥'과 씨름하는 노동계급 다수를 무시한다. 오늘날 많은 여성이 정부 고위직이나 기업 이사회실에 앉아 있다. 이런 여성 지도자들이 있는데도 억압과 착취의 근원은 여전히 그대로 남아 있다. [여성]해방을 이루려면 사회의 꼭대기에 앉아 있는 사람들을 바꾸는 것 이상이 필요할 것이다.

지난 100여 년 동안 여성을 위한 중요한 진보는 모두 노동계급의 투쟁과 연결돼 있었다. 여성 노동자들이 승리할 때마다 전체 노동계급도 승리했다. 영국에서 [1970년에] 제정된 남녀동일임금법은 1968년 대거넘의 포드 자동차 공장에서 여성 재봉사들이 벌인 고무적 파업으로 촉발됐다. 임신 중지권을 지켜낸 것도 1979년에 노동조합들이 벌인 대규모 시위였다. 그 시위에는 여성 노동자와 남성 노동자가 함께 참가했다.

여성 노동자들은 2011년 11월 영국 역사상 최대 규모의 공공 부문 노동자 파업에서도 선두에 섰다. 2018년과 2019년에는 주로 여성인 교사들의 파업이 미국을 휩쓸면서 상당한 성과를 쟁취했다. 2018년 가을에는 약 8000명의 글래스고시 공무원 노동자들이 [남녀] 동일 임금을 요구하는 역사적 파업을 주도했다.

아일랜드의 노동계급 여성들은 2018년에 제8차 개정 헌법[의 임신 중지 금지 조항]을 폐지해서 임신 중지권을 쟁취한 엄청난 역사적 운동을 주도했다.

2011년 이집트 혁명에서 여성들은 극도로 억압적인 호스니 무바라크* 정권을 전복하는 데 기여했다. 2019년 수단 혁명에서도 여성들은 중요한 구실을 했다. 그러나 이런 항쟁과 봉기는 사회주의 혁명이 필연적이지는 않다는 것도 우리에게 보여 준다. 이집트 혁명 후 시간이 흐르자 민주주의를 정착시키려는 노력은 강력한 반동에 직면했고 결국 군사 정권에 의해 좌절됐다. 1917년의 볼셰비키 사례를 보면, 혁명 전에 미리 혁명적 사회주의 조직을 건설하는 것이 중요함을 알 수 있다. 그런 조직은 노동계급과 억압받는 사람들을 지키고 이끌어서 승리를 쟁취하도록 도와줄 수 있다.

자본주의는 지난 수십 년 동안 여성이 쟁취한 제한된 성적 자유조차 도용해서 '야한 문화' 형태로 우리에게 되팔고 있다. 자본주의는 여성의 몸을 상품화해서 엄청난 이윤을 벌어들인다. 성 상품화 광고가 여성에게 '늘씬한 몸매'를 가꾸라고 부추기거나 폴댄스를 모

---

* 호스니 무바라크 이집트를 30년간 지배한 독재자. 2011년 이집트 혁명으로 권좌에서 쫓겨났다.

종의 '성 해방' 운동으로 포장해서 말이다.

성 해방에 관한 콜론타이의 저작들은 사람들의 관계가 데이트 앱에서 호감이나 거절을 표시하는 데서 그치는 것이 아니라 경제적 필요에도 얽매이지 않는 세계를 지향한다. 콜론타이는 사회주의 혁명이 여성과 남성 모두에게 진정한 자유와 해방의 가능성을 열어 줄 수 있다는 비전을 발전시켰다.

이 글의 지은이 **에마 데이비스**는 영국의 교원노조 활동가이고 사회주의노동자당(SWP) 당원이다.

3부
유럽의 혁명 물결에 헌신한 혁명가들

"제국주의가 승리해서 모든 문화가 파괴되고, 고대 로마가 그랬듯이 인구가 급감하고 도시가 황폐해지고 사회가 퇴보해서 거대한 공동묘지처럼 될 것인가 아니면 사회주의가 승리할 것인가."
― 로자 룩셈부르크

"투쟁의 구체적 계기는 서로 대립하는 세력들이 끊임없이 상호작용한 결과이고, 결코 고정된 양으로 환원할 수 없다. 왜냐하면 그 속에서 양은 끊임없이 질로 바뀌기 때문이다. 사실, 우리는 우리가 행동하는 만큼만 예견할 수 있고, 자발적으로 노력하는 만큼, 그래서 '예견'한 결과가 실현되도록 구체적으로 기여하는 만큼만 '예견'할 수 있다."
― 안토니오 그람시

7장

로자 룩셈부르크

로자 룩셈부르크는 누구인가?

　로자 룩셈부르크는 논란이 많은 인물이다. 오해나 왜곡도 많다. 룩셈부르크에 관한 논쟁을 듣다 보면, 흔히 그녀가 모순투성이 인물이라는 느낌을 받게 된다. 즉, 평화주의자였지만 별명은 '피의 로자'였다거나, 페미니스트들의 우상이지만 여성해방에는 관심이 없었다거나, 레닌주의에 반대했지만 '적색테러'를 옹호했다거나, 결정론적 역사관을 갖고 있었지만 노동자들의 자주적 활동을 무조건 신뢰했다거나, 철저한 직업 혁명가였지만 평범한 인간이기도 했다는 식으로 말이다.

　누구나 동의하는 사실 하나는 룩셈부르크의 활력, 에너지, 헌신이 사람들에게 영감을 준다는 것이다. 룩셈부르크는 잔인하게 살해당했지만, 그 짧은 생애 동안 폴란드 출신 유대인이자 여성으로서 온갖 편견에 맞서 대단한 성취를 이뤄 냈다. 그것도 왜소한 체구에 다리까지 절룩거린 여성이 말이다.

룩셈부르크는 10대 시절인 1880년대부터 1919년 독일 혁명 와중에 47세의 나이로 살해당할 때까지 평생 동안 근본적 사회 변화를 추구하는 운동에 헌신한 혁명적 사회주의자였다.

그녀는 뛰어난 활동가이자 웅변가였고, 교사이자 이론가였다. 노동자 운동이 성장하면서 발전한 투쟁들에 투신했을 뿐 아니라 한 발 물러서서 그 투쟁들을 분석하기도 했다. 룩셈부르크의 몇몇 중요한 저작, 예컨대 《대중파업, 정당, 노동조합》과 《사회 개혁이냐 혁명이냐》 등은 20세기라는 새로운 조건에서 마르크스주의 전통을 발전시켰다. 룩셈부르크는 운동 내에서 전략 논쟁을 계속 제기한 비판적 마르크스주의자였고, 누구라도 단지 나이가 많다거나 존경받는다는 이유만으로 옳다고 인정해 주는 법이 결코 없었다.

룩셈부르크는 아래로부터 사회주의 전통을 옹호하고자 투쟁했다. 즉, 단지 의회에서 노동자들을 대표하는 활동만 추구하지 않고 사회주의의 토대로서 노동자들의 자주적 활동에 주목했다. 1905년 러시아에서 일어난 대중파업의 힘을 알아본 그녀는 대중파업이 경제투쟁과 정치투쟁 사이의 장벽을 어떻게 극복하는지를 설명했다.

제1차세계대전 때 독일과 유럽 전역의 대다수 사회주의자들은 자국의 애국주의적 전쟁 열기에 굴복했다. 그러나 룩셈부르크는 극소수의 다른 사회주의자들과 손잡고 전쟁의 참상에 맞서 싸웠다. 노동자들끼리 서로 싸우게 만드는 이 학살에 반대하며 국제주의 원칙을 고수했기 때문에 전쟁 기간을 대부분 교도소에서 갇혀 지내야 했다. 룩셈부르크는 1917년 러시아 혁명에서 희망과 영감을 얻었다.

이 짧은 글은 로자 룩셈부르크를 덮고 있는 안개를 걷어 내고 그녀를 '붉은 로자'라는 제자리로 되돌려 놓으려 한다. 지면이 부족하므로 룩셈부르크의 모든 것을 다 다루지는 못하겠지만, 모든 인류의 해방을 위한 투쟁에 평생을 바친 한 여성의 사상과 생애를 제대로 알려 줄 수 있기를 바란다.

반항아에서 혁명가로

로자 룩셈부르크는 1871년 3월 폴란드 동부의 자모시치에서 태어났다. 자모시치는 제법 큰 농촌 도시였지만 쇠퇴하고 있었다. 당시 폴란드는 통일된 독립국가가 아니라 러시아·독일·오스트리아 제국들의 분할 지배를 받고 있었고, 자모시치는 러시아 전제군주인 차르가 지배하는 곳이었다. 자모시치는 유대인 문화가 번창한 곳이었지만(도시 인구의 3분의 1 이상이 유대인이었다), 룩셈부르크 가족은 폴란드인의 생활에 매우 많이 동화돼 있었다. 로자의 아버지인 엘리아시는 목재상이었고, 로자 가족은 어려운 시절이 없지는 않았지만 그럭저럭 잘사는 편이었다.

로자는 다섯 아이 가운데 막내였다. 로자가 아장아장 걸어 다닐 무렵 엘리아시는 자녀에게 최대한 좋은 교육 기회를 주고 싶어서 가

1883년 12세의 룩셈부르크

족을 데리고 바르샤바로 이사했다(바르샤바도 러시아제국이 지배하는 곳이었다). 머지않아 로자는 심각한 엉덩관절 병에 걸려 1년 동안 누워 지내야 했고 결국 평생 다리를 절게 됐다. 그래도 누워 지낸 기간을 잘 이용해서 읽고 쓰는 법을 배웠고, 다섯 살에 처음으로 부모와 언니·오빠에게 편지를 썼다. 그러고는 가족에게 정식으로 답장을 쓰라고 강하게 요구했다!

인종차별이 심하고 억압적인 러시아제국에서 폴란드 유대인들이 좋은 교육 기회를 얻는다는 것은 결코 쉬운 일이 아니었다. 바르샤바의 제1고등학교는 러시아인 관리들의 자녀를 위해 지어진 학교였으므로 폴란드인은 거의 들어갈 수 없었고 유대인은 전혀 들어갈 수 없었다. 로자가 다닌 제2여자고등학교에 들어갈 수 있는 유대인의 수도 엄격하게 제한돼 있었다. 학생들은 강제로 러시아어를 사용해야 했다. 폴란드어는 수업 시간 외에도 쓸 수 없었다. 이런 강제 '러시아화'에 학생들은 불만이 많았고, 로자는 그 학생들의 선두에 서 있었다. 학생들은 교사에게 반항하며 집회를 열었고, 학교 밖 폴란드 사회에서 벌어지는 투쟁들과 흔히 연대했다.

학생들은 바르샤바에서 활동하는 혁명적 조직들과 연계돼 있었는데, 이 조직들은 주로 젊은 지식인들로 이뤄져 있었다. 로자는 15살 무렵 이 조직들과 처음 접촉한 듯하다. 로자의 활동은 눈에 띨 수밖에 없었다. 로자는 항상 반에서 1등을 했지만 "당국에 반항하는 태도" 때문에 우등생에게 주는 금메달을 받을 수 없었다.[1] 졸업반이 됐을 때쯤 로자는 폴란드 최초의 사회주의 정당인 프롤레타리아당에 가입했다.

프롤레타리아당은 러시아의 혁명가 집단인 나로드니키를 보며 영감을 얻었다. 나로드니키는 암살과 폭파 같은 테러 활동으로 차르의 제정을 무너뜨리고 러시아 농민을 해방시키고자 투쟁했다. 그러나 프롤레타리아당은 개인적 행동을 뛰어넘어, 폴란드의 여러 도시에서 성장하는 노동자 운동 안에 대중적 기반을 구축하려 했다. 러시아보다 폴란드에서 산업이 더 발전한 이유는 지리적으로 서유럽 시장과 더 가깝기 때문이기도 했고 차르가 자기 근거지 너무 가까이에서 산업 노동계급이 성장하는 것을 싫어했기 때문이기도 했다.

1883년에 프롤레타리아당은 폴란드 전역에서 잇따라 파업을 조직하는 데 성공했다. 그중에는 바르샤바 교외에서 벌어진 대중파업도 있었다. 당국은 대대적 탄압으로 대응했다. 그 뒤 2년 동안 많은 당원이 체포됐고 조직은 사실상 파괴됐다. 1886년 룩셈부르크가

15살 때 당의 지도자 네 명이 교수형당했다. 그런 공개 처형은 22년 만에 처음이었다. 당의 극소수 세포들만이 살아남았는데, 룩셈부르크가 가입한 조직도 그중 하나였다. 같은 세대의 다른 사람들과 마찬가지로 룩셈부르크도 차르 체제의 일상적 탄압에 분노해서 혁명적 정치를 받아들였다. 차르의 제국에는 사실상 정치적 자유가 전혀 없었으므로, 민주주의 투쟁에 헌신하는 활동가가 된다는 것은 결코 쉽게 선택할 수 있는 길이 아니었다.

그 뒤 몇 년 동안 폴란드의 노동자 투쟁과 사회주의 활동이 부활했지만, 이 때문에 활동가들은 새로운 위험에 직면했다. 룩셈부르크는 체포되지 않으려고 1889년에 망명을 떠날 수밖에 없었고, 당시 폴란드 사회주의자들이 망명지로 선택하던 스위스로 가기로 결정했다. 룩셈부르크는 국경 근처 마을의 가톨릭 신부에게 자신은 그리스도교로 개종하기를 간절히 원하는 유대인인데 가족의 반대가 너무 심해서 달아나야만 하는 딱한 처지라고 둘러댄 덕분에 마차 뒤의 짚 더미 속에 숨어서 몰래 국경을 넘을 수 있었다.

폴란드의 해방

로자 룩셈부르크는 고등학교 졸업 이후 이미 카를 마르크스와 프리드리히 엥겔스의 저작을 읽고 있었는데, 취리히에서 대학교를 다닌(당시 여성으로서는 극히 드문 일이었다) 덕분에 자본주의 이론과 자본주의 비판을 집중적으로 공부할 수 있게 됐다. 그러나 망명은 단지 한가하게 공부하기 위한 것이 아니었다. 정치 망명가가 넘쳐 나는 스위스에서 룩셈부르크는 러시아와 폴란드의 혁명적 정치에서 중요한 구실을 하는 핵심 인물들을 만나게 된다. 특히, '러시아 마르크스주의의 아버지'로 불린 게오르기 플레하노프와* 리투아니아에서 온 혁명가 레오 요기헤스를** 만났는데, 요기헤스는 빌나(빌뉴스)에서 "가장 일찍 활동하기 시작한 사회주의자 가운데 한 명"으로 인정받는 사람이었다.² 룩셈부르크와 요기헤스의 개인적 관계는 그 뒤 오랫동안 계속됐고 두 사람의 정치적 관계는 평생 지속됐다.

룩셈부르크는 스위스에서 지내는 동안 폴란드의 정치와 긴밀한 관계를 유지했다. 이 점은 다른 망명가들도 마찬가지였다. 논쟁에 관여하면서 이론가이자 지도자로서 룩셈부르크의 자신감도 커져 갔다. 1892년에 그동안 분열돼 있던 폴란드 좌파들이 뭉쳐서 폴란드 사회당을 창설했다. 그것은 노동자 투쟁에 자극받은 결과였다. 그러나 당의 강령은 폴란드 민족주의와 마르크스주의가 어색하게 뒤섞인 것이었다. 룩셈부르크와 그 동지들은 혁명적 국제주의를 타협할 생각이 전혀 없었다. 그들은 러시아 노동자들이야말로 차르에 반대하는 투쟁에서 함께 싸울 동맹 세력이라고 주장했다. 왜냐하면

---

* 게오르기 플레하노프 러시아 마르크스주의의 선구자였지만 훗날 제1차세계대전이 터지자 자국 정부를 지지했고 1917년 10월 혁명에도 반대했다.

** 레오 요기헤스 로자 룩셈부르크와 연인이자 동지였다. 훗날 함께 폴란드왕국사회민주당과 스파르타쿠스단을 건설했다. 룩셈부르크가 살해당하고 두 달 뒤에 역시 살해당한다.

차르가 폴란드 노동자들과 러시아 노동자들을 모두 억압하기 때문이었다.

이것은 카를 마르크스가 폴란드 독립을 지지한 것과는 다른 주장이었다. 마르크스는 1840년대부터 폴란드 독립을 지지하기 시작했고 그 태도는 1883년 죽을 때까지 변하지 않았다. 당시 러시아에는 노동계급이라고 할 만한 집단이 존재하지 않았고, 따라서 폴란드 민족과 차르의 대립이 핵심적 분단선이었다. 룩셈부르크는 러시아에서 산업자본주의가 발전하면서 상황이 바뀌었다고 주장했다. 이제 폴란드 자본가계급과 허약한 러시아 자본가계급(둘 다 차르 체제의 동맹 세력이었다)에 맞서 폴란드 노동자들과 러시아 노동자들이 동맹할 수 있게 됐다는 것이다.

1893년 7월 룩셈부르크는 혁명적 사회주의 신문 〈스프라바 로보트니차〉(노동자의 대의)를 창간하는 데서 핵심 구실을 했다. 그 신문은 스위스에 있던 폴란드 출신 청년 망명가들이 힘을 모아 만들었는데, 지도자는 프롤레타리아당 시절부터 함께해 온 룩셈부르크와 그 동지들이었다. 신문 창간 시점은 의도적인 것이었다. 1893년 8월에 전 세계 사회주의 정당들의 국제 대회인 사회주의 인터내셔널[제2인터내셔널] 3차 대회가 [스위스 취리히에서] 열릴 예정이었기 때문이다.

사회주의 인터내셔널의 국제 대회에서는 국제 사회주의 운동이 취해야 할 정책이나 전략·전술에 관한 논쟁이 벌어졌다. 〈스프라바 로보트니차〉를 창간하면서 룩셈부르크와 그 동지들은 자신들이 폴란드 대표단의 일원으로 국제 대회에 참가할 정당한 권리를 얻고,

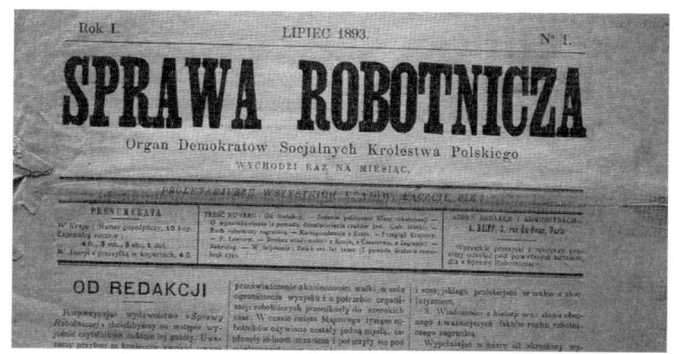

〈스프라바 로보트니차〉 창간호

그래서 폴란드 사회당의 민족주의에 반대하는 주장을 펼칠 수 있기를 바랐다.

폴란드 독립 문제는 폴란드 사회주의 운동에 중요한 쟁점이었다. 그도 그럴 것이 폴란드는 이웃 강대국들에 의해 분할 점령돼 있었기 때문이다. 룩셈부르크는 사회주의자들이 민족자결권을 지지해야 하는 것은 맞지만 사회당은 사실상 퇴행적인 폴란드 '부활'을 옹호하고 있다고 비판했다. 룩셈부르크의 주장인즉, 폴란드의 독립국가 건설에 초점을 맞추게 되면 차르 치하에서 살아가는 모든 피억압 대중의 해방을 위한 투쟁을 방해하게 된다는 것이었다. 룩셈부르크는 자신이 인터내셔널 내회에 참가해서 폴란드의 일부 사회주의자들이 갖고 있는 이런 견해(비록 소수파의 견해지만)를 주장할 권한을 위임받았다는 사실이 인정돼야 한다고 주장했다. 폴란드 사회당 대표단은 룩셈부르크에게 발언권을 주면 안 된다고 강력하게 반대했다. 그러나 룩셈부르크는 어떻게든 발언을 하고야 말았다. 당시 회의에 참가한 벨기에 사회주의 정당의 지도자 에밀 반데어벨데는* 나중에 다음과 같이 회상했다.

> 당시 독일과 폴란드의 몇몇 사회주의 서클 사람들 말고는 23살의 로자를 아는 사람이 거의 없었다. … 반대파는 로자에 맞서 자신들의 주장을 고수하기가 매우 힘들었다. 로자가 수많은 대의원 사이에서 솟구치듯 일어서서 자기 말이 더 잘 들리게 하려고 의자 위로 힘차게 올라서던 모습이 지금도 생각난다. 신체적 결함을 교묘하게 가려 주는 여름옷을 입은 로자는 작고 여리고 우아했지만, 대의를 옹호하는 눈빛은 강렬했고 말투는 격렬했다. 그녀는 대다수 청중의 마음을 사로잡아 자기편으로 만들었다.³

불행히도, 결정권을 가진 것은 이 대의원들이 아니라 다른 위원회였다. 나중에 그 위원회는 로자의 위임장을 찬성 7, 반대 9, 기권 3으로 부결시켰다. 여기에는 플레하노프의 영향력도 어느 정도 작용했는데, 그는 스위스에서 막 떠오르는 젊은 스타들(요기헤스와 룩셈부르크)을 불신했고 그래서 폴란드 사회당을 지지했다.

룩셈부르크는 격분했지만, 운동 속에서 계속 논쟁하며 조직을 건설했다. 1894년에 룩셈부르크는 〈스프라바 로보트니차〉의 편집자가 됐고, 〈스프라바 로보트니차〉 그룹의 주도로 폴란드왕국사회민주당이 창설됐다(1년 뒤에는 폴란드·리투아니아왕국사회민주당으

---

* 에밀 반데어벨데 벨기에 노동당 지도자. 1902년 벨기에 총파업을 이끌었으나 합법주의적 태도로 패배를 자초해 로자 룩셈부르크의 비판을 받았다. 훗날 제1차세계대전이 터지자 자국 정부를 지지하며 연립정부에 입각한다.

로 이름을 바꿨다). 다음번 사회주의 인터내셔널 국제 대회가 열린 1896년 무렵에는 룩셈부르크가 폴란드 사회주의자들의 대표로 참가해서 발언하는 것이 아무 문제도 되지 않았다. 물론 폴란드 사회당 당원들은 "히스테리를 부리는 여성" 어쩌고저쩌고하면서 비방했지만 말이다.

아직 20대였는데도 로자 룩셈부르크는 폴란드 사회주의 운동의 최선두에서 싸웠다. 그녀는 폴란드왕국사회민주당의 원동력이자 공인된 지도자였고, 순전히 자력으로 국제 운동에서 명성을 떨치게 됐다. 이제 룩셈부르크는 당시 혁명운동에서 가장 중요한 나라였던 독일로 갈 준비를 했다.

운동의 심장부

독일은 유럽에서 자본주의가 뒤늦게 발전한 나라였지만, 19세기 말에는 프랑스·영국과 경쟁할 수 있을 만큼 급속하게 성장했다. 그보다 50년쯤 전에 마르크스와 엥겔스가 《공산당 선언》에서 설명한 역동적 자본주의기 제 임무를 수행하고 있었던 것이다. 그에 따라 독일 사람들의 삶도 급격하게 변모해서, 밭에서 농사짓던 사람들이 이제는 대규모 공장과 성장하는 도시로 대거 몰려들고 있었다. 이제야 정말로 공산주의자들은 '대중'을 상대로 주장을 펼 수 있게 됐다.

가장 중요한 노동계급 정당은 독일 사회민주당이었다. 1878년에 비스마르크가 제정한 사회주의자단속법은 1890년에 폐지됐다. 그래서 러시아나 폴란드와 달리 독일에서는 사회주의자들이 공공연하게 합법적으로 조직 활동을 할 수 있었다. 비록 몇몇 제약은 여전히 남아 있었지만 말이다(예컨대, 흔히 사회민주당의 대중 집회 연단에는 경찰관이 앉아서 위법행위를 감시했다). 그래도 사회민주당은 그 기회를 이용해서 공공연하게 당원을 모집하고 선거운동을 전개했다. 1890년대 말쯤 사회민주당은 당원이 100만 명에, 선거에서 450만 표를 얻고, 전국에서 90종의 일간지를 발행하고, 수많은 노동조합과 협동조합의 지지를 받는 정당이 돼 있었다.[4]

룩셈부르크는 1898년 5월 베를린에 도착했다. 아는 동지의 아들인 구스타프 뤼베크와 위장 결혼을 해서 독일 시민권을 얻은 상태였다. 룩셈부르크가 비록 자신감 넘치는 젊은 여성이기는 했지만, 유서 깊고 번잡하고 낯선 대도시에서 산다는 것은 쉬운 일이 아니었다. 베를린에 도착한 직후 룩셈부르크는 레오 요기헤스에게 다음과 같이 편지를 써 보냈다. "여기 도착했을 때, 나는 완전히 이방인이 된 느낌이었어요. 나 혼자서 '베를린을 정복해야' 할 것만 같았거든요. 그리고 베를린을 처음 봤을 때는, 나에게 완전히 무관심하고 싸늘한 힘에 짓눌린 것처럼 불안해졌어요."[5]

그러나 이런 무관심은 오래가지 않았다. 1898년은 선거가 실시되는 해였고, 룩셈부르크는 폴란드어를 사용하는 노동자들이 많이 사는 프로이센 동부 지역에서 사회민주당의 선거운동에 기여하겠다고 당에 제안했다. 그 제안은 받아들여졌고, 룩셈부르크는 성공적인 유세 활동을 펼쳤다. 룩셈부르크는 이론적으로 완전히 명확했고, 청중을 진지하게 대했다. 사람들의 감정에 호소해서 선동하려고만 하지 않고 분명한 주장으로 청중을 설득하려 한 것이다. 선거가 끝나고 베를린에 돌아왔을 때 룩셈부르크는 자신감을 회복했고 명성도 더 높아져 있었다.

룩셈부르크는 사회민주당에서 중요한 정치적 친구들을 만났다. 그중에는 마르크스와 엥겔스의 유산 상속인으로 인정받던 카를 카우츠키도 있었다. 룩셈부르크는 카우츠키의 부인인 루이제와 친구가 됐다. 또, 클라라 체트킨과도 가까워졌는데, 체트킨은 사회민주당이 불법이던 시절부터 당에서 활동했고 사회주의 여성 신문인 〈디 글라이히하이트〉(평등)의 편집자이기도 했다.

베를린에 도착한 지 몇 달이 채 안 돼 룩셈부르크는 노동계급의 해방은 노동계급 자신의 행동이어야 한다는 마르크스의 핵심 주장을 옹호하기 위한 논쟁에 뛰어들어 당의 주요 이론가를 비판했다.

개혁이냐 혁명이냐?

독일 사회민주당은 공식적으로는 마르크스주의 정당이었지만, 실제로는 혁명가들과 개혁주의자들로 분열돼 있었다. 전자는 사회주의를 실현하려면 혁명이 필요하다는 견해를 고수하는 사람들이었고, 후자는 점차 기존 국가의 전복이 아니라 의회를 통한 기존 국가의 개혁 가능성에 주목하게 된 사람들이었다. 여기서 이 '개혁주의자'들은 오늘날의 사회민주주의자들과 달리 진정한 사회 변화를 이

《사회 개혁이냐 혁명이냐》 초판 표지

루고 노동자들의 삶을 개선하는 일에 정말로 헌신하는 사람들이었다는 점을 지적해 둘 필요가 있겠다. 오늘날 사회민주주의 정부에서 활동하는 개혁주의자들은 사회보장제도에 대한 공격이나 민영화 말고는 '대안이 없다'는 생각을 철석같이 신봉한다.

당시 독일 사회민주당의 주요 이론가 중 한 명이 에두아르트 베른슈타인이었는데, 그는 1899년에 펴낸 책 《사회주의의 전제와 사회민주당의 과제》(영국에서는 《점진적 사회주의》라는 제목으로 출판됐다)에서 혁명적 마르크스주의를 '수정'한 이 고전적 개혁주의 사상을 가장 분명히 보여 줬다.

베른슈타인 주장의 출발점은 마르크스 시대 이후 한 세대가 지나면서 자본주의가 변했다는 것이었다. 그는 다음과 같이 주장했다. 자본주의는 오래될수록 더 안정된다. 왜냐하면 자본주의가 '적응'하기 때문이다. 독점기업들과 신용 제도가 자본주의를 규제하고, 그래서 마르크스가 《자본론》에서 분석한 경제 위기와 불황을 제거할 수 있게 됐다. 따라서 자본주의가 오래될수록 자본주의의 모순은 심화하는 것이 아니라 완화된다. 자본주의는 계속 성장할 것이므로 사회주의자들의 과제는 노동자들이 차지하는 부의 몫을 늘리기 위해 투쟁하는 것이고, 그렇게 해서 불평등한 자본주의 체제를 평등한 사회주의 체제로 점차 바꿔 나가는 것이다.

룩셈부르크는 지금도 그녀의 가장 유명한 책 가운데 하나인 《사회 개혁이냐 혁명이냐》에서 베른슈타인과 반대되는 주장을 했다. 1873년 이후처럼 자본주의가 안정을 누리는 시기도 있지만, 자본의 단위가 점점 더 커지고 강대국들의 군국주의 추세가 강해지면서 체제의 모순과 갈등도 갈수록 심해진다는 것이다.

> 베른슈타인은 경제 위기가 경제적 메커니즘의 일시적 교란일 뿐이라고 생각한다. 그래서 경제 위기가 끝나면 그 메커니즘은 다시 제대로 작동할 것이라고 본다. 그러나 사실, 경제 위기는 흔히 말하는 의미에서 '교란'이 결코 아니다. 그것은 자본주의 경제가 발전하는 데 반드시 필요한 '교란'이다. … 경제 위기는 자본주의 경제와 결코 분리될 수 없는 유기적 징후다.[6]

경제 위기가 자본주의의 고질병인 이유는 자본주의가 끝없는 확장과 경쟁에 바탕을 둔 체제이기 때문이다. 경제 위기가 닥쳤을 때 그 대가를 치러야 하는 사람들은 노동자들과 가난한 사람들이다. 자본주의 체제는 결코 길들일 수 없다. 자본주의는 전복돼야 한다.

마르크스의 통찰은 자본주의가 사회주의를 위한 투쟁을 경제적 가능성과 필연성으로 만든다는 것이었다. 모든 사람이 괜찮은 생활수준을 누릴 수 있는 수단이 존재하는데도 자본주의는 결코 그런 생활수준을 보장해 줄 수 없다. 자본주의의 무계획성은 진보가 아니라 파괴를 가져올 것이다. 자본주의의 성장이 뜻하는 것은 식민주의, 문화 파괴, 전쟁 위협 증대 따위다. 따라서 사회주의는 단지 좋은 생각인 것이 아니라 인류에게 필수적인 것이다.

룩셈부르크는 이런 과학적 주장을 개탄하는 베른슈타인의 말을 인용한다. "왜 사회주의가 경제적 필연성의 결과인가? … 왜 인간의 이해력·정의감·의지를 깎아내리는가?" 룩셈부르크는 다음과 같이 대답한다.

> 베른슈타인이 생각하는 최고로 공정한 분배는 인간의 자유의지 덕분에 이뤄진다. 그리고 인간의 의지는 경제적 필연성 때문이 아니라(왜냐하면 인간의 의지 자체는 수단일 뿐이기 때문이다), 정의에 대한 인간의 인식과 인간의 정의 관념 때문에 작용한다. 따라서 우리는 세상의 개혁가들이 더 확실한 역사적 운송 수단이 없어서 오랫동안 타고 다녔던 늙은 군마軍馬로, 즉 정의 원칙으로 매우 기쁘게 되돌아간다. 말하자면, 역사의 돈키호테가 세상의 위대한 개혁을 향해 돌진할 때 타고 다닌 그러나 항상 멍이 든 눈으로 집에 돌아오는 그 애처로운 로시난테로 되돌아가는 것이다.[7]

룩셈부르크의 요지는 [고대 로마의] 스파르타쿠스 반란에서 영국 혁명의 수평파에 이르기까지 의지는 항상 존재했지만, 경제적으로

부의 평등한 분배가 실제로 가능한 적은 결코 없었다는 것이다. 마르크스는 사회주의를 과학으로 만들었지만, 베른슈타인은 다시 사회주의를 순전히 공상적인 이상으로 만들려고 한다는 것이다.

당시 독일에서는 노동조합과 협동조합 덕분에 평범한 사람들의 삶이 개선되고 있었고 보통선거권의 확대로 노동자 대표가 더 많이 선출돼서 노동자들에게 유리한 법률이 제정될 수 있었다. 베른슈타인은 이것이 바로 자본주의의 점진적 개혁이 가능하다는 증거라고 생각했다. 룩셈부르크는 노동조합 투쟁과 개혁을 위한 투쟁이 매우 중요하다는 것을 인정했지만, 그런 투쟁 자체가 해결책은 아니라고 생각했다.

> 자본주의 사회의 객관적 조건 때문에 노동조합의 두 가지 경제적 기능은 시시포스의 노동처럼 되고 만다.* 그렇지만 노동조합의 그런 기능은 결코 없어서는 안 되는 것들이다. 왜냐하면 노동조합 투쟁의 결과로, 노동자는 노동력 시장 상황에 따라 마땅히 받아야 할 임금을 확보할 수 있기 때문이다. 노동조합 투쟁의 결과로, 자본주의 임금 법칙이 적용되는 것이다.[8]

노동조합은 (착취 조건을 협상해서) 임금 인상을 쟁취할 수 있다. 이 점은 중요하다. 그러나 노동조합은 착취 자체를 없애지는 못

---

* 그리스신화에서 시시포스는 제우스 신을 속인 죄로 바위를 산꼭대기까지 밀어 올리는 벌을 받았는데, 그 바위는 산꼭대기에 이르면 다시 아래로 굴러떨어지므로 시시포스는 똑같은 일을 영원히 되풀이해야 했다 — 지은이.

한다. 개혁을 위한 투쟁은 체제를 전복하는 투쟁을 훈련하기 위해 필요하지만(토니 클리프가 말했듯이, 틀림없이 시시포스의 근육은 매우 튼튼했을 것이다), 개혁을 위한 투쟁과 체제를 전복하는 투쟁은 결코 똑같지 않다.

베른슈타인은 사회주의자들이 [자본주의] 국가를 이용해 사회 변화를 이룰 수 있다고 생각했다. 국가는 누구든지 정부에 들어간 사람이 마음대로 이용할 수 있는 중립적 도구라고 여긴 것이다. 그러나 룩셈부르크는 국가가 결코 중립적이지 않다고 주장했다. 왜냐하면 국가는 지배계급의 이익을 대변하고 그 이해관계 속에서 움직이는 계급 국가이기 때문이다. 룩셈부르크는 에밀 반데어벨데와 논쟁할 때 국가의 본질, 그리고 국가가 폭력을 독점한다는 사실을 다음과 같이 강조했다.

부르주아 합법성의 전체 기능은 실제로 무엇인가? 만약 어떤 '자유로운 시민'이 자신의 뜻과 무관하게 강제로 다른 시민에게 끌려가 비좁고 밀폐된 불편한 곳에 한동안 감금된다면, 누구나 폭력 행위가 저질러졌다고 생각할 것이다. 그러나 이런 일이 형법전이라는 책에 나온 대로 이뤄지고 감금 장소가 '프로이센 왕립 교도소'라고 부르는 곳이라면, 그것은 평화적이고 합법적인 행위로 둔갑한다. 만약 어떤 사람이 자신의 뜻과 무관하게 조직적으로 동료 인간을 죽이도록 강요당한다면, 그것은 분명히 폭력 행위다. 그러나 똑같은 일을 '군 복무'라고 부른다면, 그 선량한 시민은 자신의 행동이 완전히 평화적·합법적이라고 믿는 착각에 빠진다. 만약 어떤 사람이 자신의 뜻과 무관하게 재산이나 소득의 일부를 빼앗긴다면,

폭력 행위가 저질러졌음을 의심하는 사람은 아무도 없을 것이다. 그러나 그것을 '간접세'라고 부른다면, 그것은 합법적 권리의 행사일 뿐이다.

다시 말해, 우리가 흔히 부르주아적 합법성이라고 생각하는 것은 지배계급의 폭력, 처음부터 의무적 규범으로 끌어올려진 폭력일 뿐이다. 개별적 폭력 행위가 이렇게 의무적 규범으로 끌어올려지면, 이 과정이 부르주아 법관(과 그에 못지않은 사회주의적 기회주의자)의 의식에 실제대로 반영되지 않고 거꾸로 뒤집혀서 반영된다. 즉, '합법적 질서'는 추상적 '정의'의 독자적 창조물로 나타나고, 국가의 강압적 폭력은 순전히 법률의 결과로, 단지 '법률'의 인정에 불과한 것으로 나타난다. 그러나 진실은 정반대다. 부르주아적 합법성(과 한창 발전하고 있는 의회주의적 합법성)은 그 자체가 부르주아지의 정치적 폭력을 표현하는 특정한 사회형태일 뿐이고, 이 폭력은 특정한 경제적 토대에서 성장해 나온 것일 뿐이다.[9]

법은 자본주의의 도구다. 따라서 근본적 사회변혁을 위한 수단이 될 수 없다. 마찬가지로, '법'은 폭력을 막지도 못한다. 법은 폭력을 바탕으로 만들어지고 유지되기 때문이다. 법을 이용해 자본주의의 폐지를 평화적으로 입법화할 수 있다는 생각은 완전히 공상이다.

따라서 룩셈부르크가 베른슈타인을 비판하는 핵심은 베른슈타인이 개혁을 옹호한다는 것이 아니다. 개혁은 사회주의자들의 필수적 일상 활동이기 때문이다. 룩셈부르크의 주장은 베른슈타인이 개혁을 사회주의로 가는 평화적·점진적 길로 보면서, 혁명이라는 폭력적 길과 대립시킨다는 것이었다. 그러나 룩셈부르크가 지적했듯이, "개혁과 혁명은 뜨거운 소시지나 차가운 소시지를 고르듯이 역사라는 판매대에서 마음대로 선택할 수 있는 서로 다른 역사 발전 방식이 아니다."

개혁을 위한 노력을 단순히 오래 지속되는 혁명으로 보거나 혁명을 이런저런 개혁의 압축으로 보는 것은 역사와 어긋난다. 사회변혁과 입법 개혁은 지속 기간이 다른 것이 아니라 내용 자체가 다른 것이다. … 바로 그 때문에, 정치권력 장악과 사회혁명 대신에 그리고 그것과 대비시켜 입법 개혁이라는 방법을 지지한다고 떠드는 사람은 사실, **똑같은 목표를** 향해 가는 더 평온하고 조용하며 느린 길을 선택한 것이 아니라 **전혀 다른 목표를 선택한 것이다**. … [수정주의 정치관을 따르게 되면] 우리의 강령은 사회주의 실현이 아니라 자본주의 개혁이 되고 만다.[10]

베른슈타인은 개혁을 위한 투쟁과 혁명을 위한 투쟁을 대립시키지만, 룩셈부르크는 둘의 통일을 주장한다. 개혁을 위한 투쟁은 혁명으로 건너가는 다리라는 것이다.

1899년 사회민주당 당대회에서 룩셈부르크는 당이 혁명적 마르크스주의 강령에 계속 헌신한다는 결의안을 통과시키는 데 성공했다. 물론 이것은 주로 카우츠키가 룩셈부르크의 주장을 지지해 줬기 때문이다. 《사회 개혁이냐 혁명이냐》가 성공을 거둔 덕분에 룩셈부르크는 사회민주당 안에서 영향력을 강화할 수 있었지만, 룩셈부르크를 적대시하는 반대파도 생겨났다. 특히, 노동조합 지도층이 룩셈부르크의 '시시포스의 노동' 발언을 매우 못마땅하게 생각했다. 그들은 노동조합운동의 한계를 강조하는 룩셈부르크의 주장을 자신들의 지위를 위협하는 도전으로 여긴 것이다. 룩셈부르크는 그 뒤 몇 년 동안 당의 여러 부문과 격렬하게 논쟁하며 기량을 갈고닦았다. 그러나 사회민주당이 올바른 혁명적 강령을 채택한 것은 결코 확실한 보증이 되지 못했다. 실천에서 사회민주당은 개혁주의 전략을 향해 나아가고 있었기 때문이다.

논쟁의 즐거움

룩셈부르크는 활발한 논쟁을 즐겼고, 중요하다고 생각한 논쟁에서는 결코 주저하는 법이 없었다. 1899년에 룩셈부르크는 독일 사회민주당 기관지인 〈포어베르츠〉(전진)의 편집부를 비판했다. 〈포어베르츠〉가 분명한 혁명적 노선을 채택하지 않고 물에 물 탄 듯 술에 술 탄 듯하다고 생각했기 때문이다. 룩셈부르크는 〈포어베르츠〉보다 더 작은 신문인 〈라이프치거 폴크스차이퉁〉(라이프치히 민중신문)에 다음과 같이 썼다. "생물에는 두 종류가 있다. 하나는 척추가 있어서 걸어 다닐 수 있고 때로는 달리기도 하는 생물이고, 다른 하나는 척추가 없어서 기어 다니거나 달라붙는 것밖에 못 하는 생물이다."[11]

1904년 7월 룩셈부르크는 '황제 모독' 혐의로 3개월 금고형을 선고받았다. 1년 전 선거 유세에서 다음과 같이 황제를 비꼬았기 때문이다. "독일 노동자들이 안전하게 잘 살고 있다고 말하는 사람은 현실을 전혀 모르는 사람입니다."[12] 룩셈부르크가 수감된 지 두 달 만에 작센 왕이 죽어서 일반사면령에 따라 석방됐는데, 룩셈부르크는 이 사실에 크게 분노했다.* 츠비카우 교도소에 있을 때 룩셈부르크는 카를 카우츠키에게 편지를 써서, 암스테르담에서 열린 인터내셔널 대회에서 수정주의에 반대하는 결의안을 통과시킨 성과를 당내 투쟁에서도 계속 이어 가도록 격려했다.

그래서 당신은 다른 전투에서도 싸우셔야 합니다. 그러면 저는 매우 기쁠 것입니다. 왜냐하면 그것은 암스테르담에서 우리가 거둔 승리 때문에 저 하찮은 사람들이 강력한 타격을 입었다고 느낀다는 것을 보여 주기 때문입니다. … 따라서 당신이 교도소에 있는 제가 부럽다고 말씀하셨다는 소리를 듣고 저는 괴로웠습니다! 당신이 [우리 적들의 — 지은이] 이른바 머리통을 멋지게 후려치실 것이라는 점을 전혀 의심하지 않지만, 그 일은 즐겁고 유쾌하게 해야지 귀찮은 일 억지로 하듯이 해서는 안 됩니다. 왜냐하면 청중은 항상 논객들의 기분을 감지하기 마련이고, 당연히 당신이 논쟁을 유쾌하게 하면 논쟁의 분위기도 좋아지고 당신이 도덕적 우위도 차지할 수 있기 때문입니다. … 제가 이런 글을 쓰는 것은 모두 당신을 '다그치기' 위해서가 아니라 … 당신이 논쟁할 때 즐거움을 느낄 수 있게 하려는 것입니다.¹³

거의 비슷한 시기에 룩셈부르크는 당 조직 문제와 민주주의 문제

---

* 공화국의 시민이 왕의 은혜를 입는다는 데 분노해서 교도소에서 나가지 않겠다고 버티다가 교도관들에게 강제로 끌려 나왔다.

1904년 제2인터내셔널 암스테르담 대회에 참석한 룩셈부르크

를 두고 러시아 혁명가 레닌과도 논쟁을 벌였다. 레닌은 1902년에 펴낸 유명한 소책자 《무엇을 할 것인가?》에서 다음과 같이 주장했다. 러시아 사회주의자들은 활동을 집중해야 한다. 러시아 대중은 파업과 시위에 참여하고 있는데, 좌파는 당면한 경제적 요구만 이야기하며 대중의 꽁무니를 쫓기만 한다. 오히려 사회주의자들은 치밀하게 조직돼야 하고 매우 정치적이어야 하며 사회주의 이론을 탐구해서 사회주의 사상을 노동자 운동에 주입해야 한다. 당은 주로 직업 혁명가들로 이뤄져야 하고 그들은 당 지도부의 지휘를 받아서 그리고 지도부에 책임을 지면서 활동해야 하고 당의 신문은 운동 전체에 적용될 주장을 싣고 중앙집중적으로 발행돼야 한다.

레닌의 주장을 두고 격렬한 논쟁이 벌어졌고 결국 1903년에 러시아 사회주의 운동은 분열했다. 레닌을 지지하는 볼셰비키와, 더 광범하고 느슨한 당 구조를 원하는 멘셰비키로 갈라진 것이다. 레닌은 러시아의 불법 상황에서 멘셰비키처럼 광범한 조직을 만들면 당이 대중에게 다가가기 쉬워지는 것이 아니라 오히려 "혁명가들이 경찰에 노출되기 쉬울 뿐"이라고 주장했다(《무엇을 할 것인가?》). 분열 후에 레닌은 중앙집중적 조직의 필요성을 재차 강조한 《일보 전진, 이보 후퇴》를 썼다.

룩셈부르크는 1904년에 러시아 신문 〈이스크라〉와 독일 이론지 〈노이에 차이트〉에 글을 써서 레닌의 주장에 응답했다. 그녀는 노동계급 운동의 선두에서 투쟁하는 중앙집중적이고 규율 있는 당이 필요하다는 점에 대해서는 레닌에게 동의하면서도, 레닌의 중앙집중주의는 지나치다고 여겼다. 룩셈부르크는 살아 움직이는 운동의 활력과 창의성이야말로 운동을 전진시키는 원동력이라고 주장했다. 레닌의 과도한 중앙집중주의는 이런 운동의 활력을 엄격한 당 규율 아래 묻어 버릴 위험이 있다고 생각한 룩셈부르크는 다음과 같이 썼다. "가장 뛰어난 중앙위원회가 오류를 저지르지 않는 것보다 진정한 혁명적 노동운동이 저지르는 실수가 역사적으로 훨씬 더 유익하고 가치 있다."

이것은 단지 레닌과의 논쟁만은 아니었다. 룩셈부르크의 비판은 독일 사회민주당 지도부를 겨냥한 것이기도 했다. 그들이 운동에서 나오는 아이디어나 행동에 한사코 저항했기 때문이다.

룩셈부르크와 레닌의 견해 차이는 나중에 지나치게 부풀려졌다. 사실, 두 사람은 서로 매우 존중했고 혁명적 정치의 근본 문제들에 대해서는 견해가 일치했다. 조직 문제에 관한 견해가 달랐던 이유

하나는 독일과 러시아의 상황이 서로 매우 달랐기 때문이다. 독일은 투쟁 수준은 비교적 낮았지만 조직은 강력했다. 반면에, 러시아는 파업 물결은 높았지만 이렇다 할 조직은 없다시피 했다. 룩셈부르크 자신도 중앙집중적 조직에 익숙한 사람이었다. (룩셈부르크가 죽을 때까지 주요 이론가로 활동한) 폴란드·리투아니아왕국사회민주당도 러시아와 마찬가지로 불법 상황에서 중앙집중적으로 조직된 당이었다.

룩셈부르크가 논쟁을 즐겼다면, 레닌은 논쟁 속에서 생활하고 호흡했다. 1902~1904년에 레닌은 러시아 운동 안에서 계속 논쟁했고, 운동을 올바른 길로 이끌기 위해 필요한 만큼 과감하게 '막대를 구부렸다'(새로운 전략을 동지들에게 설득하려고 요점을 과장하다시피 강조했다는 뜻이다). 겨우 1년 뒤에 러시아에서 혁명이 분출하자 레닌은 당의 문호를 개방해서 훨씬 더 광범한 사람들이 당에 들어오게 했고 이에 맞춰 당 구조도 개편했다. 그러나 조직의 중앙집중적 성격은 변하지 않았고, 이런 중앙집중성은 그 뒤의 투쟁에서 진가가 드러났다. 그 후 10여 년 동안 레닌이 교육하고 훈련한 노련한 혁명가층은 1917년의 러시아 혁명 때 결정적으로 중요한 전술적 지도를 할 수 있었지만, 1918년 독일 혁명의 열기 속에서 우여곡절 끝에 창설된 룩셈부르크의 독일 공산당은 그런 전술적 지도를 하지 못했다.

그러나 룩셈부르크와 레닌의 논쟁은 운동에 가치가 있었다. 엄청나게 중요한 사실 하나가 그 논쟁 덕분에 분명히 드러났기 때문이다. 그것은 혁명을 일으키는 것은 혁명적 정당이 아니라 노동계급 자체라는 사실이었다. 룩셈부르크의 잘못은 혁명을 이끄는 데 필요한 지도부가 운동 속에서 저절로 만들어질 수 있다고 지나치게 낙관했다는 점이다. 당과 계급의 관계 문제는 1년이 채 안 돼 다시 불거졌다. 대중의 자발적 투쟁이 높이 솟구쳤기 때문이다.

1905년 제1차 러시아 혁명

경제적·정치적 후진국인 러시아는 혁명의 후발 주자가 될 것이라는 게 당시 사회주의 운동의 오랜 상식이었다. 그러나 1905년의 사건들로 말미암아 그런 생각은 바뀌었고, 그 과정에서 유럽 전체도 바뀌었다.

1905년 1월 가폰 신부가 이끄는 평화 시위 대열이 러시아제국의 수도인 페테르부르크를 가로질러 행진했다. 약 14만 명이 보통·비밀·평등 선거를 통한 제헌의회 소집을 요구하는 청원서를 들고 차르의 겨울궁전으로 갔다. 그 밖에 보편적 무상교육, 언론·출판의 자유, 누진세, 하루 8시간 노동제 등의 요구도 있었다. 그러나 차르의 군대는 시위대에게 발포하라는 명령을 받았다. 군대가 수백 명을 살해했고, 이날은 '피의 일요일'이 됐다.

그 학살 사건은 러시아에서 새로운 투쟁 시대를 열었다. 파업과 농민 봉기가 잇따르면서 제1차 러시아 혁명이 시작된 것이다. 대다수 마르크스주의자들은 이것이 러시아의 뒤늦은 부르주아 민주주의 혁명이라고 생각했다. 즉, 1789년에 프랑스 혁명으로 공화국이

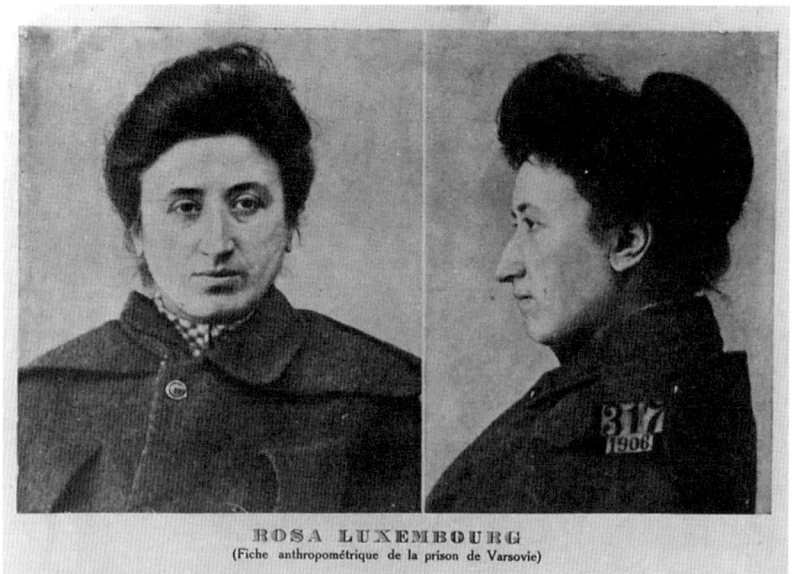

1906년 폴란드 바르샤바에서 수감된 룩셈부르크

탄생한 것과 마찬가지로 이제 러시아에서도 부르주아 민주주의 혁명이 시작됐다고 본 것이다. 그러나 룩셈부르크는 러시아 혁명이 부르주아 민주주의 혁명을 뛰어넘을 것이라고 주장했다. "러시아 혁명"이라는 글(1905년 1월 28일)에서 룩셈부르크는 다음과 같이 썼다. "서유럽의 사회민주주의자들이 … 러시아 혁명을 보면서, 독일과 프랑스가 이미 오래전에 '겪은 것'의 역사적 모방만을 떠올린다면 완전히 잘못 생각하는 것이다."¹⁴ 역사적 경험과 러시아의 특수한 계급적 성격 때문에 이 혁명은 새롭고 독특한 과정이 될 것이라고 룩셈부르크는 생각했다.

1789년의 프랑스 혁명을 이끈 세력은 자유주의 프티부르주아지였다. 즉, 신흥 자본가계급의 지식인들이었다. 그들은 자본가와 노동

7장 로자 룩셈부르크 409

자와 농민을 단결시키는 데 성공했다. 1905년의 러시아 혁명은 사뭇 달랐다. 이 민주주의 혁명을 이끈 세력은 노동자들과 그들의 지식인들, 즉 사회민주주의자들(마르크스주의자들)이었다. 룩셈부르크는 다음과 같이 썼다. "러시아 혁명은 지금까지 일어난 모든 혁명 가운데 프롤레타리아의 계급적 성격이 가장 두드러지는 혁명이다."

피의 일요일 후 2주가 채 안 돼 혁명은 러시아제국 전역의 모든 주요 도시로 확산됐다. 폴란드에서 우크라이나까지, 또 발트해 연안 국가들까지 모두 혁명 물결에 휩싸였다. 룩셈부르크는 "혁명적 상황을 상시적으로" 유지할 필요가 있다고 주장했다. 결정적 요인은 지도부였다. 즉, 누가 계급을 선동하고 교육하고 용기를 북돋아서 투쟁을 더 전진시킬 수 있을까? 룩셈부르크가 볼 때 그 대답은 분명했다.

러시아에서 이 과제를 실행할 수 있는 세력은 오직 사회민주주의자들뿐이다. 왜냐하면 [가폰 신부, 자유주의자들, 온갖 종류의 혁명적 모험주의자들처럼 투쟁의 특정 순간이나 국면에서 잠시 두드러진 구실을 하고 이내 사라지는 다른 사회 세력들과 달리] 사회민주주의자들은 투쟁의 특정 순간을 초월하는 최종 목표가 있으므로 그런 특정 순간을 모두 뛰어넘기 때문이다. 바로 그런 이유로 사회민주주의자들은 당장의 성공이나 실패에서 세계의 종말을 보지 않는다. 그리고 노동계급을 정치적 자유 획득이라는 목표를 달성할 수단으로 여기지도 않는다. 오히려 정치적 자유가 노동계급의 해방이라는 목표를 달성할 수단이라고 생각한다.[15]

혁명은 실제로 룩셈부르크가 바라던 대로 발전하기 시작했다. 파업은 대중파업으로 발전해서 수많은 노동자가 참여했고 누가 사회를 운영하는가 하는 문제를 제기했다. 정치 파업이 확산되더니, 임금과 노동조건 개선을 요구하는 경제 파업으로 바뀌었다. 그리고 이런 경제 파업은 다시 더 커다란 정치 파업의 자양분이 됐다.

러시아는 더는 운동의 후진 부위가 아니라 노동자 투쟁의 전위가 됐다.

1905년 12월 룩셈부르크는 혁명적 투쟁을 직접 경험하기 위해 폴란드로 몰래 들어갔다. 바르샤바에 도착하자마자 즉시 활동을 시작했다. 신문을 발행해서 투쟁에 관여하고 투쟁을 이끌려고 노력했다. 10월에 차르가 제한선거를 바탕으로 한 두마(의회) 설치 등 몇 가지 개혁 조처를 발표했다. 혁명은 12월에 8일 동안 지속된 모스크바 노동자들의 봉기에서 절정에 달했다. 그러나 봉기는 고립됐고 차르의 군대에 진압당했으며, 혁명 물결은 사그라졌다.

바르샤바에 도착한 지 3개월이 안 돼 룩셈부르크는 체포돼 감옥에 갇혔다. 4개월 후 풀려나서 핀란드로 추방된 룩셈부르크는 거기서 자기 인생의 가장 흥미로운 해의 경험을 분석하는 글을 썼다.

대중파업의 교훈을 배우기

러시아에서 일어난 사건들에 고무된 독일 노동자들도 나름대로 전투를 벌이기 시작했다. 1900~1904년에는 독일에서 파업이나 공장

《대중파업, 정당, 노동조합》 초판 표지

점거에 참가한 노동자가 47만 7516명이었다. 그러나 1905년에는 한 해에만 50만 7964명의 노동자가 파업에 참가했다. 1905년은 1848년부터 1917년까지 한 해 파업 참가자 수가 가장 많은 해였다.[16]

1905년 1월 독일의 공업지대인 루르 지방의 탄광 노동자들이 끔찍한 노동조건의 개선을 요구하며 파업에 들어갔다. 그러나 이 파업은 여느 파업과 달랐다. 조직 노동자 부문에서 미조직 부문으로 들불처럼 번진 것이다. 노조 지도자들이 파업을 엄격히 제한하려 했지만 소용없었다. 한 달 후 파업이 끝났는데도, 노동자들은 지방정부가 나서서 노동조건을 개선하라는 정치적 요구를 여전히 제기하고 있었다. 파업이 기업주들에게 요구하는 경제투쟁에서 의회 대표들에게 요구하는 정치투쟁으로 바뀐 것이다. 더욱이, 이 투쟁을 이끈 것은 노동자들 자신이었다. 지도자들을 무시한 채 자발적으로 분출한 노동자들의 분노가 투쟁의 원동력이었던 것이다. 룩셈부르크가 지적했듯이, 당과 노동조합은 "홍수의 선두에 설지 아니면 그 홍수에 휩쓸려 떠내려갈지를 선택해야 했다."[17]

개혁주의적 노조 지도층과 현장조합원들 사이의 간극이 커지고 있었다. 노조 지도층은 모든 파업이 얼마나 많은 비용을 치르게 될지 그리고 자신들이 파업을 통제할 수 있을지를 걱정했고, 현장조합원들은 점차 투쟁의 지침이 될 만한 급진적 정치를 찾고 있었다. 한편, 사회민주당은 투쟁을 '두 축'으로, 즉 노동조합의 경제투쟁과 당의 정치투쟁으로 나누는 경향이 있었다. 그래서 파업 중인 노동자들을 지도하려 하지 않았다. '정치'투쟁과 '경제'투쟁을 분리하는 이 개혁주의적 태도는 오늘날까지 이어지고 있다. 그래서 영국의 노동당 지도부는 파업을 지지하면 '선거에서 표가 떨어질까 봐' 두려워서 파업을 지지하지 않는 전통이 있다.

룩셈부르크는 1905년 러시아 혁명의 교훈을 두고 당내 논쟁을 벌이고자 1906년에 《대중파업, 정당, 노동조합》이라는 소책자를 썼다. 그녀는 러시아에서 혁명운동이 미친 영향을 다음과 같이 설명했다.

> 혁명운동은 마치 전기 충격처럼 수많은 노동자의 [계급] 감정과 계급의식을 처음으로 일깨웠다. … 프롤레타리아 대중은 수십 년 동안 자본주의의 사슬에 매여서 묵묵히 참아 온 사회·경제 생활이 얼마나 참을 수 없는 것인지를 아주 갑자기 그리고 날카롭게 깨달았다. 그러자 곧바로 이 사슬을 흔들고 잡아당기는 일반적 움직임이 자발적으로 시작됐다.[18]

룩셈부르크의 분석은 대중 시대의 혁명에 관한 중요한 통찰이다. 즉, 그보다 50년 전에 마르크스는 결코 목격할 수 없었던 것에 대한 통찰인 것이다(물론 《공산당 선언》이 그런 추세를 지적하기는 했다). 룩셈부르크는 현대적 노동자 운동을 이해하고 그것에 이론적 형태를 부여했다. "대중파업은 프롤레타리아의 모든 위대한 혁명적 투쟁의 초기에 나타나는 자연스럽고 충동적인 투쟁 형태다." 이 점은 그 뒤로 거듭거듭 입증됐다. 1917년 러시아에서, 1918~1923년 독일에서, 1920년 이탈리아에서, 1956년 헝가리에서, 1936년과 1968년 프랑스에서, 1978~1979년 이란에서, 1980년 폴란드에서, 2011년 이집트에서 그랬다.

룩셈부르크는 사회민주당 지도부와 노동조합의 '두 축' 이론을 비판했다.

> 그러나 대체로 운동은 한 방향으로만, 즉 경제투쟁에서 정치투쟁으로만 나아가는 것이 아니라 그 반대 방향으로도 움직인다. … 정치투쟁이 새롭게 시작되고 새로운 승리를 거둘 때마다 경제투쟁에 강력한 자극을 준다. … 정치투쟁의 물결이 고양된 뒤에는 언제나 기름진 퇴적물이 남고, 여기서 수많은 경제투쟁의 싹이 트기 마련이다. …
>
> 한마디로, 경제투쟁은 운동을 하나의 정치적 초점에서 다른 초점으로 나아가게 하는 장치다. 정치투쟁은 경제투쟁의 토양을 주기적으로 기름지게 한다. 여기서 원인과 결과는 끊임없이 자리를 바꾼다. 따라서 이론적 계획에서는 경제투쟁과 정치투쟁이 서로 멀리 떨어져 완전히 분리되거나 심지어 상호 배타적이지만, 지금처럼 대중파업이 벌어지는 시기에

는 경제투쟁과 정치투쟁이 프롤레타리아 계급투쟁의 얽히고설킨 두 측면일 뿐이다.[19]

2011년 1월에 시작된 이집트 혁명을 생각해 보라. 카이로에서 분출한 대중 시위는 난데없이 시작된 것이 아니라, 10여 년 동안 지속된 경제·정치 투쟁이 절정에 달한 것이었다. 민주적 권리를 요구하는 투쟁이나 제국주의에 반대하는 정치투쟁 등이 세계경제 위기의 압력과 맞물리며 대중운동을 불러온 것이다. 그러나 타흐리르광장의 시위대는 이집트 전역에서 분출한 총파업의 지원을 받은 뒤에야 독재자 호스니 무바라크를 타도하고 이집트를 근본적으로 바꾸기 시작할 수 있었다.

룩셈부르크는 대중파업이 혁명으로 발전하는 것은 당의 명령 때문이 아니라, 계급 자체의 혁명적 본능 때문이라는 것을 보여 주려 했다. 당의 임무는 그런 투쟁들을 지도하는 것이었다.

사회민주당은 이 시험을 통과하지 못할 위험이 있었다. 1905년 9월 예나에서 열린 당대회에서 사회민주당은 극히 제한적인 상황에서만 대중파업을 지지한다는 결의안을 통과시켰다. 즉, 선거 전략으로 획득한 권력을 방어하는 데 도움이 될 때만 대중파업을 지지한다는 것이었다. 1년 뒤 사회민주당의 주요 수정주의자인 에두아르트 다비트는* 다음과 같이 말했다. "5월에 잠시 꽃피었던 새로운 혁

---

* 에두아르트 다비트 제1차세계대전이 터지자 자국 정부를 지지했다. 1918년 독일 혁명이 일어나자 여러 사회민주당 지도자들과 함께 막스 대공 내각에 참여했고, 혁명을 진압하고 들어선 샤이데만 내각의 일원이었다.

명주의는 다행히 끝났다. 당은 다시 자신의 의회 권력을 확실히 이용하고 확대하는 일에 한마음으로 몰두할 것이다."[20] 수정주의자들은 대중파업을 지도부 없이 벌어지는 일시적 일탈이라고 생각했으므로, 대중파업이 한시라도 빨리 끝나서 모든 것이 "정상으로 되돌아가기"를 원했다. 그러나 룩셈부르크에게 대중파업은 노동 대중의 계급의식이 자발적으로 표현된 것일 뿐 아니라 사회민주주의자들이 [의식적으로] 추구할 주요 정책이기도 했다.

룩셈부르크의 나머지 생애에서 분명히 드러나는 것은 노동자들의 자력 해방 잠재력에 대한 절대적 신뢰다. 노동자 투쟁의 밀물과 썰물에 대한 심오한 통찰이 담긴 《대중파업》으로 룩셈부르크는 20세기의 마르크스주의에 가장 중요한 기여를 한 사람들의 반열에 오르게 됐다.

민족주의가 고개를 들다

19세기 말에 유럽의 강대국들인 영국·프랑스·이탈리아·벨기에·독일·포르투갈은 아프리카의 영토를 차지해서 지배하고 착취하려는 이른바 '아프리카 쟁탈전'에 뛰어들었다. 이 사악한 경쟁 때문에 수많은 사람이 예속민으로 전락했고 유럽 제국들 사이의 긴장이 고조됐다.

독일은 1871년에야 통일된 국민국가를 수립했고, 독일 황제가 지배하는 아프리카 영토는 비교적 소규모였다. 그러나 산업 강대국들

간의 경쟁 때문에 독일 지배계급은 민족주의 정서를 부추기는 데 열을 올렸다. 해군연맹이나 범게르만연맹 같은 민족주의 단체가 수십 개씩 우후죽순 생겨났다. 일부는 대규모 회원을 거느린 단체여서, 민족주의 단체들의 회원을 모두 합치면 150만 명이 넘는다고도 했다.[21]

1900년부터 1909년까지 독일 정부를 이끈 총리 베른하르트 폰 뷜로는 노골적 제국주의자였고 독일제국의 확대·강화를 염원했다. 그러나 1904년 독일령 남서부 아프리카에서 독일의 제국주의 정책을 위협하는 민중 반란이 일어나 그 뒤 몇 년 동안 소요가 계속됐다. 독일 제국의회에서는 주류 정당인 중앙당이 사회민주당을 비롯한 야당들과 손잡고, 뷜로가 요청한 [아프리카의] 백인 정착민에 대한 보상 법안을 반대했고 나중에는 반란 진압 비용 2900만 마르크도 거부했다.

그러자 1907년 뷜로는 "이 문제를 국민에게 가져가겠다"며 의회 해산으로 응수했고, 다음과 같이 선언했다. "이것은 우리 국민 전체의 정치적 지위, 나아가 세계 속의 우리 지위가 걸린 문제다."[22] 그는 민족주의 단체 회원들의 활력을 이용했다. 그들은 대중 집회를 열고 소책자와 리플릿을 발행하며 민족주의를 부추겼다. 뷜로는 사회민주당을 내부의 적으로 규정하고, 사회민주당과 협력하는 정당은 모두 공범이라고 비난했다. 그의 전략은 효과가 있었다. 뷜로는 선거에서 승리했고, 사회민주당의 전체 득표수는 증가했지만 국회 의석수는 81석에서 43석으로 급감했다. 이런 감소는 주로 결선투표 제도 때문이었다. 1차 투표에서 확실한 다득표자가 없을 경우 다른 정당들이 빨갱이 사냥에 굴복해서 사회민주당 후보를 떨어뜨리려고 표 몰아주기를 한 탓인 것이다.

그러자 사회민주당에서는 내분이 일어났다. 수정주의자들은 당이 너무 급진적이어서 선거에서 패배했다고 결론지었다. 카우츠키는 당내 좌파를 대변해서, 선거 결과는 계급투쟁이 격화하고 있음을 보여 주는 징후일 뿐이라고 주장했다. 사회민주당은 표를 얻기 위해 중간계급에 의존해서는 안 되고 노동계급 기반을 구축하는 데 집중해야 한다는 것이었다.

이 분열은 그보다 몇 개월 전인 1906년 만하임에서 열린 당대회에서 이미 나타난 바 있다. 당내 급진파 지도자인 카를 리프크네히트는 군국주의에 반대하는 결의안을 제출했지만, 당 지도자인 아우구스트 베벨은 이를 단칼에 잘라 버렸다. 그러자 또 다른 대의원이 독일 정부가 러시아 혁명 진압을 도우려고 군대를 파병할 경우 사회민주당과 노동조합은 파병을 저지하기 위한 대중파업을 호소하자는 결의안을 제출했다. 베벨은 독일이 러시아를 상대로 전쟁을 벌이면 민족주의 열기가 매우 뜨거워져서 대중은 그 열기에 휩싸일 텐데 그러면 사회민주당이 대중에게 영향을 미치기 위해 할 수 있는 일은 아무것도 없게 될 것이라고 주장했다.

룩셈부르크를 비롯한 급진파들은 베벨의 발언에 충격을 받았다. 마르크스주의에 고유한 특징인 혁명적 국제주의는 어디로 갔는가? 베벨은 러시아의 혁명적 노동자 형제·자매들을 포기하고 죽게 내버려 두자고 주장하면서 사회민주당의 의무, 즉 국내에서 노동계급을 지도하기 위해 투쟁할 의무를 회피하고 있었다.

1907년 총선을 앞두고 의회에서 벌어진 논쟁에서 베벨의 논리는 한 발 더 나아갔다. 그는 식민주의를 잔혹한 정책이라고 비난하거나 국내외의 군국주의에 반대한다고 선언하지 않고, 오히려 실패한 식민주의 때문에 독일 군대의 귀중한 자원을 잃어버렸다고, 그래서 과거처럼 자랑스럽게 싸울 수 있는 능력이 손상돼 안타깝다고 주장했다. 또 다른 사회민주당 국회의원인 구스타프 노스케도* 베벨을 지지하면서, 사회민주당은 "의사당에서 오른쪽에 앉아 있는 신사들 못지않게 단호한 태도로" 독일을 방어해야 한다고 말했다.[23]

그해 말에 슈투트가르트에서 열린 제2인터내셔널 대회에서도 논쟁은 계속됐다. 베벨과 독일 대표단은 '군국주의 반대'는 실패한 대의명분이라며 안건에서 제외하자고 주장했다. 폴란드·리투아니아왕국사회민주당의 대표로 참가한 룩셈부르크는 폴란드 대표단과 러시아 대표단을 대신해서 혁명적 국제주의를 옹호하는 강력한 발언을 했다. 그래서 다음과 같은 내용의 수정안을 통과시키는 데 성공했다.

전쟁 발발의 위협이 닥칠 경우, 각국 노동계급과 그들을 대표하는 국회의원들의 의무는 … 가장 효과적이라고 생각되는 수단을 총동원해서 전쟁을 막을 수 있는 모든 일을 다하는 것이다. … 이 모든 노력에도 불구하고 전쟁이 실제로 일어나면, 그들의 의무는 전쟁의 신속한 종결을 위해

---

* 구스타프 노스케 1918~1919년 우익 용병대인 자유군단을 지휘해 독일 혁명을 진압하고 로자 룩셈부르크를 살해한다.

중재에 나서고, 전쟁이 불러온 폭력적 정치·경제 위기를 이용해 대중을 분기시키고 그래서 자본가계급의 지배를 한시라도 빨리 끝장내기 위해 온 힘을 다해 노력하는 것이다.[24]

이 논쟁은 나중에 벌어질 일의 전조였다. 베벨의 민족주의에 대담하게 반대하고 나선 룩셈부르크와 리프크네히트를 비롯한 소수의 사람들은 위의 결의안이 주장한 바로 그 일, 즉 전쟁을 혁명으로 전환시키려고 노력한다. 반면에, 노스케는 혁명을 분쇄하는 비열한 짓을 한다.

카우츠키와 마르크스주의 중간파

슈투트가르트 대회 발언을 통해 룩셈부르크는 사회민주당 내의 수정주의자들을 겨냥한 전쟁을 다시 시작했다. 그러나 1910년 무렵 또 다른 분열, 개인적으로는 더 고통스런 분열이 당내에서 분명히 드러났다.

1910년 봄 독일에서 선거 개혁을 요구하는 대중 시위가 잇따라 분출했다. 같은 시기에 광원과 건설 노동자의 대규모 파업들도 벌어졌다. 1905년 이후 처음으로 노동계급이 공세로 돌아설 조짐이 보이고 있었다. 룩셈부르크는 사회민주당이 정치적 대중파업 전술을 무기로 사용해서 이 투쟁들을 지도해야 한다고 주장했다. 이 운동은 더 강력해져야 했고 그러지 못하면 그냥 사그라질 위험이 있었다. 룩셈부르크는 자신의 견해를 요약해서 〈노이에 차이트〉에 써 보냈다. 그러나 편집자인 카를 카우츠키는 룩셈부르크의 글을 싣기를 거부했다.

[1898년] 룩셈부르크가 베를린에 처음 도착한 이래로 카우츠키는 그녀의 친구이자 동지였다. 두 사람은 정치적으로도 가까웠을 뿐 아니라, 당내 급진파의 지도자들로 여겨졌다. 그런데 이제 카우츠키의 태도가 완전히 돌변한 듯했다. 그는 룩셈부르크의 글을 싣기를 거부했을 뿐 아니라, 그녀의 견해를 날카롭게 비판하는 글을 쓰기도 했다. 즉, 현재의 파업이 무슨 대단한 투쟁으로 발전할 가능성 따위는 없으므로 2년 뒤에 치러질 다음 총선을 기다려야 한다고 주장한 것이다. 이제 카우츠키는 (마르크스의 주장과 달리) 혁명은 노동자들의 자주적 활동에서 시작되는 것이 아니라 오히려 사회민주당의 선거 승리에서 비롯한다고 보는 듯했다.

그때부터 카우츠키는 기회 있을 때마다 룩셈부르크의 "반항아 같은 조급성"을 비판했다. 그러나 카우츠키는 또 당내 수정주의자들이 부르주아 정당들과 기꺼이 협력하려는 것도 계속 비판했다. 따라서 이제 사회민주당에는 사실상 세 경향이 있는 셈이었다. 베른슈타인이 이끄는 수정주의자들, 카우츠키가 이끄는 '마르크스주의 중간파'(말로는 혁명적 주장을 했지만 실천에서는 개혁주의자들이었다), 룩셈부르크·리프크네히트·체트킨 등 소수의 지도자들이 이끄는 급진적 좌파가 있었다.

이른바 모로코 위기로 말미암아 당의 내분은 더 깊어졌다. 1911년 7월 독일 해군은 모로코에서 독일의 국익을 보호할 필요가 있다고 주장하면서 [모로코 서남부의] 아가디르 항구로 군함을 보냈다. 그러자 심각한 외교 위기가 발생했고, 이 때문에 프랑스와 독일에서 전쟁을 요구하는 강경파들의 목소리가 커졌다. 사회주의 인터내셔널은 국제 회의를 열어서 독일의 행동을 비판하는 성명서를 발표하고자 했으나 독일 사회민주당 지도부한테서 그럴 필요 없다는 편지를 받았다. 선거가 코앞인데 괜히 사회주의에 대한 반감을 불러일으킬 위험을 무릅쓰지 않는 게 상책이라는 것이었다.

베를린을 비롯한 독일 각지에서 반전 시위가 분출하기 시작했고 룩셈부르크와 그 동지들은 이 시위를 열렬히 지지했다. 그러나 사회민주당 지도부는 아무 반응도 하지 않았다. 분노한 룩셈부르크는 당 지도부의 편지를 공개해서, 제국주의가 발호하는데도 당 지도부는 아무 일도 하지 않는다고 폭로했다.

모로코 위기 이후 제국주의와 전쟁에 반대하는 투쟁이 당내 논쟁을 좌우하는 핵심 쟁점이 됐다. 세 가지 견해가 나타났다. 수정주의자들은 독일 국가를 지지하고 그래서 의회를 통해 개혁을 획득하는 것이 사회주의라는 대의에 가장 잘 기여하는 방법이라는 생각을 고수했다. 수정주의자 국회의원들은 독일 병사의 조건과 무기를 개선하기 위한 로비 활동에 시간을 쏟았다. 카우츠키를 비롯한 중간파는 산업 자본가들과 반제국주의 동맹을 맺을 수 있다고 주장했다. 왜냐하면 (군수산업의 자본가들과 달리) 산업 자본가들은 군비경쟁과 전쟁 위협에서 얻을 수 있는 이득이 전혀 없기 때문이라는 것이었다. 카우츠키는 독일과 영국의 처지에서 보면 전쟁으로 이윤이 위협받는 것보다는 협상을 통해 합의를 보는 것이 훨씬 더 낫다고 주장했다. 중간파는 군비축소가 자본주의에 이롭다는 근거로 군비축소를 옹호하고 있었다. 룩셈부르크와 급진파는 자본주의의 평화는 다음번 전쟁의 씨앗을 품고 있을 뿐 결코 진정한 평화가 아니라고 주장했다. 유럽의 제국주의 열강은 서로 알력 다툼을 하면서, 자국 국민들에게 민족주의 열기를 부추기고 있었다. 따라서 혁명가들의 임무는 이에 맞서 국제주의와 대중투쟁을 고무하는 것이었다. 즉, 제국주의의 위기를 혁명적 운동으로 전환시키는 것이었다. 그러나 1912~1913년에는 카우츠키의 주장이 당내 논쟁에서 승리했다.

제국주의 이론을 세우기

당내에서 격렬한 논쟁이 벌어진 3년 동안 룩셈부르크는 자본주의를 분석해서 식민주의·제국·전쟁과 자본주의의 관계를 규명하는 이론을 독자적으로 발전시키고 있었다. 1907년 이후 룩셈부르크는 베를린에서 사회민주당 연수원의 강사로 활동하고 있었다. 주로 20대에서 40대의 노동자로 이뤄진 연수생들은 경제학을 열심히 그리고 명쾌하게 가르치는 룩셈부르크를 좋아했다. 룩셈부르크는 《정치경제학 입문》이라는 책을 쓰기 시작했다(그러나 완성하지는 못했다). 그 책에서 룩셈부르크는 당시까지도 여전히 몇몇 사례가 남아 있던 전前자본주의 공동체 사회형태(마르크스가 말한 '원시공산제' 사회)를 살펴보면서, 생산수단의 공동소유가 특징인 이 평등주의 생활 방식이 수천 년 동안 인류의 지배적 사회형태였음을 보여 줬다. 또, 자본주의적 제국주의가 어떻게 그런 사회들을 파괴하고 있는지도 강렬하게 묘사했다.

> 유럽 문명의 침투는 모든 의미에서 원시적 사회관계를 파괴한 재앙이었다. 유럽의 정복자들은 단지 원주민을 예속시키고 경제적으로 착취하려고만 한 것이 아니라, 원주민의 발 아래 토지도 떼어 내서 생산수단 자체도 차지하려 한 최초의 사람들이다. 이렇듯 유럽 자본주의는 원시적 사회질서에서 그 토대를 박탈한다. 그 결과는 온갖 억압과 착취보다 더 나쁜 것, 즉 완전한 무질서와 특별히 유럽적 현상인 사회생활의 불확실성이다. 유럽 자본주의는 이 예속민, 즉 자신의 생산수단에서 분리된 사람들을 단지 노동자로만 여긴다. 그래서 이들은 유럽 자본주의의 목적에 유용하면 노예가 되지만, 유용하지 않으면 몰살당한다.[25]

그러나 자본가들로 하여금 이렇게 전 세계로 뻗어 나가 정복하게 만드는 원동력은 무엇일까? 룩셈부르크는 마르크스가 이 문제를 충분히 해명하지 않았다고 생각했다. 어쨌든 제국주의 시대는 마르크스가 죽은 뒤에 찾아왔으니 말이다. 룩셈부르크의 주요 저작인 《자본축적론》(1913)은 제국주의의 원동력이 무엇인지를 설명하려는 노력의 일환이었다.

룩셈부르크는 마르크스의 《자본론》 2권에 결함이 있다고 생각했다. 마르크스는 축적이 자본주의의 핵심 특징이라고 봤다. 이 때문에 자본가들은 자신의 이윤을 사치품 구매 따위로 소비하기보다는 잉여가치의 일부를 자본에 재투자하고(새로운 공장이나 기계의 형태로 또는 노동자를 더 많이 고용하는 형태로) 그래서 생산을 확대한다. 이런 확대는 원리상 제한이 없고, 자본가들 간의 경쟁 압력에서 비롯한다.

룩셈부르크는 마르크스가 《자본론》에서 제시한 모델처럼 "오직 자본가들과 노동자들만 있는 사회에서는" 생산이 확대될 수 없다고 주장했다. 노동자들은 말 그대로 착취당하는 계급이므로, 늘어난 상품량을 구매할 수 있을 만큼 충분히 임금을 받지 못할 것이다. 그러면 과소소비의 위기가 닥칠 것이고, 따라서 자본가들은 자신의 이윤을 실현해 줄 비非자본주의 시장을 해외에서 찾을 수밖에 없다. 이렇게 해서 그들은 사실상 자본주의를 수출하고 값싼 원료를 수입하며 국내에서 제국주의 권력의 안정을 강화한다는 것이다.

따라서 룩셈부르크가 볼 때, 제국주의가 비자본주의 지역들로 확장하는 것은 자본주의적 축적에 필수적인 과정이지만 비자본주의 지역들을 파괴하고 자본주의로 흡수하는 과정이기도 하다. 그러므로 실제로는 제국주의의 확장을 제약하는 매우 현실적이고 물리적인 한계가 존재할 수밖에 없다. 비자본주의 지역들을 모두 흡수하고 나면 자본주의는 최종 위기를 맞이해서 붕괴하고 말 것이라고 룩셈부르크는 주장했다.

그 후 다른 마르크스주의자들은 룩셈부르크의 견해를 비판하면서, 《자본론》 2권에 나오는 마르크스의 추상적 모델을 룩셈부르크가 너무 글자 그대로 해석했다거나 마르크스의 축적론은 자본가들이 자기 상품의 소비를 노동자들의 소비재 구입에 의존할 뿐 아니라 다른 자본가들의 구매(예컨대, 자본가들끼리 서로 기계류를 사고파는 것)에도 의존한다는 사실을 지적했다고 주장했다. 마르크스 경제 위기 이론의 핵심은 과소소비가 아니라 축적이 증대할수록 이윤율이 떨어지는 경향이 있다는 것이다(여기서는 간단히 요약했을 뿐이므로, 더 자세히 알고 싶으면 책 말미의 더 읽을거리 참조).

또, 제국주의를 분석한 더 영향력 있는 마르크스주의 문헌들도 있다. 고전적 저작은 니콜라이 부하린의 《제국주의와 세계경제》인데, 이 책은 자본의 집적과 집중이* 제국주의와 어떤 연관이 있는지를 보여 줬다. 자본의 집적과 집중은 자본과 국민국가의 연결 고리를 강화할 뿐 아니라, 자본이 해외로 뻗어 나가게 만들기도 한다는 것이다.

부하린과 룩셈부르크의 공통점은 제국주의가 자본주의라는 매끄러운 얼굴에 잠깐 생긴 잡티도 아니고 특정 정당의 잘못된 정책도 아니라고 주장했다는 것이다. 제국주의는 자본주의 체제에 완전히 고유한 현상이며 결코 체제와 분리해 이해할 수 없다는 것이었다. 따라서 자본주의를 개혁해서 군국주의를 제거하려는 카우츠키의 노력은 실패할 수밖에 없었다. 전쟁과 제국주의에 반대하는 투쟁은 자본주의에 반대하는 투쟁에서 핵심적으로 중요하다.

---

* 자본의 집적과 집중 자본의 집적은 개별 자본이 축적돼 커지는 것을 가리킨다. 자본의 집중은 일부 자본이 제거되고 살아남은 자본이 인수·합병 등으로 체제 전체에서 더 큰 부분을 차지하게 되는 현상을 가리킨다.

초읽기에 들어간 전쟁

로자 룩셈부르크는 독일 사회민주당이 카우츠키를 지지한다고 해서, 전쟁에 반대하는 투쟁을 삼가거나 손 놓고 있지 않았다. 1913년 12월 룩셈부르크는 다른 급진파 두 사람, 즉 프란츠 메링과˙ 율리안 마르흘레프스키(카르스키라고도 했다)와˙˙ 함께 〈소치알 데모크라티셰 코레스폰덴츠〉(사회민주주의 통신)라는 신문을 새로 발행하기 시작했다.

그들은 그 신문을 이용해서 당내 투쟁에 관여하고 자신들의 주장을 널리 퍼뜨렸다. 룩셈부르크의 글과 행동은 곧 정부의 감시를 받게 됐다. 1914년 2월 20일 룩셈부르크는 병사들에게 반란을 선동한 혐의로 체포됐다. 몇 개월 전인 1913년 9월 룩셈부르크가 다음과 같이 발언한 것이 빌미가 됐다. "저들이 프랑스를 비롯한 외국의 우리 형제들에 맞서 우리가 살인 무기를 들기 바란다면, '아니, 우리는 결코 그러지 않겠다!'고 말해 줍시다." 법정에서 룩셈부르크는 군국주의를 비난하고 전쟁을 비판하는 혁명적 주장을 더한층 강력하게 발언했다. 검사가 법정 구속과 징역 1년을 구형하자 룩셈부르크

˙ 프란츠 메링 마르크스 전기를 처음 쓴 사람으로 유명하다. 제1차세계대전에 반대했고 로자 룩셈부르크와 함께 스파르타쿠스단을 건설했으며 러시아 10월 혁명과 볼셰비키를 지지했다.

˙˙ 율리안 마르흘레프스키 로자 룩셈부르크와 함께 폴란드·리투아니아왕국사회민주당을 건설했고 1905년 러시아 혁명에 참가해 볼셰비키에 가담했다. 혁명이 패배하자 독일로 이주해 사회민주당에 가입하고 당내 좌파를 이끌었다.

7장 로자 룩셈부르크

는 다음과 같이 응수했다.

> 나에 대한 터무니없는 공격, 즉 누워서 침 뱉기나 마찬가지인 공격에 대해 한마디만 하겠습니다. 공안 검사는 다음과 같이 말했습니다(그의 말을 정확히 기록해 놨습니다). "피고가 도망가지 않는다면 이상한 일이므로 법정 구속해야 합니다." 다시 말해, 검사는 다음과 같이 말하고 있는 셈입니다. '나, 즉 공안 검사는 교도소에서 1년을 복역해야 한다면, 당연히 도망가려 할 것입니다.' 맞습니다. 검사는 분명히 도망갈 것입니다. 그러나 사회민주주의자는 도망가지 않습니다. 사회민주주의자는 자신의 행동에 확신을 갖고 있으며 형벌을 우습게 아는 사람입니다. 이제 판결을 내리십시오.[26]

룩셈부르크는 1년 형을 선고받았지만, 법정 구속되지는 않았다. 그래서 곧바로 많은 대중 집회에서 연설하며 돌아다녔다. 집회에 참가한 노동자들은 룩셈부르크가 받은 가혹한 판결에 분노했다. 룩셈부르크는 몇 개월 동안 계속 활동할 수 있었고, 항소 과정은 힘들고 더뎠다(1915년이 돼서야 룩셈부르크는 실제로 수감됐다). 그 사이에 계급투쟁은 첨예해지고 있었고 반전 정서도 고조되고 있었다. 그 덕분에 룩셈부르크는 고비를 넘기고 의욕을 되찾았다. 전쟁에 반대하는 대중파업을 선동할 기회가 생기고 있었다. 룩셈부르크가 참가해서 연설하는 집회에 노동자들이 몰려든 것이다. 그녀의 말이 그 어느 때보다 큰 호응을 얻고 있었다. 그러나 룩셈부르크가 느낀 새로운 희망은 갑자기 그리고 충격적으로 사라져 버렸다.

1914년 6월 오스트리아·헝가리제국의 황태자 프란츠 페르디난트가 세르비아 민족주의자들에게 암살당했다. 그러나 그 뒤에도 한동안 반전 활동은 계속 확산되고 있었다. 룩셈부르크와 독일 사회민주당은 대중 집회들을 조직했고, 7월 말까지도 사회민주당 본부에서는 다음과 같이 전쟁 반대 입장을 확인하는 성명서들이 발표됐다. "독일의 계급의식적 프롤레타리아는 인류와 문명의 이름으로 전쟁광들의 이 범죄 행위에 강력하게 항의한다." 그러나 8월 초에 전쟁이 선포되자 사회주의 인터내셔널은 무너져 버렸다. 처음에 오스트리아가 세르비아에 전쟁을 선포했을 때, 오스트리아 사회주의자 아들러는* 민족주의 열풍 앞에서 완전히 무기력함을 토로했다. 그 다음에 러시아가 오스트리아를 상대로 전쟁을 선포했고, 독일이 러시아를 상대로 전쟁을 선포했다. 러시아의 볼셰비키와 세르비아·불가리아·폴란드의 몇몇 소규모 사회주의 정당들은 제국주의 전쟁에 확고하게 반대했지만, 독일 사회민주당 국회의원들은 8월 4일 제국의회에서 전쟁공채 발행에 찬성표를 던졌다. 표결 전의 사회민주당 의원총회에서는 국회의원 111명 가운데 카를 리프크네히트를 비롯한 15명만이 전쟁에 반대했다. 그러나 그들은 소수파의 견해를 표명할 수 있게 해 달라는 요청이 거부당하자 당의 규율을 깨뜨리지 않기로 합의했다.

독일 사회민주당의 행동은 다른 모든 나라의 사회주의자들에게

---

* 빅토르 아들러 오스트리아 사회민주당 지도자로 제1차세계대전이 벌어지자 자국 정부를 지지했고 전쟁 막바지에 외무부 장관을 맡기도 했다.

끔찍한 영향을 미쳤다. 어쨌든 사회민주당은 인터내셔널에서 가장 크고 강력하고 잘 조직된 정당이었고, 마르크스와 엥겔스의 유산 상속자였는데, 그 당이 그동안 스스로 주장해 온 것을 모두 배신했기 때문이다. 독일 사회민주당이 없으면 인터내셔널은 아무것도 아니었다.

레닌은 처음에 사회민주당이 전쟁에 찬성했다는 말을 믿으려 하지 않았다. 로자 룩셈부르크는 충격으로 거의 제정신이 아니었다. 그러나 서둘러 정신을 차리고 무엇을 할지 논의하기 위해 그날 밤 베를린에 있는 자신의 아파트에서 메링과 카르스키를 비롯한 소수의 혁명가들과 함께(그리고 슈투트가르트에 있던 클라라 체트킨의 지지를 받아) 회의를 열었다. 그들은 모두 전쟁과 자신들의 당에 반대하는 투쟁을 벌이기로 합의했다. 1914년 12월 리프크네히트는 다시 전쟁공채 발행을 요청하는 법안이 상정되자 반대표를 던지고 룩셈부르크와 그 동지들의 대열에 합류했다. 이것이 나중에 스파르타쿠스단으로 알려지게 된 조직의 시작이었다.

카우츠키는 태도를 싹 바꿔서, 이 전쟁은 다른 전쟁과 '다르다'며 사회민주당의 태도를 정당화하려 했다. 그는 인터내셔널의 붕괴를 대수롭지 않게 여기며 다음과 같이 주장했다. "인터내셔널은 전시에는 효과적인 무기가 아니다. 그것은 근본적으로 평화 시의 도구다."[27] 이로써 카우츠키는 수많은 노동자가 사회민주당의 칭찬과 격려를 받으며 전쟁터로 나가서 노동자들끼리 서로 학살극을 벌이게 만들었다. 레닌은 카우츠키가 얼마나 타락했는지를 처음으로 알게 됐다.

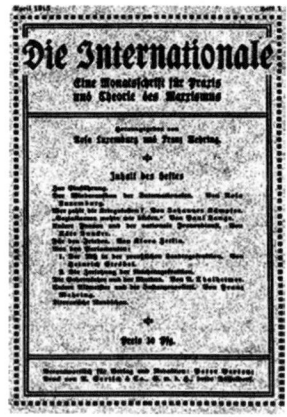
《인터나치오날레》 표지

로자 룩셈부르크가 옳았습니다. 룩셈부르크는 오래전부터 카우츠키가 시류에 편승하는 이론가이며 당내 다수파에게 봉사하는, 한마디로 기회주의자라는 사실을 알고 있었습니다. 카우츠키처럼 지독한 자만과 위선에 빠져 프롤레타리아와 지적으로 괴리되는 것보다 더 악랄하고 위험한 일도 없을 것입니다. 그는 모든 것을 그럴듯하게 대충 얼버무린 채, 각성하는 노동자들의 의식을 현학적이고 사이비 과학 같은 장광설로 호도하려 합니다.[28]

룩셈부르크 그룹은 1915년 1월 잡지 《인디나치오날레》(인터내셔널)를 창간했다. 그 신문의 첫 호(이자 마지막 호)에서 룩셈부르크는 카우츠키를 신랄하게 비판했다. "카우츠키는 《공산당 선언》의 세계사적 호소를 다음과 같이 수정해서 번역한다. '만국의 노동자여, 평화 시에는 단결하고 전쟁에서는 서로 목덜미를 물어뜯어라!'"[29]

전시의 저항

로자 룩셈부르크가 투옥된 것은 1915년 2월이었다. 건강도 안 좋았고 [국제 대회에 참가하기 위해] 막 길을 나서던 참에 갑자기 체포돼 베를린의 여자 교도소에 수감됐다. 룩셈부르크는 전쟁 기간 거의 내내 교도소에 갇혀 있었다.* 룩셈부르크는 여느 때와 달리 이번에는 투옥을 특별히 걱정했다. 교도소 밖에서 자신의 지도가 얼마나 절실히 필요한지를 잘 알고 있었기 때문이다. 룩셈부르크 그룹은 마르크스주의 중간파의 몇몇 사람들, 즉 전쟁을 정당화한 카우츠키처럼 막 나가지는 않은 사람들과 협력하고 있었지만 반전 운동의 불은 붙지 않았다.

룩셈부르크는 《사회민주주의의 위기》라는 소책자를 써서 1915년 4월에 몰래 밖으로 내보냈다. 나중에 필자 이름을 유니우스로 해서 불법 출판·유통된 그 소책자는 《유니우스 소책자》로 알려지게 된다. 이 책에서 룩셈부르크는 전쟁의 참상을 다음과 같이 묘사했다.

> 자본주의 사회는 모욕적이고 수치스럽게도 피바다에 빠져서 오물을 뚝뚝 흘리고 있다. 우리가 늘 보던 것과 달리, 평화와 정의, 질서, 철학, 윤리를 설교하지 않는다. 오히려 으르렁대는 야수처럼, 무질서한 난장판처럼, 문화와 인류를 파괴하는 해로운 전염병처럼 그렇게 자본주의 사회의 흉측한 민낯이 고스란히 드러나고 있다.[30]

---

* 4년 남짓 되는 전쟁 기간에 3년 4개월 동안 갇혀 있었다.

《유니우스 소책자》는 또, 사회민주당이 혁명가들과 노동계급 운동에 호소해 대중을 동원하지 않은 것을 격렬하게 비판했다. 지금은 침묵하거나 전쟁이 끝나기만을 기다릴 때가 아니다. 지금 인류는 갈림길에 서 있다.

제국주의가 승리해서 모든 문화가 파괴되고, 고대 로마가 그랬듯이 인구가 급감하고 도시가 황폐해지고 사회가 퇴보해서 거대한 공동묘지처럼 될 것인가 아니면 사회주의가 승리할 것인가, 즉 제국주의와 제국주의 방식과 전쟁에 반대하는 국제 프롤레타리아의 의식적 투쟁이 승리할 것인가 하는 갈림길에 서 있다. 이것은 세계사의 딜레마, 세계사의 필연적 선택이다. 세계사는 프롤레타리아의 결정을 기다리고 있다. 그 결정 여하에 따라 세계사의 방향이 바뀔 것이다.[31]

사회주의냐 야만이냐의 이 양자택일은 아마 룩셈부르크의 가장 유명한 선언 문구일 것이다. 그것은 룩셈부르크의 핵심적인 정치적 태도를 보여 주는 말이고, 기후변화와 핵무기의 위협에 직면한 세계에서 살고 있는 오늘날의 우리에게도 절실한 말이다. 혁명적 마르크스주의는 결정론이 아니고 사람들의 의식적 행동을 모든 것의 중심에 놓는다. '역사'가 아니라 사람들의 선택이 미래를 결정할 것이다.

독일과 프랑스와 러시아와 영국의 노동자들이 술에 취해 잠든 상태에서 깨어나 서로 형제애의 악수를 나누고, 전쟁 선동가들이 내뱉는 역겨운 말과 자본주의 하이에나들이 울부짖는 소리를 '만국의 노동자여, 단결하라!'라는 노동자들의 강력한 구호 속에 파묻어 버리기 전까지는 이 광기는 멈추지 않을 것이고 이 유혈 낭자한 지옥의 악몽도 끝나지 않을 것이다.[32]

1915년 말쯤 이 호소는 어느 정도 반향을 불러일으켰다. 전사자들의 시체가 쌓이고, 금방 승리할 것이라던 기대가 무너지고 있었기 때문이다. 12월에 사회민주당 국회의원 20명이 마침내 리프크네히트 편으로 넘어와서 신규 전쟁공채 발행에 반대표를 던졌다. 어떤 당원이 썼듯이, "대중은 전쟁을 받아들이려 하지 않았다. 특히, 생활물가 상승에 불만이 많았다."[33]

1916년 2월 룩셈부르크는 교도소에서 풀려났고, 여성 지지자 1000여 명에게 환영 인사와 선물을 받으며 악수를 나눴다. 룩셈부르크는 즉시 활동을 재개해서, 리프크네히트와 함께 조직하고 선동했다.

1916년 5월 1일 베를린에서 메이데이 시위가 벌어졌다. 리프크네히트는 격렬한 연설을 마치며 다음과 같이 외쳤다. "전쟁을 끝장내자! 정부를 끝장내자!" 그는 즉시 구속 수감돼 재판을 기다려야 했다. 이 사건은 전환점이었음이 드러났다. 리프크네히트가 구속되자 수천 명이 항의 시위를 벌였다. 그의 재판이 시작되자 베를린에서 대중 시위가 벌어졌고, 그에게 2년 6개월의 중노동 형이 선고되자(나중에 군사법원에서 4년으로 늘어났다) 군수산업 노동자 5만 5000명이 파업에 들어갔다. 이 파업을 조직한 것은 산업 현장 투사들의 네트워크인 '혁명적 현장위원회'였다.* 독일 노동자들이 깨어나기 시작했다.

러시아 혁명

전쟁의 충격은 어느 나라보다 러시아에서 가장 컸다. 1917년 초에 물자 부족과 끔찍한 노동조건 때문에 파업이 벌어졌다. 파업은 곧 확산됐고, 파업 도중에 노동자들은 1905년 혁명 때 처음 나타난 소비에트, 즉 노동자 평의회를 부활시켰다. 1주일도 지나지 않아, 증오의 대상이던 차르는 물러났고 임시정부가 수립돼서 보통선거를 실시하겠다고 약속했다.

로자 룩셈부르크는 1916년 7월 재판도 거치지 않고 다시 투옥됐다. 그러나 교도소에서 최대한 면밀하게 러시아의 사태를 추적했다. 비록 신문들은 "러시아 혁명가들의 행동을 설명하거나 칭찬하는 기사는 일절 금지한다"는 당국의 지시를 충실히 따르고 있었지만 말이다.[34] 룩셈부르크는 러시아 혁명을 환영하며 1917년 5월 〈스파르타쿠스〉에 다음과 같이 썼다. "3년 동안 유럽은 마치 곰팡내 나는 방 같았다. 그 방 안에 사는 사람들은 거의 숨이 막혀 죽을 지경이었다. 그런데 갑자기 창문이 활짝 열리더니, 상쾌하고 신선한 바람

---

* 현장위원 독일·영국 등의 노동조합에 존재하는 현장 대표자로, 직장위원·작업장 위원으로도 번역된다. 조합원들이 직접 선출하며, 자기 작업장의 투쟁을 주도하고 교섭에 참여하는 경우도 많다.

이 휙 불어왔다. 이제 방 안에 있는 모든 사람이 그 공기를 자유롭게 그리고 깊이 들이마시고 있다."

그러나 룩셈부르크는 또, 후진국 러시아의 노동계급이 홀로 승리할 수 없다는 사실도 알고 있었다.

러시아 혁명의 미래를 이렇게 걱정하는 것은 자연스럽다. 이 걱정을 해소해 줄 확실한 방법은 단 하나뿐이다. 그것은 독일 프롤레타리아의 각성, 독일의 '노동자와 병사'가 권력을 장악하는 것, 독일 민중이 평화를 요구하는 혁명적 투쟁을 벌이는 것뿐이다. … 독일의 '노동자와 병사'가 권력을 장악하면, 강화조약이 즉시 체결될 것이고 평화의 토대가 굳건해질 것이다.

따라서 평화 문제는 실제로는 러시아 혁명의 거침없는 급속한 발전에 달려 있다. 그러나 러시아 혁명의 급속한 발전 또한 프랑스·영국·이탈리아, 특히 독일의 프롤레타리아가 평화를 요구하며 혁명적으로 투쟁하는 것에 달려 있다.[35]

러시아 혁명은 실제로 1917년 내내 발전했다. 노동자 평의회가 임시정부의 지배에 도전했고, 여름 내내 파업과 시위가 분출했다. 10월에 볼셰비키는 '모든 권력을 소비에트로'라는 구호 아래 무장봉기를 이끌었고, 결국 임시정부는 무너졌다.

룩셈부르크는 교도소에서 클라라 체트킨에게 보낸 편지에 다음과 같이 썼다. "러시아에서 일어난 일들은 놀라울 만큼 장엄하고 비극적인 사건입니다. 레닌과 그의 동료들은 당연히 난마처럼 얽히고

설킨 혼란을 극복할 수 없겠지만, 그들의 노력 자체는 세계사적으로 중요한 행동이자 진정으로 획기적인 사건입니다."[36] 룩셈부르크는 독일 노동자들의 반응, 결정적으로 그 '지도부'인 사회민주당의 반응이 없는 것에 낙담했다. 카우츠키를 비롯한 많은 사람들이 러시아 혁명은 '시기상조'이고 러시아는 너무 후진국이어서 사회주의 혁명에 적합하지 않다고 주장하자 룩셈부르크는 이를 강력하게 비판했다. 룩셈부르크가 보기에, 그 문제의 열쇠는 혁명이 독일로 확산되는 것이었기 때문이다.

룩셈부르크는 루이제 카우츠키에게 보낸 편지에서 다음과 같이 썼다. "러시아인들이 저렇게 돼서 만족하세요? 물론 그들은 이 악마의 잔치에서 살아남을 수 없을 겁니다. 당신의 현명한 남편이 항상 주장한 것처럼 통계 자료상으로 러시아의 경제 발전이 뒤떨어졌기 때문이 아니라, 매우 발달한 서유럽의 사회민주주의자들이 개처럼 가련한 겁쟁이들이기 때문입니다. 그들은 조용히 사태를 관망하면서 러시아인들이 피를 흘리며 죽어 가도록 내버려 둘 것입니다. 그러나 차라리 그렇게 몰락하는 것이 '[부르주아] 조국을 위해 사는 것'보다 더 낫습니다. 왜냐하면 그것은 세계사적 행동이고, 그 행동의 흔적은 지금부터 영원히 지워지지 않을 것이기 때문입니다."[37]

룩셈부르크는 러시아에서 일어난 사건들을 분석하고 그 교훈을 배우는 것이 자신의 의무라고 생각했다. 그래서 1918년 9월 《러시아 혁명》이라는 소책자를 썼다. 그 책에서 룩셈부르크는 볼셰비키에게 민주주의가 부족하다고 비판했다. 그리고 이 때문에 볼셰비키는 장차 곤경에 처할 것이라고 주장했다. 《러시아 혁명》은 결코 완성된 책도 아니고 룩셈부르크 생전에 출판되지도 않았지만, 나중에 이 소책자는 레닌을 비판하는 무기로, 그리고 룩셈부르크와 볼셰비키의 차이를 입증하는 또 다른 증거로 이용됐다. 사실, 그 책에서 룩셈부르크는 볼셰비키가 한 일을 칭찬했다.

> 레닌의 당은 진정으로 혁명적인 당의 사명과 임무를 이해하는 유일한 당이다. … 지도하는 법, 즉 성공으로 이끄는 법을 아는 당만이 격동의 시대에 지지를 받는다.[38]

그러나 룩셈부르크는 토지 문제, 민족 문제, 제헌의회, 정치적 자유라는 네 가지 구체적 분야에서 볼셰비키를 비판했다.

룩셈부르크는 볼셰비키가 토지를 국유화하지 않고 오히려 농민에게 토지를 점거해서 스스로 분배하라고 촉구한 정책은 결국 사유재산을 강화하는 문제를 낳을 것이라고 주장했다. 그 정책은 실제로 문제를 일으켰지만, 볼셰비키는 다른 현실적 대안이 없었다. 노동계급이 매우 소규모인 러시아에서 혁명을 승리로 이끌려면 농민의 지지를 받아야 했다. 그 정책이 없었다면, 룩셈부르크와 볼셰비키의 논쟁 주제인 혁명 자체도 일어나지 못했을 것이다. 볼셰비키의 정책은 룩셈부르크가 주장한 강제 국유화보다 훨씬 더 민주적이기도 했다.

룩셈부르크는 또, 볼셰비키가 주창한 러시아제국 내 모든 민족의 자결권 구호도 비판했다. 오히려 볼셰비키는 소비에트 통제 아래 제국의 혁명적 단결을 주장했어야 한다는 것이다. 그러나 레닌은 차르 치하에서 억압받던 동방 민족들에게 소비에트 권력을 받아들이라고 강요하는 것은 오히려 그들을 민족주의로 떠밀 뿐이라는 사실을 이해했다. 단결을 극대화하는 가장 좋은 방법은 진정한 자결권을 보장하는 것이고, 그러면 그들이 혁명을 지지하게 될 것이라는 게 레닌의 생각이었다. 이것 또한 훨씬 더 민주적인 정책이었다. 러시아에서 룩셈부르크의 추상적 국제주의는 재앙적 결과를 초래했을 것이다.

룩셈부르크는 볼셰비키가 제헌의회 소집을 요구했다가 막상 집권하고 나서는 제헌의회를 폐지해 버렸다고 지적했다. 그러면서 소비에트와 제헌의회가 함께 통치하는 체제를 제안했다. 그러나 볼셰비키는 소비에트가 민주주의의 최고 형태라고 생각했다. 즉, 소비에트는 민주적으로 선출된 노동자 대표들의 기구이므로 대중의 정서나 변화하는 투쟁의 필요에 더 민감하게 반응한다는 것이다. 제헌의회는 부르주아 민주주의, 즉 경제를 지배하는 자본가들의 권력을 건드리지 않고 그대로 놔두는 제한된 형태의 민주주의 기구였다. 룩셈부르크는 겨우 두 달 뒤인 1918년 11월 독일 혁명이 한창일 때 이 점을 깨닫게 된다.

오늘날 국회에 의존하는 것은 의식적으로든 무의식적으로든 혁명을 부르주아 혁명이라는 역사적 단계로 후퇴시키는 것이다. 국회를 옹호하는 사람은 누구든지 부르주아지의 밀정이거나 프티부르주아 이데올로기의 무의식적 대변인이다. … 오늘날 문제는 민주주의냐 독재냐가 아니다. 지금 역사의 의제로 떠오른 문제는 부르주아 민주주의냐 사회주의적 민주주

의냐다. 왜냐하면 프롤레타리아 민주주의는 사회주의적 의미의 민주주의이기 때문이다.[39]

룩셈부르크의 비판에서 핵심적으로 중요한 것은 그녀가 노동계급의 자력 해방을 확신하고 있었다는 점이다. 브레스트리토프스크 강화조약으로 신생 소비에트 국가가 핵심 산업과 자원을 포함한 엄청나게 넓은 영토를 독일 제국주의에 내줄 수밖에 없게 되고 러시아에서 내전이 시작되자, 룩셈부르크는 볼셰비키가 어쩔 수 없이 추진하게 된 중앙집중화 때문에 민주주의가 가로막히고 프롤레타리아 독재가 아닌 일당독재가 나타날까 봐 두려워했다. 그러나 룩셈부르크는 레닌과 볼셰비키가 직면한 외부적 한계도 이해했다. "러시아에서 일어난 일은 모두 이해할 수 있는 것들이고, 불가피한 인과관계의 사슬이다. 그 출발점이자 종점은 독일 프롤레타리아의 실패, 그리고 독일 제국주의의 러시아 점령이다. 그런 상황에서 레닌과 그의 동지들이 가장 훌륭한 민주주의, 가장 모범적인 프롤레타리아 독재, 번영하는 사회주의 경제를 확립하리라고 기대하는 것은 그들에게 초능력을 요구하는 것과 마찬가지다. 단호한 혁명적 태도, 모범적인 강력한 행동, 국제 사회주의에 대한 불굴의 충성심을 통해 그들은 이미 지독하게 힘든 조건에서도 최대한의 기여를 해 왔다."[40]

러시아 혁명이 부딪힌 문제들을 풀 수 있는 열쇠는 투쟁의 국제적 확산이었다.

독일 혁명

1918년 10월과 11월에 전황은 독일에 불리했지만, 군 장성들은 이 사실을 인정하려 하지 않았다. 결국 전쟁에 반대하는 정치 파업들이 시작돼 군수공장을 휩쓸었고, 뒤이어 킬 군항의 해군기지에서 반란이 일어났다. 정부는 어떻게 대처해야 할지 몰라 허둥댔고 반란은 확산됐다. 전선에서 병사 평의회가 잇따라 건설됐고 곧 독일 전역에서 노동자 평의회가 등장했다. 독일 혁명이 시작된 것이다.

기성 지배계급은 권력을 쉽게 내주려 하지 않았다. 그들은 권력을 유지하는 법을 알고 있었다. 전쟁 기간 내내 사회민주당은 지배계급의 정당들과 협력했고 국민 단결이라는 미명 아래 그들의 요구를 고분고분 따랐다. 이제 지배계급은 사회민주당이 자신들을 구해 주기를 원했다. 사회민주당 지도자는 프리드리히 에베르트였다.* 그는 총리인 막스 대공에게 다음과 같이 말했다. "황제가 퇴위하지 않으면 혁명이 일어나고 말 것입니다. 그러나 저는 혁명을 거부할 것입니다. 저는 혁명을 끔찍하게 싫어합니다."⁴¹ 11월 9일 총파업으로 베를린이 혁명의 물결에 휩싸였다. 막스 대공은 총리직을 에베르트에게 넘겨주면서, 이제 혁명이 진정되기를 기대했다. 황제는 도망쳤고, 사회민주당 당원인 샤이데만이** 독일공화국을 선포했다. 겨우 몇 블

---

* 프리드리히 에베르트 1913년 베벨이 죽자 사회민주당 대표가 됐다. 1918~1919년 독일 혁명을 진압하고 바이마르공화국 초대 대통령이 된다.

** 필리프 샤이데만 1913년 베벨이 죽자 사회민주당 의원단 대표가 됐다. 1918~1919년 독일 혁명을 진압하고 총리가 된다.

록 떨어진 곳에서는 리프크네히트가 사회주의 공화국을 선포했다.

이것이 독일 혁명이 부딪힌 핵심 문제였다. 사회민주당은 여전히 노동자들의 정당이었고 말로는 사회주의를 지지했지만, 사실은 혁명을 억제하려고 정부에 입각했다. 그러면서도 여전히 노동자들의 다수에게 강력한 영향을 미치면서 노동자들 편이라고 주장할 수 있었다. 전쟁 동안 사회민주당의 중간파가 당에서 분리해 나와 독립사회민주당을 결성했고, 스파르타쿠스단은 여기에 가입했다. 실제로는 독립사회민주당은 분열해 있었고, 스파르타쿠스단은 작고 약했다. 그래서 (이제 혁명 덕분에 교도소에서 풀려난) 룩셈부르크와 리프크네히트가 진정한 사회주의 혁명을 선동하고 있을 때조차 에베르트는 사회민주당과 독립사회민주당의 대표들로 이뤄진 '혁명적 사회주의 정부'를* 수립하고 있었다. 그들의 분명한 목표는 (독일군 총참모본부와 합의를 본 것이었는데) 무력으로 혁명을 탄압하는 것이었다.

그렇지만 노동자 평의회와 에베르트의 정부가 함께 통치하는 '이중[이원]' 권력 상황이 몇 주 동안 이어졌다. 스파르타쿠스단은 11월 18일 새 신문 〈로테 파네〉(붉은 기)를 발행하기 시작했다. 룩셈부르크는 〈로테 파네〉에 쓴 글에서 에베르트의 목표를 분명히 경고했다. "현 정부는 노동자·병사 평의회에 대항할 부르주아 반동 세력을 만들어 내기 위해 제헌의회를 소집하고 있다. 그렇게 해서 이 혁명이

---

* 1918년 11월 10일 구성된 인민위원회를 가리킨다. 사회민주당 3명(에베르트, 샤이데만, 란츠베르크), 독립사회민주당 3명(하제, 디트만, 바르트)으로 이뤄졌다.

부르주아 혁명에 그치게 하고, 사회주의적 목표들을 제거하려 하는 것이다."⁴²

그러나 룩셈부르크를 비롯한 혁명가들은 독자적 대항 수단이 없었다. 혁명이 공화국을 넘어 더 나아가도록 지도할 역량이 있는 만만찮은 조직이 없었던 것이다.

1918년 12월 스파르타쿠스단은 독일 공산당 창당 대회를 열었다. '좌파 급진주의자들'이라는˙ 조직과 독일 전역에서 혁명에 고무된 청년 활동가들도 공산당에 합류했다.

공산당의 약점이 곧 드러났다. 가장 먼저 논쟁의 쟁점이 된 문제 하나는 국회의원을 뽑는 선거에 참여할지 말지였다. 공산당의 원칙은 국회를 반대한다는 것이었지만, 룩셈부르크는 국회의 본질을 폭로하기 위해서라도 선거에 참여해야 한다고 주장했다. "국회에 맞서 대중을 동원하고 대중에게 매우 강력한 투쟁을 벌이자고 호소하기 위해 우리는 선거와 국회 연단 자체를 이용해야 한다."⁴³ 공산당의 다른 지도자들도 모두 룩셈부르크의 주장에 동의했지만, 혁명이 금방 승리할 것이라고 확신한 청년 당원들은 자신들이 반대하는 선거에 참여해야 할 이유를 이해하지 못했다. 선거 참여 결의안은 부결됐고, 그것은 로자 룩셈부르크가 볼 때 조급함과 충동적 행동을 경계해야 한다는 신호나 마찬가지였다.

---

* 좌파 급진주의자들 주로 브레멘에 기반을 뒀으며 폴란드인 망명가 라데크를 통해 볼셰비키와 관계를 맺고 있었다. 대표적 인물은 요한 크니프, 파울 프뢸리히 등이 있었다.

반혁명

12월 7일 리프크네히트가 자기 사무실에서 체포됐다. 베를린의 혁명적 경찰서장이자 독립사회민주당 당원인 아이히호른이* 개입해서 풀어 주라고 하지 않았다면, 리프크네히트는 아마 목숨을 잃었을 것이다.

리프크네히트 납치 기도는 베를린 군관구 사령관인 사회민주당 당원이 고용한 깡패들이 꾸민 암살 음모의 일부였다. 그들은 스파르타쿠스단 지도자들을 "밤낮없이 추적·색출해서 선동이나 조직 활동을 못하게 하라"는 지시를 받았다.⁴⁴ 그때부터 룩셈부르크와 그 동지들은 도망자처럼 살아야 했다. 룩셈부르크는 날마다 이 호텔 저 호텔을 전전하며 가명으로 방을 구했고, 불청객을 피해 아침 일찍 호텔에서 나와야 했다.

군 장성들은 전선에서 돌아와 불만이 가득한 병사들을 불법 무장 단체로 조직하고 그들에게 혁명에 대한 반감을 부추기고 있었다. 사회민주당 정부의 국방부 장관에 임명된 구스타프 노스케가 자유군단이라는 이 폭력 집단의 지휘 책임을 맡은 우두머리였다. 그들은 베를린으로 진군해서 공산당과 혁명을 분쇄해 버리고 싶은 생각이 굴뚝 같았지만, 그보다 먼저 공산당을 거리로 끌어낼 필요가 있었다. 그래서 1919년 1월 4일 아이히호른에게 횡령 혐의를 뒤

---

* 에밀 아이히호른 1918년 11월 9일 노동자들과 병사들을 이끌고 베를린 경찰본부를 장악해 경찰서장에 취임했으며 정치수들을 석방했다.

집어씌워 해임해 버렸다. 이 도발에 많은 사람들이 격분했다. 아이히호른은 혁명가이자 성실한 사람으로 인정받고 있었기 때문이다. 1월 5일 아이히호른을 지지하는 대중 시위가 벌어졌고, 이런 분위기에 고무된 리프크네히트와 혁명적 현장위원회는 베를린에서 권력을 잡겠다는 생각으로 혁명위원회 수립을 선포했다.

이것은 치명적 실수였다. 오직 소수의 노동자들만이 봉기할 태세가 돼 있었고(대다수 노동자들은 여전히 부르주아 민주주의에 환상을 품고 있었다), 공산당의 강령에는 권력을 장악하려면 노동자 다수의 지지를 받아야 한다고 특별히 명시돼 있었기 때문이다. 리프크네히트는 봉기를 결정할 때 공산당의 다른 사람들과 상의하지도 않았다. 룩셈부르크는 리프크네히트의 결정을 듣고 "카를, 그게 우리의 강령인가요?" 하고 나무라며 언쟁했다. 그러나 일단 봉기가 시작되자 룩셈부르크는 그냥 나 몰라라 할 수 없었다. 그래서 혁명을 방어하는 무장 행동을 호소했다. 그럴 만한 수단이 전혀 없었는데도 말이다. 혁명위원회는 노동자들에게 베를린 거리로 나와서 건물들을 점거하라고 선동해 놓고도 그들을 지도할 수 없었다. 혁명위원회가 주저하며 에베르트와 협상을 할지 말지 고민하는 동안 혁명위원회 지지자들은 건물 안에 웅크리고 앉아 지시를 기다리고 있었다.

1월 11일 에베르트와 노스케는 자유군단을 동원해서 무력으로 베를린을 탈환했다. 그 뒤 사흘 동안 그들은 학살과 테러를 자행하며, 수많은 노동자를 살해했다. 반혁명의 공세가 시작된 것이다.

룩셈부르크를 비롯한 스파르타쿠스단 지도자들은 베를린을 떠나

Panzerwagen in den Straßen der Reichshauptstadt.

베를린 봉기를 진압하고 로자 룩셈부르크를 살해한 자유군단은 훗날 나치 돌격대의 토대가 된다

목숨을 구하라는 권고를 받았지만, 거절했다. 그들은 노동자들이 패배하도록 내버려 둘 수 없었다. 마침내 자유군단이 룩셈부르크를 은신처에서 끌어내 카를 리프크네히트와 함께 살해한 뒤 룩셈부르크의 시체를 운하에 던져 넣었다. 룩셈부르크를 살해한 부대의 지휘관인 포겔 중위는 "그 늙은 암퇘지는 죽어 마땅하다"고 말했는데, 이것은 룩셈부르크가 대변한 모든 것에 대한 자유군단의 증오심을 드러내는 말이었다.[45]

죽기 직전에 룩셈부르크는 마지막 기사를 하나 썼다. 1월 14일 자 〈로테 파네〉에 실린 "질서가 베를린을 지배한다"라는 제목의 글에서 룩셈부르크는 봉기가 왜 실패했는지, 그리고 어떻게 다시 일어날 수 있는지를 노동자들에게 설명하려 노력했다.

지도부는 실패했다. 그러나 지도부는 대중이, 대중 속에서 다시 만들어 낼 수 있고 만들어 내야 한다. 대중이 결정적 요인이다. 혁명의 최종 승리는 그 대중이라는 바위 위에 세워질 것이다. … '질서가 베를린을 지배한다!' 너희 멍청한 하수인들! 너희의 질서는 모래 위에 세워진 것이다. 혁명은 '다시 힘차게 일어설 것'이고, 너희에게는 끔찍한 일이겠지만, 혁명은 승리의 나팔소리를 울리며 다음과 같이 선언할 것이다. 나는 있었노라, 나는 있노라, 나는 있으리라!

유산

실제로 독일 혁명은 다시 일어섰다. 룩셈부르크가 죽은 뒤 4년 동안 몇 차례나 혁명은 다시 일어섰지만, 공산당은 경험도 없고 최상의 지도자들도 잃어버려서 노동계급이 지배계급을 이기는 데 필요한 지도부가 될 수 없었다. 1923년 말에 독일의 혁명적 순간은 마침내 끝났다.

그 패배의 결과는 엄청났다. 룩셈부르크를 살해한 자유군단은 나중에 히틀러의 거리 부대로 성장했다. 자유군단을 풀어놓은 사회민주주의자들은 결국 히틀러 치하의 강제수용소에서 죽어 갔다. 사회주의냐 야만이냐라는 룩셈부르크의 최후통첩성 경고가 옳았음은 부정적으로 입증됐다. 독일에서 사회주의의 희망은 짓밟혔지만, 그 희망을 분쇄하도록 풀려난 세력은 길들여지지 않았고, 그 뒤 20년 동안 인류 역사상 최악의 야만이 나타났다.

독일 혁명이 실패하자 러시아 혁명도 좌초했다. 1920년대 말에 스탈린은 신생 노동자 국가를 장악해서 목 졸라 죽였다. 이미 1924년에 죽은 레닌은 이제 우상처럼 떠받들어졌다. 레닌이 알면 기겁할 일이었다. 룩셈부르크는 레닌과 논쟁했다는 이유로 사후에 [스탈린주의자들의] 비난을 받았다. 공산주의의 순교자였던 룩셈부르크는 이제 볼셰비키에 반대한 적이 돼 버렸고, 그녀의 저작은 파묻혔다.

1960년대에 신좌파는 룩셈부르크를 소련과 연계돼 오염되지 않은 마르크스주의자로 다시 발굴했다. 동독의 반체제 인사들도 룩셈부르크한테서 영감을 얻었다. 페미니스트들은 룩셈부르크가 강력한 여성 혁명가·이론가라는 사실을 발견했다. 비록 일부 페미니스트들은 룩셈부르크가 여성 문제에 관한 글을 많이 쓰지 않았다는 이유로 비난했지만 말이다.

이제 룩셈부르크에 대한 관심이 새롭게 되살아나고 있다. 룩셈부르크에 관한 토론회나 강연회가 꾸준히 열리고, 책이나 글 모음집도 새롭게 발간되고 있다.

오늘날 우리가 사는 세계는 룩셈부르크도 잘 알고 있던 세계다. 즉, 제국주의 전쟁이 모든 지역을 파괴하고, 제3세계는 심각한 빈곤의 늪에서 허덕이고, 노동계급은 자본주의의 고질병인 경제 위기의 대가를 치르라는 요구에 시달리고, 개혁주의 정당들은 자본주의 체제를 유지하고 보존하려고만 하는 그런 세계다.

그러나 우리는 또, 새로운 대중파업의 시대에 살고 있다. 2000년대 초의 아르헨티나·볼리비아·베네수엘라에서 2011년의 그리스와 스페인, 아랍의 봄에 이르기까지 대중파업은 계속되고 있다. 클라라 체트킨은 룩셈부르크를 가리켜 "혁명의 예리한 검이자 살아 있는 불꽃이었다"고 썼다. 로자 룩셈부르크의 글과 삶을 보며 얻을 수 있는 힘과 교훈은 100년 전과 마찬가지로 지금도 여전히 밝게 빛나고 있다.

이 글의 지은이 **샐리 캠벨**은 영국의 혁명적 월간지 《소셜리스트 리뷰》 편집자였고 《인터내셔널 소셜리즘》의 편집위원이었다. 국내에 소개된 책으로는 《트랜스젠더 차별과 해방》(공저, 2018)이 있다.

8장
안토니오 그람시

이탈리아의 아웃사이더

안토니오 그람시가 태어났을 때 이탈리아는 건국한 지 겨우 30년 된 나라였다. 이 신생 국가는 갖가지 중대한 요인들로 심각한 내분을 겪고 있었다.

그람시가 마르크스주의자로 성장하는 데 깊은 영향을 미친 것은 그가 태어난 고향과 나중에 정치적 성숙기를 보낸 도시였다.

그람시는 1891년 사르데냐섬에서 태어났다. 사르데냐섬은 이탈리아 '본토'와 지리적으로는 떨어져 있었지만, 사실상 이탈리아 남부 지방의 일부였다.

이탈리아 남부는 오늘날의 이탈리아 대부분 지역이 1861년 통일되는 과정에서 벌어진 전쟁의 패자였다. 남부의 다른 지역과 마찬가지로, 사르데냐에도 빈곤·기근·질병·문맹이 만연했다. 선거 결과는 지주들에 의해 조작됐다.

그람시 가족은 중간계급에 속했지만, 집안 형편은 어려웠다. 그람시의 아버지는 지역 정치 실세의 뜻을 거슬렀다가 억울한 옥살이를 했다.

그러나 사르데냐섬에 새로운 힘이 작용하고 있었다. 섬의 광원들이 사회주의 사상의 영향을 받아 파업을 벌인 것이다. 광산 소유자들은 이 반란을 쉽게 진압하기 힘들다는 사실을 깨달았다. 그람시의 형은 군대에 징집돼 토리노에서 복무하는 동안 사회주의 신문들을 읽기 시작했고 그 신문을 고향에 있는 동생에게 보내 줬다. 사르데냐섬의 상황에 분노한 그람시는 사르데냐 민족주의로 기울었는데, 사르데냐 민족주의자들은 섬에 만연한 병폐가 로마와 밀라노의 본토인들 탓이라고 비난했다.

그람시는 [집안 형편상] 일을 해야 했고 질병(이 때문에 평생 신체장애와 잦은 병치레로 고생하게 된다)에 시달렸기 때문에 학업을 자꾸 중단해야 했다. 졸업 후 그는 이탈리아 북부 도시 토리노로 갔고 그곳에서 혁명적 마르크스주의자로 단련된다. 그람시는 1911년 토리노대학교에 장학금을 받고 들어가 공부하기 시작했다. 청년 안토니오 그람시는 본토인들에 대한 분노를 품고 그 도시에 도착했다. 그러나 토리노에서 자신의 삶에 결정적 영향을 미친 뭔가를 발견했는데, 그것은 나중에 그람시가 거듭거듭 판단 기준으로 삼을 만큼 중요한 것이었다. 토리노는 당시 가장 투쟁적인 노동계급 운동의 중심지 가운데 하나였던 것이다.

토리노: 이탈리아 혁명의 '태풍의 눈'

20세기 초 토리노는 오늘날 중국과 인도의 많은 도시들처럼 급속하게 산업화하고 있었다. 토리노는 새로운 자동차 산업, 특히 거대한 피아트 공장이 지배하는 도시였다. 그람시가 도착했을 때 토리노의 인구는 40만 명이었는데, 그중 20퍼센트가 산업 노동자였다.

이탈리아 사회당과 노동조합운동은 모두 아직 초창기였다. 사회당은 여전히 중간계급 전문직이 주로 지배하고 있었는데, 그들은 하층민의 삶을 개선하고 싶어 했지만 혁명은 거부했다. 노동조합은 흔히 숙련 노동자들에게만 의지했고, 주요 노조 연맹인 노동조합총연맹은 사회당의 온건한 지도자들과 한통속이었다.

사회당과 노동조합총연맹은 모두 20세기의 첫 20년 동안 이탈리아에서 여러 차례 연립정부 총리를 지낸 조반니 졸리티와 모종의 합의를 맺고 있었다. 졸리티는 이탈리아 정치를 지배하는 다양한 이익집단들 사이에서 줄타기하며 권모술수로 권력을 유지했다. 그래서 사회주의자들과 노조 지도자들을 포섭하고 싶어 했다.

사회당 토리노 지부의 기층 당원들은 남부 지방에 만연한 불공평함과 부당함을 강력히 비난한 남부 출신 급진파 인사가 국회의원 후보로 지명되게 하려고 노력했다. 그 노력은 결국 실패했지만, 그람시는 그 운동에 참가하면서 북부 노동자들이 남부 농민·노동자의 동맹 세력이고 사회주의 혁명만이 남부에 진정한 변화를 가져올 수 있는 길임을 깨닫기 시작했다.

그때쯤 그람시는 가난과 질병에 시달리면서도 공부를 잘하는 재

〈오드리네 누오보〉를 편집하던 30살 무렵의 그람시

능 있는 학생이었고, 토리노대학교의 유망한 청년 사회주의자 모임을 알게 됐다. 그람시가 도착했을 때 토리노는 사회 갈등이 한창 고조되고 있었다.

당시는 유럽 전역에서 그동안 기성 정치를 지배해 온 자유주의 사상이 퇴조하고 지배계급 정치 중에서 더 공격적인 것이 득세하고 있었다. 또, 거대 열강 사이의 경쟁이 격렬해지고 있었다. 이 때문에 해외에서는 영토 쟁탈전이 갈수록 치열해졌고, 국내에서는 임금을 낮추고 생산성을 높이라는 압력이 가중되고 있었다. 1905년 러시아 혁명이 실패하자 더 기세등등해진 유럽 지배자들은 좌파와 노동운동을 탄압했다.

이탈리아의 산업 자본가들과 지주들은 정부에 노조나 좌파와 타협하지 말고 국가권력을 총동원해서 탄압하라고 요구했다. 또, 프랑스나 영국처럼 이탈리아도 아프리카에서 식민지를 획득할 수 있기를 바랐다.

1911년 토리노의 금속 노동자들이 노동조건 악화 조치에 항의해, 그리고 그 조치에 동의해 준 노조 지도자들을 거슬러서 비공인 총파업을 벌였다. 파업은 75일간 계속됐지만 결국 패배했다. 그러나 이듬해 금속노조는 잃어버린 지지를 만회하고자 93일간 파업을 이끌었다.

이 파업의 새로운 특징은 이른바 [공장] 내부위원회라는 현장조합원들의 기구가 아래로부터 건설됐다는 점이다. 내부위원회는 노동조합원이든 아니든 관계없이 공장의 모든 노동자가 참여해서 아래로부터 직접 선출한 기구였다. 파업이 끝나자 노조 지도부는 내부위원회를 흡수해 무력화하려 했다. 그러나 내부위원회가 존재했다는 사실 자체가, 필요하다면 언제든지 그런 종류의 기구가 되살아날 수 있음을 뜻했다.

지배계급이든 피지배계급이든 모두 강경파가 득세하고 있었다. 1911년 졸리티는 자신을 비판하는 사람들을 달래려고 오늘날의 리비아를 식민지로 만들려는 원정을 감행했다.

이탈리아 사회당 내의 청년 세대는 졸리티와의 합의를 파기하라고 요구했다. 그들은 점점 더 남부의 농민과 노동자를 지지했고(남부의 노동자·농민이 저항할 때마다 정부는 가차 없이 탄압했다), 군국주의와 식민주의에도 반대했다. 그람시는 사르데냐 출신이었으므로 유럽 열강에 맞서 저항하는 식민지 주민들의 반란을 처음부터 지지했고, 이른바 '남부 문제'가 핵심적으로 중요하다고 생각했다. 이 모든 것 때문에 그는 마르크스주의에 더 관심을 갖게 됐다. 1913년 그람시는 학교 친구인 안젤로 타스카의* 권유로 사회당에 가입했다.

몸을 사리고 타협주의적인 당 지도부에 대한 불만을 끌어모으는 구실을 한 사람은 로마냐 지방 출신의 반항적 선동가 베니토 무솔리니였다.** 그는 이탈리아 제국주의의 리비아 점령에 반대하고 사회당 당대회에서 기회주의적 당내 우파를 비난하는 연설을 한 뒤 당 기관지인 〈아반티〉(전진)의 편집자가 됐다.

이탈리아식 사회주의

이탈리아 사회당은 양극화하고 있었다. 개혁주의자들인 소수 우파는 어떤 정부가 됐든 정부에 입각하고 싶어 안달이 나 있었고, 기층 당원들은 좌파 지도부를 세우고자 당내 좌파에게 투표했다. 당내 좌파의 지도자인 자친토 세라티는*** 당의 최대강령인 사회주의

---

*　안젤로 타스카 훗날 그람시와 함께 〈오르디네 누오보〉(새 질서)를 창간했고 이탈리아 공산당 창당 뒤에 당내 우파를 이끌었다.

**　베니토 무솔리니 훗날 파시스트 운동의 지도자가 돼서 이탈리아를 독재 통치한다.

***　자친토 세라티 훗날 사회당을 이끌고 코민테른에 가입해 코민테른 집행위원을 지냈지만, 당내 우파와의 결별에 반대해 공산당에 합류하기를 거부하다가 나중에 다시 공산당과 통합하는 등 오락가락 행보를 보였다. 레닌은 세라티를 개혁주의와 혁명적 사회주의 사이에서 계속 동요하는 "중간주의자"라고 비판했다.

혁명을 큰소리로 장황하게 옹호했다. 그래서 그들을 '최대강령파'라고 불렀다.

한편, 개혁주의자들은 당의 최소강령인 당장의 개혁 조처들을 강조했다. 양쪽 다 지금 당장 벌어지는 투쟁과 장기 과제인 혁명을 연결시키려는 노력은 하지 않았다.

1914년 6월 (사실상 이탈리아의 식민지였던) 알바니아로 군대를 파병하려는 것에 반대하는 시위가 무장봉기로 발전해서 로마냐 지방 전역으로 확산됐다. 모든 도시를 반군이 장악했고 사회주의 공화국이 선포되고 시 청사마다 붉은 기가 내걸렸다. 그러나 사회당과 노동조합총연맹은 모두 수수방관했고, 결국 군대가 봉기를 진압했다.

전쟁의 먹구름이 유럽 전역을 뒤덮자, 전쟁에 반대하고 혁명으로 나아가기 위해 총파업을 벌이자는 무솔리니와 〈아반티〉의 목소리가 갈수록 커졌다. 사실, 무솔리니의 주장은 행동을 요구하는 것 이상의 실질적 내용은 거의 없었다. 그러나 그람시를 비롯한 많은 청년 사회당원들에게는 그조차 아주 반가운 소리였다.

1914년 8월 유럽 열강 사이의 긴장이 마침내 전쟁으로 폭발했다. 원래 이탈리아는 독일·오스트리아의 동맹국이었다. 이 동맹을 통해 발칸반도와 알프스산맥 접경 지역에서 영토를 얻고자 했다. 그런데 막상 전쟁이 터지자 동맹국과 함께 전쟁에 참가하기를 거부하고, 살육전에 뛰어드는 대가로 최대한 많은 것을 얻어 내려고 유럽 자본가들에게 이탈리아를 홍보하기 시작했다.

이탈리아 국내에서는 민족주의적 우파가 정부에 프랑스와 영국

편에 서서 [독일·오스트리아에] 전쟁을 선포하라고 요구했다(역사적으로 오스트리아는 이탈리아의 통일을 방해한 적국이었다). 일부 대기업들은 전쟁이 가져다줄 수지맞는 사업에 눈독을 들이고 있었고, 졸리티의 정적들은 졸리티를 총리 자리에서 끌어내리고 싶어 했고, 국왕과 어중이떠중이 시인·화가 등은 모두 이탈리아 제국을 원했다.

1915년 5월 무렵, 프랑스와 영국의 뒷돈을 받은 이탈리아 우파들은 전쟁을 요구하고 있었다. 국왕과 졸리티의 후임 총리[안토니오 살란드라]는 전쟁을 원했고, 발칸반도·중동·북아프리카 지역에서 땅을 받기로 약속하는 비밀조약을 영국·프랑스[·러시아]와 맺었다 (1917년 러시아 혁명 후 볼셰비키는 이 조약과 그 밖의 수많은 비밀조약을 공개했다).

이탈리아는 분열했다. 졸리티는 이탈리아가 중립을 지키는 것이 더 유리하다고 생각해 전쟁 중립을 지지했다.

강력한 가톨릭교회는 전쟁에 반대했다. 서로 싸우는 가톨릭 국가들 중 어느 한쪽을 편들었다가는 가톨릭교회 자체의 이익과 부가 훼손될 터였기 때문이다.

사회당은 전쟁에 반대했다는 점에서는 서유럽 사회주의 정당들과 확연히 달랐지만, 단지 중립을 지키려고 전쟁에 반대했을 뿐, 전쟁 노력에 반대하는 적극적 행동은 전혀 하지 않았다.

의회가 전쟁 찬성 표결을 머뭇거리자 우파들은 거리로 뛰쳐나왔다. 표결의 방향을 바꾸는 데는 약간의 압력으로도 충분했다. 우파들은 거국일치 신화, 즉 극좌파와 가톨릭 신부(국가보다 교황에게 더 충성하는)를 제외한 이탈리아 국민 전체의 단결이라는 신화를 만들어 냈다.

더 중요한 것은, 우파가 의회 밖 행동을 이용해 승리를 맛봤다는 점이다(물론 우파의 시위는 경찰과 군대의 묵인·방조 아래 벌어졌고 대기업의 자금 지원을 받았다). 전쟁에 반대하는 총파업이 토리노에서 일어났지만, 홀로 외롭게 싸우도록 방치됐고(이런 일은 처음도 아니었고 마지막도 아니었다) 결국 진압당했다.

그렇다면, 군국주의에 반대하던 선동가 무솔리니는 어땠는가? 1914년 가을 무솔리니는 갑자기 전쟁 중립에 반대한다고 선언하더니 곧이어 이탈리아의 참전을 지지한다고 밝혔다. 무솔리니는 사회당에서 쫓겨나기 직전에 탈당해서 새 신문 〈일 포폴로 디탈리아〉(이탈리아 국민)을 창간했다. 그 신문은 이탈리아 군수업체들과 영국·프랑스한테서 자금 지원을 받았다. 무솔리니는 군에 입대해서 잠깐 복무하다가(수류탄 사고로 의병제대했다) 밀라노에 있는 신문 편집실로 복귀했다.

무솔리니의 변절은 매우 충격적인 사건이었다. 소수의 노조운동가·사회당원·아나키스트는 무솔리니와 함께 변절했고, 사회당에서 그를 지지하던 청년 당원들은 대부분 폭탄을 맞은 듯한 충격을 받았다. 토리노에서 그람시는 무솔리니가 처음에 전쟁 중립을 거부하게 된 이유를 해명하려는 서투른 글을 썼지만, 곧 신경쇠약에 걸리고 말았다.

전쟁이라는 시험대

제1차세계대전은 이탈리아에 재앙이었다. 얼어붙은 알프스의 오스트리아·독일군 진지를 공격하는 데 농민 징집병들(산업 노동자들은 공장에서 일해야 했다)이 무더기로 투입됐지만, 아무 성과도 없었다. 그들을 지휘한 이탈리아 장교들은 유럽에서 가장 멍청하고 부패하고 특권을 누리는 집단이었다. 산업 자본가들은 막대한 이윤을 얻었다. 타이어 제조업자 피렐리 같은 몇몇 자본가들은 중립국인 스위스를 통해 독일에 원자재를 팔아 돈을 벌기도 했다.

토리노시는 규모가 급격하게 커졌다. 주변의 농촌에서 몰려드는 노동자가 급증했고 여성 인구도 엄청나게 늘어났다. 이들은 곧 노동규율 강화와 물가 인상에 따른 실질임금 삭감에 분노했다. 유럽의 다른 나라들과 마찬가지로, 숙련 금속 노동자들은 전에 쟁취한 혜택들이 기계화 때문에 사라지자 점점 더 투쟁적으로 변해 갔다.

1917년 10월 독일군과 오스트리아군이 공격 끝에 카포레토를* 돌파했다. 이탈리아 군인 30만 명이 항복했고, 비슷한 수가 탈주했다. 흔히 장교들이 전선을 포기하고 도망친 뒤에 그런 일이 벌어졌다. 패주한 이탈리아군은 거의 베네치아 근처까지 후퇴했고, 이탈리아의 참패가 임박한 듯했다. 군대를 결집시키려는 노력의 일환으로 정부는 전쟁이 끝나면 징집병에게 토지를 나눠 주겠다고 약속했다.

카포레토 전투의 여파는 맹렬한 산업 확장 정책으로도 나타났다.

---

* 카포레토 오늘날 슬로베니아의 코바리드.

그래서 이탈리아는 전쟁 말기에 대포가 영국보다 더 많고 동맹국들에 트럭과 항공기를 판매하는 수출 대국이 된다. 전쟁이 끝날 때쯤 이탈리아에는 금속 노동자가 50만 명, 노동조합원이 300만 명으로 급격하게 늘어나 있었다. 그러나 물가 인상 때문에 노동자들의 생활수준은 낮아져 있었고, 엎친 데 덮친 격으로 심각한 식량 부족 사태가 벌어졌다. 이탈리아 농업이 신흥 산업 중심지들에 식량을 공급할 수 없었기 때문이다. 노동시간이 늘어났고 파업이 금지됐으며 공장은 군사적 규율이 지배했다.

전쟁에 반대하는 전쟁

서유럽 도시들 가운데 러시아 혁명의 반향이 가장 큰 곳이 바로 토리노였다. 1917년 2월 러시아 제정을 무너뜨린 첫 번째 혁명의 소식이 들려왔을 때 토리노시는 열광했고, 곧 두 번째 노동자 혁명이 일어나 러시아가 전쟁을 그만두기를 바라는 기대가 널리 퍼졌다.

1917년 8월 15일 러시아 대표단이* 토리노에 도착해 군수공장 노동자들의 대중 집회에서 연설했다. 대표단은 모두 전쟁을 계속해야 한다고 주장하는 사람들이었고, 그래서 이탈리아의 노동 형제자매들에게 대량 살상 무기를 더 많이 생산해서 러시아를 도와 달라고

---

* 이 대표단은 사회혁명당과 멘셰비키 등 온건파 사회주의자들로 구성된 임시정부가 파견한 사람들이었다.

촉구했다. 그러나 가는 곳마다 환영의 인사말로 "레닌 만세!"가 울려 퍼지는 것을 보고 그들은 까무러칠 뻔했다.

1917년 8월 21일 [식량 부족으로] 토리노의 빵집 여덟 군데가 문을 열지 못했다. 여성과 아이들이 도시 전역에서 빵을 요구하며 시위를 벌이기 시작했다. 당국은 서둘러 밀가루를 공급했지만, 항의 시위는 이미 정치 영역으로 옮겨 가고 있었다.

디아토-프레쥐스 자동차 공장 앞 시위에 참가한 노동자는 나중에 다음과 같이 회상했다. "우리는 공장 안으로 들어가지 않고 문 앞에서 시위를 벌이기 시작했다. '배고파서 일을 못 하겠다. 빵을 달라!' 하고 외쳤다." 그러자 공장 소유자가 나와서 빵이 오고 있으니 걱정 말라고 큰소리쳤다. "노동자들은 잠시 조용해졌다. 서로 얼굴을 쳐다보며 말없이 상의하는 듯하더니 이윽고 모두 함께 외치기 시작했다. '빵 따위는 필요 없다! 우리는 평화를 원한다. 전쟁 모리배를 타도하자! 전쟁을 끝장내자!' 그러면서 노동자들은 모두 공장을 떠났다."[1]

노동자들이 경찰과, 나중에는 군대와 충돌했다. 노동계급 거주 지역에 바리케이드가 세워졌다. 군부대 막사 몇 군데가 공격받았고, 교회 두 곳이 불탔다(교회에 대한 대중의 불만이 폭발한 것이다). 결국 탱크와 기관총이 동원되고 나서야 노동자들은 공장으로 돌아갔다. 노동자 50명이 죽었고, 다른 노동자들은 군사법원에서 재판을 받거나 아니면 곧바로 전선으로 끌려갔다.

봉기가 실패한 근본 원인은 두 가지였다. 첫째, 사회당 지도자들이 혁명적 미사여구나 떠들어 댈 뿐 행동 계획은 전혀 없었고 투쟁

8장 안토니오 그람시 461

도 거의 조율되지 않았다. 토리노는 혼자 외롭게 싸우다가 패배하도록 방치됐다.

둘째, 몇몇 군부대가 무기를 내려놓기로 했다는 소문이 돌았지만, 노동자들은 군인들을 자기편으로 끌어들이지 못했다. 봉기를 진압하는 데서 결정적 구실을 한 부대는 사르데냐 여단이었다. 이것은 북부 노동자와 남부 농민의 단결을 강조한 그람시의 주장이 옳았음을 보여 줬다.

토리노는 사회당 좌파가 강력한 곳이었고, 그들은 공장의 투사들과 지역사회 활동가들을 결속시켰다. 이들은 모두 이탈리아 사회당과 국제 운동에서 한창 벌어지고 있던 논쟁의 영향을 받았다.

사회당 내 전쟁 반대파는 토리노 봉기에 호응해서 그해 11월 피렌체에서 회의를 소집했다. 경찰이 그 회의를 해산하기 전에 나폴리 출신의 젊은 혁명가 아마데오 보르디가는* 바로 지금이 행동할 때이며 따라서 당장 행동에 나서야 한다고 연설했다. 이탈리아는 아직 무장봉기할 준비가 돼 있지 않았지만, 페트로그라드(오늘날의 페테르부르크)에서 들려온 10월 혁명 소식에 열광했고, 이런 분위기는 회의장에 모인 그람시 같은 청년 사회주의자들을 사로잡고 있었다.

전쟁은 사회불안을 낳았다. 토리노에서는 이탈리아의 참전에 반대하는 파업과 1917년 식량 폭동, 공장 노동자들의 조직화 물결 분

---

* 아마데오 보르디가 훗날 공산당 좌파 지도자. 의회나 노동조합 활동을 완전히 거부했고, 심지어 파시스트에 맞서 개혁주의 단체들과 공동전선을 펴는 것도 거부해 그람시와 대립했다.

출로 말미암아 경제적 요구와 정치적 요구가 뒤섞일 가능성이 생겨났다. 한편, 전선의 참호에서 돌아온 농민 징집병들은 사회적 불평등을 뼈저리게 느끼고 있었고, 북부의 도시에서 전파된 새로운 사상에 '오염'돼 있었다. 그들은 [정부의] 토지 분배 약속이 거짓말이었다는 쓰디쓴 진실을 깨달았다.

농촌의 옛 질서는 빠르게 무너지고 있었다. 이미 1915년에 라치오주州 농민들은 토지를 점거하기 시작했다. 머지않아 토지 점거가 이탈리아 전역으로 확산됐다. 러시아에서 혁명이 일어나 민중에게 토지가 분배됐다는 소식이 농민과 무토지 노동자들 사이에 널리 퍼졌다.

징집병의 다수는 농민과 무토지 노동자였다. 반대로, 상층계급은 온갖 수를 써서 자식을 군대에 보내지 않았다. 전시에 총리를 지낸 살란드라의 세 아들도 군에 입대해야 할 나이였지만 결국 징집면제됐다.

국내 전선

이런 상황에서 노동자들은 기층에서 독자적으로 저항 조직을 건설하기 시작했다. 내부위원회가 되살아나기 시작해, 제1차세계대전 종전 후 전성기를 맞았다. 노동자들은 집회를 열어, 각 산업부문이나 공장의 노동자 전체에게 적용되는 임금과 노동조건을 논의했다. 이것이 특히 중요했던 이유는 노동조합 가입이나 활동 경험이 전혀 없거나 거의 없는 여성 노동자와 신참 노동자가 급증하고 있었기 때문이다.

당연히 노조 지도층은 내부위원회를 싫어했다. 왜냐하면 내부위원회에는 노동조합원이 아닌 노동자도 포함돼 있어서, 노조 지도자가 현장과 경영진과 군부 사이에서 중재자 노릇을 하기 힘들게 만들었기 때문이다. 1918년 4월 금속노조는 임금 인상, 실업보험 보장, 내부위원회 승인 등을 골자로 한 합의를 끌어냈다. 그 이면의 문제는 노조가 다시 한 번 이 기구들을 흡수하고 통제할 수 있게 됐다는 것이다.

이탈리아 지배계급은 분열했다. 이탈리아는 제1차세계대전 참전 때 [영국과 프랑스한테서] 약속받은 전리품을 모두 챙기는 데 실패했다. 종전 후 강화조약을 보며 지배계급의 일부와 중간계급, 특히 퇴역·현역 장교들은 속이 부글부글 끓었다.

기성 정치인들은 줄어든 영토 할양에 항의하면서도 이를 받아들이는 것 말고는 달리 어쩔 도리가 없었다. 민족주의 시인이자 전쟁 영웅인 가브리엘레 단눈치오는* 무장 병력을 이끌고, 발칸반도의 신생 국가인 유고슬라비아 영토로 편입된 피우메를 점령했다.** 이탈리아 군부가 이 모험을 묵인·방조했다. 그러자 우파들은 의회 바깥의 수단을 이용해 자신들의 목적을 달성하고 싶은 생각이 더 강해졌다. 로마의 중앙정부를 무시하는 사람들이 좌파든 우파든 점점 늘

---

* 가브리엘레 단눈치오 데카당 문학의 대표적 작가로 훗날 파시즘을 지지했다.

** 피우메 오늘날 크로아티아의 리예카.

어나고 있었다.

서유럽 나라들 가운데 러시아와 상황이 제일 비슷한 나라가 바로 이탈리아였다. 이탈리아 왕실은 친척인 러시아 로마노프 왕가의 운명이 자신들을 기다리고 있다고 생각했다. 이탈리아 군대의 지휘관들은 자기 부하들을 믿을 수 없다며 두려워했다. 농촌의 반란과 도시의 반란이 맞물리며 그들을 모두 쓸어버릴 것처럼 보였다. 이탈리아는 혁명적 위기, 즉 1919~20년의 붉은 2년(비엔뇨 로소)을 향해 나아가고 있었다.

공장평의회

그람시는 미래의 사회주의 사회가 더는 추상적 개념이 아니게 해줄 수 있는 수단을 찾고 있었다. 그 미래로 건너가는 잠재적 다리가 바로 공장평의회였다.

1919~1920년에 토리노의 공장 노동자들은 함께 모여서 공장평의회(내부위원회라고도 불렀다)라는 새로운 기구를 건설했다. 공장평의회는 현장에서 직접 선출된 대표들로 구성됐다. 또, 노동조합원이든 아니든 상관없이 모든 노동자를 조직했다. 노동조합에서는 노동자들이 개별 조합원으로서 흔히 다른 노조 소속의 동료 노동자들과 분리돼 있었고, 주로 임금과 노동조건에만 관심이 있었다.

물론 그람시는 노동자들이 노조에 가입해야 한다고 생각했지만, 공장평의회는 더 나아가 노동자들이 하나의 단체로 단결해서 공장을 운영할 수 있게 해 주는 기구라고 봤다. "공장평의회는 실제로 노동계급의 단결을 구현한다. 공장평의회가 제공하는 형식과 응집력을 이용해서 대중은 사회 전체를 조직할 수 있게 되는 것이다."[2]

이 공장평의회는 경영진의 생산과정 통제권에 도전하기 시작하면서 혁명적 기능을 하게 됐다. 새로운 노동자 국가 건설의 토대가 될 수 있었던 것이다.

작업장에서 새로운 단결의 토대도 놓이고 있었다. 1919년 3월 토리노의 금속 공장들에서 사무직 노동자들이 직급 조정 문제 때문에 파업에 들어갔다. 파업 기간이 길어지면서 많은 생산직 노동자들이 해고당했지만, 그들은 이 사무직 노동자들과 계속 연대했다. 사무직 노동자들은 전통적으로 투쟁적이지도 않았고, 스스로 육체 노동자보다 우월하다고 생각하는 집단이었는데도 말이다. 생산직 노동자와 사무직 노동자가 단결해야 한다는 생각이 갈수록 널리 퍼졌고, 이것은 공장 전체를 아우르는 상시 조직이 필요하다는 생각으로 이어졌다.

신생 공장평의회 선출에는 모든 노동자가 참가했다. 즉, 정치사상이나 종교 신앙의 차이를 떠나, 정당이나 노동조합 가입 여부와 상관없이 모든 노동자가 공장평의회 선거에 참가했다. 공장평의회는 생산을 보조하는 사람 전부, 즉 (스스로 중간계급이라고 생각하던) 기술자와 사무직 노동자에 더해 농민과 농촌 노동자를 모두 끌어 모을 잠재력이 있었다. 이들은 더는 생산과정의 이름 없는 톱니바퀴 노릇을 하는 것이 아니라 독자적 정체성과 힘을 확인하게 될 터였다.

최대강령파나 보르디가(좌파적 관점에서 최대강령파를 비판한 반대파의 지도자였다)와 달리, 그람시는 노동계급이 어떻게 하면 현재에서 미래로 나아갈 수 있는지를 다루려 했다. 그람시는 다음과 같이 주장했다. "사회주의 국가는 이미 피착취 노동계급에 고유한 사회생활 제도들 속에 잠재적으로 존재한다."

그리고 더 나아가서 다음과 같이 설명했다.

> 내부위원회는 노동자 민주주의 기관이다. 따라서 기업인들이 강요한 한계에서 벗어나야 하고, 새로운 생명과 에너지를 얻어야 한다. 오늘날 내부위원회는 공장에서 자본가의 권력을 제한한다. … 내일, 더 발전하고 풍부해진 내부위원회는 자본가의 경영·관리 기능을 모두 대체하는 노동자 권력 기관이 돼야 한다.[3]

그람시는 노동자들에게 "작업장의 모든 권력을 작업장 위원회로"라는 구호와 "모든 국가권력을 노동자·농민 평의회로"라는 구호를 내걸고 공장에서 대중 집회를 열어 대표들을 선출하라고 호소했다.

1917년 이전 [이탈리아] 좌파의 전통은 서로 다른 두 영역에서 활동하는 것이었다. 즉, 노동시간에는 훌륭한 작업장 활동가로서, 저녁과 주말에는 선전과 선거운동을 하는 사회주의자로서 활동하는 것이었다.

그러나 공장의 일상적 투쟁과 사회주의적 미래를 위한 투쟁을 서로 연결할 방법은 빠져 있었다. 그람시는 공장평의회가 이 둘을 연결할 수 있다고, 그리고 자본주의 사회가 강요하는 정치·경제의 분리를 극복할 수 있다고 생각했다. 그는 공장평의회가 노동조합과 사회당을 혁명적으로 바꿀 수 있다고 믿었다.

공장평의회 같은 현장 조직의 건설은 정도 차이는 있었지만 러시아 페트로그라드에서 헝가리 부다페스트와 독일 베를린을 거쳐 멀리 떨어진 [스코틀랜드] 클라이드강 유역의 글래스고까지 당시 산업 중심지들에서 널리 나타난 현상이었다. 1917년 10월 러시아의 수많은 노동자·농민·병사를 대표해서 권력을 장악한 소비에트도 사실은 공장평의회가 발전한 기구였다.

새 질서

노동자 권력을 위한 공장평의회 건설은 정치 비평 주간신문 〈오르디네 누오보〉(새 질서)의 핵심 메시지가 됐다. 〈오르디네 누오보〉는 1919년 5월 그람시가 한 무리의 동지들과 함께 발행하기 시작한 신문이었다. 그 신문은 토리노의 많은 공장 노동자들에게 매우 인기가 있었다. 그람시는 프랑스 작가 로맹 롤랑의 경구 "지성의 비관주의, 의지의 낙관주의"를 가져다가 〈오르디네 누오보〉의 지침으로 삼았다.

〈오르디네 누오보〉는 모든 노동자에게 공장평의회 투표권 부여하기, 각 작업장마다 대표 선출하기, 현장 노동자의 통제와 참여 강화하기 등의 운동을 펼쳤다.

1920년 8월 그람시는 〈오르디네 누오보〉 시절을 돌아보며 다음

〈오르디네 누오보〉 1919년 8월 16일 자

과 같이 회상했다. "내부위원회를 발전시키는 문제가 〈오르디네 누오보〉의 핵심 문제, 중심 사상이 됐다. 그것을 노동자 혁명의 근본 문제로 여기게 됐다. … 〈오르디네 누오보〉는 '공장평의회의 신문'이 됐다. 노동자들은 〈오르디네 누오보〉를 좋아했다(우리는 아주 뿌듯하게 이렇게 말할 수 있다). 왜 그랬는가? 노동자들은 〈오르디네 누오보〉의 기사에서 자신들의 일부, 그것도 최상의 일부를 재발견했기 때문이다. … 왜냐하면 〈오르디네 누오보〉의 기사들은 거의 실제 사건의 '기록'에 가까웠고, 그 사건들을 노동계급의 내적 해방 과정과 자기 표현의 순간들로 여겼기 때문이다. 그래서 노동자들이 〈오르디네 누오보〉를 좋아했고, 그렇게 해서 〈오르디네 누오보〉의 사상이 '형성'된 것이다."⁴

〈오르디네 누오보〉 편집자들 사이에서 세 가지 중요한 쟁점이 떠오르고 있었다. 첫째는 노동조합원만이 투표할 수 있다는 오래된 주장이었다. 노조 지도자들은 이 문제를 거듭거듭 제기했고, 이 때문에 〈오르디네 누오보〉는 결국 노조 지도자들을 편든 타스카파派와 새로운 공장평의회를 옹호한 그람시파로 분열했다.

둘째, 공장평의회의 새로운 통제 방식을 기존의 낡은 관리 방식이나 사적 소유와 나란히 공존하는 것으로 여기는 경향이 있었다. 이런 경향도 노조 지도자들이 부추긴 것이었다. 그람시와 〈오르디네 누오보〉는 노동자 통제가 사회의 혁명적 변화를 통해서만 발전하고 유지될 수 있다는 사실을 과소평가하는 경향이 있었다. 그런 혁명적 변화가 없으면, 공장평의회는 수많은 낱낱의 쟁의에 휩쓸려 에너지를 소모하다가 결국은 좀 더 투쟁적인 신종 노조 대표자 기구로 전락하는 경향이 있었다.

셋째, 그람시는 공장평의회가 노동자 권력을 만들어 내는 수단 구실을 한다고 강조하면서, 혁명적 정당은 압력단체 구실을 하는 것쯤으로 얕잡아 보기도 했다. 당이 노동자들을 약속의 땅으로 인도할 것이라고만 생각하는 엘리트주의자들에 도전하다가 너무 멀리 나간 셈이었다. 이 때문에 그람시는 사회당 안에서 자신의 견해를 옹호하며 투쟁하는 일을 하지 않았다. 그래서 사회당이라는 무대를 최대강령파와 보르디가에게 내줬고, 〈오르디네 누오보〉와 그 지지자들은 토리노와 그 인접 지역으로 고립되고 말았다. 더욱이, 노동조합총연맹과 사회당 내 모든 분파가 결탁해서 '오르디노비스티'(〈오르디네 누오보〉 지지자들)를 고립시켜 패퇴시키려 하고 있었다. 사용자들도 토리노에서 다른 지역으로 '전염병'이 번질 위험을 깨닫고 공장평의회를 분쇄하기로 작정했다.

공장점거

'붉은 2년'에서 결정적 순간은 1920년 9월에 찾아왔다. 밀라노에서 노동조합원이 대량 해고되자 이탈리아 전역에서 공장점거 물결이 일었다. 9월 4일쯤에는 40만 명의 노동자가 공장을 점거하고 있었는데 며칠 만에 그 수는 100만 명으로 늘어났다. 이 공장점거 운동은 북부 지방에서 가장 강력했지만, 온 나라가 공장점거 물결에 휩쓸렸다. 마침내, 진정으로 전 국가적인 세력이 자본가들과 그들의 국가에 정면으로 맞선 것이다. 이 공장점거 운동은 단지 점거에 그치지 않았다. 노동자들이 점거한 공장에서는 노동자 통제 아래 생산이 재개됐다.

그람시는 의기양양하게 다음과 같이 썼다. "지금 같은 때의 하루는 보통 때의 10년과 맞먹는다. 즉, 보통 때라면 10년 걸릴 선전 활동, 혁명적 개념과 사상의 흡수가 단 하루 만에 이뤄진다."[5]

공장점거는 곧 토리노 전역의 공장평의회에 새로운 힘을 불어넣었다. 피아트 공장에서는 평의회가 특별위원들을 임명해서, 공장의 경비를 책임지고 원자재 운송과 보급에 차질이 없게 했다. 침탈 가능성에 대비해 공장을 방어할 적위대도 결성됐다. 스파 자동차 공장에서는 사제 수류탄을 만들어서, 점거된 공장들로 보냈다. 피아트의 한 작업장에서는 철조망을 집중적으로 만들기도 했다.

그람시는 토리노의 공장평의회가 더 나아가서, 공장 수준에서 이미 존재하는 군사적 방어력과 조직을 토리노시 전체 차원에서도 만들어 내야 한다고 주장했다. 작업장 통제와 그런 소비에트식 민주주의는 혁명이 일어나야만, 즉 낡은 국가권력에 맞서는 무장봉기가 있어야만 달성되고 유지될 수 있었다.

그러나 핵심 문제는 〈오르디네 누오보〉와 그람시가 토리노에서는 결정적 영향력이 있었지만, 다른 곳에서는 그러지 못했다는 것이다. 특히 밀라노 같은 다른 대규모 산업도시에서 영향력이 없었다. 밀라노의 공장평의회는 노동조합 지도층과 사회당이 만들고 통제했는데, 그들은 밀라노 공장평의회가 토리노의 영향력에 오염되지 않도록 철저하게 단속했다. 금속노조는 공장점거를 단지 [1920년 6월에 다시 총리가 된] 졸리티 정부에 압력을 가하는 수단으로만 여겼다. 정부가 금속노조와 사용자들 사이에서 중재자 구실을 하도록 압박하는 수단으로만 여긴 것이다.

그람시와 〈오르디네 누오보〉는 사실상 토리노에 고립됐다. 그람시는 밀라노가 혁명의 '버팀목'이라고 주장했다. 왜냐하면 "밀라노는 사실상 부르주아 독재의 수도이므로,* 밀라노의 공산주의 혁명은 이탈리아 전체의 공산주의 혁명을 뜻하기 때문이다."[6]

그람시는 공장을 장악하는 것은 중대한 일보 전진이지만, 거기서 그쳐서는 안 되고 앞으로 더 나아가야 한다고 주장했다. 노동자들이 자본가 권력의 진정한 중심, 즉 교통·통신 수단, 은행, 군대와 그 밖의 국가기구 등을 장악하는 것이 결정적으로 중요하다는 것이다.

---

* 로마가 이탈리아의 행정적 수도라면 밀라노는 경제적 수도라 할 만큼 이탈리아 최대의 경제 중심지다.

"적위대, 점거, 1920년 9월 20일" 공장을 점거한 노동자들은 침탈 가능성을 대비해 무장 노동자 조직인 적위대를 운영했다

공장 소유자들은 군대가 나서서 공장을 깨끗이 쓸어버리라고 요구했지만, 중앙정부는 충분한 병력도 없었고 병사들이 지휘관의 명령에 복종할지 의심스러워했다. 오히려 정부는 노동조합과 사회당 지도자들이 문제를 해결해 주기를 기대했다. 그 지도자들은 혁명적 미사여구를 늘어놓았지만, 마치 자동차 불빛에 놀라 꼼짝 못 하는 토끼마냥 혁명적 전환기에 옴짝달싹 못 하고 있었다.

그러나 그람시는 1920년 봄까지도 혁명가들이 사회당에서 분리해 나와 공산당을 따로 만들어야 한다는 결론을 내리지 않았다. 그때는 이미 이탈리아 좌파가 혁명적 위기에 휩싸인 뒤였는데도 그랬다. 그람시와 토리노의 일부 좌파는 당장 분리해서 창당하는 게 비교적 쉬운 상황이었지만, 공장평의회와 사회당원의 다수를 설득하려면 시간이 필요했는데 그러기에는 시간이 너무 부족했다.

역사가 그윈 윌리엄스는 다음과 같이 지적했다. "개혁주의 노선도 혁명적 노선도 택할 수 없었던 이탈리아 사회주의자들에게 마법 같은 해결책은 존재하지 않았다. 그들은 마지막으로 허세를 한 번 부리고 나서,* 자신들의 가장 강력한 본능에 따라 '정상'으로 되돌아갔다. 그[무장봉기] 문제를 투표로 결정하기로 한 것이다."[7]

두 집단이 밀라노에서 회의를 열었다. 그들은 토리노 대표단에게 무장봉기를 시작할 태세가 돼 있는지 물었다. 또다시 고립될까 봐 두려워진 토리노 대표단은 "안 돼 있다"고 대답했다. 그러자 노조 지도자들은 사회당에 혁명을 일으키라고 요구했다. 사회당의 대답은 "안 된다"는 것이었다. 결국, 혁명적 위기가 한창일 때 그들은 무장봉기 문제를 노동조합 대의원대회로 넘겨 버렸다!

노동조합 대의원대회는 공장평의회 대표들이 아니라 노조 지부 대표들로 이뤄져 있었고, 따라서 가장 투쟁적인 노동자들은 배제돼 있었다. 놀랍게도, 혁명을 요구하는 동의안이 통과될 뻔했다. 59만 1245명의 노동자를 대표하는 대의원들이 반대했고, 40만 9569명의 노동자를 대표하는 대의원들이 찬성했으며, 9만 3623명의 노동자를 대표하는 대의원들은 기권했다. 노동조합총연맹과 사회당은 표결에서 부결됐다는 핑계로 아무것도 하지 않은 채 수수방관했고, 결국

---

* 당시 사회당 지도부는 "운동이 온 나라와 프롤레타리아 대중 전체로 확대될 수 있도록 운동을 책임지고 지도하겠다"는 내용의 공식 의향서를 발표했다.

운동은 패배했다.

투쟁적인 철도 노동자들과 선원들도 대회장에 참석했지만, 그들에겐 표결권이 없었다. 표결에 참가한 사람들은 흔히 노조 충성파와 지도층이었다. 그런데도 표결 결과가 아슬아슬했다는 것은 정말 놀라운 일이었다. 그러자 노조 지도자들은 협상을 벌여 임금 인상과 노동조건 개선 말고도 공장 운영에 관해 노조가 발언권을 갖게 하겠다는 약속을 얻어냈다. 그런데도 이 협상안을 조합원들이 수용하게 만드는 데는 많은 어려움이 있었고, 노조 지도자들은 겨우겨우 공장점거를 끝낼 수 있었다.

3~4주 동안 노동자들은 공장을 점거한 채 임금도 받지 않고 공장을 운영했다. 이것은 엄청난 성취였다. 공장점거는 사회당과 노동조합총연맹 지도부가 혁명에 관한 논쟁을 결판내기 전까지는 무너지지 않았다.

그것은 혁명적 순간이었는가? 아니다. 그 대답이 전국적 무장봉기를 당장 시작해야 했는지에 달려 있었다면 말이다. 그러나 혁명을 하나의 과정으로, 즉 부르주아 국가에 반대하고 결국은 그것을 대체할 수 있는 대안적 권력이 출현하는 과정으로 이해한다면, 당시는 혁명적 상황이었다. 공장평의회는 그런 가능성을 품고 있었다. 토리노 밖으로 더 확산됐다면 충분히 그럴 수 있었다. 정말이지, 그 뒤의 폭력 사태와 극단적 반동은 사용자들이 얼마나 두려움에 떨었는지를 여실히 보여 준다.

공산당의 탄생

공장점거가 패배한 뒤 좌파들 사이에서는 단순하지만 분명한 주장 하나가 떠올랐다. 그것은 아마데오 보르디가의 주장이었다. 보르디가는 사회당과 결별하고 공산당을 따로 만들어야 한다고 맨 먼저 강력하게 주장한 사람이었다. 공장점거가 패배한 뒤 분명하고 결정적인 행동 노선을 제시한 사람은 보르디가뿐이었다. 그는 극좌파가 사회당과 결별하고 따로 모여서 응집력 있고 이데올로기적으로 순수한 공산당을 건설해야 한다고 주장했다. 1920년 가을에 그 주장은 여기저기 흩어져 있던 혁명적 세력들에게 아주 그럴듯하게 들렸다. 세라티가 개혁주의자들과 단호하게 갈라서지 못한 채 혁명적 미사여구만 남발하고 분명한 방향 제시도 하지 않는 것에 좌절하고 분노한 극좌파들은 보르디가가 주창한 행동 노선에 더욱 끌렸다.

그러나 문제는 공산당을 창설해야 한다는 점에서는 보르디가가 옳았지만, 사회당과 분리해서 새 당을 만들자는 그의 주장의 밑바탕에는 심각한 결함이 있는 다른 많은 주장들이 있었다는 점이다. 예컨대, 보르디가는 선거를 보이콧해야 한다고 주장했고, 노동자들에게 기존 노조를 탈퇴하라고 촉구했다.

보르디가는 공장평의회와 그 지지자들, 〈오르디네 누오보〉도 비판했다. 보르디가의 당 개념은 엘리트주의적이었다. 즉, 당은 노동계급의 자칭 지도부로서, 노동계급을 해방으로 인도한다고 생각했다. 그람시는 항상 당을 도구로, 즉 노동자들이 스스로 혁명을 달성하는 데 필요한 도구로 봤다. 보르디가는 당이 공장평의회나 소비에트를 창조하고 통제하고 지도한다고 봤다. 따라서 보르디가에게 공장평의회나 소비에트는 부차적 기구였다.

이탈리아 전역에서 다양한 혁명적 좌파 세력이 함께 모여 공산당을 건설했다. 그러나 그람시는 이 과정에서 주변적 구실만 했고, 이것은 위험한 결과를 가져왔다. 〈오르디네 누오보〉파의 사상을 지지하는 사람들을 모아서 전국적 네트워크를 건설하지 못했기 때문에 그람시는 고립됐고, 그래서 사태에 결정적 영향을 미칠 수 없었다. 그는 대체로 당내 논쟁에 연루되는 걸 피했고, 자신의 임무는 노동계급을 교육하는 것이라고 생각했다. 보르디가는 진정한 공산당을 선언하기만 하면 된다고 주장한 반면, 그람시는 진정한 공산당의 기초 작업은 먼저 기층 수준에서 준비돼야 한다고 봤다. 그람시는 선거에 기권하는 것에도 반대했다. 선거는 혁명적 메시지를 전파하는 데 이용할 수 있고 의회는 나라의 문제들에 대한 진정한 해결책을 널리 선전하는 연단이 될 수 있다고 생각했기 때문이다.

보르디가는 공장평의회나 소비에트는 혁명에서 아무 구실도 할 수 없고 오직 당만이 혁명적 구실을 할 수 있다고 봤다. 그는 심지어 혁명이 성공하기 전에는 공장평의회도 건설해서는 안 된다고 주장했다. 공장평의회는 혁명 후 소비에트가 창설될 수 있을 때 공산당의 지역 지부에 기반을 둬야지, 공장이나 작업장에서 선출돼서는 안 된다는 것이다.

1920년 보르디가는 세 가지를 강조했다. 사회당에서 분열해 나가야 한다는 것, 부르주아 선거에 기권해야 한다는 것, 공장평의회를 비판하는 것이었다. 그는 혁명과 의회 선거 참여를 대립시켰지만, 노동자들이 의회 선거를 거부하고 혁명으로 나아가도록 설득하려면 구체적으로 무엇을 해야 하는지는 전혀 제시하지 못했다. 기권하라는 호소는, 의회를 통해 변화가 가능하다는 생각을 받아들이는 노동자들(비록 철석같이 믿지는 않더라도)에게 전혀 설득력이 없었다. 더욱이, 보르디가는 노동자들이 스스로 잘못을 깨달을 수 있도록 올바른 결의안이나 선언문을 통과시키기만 하면 된다고 생각했다.

사회당 다수파는 러시아 혁명을 지지했고 혁명이 필요하다는 것도 인정했다. 그들이 의회 민주주의를 충실하게 지지하는 사람들과 갈라서서, 분명하게 혁명적인 새 정당으로 결집하리라는 것은 확실한 듯했다.

그러나 그런 일은 일어나지 않았다. 오히려 1921년 1월 리보르노에서 열린 사회당 당대회에서 탈당한 쪽은 개혁주의자들이 아니라 보르디가와 그 지지자들(그람시도 포함해서)이었다. 그들이 새로 만든 공산당은 창립될 때부터 고립됐다. 그람시의 본능은 거의 항상 옳았지만, 그는 '붉은 2년'의 과제를 실현할 수 있는 혁명적 조직을 건설하지 못했기 때문에 자신감을 잃어버렸다.

그람시는 나중에 리보르노 당대회에서 사회당이 분열하고 공산당이 창립된 과정을 회상하면서 레닌이 [세라티에게] 했던 말을 떠올렸다. "'먼저 투라티와* 갈라서고 난 다음에 다시 그와 동맹하시오.' … 다시 말해, 우리는 개혁주의자들과만 갈라설 것이 아니라,

---

* 필리포 투라티 사회당의 우파 지도자 — 지은이.

사실은 이탈리아 노동자 운동의 전형적 기회주의자들이었고 지금도 기회주의자들인 최대강령파와도 갈라섰어야 했다(그것은 우리의 필수적 임무이자 역사적으로 불가피한 임무였다). 그러나 갈라선 다음에는 그들에 맞서 이데올로기적·조직적 투쟁을 계속하면서도 반동에 대항해서는 그들과 동맹하려고 노력했어야 했다."[8]

레닌의 충고는 죽을 때까지 그람시의 뇌리에 남아 있었다. 그 문제는 1921년 이탈리아에서 거의 즉시 제기됐다.

무솔리니의 진군

안토니오 그람시는 선견지명이 있었다. '붉은 2년'의 절정기인 1920년 5월 그람시는 다음과 같이 경고했다. "이탈리아 계급투쟁의 현 국면 뒤에는 다음과 같은 사태가 벌어질 것이다. 즉, 혁명적 프롤레타리아가 정치권력을 장악하거나 … 아니면 유산계급과 지배계급의 엄청난 반동이 닥칠 것이다. 유산계급과 지배계급은 산업·농업 프롤레타리아를 굴복시켜 노예처럼 부려 먹기 위해 어떤 폭력도 서슴지 않을 것이다."[9]

그람시의 말은 단순한 미사여구가 아니었다. 1922년 10월 파시스트들이 권력을 장악하자 이탈리아 노동계급은 혁명적 순간을 그대로 흘려보낸 것에 대한 끔찍한 대가를 치르게 된다.

한때 사회주의자였던 무솔리니는 1920년 말까지도 자기 자리를 찾지 못하는 곁다리 인물이었다. 그의 작은 조직 파쇼는 스스로 좌파인지 우파인지 갈피를 잡지 못하고 있었다. 공장점거 기간에 무솔리니는 밀라노 주변을 돌아다니며 노동자들을 지지한다고 밝히기도 했다.

그러나 1921~1922년에 계속 성장한 파시스트 '검은 셔츠단'은 처음에는 농촌에서, 나중에는 도시에서도 테러를 자행할 수 있게 됐다. 노동조합, 사회주의 신문사, 농업협동조합의 사무실을 불 지르고 노조 활동가들과 좌파 활동가들을 폭행하고 살해하는 등의 만행을 저질렀다.

파시스트의 공세가 시작된 곳은 북동부의 접경 지역인 트리에스테 주변이었다. 유고슬라비아 왕국과 영토 분쟁 중이던 트리에스테에서 파시스트들은 슬라브인 공동체에 테러를 가했다. 그 뒤 파시스트들의 테러는 볼로냐와 포강 유역으로 옮겨 갔다. 퇴역 장교, 학생, 중간계급 청년으로 이뤄진 파시스트 깡패들은 자유주의자들인 아버지의 돈과 군대의 무기를 지원받아 농촌의 노동조합과 사회주의자들이 운영하는 지방정부를 겨냥해 테러를 감행하기 시작했다.

이 지역들에서는 좌파가 지방정부를 통제하고 있었는데, 비록 온건파 사회주의자들이 이끄는 지방정부였지만 오랫동안 그 지역을 지배해 온 지주들은 좌파 정부의 존재 자체에 분노하고 있었다. 사회당은 혁명적 미사여구를 늘어놓았지만 이 무장 폭력 집단에 대응하지 못했다. 사회당 지방의원들은 볼로냐를 시작으로 지방정부 청사에서 잇따라 쫓겨났다. 농촌의 노동조합 사무실들은 불에 탔고 활동가들은 폭행당하고 살해당했다.

무솔리니는 이 검은 셔츠단을 배후 조종했고, 약간 어려움을 겪

무솔리니와 파시스트들(1922년 10월 나폴리) 공장점거 운동이 패배한 뒤 "아래로부터의 반혁명 운동"인 파시즘이 활개치기 시작했다

기는 했지만 전국적 파시스트 정당의 지도자가 되는 데 성공했다. 파시스트들이 완전히 장악한 농촌 지역에서 노동자 조직은 모조리 파괴됐다. 파시스트들의 공세는 이제 작은 도시로, 그리고 좀 더 큰 도시로 점차 확산됐다(파시즘은 중앙 권력을 장악하기 전까지는 토리노 같은 대도시에서 결코 공세를 취하지 못했다).

이탈리아 좌파는 파시즘에 어떻게 대응할지를 두고 혼란에 빠졌다. 사회당 우파와 노조 지도자들은 노동자와 농민이 파시스트들의 위협으로부터 자신을 방어하려면 법질서 수호 세력에 의지해야 한다고 주장했다(군대·경찰·법원이 모두 무솔리니의 깡패들을 후원하고 있었는데도 말이다). 세라티 같은 최대강령파는 그저 사회주

8장 안토니오 그람시 481

의를 떠들어 대기만 할 뿐, 승리할 수 있는 전략을 결코 제시하지 못했다.

그러나 세라티를 비판하는 혁명적 좌파도 별로 나을 게 없었다. 노동자들은 자유민주주의를 방어하는 데 아무런 이해관계도 없다고 주장했기 때문이다. 그들은 만약 파시즘이 의회를 파괴하면 의회를 통한 사회 변화를 기대하는 환상도 사라질 것이라고 말하면서, 혁명적이지 않은 노동자들과 단결해 파시스트들의 폭력에 맞서는 것은 혁명적 순수성을 훼손하는 일이므로 결코 그래서는 안 된다고 강변했다.

그람시의 선견지명이 그때만큼 절실한 적도 없었다. 그러나 가장 위험한 순간에 그람시는 고립된 채 생각의 혼란에 빠져 있었다.

파시즘에 저항하기

이렇다 할 전국적 지도부는 전혀 없었지만, 로마·파르마·리보르노·라스페치아 등지에서 퇴역 병사들과 노동자 투사들이 파시스트들을 물리적으로 저지하고자 아르디티 델 포폴로(민중의 돌격대)라는 반파시스트 조직들을 결성했다. 비극이게도, 노조 지도자들과 사회당은 물론, 신생 공산당도 그들을 비난했다.

노조 지도자들과 사회당 지도부는 심지어 무솔리니와 평화협정을 맺기도 했다. 물론 무솔리니는 이 협정을 가볍게 무시했다. 그래서 이 협정은 오히려 반파시즘 저항 세력을 무장해제하는 데 일조

아르디티 델 포폴로 대원들이 바리케이드를 설치하고 있다(1922년)

했다. 파시즘의 승리가 가까워지고 있는 것처럼 보이자 노조 지도자들과 사회당 지도부는 태도를 돌변해 총파업을 호소했다. 그러나 거의 준비가 안 된 그 총파업은 완전히 실패하고 말았다.

그람시는 본능적으로 아르디티 델 포폴로를 지지해야 한다고 생각했지만, 공산당 지도부가 다른 결정을 내리자 아르디티 지지를 철회했다. 그는 파시즘이 승리하면 노동계급 조직뿐 아니라 국가로부터 독립적인 조직은 죄다 철저히 파괴될 것임을 깨달았다. 그러나 공산당 지도자들조차 무솔리니의 집권은 단지 정부가 바뀌는 것일 뿐이고 무솔리니는 곧 의회 제도로 흡수되고 말 것이라고 생각했다. 또다시 그람시는 침묵을 지키라는 강요를 받았고, 심지어 이 형편없는 주장을 일부 따라하기도 했다.

신생 공산당은 노동조합총연맹과 선원노조가 아나키스트·신디컬리스트 노조 연맹과 함께 1922년 2월에 결성한 반파시즘 노동운동연합에 대해서도 초좌파주의적* 태도를 취했다. 노조 지도자들이 파시즘에 맞서 진짜 제대로 투쟁할 수 있는지를 의심하는 것과는 별개로, 반파시즘 노동운동연합 같은 전국적 선제 행동을 지역 수준의 단결된 저항으로 확대하려는 노력은 얼마든지 할 수 있었는데도 공산당은 그러지 않았다. 신생 공산당은 파시즘의 치명적 위험을 깨달은 노동계급의 요구를 수수방관했다. 1922년 10월 무솔리니가 이탈리아에서 권력을 잡았는데도 보르디가는 파시즘의 승리를 대수롭지 않게 여기고 얕잡아 봤다.

당시에 파시즘은 새로운 현상이었으므로, 누구든 파시즘을 종합적으로 분석하지 않았다거나 그 해악을 과소평가했다는 이유로 비난받아서는 안 될 것이다. 그러나 보르디가는 파시즘을 단지 전통적 지배계급 정치의 또 다른 형태로 치부했다는 점에서 완전히 틀렸다. 일단 권력을 잡자 파시스트 깡패들은 심지어 토리노에서도 미친 듯이 날뛰었다. 무솔리니의 권력이 점차 강해지면서 모든 반대파와 독립적 목소리는 봉쇄됐고 국가나 교회로부터 독립적인 조직은 죄다 금지됐다.

그람시는 개인적으로 동의하지 않는 당 노선을 공식적으로 지지하는 데서 비롯한 긴장과 스트레스 때문에 건강이 나빠졌다. 그를 코민테른의 이탈리아 공산당 대표로 모스크바로 파견하자는 데 의

---

* 초좌파주의 '혁명적 순수성'을 내세우며 노동조합·선거·의회·공동전선을 무시하고 거부하는 조류.

견이 모아지면서 탈출구가 마련됐다. 그람시는 1922년 말 코민테른 4차 대회에 맞춰 모스크바에 도착했고, 곧 업무 스트레스와 고립감, 파시즘의 공세에 시달린 후유증으로 신경쇠약에 걸리고 말았다. 그러나 러시아에서 그람시는 기운을 되찾았다. 모스크바와 다음 활동 무대였던 빈에서 그는 이탈리아 공산주의의 지도자가 되기 위한 투쟁을 시작했다.

그람시가 당의 방향을 바꾸려고 투쟁하다

1924년 그람시는 부르주아지와 노동계급이 모두 사회 위기를 해결하기 위한 결정적 행동을 하지 못하는 상황에서 파시즘이 출현할 수 있었다고 주장했다. 따라서 파시즘은 단지 이탈리아에서만 나타나는 현상이 아니었다.

파시즘은 낡은 정치적 지배 엘리트에 반대하며 국가를 장악했지만, 옛 지배계급을 새 지배계급으로 교체하지는 않았다. 아넬리 가문을* 비롯한 자본가들이 여전히 피아트 등의 산업체를 소유하고 있었다.

파시즘은 기성 국가형태와 대부분의 전통적 이데올로기를 반대했다. 예컨대, 노동계급과 어느 정도 타협할 필요성을 인정하지 않

---

* 아넬리 가문 자동차 기업 피아트의 창립자 조반니 아넬리의 가문으로 20세기 초 이탈리아 경제에 큰 영향력이 있었다. 무솔리니의 파시스트 정권에 협력했다.

았다. 오히려 파시즘은 노동운동 지도자들의 동의를 끌어내던 기존 정책을 폐기하고 모든 형태의 노동계급 조직과 국가나 교회에서 독립적인 조직을 모조리 탄압하는 정책을 추진했다. 이것이 다른 형태의 지배계급 정치체제와 파시즘의 차이점이었다.

그람시는 이탈리아 공산주의자들이 노동계급 지도부를 자처하듯이 행동하는 것을 매우 못마땅하게 여겼다. 그는 당, 노동계급, 대중운동의 상호 관계가 보르디가가 주장한 것보다 훨씬 더 역동적인 관계라며 다음과 같이 지적했다. 보르디가는 "당을 혁명적 대중의 자발적 운동과 중앙의 조직·지도 의지가 수렴하는 변증법적 과정의 결과로 여기지 않고 허공에 붕 떠 있는 것처럼 여겼다. 즉, 자율적이고 자연 발생적인 어떤 것, 상황이 적절하고 혁명의 물결이 가장 높이 솟구칠 때 대중이 가입하게 될 어떤 것으로 여겼다."[10]

그람시가 자신의 정치를 실천에 옮길 기회가 찾아왔다. 파시즘의 지배를 끝장낼 뻔한 위기가 닥친 것이다.

1924년 4월 사회당의 개혁주의 정치인 마테오티가 의회에서 무솔리니를 신랄하게 비난하는 연설을 했다. 그러자 독재자 무솔리니는 "왜 이자에게 아무 일도 없는 거야?" 하고 말했다고 한다. 며칠 뒤 마테오티는 로마 거리에서 납치됐고 나중에 시 외곽에서 변사체로 발견됐다. 곧 마테오티 살해는 무솔리니의 직할부대 소행으로 밝혀졌다.

정권은 휘청거렸고 그 지지자들은 마비됐다. 마테오티 암살에 대한 분노가 일었고 이 위기 때문에 파시즘이 몰락할 것이라는 생각이 널리 퍼졌다.

그러나 마테오티 살해를 비판하던 다양한 자유주의자나 우경 사회주의자 국회의원들은 투쟁을 자제하면서, 의회를 뛰쳐나와 로마 시내 모처에서 새로운 의회를 여는 데 그쳤다. 그람시는 파시즘에 반대하는 모든 정당의 공동 행동을 주장했다. 단지 시늉이 아니라 진정한 대중 동원에 바탕을 둔 공동 행동, 정권에 반대하는 총파업을 벌이자고 주장했다.

공산당은 자발적 시위들을 더 강력한 반정부 투쟁으로 발전시키려고 노력했다. 그람시는 당의 성장에 관해 다음과 같이 말했다. "우리 [공산당] 운동은 크게 도약했습니다. 신문 발행 부수는 세 곱절로 늘었고, 많은 도시에서 우리 동지들은 대중운동의 지도부를 맡아 파시스트들의 무장을 해제하려고 노력했습니다. 공장 집회에서 노동자들은 우리 구호에 환호했고, 우리 구호를 반영한 결의안들이 계속 통과됐습니다. 나는 우리 당이 지난 며칠 사이에 진정한 대중정당이 됐다고 생각합니다."[11]

그람시가 볼 때도 [부르주아] 민주주의자들은 파시즘에 맞서는 저항을 지도할 수 없었다. 그람시가 부르주아 민주주의를 증오했다는 것은 명백하지만, 그는 부르주아 민주주의를 '폭로'하거나 비난하는 것만으로는 부족하다는 사실을 잘 알고 있었다. 노동계급과 피억압 대중이 혁명으로 나아가도록 설득해야 했던 것이다.

그람시의 공산당은 개입주의적인 당이었다. 보르디가에게 당은 적절한 역사적 순간에 행동할 간부들을 양성하는 기구였다. 그람시에게 공산주의자들은 모든 운동의 기민한 능동적 일부였다. 당은 노동계급의 필수적 일부가 돼야 했다. 노동계급이 대체로 사회민주주의를 여전히 지지하고 있을 때조차 그래야 했다.

1924~1926년에 그람시는 공산당의 실질적 지도자가 됐다. 그래서 당을 재무장시키고 보르디가의 종파주의적* 노선과 단절하게 할 수 있었다. 1926년 1월 그람시는 팔미로 톨리아티와** 함께 "리옹 테제"를*** 작성했다. 그것은 그람시의 가장 원숙한 정치 문서였고, 당을 재무장시키고 대중정당으로 전환하게 만들 지침이었다.

불행히도, 마테오티 살해에 대한 분노를 바탕으로 반파시즘 운동이 확대되지 못하자 무솔리니는 한숨 돌릴 수 있게 됐고, 그래서 지지 세력을 재편성해서 독재 체제를 훨씬 더 단단하게 구축할 수 있었다. 이를 위한 조처 가운데 하나가 국회의원 면책특권의 박탈이었다. 결국 그람시도 구속·수감됐다. 재판에서 검사는 "피고의 두뇌 활동을 20년 동안 정지시켜야 합니다" 하고 구형했다. 그러나 파시스트들은 그렇게 하는 데 실패했다! 다른 많은 문제에서도 실패했듯이 말이다.

---

* 종파주의 개혁주의자들과 공동 행동이 필요하고 가능한 상황에서 그걸 거부하는 태도.

** 팔미로 톨리아티 그람시가 투옥된 뒤에 공산당 사무총장이 된다. 〈오르디네 누오보〉 시절부터 그람시와 협력했으나 1920년대 후반부터는 기본적으로 스탈린주의에 충실했다. 훗날 그람시의 사상을 왜곡한 장본인이다.

*** 리옹 테제 1926년 프랑스 리옹에서 열린 이탈리아 공산당 당대회에 제출한 유명한 문서. 보르디가의 초좌파주의를 비판하고 반파시즘 공동전선을 주장했다.

교도소에 갇혀서

시칠리아에서 [약 60킬로미터] 떨어진 우스티카섬의 교도소에서 다른 공산주의자들이나 반파시즘 투사들과 함께 즐겁게 지낸 몇 개월을 제외하면, 그람시는 형기 내내 사실상 격리돼 있었다. 정권의 의도대로 그의 건강은 나빠졌다. 특히 폐결핵, 동맥경화증, 척추 카리에스(척추가 차츰 파괴돼 등의 근육을 따라 고름 종기가 생기는 병)가 그의 몸을 점차 망가뜨렸다. 그람시가 가장 두려워한 것은 몸이 너무 아파서 특별 대우를 해 달라고 간청하며 정권에 굴복하는 것이었다. 그러나 그는 결코 그러지 않았다.

그람시는 믿기 힘든 강인한 의지력으로 역경을 헤쳐 나갔고, 온갖 어려움 속에서도 1929년부터 1935년까지 노트에 다양한 글을 썼다. 그 노트들은 천신만고 끝에 안전하게 밖으로 반출됐다. 《옥중 수고》는 엄청나게 어려운 조건에서 그리고 마르크스주의 고전을 전혀 열람할 수 없는 상황에서 쓰였다(그람시는 순전히 기억에 의지해서 마르크스주의 고전들을 인용했다). 그람시는 노트 33권의 2848쪽을 빽빽하게 채워 넣는 데 성공했다.

1935년 그람시는 병 때문에 더는 글을 쓸 수 없었고, 그람시를 비롯한 파시즘 희생자들의 석방을 요구하는 국제적 운동의 압력 덕분에 교도소에서 '석방'돼 로마의 병원에 감금됐다. 그러나 때가 너무 늦었고, 마침내 1937년 4월 사망한다.

《옥중 수고》는 그람시의 유산이지만, 교도관의 검열을 피하기 위해 암호 같은 용어들로 쓰였다. 그래서 마르크스주의는 '실천철학',

혁명적 정당은 '현대 군주'(르네상스 시대의 저술가 마키아벨리에게 경의를 표하기 위한 용어) 등으로 에둘러 표현됐다. 그람시는 교도소에 고립돼 있다 보니 공산주의 운동의 더 광범한 논쟁과 단절됐다. 그 덕분에 스탈린주의에 오염되지 않을 수 있었지만, 결정적으로 스탈린주의의 영향도 이해할 수 없게 됐다. 이 두 사실 때문에 그람시 추종자들은 저마다 제 논에 물 대기 식으로 《옥중 수고》를 이용할 수 있었다.

이탈리아 공산당이 《옥중 수고》의 글들을 선별해서 처음으로 공개한 때는 제2차세계대전 후였다. 그때부터 공산당은 《옥중 수고》를 이용해 자신의 전략인 "이탈리아 국가기관을 통한 대장정"을 정당화했다. 다시 말해, 사회주의로 가는 의회의 길, 즉 그람시가 그토록 경멸했던 노선을 정당화하는 데 그람시를 이용한 것이다. 그람시가 말한 헤게모니 투쟁(대중이 특정 사상을 받아들이게 하는 것)은 선거에서 51퍼센트를 득표하는 활동쯤으로 여겨졌다.

훨씬 더 뒤인 20세기가 끝나 갈 무렵 한 세대의 포스트모더니스트 미디어 학자들은 그람시를 이용해 자신들의 견해를 정당화했다. 즉, 메신저가 곧 메시지이고,* 헤게모니는 여론에 영향을 미치려고 미디어에서 한 자리를 차지하는 것이라는 견해 말이다.

사실, 《옥중 수고》의 바탕에는 그람시가 이탈리아 공산당 지도부를 상대로 벌인 투쟁이 깔려 있다. 당시 이탈리아 공산당은 스탈린

---

* 포스트모더니스트들은 기표(형식)와 기의(내용)의 구분을 거부한다. 그래서 미디어(메신저)가 내용(메시지)을 전달하는 것이 아니라 미디어라는 형식 자체가 곧 메시지라고 주장한다.

파시스트 정권의 감옥에 갇힌 그람시

이 모스크바에서 내리는 지령을 충실히 따르고 있었다. 1929년 점차 독재 권력을 휘두르고 있었던 스탈린은 자본주의가 최후의 위기를 맞았으며 혁명이 임박했다고 선언했다. 그래서 이탈리아 공산당 지도부는 파시즘을 전복하기 위해 당장 봉기해야 한다고 주장했다.

그람시는 이것이 헛소리, 그것도 위험한 헛소리라는 것을 알고 있었다. 이탈리아는 결코 무장봉기 직전의 상황이 아니었다. 무솔리니에 맞서 공동 저항을 구축하는 방향으로 당을 재건하고 이끌려는 그의 노력은 모두 허사가 됐다.

그람시는 풀리아 교도소에서 옥중 스터디 그룹에 참여하고 있었는데, 그람시가 혁명은 당면 과제가 아니며 당장 해야 할 일은 공산주의자들이 다른 반파시즘 투사들과 단결하는 것이라고 주장하자 스터디 그룹은 깨지고 말았다.

그람시는 파시즘에 맞서는 공동 행동이야말로 공산당이 노동자·농민 소비에트를 기반으로 한 노동자 공화국이라는 개념을 독자적으로 내놓으면서도 대중과 관계 맺고 대중을 동원할 수 있는 길이라고 봤다. 그는 면회 온 형에게 자신은 당의 새 노선에 반대한다고 말했다. 그러나 형은 이 사실을 톨리아티와 당 지도부에게 말하지 않기로 했다. 동생이 당에서 쫓겨날까 봐 두려웠던 것이다.

《옥중 수고》는 이런 관점에서 읽어야 한다. 그람시는 혁명을 거부하기는커녕 어떻게 서유럽에서 혁명이 일어날 수 있는가 하는 주장으로 되돌아갔다. 그러면서 참을성이라는 혁명적 미덕을 강조했다. 그람시가 볼 때 무장봉기는 여전히 "투쟁의 결정적 순간"이었고, 그가 말한 "현대 군주"(혁명적 정당)는 [투쟁을] 조정하고 보편화하는 중앙집중적 기구였다.

서유럽 혁명

《옥중 수고》에서 그람시는 러시아 혁명 직후 서유럽을 휩쓴 혁명 물결이 왜 실패했는지를 물었다. 레닌과 트로츠키 등 볼셰비키 지도자들은 서유럽의 혁명 과정이 러시아보다 더 길어질 것이라고 주장한 적이 있었다. 이제 그람시는 이 주장을 받아들여 더 발전시켰다. 그러면서 카를 마르크스의 이데올로기 분석을 더 심화시키는 중요한 성과도 거뒀다.

서유럽 혁명가들과 러시아 혁명가들이 직면한 조건 차이가 《옥중 수고》의 핵심 문제의식이었다. 그람시는 다음과 같이 주장했다. "러시아에서는 국가가 전부였고 시민사회는 원시적이고 무정형이었다. 그러나 서유럽에서는 국가와 시민사회 사이에 적절한 관계가 형성돼 있었고, 국가가 위기에 처하자 시민사회의 견고한 구조가 즉시 드러났다."[12]

그람시가 볼 때 지배계급은 그리스 신화에 나오는 켄타우로스(반은 사람이고 반은 짐승인)처럼 국가의 강제력뿐 아니라 피지배계급의 동의를 이용해서도 지배한다.

제정러시아에서는 국가의 직접 통제 밖에서 사회·정치 생활이 조직되는 영역인 시민사회가 이제 막 나타나고 있었다. 차르의 지배를 받아들이는 대중은 드물었고 정권은 곧바로 탄압에 의존했다. 이 때문에 조그마한 위기조차 흔히 국가와의 혁명적 충돌로 발전하기 십상이었다. 혁명가들의 임무는 기회만 생기면 투쟁을 이끌어 권력을 곧장 공격하는 것이었다. 그람시는 이것을 '기동전'이라고 불렀다.

한편, 서유럽에서는 지배계급이 주로 동의에 의존했고 시민사회 내의 다양한 제도에 의지할 수 있었다. 시민사회를 조직하고 강화하는 그런 제도들은 국가라는 커다란 요새를 둘러싸고 있는 복잡한 보루 구실을 한다고 그람시는 설명했다. 그래서 교회·언론·교육체계·정당 같은 제도들이 대중의 동의를 얻는 데 일조하고, 그 덕분에 무력은 드물게 그리고 최후의 순간에만 사용해도 된다. 사실, 이 때문에 서유럽에서 국가는 덜 위험한 것이 아니라 러시아에서보다 더 강력하고 전복하기도 더 힘들 것이다.

따라서 지배계급에 대한 직접 공격이 가능해지기 전에 먼저, 시민사회에서 지배계급을 지지하는 이런 네트워크들과 그것들이 강화하는 [지배계급의] 사상을 오랜 이데올로기 투쟁으로 약화시켜야 한다. 그람시는 이것을 '진지전'이라고 불렀다. 공산주의자들은 자본가들의 지배를 유지시켜 주는 동의를(아무리 마지못해 하는 동의라도) 약화시키는 것을 자기 임무로 삼아야 한다.

그런 지배계급의 헤게모니는 어떻게 무너뜨릴 수 있으며 그 경쟁 상대인 혁명적 헤게모니는 어떻게 창출할 수 있는가?

상식과 양식

그람시는 이탈리아에서 동맹을 구축해야 한다고 강조했다. 그것은 주로 북부 노동계급과 남부 농민의 동맹이었다. 그러나 더 나아가서 그는 레닌이 1920년대 초 코민테른 3차·4차 세계 대회에서 제시한 공동전선 전술들도 옹호했다.

이탈리아에서 그런 동맹이나 공동전선을 적대시하는 종파주의적 태도는 보르디가와 그 지지자들의 기계적 사고방식, 즉 파시즘은 또 다른 형태의 자본주의 지배일 뿐이라고 일축하는 사고방식의 결과였다. 그런데 이제 스탈린과 코민테른이 이런 오류를 되풀이하고 있었다.

그런 동맹을 구축하는 데서 결정적으로 중요한 것은 선전·선동을 통한 혁명 세력의 발전과 교육이다. 그람시가 옹호한 공동전선

방식은, 몇몇 근본적 문제에 대해서는 서로 동의하지만 다른 문제들에 대해서는 동의하지 않는 사람들과 협력해서 활동하는 것이었다. 그것은 또, 사람들의 머릿속에 뒤죽박죽 섞여 있는 사상, 즉 그람시가 말한 '모순된 의식'을 다루는 방법이기도 했다.

그람시는 '상식'과 '양식良識'이라는 중요한 구분을 했다. 즉, 사실상 지배계급의 사상인 '상식'과, 비록 처음에는 '저들과 우리'를 구분하는 의식에서 출발하지만 어쨌든 노동자들의 실제 경험과 이해관계를 표현하는 사상을 구분한 것이다.

그람시는 대중의 의식 속에 갖가지 현대적·진보적 사상과 끔찍한 반동적 사상이 섞여 있다고 설명했다. 똑같은 노동자가 온갖 인종차별·여성차별 관념을 드러내는 "걸어 다니는 화석, 시대착오적 인물"임과 동시에, 결코 피켓라인을 넘지 않는 충실한 노동조합원일 수 있다는 것이다. 노동자들의 생각 속에는 "석기시대의 요소와 더 발전한 과학의 원리, 특정 지역의 과거 역사 전체에서 물려받은 편견과 전 세계적으로 통일된 인류의 자산이 될 미래 철학의 직관이 섞여 있다."[13]

서로 충돌하는 세계관들이 우리 머릿속에서 공존할 수 있다는 사실을 그람시는 다음과 같이 요약했다. "그[노동자 — 지은이]는 두 가지 이론적 의식(또는 하나의 모순된 의식)을 갖고 있다고 할 수 있다. 하나는 그의 행동에 함축돼 있고, 현실 세계를 변혁하는 실천 과정에서 그와 동료 노동자들을 단결시켜 주는 의식이다. 다른 하나는 겉으로 드러나거나 말로 표현된 의식, 그가 과거에서 물려받아 무비판적으로 받아들인 의식이다."[14]

어떻게 해야 '상식'에서 '양식'의 요소들을 분리하고 진정한 계급의식의 발전을 촉진할 수 있을까? 어떻게 해야 마르크스주의자들은 노동자들이 갖고 있는 긍정적 사상들을 더 일관된 비판적 세계관으로 발전시킬 수 있을까?

이 과정을 혁명가들이 외부에서 강요할 수는 없다며 그람시는 다음과 같이 강조했다. "그것은 다짜고짜 과학적 사고방식을 개인 각자에게 주입하는 문제가 아니라, 기존의 활동을 개선해서 '비판적' 활동으로 발전시키는 것이다."¹⁵

그람시는 또, 노동자들의 말과 행동이 흔히 모순된다는 중요한 지적도 했다. 노동자들은 자본과 노동의 근본적 갈등이 겉으로 드러날 때는 흔히 자발적으로 반격한다. 지배 이데올로기를 지지하면서도 그러는데, 그런 투쟁 속에서 노동자들은 새로운 사상을 발전시키기 시작한다.

그람시가 보기에 마르크스주의자들의 임무는 그런 투쟁에서 얻은 통찰들, 즉 노동자들이 얻게 된 '양식'의 요소들을 발전시켜서 종합적 세계관으로 일반화하고, 그래서 세계를 변화시키려는 대중의 집단적 의지를 창출하는 것이다.

토리노에서 자신이 한 경험을 되돌아보며 그람시는 노동계급의 자발적 반란이 결정적으로 중요하다고 주장했다. "우리는 이 '자발성'이라는 요소를 무시하지 않았고 하물며 경멸하는 일은 더더욱 없었다. 오히려 그것을 교육하고 지도하고 외부의 악영향에서 지켜 냈다."¹⁶ 그람시는 '자발성'과 의식적 지도의 통일을 주장했다. 그것은 혁명적 정당과 노동계급 사이의 역동적 쌍방향 관계다.

따라서 계급의식이 효과적이려면 제도화돼야 한다. 자발적 투쟁의 성과를 영속적인 것으로 만들려면, 그 성과가 조직으로 표현돼야 한다. 그 성과를 분명히 표현하고 강화할 수 있게 해 주는 조직으로 말이다.

당과 계급

그러나 마르크스주의자들이 '양식'을 종합적 계급의식으로 발전시키려고 노력한다면, 다른 세력들은 그런 발전을 방해하거나 적어도 그런 발전이 어느 수준을 넘지 못하도록 노동자들의 모순된 의식을 제도화하려고 노력한다. 그래서 때때로 우파 정당이 순수한 지배계급의 '상식'을 중심으로 일부 노동자들을 조직할 수 있다. 예컨대, 영국 보수당은 과거에 때때로 적잖은 노동자들한테서 지지를 받았다.

그러나 노동자들의 모순된 의식이 표현되는 가장 중요한 제도는 대중적 개혁주의 정당이다. 전통적으로 노동계급이 발전하면서 채택하는 정치적 견해는 정의·평등·변화를 추구하면서도 지배계급이 정해 놓은 정치 생활의 상식을 받아들이는 건해다. 즉, 의회주의라는 게임의 규칙을 받아들인다. 여기서 우리가 목격하는 것은 지배계급의 사상을 받아들이면서도 부분적으로 거부하는 태도다. 많은 노동자들의 머릿속에는 '상식'이 '양식'의 요소들과 공존하는 것이다. 그 결과로 영국 노동당, 유럽 대륙의 사회민주주의 정당, 브라질 노동자당 같은 정당들이 득세한다.

그람시는 또, 주로 미디어가 지배계급의 사상을 쏟아 내는 것만으로는 충분하지 않다는 사실도 알고 있었다. 아무리 지배계급의 사상이라도 사람들이 받아들여야 하고 일상생활 속에 통합돼야 한다. 그람시 당시의 이탈리아 지배계급도 교사·법률가·사제·언론인 등에 의존해서 자신들의 사상을 사회 곳곳에 전파하고 그것을 대중의 언어로 옮길 수 있었다.

지배계급은 지금도 그런 네트워크에 의존한다. 그래서 지난 30여 년 동안 영국에서는 학교 교육과정을 훨씬 더 협소하고 전통적인 방향으로 전환시키기 위한 전투가 끊임없이 벌어졌다. 그러나 갈수록 토니 블레어 같은 정치인들은 자신의 메시지를 전달하는 주된 통로로 미디어를 이용한다. 그러나 단지 미디어에 의존해서 소극적 수용자에게 메시지를 전달하는 것은 잠재적 약점이다. 지지자들을 동원하는 데 이용할 수 있는 적극적 연결 고리가 없기 때문이다.

2003년 영국이 이라크 침공에 가담했을 때 정부는 전쟁을 정당화하는 온갖 거짓말을 늘어놨다. 그러나 이런 거짓말은 통하지 않았다. 오히려 반전 운동이 전국적 네트워크를 건설하기 시작해서, 사람들의 지지를 받았을 뿐 아니라 엄청난 규모의 시위를 조직했다. 이 때문에 사회 상층에 위기가 조성되자 토니 블레어는 돌이킬 수 없는 타격을 받았고 신노동당은* 분열했으며 영국의 통치 방식을 문제 삼는 분위기가 널리 퍼졌다.

---

* 신노동당 1990년대 중반 이후 신자유주의를 공식적으로 받아들인 영국 노동당을 일컫는 용어.

전통적으로 영국 노동당과 유럽 대륙의 그 자매 정당들은 모든 노동계급 지역사회에 활동가들을 거느린 대중정당이었다. 어떤 의미에서는 최악의 반동적 사상에 맞서는 장벽 구실도 했지만 첨예한 투쟁의 순간에는 노동계급의 반란을 억누르는 구실도 했다. 개혁주의는 노동계급의 이익을 지키는 방패 구실도 하지만 노동계급이 더 전진하지 못하게 가로막는 결정적 장애물 구실도 하는 것이다. 그러나 오늘날 개혁주의의 기반은 약해지고 있다.

여기서 우리는 당, 노동계급, 대중운동 사이의 관계로 되돌아간다. 이것이 그람시의 핵심 관심사였다.

그람시는 마르크스주의가 미래를 예측할 수 있게 해 주는 마법의 수정 구슬 같은 것이라는 주장을 비판했다. "사실, '과학적으로' 예견할 수 있는 것은 오로지 투쟁뿐이고, 투쟁의 구체적 계기들은 예견할 수 없다. 투쟁의 구체적 계기는 서로 대립하는 세력들이 끊임없이 상호작용한 결과이고, 결코 고정된 양으로 환원할 수 없다. 왜냐하면 그 속에서 양은 끊임없이 질로 바뀌기 때문이다. 사실, 우리는 우리가 행동하는 만큼만 예견할 수 있고, 자발적으로 노력하는 만큼, 그래서 '예견'한 결과가 실현되도록 구체적으로 기여하는 만큼만 '예견'할 수 있다."[17]

'양식'과 낡은 '상식'의 투쟁은 결코 저절로 해결되지 않는다. 그것은 어느 한쪽이 이겨야 끝나는 전투다. 이 때문에 혁명가들의 네트워크가 필요하다고 그람시는 주장한다. 동료 노동자들의 자신감을 끌어올려 함께 투쟁하고 새로운 것이 낡은 것을 확실히 이길 수 있는 전략을 제시하는 혁명가들의 네트워크가 있어야 한다는 것이다.

심화하는 '유기적 위기'

노동자들은 북서유럽에서는 100년 넘게, 독일과 남유럽에서는 수십 년 동안 [자본주의적] 민주주의 사회에서 살았다. 그들은 투표권과 단결권을 누린다(노동자들이 체제에 정면으로 도전하지 않는 한 그런다). 복지 개혁의 혜택도 누리고 교육·의료 서비스도 보장된다(최근에는 약간 축소됐지만). 생활수준이 급격하게 낮아지는 재앙을 겪지도 않았다.

개혁주의는 노동조합이 임금이나 노동조건 결정에 어느 정도 영향을 미칠 수 있는 상황에서 성장한다. 국회나 지방의회에서 개혁주의 정당들은 일상생활을 일부 개선하겠다거나 시장의 엄청난 파괴력에 맞서 노동자들을 방어하는 찌그러진 방패 정도는 되겠다고 약속할 수 있다.

노동조합은 경제적 목표와 정치적 목표를 분리한다. 자본의 지배 자체에는 도전하지 않는다. 노동조합은 단지 협상 테이블에서 앉을 자리를 요구할 뿐이다. 정치적 변화를 실현하려고 경제적 힘을 사용하는 일은 하지 않는다. 한편, 노동조합의 쌍둥이 형제인 개혁주의 정당은 의회 제도와 부르주아 국가의 규범을 자기 활동의 한계로 받아들인다.

두 집단은 모두 전쟁이 벌어지면 '우리' 국가를 방어해야 하고, 외국의 불공정 경쟁에 맞서 '우리' 경제를 지켜야 하고, '우리' 사법제도를 준수해야 한다고 생각한다. 대부분의 시기에 노동자들과 피억압 대중의 다수는 선거에서 후보나 정당을 잘 선택하면 체제가 잘 돌아갈 것이라는 주장을 아주 당연하게 받아들인다. 사회와 경제의 진보를 확실히 이루려면 노동계급에게 권력이 넘어와야 한다고 생각하는 사람은 극소수에 불과하다.

지난 30여 년 동안 세계 자본주의 체제는 심각한 경제 위기가 지속되는 중간중간에 잠깐씩 호황이 반복되는 양상이었다. 세계적으로 복지국가가 쇠퇴하고 자유 시장이나 신자유주의적인 경제적·사회적 합의가 득세했는데, 그 결과는 재앙이었다. 옛 소련의 몰락, 중국의 부상, 미국의 헤게모니를 강화하고 재천명하려는 미국 제국주의의 가차 없는 노력 때문에 세력균형도 몰라보게 달라졌다. 영국에서는 지배계급이 영국의 장기적 쇠퇴를 막고 되돌리려 하면서 특정한 위기가 발생했다.

이것은 사회 상층의 위기('유기적 위기')로 이어져서, 그람시가 말한 '반대 세력'이 조직될 수 있는 지형이 형성됐다. 21세기의 첫 5년 동안 세계적 신자유주의 의제에 맞서는 저항이 확산됐고, 국제 반전 운동도 전례 없는 규모로 성장했다. 영국을 포함한 몇몇 나라에서는 급진 좌파 결집체가 나타나 의회 영역에서 친親시장 좌파와 경쟁하기도 했다. 아직까지 경제투쟁은 노동자들이 1980~1990년대에 겪은 패배 때문에 뒤처져 있지만, 이것도 바뀔 조짐이 보이고 있다.

이런 상황에서 그람시의 많은 주장, 즉 개혁주의의 본질이나 노동자들이 어떻게 혁명적 사상으로 설득될 수 있는지에 관한 주장들이 새로운 활력을 얻고 있다.

노동자, 민주주의, 혁명

그람시는 노동자들을 중요하게 여겼다. 오늘날 노동계급이 줄어들고 있다고 생각하는 사람들에게는 그람시의 주장이 적절하지 않은 것처럼 들릴 수 있다. 그러나 세계적으로 보면 노동계급은 늘어나고 있다. 이제 역사상 처음으로 노동계급이 세계 인구의 다수가 됐다. 오늘날 상파울루나 상하이 같은 도시의 상황은 그람시 당대의 토리노와 비슷하다. 서유럽에서 압도 다수 사람들은 노동을 하거나 노동을 하기 위해 공부하거나 노동에서 은퇴한 사람이다. 대공장은 여전히 막대한 이윤을 창출한다(그리고 공장의 노동자 수가 적을수록 생산과정에 끼치는 노동자들의 힘은 더 커진다). 그러나 많은 노동자가 콜센터, 금융 부문, 대형 할인점, 운송업 등 대체로 임금이 낮고 위험한 직종에서 일한다.

영국에서는 2001년 아프가니스탄 전쟁과 2003년 이라크 전쟁, 그 뒤의 점령에 반대해서 수많은 사람들이 거리로 뛰쳐나왔다. 그들은 공동의 관심사를 확인했다. 그러나 작업장에서는 투쟁이 그만큼 분출하지 않았으므로 계급 정체성과 능력에 대한 생각이 제각각이다.

그런 의미에서 상황은 제1차세계대전 후의 토리노와 별로 다르지 않다. 당시 토리노에서도 새로운 노동자들이 한창 성장하는 도시로 몰려들었다. 그러나 기존의 노동계급 기구들은 그 노동자들을 동원하거나 조직하지 못했다. 그람시는 공장평의회가 새로운 노동계급 세력을 창출하는 열쇠라고 봤다.

공장평의회(더 정확히는 작업장 평의회)는 1905년 러시아 혁명 이후 20세기의 모든 위대한 혁명적 투쟁에서 (적어도 맹아 형태로나마) 나타났다. 2005년 5~6월 혁명에 가까운 반란이 볼리비아를 휩쓸었다. 민중의회들이 출현해서 노동계급 지역사회를 통제했다. 볼리비아의 석유와 천연가스를 헐값에 매각하려던 신자유주의 정부는 결국 무너졌다.

보통 자본주의적 민주주의에서는 형식적으로 모든 사람에게 1인 1표의 투표권이 있고 우리는 모두 평등하다. 그러나 진짜 현실은 그렇지 않다. 루퍼트 머독과* 영국은행 총재는 압도 다수 사람들이 결코 가질 수 없는 권력을 휘두른다. 정치 권력과 경제 권력 사이에는 큰 간극이 있다. 그래서 우리는 사회에서 일어나는 일에 대해서, 예컨대 20퍼센트에 대해서는 아주 작은 발언권이라도 있지만 나머지 80퍼센트(즉 경제나 시장)는 눈곱만큼도 통제할 수 없다. 작업장 평의회는 정치 권력과 경제 권력을 나누는 장벽을 무너뜨릴 것이다. 사람들은 시민·생산자·소비자로서 회의를 열고 결정을 내릴 것이다.

자본주의적 민주주의의 선거제도는 또, 우리를 지역별 유권자로 나눈다. 그래서 핵심 분열은 계급 분열이지 지역 분열이 아니라는 사실과 이 각각의 지역에 '자연적' 공동체 따위는 없고 엄청난 빈부격차가 존재한다는 사실을 은폐한다. 작업장 평의회 민주주의는 우리의 삶을 좌우하는 활동을 바탕으로 사람들을 결합시킨다. 즉, 노

---

* 루퍼트 머독 〈타임스〉, 〈월 스트리트 저널〉 등을 소유한 미디어 재벌.

동관계나 착취관계를 바탕으로 사람들을 조직한다.

우리는 국회의원이나 지방의원을 뽑아 놓고도 전혀 통제하지 못한다. 그러나 공장평의회 체제에서는 모든 대표에게 이의를 제기해서 그들을 투표로 끌어내릴 수 있다. 더욱이 그들은 현장에서 직접 선출되는 대표이므로 자신들을 선출한 사람들과 똑같은 임금을 받지 두세 배 더 많이 받는 일은 결코 없을 것이다. 의회 민주주의는 사람들의 참여를 배제하려고 온 힘을 다한다. 지배자들은 흔히 우리가 정치는 지루하고 따분한 것이라고 여기도록 부추긴다(국회를 보면 실제로 그렇다). 보통 우리는 경찰, 군대, 미디어, 고위 공무원, 판검사 등에 대해 발언권이 전혀 없다.

작업장 평의회 민주주의는 참여를 극대화하고, 보통 사람들이 의사결정 과정에서 소외되는 현실을 끝장낼 것이다. 또, 사람들에게 할 수 있다는 자신감을 주고, 우리가 사회를 운영할 수 있다는 사실을 보여 줄 것이다. 작업장 평의회 민주주의는 우리가 우리 삶을 통제할 수 없다고 믿게 만드는 오래된 헛소리를 깨끗이 잊어버리는 데서 필수적이다.

현장조합원 운동은 노조 관료주의에 맞서 거듭거듭 나타났다. 현장조합원 운동이 작업장 평의회로 한 단계 더 발전할 수 있는지 아닌지는 노동계급의 투쟁 수준과 일반화 수준에 달려 있다. 혁명가들이 그런 수준을 의지력으로 끌어올릴 수는 없지만, 자신들이 확립한 전통이 작업장 평의회로 꽃필 수 있는 상황에 대비해서 현장조합원 운동을 발전시킬 수는 있다.

혁명가들은 그런 순간이 오기를 그저 기다려서는 안 된다. 이탈리아 '붉은 2년'의 교훈은 그런 순간이 오기 전에 혁명적 세력이 미리 존재해야 한다는 것이다. 노동자들의 일상 투쟁에 적극적으로 관여하는 세력, 다시 말해 당이 미리 존재해야 한다. 이탈리아에서 이런 혁명적 세력은 노동자 대중과 관계를 맺었어야 한다. 개혁주의 사상을 받아들이면서도 당면한 일상적 요구를 위한 투쟁에서 혁명가들의 영향을 받을 수 있는 대중, 그래서 위기의 순간에 혁명적 결론으로 설득될 수 있는 대중과 관계 맺었어야 한다. 혁명가들은 노동조합 속에서 이런 노동자들 곁에 있어야 할 뿐 아니라 노조 지도자들과 개혁주의 정치인들이 자신들의 영향력을 이용해 혁명의 동력을 무디게 하고 억누르려는 것에 맞서 항상 싸워야 한다.

그람시는 사람들은 위기의 순간에 라이벌 정당들로 모여든다고 말한 적 있다(그 정당들이 굳이 정당이라는 이름을 쓰지 않거나 추상적으로는 정당 개념을 거부하더라도 말이다). 다시 말해, 사람들은 특정한 전략들 주위로 결집한다. 그 전략들은 따지고 보면 개혁이냐 혁명이냐다. 그러나 앞서 봤듯이, 개혁과 혁명 이 둘은 동등하지 않다. 개혁의 이면에는 온갖 '상식'이 있다. 우리가 태어나면서부터 고스란히 받아들이고, 개혁주의 정당과 노동조합 지도자들과 온갖 종류의 미사여구가 날마다 강화하는 상식 말이다. 새로운 사회로 도약하려면 이 모든 것을 극복해야 한다. 혁명은 자발적으로 시작될 수 있지만 결코 자발적으로 끝나지 않는다.

그람시는 작업장 평의회가 순전히 계획된 것도 아니고 그렇다고 해서 순전히 자발적인 것도 아니라는 점을 이해했다. 두 요소는 역동적으로 융합돼야 한다. 그람시가 보기에 작업장 평의회는 혁명적 정당으로 조직된 소수와 여전히 개혁주의 사상을 어느 정도 받아들이는 수많은 노동자 대중을 서로 연결하는 다리 구실을 했다.

당 혼자서는 너무 작아서 수많은 노동자들을 움직일 수 없다. 30~40년 전 영국에는 작업장에서 직접 선출된 현장위원들의 강력한 네트워크가 존재했다. 그들은 노조 지도층과 독립적으로 행동할 태세가 돼 있었다.

사회주의자들은 그 현장위원들을 조직해서 강력한 현장조합원 운동을 건설할 수 있다고 봤다. 그 운동은 노동자 대중과 사회주의자들을 연결하는 다리가 될 수 있었다. 그러면 노동자 평의회 건설의 토대를 놓을 수 있을 거라고 사회주의자들은 생각했다.

오늘날 전쟁·제국주의·신자유주의에 저항하는 운동의 급진화는 노동자들의 경제투쟁을 앞지르고 있다. 그러나 새 세대 혁명가들은 아직 자기 능력을 깨닫지 못하는 노동계급이 어떻게 하면 자기 정체성을 파악할 수 있을까 하는 문제를 다뤄야 한다.

그 문제를 다룰 때 그람시는 큰 도움이 된다. 그 밖에도 그람시에게 배울 점은 많다.

이 글의 지은이 **크리스 뱀버리**는 영국의 혁명적 주간신문 〈소셜리스트 워커〉 편집자였다. "그람시: 헤게모니와 혁명적 전략(Gramsci: Hegemony and Revolutionary Strategy)"(2007), 《민중의 스코틀랜드 역사(A People's History of Scotland)》(2014), 《제2차세계대전: 마르크스주의적 관점(The Second World War: A Marxist History)》(2014), 《카탈루냐 부활하다(Catalonia Reborn)》(공저, 2018) 등 여러 글과 책을 썼다.

4부
흑인 평등권 운동 활동가들의 급진적 면모

"우리는 자유를 원한다. 필요하다면 무슨 수를 써서라도. 우리는 정의를 원한다. 필요하다면 무슨 수를 써서라도. 우리는 평등을 원한다. 필요하다면 무슨 수를 써서라도."
— 맬컴 엑스

"지금은 혁명의 시대입니다. 전 세계에서 사람들은 착취와 억압의 낡은 체제에 맞서 반란을 일으키고 있습니다. 낡고 허약한 세계의 태내에서 정의와 평등의 새로운 체제가 탄생하고 있습니다."
— 마틴 루서 킹

9장

맬컴 엑스

들어가며

2008년에 버락 오바마가 미국 최초의 흑인 대통령으로 선출되자 미국 사회 전체가 깜짝 놀랐다. "예, 우리는 할 수 있습니다"라는 구호를 내건 그는 수많은 사람들에게 희망과 진보의 불빛이 됐다.

1950년대와 1960년대의 흑인 평등권 운동과 흑인을 힘 있는 자리에 선출해서 사회 변화를 꾀하는 전략을 기억하는 이들에게 오바마의 당선은 인종차별을 끝장내려는 운동의 최종 목표이자 엄청난 진보였다.

그러나 오바마 정부는 두 차례 임기 동안 미국 사법제도의 핵심에 있는 폭력적 인종차별 문제를 다루는 데 실패했고, 극우 세력과 반동적 정치가 성장할 수 있는 여지를 허용했다.

'흑인 목숨도 소중하다' 운동은 미국에서 흑인이 2등 시민 취급을 받는 현실에 도전하며 2013년에 시작됐고 2014년 7월과 8월에 에릭 가너와 마이클 브라운이 살해당한 뒤 기세가 더 커졌다.

그 운동은 경찰의 만행과 인종차별을 폭로했다. 시위의 열정과 에너지는 수많은 새로운 활동가를 끌어당겼다. 경찰의 인종차별적 행태에 항의하는 시위대는 정의를 원하는 자신들의 요구가 결국 받아들여질 것이라고 생각했다. 그러나 오바마는 시위대를 지지하지 않고, 오히려 미국은 "법의 지배 위에 건설된 국가" 운운하며 시위대가 미국 사법제도의 결정을 받아들여야 한다고 말했다.[1] 이것이 수많은 미국인에게 뜻하는 바는 경찰이 계속 흑인을 살해하고도 처벌받지 않을 수 있다는 것이었다.

미국 전역에서 인종차별에 항의하는 대중 시위와 연좌 농성, 집회가 계속되자 국제적 연대가 형성됐다. 이 저항의 충격파는 당시 중요한 격변이 벌어지고 있던 영국에서도 반향을 불러일으켰.

2011년 영국 경찰이 [29살 흑인 청년] 마크 더건을 살해하자 잉글랜드 전역에서 폭동이 일어났다. 오랫동안 경찰의 극심한 괴롭힘과 만행, 인종차별에 시달리며 쌓여 온 긴장이 폭발한 것이다. '흑인 목숨도 소중하다' 운동은 이런 저항에 새로운 조직적 활력을 불어넣어서, 영국 전역의 여러 도시에서 구조적 인종차별에 근본적으로 도전하는 연대 행동이 벌어졌다.

인종차별에 반대하는 모든 운동 안에서는 어떻게 해야 우리가 원하는 변화를 이룰 수 있는지와 관련된 수많은 전술적 문제가 제기된다. 예컨대, 백인들을 운동에 참여시켜야 하는지, 흑인들이 운동을 지도해야 하는지, 이 체제가 우리를 위해 작동하도록 개조할 수 있는지 아니면 다른 체제가 필요한지 등등.

풍부한 투쟁 역사에서 우리는 이런 문제의 답을 얻는 데 중요한 지침을 발견한다. 우리가 의지할 수 있는 상징적 인물은 많다. 마틴 루서 킹 2세, 마야 앤절로, 프레더릭 더글러스, 흑표범당, 1920년대와 1930년대의 미국 공산당 등. 그러나 가장 중요한 인물 중 한 명이 바로 맬컴 엑스다.

맬컴은 혁명적 흑인 무슬림이었다. 비타협적 투쟁 정신을 나타내는 그의 구호 "필요하다면 무슨 수를 써서라도 [싸우자]"는 여전히 전 세계에서 널리 알려져 있다. 그의 삶은 어떻게 사상이 투쟁과 함께 바뀔 수 있는지를 보여 준다. 그는 교도소에 수감됐고 종교에 귀의했으며 흑인 분리주의를 추구하며 투쟁하다가 나중에는 반反식민지 투쟁이 분출한 시기에 아프리카 전역을 여행하면서 [흑백] 통합을 받아들였고, 혁명적 사상을 발전시켰다. 맬컴의 엄청난 영향력은 [1965년에] 그가 암살당한 뒤에도 지속됐다. [1960년대 말과 1970년대 초의] 블랙파워 운동은 그의 업적 위에 건설됐다. 그는 자신을 반대한 사람들조차 감탄하게 만드는 카리스마 있는 재능으로 자본주의와 인종차별의 연관을 폭로했다.

맬컴이 암살당한 지 50년이 지났지만* 우리는 여전히 불공평한 체제에 대항하는 투쟁을 계속하고 있다. 미국 최초의 흑인 대통령 임기가 끝날 무렵 새 대통령을 뽑는 선거운동 과정에서 공화당 후

---

* 이 글의 원서는 2016년에 출판됐다.

보 도널드 트럼프는 멕시코인들을 강간범이라고 부르고 무슬림의 미국 입국을 금지하라고 요구하고 있다. 유럽에서는 난민·이주민·무슬림이 인종차별의 표적이 돼 테러리스트로 낙인찍히고 자본주의의 결함에 대한 비난을 온통 뒤집어쓰고 있다.

맬컴의 주장과 투쟁 정신을 발전시킬 필요성은 그 어느 때보다 강하다. 그리고 맬컴 자신의 정치적 여정이 보여 주듯이 결국 우리에게 필요한 것은 체제 자체에 도전하는 것이다.

어린 시절과 가비의 흑인 분리주의

많은 사람들은 맬컴 엑스 하면 그의 혁명적 열정, 비타협적 태도, 투쟁 정신을 떠올린다. 그는 블랙파워의 가장 상징적인 인물 중 한 명이고, 급진적 흑인 정치를 대변했다. 반식민지 투쟁에서 영감을 얻은 그 급진성은 흑인 평등권 운동까지 관통했다. 그렇지만 맬컴은 태어났을 때는 세계관도 없었고 자신이 세계를 변화시키려고 온갖 것에 맞서 싸우게 되리라는 것도 알지 못했다. 심지어 그는 맬컴 엑스로 태어나지도 않았다.

그는 1925년 5월 19일 미국 네브래스카주州 오마하의 매우 가난한 집에서 맬컴 리틀로 태어났다.

맬컴 가족은 미국 중서부에 살았지만(네브래스카주에는 이렇다 할 인종 격리 법률이 있지 않았다), 그래도 백인 우월주의 단체인 큐클럭스클랜의 빈번한 공격과 경찰의 괴롭힘에 시달렸다. [흑인이]

직장 생활을 유지하고 거처할 집을 구하는 것 자체가 항상 투쟁이었다.

맬컴은 [침례교] 순회 목사인 얼 리틀 1세와 루이즈 리틀 부부의 일곱 자녀 중 넷째였다. 맬컴에게는 아버지가 첫 결혼에서 낳은 의붓 형제자매 셋이 더 있었다. 이 대가족을 부양하느라 맬컴의 부모는 역경에 맞서 꿋꿋하게 버틸 힘을 점차 잃어 갔다. 어머니는 나중에 이 정서적 부담의 대가를 치르게 된다.

맬컴의 부모는 모두 [자메이카 출신의 범아프리카주의자] 마르쿠스 가비가 만든 단체인 세계흑인지위향상협회의 정치 활동가였다.

세계흑인지위향상협회는 흑인들의 이익에 맞게 자본주의를 조직하려던 흑인 민족주의 단체였다. 그들은 흑인들만의 기업과 은행, 주택조합을 설립했고, 교회 네트워크를 중심으로 흑인 사회의 협력을 도모했다. 그들의 목표는 인종차별 사회에서 따로 흑인들을 위한 공간을 확보하는 것이었다. 이런 식으로 그들은 국가와 백인 우월주의자들의 끊임없는 공격에 맞서 매우 제한적으로나마 인종차별에 도전했다.

가비는 흑인들의 과제가 아프리카로 돌아가 스스로 더 나은 세계를 건설하는 것이라고 믿었다. 이것은 모든 흑인의 이해관계가 똑같고 흑인들을 자유롭게 놔두면 흑인 유토피아를 창조할 것이라는 믿음에 바탕을 두고 있었다. 바로 이런 전통에서 맬컴은 나중에 정치적 영감을 얻게 된다.

세계흑인지위향상협회는 미국 북부의 흑인 빈민가에서 인기가 많았다. 그곳에서는 비록 공식적으로는 인종격리정책이 폐지됐지만 여전히 흑인들은 따로 모여 살아야 했다. 그래서 흑인이 흑인에게 상품과 서비스를 제공하는 기업들이 설립됐다. 이런 자립 분위기는 흑인의 지위가 향상되려면 흑인 스스로 성공하고 자기 지역사회를 더 잘 살게 만들어야 한다고 믿는 가비의 이데올로기와 잘 맞았다.

미국 남부에서는 극심한 억압 때문에 세계흑인지위향상협회의 사상이 자연스럽게 자라났다. 흑인들은 이미 자신이 사는 주에서 2등 시민 취급을 받으며 배척당했고, 세계흑인지위향상협회는 그런 흑인들에게 단기적으로는 잠시 억압을 피할 틈을 제공했고 장기적으로는 투쟁 목표를 제시했다. 매주 열린 협회의 모임에서 흑인들은 국가와 큐클럭스클랜의 일상적 박해에 대처하는 데 필요한 자신감과 투지를 얻었다. 지역 교회에서 목사가 주도한 그 모임들은 자부심과 영감의 중추 구실을 했다. 힘찬 설교를 들으며 느끼는 집단적 힘은 모든 사람이 함께 "일어서라, 너 위대한 인종아"라는 노래를 부를 때 절정에 달했다. 그 가사는 인종차별과 억압의 현실을 고발하고, 모든 흑인은 단일한 공통의 민족임을 일깨우고, 옳은 일을 위해 모두 함께 싸울 수 있는 용기를 줬다.

> 얼마나 오랫동안 우리 민족이 인간적 희생을 치러야 하는가
> 일어서라, 너의 권리를 지켜라
> 일어서라, 일어서라, 너 위대한 인종아, 너는 뜻한 바를 이룰 수 있으리라
> 일어서라, 너의 권리를 지켜라

1920년대가 되자 가비는 세계흑인지위향상협회의 회원이 600만

명이라고 주장할 수 있었다. 이것은 십중팔구 과장된 수치였겠지만, 그의 신문은 판매 부수가 최대 20만 부였고 뉴욕시에만 유료 구독자가 3만 5000명이나 있었다. 전성기에 세계흑인지위향상협회는 미국의 38개 주에 700개 이상의 지부가 있었다.

1920년대와 1930년대에 인종차별에 도전한 것은 가비의 흑인 민족주의 운동만이 아니었다. 좌파도 인종차별 반대 운동을 조직하고 있었다.

"한 사람에 대한 공격은 모두에 대한 공격"이라는 구호 아래 세계산업노동자동맹은 파업, 대중 집회, 가두 행진을 조직했고 직접행동과 사보타주에* 집중했다. 세계산업노동자동맹은 1910년대 내내 노동자 투쟁과 함께 성장했고 1917년 러시아 혁명 후에도 계속 성장했다. 국가 탄압과 1920년대 초의 투쟁 패배, 정당을 거부하는 태도 때문에 장기적으로 세계산업노동자동맹의 회원 수가 줄고 활동은 쇠퇴했다. 그러나 그들의 투쟁은 미국 공산당을 비롯한 여러 조직들에 영감을 줬고 그들이 성장할 수 있는 길을 닦았다.

러시아 혁명은 사회를 완전히 바꿔 놓으며, 많은 사람들을 엄청나게 고무해서 미국 공산당의 초창기 신입 당원 모집에 중요한 구실을 했다. [1919년 9월 설립된] 신생 공산당은 흑인 노동자들을 가입시키는 데 우선순위를 뒀다. 전 세계의 급진주의자들이 용감하게 러시아로 가서 새로운 사회를 직접 보고자 했다. 1920년대 초에 러

---

* 사보타주(sabotage) 노동자들이 주로 생산 속도를 늦춰서 생산량을 줄이는 식으로 사용자에게 손해를 끼치는 쟁의행위를 말한다.

시아를 다녀온 미국인 수백 명 중에는 소수의 흑인 활동가도 있었다. 예컨대, 러빗 포트화이트먼은 러시아가 "세계 역사상 처음으로 인종차별 문제를 실제로 해결한 국가"라고 생각했다. 호머 스미스는 다음과 같이 회상했다. "흑인이 상점 앞에 줄을 서 있으면 그의 팔을 잡고 맨 앞으로 끌고 가는 러시아인이 반드시 있었다. 또, 러시아 여성과 춤을 출 때는 러시아 남성이 항상 [흑인에게] 순서를 양보했다."2

미국 공산당이 처음으로 중요한 시험대에 오른 것은 1929년 노스캐롤라이나주의 개스토니아에서 전국섬유노조가 파업을 선언한 때였다. 미국 공산당은 흑백 통합 집회를 조직해서 흑인 파업 노동자들을 연단에 세웠다(당시는 주류 노조들이 흑인 노동자의 가입을 거의 허용하지 않을 때였다). 흑인과 백인이 함께 공산당 조직자로 뉴욕에서 파견돼 그 투쟁을 지원했다. 자본가들은 위험성을 재빨리 알아차렸다. 파업 노동자들은 임금 인상을 요구했을 뿐 아니라, 부자들에게 아주 이로운 인종격리정책도 폐지하기를 원했기 때문이다.

사측 용역들이 몽둥이를 휘두르며 피켓라인과 노동자 집회를 분쇄하고 파업 조직자들에게 총을 쐈다. 그 파업은 결국 패배했지만, 심지어 남부에서도 흑인과 백인 노동자들이 함께 파업을 벌일 수 있다는 생각이 순식간에 확산됐다. 그 투쟁은 불필요한 양보를 결코 하지 않는다면 백인 노동자들도 인종차별 의식을 떨쳐 버릴 수 있다는 것을 보여 줬다.

이윽고 1931년 앨라배마주에서 공산당은 이른바 스코츠버러 소

스코츠버러 소년들

년들의 석방을 요구하는 운동을 이끌었다. 그 흑인 소년 9명은 강간범으로 몰려 억울하게 유죄 판결을 받고 심지어 사형 선고까지 받은 상태였다. 그들을 기소한 검사는 배심원단에게 "유죄든 아니든 이 깜둥이들을 없애 버립시다"라는 유명한 말을 했다. 이 사건은 합법적 린치로 널리 받아들여졌고, 백인 여성들을 '지키기' 위한 백인 남성 단체들이 조직됐다. 흑인들은 국가의 폭력과 거리 깡패들의 폭력에 시달렸다.

 1930년대 내내 공산당이 사용한 방법은 어떻게 인종차별에 효과적으로 맞서 싸울 수 있는지를 보여 줬다. 그것은 흑인과 백인이 함께 대중 행진과 집회를 하고, 흑인과 백인이 함께 연단에 올라 발언하는 것이었다. 이런 단결은 가비의 분리주의 노선과 다른 대안을 제공했을 뿐 아니라, 지배층을 두려움에 떨게 만들기도 했다.

바로 이런 상황에서 맬컴은 어린 시절을 보냈다. 당시 그의 부모는 미국 중서부를 돌아다니며 세계흑인지위향상협회의 지부를 설립하고 조직을 건설하고 회원들을 가입시키고 있었다. 그러나 활동가 가족에게 위험은 결코 멀리 있지 않았다. 큐클럭스클랜은 흑인 정치 활동가와 지도자를 조직적으로 공격했다.

맬컴의 가족은 여러 번 이사를 다닐 수밖에 없었다. 맬컴은 겨우 4살 때 어느 날 밤 집에 불이 난 것을 다음과 같이 기억했다. "권총 소리와 고함 소리, 연기와 화염에 놀라 갑자기 잠에서 깨어나 무서워서 벌벌 떨었다."[3]

지역에서 설쳐 대는 큐클럭스클랜의 목표가 실현된 것은 미시간주의 랜싱에서였다. 맬컴이 겨우 6살 때 아버지의 시체가 도로[시가전차 선로] 한가운데서 발견된 것이다. 아버지를 아는 사람은 다들 인종차별주의자들이 아버지를 살해했을 것이라고 생각했다.

머지않아 어머니도 육아와 노동의 부담, 인종차별의 고통에 짓눌려 무너져 버렸다. 맬컴의 형제자매 몇 명은 위탁 가정에 맡겨졌다. 맬컴도 여러 집을 전전했지만, 그래도 어머니와 형제자매를 꽤 자주 보러 갈 수 있었다. 1939년 무렵 어머니는 신경쇠약 때문에 결국 정신병원에 수용됐고, 거기서 1963년까지 지내야 했다. 맬컴과 형제자매들은 이제 자신들 말고는 의지할 사람이 아무도 없게 됐다.

학교에서 맬컴은 훌륭한 학생이었다. 그는 반에서 1등을 여러 번 했다. 그러나 1930년대 미국에서 인종차별은 사회 전체에 질병처럼 스며들어 있었고 제도를 통해 더 강화됐다. 어느 날 역사 수업 시간에 희망하는 장래 직업이 뭐냐는 질문에 맬컴이 "변호사가 되고 싶습니다" 하고 대답하자 선생님이 놀라워하더니 다음과 같이 말했다. "현실을 직시해야지. 깜둥이에게 변호사는 결코 현실적 목표가 아니야."[4]

이 말은 맬컴이 오래전부터 느끼고 있던 것을 확인시켜 줬다. 즉, 자신이 아무리 공부를 잘하더라도 같은 반의 백인 친구들과는 다를 수밖에 없고 똑같이 존중받지도 못하고 결코 위대한 사람이 될 수 없는 운명이라는 것을 말이다.

대이동과* 빈민가 생활

미국 북부의 도시에 사는 흑인들에게는 그래도 번영과 성공의 기회가 열려 있었지만, 남부에서는 노예제의 유산 때문에 그런 기회가 허용되지 않았다. 정치적 지형의 차이도 극명했다. 북부에서는 흑인들이 훨씬 더 공공연히 정치 활동에 참여할 수 있었다. 비록 대부분의 노동조합이 흑인 노동자의 가입을 허용하지 않았지만, 그래도 흑인 노동자들은 흑인 민족주의 조직들에서 선동하거나 공산당 안에서 백인 노동자들과 함께 활동하기도 했다. 물론 그들은 경

---

* 대이동(Great Migration) 1916년부터 1970년까지 미국 남부의 농촌에서 북부와 중서부의 도시로 600만 명 이상의 흑인이 이주한 것을 가리키는 용어다.

찰의 일상적 괴롭힘과 공격에 시달렸지만, 백인 우월주의자들이 자주 흑인 활동가에게 린치를 가하고 심지어 살해하기까지 하는 남부에서보다는 투쟁하기가 훨씬 수월했다.

남부에서는 1870년대 말에 제정된 이른바 짐크로법* 때문에 삶의 모든 측면에서 흑인과 백인을 엄격하게 분리하는 합법적 격리 체제가 확립됐다. 그 체제는 백인이 스스로 흑인보다 우월하다고 생각하도록 부추겼다. 그러나 대다수 백인들은 가난하게 산 반면, [소수의] 부자들은 막대한 이윤과 막강한 권력을 누렸다.

짐크로법은 일자리·주택·교육에서 흑인과 백인을 분리했다. 흑백 분리가 합법적이지는 않은 북부에서도 흑인들은 가장 나쁜 집에서 살아야 했고 흑인 거주 지역은 국가조차 외면하는 빈민가가 됐다. 흑인들의 생활 조건은 최악이어서 질병과 극단적 빈곤에서 벗어날 수 없었다. 흑인은 지겹고 하찮은 일이나 위험한 작업을 해야 하는 일자리만을 구할 수 있었다.

그래도 수많은 미국 흑인에게 북부는 희망의 불빛이었다. [남부에서] 2등 시민으로서 당하는 일상적 박해와 린치·살해 등을 피할 수 있었기 때문이다.

그래서 20세기 초중반 미국에서는 대이동이 있었다. 남부의 여러

---

* 짐 크로(Jim Crow) 백인이 흑인으로 분장하고 춤과 음악, 촌극 등을 섞어서 공연한 쇼의 주인공 이름이었는데 나중에 흑인을 경멸하고 비하하는 표현이 됐다. 여기서 유래한 짐크로법은 남북전쟁 이후의 재건 시기가 공식적으로 끝난 1877년부터 강력한 흑인 평등권 운동이 전개된 1960년대까지 남부에서 효력을 발휘한 인종차별법의 통칭이다.

주에서 엄청나게 많은 흑인이 북부의 도시로 이주한 것이다.

최초의 대이동은 제1차세계대전 기간에 45만 4000명의 흑인이 남부에서 북부로 이주한 것이다. 당시는 500만 명의 남성이 군에 입대했고 이민 규제도 심했기 때문에 노동자가 많이 필요한 상황이었다. 일부 산업에서는 노동자가 너무 부족해서 흑인들에게 북부 이주 비용을 지급할 정도였다.

1920년대에 다시 80만 명의 흑인이 남부를 떠났고, 1930년대에도 39만 8000명이 그 뒤를 따랐다. 1940년부터 1960년까지 334만 8000명 이상의 흑인이 남부를 떠나 북부와 서부의 도시로 갔다.

1941년에 맬컴은 [배다른 누나 엘라가 살고 있던] 보스턴으로 갔고 1942년에는 (뉴욕의) 할렘으로 갔다. 이 도시들은 그동안 맬컴이 경험한 작은 도시와 아주 대조적이었다.

그는 대도시에서 엄청나게 많은 흑인이 함께 생활하면서, 큐클럭스클랜 따위의 위협에 시달리지 않고 스스로 기업을 운영하거나 밴드에서 연주하는 것을 봤다. 그는 도시의 음악, 지역사회, 자유에 끌렸다.

또 도시의 흑백 통합 수준을 보고 충격을 받았다. 맬컴이 태어나서 자란 중서부의 작은 도시는 산업이 발달한 대도시에 비하면 마치 외계인의 세상처럼 느껴졌다. 대도시에서는 흑인과 백인이 서로 사귀고 있었던 것이다(물론 여전히 그것을 못마땅하게 여기는 사람도 많았다).

그 경험으로 맬컴은 완전히 바뀌었다. 그는 이제 더는 같은 반 백인 친구들의 조롱이나 선생님의 인종차별적 언행을 용인할 수 없었

1944년 19살의 맬컴 리틀

다. 그래서 "백인들한테서 떨어져 나갔다"고 자서전에서 말했다.[5]

맬컴은 겨우 15살 때 미시간주의 랜싱을 떠나 보스턴으로 가서 엘라와 함께 살았다. 엘라가 그를 지역 학교에 등록해 줬지만, 맬컴은 딱 한 번 출석한 뒤 학교를 관두고 일자리를 찾기 시작했다. 그는 구두닦이와 열차 내 샌드위치 판매원 등 잡다한 일을 했다. 머지않아 하찮은 저임금 일자리에 싫증이 난 맬컴은 보스턴의 "술집과 클럽의 화려한 세계"로 끌려 들어갔다.[6] 비록 북부에는 흑인이 구할 수 있는 일자리가 남부보다 더 많았지만, 스스로 가난에서 벗어나거나 사업을 시작할 수 있을 만큼 충분히 부를 축적한 흑인은 극소수에 불과했다. 대다수 흑인들에게 그것은 결코 이룰 수 없는 꿈이었다.

맬컴도 (빈민가를 벗어날 수 없는 다른 많은 흑인들과 마찬가지로) 마약과 도박, 성매매 알선의 세계를 알게 됐다. 그는 거리의 건달로 성공하겠다는 야망을 불태웠다.

이런 환경 변화와 함께 그의 외모도 바뀌었다. 처음에 엘라의 집 문 앞에 나타났을 때 맬컴의 머리는 "시골뜨기 스타일로 깎여 있었다." 그러나 대도시의 흑인 사회로 들어온 지 몇 달 만에 (새로 단짝이 된 건달이자 보스턴 거리 생활의 동반자인 '쇼티'[꼬마] 자비스의 조언에 따라) 머리를 '콩크'로 하기 시작했다.* 그것은 "최신 유행에 빠삭하고 거리를 주름잡는 흑인의 상징이었고, 건달·뚜쟁이·도박꾼·범죄자들이 하는 머리였다."[7] 맬컴은 "백인들이 요구하는 행위 기준에 반항하는 행동"의 일환으로 주트 슈트를** 입었고, "빅밴드가 연주하는 재즈에 맞춰" 린디합을*** 췄다.[8]

맬컴은 흑인 빈민가의 다양한 문화를 수용했지만, 그것은 경제적 자유로 나아가는 길이기도 했다. 빈민가에서 그는 일정하지 않은 자신의 소득을 보충하려고 숫자 맞히기 도박장을 운영하고 마약을 거래하는 등 잡다한 일을 했다. 그가 태어난 곳에서는 그런 일을 할 수 없었을 것이다. 린치를 당할 수 있다는 두려움 때문만이 아니

---

*   콩크(conk) 곱슬곱슬한 머리를 약품을 사용해 곧게 편 헤어스타일이다.

**   주트 슈트(zoot suit) 어깨가 넓고 기장이 길고 품이 넉넉한 재킷과, 허리 부분은 주름을 잡아 풍성하고 발목 부분은 좁은 바지로 이뤄진 남성복으로 1930~1940년대에 유행했다.

*** 빅밴드(big band)는 재즈 오케스트라라고도 하는데, 비교적 많은 9~16인조로 이뤄져 재즈나 댄스 음악을 연주하는 악단이고, 린디합(lindy hop)은 1928년 뉴욕 할렘에서 시작된 거칠게 추는 지르박 댄스로 1930년대 말과 1940년대 초에 유행했다.

라, 일자리 자체가 드물고 승진이나 성공의 기회도 극히 제한적이었기 때문이다. 이 경제적 자유라는 호사를 누리며 맬컴은 미국 사회에서 그럭저럭 살아가려면 잽싸게 움직이고 책임을 회피하는 것이 최고라고 생각하게 됐다. 생애 말년에 가서야 비로소 그는 착취를 이해하고 착취 문제와 정면 대결하게 된다.

맬컴은 부자 동네에 있는 집을 털 계획을 세우고, 쇼티와 '서니'라는 별명의 또 다른 흑인 남성, 3명의 백인 여성 ─ 비(어트리스) 캐러퀄리언(맬컴과 가끔 성관계를 하는 여성)과 그녀의 여동생 조이스, 아르메니아 태생의 코라 마더로시언 ─ 을 끌어들였다. 그들은 한 달 남짓 사이에 여덟 집을 터는 데 성공했다. 그러나 맬컴이 훔친 시계를 팔다가 실수해서 잡히게 됐다. 당시 그는 장전된 총도 갖고 있었다. 경찰의 심문에 맬컴이 공범들 이름을 불었지만, 서니는 용케 도망쳤다.

미국 법원의 핵심에는 극심한 인종차별이 있다는 사실은 맬컴의 재판이 시작될 때부터 분명히 드러났다. 어떤 변호사는 맬컴과 쇼티에게 "슈바르츠[독일어로 검다는 뜻 ─ 지은이] 새끼들"이라고 말했고, 쇼티는 [판사한테] "너는 백인 여자와 어울릴 자격이 없다"는 말을 들었다. 그러나 [공범인] 백인 여성들은 "불쌍하고 불행하고 … 겁먹고 길을 잃은 아가씨들"이라는 말을 들었다. 맬컴은 또 지방 검사가 "백인 여성들한테서 우리가 자신들을 강간했다는 증언을 받아내려" 했지만 실패했다고 주장했다.[9]

1946년에 쇼티와 맬컴(당시 19살이었다)은 단기 8년, 장기 10년의 징역형을 선고받은 반면, 비는 [단기 1년] 장기 5년을 선고받았는데 실제 복역 기간은 7개월이었다. 그날 경험한 그 불평등은 맬컴의 마음에 상처를 남겼고, 여성과 공범에 대한 그의 신뢰도 흔들어 놨다.

교도소 생활과 이슬람민족

교도소에 있을 때 맬컴은 놀라운 변화를 겪었다. 거리를 주름잡는 건달 지망생에서 독실한 종교 신자로 바뀐 것이다. 그의 정치적 교육과 발전을 위한 토대는 교도소에서 마련됐지만, 그의 세계관을 완전히 바꿔 놓은 것은 이슬람민족Nation of Islam이었다.

교도소에서 맬컴은 존 엘턴 벰브리라는 다른 재소자와 친구가 됐다. 벰브리는 뛰어난 지적 능력과 인상적 절도 행각으로 맬컴의 존경을 받았다. 맬컴은 약간 머뭇거리다가 여러 대학교의 통신 강좌에 등록해서 자기 계발 과정을 시작했다. 그는 [1805년에 세워진] 찰스타운 교도소의 끔찍한 조건에서 벗어날 수 있는 길은 교육이라고 봤다. 또, 언어학 책들을 읽으면서 자신의 연설 스타일도 발전시키기 시작했다. 1947년 1월 맬컴은 콩코드에 있는 매사추세츠 소년원[30세 이하 교정 시설]으로 이감됐다. 그곳의 조건은 찰스타운 교도소보다 아주 조금 나았을 뿐이다. 여기서 가족과 친구들이 다시 찾아와 [34차례] 면회를 했고, 엘라는 맬컴이 드디어 긍정적으로 변화하고 있다고 확신했다.

1948년 초에 맬컴은 필버트 형한테서 편지 한 통을 받았다. 이것은 맬컴을 이슬람민족에 가입시키려는 최초의 시도였다. 처음에는 형의 말을 일축했지만, 두 번째 편지가 왔을 때(그것은 동생 레지널드가 보낸 편지였다) 맬컴은 관심을 보였다. 그 편지에는 몇 가지 지침과 함께 매우 흥미로운 약속이 끝에 쓰여 있었기 때문이다. "맬컴 형, 이제부터는 돼지고기를 먹지 말고 담배도 피우지 마. 교도소에서 나오는 방법을 내가 알려 줄게."¹⁰

이슬람민족은 일라이자 무하마드가 이끄는 흑인 분리주의 단체였고 주류 이슬람과는 연계가 없었다. 이슬람민족은 [6600년 전에 살았다는] 야쿱이라는 사악한 흑인 과학자가 유전자 실험을 하다가 백인종을 만들어 냈는데 이제 지상에서 백인종의 시대는 끝나 가고 있다고 가르쳤다. 대공황이 한창이던 1930년에 [디트로이트에서] 이슬람민족을 창시한 월리스 D 파드는 흑인의 임무가 백인 사회와 스스로 분리해서 최후 심판의 날을 준비하는 것이라고 믿었다. 이슬람민족은 박해받고 소외된 사람들에게 엄청난 매력이 있었다. 이슬람민족은 흑인의 자부심을 강화하고 인종차별 제도의 피해자들을 감싸고 후원하는 흑인 기업과 사원의 네트워크를 통해 지지 기반을 구축했다.

백인을 반대하며 흑인 스스로 지위 향상을 위해 노력할 것을 강조한 이슬람민족의 이데올로기는 흑인의 2등 시민 지위에 근본적으로 도전했고, 많은 흑인이 자유를 얻도록 도와주는 탄탄한 구조를 제공했다. 이슬람민족은 유일신 알라의 피부가 검은색이라고 믿었다. 이것은 환멸감과 소외감을 느끼는 흑인들을 끌어당기는 데 매우 효과적이었다. 신의 피부가 검은색이라는 주장은 (흑색 신은 말할 것도 없고 흑인 관리조차 보기 힘들던 시대에) 기독교와 미국 사회를 근본적으로 거부하는 것이었다.

당연히 이런 사상은 아주 많은 흑인에게 매력적으로 들렸다.

그런 사상에 이끌린 사람들은 보통 가장 가난하고 시민권을 박탈당한 흑인 노동계급이었다. 체제 내에서 출세의 사다리를 타고 오르는 데 몰두하는 흑인 중간계급은 이슬람민족의 분리주의를 싫어했다.

마약과 범죄에 빠져 교도소에 수감된 흑인들에게 이슬람민족은 그들을 인정해 주고 전에는 결코 얻지 못한 기회를 제공하는 대안 세계였다.

이슬람민족은 내부 교육에 초점을 맞춘 행사들을 사원에서 개최했다. 이 종파 안에서 영향력과 권력이 있는 자리는 남성들이 차지했고 여성의 지위는 부차적이었다. 이것은 맬컴의 견해와 잘 맞았다. 그는 자기 어머니가 정신 건강에 문제가 있기 때문에 약하다고 봤고, 여성의 본성을 보여 주는 전형적 사례는 보스턴과 할렘의 백인 성매매 여성들이라고 생각했다.

이슬람민족의 모든 사원에는 목사가 한 명,* 이슬람의열매(이슬람민족의 준군사 조직) 지역 지부를 이끄는 장교가 한 명, 무슬림여성 훈련반[이슬람의열매의 여성 버전]을 이끄는 여성이 한 명씩 있었다.

엘라의 끊임없는 노력 덕분에 1948년 무렵 맬컴은 노퍽 교도소로 이감될 수 있었다. 그곳은 다른 교도소에 비하면 "천국"이었다고

---

* 1975년에 일라이자 무하마드가 죽은 후 이슬람민족이 점차 수니파 이슬람으로 전향하게 되면서 사원(temple)은 모스크로, 목사(minister)는 이맘으로 명칭이 바뀌었다.

맬컴은 말했다. 이감 후 머지않아 동생 레지널드가 면회를 왔다. 그는 맬컴에게 검은 피부의 신과 "백인 악마" 이야기를 했다. 동생의 말을 듣고 맬컴은 자신이 아는 백인이 모두 다 악마일까 하는 의문을 품었지만 곧 레지널드의 말이 사실이라고 확신했다. 맬컴은 "우리 아버지를 살해한 자들 … 어머니 면전에 대고 '미쳤다'고 말한 자들 … 경찰관들 … 나에게 10년 형을 선고한 판사"와 자신에게 기회를 주지 않고 자신의 믿음을 저버리고 자신을 가둔 모든 사람들을 떠올렸다. 억압자는 늘 "백인 악마"의 얼굴을 하고 있었다.[11]

백인 사회를 거부하는 이 길은 레지널드를 비롯한 가족들이 면회를 올수록 맬컴에게 더 설득력 있게 들렸다(다른 가족들도 이미 이슬람민족에 입교해서 지역 사원에 다니고 있었다). 그는 새로 알게 된 사실을 이해하기 위해 공부에 몰두했고 가족들이 들려주는 이야기에서 영감을 끌어냈다. 맬컴은 대서양을 가로지른 노예무역의 역사에 관한 책, 윌리엄 에드워드 버가트 듀보이스의* 저작과 아프리카계 미국인들의 반란을 다룬 책 등을 읽었고, 교도소 내 토론 클럽에 참가하며 자신에게 연설에 대한 열정이 있음을 발견했다. 토론 주제가 무엇이든 간에 맬컴은 철저히 조사하고 공부했다. 바로 여기서 그는 나중에 사람들의 마음을 사로잡은 유명하고 독특한 연설 스타일을 발전시켰다.

1949년에 레지널드가 이슬람민족에서 제명당했다. 맬컴은 일라이자 무하마드에게 편지를 보내 그 제명 결정에 항의했다. 격노한

---

* W E B 듀보이스 미국의 흑인 평등권 운동가이자 사회학자·역사가·사회주의자다.

무하마드의 답장을 받고, 밤에 침대 옆에서 낯선 사람의 환영을 본 뒤(맬컴은 나중에 그 사람이 "메시아 월리스 D 파드 선생"이었다고 믿게 됐다) 이슬람민족에 대한 그의 믿음은 더 단단해졌고 헌신은 더 강해졌다. 이후 맬컴은 교도소 안에서 흑인 저술가들의 책을 읽을 기회와 무슬림 재소자들의 권리를 보장하라고 요구하기 시작했다. 또, 자기 이름도 맬컴 엑스로 바꿨다. 이슬람민족 신자들은 노예 무역 중에 백인들이 자기 조상에게 붙여 준 이름을 거부하고 엑스x 라는 성姓을 사용했다. 일라이자 무하마드는 헌신적 봉사 기간이 끝난 신자들에게 무슬림 이름을 하사하면서 그들을 샤바즈 부족과*연결시켰다.

이것은 획기적 변화였다. 맬컴의 정치의식이 처음으로 중대한 변화를 겪은 것이다. 그 전까지 맬컴은 체제의 피해자였고 항상 책임을 회피하려고 발버둥쳤다면, 이제 그는 적극적으로 체제에 도전하면서 미국 흑인들의 문제가 어디서 비롯했는지를 이해하려고 애썼다. 그는 "자신의 정체성과 신념에 혁명"이 필요하다고 확신했다.[12]

이 시기에 맬컴은 찰스타운 교도소 관리들에게 조기 가석방 신청서를 여러 번 제출했다.** 1952년 8월 (징역살이 6년 만에) 그는 마침내 풀려났고, [디트로이트로 가서] 큰형 월프레드가 일하는 가구점의 판매원으로 취직했다.

---

* 샤바즈(Shabazz) 부족 이슬람민족에서 아메리카 흑인들의 선조라고 주장하는 고대의 강력한 흑인 부족이다. 맬컴은 나중에 자신의 이름을 엘 하지 말리크 엘 샤바즈로 바꾼다.

** 맬컴은 1950년에 다시 찰스타운 교도소로 이감됐다.

9장 맬컴 엑스 529

이제 교도소에서 나온 맬컴은 더는 시간을 허비하지 않았다. 그는 이슬람민족의 디트로이트 지부(이른바 제1사원)에서 처음으로 집회에 참석했는데, 신자들의 수가 적은 것을 보고 분노했다. 그는 일라이자 무하마드가 연설하는 것을 직접 보기 위해 디트로이트에서 다른 신자들과 함께 자동차 10대에 나눠 타고 [시카고에 있는 제2사원으로] 갔다. 일라이자는 연설을 끝낼 때쯤 맬컴의 이름을 부르며 자리에서 일어서게 하더니 교도소 안에서 헌신적이었다고 칭찬했다.

이런저런 직장을 옮겨 다니다가 보호관찰 기간이 끝난 뒤에 맬컴은 이슬람민족을 위해 일하기 시작했다. 활기 차고 카리스마가 있는 그는 이슬람민족의 완벽한 대변인이 됐다. 과거의 건달 경험도 있고 밑바닥 생활과 은어 등에 익숙한 덕분에 그는 쉽게 사람들과 가까워질 수 있었다. 맬컴은 가장 가난한 흑인들의 상황을 잘 알았고 분노를 조직화의 무기로 표현할 수 있었다.

1953년 말에 일라이자 무하마드는 맬컴을 보스턴에서 시무할 목사로 선발했다. 맬컴은 신자 모집 운동을 성공적으로 전개해서 제11사원을 세울 수 있었다. 이런 인상적 성과를 바탕으로, 또 가비 지지자였던 아버지의 뒤를 따라서 맬컴은 여러 주를 돌아다니며 흑인 사회에서 지지 기반을 구축하는 활동을 했다. 그의 영향력은 대단했다. 그래서 이슬람민족은 신도가 수백 명에 불과한 무명의 종파에서 수만 명짜리 단체로 급성장했다. 1954년에 맬컴은 할렘의 제7사원 목사가 됐고 전국적 인물로 인정받기 시작했다. 할렘은 맬컴의 고향이었다. 그는 할렘 사람들을 잘 알았고, 어떻게 대중 집회

이슬람민족의 신문을 펼쳐 보이며 연설하는 맬컴 엑스

를 조직할지도 알았다. 힘차고 열정적인 연설에서 맬컴은 백인의 권위를 맹비난했고 격렬한 논객으로서 명성을 쌓았다.

그는 사회에 불만이 가장 많은 흑인들에게 다가가고 길거리 공개 연설에 많은 사람을 불러모으는 것으로 유명해졌다. [1957년 4월] 이슬람민족 신자 2명이 인종차별적 경찰들에 맞서 자신들을 방어하다 체포됐는데, 맬컴은 이슬람의열매 대원들을 이끌고 경찰서까지 행진해서 결국 두 사람이 풀려나게 만들었다.

그때부터 맬컴이 암살당할 때까지 연방수사국FBI은 그가 가는 곳마다 쫓아다녔다.

맬컴이 헌신적으로 임무를 완수하면서 명성이 높아졌지만, 그 때문에 이슬람민족 지도부와 심각한 긴장도 빚어지고 있었다. 맬컴이 빠르게 성장하자 일라이자는 다른 어떤 신자보다 더 큰 특전을 그에게 베풀기 시작했고, 대중매체들은 맬컴을 이슬람민족의 지도부와 동일시했다. 특히 이슬람민족의 가장 보수적 부류를 대변하는 레이먼드 샤리프, 루이스 파러칸, 존 알리는 맬컴이 대변하는 세력을 점점 더 위협으로 느끼게 됐다. 그러나 그들 사이의 긴장은 개인적인 것이 아니라 정치적인 것이었다.

맬컴은 이슬람민족의 대변인으로서 점점 더 많은 정치적 주제에 관해 발언했고, 흑인 평등권 운동으로 끌려 들어가는 사람들을 향해 조직을 밀고 나아갔다. 이슬람민족은 어떤 정치적 행동에도 참여하지 않았다. 그렇게 하는 것은 그들이 살고 있는 체제를 정당화해 주는 것이라고 봤기 때문이다. 그들의 목표는 철저한 분리였지 참여가 아니었다. 맬컴의 선동은 새로 가입한 이슬람민족 신자들을 그의 편으로 만들었지만, 그가 지향하는 길은 이 종파 내의 고위직 유력 인사들과 정반대 방향이었다.

가장 유명한 사건은 1959년 "증오가 낳은 증오"라는 제목의 텔레비전 다큐멘터리에서 맬컴의 다음과 같은 발언이 방영된 것이었다. "누가 내 등에 칼을 9인치[약 23센티미터] 꽂은 다음 6인치를 빼 줬다고 해서 나에게 은혜를 베푼 것은 아닙니다. 처음부터 칼을 꽂지 말았어야 합니다. … 노예제 시대에 저들은 가장 극단적 형태의 만행을 우리에게 저질러서 우리의 영혼을 파괴하고 우리의 의지를 무너뜨렸습니다. … 310년 동안 이 모든 만행을 저지른 뒤에 이른바 노예해방선언을* 들고 나왔습니다. … 그리고 오늘날 백인들은 스스로 흑인들에게 은혜를 베풀고 있다고 실제로 생각합니다."

이 발언과 그 밖의 많은 언론 인터뷰, 텔레비전과 라디오 방송 출연을 통해 맬컴은 이슬람민족의 보수적 지도부 사이에 파문을 일으켰고, 그들은 나중에 맬컴을 반대해 집결하게 된다.

흑인 평등권 운동과 맬컴

1950년대와 1960년대는 폭발적 시대였다. 흑인 평등권 운동은 밥 딜런의 노래 가사처럼 "시대가 변하고 있다"는 것을 보여 줬다.

남북전쟁이 끝난 뒤부터 남부를 지배하던 체제는 계속 공격을 받고 있었다. 한때 겁을 먹고 움츠렸던 흑인들이 이제 대담하게 반격에 나서고 있었다. 사람들은 연좌 농성을 벌이고, 흑인과 백인이 함께 버스를 타고 다니며 불복종운동을 전개했고, 구체제는 겁에 질렸다. 사람들의 저항은 단호했다. 그 결과는 대규모 충돌과 인종차별주의자들의 폭력적 대응이었다.

1955년 12월 앨라배마주 몽고메리에서 로자 파크스라는 젊은 흑인 여성이 흑인과 백인의 좌석이 분리된 버스에서 백인에게 좌석을 양보하기를 거부했다는 이유로 체포됐다. 그녀의 행동은 버스 승차

---

* 노예해방선언 1863년 미국 링컨 대통령이 당시 북부에 대항해 반란을 일으킨 남부 여러 주의 노예를 즉시 전면적으로 해방한다고 발표한 선언이다.

거부 운동을 불러일으켰고, 인종격리정책에 반대하는 이 운동은 1년간 계속되면서 수백만 명을 동원한 전국적 운동으로 발전했다. 바로 이 몽고메리 버스 승차 거부 운동 기간에 마틴 루서 킹 2세가 흑인 평등권 운동의 지도자로 두각을 나타냈다. 그는 남부 지역의 목사라는 지위 덕분에 흑인 사회의 다양한 계층 사이에서 존경과 영향력을 누릴 수 있었고, 이것은 흑인 평등권 운동의 정치에 중요한 영향을 미쳤다.

킹 같은 목사들이 이끄는 남부의 흑인 교회는 흑인 평등권 운동에서 핵심적 구실을 했다. 목사들은 교회 설교단과 길거리에서 고난에 관한 성경 구절을 인용하며 연설을 했고, 이들의 주장은 인종격리 체제 아래서 살아가는 사람들에게 공감을 얻었다. 그래서 용감하고 단호한 운동이 성장했다. 간디의 비폭력 전략에 의지한 이 운동은 스스로 서는 데는 성공했지만 반격을 가하지는 못했다. 이 비폭력 전술은 더 '합법적' 경로로 변화를 추구해서 운동을 확대하는 수단 구실을 했다.

폭력을 거부하는 태도는 흑인 평등권 투쟁을 남부의 대다수 지역에서 대중화하는 데 기여했다. 큐클럭스클랜, 인종차별적 경찰, 린치를 가하는 폭력배에게 시달리던 흑인들에게 불의에 항거할 수 있는 길을 열어 줬기 때문이다. 흑인 평등권 운동 지도자들은 비폭력 전술이 폭력적 보복의 위협을 줄여 줄 것이라고 생각했다. 그러나 실망스럽게도 국가의 대응은 결코 비폭력적이지 않다는 것이 너무나 분명해졌다.

남부에서 평화적으로 행진하던 흑인 시위대가 경찰의 무자비한 폭력에 쓰러지는 장면은 흑인 평등권 운동가들이 얼마나 용감한지를 밝히 보여 줬다. 흑인 평등권 운동은 법률 개정이라는 장기적 목표를 달성하기 위해 작은 승리들을 쟁취하는 것이 특징이었다. 그 운동은 전 세계인이 보는 앞에서 미국의 치부를 드러내는 데 집중했다. 즉, 자국 국민에게도 기본권을 허용하지 않는 미국 정부는 결코 세계에서 가장 자유롭고 평등한 사회의 지도자를 자처할 수 없다는 사실을 보여 주고자 했다.

맬컴은 비폭력 전술을 비판하고 [흑인의] 자기 방어권을 지지했다. 그는 다음과 같이 말했다. "평화를 사랑하고, 공손하게 행동하고, 법을 지키고, 모든 사람을 존중하시오. 그러나 누가 여러분에게 손찌검을 한다면, 그를 골로 보내 버리시오."[13] 또, "만약 우리가 백인의 인종차별에 폭력적으로 대응한다면, 내가 보기에 그것은 흑인의 인종차별이 아닙니다. 누가 밧줄로 나를 목 매달아 죽이려고 덤벼서 내가 그를 목 매달아 죽인다면, 내가 보기에 그것은 인종차별이 아닙니다. 그 자의 행동이 인종차별이고, 내 대응은 인종차별과 아무 상관이 없습니다."[14]

흑인 평등권 운동의 중심은 전국유색인지위향상협회였다. 그 단체는 노예 폐지론을 주창한 백인들의 후예와 W E B 듀보이스 같은 흑인 활동가들이 기층 운동 조직으로서 1909년에 만들었다. 전국유색인지위향상협회는 흑인과 백인이 단결해서 인종차별에 맞서 싸우는 운동을 적극적으로 전개하면서, 스스로 "민주적 과정을 통해 인종차별의 모든 장벽을 제거하려고 노력한다"고 주장했다. 예컨대, 로자 파크스가 버스 좌석을 양보하지 않은 것은 단순히 피곤

한 재봉사가 즉흥적으로 반항한 것이 아니었다. 그녀는 전국유색인지위향상협회에서 행동 조율을 주도하는 회원이었다. 그 단체는 또 [1957년 남부 아칸소주의 주도인] 리틀록에서 백인들만 다니는 고등학교에 흑인 학생 9명을 등록시켜 교육받게 하는 데서도 결정적 구실을 했을 뿐 아니라, 1963년 워싱턴 행진을 조직하는 데도 기여했다.

흑인 평등권 운동은 인종차별 반대 활동의 모든 요소를 결합하고, 불공평한 지위에 대해 흑인들이 느끼는 분노를 완벽하게 포착할 수 있었다. 그 운동이 기세를 얻은 것은 어디서나 다양한 집단의 사람들에게 다양한 것을 대변했기 때문이다. 즉, 두 차례 세계대전과 나중의 베트남전쟁에서 목숨 걸고 싸웠지만 기본적 권리조차 거부당한 군인들부터 북부의 흑인 빈민가에서 경찰의 만행에 항의하는 수많은 폭동에 참가한 사람들까지 다양한 집단이 흑인 평등권 운동에 참여했다.

흑인 평등권 운동이 미국 정부를 겨냥하고 있을 때 청년들은 자신이 사는 도시에서 날마다 거리로 쏟아져 나와 인종격리정책에 항의했다. 가장 유명한 것은 1960년 그린즈버러 연좌 농성이었다. 당시 [노스캐롤라이나주의] 그린즈버러에 있는 울워스백화점 식당에서 [흑인] 학생들이 주문을 거부당하자 앉아서 농성을 시작했다. 인종격리정책에 항의하는 이 직접행동은 남부 여러 주의 심장을 강타했다. 3월 말까지 13개 주 55개 도시로 연좌 농성 운동이 확산됐고, 7월이 되자 마침내 울워스백화점은 인종격리정책을 변경할 수밖에 없었다. 그 운동은 미국 전역의 평범한 흑인들에게 영감과 자극을 줬다.

그다음에 '자유를 위한 승차'(프리덤 라이드) 운동이 시작됐다. 그 운동에는 주로 북부의 활동가들이 참가했는데, 그들은 주 사이를 오가는 운송 수단에서 인종 격리를 금지한 연방 법을 연방 정부가 집행하도록 강제하는 투쟁의 일환으로 일부러 남부 주의 인종차별 법률을 어기며 여러 주를 돌아다녔다. 그 순회 투쟁 길에서 그들은 버스를 불태우고 시위대를 공격하는 백인 폭도들의 끔찍한 폭력에 시달렸다. 또, 경찰에게 두들겨 맞고 감방에 갇힌 사람들도 있었다. 그런 만행에도 그들은 굴하지 않았고, 결국 텔레비전과 신문을 통해 자유를 위한 승차 운동은 전국에 알려지면서 청년 활동가들을 끌어당겼다.

한 세대의 청년들이 매일같이 투쟁으로 끌려 들어왔고, 학생비폭력조정위원회는 투쟁을 주도할 태세가 돼 있었다. 맬컴은 처음에 그런 급진파들을 무시했지만, 그들이 운동에 주입하는 에너지와 잠재력을 이해했다. 그는 이 청년들에게 자신의 존재를 알리고 이슬람민족의 메시지를 전파하고 싶었다.

흑인 평등권 운동의 가장 훌륭한 업적은 말하자면 그물을 아주 넓게 쳐서 새로운 집단들과 청년들이 정치투쟁에 참여하도록 고무할 수 있었다는 것이다. 그러나 국가에 도전하는 모든 운동과 마찬가지로 흑인 평등권 운동도 중요한 걸림돌들에 직면했고, 전략 차이가 분열의 주요 원인이 됐다.

1963년은 흑인 평등권 운동에 중요한 해였다. 운동은 백악관을 직접 겨냥하기 위해 워싱턴 행진 계획을 세웠다. 그러나 연좌 농성으로 수도를 마비시키겠다는 급진적 기획으로 시작된 것을 지도부의 보수파가 재빨리 가로챘고 민주당은 이를 환영했다. 민주당은 [운동의] 급진파가 통제돼야 하고 행진은 정부를 칭찬하는 행사로 바뀌어야 한다고 주장했다. 그래서 행진 경로, 연사 명단, 발언 순서를 두고 몇 개월 동안 논쟁이 벌어졌다. 연방수사국이 행진 계획을 확실히 통제했고, 사복 경찰이 사람들을 체포할 준비를 했고, [워싱턴] 인근 교도소의 독방 수백 개가 비워졌고, 모든 발언은 검열을 통과해야만 했다. 운동에서 투쟁 정신이 사라지고 있는 것처럼 보였다.

그러나 시위 참가 인원은 예상할 수 없었다. 1963년 8월 28일 25만 명이 '일자리와 자유를 위한 워싱턴 행진'에 참가해서 실질적 시민권 보장과 인종차별 종식 등을 요구했다. 학생비폭력조정위원회 의장 존 루이스는 대통령 존 F 케네디가 한 일은 "너무 적고 너무 늦었다"고 말하고 싶었지만 그의 발언은 검열에 걸려 수정됐다.

그래도 그는 다음과 같이 발언해서 엄청난 박수를 받았다. "우리는 인종격리정책이 시행되고 있는 남부를 산산조각 내서 하나님과 민주주의의 형상대로 다시 결합시킬 것입니다. … 우리는 멈출 수도 없고 참지도 않을 것입니다."

그 시위는 전 세계에서 공감을 불러일으킬 만큼 강력했지만, 케네디 정부가 뭔가를 하도록 만들기 위해서는 더 많은 행동이 필요했다.

워싱턴 행진 겨우 한 달 뒤에 앨라배마주 버밍햄의 [흑인] 교회에서 폭탄이 터져 어린 여학생 4명이 죽고 많은 사람이 다쳤다. 이것은 흑인 평등권 운동의 영향력에 대한 인종차별주의자들의 대응이었고, 맬컴은 이로써 백인은 인종 평등이나 통합을 원하지 않는다는 자신의 주장이 옳았음이 입증됐다고 생각했다. 이 사건을 계기로 흑인의 자기 방어와 무장 저항을 촉구하는 목소리가 더 커졌다.

평등한 권리를 요구하는 대중의 투쟁이 성장하고 있었지만, 이슬람민족은 신자들에게 흑인 평등권 운동을 멀리하라고 지시했다. 그 운동이 흑인들만의 사회를 따로 건설하려는 최종 목표에서 주의를 딴 데로 돌리게 만든다고 봤기 때문이다.

맬컴 엑스는 워싱턴 행진을 "워싱턴의 광대놀음"이라고 일축하며 다음과 같이 말했다. "그렇다, 나도 거기 갔었다. [나는 그 광대놀음을 빠짐없이 다 봤다.] 도대체 분노한 혁명가들이 당연히 분노를 터뜨리며 반란을 일으켜 맞서 싸워야 할 대상인 바로 그 사람들과 함께 … '우리 승리하리라'라는 노래를 제창[하면서 나란히 행진]했다는 말을 들어 본 적 있는가? … [워싱턴 행진 직후에 실시된 신문의 여론조사 결과를 보면, 전에 공민권을 반대한 하원의원이나 상원의원 가운데 행진 후 자신의 견해를 바꾼 사람은 단 한 명도 없었다. 왜 안 그렇겠는가?] 하루짜리 '인종 통합' 소풍을 다녀왔다고 해서 400년간이나 미국 백인의 마음속에 깊이 뿌리박은 편견의 대표자들이 쉽게 생각을 바꾸겠는가?"[15]

워싱턴 시위를 비판한 이런 발언으로 맬컴은 흑인 평등권 운동이 불러일으키는 변화의 속도가 느린 것에 사람들이 느끼는 불만을 분명하게 표현하고 있었다. 그러나 그는 방향을 돌려서 모든 것이 다 백인 탓이며 백인이 적이라고 말했다. 맬컴은 흑인 평등권 운동의 흑인 지도자들을 "엉클 톰"이라고 부르며 그들이 흑인의 대의를 저버린 대가로 힘 있는 자리를 차지하려 하고 백인들과 협력해서 의도적으로 흑인들을 속이고 있다고 비난했다.

이것은 워싱턴 행진 후 흑인 평등권 운동 안에서 일부 급진파가 느낀 분노의 감정을 압축적으로 보여 줬다. 워싱턴 행진은 정부 내의 백인 자유주의자들, 즉 입으로는 인종격리정책에 반대한다고 말하면서도 실제로는 아무것도 하지 않는 자들에게 관심을 돌리고자 기획된 것이었지만, 결국은 바로 그 사람들에게 찬사를 보내는 행사로 끝나고 말았다. 1963년 이전부터 이미 정치를 발전시키고 있던 맬컴은 이렇게 흑백 통합을 거부하는 정서를 대변하는 가장 뛰어난 인물이 됐다.

워싱턴 행진 후 벌어진 논쟁의 핵심은 흑인 평등권 운동이 변화를 불러오기까지 시간이 너무 오래 걸린다는 것이었다. 예컨대, 1955년* 미국 연방 대법원은 모든 [공립]학교에서 인종 통합 교육을 해야 한다고 판결했지만, 10년 뒤에도 여전히 남부의 학교 75퍼센트는 흑백 분리 학교였다. 학생비폭력조정위원회는 점점 더 급진화했고, 킹 등이 벌이는 법률 투쟁에 환멸을 느꼈다. 존 루이스는 학생비폭력조정위원회의 지도자였고, 버밍햄에서 일어난 폭동과 [앨라배마주] 셀마에서 벌어진 유권자 등록** 운동을 중심으로 선동하기 시작했다. 이런 투쟁 과정에서 경찰과 격렬한 충돌이 일어나 수백 명이 체포됐다.

---

* 1954년을 잘못 쓴 듯하다.
** 미국에서는 투표를 하려면 투표일에 앞서 유권자 등록을 해야 한다.

흑인 평등권 운동은 새로운 단계로 들어서고 있었다. 민주당을 계속 지지하고 폭동 참가자들의 폭력을 비난하는 사람들과, 블랙파워의 구호들을 받아들이면서 백인 자유주의자들 때문에 운동이 궁지에 몰리게 됐다고 주장하는 사람들 사이에 분열이 일어났다. 머지않아 일부 사람들은 모든 백인을 비난하기 시작했다.

공격적인 태도와 모든 백인은 '악마'라는 주장 때문에 맬컴은 흑인 평등권 운동 초기에 운동과 거리가 멀었다. 그러나 비폭력을 고수하는 지도부와 새 세대 급진파가 갈라서기 시작하자 그는 자신의 사상에 귀를 기울이는 청중이 늘어나고 있음을 깨달았다. 맬컴은 남부의 제도적 인종차별뿐 아니라 북부의 경찰 폭력, 빈민가 집주인들, 자본가들에게도 대항하는 운동의 급진적 대변인 구실을 할 수 있었다. 수많은 모임과 인터뷰에서 그는 흑인의 분노와 소외를 분명히 표현했다. 그는 [뉴욕 할렘에 있는] 제7사원의 목사라는 직위를 이용해 흑인 평등권 운동의 다른 흑인 활동가들과 나란히 연단에서 발언했다. 맬컴이 길거리 모퉁이에 서서 수백 명이나 심지어 수천 명의 청중을 모아 놓고 연설하는 것은 드문 일이 아니었다.

흑인 평등권 운동의 특징은 다양한 인종 구성이었다. 그래서 인종차별의 본질과 누가 인종차별을 반대하는 데 동참할 수 있는지를 두고 논쟁이 벌어졌다. 젊은 백인 활동가들이 대거 흑인 평등권 운동에 동참하자 이슬람민족의 [분리주의] 전략에 심각한 의문이 제기됐다.

분리주의 정치는 근본적으로 억압을 개인의 권력 관계로 규정했으므로 모든 백인을 인종차별의 가해자로 봤다. 그래서 길거리에서 떠들어 대는 인종차별적 언사든, 백인 판사와 경찰이 모든 흑인을 범죄자 취급하는 것이든, 개인이 저지르는 인종차별적 학대와 폭력이든, 조직된 백인 우월주의 집단의 만행이든 구분하지 않았다.

이런 생각은 정부 내 [백인] 자유주의자들이 흑인 평등권 운동을 발판 삼아 정치적 출세를 꾀하고, 폭력에 연루된 사람을 죄다 비난하는 상황에서는 이해할 만한 것이었다. 예컨대, 케네디 대통령 자신이 자유를 위한 승차 운동 참가자들을 저지하려 하면서 [흑인 평등권 운동을 지지한 변호사 출신] 법무부 관리 해리스 워포드에게 다음과 같이 말했다. "빌어먹을 자네 친구들한테 저놈의 버스에서 내리라고 할 수 없나?"[16]

그런 태도는 맬컴의 입장을 강화시켰지만, 그 입장은 인종차별에서 누가 이익을 얻는지에 관한 오해에 바탕을 두고 있었다. 백인 노동자는 동료 흑인 노동자보다 백인 자본가와 공통점이 더 많다는 말에 흔히 속아 넘어간다. 그러나 자본주의는 모든 인종의 노동자를 착취하는 데 바탕을 두고 있다. 그리고 인종차별이 심할수록 모든 노동자의 처지는 더 열악해진다.

맬컴이 이슬람민족과 결별하다

맬컴은 정치 활동의 전성기에 이슬람민족의 한계를 깨닫기 시작했다. 그는 이슬람민족의 '전국 목사'로서 단체를 대표해 자주 나섰지만, 정치 쟁점에 관해 발언할 때면 늘 지도부의 노선을 따르라는 압력을 받았다. 맬컴은 흑인 평등권 운동의 급진적 영향력과 이슬람민족의 보수주의 사이에서 괴로워했다.

그는 나중에 자서전에서 다음과 같이 설명했다. "개인적으로 나는 우리 이슬람민족이 더 많은 행동에 참여한다면 미국 흑인의 투쟁 전반에서 훨씬 더 큰 세력이 될 수 있을 것이라고 확신했다." 그러나 "내가 흑인 사회에서 점차 자주 듣게 된 말은 '저 무슬림들은 말만 거칠게 할 뿐, 누가 자신들을 귀찮게 하지만 않으면 아무것도 하지 않는다'는 것이었다."[17]

정치 참여와 사원에 대한 의무 사이에서 균형을 잡으려는 노력은 맬컴에게 극도의 부담을 줬고, 이슬람민족의 일부 지도자들 사이에서는 그에 대한 적대감이 점차 커지고 있었다(존 알리와 캡틴 조지 프가 그런 적대감을 부추겼다). 이슬람민족의 가장 보수적 부류를 대변하는 그 적대적 분파는 나중에 이슬람민족에서 맬컴의 긍정적 흔적을 모조리 지워 버리려고 시도하게 된다.

1960년대 초 이후 이슬람민족 내부의 긴장과 외부의 [흑인 평등권] 운동 내 긴장은 베트남전쟁과 이 전쟁을 반대하는 대중 시위의 영향하에서 계속 고조됐다.

맬컴과 이슬람민족의 결별은 피할 수 없는 것처럼 보였다. 이슬람민족 내부의 적대감에 더해서, 일라이자 무하마드의 신성神性과 지도력에 대한 맬컴의 의심도 커져 갔다. 1961년부터 이슬람민족 내부에서는 일라이자 무하마드가 자신의 개인 비서들과 사이에 혼외자녀를 여러 명 낳았다는 소문이 급속히 퍼지기 시작했다.

이런 혼란의 와중에 [1963년 11월 22일] 케네디 대통령이 암살당했다. 대통령이 살해되자 일라이자 무하마드는 직접 나서서 모든 목사에게 조용히 애도하고 언론에는 아무 말도 하지 말라고 지시했다. 그러나 미국 정부에 대한 자신의 불만을 널리 알릴 수 있는 기회라고 여긴 맬컴은 이슬람민족의 애도 분위기에 동참하지 않았다. 그는 케네디 암살 1주일 후 제7사원에서 전국의 언론을 포함한 수백 명의 청중에게 연설[하고 나서 질의 응답]할 때 대통령의 죽음을 "닭이 집으로 돌아와 횃대에 앉은 것"에* 비유했다. "어렸을 때 농촌에서 자란 나는 닭이 집으로 돌아오는 것을 보면 결코 슬프지 않고 항상 기뻤습니다." 다시 말해, 미국이 전 세계로 수출한 끔찍한 만행들이 모두 되돌아와 미국을 덮쳤다는 것이다.

맬컴의 말에 이슬람민족은 경악했다. 국가의 반격을 두려워했기 때문이다. 그래서 맬컴에게 적대적인 분파는 그를 이슬람민족에서 제명해야 한다고 주장하기 시작했다.

결국 맬컴은 90일간 자격정지 처분을 받았다. 이것은 통상적 징계를 훨씬 뛰어넘는 가혹한 처벌이었고, 분명히 맬컴을 제거하려는 지도부 일각의 시도였다. 점차 이슬람민족의 지도부가 맬컴의 복귀를 결코 허용하지 않을 것임이 매우 분명해졌다. 이슬람민족의 신자가 자격정지 처분을 받으면 사원의 다른 신자들 앞에서 공정한 재판을 받을 권리가 있었지만, 맬컴에게는 그런 기회가 결코 주어지지 않았다.

맬컴이 [징계로] 자리를 비운 사이에 루이스 파러칸과 레이먼드

---

* 자업자득, 인과응보라는 의미다.

샤리프 등의 지도자들은 사원들에서 비방을 퍼뜨리기 시작했다. 맬컴을 신자들이 전혀 반기지 않는 인물로 만들어 그가 결코 복귀하지 못하게 하려는 것이었다. 맬컴에 관한 수많은 이야기가 퍼져 나갔지만, 결론은 모두 비슷했다. "당신이 만약 맬컴 목사가 무슨 짓을 했는지를 안다면, 당신 스스로 그를 죽이려고 나설 것"이라는 것이었다.

이 시기에 맬컴은 이슬람민족 안에서 어느 정도 명망을 구축하려고 친구들을 끌어모았다. 그중에서도 가장 가까운 친구는 (나중에 무하마드 알리로 더 유명해진) 권투 선수 캐시어스 클레이였다. 전에 맬컴의 강연을 듣고 영감을 얻은 클레이는 당시 [세계 헤비급 챔피언] 서니 리스턴과 맞붙는 큰 시합을 앞두고 훈련에 열중하고 있었는데,* 사람들은 다들 도전자 클레이가 챔피언 리스턴을 이길 수 없을 것이라고 생각했다.

이슬람민족은 (밴드 연주나 프로 권투 같은) 대중문화를 저급한 것으로 봤기 때문에 클레이를 좋아하지 않았다. [그러나] 맬컴은 리스턴에게 도전하는 클레이를 지지하면서 이슬람 신앙을 근거로 그가 이길 것이라는 확신을 심어 줬다.

1964년 2월 클레이가 리스턴을 꺾고 세계 챔피언이 되자 전 세계는 깜짝 놀랐다.

이에 대한 언론의 관심은 이슬람민족 지도자들의 눈길을 사로잡는 일이 됐다. 시합이 끝난 후 기자회견에서 클레이는 자신의 이름

---

* 맬컴 가족을 자신의 훈련 캠프로 초대해서 맬컴이 휴식을 취할 수 있게 해 줬다.

맬컴 엑스와 무하마드 알리(캐시어스 클레이)

을 캐시어스 엑스로 바꿨다고 발표하면서, 이슬람민족의 신자임을 드러냈다. 일라이자 무하마드는 이 기회를 놓치지 않고, 세계 챔피언이 이제 공공연한 블랙 무슬림[이슬람민족의 별칭]의 일원이 됐다고 인정했다. 일라이자는 캐시어스 엑스에게 무하마드 알리라는 이름을 하사했다. 정확히 1주일 후 맬컴은 이슬람민족과 결별한다고 공식적으로 발표했고, 캐시어스는 강제로 맬컴과 떨어져야 했다.

대중매체가 그 시합에 히스테리 반응을 보인 것을 감안하면 '무하마드 알리'는 아마 일라이자가 붙일 수 있는 가장 도발적인 이름이었을 것이다. 이제 세계 챔피언이 그만큼 강편치를 날릴 수 있는 이름을 갖고 '백인 악마들'에게 도전하고 있었다.

1964년이 되자 흑인 평등권 운동의 기세와 투지 때문에 미국 의회는 공민권법을, 나중에는 투표권법(1965년)을 통과시킬 수밖에 없었다. 그래서 공식적으로는 인종차별과 짐크로법에 따른 인종격리정책이 금지됐지만, 대다수 흑인들의 삶을 망쳐 놓는 일상적 인종차별은 약해지지 않았다. 또, 인종차별 법률은 없지만 흑인들이 여전히 차별에 시달리는 북부의 사정도 별로 바뀌지 않았다.

바로 그때쯤 맬컴은 막다른 골목에 이르렀다. 자신이 일생을 바쳐 건설해 온 조직으로 돌아갈 길은 사라졌다. 1964년 3월 맬컴은 공식적으로 이슬람민족을 탈퇴했다. 그리고 다음과 같이 말했다. "저는 흑인들의 정치의식을 높이고, 백인 사회와 대립하는 흑인들의 정체성을 강화하고자 … 남부 등지의 지역 흑인 평등권 투쟁에서 협력할 태세가 돼 있습니다."[18] 그는 종교적 미사여구를 버리고 공공연히 정치적 주장을 하면서, 자신과 이슬람민족의 결별은 개인적인 것이 아니라 정치적인 것이라고 강조했다. 그렇지만 흑인 분리주의 신념은 여전히 고수했다.

맬컴은 이슬람민족과 결별한 뒤 조금도 시간을 낭비하지 않고 새로운 조직을 건설하기 시작했다. 그는 흑인의 자부심과 스스로 조직하기라는 구호 아래 운동의 여러 부문에 영향을 미쳤고, 반대로 운동도 그에게 영향을 미쳤다. 이 변증법적 관계를 통해 맬컴은 생애 마지막 해에 엄청난 변화와 발전을 경험하게 됐다.

그렇지만 맬컴에게 그 결별은 결코 쉽지 않았다. 그는 흑인 정치의 다른 부문을 대변하는 사람들과 오랫동안 논쟁할 때 항상 이슬람민족의 노선을 근거로 자신의 주장을 정당화했다. 그런데 이제는 자신의 사상을 만들어 내서 다시 한 번 정치 무대에서 독립해야 했다.

이슬람민족과 결별한 직후, 그리고 하지(모든 무슬림이 살아 있을 때 한 번은 수행해야 할 의무로서, [사우디아라비아의] 메카로 성지 순례를 가는 것)를 떠나기 전에 맬컴은 '사단법인 무슬림 모스크'를 설립했다. 이슬람민족을 본떠 만든 이 조직은 맬컴이 정치적·영적 여행을 하는 동안 지지자들을 결집하고 유지하기 위한 것이었다. 맬컴은 하지와 아프리카 여행을 이용해 '사단법인 무슬림 모스크'와 국제 이슬람 세계를 연결하려 했다.

그는 종교적 조직과 정치적 조직을 따로 만들어서, 전에 이슬람민족 깃발 아래서는 불가능했던 광범한 조직화를 이루고 싶었다. 그렇게 하면 자신의 충실한 지지자들을 '사단법인 무슬림 모스크'에 집결시켜 국제 무슬림 사회에서 인정받는 한편으로, 미국과 아프리카에서 흑인 평등권 운동가들이나 혁명가들과도 함께 운동을 전개할 수 있을 것이라고 생각했다.

맬컴은 자신이 하지 도중 써 보낸 편지들을 읽고 지지자들이 충격에 빠질 것이라는 점을 잘 알고 있었다. 그 편지에서 맬컴은 자신이 정통 수니파 이슬람으로 개종했고 흑인과 백인 사이의 장벽을 무너뜨렸다고 말했다. 그는 이슬람민족의 방식들을 거부하고, 흑인 평등권 운동 지도자들이나 진보적 백인들과 함께 조직하는 대안적 방식을 기꺼이 받아들였다.

몇 년 전[1959년]에도 맬컴은 이슬람민족의 이름을 널리 알리고 더 광범한 이슬람 세계와 이슬람민족을 연결하기 위해 일라이자 무하마드의 특사 자격으로 중동과 아프리카를 순방한 적이 있었다. 당시 그가 만난 사람들은 그의 발전을 격려하면서도 이슬람민족의 가르침, 특히 일라이자가 예언자이며 이슬람민족의 창시자인 파드가 알라의 화신이라는 주장을 경계하라고 말했다. 이번에 맬컴은 어떤 조직적 연계도 없이 자유롭게 여행했는데, 그것은 맬컴의 정치적 변화에 큰 도움이 된다.

범아프리카주의 시대의 혁명가 되기

맬컴은 하지를 떠나면서 북아프리카와 중동 지도를 가져갔다. 그의 목표는 첫 해외 순방 때 자신을 환영해 준 국가들과 그 밖에도 더 많은 국가를 방문하는 것이었다.

하지와 아프리카 순방 경험을 통해 맬컴은 자신이 오랫동안 간직한 '백인 악마' 신념에 의문을 품게 됐다. 그가 처음 들른 곳은 이집트의 카이로였다. 그가 비행기에서 내렸을 때 "세계 도처에서 성지 순례에 나선 무슬림임이 분명해 보이는 사람들이 서로 껴안고 포옹하고 야단이었다. 온갖 피부색의 그들은 대체로 따뜻하고 다정한 분위기였다. 문득 이곳에는 정말로 피부색 문제는 전혀 없다는 생각이 들었다. 마치 내가 막 교도소에서 나온 것 같은 느낌이었다."[19] 영적 여행에서 첫 발걸음을 내딛자마자 이미 그의 핵심 신념이 흔들리고 있었다. 즉, 흑백 분리의 필요성에 관해 이슬람민족에서 배운 모든 것을 의심하게 됐다.

당시 이집트 사회는 가말 압델 나세르 장군의 통치가 8년째 이어지고 있었다. 그는 아랍 민족주의를 중심으로 지기 기반을 구축해 이집트에서 영국을 몰아내고 권력을 장악했다.

당시 아랍 민족주의는 억압받는 사람들의 정체성이었다. [서구 열강의] 식민지 점령 치하에서 아랍인이 2등 시민 취급을 당하는 상황은 공통의 아랍 정체성이 있다는 사상을 강화시켰다. 아랍 민족주의는 계급 차이를 뛰어넘어 모든 아랍인을 식민지 지배자들에 대항하는 공동 투쟁으로 단결시켰다. 그 사상은 나중에 가나의 지도자 콰메 은크루마가 주장한 범아프리카주의와 잘 맞았다. 범아프리카주의는 반反제국주의 깃발 아래 아프리카의 모든 독립국을 단결시키려는 구호였다.

범아프리카주의는 신생 독립국들이 강력한 연합을 형성해서 서구에 대항할 수 있다는 희망과 염원을 나타냈다. 그 핵심 신념은 "아프리카인들은 대륙에 있든 전 세계에 흩어져 있든 공통의 역사와 공통의 운명을 공유한다"는 것이었다.[20]

범아프리카주의 운동은 때때로 급진적이고 심지어 혁명적인 것처럼 보였지만, 그 운동에서 노동계급의 요구들은 항상 민족의 이익으로 대체됐다. 그래서 장기적으로는 독립을 쟁취한 운동들이 질식사했다. 그러나 1960년대와 1970년대에 범아프리카주의는 자유의 햇불이었고, 아프리카인들의 힘과 회복력을 보여 줬다.

이집트에서 나세르는 중요한 개혁을 실행해서 많은 사회집단의 지지를 끌어냈다. 맬컴은 이집트의 산업화와 공공시설 수준이 높은 것을 보고 놀랐다. 그것은 경제 발전을 통해 서구에 대항하고자 건설된 것이었다. 불행히도 맬컴 사후에 나세르의 후임 정부들은 서구에 대항하기를 포기했다. 그들은 나세르가 단행한 개혁들을 심각하게 제한했고, 국가를 파괴한 것이 아니라 운영했기 때문에 양보와 타협을 할 수밖에 없었다.

맬컴이 이집트를 거쳐 사우디아라비아로 갈 때 탄 비행기 안에는 "피부가 백색·흑색·갈색·홍색·황색인 사람들이 한데 모여 있었고, 푸른 눈과 금발도 있었으며, 나처럼 붉은 곱슬머리도 있었다. 이들은 모두 형제였다!"[21]

이런 경험과 메카에서의 강렬한 영적 깨달음을 통해 맬컴은 정통 수니파 이슬람으로 개종했다. 이슬람민족이 설교한 이슬람을 공식적으로 폐기한 것이다. 메카에서 맬컴은 [이슬람의] 모든 것을 맨 처음부터 다시 배워야 했고, 자신이 아는 게 얼마나 없는지를 깨닫고 큰 충격을 받았다.

반식민지 투쟁의 영향을 받고 있던 아프리카의 여러 나라를 여행하면서 맬컴은 인종차별에 맞서 어떻게 싸울지를 구상하기 시작했고, 자본주의가 문제라는 결론을 끌어냈다. 그는 다음과 같은 유명한 말을 했다. "[자본주의 체제는 남의 불행을 이용해 먹지 않으면 작동할 수 없습니다. 자본가가 되려면 남의 피를 빨아먹을 수 있어야 합니다.] 자본가는 바로 흡혈귀 같은 사람입니다."[22]

이런 경험을 통해 맬컴은 혁명 개념과 사회를 변화시킬 힘이 누구에게 있는지에 관한 사상을 발전시키고 있었다. 그가 생각하는 혁명은 억압받는 사람들이 집단적으로 들고일어나서 국가를 통제하는 것이었다. 아프리카 여행은 이런 생각을 강화시켰다. 아프리카에서는 흑인들이 계급과 상관없이 대중 시위에 동참했기 때문이다. 맬컴도 사회주의라는 말을 사용하고 있었지만, 사회주의자들이 주장하는 것은 노동계급의 자력 해방, 즉 흑인과 백인 노동자들이 자신의 삶을 스스로 통제하는 것이다.

맬컴은 아프리카를 여행할 때 바로 이 결정적 요소와 동떨어져 있었다. 아프리카에서 그는 항상 국가 지도자들이나 왕실 인사들과 함께 있었고, 평범한 사람들과 분리돼 있었다. 그의 다양한 발언과 연설은 대학 교수나 정부 관리들을 상대로 한 것이었다. 그 덕분에 국제적 인물로서 그의 명성은 높아졌지만, 그는 기층 투쟁에서 멀어졌다.

맬컴이 가나에 도착했을 때 그 나라는 [영국에서] 독립한 지 7년째였다. 일찍이 1960년에 흑인 마르크스주의 저술가 CLR 제임스는 "오늘날 세계혁명의 중심지는 바로 여기 아크라[가나의 수도]다" 하고 단언했다.[23] [가나의 초대 총리와 대통령을 지낸] 콰메 은크루마는 민족 투쟁의 지도자였다. 그는 대중 선동, 파업, 보이콧, 폭동을 이용하는 급진적 대중운동을 이끌었다.

은크루마는 범아프리카주의의 지도적 이론가였고, 자본주의와 제국주의를 반대하는 원칙적·비타협적 입장 때문에 아직도 엄청나게 사랑받고 있다.

가나 독립 후에 그는 다음과 같이 선언했다. "가나의 독립은 아프리카 전체의 해방과 연결되기 전까지는 아무 의미가 없다."[24] 그래서 모든 아프리카 국가들이 동등한 발언권을 갖는, 해방된 아프리카합중국을 건설하는 과업에 착수했다. 그는 유럽과 미국 자본의 경제적 지배에서 벗어나 자립하고 싶었고, 아프리카의 경제력이 서구를 능가할 수 있다고 생각했다. 그러나 민족적 단결을 강조하는 은크루마의 입장은 계급 차이를 흐릿하게 만들었고, 맬컴이 도착했을 때쯤 가나는 일당독재 국가가 돼 있었다.

그 국가는 범아프리카주의자들의 단결을 위한 주요 수단이 됐지만, 평범한 사람들의 이익이 그 국가와 충돌하게 됐을 때 그들을 지켜 줄 수단은 없었다. 맬컴이 가나에 체류하는 동안 (나중에 미국의 흑인 운동에서 지도적 구실을 하게 되는) 마야 앤절로를 포함해 가나에 거주하던 미국 흑인들이 ['맬컴엑스위원회'를 만들어] 기자회견이나 강연회 등 행사 일정에 맞춰 그를 차로 태워다 줬다. 바쁜 일정 중에 맬컴은 가나 대통령 관저에서 은크루마를 만나 범아프리카주의에 관해 논의했다. 맬컴은 아프리카계 미국인들의 상황과 그들이 투쟁에서 차지하는 위치에 관해 주장했다. 이것이 발단이 돼 나중에 아프리카계미국인단결기구가 만들어졌다(이 기구는 은크루마가 주도한 아프리카단결기구를 본뜬 것이었다). 맬컴은 알제리에 도착할 무렵[1964년 5월 19일] 새로운 조직을 위한 정치적 토대를 다져 놓고 있었다.

알제리에서는 민족해방전선이 프랑스의 식민 지배에 맞서 무장 저항을 이끌었다. 이에 프랑스 국가는 강력한 탄압으로 대응했다(특히 1957년 이후 탄압의 강도가 세졌다). 프랑스는 알제리 민족해방전선 지도자들을 추적·체포·살해했다. 민족해방전선은 직접적인 군사적 대결에 집중하는 쪽으로 방향을 바꿨고, 투쟁은 위에서 아래를 통제하는 식으로 바뀌었다. 그러나 마침내 프랑스 국가를 협상 테이블로 끌어낸 것은 바로 1960년 12월에 분출한 노동계급의 저항과 시위였다. 당시 프랑스 대통령 샤를 드골 장군이 4일간 알제리를 방문하자 대규모 시위와 폭동, 파업이 벌어졌고, 곧이어 알제리는 독립했다.

알제리는 맬컴에게 지대한 영향을 미쳤다. 그는 알제리를 보면서 투쟁이 단지 인종 간 충돌만은 아니라는 것을 알게 됐다. 그는 [1964년 3월] 다음과 같이 말했다. "저는 또 미국에서 '검둥이 혁명'이라고 부르는 것이 사실은 속임수에 불과하다는 것도 그들[흑인들]에게 말할 것입니다. 이 점은 이른바 이 [검둥이] 혁명이 지난해에 어떤 긍정적 결과도 낳지 못했다는* 사실을 보기만 해도 분명히 알 수 있습니다. 저는 그들에게 진정한 혁명이 어떤 것인지를 말해 줄 것입니다. 프랑스 혁명, 미국 혁명, 알제리 혁명 같은 것이야말로 진정한 혁명입니다. 유혈 사태 없는 혁명은 없습니다."[25]

그러나 다른 많은 아프리카 나라들과 마찬가지로 알제리에서도 억압자가 누구인지는 확실했다. 대다수 경우에 유럽 열강의 군대가 아프리카 나라들을 점령하고 군사적으로 지배하고 있었다. 그러나 미국에서는 억압자들이 누구이고 이에 맞서 싸울 힘이 있는 집단이 누구인지를 확인하는 것이 더 힘들었다.

아프리카 민족주의가 승리하는 분위기에 휩쓸려 맬컴은 사회주의를 흑인 해방의 열쇠로 보기 시작했다. 그는 "인종차별 없는 자본주의는 존재할 수 없다"고 말했고,[26] 인종차별과 자본주의를 반대하는 사람들은 대개 사회주의자라고 생각했다. 그러나 신생 독립국들에서 장려된 사회주의는 미국 제국주의에 반대해서 소련과 동맹하

---

* 워싱턴 행진을 비판하고 있다.

는 것을 정당화하는 한 방편이었다. 또, 그 사회주의는 국가 소유를 통해 세계 수준에서 경쟁할 수 있는 일국적 산업 기반을 건설하는 것도 의미했다. 이것이 맬컴의 사회주의 개념을 지배했고, 그래서 독립운동에서 노동계급이 한 영웅적 투쟁보다는 신생국 정부들의 조치에 더 주목하게 만들었다.

맬컴은 사람들의 삶을 파괴하는 자본주의의 대안을 끊임없이 모색했고, 범아프리카주의식 사회주의가 가장 진보적 대안이라고 생각했다. 그것은 식민주의에 도전하고 있었을 뿐 아니라, 실제로 승리하고 있었다.

그러나 신생국 정부들은 그들에게 세계 수준의 경쟁을 강요하는 체제에 묶여 있었다. 그들이 운동에서 멀어져 국익을 대변하려 하자 독립운동의 성과들은 상실됐고 노동자의 권리를 억압하는 조치들이 도입됐다. 50여 년이 지난 뒤에 그 투쟁들을 돌아보며 오류를 비판하기는 쉽다. 그러나 식민 지배에 맞서 싸운 아프리카인들의 용감한 투쟁은 전 세계의 활동가들에게 영감을 줬다. 당시에는 그들이 진정한 평등을 이루지 못할 것이라는 점이 확실하거나 분명하지 않았다. 맬컴이 끌어낸 결론은 그런 맥락에서 볼 필요가 있다.

맬컴은 [1964년 7월에] 다시 한 번 아프리카 여행을 떠나서 그해 말[11월]에 미국으로 돌아왔다. 이 두 번째 여행에서 그는 케냐 마우마우단의* 영향을 엄청나게 받았다. 마우마우단은 케냐산을 중심으로 깊은 산속에 숨어서 영국의 식민 지배에 저항하는 게릴라 전

---

* 마우마우(Mau Mau)단의 정식 명칭은 '케냐 토지와 자유 군대'(KLFA)였다.

쟁을 벌였다. 그들이 초기에 발행한 리플릿은 조직의 투지를 다음과 같이 밝혔다. "우리는 저들에 맞서 싸울 것이다. 총을 가진 사람은 총을 사용하라. 칼을 가진 사람은 칼을 사용하라. 마체테,* 몽둥이, 화살을 가진 사람은 그것들을 사용하라."

마우마우단은 다른 주민들과 분리된 데다 영국군의 수가 압도적으로 많았다. 그래서 1956년쯤 마우마우단은 패배했다. 그러나 영국에 대한 분노는 사라지지 않았다. 케냐 독립운동에는 불행하게도 조모 케냐타가 운동의 통제권을 장악했다. 그는 자유를 위해 싸운 전사들의 요구를 배반하고, 자신의 정권과 영국 사이에 긴밀한 유대 관계를 구축했다.

당시 미국 연방수사국은 맬컴이 어디를 가든 미행했다. 그들은 맬컴이 [할렘의] 경찰서 앞에서 사람들의 이목을 끄는 행동을 한 이래로 그를 엄중히 감시했다. 맬컴의 전화를 광범하게 도청하고, 아프리카 여행지를 가는 곳마다 쫓아다니고, 이슬람민족에도 침투했다. 맬컴이 이슬람민족에서 흑백 분리를 역설하고 있을 때는 멀찍이서 감시했다. 그러나 그의 정치가 발전하면서 아프리카의 신생 독립국들을 돌아다니자 미국의 핵심 국가기구의 등골이 서늘해졌다. 그들은 아프리카의 혁명가들과 반제국주의자들이 걸어간 길을 맬컴이 따라갈까 봐 두려워서 그를 밀착 감시했다.

---

* 마체테(machete) 열대 지방에서 나무를 베어 길을 내거나 사탕수수 같은 작물을 자르는 때 쓰는 외날의 큰 칼이다.

어떻게 조직할 것인가

맬컴은 1964년 6월 공개 집회에서 아프리카계미국인단결기구의 창립과 그 헌장을 발표했다. 그는 흑인 평등권 운동으로 끌려 들어온 사람들의 도움을 받았다. 그중에는 남부 지역 교회들을 통해 지지를 얻으려고 애쓰는 종교 인사들도 있었고, 학생비폭력조정위원회에서 새로운 급진파들을 이끌고 있는 사람들도 있었다. 흑인 평등권 운동에 영향을 미칠 수 있는 조직을 건설하는 데서 결정적인 것은 운동의 다양성을 인정하는 것이었다.

사실 맬컴은 이슬람민족에 있을 때도 흑인 평등권 운동이 전진하도록 만들려면 단결이 필요하다는 것을 인정하고 있었다. 자격정지 처분을 받기 몇 달 전[1963년 11월]에 그는 "보통 사람들에게 보내는 메시지"라는 연설에서 다음과 같이 말했다. "여러분과 저는 우리 사이의 차이를 잊는 법을 배울 필요가 있습니다. … 여러분이 침례교인이라고 해서 욕을 먹지는 않습니다. 감리교인이라고 해서 욕을 먹지도 않습니다. … 여러분은 흑인이기 때문에 욕을 먹습니다. … 우리에게는 공통의 적이 있습니다. … 우리에게는 공통의 억압자, 공통의 착취자, 공통의 차별자가 있습니다. 그러나 일단 우리가 모두 이 공통의 적을 깨닫고 나면, 우리의 공통점을 바탕으로 단결할 수 있습니다. 그리고 우리의 가장 중요한 공통점은 바로 이 공통의 적이 백인이라는 사실입니다." 아프리카계미국인단결기구를 만들 때 그는 이 말을 흑인 평등권 운동에 적용하고 있었지만, 이슬람민족의 분리주의 언어는 없었다.

아프리카계미국인단결기구가 설립되고 나서 한 달 뒤에 연방수사국장 존 에드거 후버는 그 조직이 미국의 국가 안보에 위협이 된다는 보고서를 받았다. 맬컴의 [정치적] 발전을 예의 주시하던 연방수사국은 이제 그 조직을 만만찮은 도전으로 여기고 있었다.

맬컴과 존 헨리크 클라크[흑인 저술가, 역사학자]가 함께 작성한 아프리카계미국인단결기구의 기본 단결 계획에는 4가지 주요 내용이 들어 있었다. 첫째는 아프리카와 다시 소통하고자 노력하는 '복원'이었다. 둘째는 아프리카의 유산을 이해하는 쪽으로 방향을 바꾸는 '방향 전환'이었다. 셋째는 "우리 자녀의 정신을 해방시키고" 독자적 문헌을 출판하기 위해 아프리카계미국인단결기구가 이용하는 수단이 될 '교육'이었다. 마지막으로 '경제적 보장'은 다음과 같은 것이었다. "노예해방선언 이후 … 이 나라에서 공통의 기원과 공통의 집단 경험을 지닌 최대의 단일 인종 집단은 아프리카계 미국인들이고 만약 그들에게 경제적·정치적 자유가 허용된다면 단기간에 이 나라를 소유하게 되리라는 것이 분명히 드러났다. 우리는 기술자 은행을 설립해야 한다. 그래서 아프리카의 신생 독립국들이 지금도 필요하고 앞으로도 필요할 기술자들을 얻는 데 그들의 형제인 우리에게 의지할 수 있게 해야 한다."[27]

아프리카계미국인단결기구는 흑인 사회를 흑인이 완전히 통제해야 한다고 계속 주장했고, 이런 블랙파워의 메아리는 흑인 평등권 운동이 전진할수록 더 크게 울려 퍼졌다. 창립 대회에서 맬컴은 아프리카계미국인단결기구의 주요 관심사는 흑인의 인권이지만 유권자 등록 운동이나 등교 거부 투쟁, 집세 납부 거부나 주택 개보수,

마약중독자와 비혼모와 각종 어려움을 겪는 아동들을 위한 사회복지 프로그램 등에도 초점을 맞출 것이라고 말했다. 기본 단결 계획에서는 자기 방어도 거론했는데, 이것은 나중에 블랙파워 운동의 핵심 주장이 된다.

아프리카계미국인단결기구의 주요 목표 하나는 아프리카 국가들의 도움을 받아 유엔에서 미국의 책임을 추궁하는 것이었다. 맬컴은 미국이 다른 세력의 압력을 받지 않으면 변화하지 않을 것이라고 생각했고, 신생 독립국들이 바로 그 다른 세력이라고 봤다. 그러나 식민지 지배자들을 제거한 것은 사회 기층의 대중이었지 세계의 지도자들이 아니었다.

또, 흑인 평등권 운동의 급진파, 때로는 혁명적 분파도 맬컴이 직접행동과 반정부 선동에 참여하게 만들어서 그의 [정치적] 발전을 추동하고 있었다. 따라서 저항의 양극, 즉 체제 내부의 투쟁과 외부의 투쟁이 그를 끌어당기고 있었다.

미국 사회주의노동자당의* 혁명가들은 맬컴이 올바른 방향으로 나아가고 있다고 보고 그의 변화를 환영했다. 그래서 그를 자주 초대해서 노동조합원들이나 마르크스주의자들과 함께 연단에 세워 발언하도록 했다. 당시는 대다수 조직들이 맬컴과 거리를 두던 때였다. 그가 국가의 밀착 감시 대상이라는 사실을 알고 있었고, 과거 그의 이슬람민족 활동이 가져올 영향이 부담스러웠기 때문이다.

---

* 미국 사회주의노동자당(SWP)은 영국 사회주의노동자당(SWP)과 아무 관계가 없다 — 지은이.

미국 사회주의노동자당은 자본주의를 분쇄하기 위해 흑인과 백인 노동계급의 단결을 강화하는 데 집중하고 있었다. 그들은 맬컴과 더 가까워지면 마르크스주의 사상으로 그를 설득할 수 있을 뿐 아니라, 흑인 평등권 운동을 중심으로 정치 활동에 뛰어든 새로운 흑인 활동가층도 얻을 수 있을 것이라고 생각했다.

맬컴의 생애 마지막 몇 달 동안 미국 사회주의노동자당은 그의 변화와 정치적 발전을 강력히 지지하고 격려했다.

최후의 나날과 영국 방문

맬컴의 생애 마지막 몇 달 동안 흑인 평등권 운동은 위기를 겪었고 그 기세는 꺾였다. 미국 정부는 어떤 개혁도 허용하지 않을 것임을 분명히 했다. 1964년 여름 미시시피주에서 벌어진 [흑인] 유권자 등록 운동, 이른바 '자유 여름'의* 결말은 대규모 체포와 살해였다. 그 사이에 도시 봉기가 잇따라 시작됐는데, 이것은 나중에 1960년대 말과 미국 흑인 사회의 특징이 된다.

1964년 4월 맬컴은 "투표권 아니면 총탄을 달라"라는 유명한 연설을 했다. 그 연설은 흑인 평등권 운동 내의 긴장을 보여 줬다. 그는 모든 흑인에게 투표권이 보장돼야 한다고 주장하며 다음과 같

---

* 자유 여름(Freedom Summer) 1964년 6~8월 미시시피주에서 벌어진 흑인 유권자 등록 운동을 일컫는 말로, 이 운동은 이듬해 8월 투표권법이 통과되는 데 기폭제 구실을 했다.

이 말했다. "저는 식탁에 가만히 앉아서 주인이 먹는 것을 지켜보기만 하고 제 접시에는 음식이 전혀 없는데도 스스로 식사에 초대받은 손님처럼 행세하지는 않을 것입니다." 그 연설에서 맬컴은 흑인들이 투표에 참여할 때 발휘할 수 있는 정치적 힘을 묘사하기도 했지만, "투표권이 아니면 총탄을 달라"는 말의 의미는 [사회] 변화를 위해 투표를 했는데도 변화가 이뤄지지 않는다면 그저 가만히 앉아서 기다리지만은 않겠다는 것이라고 경고하기도 했다. "여러분에게 상황이 불리하다고 떠드는 사람의 말은 듣지 마십시오. [만약 저들이 여러분을 징집해서] 한반도로 파병해 8억 명의 중국인과 대치하게 만든다면, 그래서 여러분이 그곳에서 용감히 싸울 수 있다면, 여기서도 용감히 싸울 수 있습니다. [그곳의 상황이 여기보다 더 불리하기 때문입니다.] 그리고 여러분이 여기서 싸운다면, 적어도 무엇을 위해 싸우는지는 알 것입니다."[28]

1964년 말과 1965년 초에 맬컴은 자주 사회주의자들, 흑인 민족주의자들, 흑백 통합주의자들과 함께 연설했다. 그들은 인종차별을 반대한다는 공통의 목표를 중심으로 사람들을 결집하려고 노력하고 있었다. 맬컴은 국제적 유명 인사가 돼 점차 외국을 돌아다니며 연설하고 있었다.

맬컴은 영국을 두 번 방문했다. 1964년 12월 처음 방문했을 때는 옥스퍼드유니언* 토론회에 참가했고, 1965년 2월 두 번째 방문 때

---

* 옥스퍼드유니언 옥스퍼드대학교 학생들의 토론 단체.

는 스메딕을* 들렀다가 버밍엄대학교에서 연설했다. 1964년은 영국 역사상 인종차별이 가장 극심한 선거가 실시된 해였다. 스메딕에서 보수당 후보로 출마한 피터 그리피스는 "여러분의 이웃집에 깜둥이가 살기를 바란다면 노동당에 투표하시오"라는 구호를 내걸었고, 스메딕의 현역 노동당 국회의원은 이민 문제를 보수당[의 느슨한 통제] 탓으로 돌렸고, 흑인과 아시아인의 출입을 금지하는 비공식 인종 분리 술집 위층에 사무실을 두고 있었다.

처음 옥스퍼드대학교를 방문했을 때 맬컴은 "자유를 지키는 데서 극단주의는 악덕이 아니고, 정의를 추구하는 데서 온건한 태도는 미덕이 아니다"라는 주제로 연설했다. 이것은 흑인 평등권 운동에서 논쟁이 되고 있던 자기 방어와 폭력에 관한 주장을 강조하는 것이었다. 흔히 맬컴 엑스는 폭력적이고 마틴 루서 킹 2세는 평화적이라며 둘을 대립시키는 경향이 있다. 그러나 이것은 지나치게 단순한 견해다. 두 사람 모두 고정불변의 존재가 아니었다. 킹과 맬컴의 전술과 투지는 운동의 필수적 요소였고, 두 사람 모두 시대 상황에 따라 변화했다. 킹은 "나에게는 꿈이 있습니다"라는 연설을 한 지 3년 뒤에 폭동은 "무시당한 사람들의 언어"라는 유명한 말을 했다.[29] 또, 베트남전쟁 반대 목소리를 점차 높여 갔다. 사상은 물질적 조건과 함께 변화하기 마련이고, 맬컴과 킹은 모두 주위의 운동과 영향을 주고받았다.

옥스퍼드유니언에서 연설할 때 맬컴은 다음과 같이 말했다. "언제

---

* 스메딕 잉글랜드 중부 버밍엄 근처에 있는 도시.

스메딕 마셜스트리트에서

나 누구든지 노예가 됐거나 자유를 빼앗겼다면, 또 그 사람이 인간이라면, 나는 그가 무슨 수를 써서라도 자유를 되찾으려고 애쓰는 것은 정당하다고 생각합니다." 그 연설에서 맬컴은 콩고 독립운동 지도자이자 민주적으로 선출된 초대 총리 파트리스 루뭄바가 [1961년에] 암살된 것을 거론하며 미국 제국주의를 비판했다. 이것은 오늘날 세계의 지도자들이 테러리즘을 핑계로 자신들의 테러 행위를 옹호하는 위선을 떠올리게 만든다. 그 연설을 관통하는 맬컴의 주제는 억압자의 폭력에 대항하는 피억압자의 폭력이었다.

맬컴의 두 번째 영국 방문은 인도노동자협회의 의장이자 나중에 인종차별 반대 운동과 반反나치동맹의 핵심 인물이 되는 아브타르 줄의 초청에 따른 것이었다.

인도노동자협회 사람들과 함께 스메딕을 방문한 맬컴은 영국 생활의 이면을 볼 수 있었다.

당시 영국에서는 아시아인들에 대한 인종차별적 공격이 있었고, 그 투쟁의 최전선은 버밍엄의 마셜스트리트였다. 백인 인종차별주의자들은 보수당이 지배하는 지방정부가 주택 매물을 모두 사들여서, 백인이 아닌 사람들이 입주하지 못하게 하라고 요구했고, 지방정부는 이 요구를 지지했다. 이런 상황은 맬컴의 방문 한참 후에 중앙정부의 주택부가 마침내 이를 금지할 때까지 지속됐다. 맬컴이 마셜스트리트의 도로 표지판 옆에 서 있는 선동적 사진은 [인종차별에 반대하는] 국제적 연대의 상징이 됐다.

미국으로 돌아온 맬컴은 이슬람민족과 연방수사국의 엄청난 압력을 받게 됐다. 그는 자주 이슬람민족의 살해 위협에 시달렸다. 연방수사국은 이 사실을 잘 알고 있었다. 연방수사국은 맬컴의 생활을 철저히 감시하고 있었으므로 그를 살해하려는 행위를 충분히 저지할 수 있었지만, 아무 일도 하지 않았다. 맬컴이 살해될 때까지 연방수사국은 맬컴 관련 자료 파일을 41개나 모았고 그것은 4000페이지가 넘는 방대한 것이었다.

맬컴이 영국에서 돌아온 다음 날 그의 집이 불에 탔다.

아프리카의 신생 독립국들과 연계된 비타협적 혁명가로서 맬컴의 명성이 높아지자 미국 국가는 점점 더 그를 목에 가시처럼 여기게 됐다.

암살과 유산

맬컴은 최고 절정기에 죽었다. 이슬람민족을 탈퇴한 후 암살당할 때까지 11개월 사이에 그는 이미 국제주의와 체제 변혁 사상을 받아들였고 분리주의를 거부했다. 그는 사상이 변할 수 있다는 것, 혁명가로 태어난 사람은 아무도 없다는 것, 우리가 국가에 도전할 때 국가는 흔들릴 수 있다는 것을 보여 줬다.

맬컴은 1965년 2월 21일 뉴욕 할렘의 오듀본볼룸에서 열린 아프리카계미국인단결기구 집회에서 수십 발의 총알을 맞고 죽었다. 유족으로는 아내인 베티와 여섯 자녀(쿠빌라, 일리야사, 아탈라, 가밀라 루뭄바, 말리카, 말라크)가 있었다.

맬컴 살인범으로 체포된 사람들은 이슬람민족 신자였다. 맬컴의 암살을 둘러싸고 각종 음모론이 있었고, 연방수사국이 사실상 맬컴 암살의 방아쇠를 당겼다고 말하는 사람도 많았다. 맬컴을 살해한 자들에 관해 사람들이 무슨 생각을 하든 간에 미국 국가가 그 암살 사건이 일어나도록 허용했다는 것은 확실하다. 암살 당일 밤* 현장에서 몸수색을 당한 사람은 아무도 없었고, 개인적으로 맬컴을 죽이겠다고 위협한 이슬람민족 신자들도 그곳에 있었으며, 무장한 연방수사국 직원들이 청중 사이에 있었고 출입구에도 서 있었다. 미국 국가는 맬컴이 대변하는 것을 두려워했고, 그가 살해당하는 것을 보고 기뻐했다.

---

* '낮'을 잘못 쓴 듯하다. 맬컴은 오후 3시쯤 살해됐다.

맬컴은 인종차별이 계속되면 엄청난 격변이 일어날 것이라고 정확히 예측했다. 워싱턴 행진 후 겨우 몇 달 만에 미국 전역에서 폭동이 분출했다. 폭동은 흑인과 경찰 사이의 긴장이 최고조에 이른 주요 도시들을 중심으로 분출했다. 가장 중요한 사건은 1965년 8월 로스앤젤레스 남부에서 일어난 와츠 폭동이었다. 와츠는 주민의 압도 다수가 흑인인 지역이었고, 경찰과 지역 주민 사이의 긴장이 한 계점에 이른 순간 폭동이 시작됐다.

[1965년 8월 11일 와츠 지역의] 애벌론 대로와 116번가 모퉁이 근처에서 백인 경찰관 2명이 [흑인] 음주 운전 용의자를 체포하려 하자 사람들이 몰려들었다. 군중은 경찰이 또다시 인종차별적 공격을 자행한다고 생각해서 분노했다. 결국 경찰의 불필요한 물리력 행사가 주민들의 폭동을 촉발했다. 주민들은 오랫동안 계속된 경제적·정치적 고립에 지치고 신물이 난 상태였다. 지역 당국은 주방위군이 투입된 뒤에야 겨우 상황을 다시 통제할 수 있었다.

폭동이 계속된 5일 동안 34명이 죽고 1032명이 다치고 거의 4000명이 체포되고 4000만 달러어치의 재산이 파괴됐다. 그것은 20년 만에 일어난 가장 파괴적인 도시 폭동이었고, 그 뒤 몇 년 동안 디트로이트와 뉴어크를 비롯한 여러 도시에서 일어난 반란들의 전조였다.

이런 폭동의 연료 구실을 한 것은 새로 등장한 활동가층의 투지와 분노였다. 그들은 흑인 평등권 운동의 속도가 너무 느리다고 느꼈다. 흑표범당과 그 밖의 흑인 민족주의 조직들은 이 분노를 이용하고 그 분노가 사회 꼭대기를 겨냥하게 만들 수 있었다.

맬컴 사후의 1960년대는 엄청난 투쟁들이 벌어진 시기였고, 억압에 도전하는 이론들은 최종 시험을 거치게 된다.

흑표범당과 도지혁명적노조운동

1960년대 말에 분출한 흑인 폭동과 반란, 블랙파워의 급진적 정신은 많은 조직들을 통해 표현됐다. 흑표범당과 도지혁명적노조운동은 베트남전쟁에 대한 분노가 커지면서 광범하게 표출되는 상황을 배경으로 성장했다. 이 조직들은 흑인 평등권 운동으로 촉발됐고, 체제 전체에 도전하는 활동가층을 급진화시킬 수 있었다.

흑표범당은 흑인 평등권 운동에서 등장한 급진파들이 1966년 말에 만들었고 그 지도자는 휴이 P 뉴턴과 보비 실이었다. 흑표범당의 핵심적 실천은 [당의 본부가 있는] 캘리포니아주 오클랜드에서 흑인들을 무장시켜 경찰의 행위를 감시하고 경찰의 만행에 도전하는 것이었다. 흑표범당은 혁명가, 마르크스주의자를 자처했다(이것이 뜻하는 바는 그들이 노동계급을 지향한다는 것이었다). 그러나 실제로는 게릴라 저항 조직들의 영향을 크게 받았고, 그들이 노동계급에 관해 말할 때는 "거리의 형제들"에게 초점이 맞춰져 있었다.

흑표범당은 블랙파워 운동에서 출현한 가장 상징적이고 멋진 조직이었다. 검은색 옷을 맞춰 입고 베레모를 쓰고 검은 표범을 단체의 상징으로 내세운 그들은 결코 무시할 수 없는 존재였다.

그들은 경찰의 폭력에서 흑인들을 보호하기 위해 [무장한 당원들

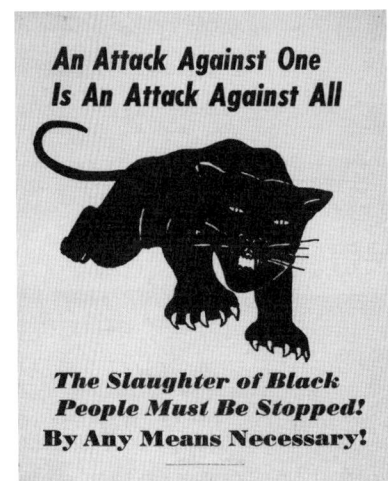

흑표범당의 포스터 "한 사람에 대한 공격은 모두에 대한 공격이다", "흑인을 도살하는 자들은 저지돼야 한다! 필요하다면 무슨 수를 써서라도!"라고 쓰여 있다

이 법전을 들고 경찰 뒤를 따라다니는] '경찰 감시' 활동을 펼쳤다. 제복을 입은 남녀 흑인들이 총을 들고 돌아다니는 모습은 당연히 경찰에게 두려움을 심어 줬다. 그러나 폭동 기간에 두들겨 맞고 철창에 갇힌 사람들에게는 영감을 줬다. 맨주먹으로 경찰에 맞서 싸우는 것보다는 스스로 무장하는 것이 실행 가능한 대안으로 보였다. 잠시 동안 그들은 자기 지역에서 안전해졌다. 불행히도 일단 국가가 흑표범당과 전쟁에 돌입하자 그 대안은 실패의 원인이기도 하다는 것이 드러났다. 그러나 짧은 존속 기간에 흑표범당은 당원과 지지자들의 생활을 바꿔 놨고, 인종차별뿐 아니라 젠더와 계급, 레즈비언·게이·양성애자·트랜스젠더 차별 같은 다른 불평등에도 어떻게 도전할 것인지를 두고 논쟁했다.

흑표범당의 10가지 강령은 사회적·경제적 정의를 추구하는 반反자본주의적 관점을 요약해 놓은 것이었다. 그 10가지는 자유, 고용,

"인종차별에 한 방 날리자" 1969년 도지혁명 적노조운동이 만든 파업 호소 전단

자본가의 약탈 종식, 괜찮은 주택, "우리의 진짜 역사" 교육, 병역 거부, 경찰의 만행과 살인 종식, 구치소와 교도소에 수감된 "모든 흑인 석방", 흑인에게 공정한 재판 보장, 그리고 마지막 하나는 미래 사회의 비전을 요약한 것인데, 의식주와 토지, 교육, 정의, 평화를 원한다는 것이었다.

이런 요구들은 인종차별 체제의 피해자인 평범한 사람들에게 호소력이 있었다. 그것은 오늘날에도 여전히 투쟁해서 쟁취할 요구들이다.

흑표범당은 북부의 흑인 빈민가에서 전개하는 체계적 운동, 빈곤에 허덕이며 가장 불만이 많은 흑인들에게 다가가는 활동을 통해 점차 지지자와 당원을 늘려 갔다. 그들은 다양한 지역사회 봉사 활동과 사회복지 사업을 전개했는데, 그중에서도 가장 유명한 것은 아동에게 무료로 아침 식사를 제공하는 것이었다. 그것은 국가가

포기해 버린 흑인 지역사회를 도와주는 방편이기도 했지만, 스스로 지역사회에서 존중받는 활동가로서 확실히 자리를 잡으려는 방법이기도 했다.

흑표범당의 활동은 엄청나게 인기가 많았고, 그 덕분에 미국 전역에서 존경을 받게 됐다. 그러나 국가는 흑표범당이 창립하자마자 위협으로 인식했다. 연방수사국장 존 에드거 후버가 흑표범당에 보인 반응은 아프리카계미국인단결기구에 보인 반응의 판박이였다. 그는 흑표범당이 "나라의 국내 안보에 대한 최대 위협"이라고 말했다.

흑표범당의 전성기에 당원은 약 1만 명이었고 지지자는 더 많았으며 흑표범당이 발행한 신문의 구독자는 25만 명이나 됐다. 그만한 규모와 엄청난 영향력을 지닌 혁명적 운동은 국가를 겁먹게 만들었다. 그래서 국가는 무자비한 탄압으로 대응했다. 연방수사국은 흑인 빈민가에 크랙 코카인을 대량으로 유포했고, 순수 코카인보다 크랙 코카인을 더 가혹하게 처벌하도록 법률을 바꿨다.

연방수사국은 흑표범당의 핵심 당원들을 암살하고 거리에서 무차별 총격전을 벌였다. 또, 조직 폭력배들과 흑표범당이 서로 싸우도록 부추겼다. 가장 중요한 것은 흑표범당으로 침투해서 안에서 조직을 분열시킨 것이었다. 그래서 흑표범당 내부에서 막연히 서로 의심하는 분위기가 형성돼 조직이 마비되고 국가에 주의를 집중하기보다는 당원들끼리 서로 공격하는 지경에 이르렀다.

결국 흑표범당의 혁명적 정치는 그 지도자들과 이론가들이 조직을 떠나 지방정부에서 일을 맡거나 국가에 살해당하면서 유실되고 말았다. 흑표범당은 흑인 사회의 가장 주변화한 부문에 초점을 맞추고 소수의 헌신적인 직업 혁명가들이 광범한 노동계급 대중의 행동을 대신하다 보니 (흑인 노동자뿐 아니라 백인 노동자도 포함하는) 노동계급의 자력 해방 가능성을 못 보게 됐다.

흑표범당이 흑인 지역사회에서 활동하는 데 집중한 반면, 도지혁명적노조운동은 디트로이트의 [크라이슬러의 도지 사업부가 제조하는] 자동차 공장에서 흑인 혁명가들이 노동계급 사이에서 선동적 활동을 하는 조직이었다. 도지혁명적노조운동은 1968년에 생산 현장인 작업장 내 노동자들의 힘을 보여 준 비공인 파업 뒤에 만들어졌다. 그 목표는 흑인들의 힘과 노동자들의 힘을 연결하는 것이었다. 그들은 작업 중단과 비공인 파업을 이끌었고, 자본가의 권력에 도전해서 요구들을 쟁취했으며, 포드와 제너럴모터스 같은 다른 자동차 회사의 공장에서도 혁명적노조운동 조직을 만들었다. 도지혁명적노조운동이 존재한 기간에 총에 맞거나 법정에 서거나 교도소에 수감된 회원은 단 한 명도 없었다(여기서 그들의 강점이 여실히 드러난다).

1969년에 혁명적노조운동 조직들이 모여서 혁명적흑인노동자동맹을 만들었다. 이것은 다른 노조들이 행동에 나서도록 압박하고 자본가들을 수세로 몰아넣는 데서 중대한 진전이었다. 그러나 백인 노동자들과 함께 투쟁하려 하지 않았기 때문에, 결국 자본가들이 노동자들을 이간질해서 각개 격파할 수 있게 해 줬다. 그래서 그들의 운동은 약해졌고, 그들에게 우호적이거나 혁명적인 다수의 백인 활동가들한테서 고립되고 말았다.

흑표범당과 도지혁명적노조운동은 모두 진정한 분노와 투쟁 염원에서 성장해 나왔지만, [사회변혁의] 실질적 힘과 인종차별의 뿌리가 어디에 있는지를 분명히 파악하지 못한 것이 두 운동에 치명적 약점으로 작용했다. 흑표범당은 노동계급과 관계 맺지 않았고, 도지혁명적노조운동은 백인 노동자들과 함께하기를 거부했기 때문에 국가가 그들의 잠재력을 무력화할 수 있었다. 여기서 제기되는 물음은 맬컴 엑스가 답하고자 애썼던 물음이기도 하다. 어떻게 해야 우리는 진정한 해방을 이룰 수 있을까?

맬컴 엑스의 현대적 의미

맬컴의 인기는 그가 대변한 운동의 영향력을 입증한다. 투쟁성을 논할 때 우리는 여전히 그를 우러러보게 되고, 흑인 평등권 투쟁에서 영감을 얻고자 하는 사람들은 거의 모두 그를 존경한다.

맬컴이 옥스퍼드유니언에서 한 연설은 중대한 논쟁을 불러일으켰고, 국가가 왜 그토록 맬컴을 증오했는지를 알 수 있게 해 준다. 그는 억압받는 사람들의 자기 방어는 정당하다고 주장했고, 이 체제는 부당하고 기만적이며, 체제의 피해자들이 분노해서 항의하면 오히려 그들을 비난한다는 사실을 알고 있었다.

인종차별적 체제에 대한 맬컴의 반응을 우스꽝스럽게 묘사하는 사람들은 평화적인 마틴 루서 킹 2세와 맬컴을 비교하면서 부정적으로 이야기한다. 그러나 진실은 더 복잡하다. 킹은 용감한 투사였지만 체제의 틀 안에서 활동하려 했다. 운동의 절정기에 국가는 킹을 때때로 안전장치 구실을 할 수 있는, 더 다루기 쉬운 위협 요인

"인종차별 없는 자본주의는 존재하지 않는다 — 맬컴 엑스"

으로 봤다. 바로 이 때문에 두 사람에 관한 논의가 흔히 둘을 대립시키는 틀을 벗어나지 못하는 것이다. 그러나 킹도 생애 말년에는 더 급진적 주장을 공공연히 했고, 국가의 추적을 받았다. 미국 정부에 배신당한 뒤에 킹은 심지어 다음과 같이 말하기도 했다. "우리의 요구들이 온건하다고 느꼈기 때문에 나는 거의 아무 문제없이 그 요구들이 받아들여질 것이라고 생각했다. … 그러나 이 경험에서 나는 교훈을 배웠다. 강력한 저항에 부딪히지 않으면 아무도 자신의 특권을 포기하지 않는다는 사실을 나는 알게 됐다. 또, 인종격리정책의 근본적 목적은 단지 그들을 격리하는 것이 아니라 격리당한 자들을 억압하고 착취하려는 것이라는 사실도 알게 됐다."[30]

맬컴의 사상이 오늘날에도 공감을 얻는 이유는 그가 1950년대와 1960년대에 말한 것이 안타깝게도 여전히 사실처럼 들리기 때문이다. [맬컴 사후] 50년이 지났고 그동안 중대한 투쟁들도 있었지만 흑인들의 상황은 아직도 매우 열악하다. 그래서 "흑인 목숨도 소중하다"고 적힌 현수막을 들고 행진해야만 한다고 다들 생각한다. 수많은 흑인이 백악관 자체를 포함해서 힘 있는 여러 자리를 차지하고 있다는 사실에도 불구하고 그렇다. 흑인 평등권 운동의 성과들이 후퇴했다는 바로 그 이유 때문에 사람들은 새로운 대안을 모색하고 있다.

맬컴은 죽을 때쯤에는 흑인과 백인의 단결을 적극적으로 모색하고 있었다. 그가 장족의 발전을 했다는 것을 인정하면서도 그가 저지른 실수들을 비판적으로 살펴보는 것이 중요하다. 그래야 우리가 똑같은 실수를 되풀이하지 않을 것이다. 흑표범당과 맬컴은 모두 자본주의가 자신들이 직면한 인종차별의 뿌리라는 것을 인정했지만, 그들이 이루고자 하는 변화의 주체가 노동계급이라는 결론에 이르지는 못했다.

맬컴이 남긴 유산이자 오늘날 혁명적 사회주의자들이 수행해야 하는 과제는 바로 억압받는 사람들의 호민관이 돼서 모든 불의에 맞서 싸우고 (자신들의 이익에 맞게 억압을 끊임없이 재생하는) 상위 1퍼센트를 정면으로 겨냥하는 것이다.

우리도 맬컴처럼 "필요하다면 무슨 수를 써서라도" 싸워야 한다.

이 글의 지은이 **앤터니 해밀턴**은 영국의 인종차별 반대 활동가이고 영국 사회주의노동자당(SWP) 당원이다.

10장

마틴 루서 킹

들어가며

　오늘날 마틴 루서 킹과 그가 이끈 흑인 평등권 투쟁을 공공연히 비판하는 사람은 거의 없다. 사실 이곳 영국과 미국의 지배자들이 모두 킹의 삶을 칭송한다. 전 영국 총리 데이비드 캐머런은 이주민 혐오를 정치에 주입하는 데 한몫했는데, 그런 인간조차 2015년에 "[킹은 — 지은이] 여전히 수많은 사람에게 영감을 주고 있습니다. … 그의 꿈을 결코 잊지 맙시다" 하고 말했다. 심지어 미국 대통령 도널드 트럼프조차 전혀 비꼬는 기색 없이 킹은 "내가 평생 연구하고 주목하고 존경한 사람"이라고 말했다.
　그렇게 역겨운 자들이 오늘날 킹을 칭송하는 이유 하나는 킹이 평생 붙들고 싸운 문제들이 이제 해결됐다고 여기기 때문이다. 미국의 초기 역사에서 부의 원천이던 플랜테이션 노예제가 이제는 역사책에나 나오는 이야기가 됐듯이 킹이 반대한 인종 격리 제도 역시 마찬가지라는 것이다. 킹은 '안전한' 인물로 여겨지기도 한다. 왜냐하면 나중에 흑인 해방 운동을 지배하게 된 급진적 미사여구와 전략보다는 킹이 역설한 기독교식 용서와 비폭력 원칙이 덜 위협적이라고 생각되기 때문이다. 그러나 이렇게 말만 용감하고 행동은 '유순한' 사람처럼 킹을 우스꽝스럽게 묘사하고 자유주의적 반항아 취급하는 것은 사실과 매우 다르다.

베트남전쟁을 반대하는 주장이 미국의 주류 사회에서 받아들여지기 전에 이미 베트남전쟁을 반대하고 나선 킹이 과연 권력자들의 눈에는 어떻게 보일까? 빈민들의 워싱턴 행진을 조직하겠다며 다음과 같이 말한 킹은 또 어떤가? "사람들이 워싱턴으로 몰려와서, 필요하다면 거리 한가운데 앉아서 이렇게 외쳐야 합니다. '우리가 여기 있다. 우리는 가난하다. 우리는 돈이 없다. 너희가 우리를 이렇게 만들었다. … 너희가 뭔가 조치를 취할 때까지 우리는 여기를 떠나지 않겠다.'" 또, 점점 더 가차 없이 체제를 비판하고 혁명을 이야기한 킹, 미국 정부와 연방수사국이 "우리나라에서 가장 위험한 검둥이"라는 딱지를 붙인 킹은? 멤피스시에서 파업에 들어간 폐기물 수거 노동자들을 지원하다가 모텔 발코니에서 총을 맞고 죽은 킹은?

그 답은 마틴 루서 킹에 대한 급진적 해석, 특히 생애 말년의 킹에 대한 급진적 해석은 체제가 쉽게 받아들일 수 없는 것이므로 수많은 진부한 이야기와 기념 행사를 통해, 킹을 성인처럼 만들어서 그런 해석을 지워 버려야 한다는 것이다. 킹이 흑인 평등권 운동에 뛰어들었을 때 그는 행동할 태세가 돼 있는 완성된 지도자가 아니었다. 사실 몽고메리 시절 초기[1954~1955년]에는 심지어 자신을 지도자로 생각하지도 않았다. 이런저런 투쟁 경험 덕분에 그는 자신의 사상을 발전시키고 다양한 주제, 특히 경제·사회 체제에 관한 자신의 견해를 문제 삼고 바꿀 수 있었다.

오늘날 지배자들은 1950~1960년대에 킹이 반대한 인종차별적 짐크로법이 현대 자본주의와 어울리지 않는 모종의 일탈이었다고 당연하게 여긴다. 확실히, 인종이 다른 사람들이 서로 섞이는 것을 금지하는 법률이나 '유색인' 전용과 '백인' 전용 팻말이 공공연히 붙어 있는 지역, 흑인이 무자비한 린치에 흔하게 희생되는 시절은 정말로 사라졌다. 그러나 킹이 맞서 싸운 인종차별은 여전히 남아 있다.

오늘날 [미국에서] 무장하지 않은 흑인이 경찰의 총에 맞아 죽을 확률은 백인보다 7배나 높다. 아프리카계 미국인 여성의 임금은 백인 남성의 64퍼센트도 안 되고, 교도소에 수감된 아프리카계 미국인은 100만 명이 넘고, 흑인 남성이 교도소에 가는 비율은 백인 남성보다 6배나 높다. 바로 이런 상황에서 '흑인 목숨도 소중하다' 운동이 극적으로 성장했다. 인종차별과 억압의 문제는 결코 미국에만 국한되지 않는다. 그것은 전 세계에서 수십억 명이 맞닥뜨리는 문제이고, 맨 처음에 그 문제를 발생시킨 나라들, 즉 제국의 식민지를 결코 잃지 않으려고 애쓰던 옛 종주국들에서도 점점 심각해지는 듯한 문제다.

킹은 흑인 평등권 투쟁의 초기 시절을 돌아보면서 처음에 자신은 그것을 체제 개혁 운동으로 여겼다고 인정했다. 남부에서 흑인들은 저항하고 인종차별주의자들은 반발하는 현실에 직면한 킹은 미국 정부를 설득해 인종격리정책을 불법화하고, [흑인에게] 투표권을 보장하고, 참된 '형제애'가 자라나는 상황을 조성할 수 있으리라고 생각했다. 당시 그는 애국주의적 시각으로 문제를 바라봤(고 심지어 아메리칸 드림을 공공연히 지지하기도 했)다. 그러나 생애 말년에 도시 빈민가에서 흑인들의 분노가 잇따라 폭발하고 있는데도 백악관의 자유주의자들이 침묵하는 것을 보면서 킹은 미국 흑인이 겪는 차별과 억압이 체제에 뿌리박힌 것이라는 사실을 분명히 알게 됐다. 그런 깨달음은 중요한 함의가 었었다. 킹이 "악몽"이라고 생각한 "인종차별, 빈곤, 군국주의, 물질(만능)주의"가 자본주의의 산물이라면, 자본주의를 대체하기 위해서는 어떤 종류의 체제, 어떤 종류의 운동이 필요할까?

1968년 4월 4일 암살당할 때까지도 킹은 분명한 답을 찾지 못했다. 그러나 그 물음은 킹이 죽은 뒤에도 계속된 인종차별 반대 운동에 여전히 중요했다. 사실 그것은 오늘날 인종차별에 맞서 싸우는 모든 사람에게도 가장 중요한 물음이다.

버스 승차 거부에서 연좌 농성으로

제2차세계대전이 끝난 뒤 아프리카와 아시아의 수많은 식민지 주민은 해방 투쟁을 다시 시작했고 머지않아 잇따른 승리로 보상받았다. 그러나 전쟁이 끝나 고향으로 돌아온 미국 최남부 출신 흑인 병사들은 파시즘의 위협을 물리친 승전 영웅이 아니라 입대했을 때와 마찬가지로 2등 시민 취급을 받았다. 유럽에서 민주주의를 위해 싸운 그들에게 고국에서는 민주주의가 허용되지 않았다. 남부 사회를 인종에 따라 분리하고 백인의 지배를 보장하는 법률과 관습은 대부분 그대로 남아 있었다. 전에 흑인 노예들이 경작하던 토지에서 여전히 흑인 빈민들이 작물을 재배했다. 짐크로법은 남북전쟁 당시의 남부연합 주州들에서 인종격리정책을 강요하는 각종 법률의 통칭이었다. 그 법에 따라 모든 공공시설은 인종별로 분리돼서, 흑인은 항상 더 열악한 대우와 제한된 서비스를 받아야 했다. 남부 전역에서 학교와 대학, 많은 작업장이 짐크로법에 따라 운영됐다. 공식적으로 허가된 군대 내 인종격리정책은 1948년까지도 폐지되지 않았다.

그러나 표면 아래서는 이런저런 변화가 일어나고 있었고, 머지않아 그런 변화들이 합쳐져서 운동이 시작됐다. 제2차세계대전 기간과 전후 호황기에 공장의 노동력 수요가 늘어나자 많은 흑인 가족이 농사와 물납 소작을 포기하고 (주로 북부의) 도시로 갔다. 농장을 떠나온 많은 사람은 도시의 공장과 작업장에서 집단적 목소리뿐 아니라 새로운 분노도 발견했다. 여기서는 [인종 격리] 법률 때문이 아니라 돈이 없어서 식당에 앉아 음식을 먹을 수 없었던 것이다.

흑인 중간계급도 성장했다. 그들은 피부색 때문에 받는 제약에 답답함을 느꼈고, 자신의 지위와 부를 보면 충분히 존중받을 자격이 있는데도 왜 그러지 못하느냐고 물었다.

이 두 흐름이 합쳐져서 '새 흑인'이 생겨났다. 그들의 불만 증대를 배경으로 1950년대 중반에 흑인 조직들이 잇따라 법률적 도전에 나섰다. 결국 [1954년에] 연방 대법원은 남부 주들의 법률을 뒤집고 인종 격리 교육은 불법이라고 판결했다. 이제 많은 사람은 교육 분야에서 인종차별을 불법으로 만들 수 있다면 다른 분야에도 똑같은 방법을 적용할 수 있지 않겠느냐고 물었다.

그러나 남부의 지배자들은 결코 순순히 굴복하려 하지 않았다. 그들은 연방 정부의 명령에 맞서 합법적 수단과 불법적 수단을 모두 동원해 '대대적 저항'에 나서겠다고 선언했다. 그래서 잇따른 법률적 승리에도 불구하고 변화의 속도는 괴로울 정도로 느렸다. 인종격리정책을 뒤집으려면 법정뿐 아니라 거리에서도 행동이 있어야 했다. 흑인들의 계급적 성격 변화는 새로운 기운을 불어넣었고 머지않아 그런 행동이 나타났다.

1955년 12월 [앨라배마주 몽고메리에서] 로자 파크스가 버스에서 백인 승객에게 자리를 양보하지 않았다는 이유로 체포됐다. 이 사건이 1년 동안 계속된 버스 승차 거부 운동을 촉발했고, 이를 계기로 흑인 평등권 운동이 본격적으로 시작됐다. 파크스는 흔히 지치고 불만에 찬 재봉사로 묘사된다. 즉, 헌신적 활동가가 아니라 우연히 행동에 나선 평범한 사람이었을 뿐이라는 것이다. 그러나 파크스는 1930년대에는 공산주의자들과 어울렸고 더 최근에는 하이랜더포크스쿨에서* 좌파 급진주의자들과 어울리며 시간을 보낸 오랜 활동가

---

* 하이랜더포크스쿨 사회변혁을 위한 교육을 실시하려고 1932년에 설립된 시민 학교다. 대공황기에는 실업자·빈민 구제 활동을 벌이기도 했고 1940~1950년대 내내 노동자·농민 단체들과 긴밀한 관계를 유지했다.

버스 승차 거부 운동에서 마틴 루서 킹

였다. 그녀는 자신에 관해 다음과 같이 말했다. "거의 평생 동안 나는 피부색 때문에 부당한 대우를 받는 것에 반항하며 살아왔다."[1]

몽고메리 여성정치위원회의 조 앤 로빈슨이 즉시 파크스 사건을 접수해서 버스 승차 거부 운동을 호소하는 리플릿 5만 2500장을 하룻밤 사이에 제작했고 몽고메리의 교회들을 통해 그 소식을 전파했다.

그러나 4만 명이 동참한 그 운동의 지도자로 명성을 떨치게 된 사람은 마틴 루서 킹이라는 26세의 새내기 목사였다. [조지아주] 애틀랜타에서 태어난 킹은 얼마 전에 [보스턴]대학교에서 신학 공부를 마치고 [1955년 10월에] 몽고메리시 덱스터애비뉴 침례교회 목사로 정식 취임했다. 카리스마 있고 매우 인기 있는 설교자인 그 젊은 목

10장 마틴 루서 킹 581

사는 급진적이었지만 자유주의적이기도 했다. 그는 자신을 가르친 선생님들의 영향을 받아서, 헨리 데이비드 소로가 이론화하고 간디가 인도 독립운동에서 실천한 시민 불복종 철학을 받아들였다. 그는 앞으로 벌어질 흑인의 권리 찾기 투쟁은 미국 사회에 [흑인이] 완전히 통합될 권리를 위한 투쟁이라고 봤다. 그것은 남부의 법률 서적에 항상 나오는 "분리하되 평등하게" 따위의 권리가 아니었다. 또, 킹은 냉전기의 마녀사냥에도 불구하고 사람들이 사회주의에 매력을 느끼는 이유를 알고 싶었다. 그래서 다음과 같이 썼다. "사회정의에 관심을 가져야 한다고 강조하는" 공산주의를 "모든 기독교인은 도전으로 받아들여야 한다(나도 그랬다). 공산주의는 가정도 잘못됐고 방법도 사악하지만, 특권 없는 사람들이 겪는 곤경에 항의하는 운동으로서 성장했다."[2]

마틴의 아내인 코레타 스콧 킹도 틀림없이 그에게 영향을 미쳤을 것이다. 그녀는 남편을 만나기 전에 이미 흑인 평등권 운동가였고, 1940년대에 좌파 정당인 진보당의 당원이었다. 성악에 재능이 있는 그녀는 한때 전문 성악가로 성공하려는 꿈을 품었지만, 1950년대에 미국 여성은 결혼해서 가족을 돌보는 것 말고는 선택의 여지가 거의 없었다. 그러나 코레타가 치르게 될 희생은 자신의 꿈을 포기하는 것만이 아니었다. 버스 승차 거부 운동이 벌어지기 오래전부터 폭력의 위협이 그녀의 삶을 에워싸고 있었다. 어렸을 때 그녀는 이웃에 사는 백인들이 자기 가족의 제재소를 불태우는 것을 봤다. 흑인 평등권 운동 과정에서 그녀는 거듭거듭 위협과 욕설, 총격에 시달렸고 집이 폭탄 공격을 받기도 했다.

몽고메리에서 버스 승차 거부 운동이 속도를 더해 가자 킹은 점점 더 유명해졌다. 그는 [1963년에 미국 최대의 시사 주간지] 〈타임〉이 선정한 '올해의 인물'이 됐고, 미국 대통령과 전화 통화를 하기도 했다. 킹은 자신을 공산주의자로 몰아가려는 공격에 대응해서, 비폭력과 형제애에 헌신한다는 것을 강조하는 한편으로 자신이 초기에 내비친 반자본주의 성향을 대수롭지 않은 것으로 치부했다.

1956년 내내 몽고메리의 흑인 약 95퍼센트가 버스 타기를 거부했고, 킹을 포함해 거의 100명의 활동가가 체포됐다. 수많은 미국인이 텔레비전 야간 뉴스로 그 극적인 사태 전개를 지켜봤을 뿐 아니라, 전 세계가 [미국의] '위대한 민주주의'가 허우적거리는 꼴을 열심히 지켜봤다. 지배자들에 대한 압력이 갈수록 커지자 마침내 연방 대법원이 나서서 몽고메리 버스의 인종격리정책을 불법화했다.

그 승리는 남부 전역에 충격파를 일으켰다. 킹은 자신의 [전략이] 유리한 점을 분명히 알리고 싶은 간절한 마음으로 다른 사람들에게도 몽고메리의 사례를 따르라고 촉구했다. 또 남부 전역의 도시에 있는 젊은 목사 수십 명을 접촉해서 새로운 급진적 지도부를 만들었는데, 이 조직이 바로 남부기독교지도자회의였다. 머지않아 저항의 분위기는 플로리다와 버밍햄으로 확산돼 거기서도 버스 승차 거부 운동이 벌어졌고, 1957년에는 아칸소주 리틀록에서 [백인들만 다니는] 센트럴고등학교에 흑인 학생 9명의 등록이 거부당[했다가 결국 연방군의 보호를 받으며 등교]했다.

남부기독교지도자회의를 이끄는 사람들은 투쟁 속에서 배우고 있었다. 그러면서 그들의 사상도 급격한 변화를 겪었다. 몽고메리 버스 승차 거부 운동 뒤에 킹은 다음과 같이 썼다.

> 나는 우리의 요구가 온건하기 때문에 별 문제없이 받아들여질 것이라고 생각했다. [1차 협상에 임하면서] 나는 우리가 요청하면 특권층이 특권을 포기할 것이라고 믿었다. 그러나 이 경험은 나에게 한 가지 교훈을 가르쳐 줬다. 강력한 저항이 없는 한 아무도 자신의 특권을 포기하지 않는다는 사실을 깨달은 것이다. 또, 인종격리정책의 근본 목적은 단지 사람들을 격리하는 것이 아니라, 격리당한 사람들을 억압하고 착취하려는 것이라는 사실도 알게 됐다.³

이후 10여 년간 교회는 흑인 평등권 운동에서 핵심적 구실을 하게 된다. 목사는 교회 신자들에게 고용돼 있어서 어느 정도 독립적으로 행동할 수 있었는데, 그만큼 독립적으로 행동할 수 있는 흑인은 거의 없었다. 교회는 많은 흑인이 합법적으로 모일 수 있는 비교적 안전한 곳으로 여겨졌다. 참는 자에게 복이 있고 결국은 하나님께 보상을 받는다고 말하는 기독교 성서의 비유들은, 저항하면 불이익이 따른다는 것을 잘 아는 사람들의 생각과 비슷하기도 했다.

흑인 평등권 운동을 지배한 비폭력 전략은, 억압자에게 오른뺨을 맞으면 "왼뺨도 돌려 대라"고 가르치는 기독교 교리에서 나왔다. 이런 비폭력 전략이 많은 흑인의 마음을 끈 이유는 그들이 대체로 가난한 비무장의 소수자였기 때문이다. 특히 남부의 흑인들은 평등한 권리를 위한 투쟁이 결국 총격전으로 번진다면 자신들에게 불리하다고 느꼈다. 많은 흑인은 비폭력을 반드시 지켜야 하는 원칙이 아니라 전술적 필요로 받아들였다. 킹이 강조한 시민 불복종도 최대한 많은 사람이 참여할 수 있게 해서 운동을 확대하는 효과적 수단 구실을 했다.

킹의 전략은 또 다른 효과도 있었다. 자유주의적 중간계급 백인들과 온건하고 부유한 흑인들이 킹의 운동을 두려워할 이유가 전혀 없다고 안심시킨 것이다. 그들은 폭력적 충돌의 위험을 무릅쓰지 않고도 미국 정부에 더 많은 개혁 조치를 내놓으라고 압력을 가할 수 있었다.

그러나 이런 방식은 근본적으로 모순이 있었다. 흑인 평등권 운동이 [인종차별주의자들의] 공격에 직면해서 폭력적 대응을 극도로 자제했지만, 운동 참가자들은 연방 정부가 연방 대법원 판결에 따라 남부의 주 당국들을 제압해 달라고 요구했다. 따라서 리틀록 사건을 비롯한 이후의 수많은 충돌에서 남부의 경찰과 주경찰대,* 백인시민위원회,** 큐클럭스클랜 등에 변화를 강요할 수 있던 것은 오직 연방 정부의 명령을 받은 군대의 위협뿐이었다. 킹의 비폭력 전략은 결국 미국 [연방] 정부의 총칼에 의존한 것이다. 그러나 당분간 이런 논쟁은 부차적 문제였다. 새로 시작된 흑인 평등권 운동은 자신의 강점을 발견하고 그 영향력을 확대하고 있었다.

---

* 주경찰대(state troopers) 주 정부에 소속돼 고속도로 단속과 순찰을 주로 담당하는데, 당시 흑인 평등권 시위대의 행진을 방해하고 탄압하는 구실을 많이 했다.

** 백인시민위원회(white citizens councils) 1954년 미국 연방 대법원이 공립학교의 인종 격리정책은 위헌이라고 판결하자 이에 반발하는 남부의 백인 우월주의자들이 만들기 시작한 단체다.

급진주의의 성장과 학생들

1960년 2월 1일 월요일 오후 4시 30분 노스캐롤라이나주 그린즈버러에 있는 울워스백화점의 간이식당에 흑인 대학생 4명이 자리를 잡고 앉았다. 그들은 그곳이 인종 격리 식당이고 자신들이 '백인 전용' 구역에 앉았다는 사실을 잘 알고 있었다. 식당 종업원은 그들의 주문을 받지 않았지만 학생들은 일어나 다른 데로 가지 않고 식당이 문 닫을 때까지 자리에 앉아 있었다. 이튿날 그들은 다시 식당에 나타났는데, 이번에는 다른 학생 16명도 함께 왔다. 백인 손님들이 야유하고 위협도 했지만 그 학생들은 떠나지 않고 자리에 앉아서 책을 읽었다. 그러자 신문사와 방송사가 관심을 보였다. 셋째 날 60명의 학생이 울워스백화점으로 왔다. 넷째 날에는 300명이 참가해서 '연좌 농성'이 근처의 다른 인종 격리 상점들로 확산됐다. 3개월 만에 '연좌 농성' 운동은 13개 주의 50개 도시로 확산됐고 약 5만 명의 학생이 동참했다.

남부를 휩쓰는 [저항] 정신이 대학 캠퍼스로 확산되는 것은 필연이었다. 새롭게 운동에 뛰어든 이들은 주로 10대 후반과 20대 초반의 학생이어서, '참는 자에게 복이 있다'는 가르침을 받아들이려 하지 않고 지금 당장 변화를 요구했다. 그들은 킹을 존경하고 킹에게서 영감을 얻었지만, 일부 학생들은 31살의 킹조차 늙은 보수파로 여길 정도였다. 그 학생들은 조직이 필요했고, 그래서 학생비폭력조정위원회라는 단체를 만들었다. 5년 전에는 젊은 목사들이 운동의 급진적 활력소 구실을 했지만, 이제는 학생비폭력조정위원회가

인종 격리에 항의한 '연좌 농성'

선두에 서 있었다. 그들의 활력과 많은 인원수 때문에 흑인 평등권 운동 전체가 노소 불문하고 더 급진적 단계로 빨려 들어갔다. 학생 활동가들은 '자유를 위한 승차' 운동에 에너지를 쏟아부었다. 그것은 흑인과 백인이 함께 버스를 타고 인종 격리 시설이 있는 여러 주를 돌아다니며 일부러 짐크로법을 어기는 운동이었다. 남부의 백인 우월주의자 폭력배들이 자유를 위한 승차 버스를 공격하고 불태우고 버스 승객들을 무자비하게 폭행하는 일이 흔히 벌어졌지만, 자유를 위한 승차 운동은 계속됐다. 용감한 자원봉사자들은 큐클럭스클랜이 활개 치는 지역 한가운데까지 들어가서, 남부의 흑인들이 민주적 기본권을 얻을 수 있도록 유권자 등록 운동을 시작했는데,

많은 자원봉사자가 활동의 대가로 큰 해를 당했다(589쪽 참조).

킹은 새로운 세력의 등장을 열렬히 환영했고, 자신도 고향인 애틀랜타의 백화점에서 벌어진 [학생들의] 연좌 농성에 동참했다가 체포돼 4개월의 중노동 형을 선고받았다. 그러나 이제 그는 자신이 흔히 운동의 두 분파 사이에서 양다리를 걸치고 있음을 깨달았다. 한쪽에는 영향력 있는 백인 자유주의자들과 오래되고 보수적인 흑인 조직들이 있었다. 그들은 [흑인의] '친구'를 자처했지만, 새로 등장한 급진주의가 흑인 반란으로 이어질까 봐 걱정했다. 그래서 킹에게 상황을 진정시킬 것을 요구했다. 다른 쪽에는 새롭고 더 젊은 세력이 있었는데, 그들은 어느 모로 보나 [흑인] 보수파가 짐크로법 못지않게 위협적인 장애물이라고 생각했다. 킹은 느린 변화 속도에 대한 사람들의 분노를 이용해 [1961년에 출범한] 케네디 정부가 결단을 내려 새로운 시민 평등권 법안을 지지하도록 압력을 가하려 했다. 그러나 미국 정부와 동맹하려고 애쓰다가는 이미 킹을 "그 거물 양반"이라고 비꼬기 시작한 청년들과 멀어질 위험이 있었다. 1963년 무렵 킹의 남부기독교지도자회의는 [흑인 평등권 운동 내의] 연합을 유지하기 위해 승리를 간절히 원하고 있었다. 그것도 커다란 승리를.

버밍햄의 발라드

킹과 [남부기독교지도자회의] 지도부는 앨라배마주의 버밍햄시를 겨냥했다. 많은 사람이 보기에 버밍햄은 남부 인종차별주의자들의

패니 루 해머

남부 민주당원들의 인종차별을 반대하며 만들어진 미시시피 자유민주당에 흑인 6만 3000명을 유권자로 등록시킨 활동을 지원한 흑인 평등권 운동의 지도자 패니 루 해머는 다음과 같이 말했다.

"1963년 6월의 경험이 가장 끔찍했다. 나는 미시시피주 위노나시에서 다른 사람들과 함께 체포됐다. 위노나는 몽고메리카운티에 있는데, 몽고메리는 내가 태어난 곳이었다. 나는 구치소로 끌려가서 유베스터 심슨 양과 같은 감방에 갇혔다. 매질하는 소리가 들리기 시작했고, 사람들이 비명을 지르는 소리도 들을 수 있었다. …

이윽고 주 고속도로 순찰대원들이 오더니 나를 다른 감방으로 데려갔다. 그곳에는 흑인 재소자가 2명 있었다. 고속도로 순찰대원은 흑인 재소자 1명에게 길고 무거운 블랙잭[검은 가죽으로 싼 철제 곤봉 — 지은이]을 줬다. 그들은 나더러 침상에 엎드리라고 하더니 나를 때리기 시작했다. 블랙잭을 든 흑인 재소자가 한참 나를 때리다가 지치자 고속도로 순찰대원은 다른 흑인 재소자에게 블랙잭을 잡으라고 명령했고 이제 그가 나를 때리기 시작했다. …

나는 초주검이 돼 구치소에서 나온 뒤에 메드거 에버스[미국흑인지위향상협회 활동가였다]가 자기 집 마당에서 등에 총을 맞고 죽었다는 사실을 알게 됐다."⁴

10장 마틴 루서 킹 589

굳건한 요새였다. 버밍햄 인구의 40퍼센트가 흑인이었지만, 소방관이나 버스 기사, 은행원, 경찰관, 상점 계산원 가운데 흑인은 단 한 명도 없었다.

1961년에 미국 연방 정부가 공원 내 인종격리정책을 폐기할 것을 요구하자 몽고메리시 정부는 모든 공원을 폐쇄해 버리는 것으로 응수했다. 킹은 다음과 같이 설명했다. "우리는 버밍햄 투쟁이 분명히 흑인 평등권 운동의 역사에서 가장 힘든 싸움이 되겠지만 만약 버밍햄에서 성공한다면 전국적으로 인종격리정책에 결정타를 가할 것이라고 생각했다. … 버밍햄에서 승리한다면, 자유와 정의를 추구하는 운동 전체의 판도를 바꿔 놓을 수도 있었다."⁵

흑인 평등권 운동가들은 버밍햄시의 상업을 표적으로 삼으려 했다. 수많은 연좌 농성과 행진을 동시에 감행해서 상업이 중단되게 만들고 구치소에 사람들이 넘쳐 나게 해서 주 정부를 압력에 굴복하도록 하려는 셈이었다.

흑인 평등권 운동가들은 버밍햄시의 상인 계급(그중 다수는 인종격리정책에 대해 입장이 오락가락했다)과 정치적 계급(그들은 인종격리정책에 완전히 의존했다)을 분열시키고자 했다. 그러려면 버밍햄 외부에서도 활동가들을 데려와야 했지만, 가장 중요하게는 버밍햄의 흑인 노동계급 사람들에게 호소해서 그들이 투쟁에 대거 동참하도록 만들어야 했다. 그것은 흑인 평등권 운동으로서는 모종의 일탈이었다. 투쟁은 1963년 4월 3일 일련의 행진과 함께 시작됐지만, 필요한 규모에 미치지는 못했다. 킹을 비롯한 운동 지도자들은 날마다 더 많은 지지를 호소했다.

매닝 매러블이* 쓴 책을 보면 당시 교회에서 열린 대규모 집회에서 킹이 호소하는 장면이 나온다. 그때 킹은 시위를 무시하는 흑인 목사들을 비난하며 다음과 같이 말했다. "저는 큰 차를 타고 다니고 좋은 집에 살면서도 투쟁에는 참가하지 않으려는 목사들을 보면 신물이 납니다. 자기 신자들과 함께 일어설 수 없는 사람은 목사 될 자격이 없습니다. … 우리는 스스로 희생해 온 투쟁에서 승리하고 있지만, 자유를 위해 필요하다면 죽을 준비도 돼 있어야 합니다."[6]

흑인 평등권 운동에서 킹의 대리인이나 다름없던 랠프 애버내시 [목사]가 자리에서 일어나 신자들에게 누가 우리와 함께 감옥에 가겠느냐고 물었을 때 "손을 들어 올린 남성과 여성, 아이들이 눈물을 흘리고 노래를 부르면서 앞으로 몰려나왔다."[7]

킹과 애버내시는 성聖금요일에** 체포됐지만, 그들의 체포조차 변화를 강요하기에 충분하지 않았다. 그래서 마틴은 어린 학생들도 시위에 동참해 달라고 호소했다. 전 세계인이 지켜보는 텔레비전의 카메라 앞에서 버밍햄 경찰은 거리에서 무릎 꿇고 기도하는 아이들을 향해 지니고 있던 모든 무기를 마음껏 휘둘렀다. 심지어 사나운 경찰견을 풀어 어린아이들에게 달려들게 하고 고압 소방 호스로 물을 뿌려 댔다. 버밍햄의 구치소는 대량 체포된 사람들로 넘쳐 났다. 감방 안에서는 많은 사람이 피를 흘리고 뼈가 부러져 고통스러워했

---

* 매닝 매러블 미국의 역사학자이자 사회운동가로 흑인 차별을 마르크스주의적 관점으로 연구했다. 맬컴 엑스 전기로 퓰리처상을 받았다.

** 성금요일 예수가 십자가에 못 박혀 죽은 일을 기념하는 날로 부활절 이틀 전 날인데, 1963년에는 4월 12일이었다.

지만, 그래도 저항은 사그라들지 않았다. 이후 며칠 동안 아이들은 거듭거듭 버밍햄 거리로 나왔다.

투쟁이 한창일 때 버밍햄의 온건한 백인 목사 8명이 킹을 비난하면서 킹이 더 인내심을 보여야 하고 인종격리정책 반대 투쟁은 오직 법정에서만 해야 한다고 주장하는 글을 신문에 실었다. 이에 대한 킹의 답변이 미국 역사상 가장 유명한 글 가운데 하나인 "버밍햄 구치소에서 쓴 편지"다(593쪽 참조).

의분을 느낀 킹은 항의 시위를 반대하는 사람들을 비판하며 다음과 같이 썼다. "지난 몇 년 동안 저는 온건한 백인들에게 크게 실망했습니다. 유감스럽게도 저는 자유를 향해 성큼성큼 나아가는 흑인의 길을 가로막는 중대한 장애물은 백인시민위원회나 큐클럭스클랜이 아니라, 정의보다는 '질서' 유지에 몰두하는 온건한 백인들이라는 결론에 이르게 됐습니다."[8]

경찰의 인종차별적 만행에 대한 혐오가 미국 전역을 넘어 전 세계로 확산됐다. 당시 소련과 한창 냉전 중이던 미국은 식민지에서 막 해방된 나라들을 미국 세력권으로 끌어들이려고 애쓰고 있었는데 국내에서 벌어지는 이런 폭력 장면이 전 세계에 알려지자 당혹스러워했다. 5월 중순 몇 주 동안 이어진 폭력과 체포 사태 뒤에 대통령 케네디는 마침내 행동에 나설 수밖에 없었다. 막후에서 그는 버밍햄의 재계 지도자들과 시 당국에 압력을 가해서 공공시설의 인종격리정책 폐지 방안을 마련하게 했다. 머지않아 케네디 정부는 미국 전역에서 인종격리정책을 불법화하는 새로운 시민 평등권 법안을 발표했다. 그것은 흑인 평등권 운동과 킹에게 커다란 승리였다.

킹이 버밍햄 구치소에서 쓴 편지

❝ 우리는 헌법에 명시된 천부인권을 얻기 위해 340년 넘게 기다렸습니다. 아시아와 아프리카의 나라들은 정치적 독립을 향해 비행기처럼 빠르게 달려가고 있지만, 우리는 간이식당에서 커피 한 잔 마실 권리를 얻는 데도 굼벵이처럼 느리게 기어가고 있습니다. 인종격리정책 때문에 쓰라린 고통을 겪어 보지 않은 사람들은 아마 우리에게 더 '기다려라' 하고 쉽게 말할 것입니다.

그러나 흉악한 폭도들이 제멋대로 여러분의 부모를 폭행하고 기분 내키는 대로 여러분의 형제자매를 물에 빠뜨린다고 생각해 보십시오. 경찰관들이 증오에 찬 얼굴로 여러분의 흑인 형제자매에게 욕을 퍼붓고 발길질을 하고 심지어 죽이기까지 한다고 상상해 보십시오. 이 풍요로운 사회에서 여러분의 흑인 형제 2000만 명 가운데 압도 다수가 빈곤의 철창에 갇힌 채 질식당하는 것을 생각해 보십시오. 흑인 부모가 6살짜리 딸아이에게 텔레비전 광고에 나오는 놀이공원에 갈 수 없는 이유를 설명하려다가 갑자기 혀가 꼬이고 말을 더듬거리는 장면을 상상해 보십시오. 또, 흑인 어린이는 놀이공원에 들어갈 수 없다는 말을 듣고 닭똥 같은 눈물을 흘리는 어린 딸의 모습, 그 어린 마음에 열등감이라는 불길한 먹구름이 드리우는 모습, 백인에 대한 무의식적 증오심에 커 가면서 딸의 성격이 비뚤어지기 시작하는 것을 지켜봐야 하는 부모의 처지를 상상해 보십시오. 5살짜리 아들이 "아빠, 왜 백인들은 흑인들한테 저렇게 못되게 굴어요?" 하고 물을 때 대답할 말을 지어내려고 고민하는 흑인 부모의 처지를 상상해 보십시오. 전국 일주 여행을 나섰는데 흑인에게 방을 내주는 숙박 시설이 없어서 밤마다 자동차에서 쭈그린 채 자야 하고 낮이나 밤이나 '백인 전용', '흑인 전용'이라는 지긋지긋한 표지판을 보면서 굴욕감을 느껴야 한다고 상상해 보십시오. 멀쩡한 이름이 있는데도 '깜둥이'나 '꼬마'(나이를 얼마나 먹었든 간에)라고 불리고, 성姓은 무조건 '존John'이 되고, 여러분의 아내와 어머니는 '부인'이라는 존칭을 듣지 못하고, 낮이나 밤이나 언제 무슨 일이 일어날지 몰라서 항상 조바심을 내면서 두려움과 적개심을 품고 살아가야 한다는 사실에 괴로워하고, 스스로 '보잘것없는 사람'이라는 자기 비하 의식과 끊임없이 싸워야만 하는 흑인의 처지를 생각해 보십시오. 그러면 여러분은 왜 우리가 기다릴 수 없는지를 이해할 것입니다.

인내의 잔이 넘쳐 흐르고 더는 절망의 늪에 빠져 허우적거릴 수 없는 때가 왔습니다. 부디 여러분이 우리가 더는 참을 수 없는 이유를 이해해 주시기 바랍니다.

"

워싱턴 행진

1963년은 흑인 평등권 투쟁의 전환점이었다. 화가 나서 못 참겠다는 분위기가 (이제 운동의 저변을 크게 확대시킨) 수많은 청년 활동가를 사로잡았다. 6월과 8월 [28일] 워싱턴 행진 사이에 약 186개 도시에서 758건의 시위가 벌어져 1만 4733명이 체포됐다. "지금 자유를 달라"는 요구는 단순한 구호 이상의 것이었다. 그것은 "점진적 변화"라는 빈말을 거부하는 사람들의 저항 구호였다. 킹은 그런 정서를 자신의 책 제목 "왜 우리는 기다릴 수 없는가"에 담았다[국역:《왜 우리는 기다릴 수 없는가》, 간디서원, 2005]. 그 책에서 킹은 흑인 평등권 운동을 미국의 '흑인 혁명'으로 묘사했다. 버밍햄 거리 시위대의 모습이 여전히 대중매체를 가득 채우고 있었고, 시간이 흐르면서 이런 모습들은 폭탄 공격을 받고 불에 타는 건물들과 뒤따른 폭동 장면들로 대체됐다. 그러니 킹이 혁명을 이야기한 것이 옳다고 믿을 만도 했다.

흑인 평등권 운동의 많은 활동가는 워싱턴 행진이 철도역·고속도로·공항 등지에서 연좌 농성을 벌여 미국의 수도를 마비시킬 기회라고 봤다. 그들은 남부의 인종차별 법률이 뒤집어질 때까지 연좌 농성을 계속하기를 원했다.

워싱턴 행진은 남북전쟁 때 공식적으로 노예제를 끝장낸 노예해방선언 100주년에 맞춘 것이었다. 그 행진은 말로는 인종격리정책을 반대한다면서도 실제로는 아무 일도 하지 않는 정부 내 백인 자유주의자들을 겨냥한 것이었다. 많은 사람이 케네디 정부를 불신했다. 케네디는 흑인 평등권 운동(의 온건파와 급진파 모두)의 압력을 받았지만, 딕시크랫으로* 알려진 남부의 민주당 기구에도 크게 의존했다. 남부의 민주당 기구는 인종격리정책을 금지하는 새 법안을 한사코 반대했고, 케네디는 그 법안을 너무 강하게 밀어붙이면 남부의 민주당원들이 탈당해서 공화당으로 넘어가 버릴까 봐 걱정했다. 그런 양쪽의 압력 때문에 케네디 정부는 기껏해야 [흑인 평등권 운동의] 믿지 못할 동맹처럼 보였다. 케네디는 바로 얼마 전까지만 해도 지금은 시민 평등권 법안을 제출하기에 "적절한 때가 아니다" 하고 단언했지만, 버밍햄 투쟁 뒤에는 새로운 법안을 의회에 상정하겠다고 발표했다. 또 다른 충돌을 막을 방법은 그것뿐이라는 사실을 깨달은 것이다.

대통령은 부랴부랴 마련한 대국민 담화 방송[6월 11일]에서 "버밍햄 등지에서 일어난 사건들로 말미암아 평등을 요구하는 외침이 너무 커져서 어떤 도시나 주, 입법 기구도 감히 그 요구를 무시할 수 없게 됐습니다" 하고 말했다. 그러나 케네디와 그 주위의 민주당 기구는 흑인 평등권 운동에 대가를 요구하기도 했다. 다가오는 워싱턴 행진을 정부 지지 행사로 바꾸라고 요구한 것이다. 케네디 등은 운동의 온건파가 급진파를 제어하기를, 온건파와 급진파의 단결에서 킹이 중추적 구실을 해 주기를 기대했다.

남북전쟁 이래 처음으로 연방 정부 수준에서 인종격리정책을 금

---

* 딕시크랫(Dixiecrat) 미국 남부의 여러 주를 통칭하는 딕시(Dixie)와 민주당원을 뜻하는 데모크랫(Democrat)의 합성어다.

1963년 워싱턴 행진

지하는 법률이 제안된 것은 너무 소중한 성과여서 킹은 도저히 거부할 수 없었다.

그렇지만 미국 국가는 수많은 흑인이 수도 한복판에서 행진을 한다는 생각에 몸서리를 쳤다. 그래서 "예상되는 소요, 심지어 무장 봉기에 철저히 대비했다. 워싱턴에는 사실상 계엄령이 내려졌다. 워싱턴 주위의 군 기지 다섯 군데는 전면 경계 태세에 들어갔다. 중무장한 특수부대원 1만 9000명을 대형 헬기 30대로 공수할 준비를 마쳤다. 시위대를 잡아 가둘 방을 마련하기 위해 워싱턴의 구치소 재소자 수백 명이 풀려났다. 연방수사국 직원 수백 명이 군중 사이에서 돌아다녔다. 링컨기념관 앞에 설치된 무대 바로 뒤에서는 연방수사국 직원 1명이 연단에서 조금이라도 자극적이거나 선동적인 발언이 나오면 [마이크] 전원 플러그를 뽑아 버리고 머핼리아 잭슨*이 부르는 흑인영가 음반을 틀 준비를 했다."⁹

모든 연사의 연설문은 케네디의 참모들과 몇몇 온건한 흑인 지도자들에게 사전 검열을 받아야 했다. 학생비폭력조정위원회 의장 존 루이스는 케네디가 흑인 평등권 투쟁에 개입한 것은 "너무 적고 너무 늦었다"고 말하고 싶었다. 그러나 루이스의 연설문은 검열을 통과하지 못했다. 그래도 루이스(훨씬 나중에 중요한 민주당 정치인이 된다)는 연단에서 다음과 같이 발언해서 엄청난 박수를 받았다. "우리는 인종격리정책이 시행되고 있는 남부를 산산조각 내서 하나님과 민주주의의 형상대로 다시 결합시킬 것입니다. … 우리는 멈출 수도 없고 참지도 않을 것입니다."¹⁰

시위의 성격이 변질되는 것에 대해 기층 활동가들이 무슨 의혹을 품었든 간에 엄청나게 많은 참가자를 보며 그런 의혹은 누그러졌다. 1963년 8월 28일 수요일에 25만~30만 명이 워싱턴에 모였다. 그 행진은 미국 수도에서 벌어진 역사상 최대 규모 시위였고, 이전 기록(1925년 [3만 명의] 큐클럭스클랜 행진!)을 새 발의 피로 만들어 버렸다. 22대의 전세 열차, 2000대의 전세 버스, 카풀용 자동차 수천 대가 사람들을 실어 날랐다. 행진 참가자 일부는 더 위험한 여행을 하기도 했다. 예컨대, [15세의] 로버트 에이버리는 친구 2명과 함께 앨라배마주에서 [워싱턴까지] 히치하이킹을 했다. 인종격리정책에도

---

* 머핼리아 잭슨 "복음성가의 여왕"으로 불리는 미국 가수로, 마틴 루서 킹과 친했고 워싱턴 행진 때 무대에 올라 노래를 부르기도 했다.

흑인 평등권 운동가 조이스 래드너

" 우리는 행진 전날 워싱턴에 도착[해서 백악관 근처에 있는 힐튼호텔에 투숙]했다. 맬컴 엑스가 힐튼호텔 로비에서 오후 내내 연설을 했다. 나는 그가 하는 말에 완전히 매료됐다. 다른 사람들도 마찬가지였다. 많은 사람이 그를 계속 둘러싸고 있었다. 그가 워싱턴 행진을 '워싱턴의 광대놀음'이라고 부른 것이 생각난다. 그 말을 듣고 많은 생각을 하게 됐다. 우리가 광대놀음을 하고 있는 걸까? 한갓 쇼에 불과한 것을 위해 내가 여름 내내 시간을 쏟았다는 말인가? 그건 아니라는 생각이 들었다.

또, 존 [루이스]의 연설문을 두고 큰 논란이 벌어진 것도 기억난다. [그는 다음과 같이 말했다 — 지은이] 만약 [인종차별주의자들의] 폭력이 멈추지 않는다면, [남북전쟁 당시 북군의] 셔먼 장군이 했던 것처럼 우리도 모든 것을 불태우며 남부를 행진할 수밖에 없다. …

[우리는 — 지은이] 연설문 변경 요구 이야기를 듣고 매우 화가 났다. … 최고로 좋았던 것은 연단 위에 서서 25만 명의 군중을 본 것이다. 그렇게 많은 사람이 모인 것을 보니 용기가 생겼다. 더는 고립됐다는 느낌이 들지 않았다.[11] "

불구하고 10대 흑인 3명을 차에 태워 준 사람들은 거의 모두 백인이었다. 일행이 테네시주의 산악 지대를 통과할 때는 고속도로 휴게소 밖에 흑인 인형들이 목매달려 있는 것을 봤다.

로버트는 다음과 같이 회상했다. "그 목매달린 인형들, 가로등 기둥에 걸려 있는 반란군 깃발은* … 강력한 메시지를 보내고 있었습니다. … 그래서 우리는 그 휴게소에서는 차를 세우고 기름을 넣을 수 없다는 사실을 알았습니다."¹²

워싱턴 행진 참가자의 약 4분의 3은 흑인이었고 4분의 1은 백인과 라틴아메리카계였다. 또, 조직 노동자들도 대거 참가했다(비록 주요 전국적 노동조합 연합체는 행진을 지지하지 않았지만 말이다). 행진 참가자 수는 중요했다. 사람들은 수십만 명이 거리로 쏟아져 나온 것을 보며 자신들의 힘을 느낄 수 있었다. 이제 더는 흑인 평등권이 소수의 관심사에 불과하다고 말할 수 없었다. 워싱턴 행진은 흑인 평등권 투쟁의 결말이 아니라, 훨씬 더 급진적 요구와 전술을 부각시키며 투쟁의 새로운 국면을 열었다.

그날 마틴 루서 킹이 한 연설 "나에게는 꿈이 있습니다"는 옳게도 역사상 가장 위대한 연설 중 하나로 꼽힌다. 주류 언론은 항상 킹이 미래를 묘사한 말, 즉 아이들이 인종차별의 장벽 없이 즐겁게 살아갈 미래를 꿈꾼 것에 초점을 맞춘다. 그러나 킹의 연설에는 권력자들의 마음에 들지 않을 구절들도 있었(고 그 구절들은 계속 사람들의 공감을 얻고 있)다. 그는 다음과 같이 말했다. "[링컨의] 노

---

* 남북전쟁 당시 남부군의 깃발을 말한다.

예해방선언 후 100년이 지났건만, 흑인들은 여전히 인종격리정책의 족쇄와 인종차별의 사슬에 매여 불행히도 발을 절름거립니다. 100년이 지났건만, 흑인들은 엄청난 물질적 풍요의 바다 한가운데 있는 빈곤의 섬에 고립된 채 살고 있습니다. 100년이 지났건만, 흑인들은 여전히 미국 사회의 구석진 곳에서 괴로워하고 자기 땅에서 망명객처럼 살고 있습니다."

반동의 블루스

케네디와 민주당이 평화적 행진 이후 운동의 압력이 완화되기를 바랐다면 그것은 오판이었다. 워싱턴 행진 후 한 달도 안 지났을 때, 앨라배마주 [버밍햄]에서 '다이너마이트 밥'이라는 별명이 붙은 로버트 챔블리스가 가족들에게 "백인 학교에 입학하려는 깜둥이 여자애"의 주소를 알아냈다고 말했다. 그러면서 "버밍햄의 절반을 쑥대밭으로 만들기에 충분한 물건[다이너마이트]"을 갖고 있다고 자랑했다.

1963년 9월 15일 오전 10시 22분 귀청이 터질 듯한 폭발음이 버밍햄시 전체를 강타했다. 16번가 침례교회에서 폭탄이 터져 두꺼운 교회 건물 벽에 지름 2.1미터의 구멍이 뚫렸다. 건물 안에서는 주일학교에 온 애디 메이 콜린스(14세)가 친구 데니스 맥네어(11세)의 옷에 띠를 매 주고 있었고 캐럴 로버트슨과 신시아 웨슬리(둘 다 14세)는 머리를 손질하고 있었다. 이윽고 연기가 걷히고 무거운 돌무더기를 치우고 나니 새까맣게 타 버린 시신 4구가 발견됐다. 시신 하나는 머리가 없는 등 시신들이 너무 심하게 훼손돼서 신발과 장신구로 겨우 신원을 확인할 수 있었다. 폭발로 다친 신자도 20명이 넘었다.

그날 하루 종일 흑인들은 보복에 나서서, 인종차별적 만행을 저질러 온 경찰과 충돌했다. 그 와중에 자전거를 타고 있던 13살짜리 흑인 소년이 백인 10대가 쏜 총에 맞아 죽었고, 싸움 현장에서 달아나는 흑인 남성이 경찰에게 살해됐다. 흑인 남성들은 엽총으로 무장한 채 동네 순찰을 돌았다. 그 주에 버밍햄 주민 가운데 흑인 평등권 운동의 비폭력 노선이 적절하다고 생각한 사람은 거의 없었다. 심지어 목사들도 자기 방어 조직에 가담했다. 그 폭파 사건은 인종차별주의자들이 말한 '대대적 저항'이 무엇을 의미하는지를 보여 줬다. 흑인들은 연방 정부와 법률을 자기 편으로 여겼지만, 정작 중요한 순간이 닥쳤을 때는 그 어느 것도 도움이 되지 않았다.

위기의 시기

닥쳐 오는 불행의 징조가 무엇이었든 간에 킹은 성공가도를 달렸다. 버밍햄 투쟁의 승리와 워싱턴 행진의 성공, 이듬해인 1964년 7월 시민 평등권법의 국회 통과 이후 그는 세계적 인물로 떠올랐다. 흑인이든 백인이든 전 세계의 수많은 사람이 그를 지도자로 여기게 된 것이다. 새 평등권법은 흑인의 유권자 등록을 가로막는 많은 관행을 불법화했고, 교육·고용·공공서비스에서 인종차별을 금지했다. 1963년에 킹은 〈타임〉이 선정한 '올해의 인물'이 됐고, 이듬해에는 노벨 평화상을 받았다. 전 세계에서 사람들은 킹의 책과 연설문을 열심히 읽었고, 많은 사람이 그의 시민 불복종 이론을 자신들의 운동에 적용하려 했다. 킹의 운동은 10년이 채 안 되는 기간에 미국을 영원히 바꿔 놨다.

노벨상을 받으러 가는 길에 들른 런던에서 연설할 때 킹은 다음과 같이 말했다. "저는 여전히 비폭력 [저항]이야말로 억압받는 사람들이 자유와 정의를 위한 투쟁에서 사용할 수 있는 가장 강력한 무기라고 확신합니다. 그것은 흔히 억압자를 도덕적 수세로 몰아넣어 무력하게 만듭니다. 또, 억압자의 사기를 떨어뜨리는 동시에 양심의 가책을 느끼게 해서 그가 어쩔 줄 모르게 만듭니다. 만약 억압자가 여러분을 때리지 않는다면, 아주 좋은 일입니다. 만약 그가 여러분을 때린다면, 보복하지 말고 조용히 맞을 수 있는 용기를 내십시오. 만약 그가 여러분을 감방에 처넣지 않는다면, 아주 좋은 일입니다. 제정신이라면 누구라도 감방에 가는 것을 좋아할 리 없습니다. 그러나 만약 억압자가 여러분을 감방에 처넣는다면, 조용히 들어가서 수치심으로 가득 찬 감방을 자유와 인간의 존엄성이 넘치는 천국으로 바꾸십시오. … 무엇을 위해 죽을지를 알지 못하는 사람은 살 자격이 없습니다."[13]

킹의 메시지는 전 세계에서 인기가 있었지만, 흑인 평등권 운동가들의 분위기는 훨씬 더 어두웠다. 인종격리정책 폐지 흐름에 대한 남부의 저항은 부질없는 짓이었을지 모르지만, 그래도 그 저항은 현실이었다. 그리고 인종격리정책의 남은 시간이 짧을수록 그 저항은 더 악랄해졌다. 백인들이 지배하는 많은 도시의 행정 당국은 인종격리정책을 폐지하라는 연방 정부의 명령을 대놓고 거부했고, 경찰의 비호를 받는 백인 폭력배들은 흑인들과 평등권 투사들에게 테러를 자행했다. 1964년의 '자유 여름' 기간에 1000여 명의 활동가가 체포됐고, 80명이 두들겨 맞았으며, 37개의 교회가 폭탄 공격을 받거나 불에 탔고, 4명의 흑인 평등권 운동가가 살해됐고, 4명이 중상을 입었고, 미시시피에서는 적어도 3명의 흑인이 그 운동을 지지했다는 이유로 살해됐다. 많은 활동가는 백인 자유주의자들이 절실히 필요한 때에 그들은 안 보이고 어디에 있느냐고 묻기 시작했다. 또, 비폭력이 항상 유용한 전술인지도 물었다. 학생비폭력조정위원회의 일부 활동가들은 이제 남부의 일부 지방에서 운동을 펼칠 때는 총을 들고 다녀야 한다고 주장했다.

투쟁 속에서 백인들이 차지하는 위치에 대한 이견 때문에, 인종격리정책 폐지를 위해 함께 싸운 사람들의 단결도 이제 파탄 났다. 정부의 느린 변화 속도와 '참고 기다리라'는 요구 때문에 백인 전체에 대한 냉소적 태도가 증대했고, 학생비폭력조정위원회의 많은 활동가는 이제 오직 흑인들만이 진정으로 인종차별에 맞서 싸울 수 있다고 생각했다. 흑인 평등권 운동은 흑백 통합을 지지한다는, 널리 받아들여지던 통념은 의심의 대상이 됐다. 킹이 말한 '형제애'는 흑인과 백인의 법률적 평등 이상을 의미했다. 그는 더 근본적 평등, 즉 모든 인종이 조화롭게 사는 것을 지향했다. 문제는 흑인 평등권 운동에 동참한 많은 사람이 이제 더는 그것이 가능하다고 믿지 않왔고, 심지어 일부는 그것이 바람직하지도 않다고 결론지었다는 것이다.

지배자들에 관한 한 인종격리정책 반대 투쟁은 이제 결말에 이르고 있었다. 그들이 준비한 마지막 입법은 투표권법이었다. 1963년 11월 케네디가 암살된 후 부통령 린든 베인스 존슨이 대통령직을 승계했다. 킹은 재빨리 존슨을 지지하면서, 흑인 평등권 운동이 존슨 정부에 추가 요구를 하기보다는 먼저 존슨에게 시간과 여유를 줘야 한다고 주장했다. 킹은 연방 정부에 압력을 가하는 자신의 전략이 결정적 변화를 쟁취했다고 (어느 정도 정당하게) 생각했다. 확실히, 협소한 시야에서 또 시간이 많이 흐른 뒤에 보면 그것은 사실이다. 투표권법이 통과된 지 5년도 안 돼 남부에서 유권자로 등록한 흑인 성인의 비율은 극적으로 증가했다. 앨라배마에서는 19.3퍼센트에서 61.3퍼센트로, 미시시피에서는 6.7퍼센트에서 60.4퍼센트로 증가한 것이다. 그러나 연방 정부로 선출된 정당들이 체제의 인종차별을 지속하는 구실만 한다면 투표권이 다 무슨 소용이냐고 급진파들은 물었다. 흑백 통합을 위해 싸우는 것이 미국 사회의 많은 불평등을 받아들이는 것을 의미한다면 그런 투쟁이 과연 무슨 의미가 있느냐고 물었다.

압력을 받은 킹은 또 다른 승리가 필요하다는 것을 알았다. 그래서 또 한 번의 투쟁을 위해 어떻게든 흑인 평등권 운동의 단결을 다시 끌어내야 했다. 그러나 [1965년] 셀마에서 벌어진 일은 오히려 흑인 평등권 운동의 균열을 심화시키기만 했다.

앨라배마주 셀마에서 벌어진 운동은 흑인의 유권자 등록을 막으려는 문맹 시험 등의 장벽을 불법화하기 위해 학생비폭력조정위원회가 1963년 초에 시작했다. 그러나 많은 노력과 확고한 기반 구축에도 불구하고 당국의 야만적 탄압으로 운동은 어려움을 겪었다. 1965년 [2월 26일 앨라배마] 주경찰대에게 흑인 평등권 운동가 한 명이 살해된 뒤에 남부기독교지도자회의는 셀마에서 주도인 몽고메리까지 약 80킬로미터를 걸어가는 행진을 조직하기로 결정했다. 겨우 2년 전 버밍햄에서 그랬듯이 이번에도 인종차별적 경찰의 만행 장면을 보고 국민이 혐오감을 느끼면 어쩔 수 없이 연방 정부도 행동에 나설 것이라고 기대했다.

모두 세 차례 행진 때 셀마를 출발한 시위대는 에드먼드 페터스 다리를 건너야 했다. [3월 7일] 1차 행진 때 시위대가 다리를 건너자 주경찰대와 백인 인종차별주의자들이 몽둥이를 휘두르고 최루 가스를 쏘면서 약 2000명의 시위대를 공격해 많은 사람이 중상을 입었다. 어밀리아 보인턴도 몽둥이에 맞고 최루 가스에 정신을 잃고 쓰러졌다. 그녀는 나중에 다음과 같이 회상했다. "경찰들이 다가오더니 우리를 때리기 시작했어요. 나도 거기 서 있었는데 결국 쓰러졌죠. … 치안대인지* 누군가가 나를 때린 것 같았어요. 어깨 아래를 맞았죠. 그를 쳐다보면서 나는 그가 미쳤다고 생각했어요. 그가 '꺼져' 하고 말했어요. 그러더니 내 목 뒷덜미를 때렸고, 나는 의식을 잃었어요."[14]

---

* 치안대(posse) 과거 미국에서 보안관이 소집해 범죄자 추적과 체포에 동원한 무장 집단이다.

행진에 참가한 학생비폭력조정위원회 활동가 존 루이스도 병원에 입원했다. 그는 [경찰에게 폭행당해 머리뼈에 금이 가는 중상을 입고 입원하기 전에] 다음과 같이 말했다고 회상했다. "이 나라에서 단지 유권자로 등록하기만을 원하는 사람들을 보호하기 위해 군대를 보내지도 못한 존슨 대통령이 어떻게 베트남에는 군대를 파병할 수 있는지 모르겠습니다."[15]

1차 행진에 참가하지 않은 킹은 이틀 뒤 지지자들을 모아 2차 행진에 나섰다. 그는 존슨의 참모들과 몰래 협상해서 경찰과 충돌하지 않겠다고 약속했다. 그 대가로 미국 정부는 투표권 법안을 제출하기로 합의해서 킹이 절실히 바란 승리를 안겨 줬다. 존슨은 심지어 대국민 담화 방송에서 "우리 승리하리라"라는 문구를 여러 번 사용하기도 했다. 2차 행진 때 시위 대열이 경찰 저지선에 이르렀을 때 경찰들은 마치 시위대가 통과해도 좋다는 듯이 양쪽으로 갈라 섰다. 그러나 킹은 자신을 따르던 사람들에게 이제 뒤로 돌아서 셀마로 행진하라고 지시했다. 킹은 함정이 있을까 봐 두렵다고 말했는데, 어쩌면 실제로 음모가 있었을지도 모른다. 그러나 킹의 행동을 본 청년 활동가들 사이에서는 분노의 물결이 일었다. 그달 말[3월 21~25일]의 3차 행진에는 2만 5000명이 참가했다. 존슨의 명령에 따라 이제 연방 정부의 지휘를 받게 된 앨라배마 주방위군 1900명이 행진 대열을 보호했다.

역사가이자 사회운동가였던 빈센트 하딩은 많은 사람이 셀마에서 느낀 쓰라린 심정을 다음과 같이 표현했다.

자유를 위해 행진할 권리를 강하게 주장할 때가 왔을 때, 킹이 후퇴하고 있다는 것은 누가 봐도 분명했다. 그는 존슨 대통령이 보낸 중재자들의 말을 듣고, 예상되는 유혈 충돌로 운동을 밀고 나아가기를 거부했다. 이미 사기가 떨어질대로 떨어진 많은 사람은 그 후퇴 행동으로 마침내 무너졌고, 킹과 남부기독교지도자회의와 존슨 정부에 대해 쌓여 가던 불신이 끓어오르는 분노와 혐오로 분출했다.[16]

흑인 빈민가의 폭동과 반란

1963년에 급진적 흑인 작가 제임스 볼드윈은 "온 나라가 흑인의 지위라는 문제를 100년 동안이나 회피해 왔기 때문에" 머지않아 인종 폭동이 "흑인 인구가 상당히 많은 전국의 모든 대도시 중심가로 확산될 것"이라고 예측했다.[17]

1964년부터 1968년까지 미국의 북동부와 중서부, 캘리포니아의 거의 모든 도시에서 흑인들이 들고일어났다. 1965년에 로스앤젤레스의 와츠 지역에서 흑인들의 격렬한 분노가 폭발했을 때 당국은 1만 5000명의 무장 경찰과 주방위군을 투입했다. 뒤이은 진압 과정에서 34명이 죽고 4000명이 체포됐다. 나중에는 와츠조차 대수롭지 않게 보일 정도였다. 대부분의 경우에 흑인들의 분노를 폭발시킨 방아쇠 구실을 한 것은 인종차별적이고 압도 다수가 백인인 경찰과 흑인의 충돌이었다. 그러나 일상적 괴롭힘 이면에는 빈곤과 실업, 빈민가의 열악한 주거·교육 환경이 있었다. 즉, 흑인들이 이름만 아니었지

실제로는 2등 시민 취급을 당하는 현실이 있었다.

사회불안을 대하는 킹의 태도에는 모순이 있었다. 그는 흑인 빈민가 주민들에게 깊이 공감했다. 그래서 흑인 폭동을 "무시당한 자들의 언어"로 묘사하는 유명한 말을 했다. 그러나 미국 정부와 자신을 후원하는 [백인] 자유주의자들을 의식해서, 폭동을 "범죄 행위"라고 부르고 법에 따라 처벌할 것을 요구하는 공개서한에 공동 서명하기도 했다.

많은 청년 활동가는 오히려 [폭동을 일으킨 흑인들의] 대의명분에 공감하는 데서 더 나아가, 폭동을 분노 표출의 방법으로 용납할 수 있다고 봤다. 그들이 보기에 폭동은 '범죄 행위'이기는커녕 전 세계에서 벌어지고 있는 해방 투쟁과 공통점이 있는 반란이고 심지어 무장봉기였다. 그들이 흑인 민족주의자인 맬컴 엑스와 혁명적 반反식민주의자인 프란츠 파농한테 배운 교훈은 억압받는 사람들의 폭력은 수많은 흑인 빈민이 참고 견뎌야 하는 폭력에 대한 정당한 반응이라는 것이었다. 또, 도시에서 일어난 폭동들은 인종차별을 더는 '남부의 문제'로만 여길 수 없다는 것도 확인시켜 줬다.

도시 반란은 다른 효과도 있었다. 도시의 가장 가난한 지역에 사는 흑인들을 단지 피해자로만 여겨서는 안 된다는 사실, 그들도 반격에 나설 수 있다는 사실을 보여 줬다는 것이다. 도시에 많은 인구가 밀집해 있고, 일부는 빈민가에 집중돼 있으며, 완충 장치 구실을 할 수 있는 중간계급이 존재하지 않는다는 사실이 일부 [흑인]에게는 단결과 힘의 잠재적 원천이었다. 폭동 참여자들은 그저 충동적으로 마구 행동하는 '범죄자'가 아니었다. 그들은 흔히 흑인이 소유한 사업체는 건드리지 않고 흑인이 모욕당한 상점이나 상점 주인이 흑인에게 외상을 주지 않는 곳을 골라 불태우는 등 나름대로 정치적으로 행동했다. 그래서 폭동에 참가한 많은 흑인은 자신을 부끄러워하지 않고 오히려 자랑스러워했다.

이런 형태의 지역사회 저항을 직관적으로 표현하는 용어가 "블랙파워!"였다. 1966년 학생비폭력조정위원회 지도자 스토클리 카마이클이 쓰기 시작한 그 말은 흑인 평등권 운동과 흑인 빈민가에서 들불처럼 번져 갔다. 블랙파워의 의미는 모호했고 그 말을 사용하는 사람들의 정치도 엄청나게 다양했다. 그러나 블랙파워라는 말의 매력은 부인할 수 없었다. 킹은 북부의 상황 때문에 자신의 비폭력 전략이 부적절한 것으로 치부될 위험이 있음을 알았다. 와츠 폭동 마지막 날 킹은 와츠 지역을 돌아다니다가 "우리가 이겼습니다!" 하고 외치는 청년을 만났다. 킹은 주위에서 피어오르는 연기와 파괴 현장을 가리키며 도대체 어떻게 그런 말을 할 수 있느냐고 물었다. 그 청년은 "우리가 사람들의 관심을 끄는 데 성공했기 때문입니다" 하고 대답했다.

남부기독교지도자회의는 남부에서 성공한 자신들의 전술이 폭동으로 파괴된 [북부의] 도시들에도 적용될 수 있다는 것을 어떻게든 입증해야 했다. 그래서 북부에서 주택·일자리·교육을 겨냥한 실험적 운동을 펼칠 첫 장소로 시카고를 선택했다. 1966년에* 남부기독교지도자회의가 주도한 연합체가 시카고시 당국에 법률 개정뿐 아

---

* 1966년에 킹은 시카고 빈민가로 이사해서 '시카고 자유 운동'을 이끌었다.

니라 부의 재분배도 요구했다. 그것은 남부에서 펼친 운동들의 어떤 수준보다도 훨씬 급진적인 요구였다.

한창때 시카고 운동은 수천 명을 동원해 거리 시위를 벌였지만, 전에 [남부에서] 몇 차례 연방 정부가 개입하도록 강요한 것과 같은 위기를 만들어 내는 데는 실패했다. 시 당국은 꿈쩍도 안 했고, 백인 반대 세력의 힘에 모든 사람이 깜짝 놀랄 정도였다. 한번은 행진 도중에 인종차별주의자가 던진 돌을 맞고 쓰러진 킹을 사람들이 데려가야 했다. 그러나 더 위협적인 문제는 언론계와 관직에 있는 백인 자유주의자들이 킹을 맹비난했다는 사실일 것이다. 그들은 킹이 감히 자신들의 일에 감 놔라 배 놔라 한다고 분노를 터뜨렸다. 인종격리정책을 반대하는 동맹의 일부로서 매우 중요한 구실을 하던 북부 민주당원들이 시카고시에 있는 자기 친구들을* 킹이 비판하자 이제 그를 지지하지 않는다는 사실이 곧 분명해졌다.

시카고 운동은 결국 실패했지만 킹이 시 당국과 맺은 이런저런 협약 덕분에 그 사실은 가려졌다(시 당국은 금세 그 협약들을 어겼다). 그 실패 때문에 킹과 지지자들의 사기는 꺾였지만, 더 급진적 방식을 개척한 사람들의 사기는 높아졌다. 킹도 그 사실을 인정할 수밖에 없었다.

나는 미국의 다양한 청중 앞에서 연설해 봤지만(그중에는 적대감을 품

---

* 1955년부터 1976년까지 시카고 시장을 지낸 리처드 J 데일리는 민주당의 유력 정치인이었다.

은 백인들도 있었다) 연설 도중에 야유를 받은 것은 딱 한 번뿐이었다. 어느 날 밤 시카고 대중 집회에서 블랙파워 운동을 지지하는 일부 청년들이 나에게 야유를 보낸 것이다. 그날 밤 나는 매우 언짢은 기분으로 집에 왔다. 12년이 넘는 세월 동안 내가 겪은 고통과 희생을 떠올렸다. 왜 그들은 자신들과 가까운 사람에게 야유를 보냈을까? 그러나 누워서 골똘히 생각한 끝에 마침내 퍼뜩 정신을 차린 나는 그 청년들이 왜 그런 행동을 했는지를 깨달았다.

12년 동안 나를 비롯한 사람들은 진보의 빛나는 전망을 강조했다. 나는 그들에게 내 꿈을 힘주어 말했다. '모두 지금 여기서' 자유를 얻게 될 날이 얼마 남지 않았다고 그들에게 가르쳤다. 미국과 백인 사회를 믿으라고 그들에게 촉구했다. 내 말을 듣고 그들의 희망은 부풀어 올랐다. 지금 그들이 야유를 보내는 이유는 우리가 약속을 지키지 못할 것이라고 느꼈기 때문이다. 우리가 믿으라고 촉구한 사람들이 너무 자주 못 믿을 자들임이 입증됐기 때문이다. 지금 그들이 적대감을 드러내는 이유는 그들이 흔쾌히 받아들인 꿈이 절망적 악몽으로 변하는 것을 목격하고 있기 때문이다.[18]

마틴과 맬컴

킹은 블랙파워라는 구호에 분노하고 심란해했지만 맬컴 엑스는 그럴 필요가 없었다. 블랙 무슬림이라고도 불린 이슬람민족의 이 옛 지도자는 오랫동안 흑인 평등권 운동의 청년 활동가들에게 킹

1964년 마틴 루서 킹(왼쪽)과 맬컴 엑스(오른쪽)

의 '타협주의' 정치와 결별할 것을 촉구했다. 맬컴은 '백인 사회'의 폭력과 위선을 지적하면서 킹의 흑백 통합 전략을 비웃었다. 또 폭력은 도덕적으로 정당할 뿐 아니라 억압자가 이해하는 것은 오직 폭력뿐이라고 주장하면서 비폭력을 옹호하는 사람들을 꾸짖었다. 이슬람민족에 몸담고 있을 때 맬컴은 흑인들에게 백인들과 분리해서 스스로 새로운 사회를 건설하라고 자주 요구했다.

흑인 평등권 운동의 시대에 맬컴의 사상은 남부에서 영향력이 비교적 작았다. 그러나 북부에는 그를 따르는 사람이 수만 명이나 있었다. 북부의 흑인 중간계급은 흑인들의 [새로운] 사회라는 맬컴의 이상을 자신들이 우두머리 구실을 하는 사회로 받아들여 지지했고, 흑인 빈민들도 흑인임을 자랑스러워하고 자립하라는 맬컴의 메시지가 자신감 말고는 아무것도 가진 게 없는 자신들과 잘 맞는다고 생각했다.

그러나 맬컴은 북부의 이런 지지 기반에서조차 핵심적 약점이 있었다. 이슬람민족은 신자들이 정치에 관여하거나 사회적 행동에 나서는 것을, 심지어 자신들의 종교와 신도를 방어하는 행동에 나서는 것조차 엄격히 금지했다. 그래서 맬컴을 반대하는 사람들이 그를 "말은 많지만 행동은 하지 않는다"고 비난하기가 쉬웠다. 그 비판은 매서웠고, 맬컴 자신도 그런 제약에 괴로워했다. 결국 1964년에 맬컴은 이슬람민족과 결별하고 수니파 이슬람으로 개종했다.

생애 말년에 맬컴은 자유롭게 돌아다니며 하고 싶은 말을 했다. 아프리카·유럽·중동을 여행하면서 그의 사상은 급속한 변화를 겪었다. 그해 [3월 26일 미국 국회의사당에서] 맬컴은 잠깐 킹을 만났고,* 이제는 인종차별에 도전하는 운동을 건설하고 싶다고 말했다. 당시 맬컴의 사상은 킹보다 더 급진적이었고, 대체로 북부의 흑인 빈민을 주목하고 있었다. 그러나 처음부터 맬컴의 사상은 그 사상을 현실로 만들어 줄 세력이 없다는 한계가 있었다. 이제 더는 백인을 '악마'로 묘사하지 않게 된 맬컴은 여행 도중에 접한 반反식민지 운동들의 영향을 받았다. 그래서 인종차별 없는 사회를 위한 투쟁을

---

* 두 사람이 직접 만난 것은 이때가 처음이자 마지막이었다.

'혁명'으로 묘사했고, 그 '혁명'에는 "정말로 신물이 난" 백인들도 동참할 수 있다고 했다. 1965년에 맬컴은 암살자의 총탄에 살해되기 전에 한 마지막 연설 하나에서 다음과 같이 말했다.

> 저는 억압받는 사람들과 억압하는 사람들이 결국은 충돌할 것이라고 생각합니다. 또, 누구나 자유·정의·평등을 누릴 수 있기를 바라는 사람들과 착취 체제가 지속되기를 원하는 사람들이 충돌할 것이라고 생각합니다. … 흑인들의 반란을 단순히 흑인과 백인의 인종 충돌이나 순전히 미국의 문제로만 보는 것은 옳지 않습니다. 오히려 오늘날 우리는 억압받는 사람들이 억압자에 맞서서, 착취당하는 사람들이 착취자에 맞서서 일으키는 세계적 반란을 목격하고 있습니다.[19]

맬컴과 마틴은 서로 의사소통을 거의 하지 않았고, 심지어 의사소통할 때조차 항상 우호적이진 않았다. 그러나 투쟁에 관한 그들의 시각은 결국 두 사람 모두 예상하지 못한 방식으로 아주 비슷해졌다. 맬컴이 위와 같이 연설한 지 겨우 몇 년 뒤[1967년 4월]에 킹도 비슷한 용어를 써 가며 다음과 같이 말했다.

> 지금은 혁명의 시대입니다. 전 세계에서 사람들은 착취와 억압의 낡은 체제에 맞서 반란을 일으키고 있습니다. 낡고 허약한 세계의 태내에서 정의와 평등의 새로운 체제가 탄생하고 있습니다. 헐벗은 맨발의 농민들이 전에 없이 봉기하고 있습니다. '어둠 속에 앉은 백성이 큰 빛을 봤습니다[마태오의 복음서 4장 16절].' 우리 서구인들은 이런 혁명들을 지지해야

합니다. … 공산주의는 우리가 민주주의를 실현하지 못하고 스스로 시작한 혁명을 완수하지도 못한 것에 대한 일종의 심판입니다.[20]

흔히 평론가들은 맬컴과 마틴이 서로 정반대인 양 묘사한다. 킹은 자유주의자였고 폭력을 반대했으며 [흑백] 통합을 지지한 반면, 맬컴은 급진주의자였고 폭력을 지지했으며 통합을 반대했다는 것이다. 이런 단순한 이분법은 심지어 많은 좌파의 사고방식도 지배하고 있지만, 그렇게만 보면 많은 것을 놓치게 된다. 두 사람 모두 정치적 여정 중간에 갑자기 목숨을 잃었다. 두 사람 모두 인종차별이 사라진 미래를 기대했다. 두 사람 모두 자본주의를 끝장내지 않고는 인종차별도 끝장낼 수 없을 것이라는 결론에 이르렀다. 두 사람 모두 만약 혁명이 일어난다면 빈민들이 혁명을 일으킬 것이라고 결론지었다.

블랙파워 대 푸어파워

킹은 블랙파워에 관한 주장을 매우 진지하게 받아들였고, 블랙파워의 인기는 자신이 이끄는 운동의 종말을 나타낸다는 것을 옳게 이해했다. 그는 블랙파워라는 구호를 옹호하는 사람들과 오랜 시간 토론했고, 흑인들이 진짜로 힘이 있어야 한다는 것을 기꺼이 인정했다. 그는 블랙파워 옹호자들이 인용한 책들을 읽었고, 자신을 비판하는 사람들의 관점에서 생각해 보려고 애쓰면서 나름대로 그들의 주장을 검증해 봤다. 그가 내린 결론은 블랙파워라는 구호가 일부 "긍정적" 측면도 있지만 "부적절한" 말이고 적대자들과 잠재적 동맹들 모두에게 "잘못된 신호"를 보낸다는 것이었다. 블랙파워 구호에는 어떤 강령도 없고 구체적 의미도 없다고 그는 비판했다. 킹은 다음과 같이 썼다. "'블랙'이라는 말과 '파워'라는 말을 합쳐 놓으면 마치 우리가 흑인의 평등이 아니라 흑인의 지배를 주장하는 것처럼 들린다."[21]

그러나 킹은 블랙파워 구호가 점점 더 득세하는 이면에는 인종차별과 백인 자유주의의 실패가 있다는 것도 마찬가지로 단호하게 주장했다. "[블랙파워는 — 지은이] 절망과 좌절의 상처에서 생겨난 것이다. 그것은 날마다 흑인들이 입는 마음의 상처와 끊임없는 정신적 고통에서 터져 나온 외침이다. 수백 년 동안 흑인들은 백인 권력[화이트 파워]의 촉수에서 벗어나지 못했다. 많은 흑인은 백인 다수를 믿지 않는다. 왜냐하면 완전한 통제력을 지닌 '백인 권력'이 흑인들을 빈털터리로 만들어 놨기 때문이다."[22]

실제로 블랙파워는 흑인 해방을 더는 백인들, 특히 힘 있는 자리를 차지한 백인들에게 의존할 수 없다는 정서를 일반화해 표현하는 말이었다. 킹의 주장이 아무리 이치에 맞았을지라도 투쟁의 새로운 지형 때문에 이제 인종차별에 대항할 급진적 수단을 찾고 있던 사람들은 모두 그 구호에 끌렸다(그리고 바로 그런 의미에서 그것은 분명히 운동의 전진을 나타냈다). 문제는 운동을 반대하는 우파들이 재빨리 블랙파워 구호의 모호함을 파고들어서 자신들의 힘을 결집하는 데 그 구호를 이용하려 했다는 것이다. 그래서 장차 미국 대통령이 되는 리처드 닉슨은 [1968년 대통령 선거운동 때] 다음과 같이 쓸 수 있었다.

"흑인 과격파가 '불태우자'거나 '총을 들자'고 외치면 틀림없이 신문에 대문짝만하게 실린다. 그러나 요즘 흑인들의 공격적 언사는 대부분 실제로는 1930년대의 복지국가 정책보다는 자유기업 정책에 훨씬 가깝다." 그래서 닉슨은 "흑인의 소유, 흑인의 자부심, 흑인의 일자리, 흑인의 기회, 요컨대 블랙파워를 강화하겠다"고* 약속했다.[23]

킹은 블랙파워를 비판적으로 분석하는 과정에서 자신의 대안적 견해를 확립해야 했고, 인종차별·빈곤·전쟁 문제의 급진적 해결책을 옹호하기 시작했다. 몽고메리 버스 승차 거부 운동 전에도 킹은 자본주의를 비판했지만 이제 그 비판은 점점 더 강력해졌다.

왜 미국에는 4000만 명의 빈민이 있습니까? 여러분이 그렇게 묻기 시작한다면 경제체제에 대한, 즉 더 광범한 부의 분배에 대한 문제를 제기하는 것입니다. 여러분이 그렇게 묻는다면, 자본주의 경제에 대한 문제 제기를 시작하는 것입니다. 간단히 말해, 저는 우리가 사회 전체에 대해 더 많은 문제 제기를 시작해야 한다고 생각합니다. 우리는 인생의 시장에서 낙오자가 된 거지들을 도와주라는 요청을 받습니다. 그러나 언젠가는 우리가 거지들을 만들어 내는 체제 자체를 재구성할 필요가 있음을 알게 될 것입니다.[24]

---

* 이렇게 닉슨이 약삭빠르게 '흑인 자본주의'를 포용한 것 때문에 흑인 지역사회 내의 빈부 격차가 커져서 흑인들의 힘이 약해졌다는 지적도 있다.

1966년부터 킹은 흑인과 백인을 단결시킬 수 있는 '빈민 운동'을 주장했지만 이제 그런 생각에 살을 붙이고 있었다. 그래서 전국의 수많은 빈민이 수도에 모여서 급진적인 경제적 권리장전을 요구해야 한다고 주장했다. 그리고 '개혁'을 말하던 킹의 언어도 점차 '혁명'을 말하는 것으로 변해 갔다. "[새로운 투쟁 단계로서 대중적 시민 불복종은 흑인 빈민가의 깊은 분노를 창조적 힘으로 바꿔 놓을 수 있습니다.] 도시를 파괴하지 않고 도시의 기능을 방해하는 것이 폭동보다 더 효과적일 수 있습니다. 왜냐하면 그것이 더 오래 지속될 수 있기 때문입니다. … 더욱이, 그것은 정부가 우세한 힘으로도 진압하기가 더 어렵습니다. … 우리는 극적인 충돌이 없이도 활기차고 단호할 수 있는, 대중적이고 규율 있는 세력을 발전시켜야 할 것입니다."[25]

그러나 킹이 "빈민의 힘"[푸어 파워]을 옹호하기 시작하자 남부기독교지도자회의 내의 협력자들은 경악했다. 그가 이끄는 조직의 다수는 남부의 종교인이었고 대부분 경제적으로 풍족한 중간계급 출신이었다. 많은 사람은 일종의 계급투쟁에 참여하라는 킹의 요청을 (그러고 싶더라도) 어떻게 받아들여야 할지 몰랐다. 제시 잭슨처럼 신뢰받는 보좌관들조차 남부기독교지도자회의의 우선순위는 다르다고 생각했다. 킹의 계획은 다른 어려움에도 직면했다. 남부기독교지도자회의는 북부에서든 남부에서든 백인 노동계급과 관계를 거의 맺지 못했고, 아무도 노동자를 조직해 본 경험이 없었다. 많은 백인이 품고 있던 인종차별적 편견을 어떻게 극복할지 구체적 계획도 없었다. 그런 걸림돌들이 있는 마당에 남부기독교지도자회의는 어떻게 수많은 사람이 워싱턴으로 와서 급진적 행동에 참가하도록 동원할 수 있을까? 킹은 이런 물음의 답을 찾으려고 고심했다.

이미 그는 사람들의 심기를 불편하게 만들고 있었지만, 킹이 작심하고 미국의 베트남전쟁 확대를 반대하는 발언을 공개적으로 하고 나서자 백인 자유주의자들과 오랜 지지자들 모두 충격에 빠졌다. 1967년까지도 미국에서 베트남전쟁을 반대하는 주장은 정치적으로 미미했고 일부 학생과 급진주의자에 국한돼 있었다. [1967년 4월 4일] 킹은 "침묵이 곧 배신을 의미하는" 때가 온다는 말로 자신의 삶에서 가장 정치적인 발언을 시작해서 베트남전쟁을 지지하는 주장을 산산조각 냈다. 그리고 마지막으로 "인종차별주의, 극단적 물질(만능)주의, 군국주의, 이 거대한 세 쌍둥이"를 끝장내야 한다고 주장했다.

킹이 전쟁 반대, 인종차별 반대, 빈곤 반대 투쟁을 결합시켰다는 것은 체제 전체에 도전한다는 의미였다. 그러자 체제는 자신이 아는 유일한 방법으로 그 도전에 대응했다. 〈워싱턴 포스트〉는 킹이 "결코 지지받지 못할 공상적 이야기를 지어냈을 뿐"이라며 "전에 그의 말을 경청하던 많은 사람이 다시는 그의 말을 전처럼 신뢰하지 않을 것"이라고 개탄했다. 〈뉴욕 타임스〉도 킹의 발언은 "경솔한 말"이자 "중상모략"이라고 비난했다. 심지어 흑인들이 소유한 일부 언론도 그런 비난 대열에 동참했다.

이미 킹에 관한 자료 파일을 1만 7000쪽이나 쌓아 놓은 연방수사국도 [킹 비난에] 열을 올리기 시작했다. 1968년에 연방수사국의 정보 분석관들은 킹이 "마르크스주의를 연구하고 신봉하고 지지하는 충실한 마르크스주의자이지만 기독교 목사라서 감히 공개적으

베트남전쟁에 관한 킹의 발언

❝ 제가 지난 2년간의 침묵이라는 배신을 깨뜨리고 제 마음속에서 타오르는 대로 말하고 나서자, 그래서 베트남을 파괴하는 일에서 철저하게 손을 떼라고 [정부에] 요구하자, 많은 사람이 제가 가는 길이 과연 현명한지 물었습니다. 그들의 걱정 한가운데서 더 많이, 더 크게 드러나는 의문은 '킹 선생, 왜 전쟁 이야기를 하십니까? 왜 전쟁 반대의 목소리를 내십니까?'라는 것입니다. 그들은 '평화와 흑인 평등권은 함께 어울릴 수 있는 것이 아닙니다' 하고 말합니다. 그들은 '당신을 따르는 사람들의 대의명분을 손상시키는 것 아닙니까?' 하고 묻습니다. 그들의 말을 들으면, 흔히 그들이 걱정하는 이유를 이해하면서도 나는 매우 슬퍼집니다. 왜냐하면 그런 질문들은 그들이 저를, 저의 다짐을, 저의 소명을 제대로 이해하지 못한다는 것을 의미하기 때문입니다. 사실 그들의 질문은 그들이 자신이 살고 있는 이 세계를 알지 못한다는 것을 보여 줍니다.

저는 [차별 대우 때문에] 자포자기하고 버림받고 분노한 [흑인] 청년들 사이를 돌아다니면서 화염병과 소총은 결코 그들의 문제를 해결해 주지 못할 것이라고 말했습니다. [저는 마음 깊은 곳에서 우러난 연민과 함께, 비폭력적 행동을 통해서만 바람직한 사회 변화를 이룰 수 있다는 저의 확신도 그들에게 전달하려고 노력했습니다.] 그러나 그들은 저에게 당연한 질문을 던졌습니다. '그러면 베트남전쟁은 어떻게 생각해야 합니까?' 그들의 물음인즉 바로 우리나라가 자신의 문제를 해결하고 원하는 변화를 이루기 위해 엄청난 폭력을 사용하고 있지 않느냐는 것이었습니다. 그 물음은 정곡을 찌르는 것이었습니다. 결국 저는 무엇보다 먼저 오늘날 세계 최대의 폭력 행위자인 우리나라 정부를 향해 분명히 말하지 않고는 빈민가에서 피억압자들이 휘두르는 폭력을 비판할 수 없다는 것을 알게 됐습니다.*

---

* 킹이 암살당하기 꼭 1년 전인 1967년 4월 4일 뉴욕 리버사이드 교회에서 한 연설의 일부다.

로 옹호하지 못할 뿐"이라고 말했다. 그들의 주장인즉 킹은 "마르크스레닌주의 노선"을 따르는 공산주의자라는 것이었다. 연방수사국은 방대한 정보망을 동원해서, 킹을 비난하는 이야기와 소문을 운동과 언론에 퍼뜨렸다. 그들은 킹의 빈민 운동을 지원하는 자금이 고갈되고 그의 지지자들이 수세에 처하도록 만드는 데 일조했다.

킹은 자유주의자들과 우파가 자신의 정치적 입장을 공격하자 급진적 지지를 불러일으키기 위해서는 말 이상의 것, 즉 행동이 필요하다는 사실을 깨달았다. 그러나 자신의 조직은 사분오열해서 내부 투쟁 중이었다. 상황이 그런데 과연 어디에서 급진적 지지를 불러일으킬 수 있을까? 그 답은 뜻밖의 곳에서 나왔다. 바로 테네시주 멤피스시에서 폐기물 수거 노동자들이 벌인 파업이었다.

1968년 2월 [1일] 비 오는 날에 청소 노동자 에컬 콜과 로버트 워커는 콜로니얼 거리를 따라 이동하는 폐기물 수거 트럭 뒤에서 비를 피하고 있었다. 갑자기 전기 합선이 일어나 유압 펌프가 작동하기 시작했고, 두 흑인 청소 노동자는 폐기물 더미와 함께 짓뭉개지고 말았다. 멤피스의 청소 노동자 1300명(모두 흑인이었다) 거의 전부가 즉시 파업에 돌입했다. 1960년대 초부터 한 무리의 노동조합원들이 [노조] 인정, 적정 임금, 방호복 지급, 작업 중 안전 대책 강화를 요구하며 활동하기 시작한 이래로 긴장이 고조됐다.

멤피스 파업에서 킹은 자신의 빈민 운동을 부활시킬 가능성을 발견했다. 틀림없이 그는 외부에서 노동자들을 조직하는 것보다는 그들이 스스로 조직할 수 있도록 하는 게 낫다고 생각했을 것이다. 파업 노동자들은 기꺼이 자신들을 흑인 평등권 운동과 동일시했고,

파업 중인 멤피스 폐기물 수거 노동자들(1968년) "나도 인간이다"라고 적힌 팻말을 들고 있다

"나도 인간이다"라고 적힌 팻말을 들고 행진했다. 킹은 [3월 18일] 흑인 평등권 운동 시대의 최대 규모 실내 집회 중 하나에서 파업 노동자들과 그들을 지원하는 사람들에게 연설했다. 그들의 저항을 높이 평가하며 킹은 다음과 같이 말했다. "여러분은 이 부유한 나라에서 사람들이 굶어 죽지 않을 만큼만 임금을 받고 살아간다는 것은 범죄라는 사실을 멤피스 주민뿐 아니라 전 국민에게도 일깨워 주고 있습니다. 그리고 이것은 미국 전역에서 우리 같은 사람들이 겪는 곤경이라는 사실을 여러분에게 다시 말씀드릴 필요는 없을 것입니다." 노동자들이 빈곤에 맞서 싸우는 가장 좋은 방법은 노동조합이라고 킹은 말했다.[26]

그러나 이 즉흥 연설에서 그는 더 나아가 다음과 같이 말했다.

여러분의 요구 사항이 완전히 받아들여질 때까지 작업에 복귀하지 마십

시오. 억압하는 사람이 자발적으로 자유를 주지는 않는다는 사실을 결코 잊지 마십시오. 자유는 억압받는 사람들이 요구할 때만 얻을 수 있습니다. 자유는 흑인들이 배고프다고 말만 하면 권력 구조와 정책 결정권을 지닌 백인 세력이 자발적으로 내놓는 은쟁반 위의 호화 요리 같은 것이 아닙니다. 평등한 대우를 받고자 한다면, 적절한 임금을 받고 싶다면, 투쟁해야 합니다.

아시겠습니까? 여러분은 투쟁을 더 확대해야 할 수 있습니다. 저들이 계속 거부한다면, 그래서 노조를 인정하지 않고 노동조합비 공제에 동의하지 않는다면, 여러분이 무엇을 해야 하는지 말씀드리겠습니다. 오늘 여기 모인 여러분이 충분히 해낼 수 있는 일입니다. 여러분이 단결해서 며칠 동안 멤피스시 전체의 조업 중단을 조직하는 것입니다.[27]

그런 다음 킹은 자신이 멤피스로 돌아와서 시 전체를 가로지르는 대규모 행진을 이끌겠다고 약속했다. 13년 전 인종차별 없는 버스를 위한 투쟁으로 정치 활동을 시작한 그 목사가 이제는 미국 정부와 외교정책을 격렬하게 반대하고 한 도시 전체의 총파업을 호소하고 있었다. 그 자신뿐 아니라 그의 사상도 먼 길을 여행했다. 그리고 킹이 더 급진적이 될수록 미국 지배자들과 그 동맹들은 킹을 더 위험한 인물로 여기게 됐다. 킹은 흔히 행진 도중에 물리적 공격의 표적이 됐고, 그가 멤피스로 가려고 탄 비행기가 폭파 위협 때문에 출발이 지연됐을 때도 놀란 사람은 거의 없었다.

실제로 킹은 1968년 4월 3일 멤피스로 돌아와 야간 대중 집회에서 파업 중인 청소 노동자들에게 연설했다. 연설 막바지에 킹은 잠시 말을 멈추고 자신에 관해 과거 시제로 말하기 시작해서 청중과 참모진을 놀라게 만들었다.* "글쎄요, 이제 무슨 일이 벌어질지는 저도 모릅니다. 우리 앞에는 상당히 힘든 나날이 놓여 있습니다. 그러나 지금 저에게 그것은 사실 중요하지 않습니다. 왜냐하면 저는 산꼭대기에 올라갔다 왔기 때문입니다. 저는 개의치 않습니다. 저도 남들처럼 오래 살고 싶습니다(타고난 수명은 저마다 다르지만 말입니다). 그러나 지금 저는 그것에 관심이 없습니다. 저는 그냥 하나님의 뜻대로 살고 싶을 뿐입니다. 그분께서는 제가 산꼭대기에 오를 수 있도록 허락해 주셨습니다. 그래서 사방을 둘러본 저는 약속의 땅을 봤습니다. 아마 저는 여러분과 함께 그곳에 가지 못할지도 모릅니다. 그러나 오늘 밤 저는 우리가 하나의 국민으로서 그 약속의 땅에 이르게 될 것이라고 여러분께 말씀드리고 싶습니다."

이튿날 오후 6시 8분 멤피스의 로레인 호텔 발코니에서 킹은 제임스 얼 레이라는 백인 인종차별주의자가 쏜 총을 맞고 죽었다.

마틴 사후

킹이 암살당한 후 미국을 휩쓴 폭동들은 남북전쟁 이후 미국이 겪은 최대의 시민 소요 물결이었다. 연방 정부는 주요 도시들에 군대

---

* 기독교 성서의 예언들이 미래의 사건을 과거 시제로 언급하는 경우가 많은데, 킹이 마치 다음 날 자신의 죽음을 예언한 것처럼 말했다는 의미인 듯하다.

를 투입했고, 시카고 시장 데일리는 2년 전에 자신의 도시에서 킹이 벌인 운동을 아주 격렬하게 반대했는데, 이제는 약탈 용의자가 눈에 띄는 즉시 사살하라는 명령을 내렸다. 사망자 수를 세는 사람이 아무도 없었기 때문에 시카고의 최종 사망자 수는 아무도 모른다.

킹이 죽은 뒤에 흑인 해방을 위한 투쟁에서는 두 가지 주요 정치 경향이 나타났다(비록 당시에는 둘의 방향이 다르다는 것을 알아채기가 항상 쉽지는 않았지만 말이다). 새로운 급진적 좌파는 주로 반전 운동에서 발전해 나왔지만, 블랙파워의 정신을 기꺼이 받아들였다. 그 경향을 주도한 학생들은 자본주의와 소련 공산주의를 모두 거부하고 마오쩌둥의 중국, 아프리카와 아시아의 제3세계 해방 운동, 미국의 흑인 빈민가 봉기에서 영감을 얻으려 했다. 당시 반란 형태의 많은 사례 가운데 하나는 캘리포니아의 [흑인] 대학생 2명에서 시작된 흑표범당이 흑인 빈민가에 기반을 두고 급진적 백인 청년들의 지지도 받는 전국적 운동으로 순식간에 성장한 것이었다.

다른 경향은 흑인 중간계급이 성장하고 중간계급 출신 흑인들이 고위 관리로 선출되는 것이었다. 흑인 평등권 운동의 투쟁들과 새로운 도시 반란의 위협이 맞물려서, 대체로 급진적 배경을 지닌 흑인 정치인들이 완충 장치 구실을 할 수 있는 여지가 생겨났다. 그들은 미국의 도시들을 불태운 [흑인의] 분노를 사회[복지] 프로그램으로, 결정적으로는 투표함으로 돌리려 했다. 그러나 많은 도시에서 흑인이 시장으로 선출되고 흑인 시장은 또 경찰서장을 비롯한 여러 요직에 흑인을 임명했지만, 빈민가의 변화 속도는 한심할 만큼 느리거나 아예 변화 자체가 없었다.

1970년대 중반에 세계경제가 불황에 빠지자 도시 구석에 갇힌 미국인들의 삶은 갈수록 더 열악해졌다. 실업률이 치솟았고, 빈민가의 주택은 완전히 망가졌으며, 수많은 사람에게 삶은 참을 수 없는 것이 됐다(그 결과 중 하나가 중독성 마약에 의존하는 사람이 늘어났다는 것이다). 자금을 구하기 힘들어진 시 당국도 걸핏하면 '법질서'를 외치며 강력한 탄압과 인종차별적 치안 유지 활동을 강화하는 것 말고는 달리 할 수 있는 일이 없었다.

그러나 한때 경찰에 맞서 들고일어난 세력들은 이제 과거의 힘과 영향력을 잃어버렸다. 흑표범당은 경찰의 탄압과 내부 분열 때문에 박살 났고, 반전 운동에 열심이던 급진적 청년들은 기진맥진한 채 희망을 잃어버렸다. 급진적 랩의 선구자인 길(버트) 스콧헤론은 [1974년 브라이언 잭슨과 함께 만든] 〈미국의 겨울〉이라는 앨범에 그런 주제들을 반영했다. 체제가 억압을 만들어 낸다는 것을 계속 확인해 온 사람들에게는 어떤 세력이 체제를 쳐부술 수 있는가 하는 문제가 결정적으로 중요했지만 그 답을 아는 사람은 아무도 없는 듯했다.

대다수 급진주의자들과 신좌파는 킹이 멤피스에서 우연히 발견한 사상, 즉 [흑인] 해방을 위한 투쟁에서 노동계급이 핵심적 구실을 할 수 있다는 생각을 이데올로기적 유물에 불과하다며 거부했다. 당시는 공장 등지에서 격렬한 계급투쟁이 벌어지던 시기였는데도 말이다.

결론

자본주의 사회의 인종차별적 결함은 어떤 점에서는 킹의 시대보다 오늘날 더 분명하다. 그가 암살당한 지 50년이 지났건만 미국 사회에서는 북부든 남부든 여전히 [인종] 불평등이 뜨거운 문제다. 이제는 그 병폐가 남부 지역에만 국한된 것이라고 주장할 수 없다. 빈번하게 일어나는 경찰의 살인 만행부터 대통령이 2017년 [버지니아주의] 샬러츠빌에서 벌어진 백인 우월주의자들의 시위를 지지하고 나선 것까지, 많은 사람에게는 그동안 이룬 진보가 뒤집어지고 과거의 성과가 유실되고 있는 것처럼 보인다. 그 점은 미국뿐 아니라 다른 나라들도 마찬가지다. 겉보기에는 '괜찮은' 듯하지만 실제로는 인종차별의 한 형태인 이슬람 혐오가 전 세계로 확산됐다. 유럽에서는 난민을 경멸하는 태도가 널리 퍼져서, 오늘날 지중해는 전쟁과 빈곤을 피해 [고향을] 떠난 사람들에게 죽음의 바다가 돼 버렸다.

인종차별적 편견의 형태와 양상은 시대마다, 나라마다, 대륙마다 다르기 때문에 흑인 평등권 운동의 역사와 직접 비교하기는 힘들고 그것이 도움이 안 될 때도 있다. 그렇지만 킹이 생애 말년에 도달한 결론은 지속적 타당성이 있다. 인종차별과 빈곤과 전쟁은 자본주의의 필연적 특징이라는 깨달음 덕분에 킹은 정말로 해방된 인류라면 어떤 종류의 사회를 건설할 것인지를 생각해 보게 됐다.

이 문제에 관해서 그가 내린 결론은 때로는 모호하고 불분명하다. 때 이른 죽음을 맞았을 때 그는 여전히 그 문제를 붙들고 씨름하고 있었던 듯하다. 그러나 킹의 글과 말에서 분명히 알 수 있는 것은 그가 "높은 자리에 흑인을 앉힌다"고 해서 문제가 해결될 것이라고 믿지는 않았다는 사실이다. 그것은 훨씬 더 근본적 대책이 필요할 때 겨우 경비원을 교체하는 데서 그치는 것이나 마찬가지였다. 1970년대와 1980년대에 고위 관리로 선출된 흑인의 수가 엄청나게 증가했고, 마침내 2008년과 2012년에 버락 오바마가 대통령으로 선출된 것은 그 절정이었다. 미국 최초의 흑인 대통령 당선을 축하하며 수많은 사람이 오바마에게 변화의 기대를 걸고 희망을 품었다. 그러나 아주 많은 점에서 오바마는 실패했다. 그가 집권한 8년 동안 인종 간 격차는 더 벌어져서 백인의 중위 소득이 3.6퍼센트 감소할 때 흑인은 10.9퍼센트나 감소했다. 그리고 킹이 경고한 군국주의도 거의 제약을 받지 않았다. 그래서 오바마는 대통령 재임 기간에 전임자인 조지 W 부시보다 10배나 많은 드론 공격 명령을 내렸다.

킹은 더 많은 입법 자체가 실질적 변화를 가져다줄 것이라고 생각하지 않았다. 오히려 그는 수많은 사람을 동원할 방법을 찾고 있었(고 그 과정에서 그들의 의식이 바뀌기를 기대했)다. 그는 인종차별 사상의 지배력을 깨뜨리고 싶었을 뿐 아니라, 다수(흑인과 백인)에 대한 소수 권력자들의 지배력도 깨뜨리고 싶었다.

킹이 멤피스의 청소 노동자 파업을 대단히 중요하게 여긴 것은 상징적이다. 그 이유는 흑인이 압도 다수인 이 노동자들이 사회의 가장 밑바닥에 있는 사람들이었기 때문이기도 하지만, 그들의 파업은 심지어 가장 밑바닥에 있는 사람들조차 경제적·사회적 힘을 발휘할 잠재력이 있다는 사실을 입증했기 때문이기도 하다. 이런 유형의 투쟁 과정에서 노동자들은 누가 친구이고 누가 적인지를, 또 머뭇거리는 사람들을 어떻게 설득할지를 재빨리 배운다. 노동자들은 국가와 언론의 힘도 깨닫게 되지만, 그것들을 극복할 수 있는 창조적 수단과 방법도 알게 된다. 결정적으로, 노동계급의 저항 사례는 [노동자들과] 마찬가지로 가혹한 착취에 시달리는 다른 수많은 사람들한테도 쉽게 확산될 수 있다. 계급투쟁은 모종의 경제적·사회적 정의를 추구하는 데서 그치지 않는다. 그것은 오랫동안 지속된 편견과 혐오의 지배력을 깨뜨릴 잠재력도 있다. 바로 이런 점을 알고 있었기 때문에 남부의 지배계급이 인종 격리의 장벽을 높이 세웠던 것이다.

이런 급진적 변화 프로젝트는 결코 손쉬운 해결책이나 임시변통 해법에 의존할 수 없다. 노예제 이래로 여러 세대 동안 우리 지배자들은 [인종차별적] 편견을 부추겨 왔다. 오늘날 인종차별은 노동계급 운동 안에서 연대의 끈을 갉아먹는 암이다. 그것은 사람들의 삶을 너무 흔히 지배하는 걱정거리들을 먹고산다. 또 그로 인한 자신감 결여는 퇴행적 사상이 더 득세하게 만든다. 그러나 이런 악순환은 깨뜨릴 수 있다. 영국과 전 세계에서 수많은 사람이 인종차별을 반대하고 실질적 변화를 원한다. 많은 사람이 난민을 위한 모금에 동참하고 탄원서에 서명하고 동료와 친구를 옹호하고 집회와 시위에 참가한다. 우리의 임무 하나는 [인종차별적] 편견을 반대하는 사람들을 모두 단결시킬 수 있는 운동을 건설하는 것이다. 그때 우리는 킹과 흑인 평등권 운동에서 커다란 영감을 얻을 수 있다.

그러나 우리는 어떤 종류의 사회가 자본주의를 대체할 수 있을까 하는 킹의 물음에 답하려는 노력도 해야 한다. 사회주의라는 대안을 주장하고 사회주의를 위해 투쟁하는 것이 그 답이다. 킹의 시대에 급진적 좌파의 사상은 냉전과 소련 스탈린주의에 매우 많이 오염돼 있었다. 진정한 사회주의 전통은 결코 그런 우스꽝스러운 모조품이 아니다. 오히려 인간 해방, 즉 인종과 민족의 장벽이 없는 세계를 건설할 가능성에 관한 것이다.

그런 세계는 오직 혁명을 통해서만 건설될 수 있다.

이 글의 지은이 **유리 프라샤드**는 영국 사회주의노동자당(SWP) 당원이다. 《크게 외쳐라: 인종차별에 맞선 투쟁과 마르크스주의(Say It Loud: Marxism and the Fight Against Racism)》(공저, 2013), 《스리랑카: 타밀족 해방을 위한 투쟁(Sri Lanka: The Struggle for Tamil Freedom)》(공저, 2009), 《임금 삭감, 경기 침체, 저항(Pay Cuts, Recession and Resistance)》(공저, 2008) 등 여러 글과 책을 썼다.

더 읽을거리

1장 카를 마르크스

마르크스에 대해 더 알고 싶은 독자들은 다음의 책들을 읽기를 권한다.

Alex Callinicos, *The Revolutionary Ideas of Karl Marx*(Bookmarks, London, 2004). 마르크스의 사상을 이해하기 쉽고 폭넓게 설명한 책. 내가 많이 참고한 책이기도 하다. [국역: 《카를 마르크스의 혁명적 사상》, 책갈피, 2018.]

Karl Marx, *The Communist Manifesto*(Bookmarks, London, 2005). 크리스 하먼이 머리말을 썼다. [국역: 《공산당 선언》, 여러 판본으로 국역돼 있다.]

Karl Marx, *Selected Writings*(David McLellan ed, Oxford University Press, Oxford, 2000).

Hal Draper, *Karl Marx's Theory of Revolution*(Monthly Review

Press, New York, 4 vols, 1978~90). 복잡한 논의를 겁내는 사람들에게는 권하지 않겠다. 마르크스의 사상과 이를 둘러싼 논쟁들을 탁월하고 명쾌하게 설명한 네 권짜리 책. [2권 일부 국역: 《계급과 혁명》, 사계절, 1986.]

August Nimtz, *Marx and Engels: Their Contribution to the Democratic Breakthrough*(SUNY Press, Albany, 2000). 학술적이긴 하지만, 마르크스와 엥겔스의 정치 활동을 다룬 아주 재미있는 책.

John Bellamy Foster, *Marx's Ecology*(Monthly Review Press, New York, 2000). 마르크스주의의 생태학적 주장을 탁월하게 고찰한 역작. [국역: 《마르크스의 생태학》, 인간사랑, 2016.]

Francis Wheen, *Karl Marx*(Fourth Estate, London, 1999). 마르크스를 한 인간이자 사상가로서 우호적으로 잘 설명한 책. [국역: 《마르크스 평전》, 푸른숲, 2001.]

'마르크시스트 인터넷 아카이브'에서는 마르크스의 방대한 저작들을 찾아볼 수 있다(www.marxists.org).

2장 프리드리히 엥겔스

이 책에서 거론한 엥겔스의 모든 저작(인용된 편지들 포함)은 '마르크시스트 인터넷 아카이브' 웹사이트(www.marxists.org)에서 찾아볼 수 있다.

엥겔스를 다룬 《인터내셔널 소셜리즘》 특집호(65호, 1994년 겨울)에는 엥겔스의 생애, 그의 마르크스주의, 인류학과 과학에 관한 그의 저작들을 다룬 여러 글이 실려 있다.

구할 수 있는 엥겔스 전기는 많다. 1936년에 구스타프 마이어가 펴낸 *Friedrich Engels: A Biography*(Chapman & Hall)가 최초의 엥겔스 전기다. 테럴 카버의 *Engels: A Very Short Introduction*(Oxford University Press, 2003)은 좋은 입문서다. [국역: 《엥겔스》, 시공사, 2000.] 데이비드 매클렐런의 *Engels*(Fontana Modern Masters, 1977)도 마찬가지다. 카버는 또, 더 두꺼운 책 *Friedrich Engels: His Life and Thought*(Palgrave MacMillan, 1989)도 썼다. 트리스트럼 헌트의 *The Frock-Coated Communist*(Penguin, 2010)는 충실한 조사가 돋보이면서도 읽기 쉬운 책이다. [국역: 《엥겔스 평전》, 글항아리, 2010.]

엥겔스의 맨체스터 생활을 조사·연구한 문헌으로는 *Engels in Manchester: The Search for A Shadow* by Roy Whitfield (Working Class Movement Library, 1988)와 소책자 *Frederick Engels in Manchester*와 *'The Condition of the Working Class in England' in 1844* by Edmund and Ruth Frow (Working Class Movement Library, 1995) 등이 있다.

알렉스 캘리니코스의 책 *The Revolutionary Ideas of Karl Marx*(Bookmarks, 2019)는 마르크스주의의 핵심 사상, 마르크스의 생애, 그와 엥겔스의 관계를 다룬다. [국역: 《카를 마르크스의 혁명적 사상》, 책갈피, 2018.] 캘리니코스의 글 "Marx's Politics" (*International Socialism*, 158)는 마르크스와 엥겔스가 참여한 정치 투쟁을 설명한다. [국역: "마르크스의 정치학", 《마르크스21》 49호.]

변증법과 (자연)과학 문제에 관해서는 헬레나 시핸의 책 *Marxism and the Philosophy of Science*(Verso, 1993)가 기막히게 좋다. 또, 리처드 레빈스와 리처드 르원틴은 *The Dialectical Biologist*(Harvard University Press, 1985)에서 이런 접근법을 자신들의 작업에 어떻게 적용했는지를 간략하게 설명했다.

여성과 가족 문제에 관해서는 실라 맥그리거의 글 "Marxism and Women's Oppression Today"(*International Socialism*, 138)[국역: "여성 차별", 《계급, 소외, 차별》, 책갈피, 2017], 크리스 하먼의 글 "Women's Liberation and Revolutionary Socialism"(*International Socialism*, 23)[국역: "여성해방과 계급투쟁", 《크리스 하먼 선집》, 책갈피, 2016], 주디스 오어의 책 *Marxism and Women's Liberation*(Bookmarks, 2015)[국역: 《마르크스주의와 여성해방》, 책갈피, 2016]이 모두 좋은 출발점이다.

3장 엘리너 마르크스

이본 캅의 고전적 전기는 오랫동안 엘리너 마르크스의 생애와 정치를 다룬 가장 권위 있는 책이었다. *Eleanor Marx, vol 1: Family Life, 1855-1983*은 엘리너의 초기 생애에 영향을 미친 요인들을 살펴보고, *Eleanor Marx, vol 2: The Crowded Years, 1884-1898*은 정치 활동이 가장 활발한 시기를 설명하는 감명 깊은 책이다. 원래 1970년대에 비라고 출판사가 펴낸 책들인데, 지금은 두 권 모두 절판됐지만 중고 서점이나 도서관에서 구해 볼 수 있다.

레이철 홈스가 쓴 전기 *Eleanor Marx: A Life*(Bloomsbury, 2014)는 엘리너 마르크스의 개인적 삶과 가족·문화 생활을 강조한 책으로 머리말이 유쾌하다. 이 책은 쉽게 구할 수 있다.

엘리너 마르크스 자신의 저작과 발언을 보고 싶다면 '마르크시스트 인터넷 아카이브' 웹사이트(www.marxists.org)를 검색하는 것이 가장 좋다. 이본 캅의 책에도 긴 인용문들이 있다.

존 찰턴이 쓴 *It Just Went Like Tinder*(Redwords, 1999)는 신노동조합운동을 다룬 감명 깊은 책으로 특히 아일랜드 지역사회와 사회주의 조직들을 매우 강조한다. 지금은 절판됐지만, 중고 서점이나 도서관에서 구해 볼 수 있다.

루이즈 로의 *Striking a Light: The Bryant and May Matchwomen and their Place in History*(Continuum, 2011)은 충실한 조사와 연구를 바탕으로 브라이언트앤드메이 성냥 공장 여성 노동자들이 신노동조합운동의 발전에서 중요한 구실을 한 것을 다룬 귀중한 책이다. 더 나아가 사회와 노동운동에서 여성의 지위라는 더 광범위한 문제도 살펴본다.

토니 클리프와 도니 글룩스타인의 *The Labour Party: A Marxist History*(Bookmarks, 1988)은 초기 노동당의 발전과 신노동조합운동의 연관을 이해하는 데 유용한 입문서다. [국역: 《마르크스주의에서 본 영국 노동당의 역사: 창당부터 코빈의 부상과 좌절까지》, 책갈피, 2020.]

하산 마함달리의 책 *Crossing the 'River of Fire': the Socialism of William Morris*(Redwords, 2008)에는 사회주의동맹의 발전과 그들이 관여한 운동들을 다룬 훌륭한 부분이 있다.

4장 블라디미르 레닌

레닌의 *Collected Works*(Moscow, 1960ff)는 모두 46권이다. 독자들이 원한다면 인용문을 직접 찾아볼 수 있도록 후주에서 LCW라고 축약·표기했다. 다른 출처도 알고 싶어 하는 사람들을 위해 몇몇 출처도 덧붙였다.

레닌이 살아 있을 때 제기된 많은 중요한 논쟁들을 이 책에서 모두 다룰 수는 없었다. 더 많이 알고 싶은 사람은 Tony Cliff, *Lenin*(London, 1985~86, 3 vols)을 참고하기 바란다. [국역: 《레닌 평전 1~4》, 책갈피, 2009~2013] 그 책의 기본 주장은 내 책과 똑같다. L Trotsky, *The History of the Russian Revolution*(London, 1997)[국역: 《러시아 혁명사》, 아고라, 2017], V Serge, "Lenin in 1917"(in Revolutionary History 5/3, 1994), A Rosmer, *Lenin's Moscow*(London, 1987), V Serge, *Year One of the Russian Revolution*(London, 1992)[국역: 《러시아혁명의 진실》, 책갈피, 2011], M Lewin, *Lenin's Last Struggle*(London, 1967), M Liebman, *Leninism Under Lenin*(London, 1975)[국역: 《레닌의 혁명적 사회주의》, 풀무질, 2007], M Haynes, *Russia: Class and Power in the Twentieth Century*(London, 2002)[국역: 《다시 보는 러시아 현대사: 혁명부터 스탈린 체제를 거쳐 푸틴까지》, 책갈피, 2021]도 유용한 책들이다.

레닌의 저작 중 가장 중요한 것은 《국가와 혁명》이다. [국역: 《국가와 혁명》, 돌베게, 2015.] 《사회주의와 전쟁》[국역: 《사회주의와 전쟁》, 아고라, 2017], "마르크스주의의 세 가지 원천과 구성 요소"[국역: "부록: 마르크스주의의 세 가지 원천과 세 구성 부분", 《카를 마르크스》, 범우사, 2010], "느릿느릿 걸어도 황소걸음으로"[《스탈린주의에 맞선 레닌의 투쟁: 레닌 저작선》(책갈피, 2024)에 수록돼 있다], 《제국주의》도 읽어 볼 만하다. 레닌의 더 유명한 책과 소책자가 1991년 이전에 모스크바에서 보급판으로 많이 출간됐다. http://www.marxists.org/archive/lenin에서 레닌 저작을 많이 찾아볼 수 있고 계속 업데이트되고 있다.

5장 레온 트로츠키

트로츠키는 뛰어난 저술가였고 그의 저작은 엄청나게 유용하다. 자서전 *My Life*(Well Red, London, 2004)[국역: 《나의 생애 상·하》, 범우사, 2001]와 대작 *History of the Russian Revolution*(Pluto, London, 2004)은 문학적으로도 뛰어난 걸작이다. 특히, *History of the Russian Revolution*은 러시아 혁명을 옹호하는 탁월한 저작이다. 연속혁명론을 설명한 두 고전 *The Permanent Revolution*과 *Results and Prospects*는 편리하게도 한 권으로 합쳐서 출간됐다(Well Red, London, 2004)[국역: 《연속혁명 평가와 전망》, 책갈피, 2003.]. 공동전선에 대해서는 *The First Five Years of the Communist International*(2 vols, New Park, London, 1973~74)과 *The Struggle against Fascism in Germany*(Pathfinder, London and New York, 2001)[국역: 《트로츠키의 반파시즘 투쟁》, 풀무질, 2001]을 참조. '마르크시스트 인터넷 아카이브'(www.marxists.org)는 방대한 트로츠키의 저작들을 모아 놓고 있다.

아이작 도이처의 3부작 *Trotsky: The Prophet Armed, The Proph-*

et Unarmed, The Prophet Outcast(Verso, London, 2003)는 걸출한 트로츠키 전기다. [국역: 《무장한 예언자 트로츠키》, 《비무장의 예언자 트로츠키》, 《추방된 예언자 트로츠키》, 시대의창, 2017.] 때때로 저자 자신의 정치에서 비롯한 흠이 있기는 하지만 말이다. 토니 클리프의 네 권 짜리 트로츠키 전기(모두 북막스에서 출간됐다)[그중 마지막 것은 《트로츠키 1927~1940: 고전적 마르크스주의 전통을 사수하다》, 책갈피, 2018로 국역·출판됐다]는 정치적으로 더 신뢰할 수 있는 저작이지만 현재 절판된 상태다. 던컨 핼러스의 Trosky's Marxism(Bookmarks, London, 1987)은 얇지만 트로츠키의 사상을 다룬 탁월한 책이다. [국역: 《트로츠키의 마르크스주의》, 책갈피, 2010.]

트로츠키의 사상은 후세대 사회주의자들에 의해 더욱 발전했다. 토니 클리프의 Trotskyism After Trotsky(Bookmarks, London, 1999)는 클리프를 비롯한 여러 사람이 트로츠키의 사상을 바탕으로 제2차 세계대전 종전 후의 사건들에 비춰서 주요 영역들을 분석한 얇은 안내서다. [국역: 《트로츠키 사후의 트로츠키주의》, 책갈피, 2010.] 클리프의 State Capitalism in Russia(http://www.marxists.org.uk/archive/cliff/index에서 찾아볼 수 있다)는 스탈린 치하 소련을 더 자세히 분석한 선구적 저작이다. [국역: 《소련은 과연 사회주의였는가?》, 책갈피, 2011.] 이 책에서 클리프는 스탈린 치하 소련이 국가자본주의 체제였다고 주장한다.

# 6장 알렉산드라 콜론타이

캐시 포터의 *Alexandra Kollontai: A Biography*(Merlin Press, 2013)는 콜론타이의 생애와 저작, 활동을 설명한 최고의 책이다.

포터의 *Alexandra Kollontai: Writings From the Struggle*(Haymarket, 2019)에는 콜론타이가 독일 망명 시기와 혁명 후 러시아에서 여성부를 이끌던 시기에 쓴 저작들의 새로운 번역본이 실려 있다.

콜론타이 자신의 많은 글과 연설문을 '마르크시스트 인터넷 아카이브'(www.marxists.org)에서 찾아볼 수 있다.

콜론타이는 여러 단편소설과 장편소설에서 러시아 혁명을 생생하게 묘사했다. 그중 일부를 *Love of Worker Bees*(Chicago Review Press, 2003)에서 볼 수 있는데, 캐시 포터가 번역한 이 책에는 실라 로보섬의 후기도 실려 있다.

앨릭스 홀트의 *Selected Writings of Alexandra Kollontai*(Allison & Burby, 1977)는 광범한 글 모음집이다. 지금은 절판됐지만, 중고 서점이나 도서관에서 구해 볼 수 있다.

제인 맥더미드와 애나 힐리어의 *Midwives of Revolution*(UCL, 1999)은 러시아 혁명기 내내 노동계급과 농민 여성들이 어떻게 살았는지 설명하는 주목할 만한 책이다.

주디스 오어의 *Marxism and Women's Liberation*(Bookmarks, 2015)은 계급을 중심에 두고 여성 해방 투쟁을 논하는 아주 탁월한 입문서다. [국역: 《마르크스주의와 여성해방》, 책갈피, 2016.]

레온 트로츠키의 *The History of the Russian Revolution*(Haymarket,

2008)은 러시아 혁명을 다룬 최고의 혁명적 역사서다.

데이브 셰리의 *Russia 1917: Workers' Revolution and the Festival of the Oppressed*(Bookmarks, 2017)은 21세기 사회주의자들의 관점에서 1917년의 역사를 살펴본다.

7장 로자 룩셈부르크

룩셈부르크의 주요 저작들은 다양한 판본이 있다. 피터 후디스와 케빈 B 앤더슨이 편집한 *The Rosa Luxemburg Reader*(Monthly Review Press, 2004)에는 《대중파업》, 《사회 개혁이냐 혁명이냐》, 《러시아 혁명》, 《유니우스 팸플릿》과 함께 《자본축적론》에서 발췌한 글과 여성 문제를 다룬 글도 들어 있다. 2003년 라우틀리지 출판사는 《자본축적론》의 완전한 판본을 펴낸 바 있다. [국역: 《자본의 축적 1, 2》, 지만지, 2013.] 버소 출판사는 앞으로 10년 동안 《로자 룩셈부르크 전집》을 낼 계획이다. 《전집》 1권 *The Letters of Rosa Luxemburg*가 2011년에 이미 나왔고, 다음 두 권은 경제와 정치를 다룬 글 모음집이 될 것이다.

파울 프뢸리히가 지은 *Rosa Luxemburg*(Bookmarks, 1994)는 룩셈부르크의 전기 중에서 고전이라 할 만하다. [국역: 《로자 룩셈부르크 생애와 사상》, 책갈피, 2000.] 피터 네틀이 지은 더 자세한 전기 *Rosa Luxemburg*(2 vols, Oxford, 1966)는 절판됐지만, 도서관 등에서 빌려 볼 수 있다. 토니 클리프는 *Rosa Luxemburg*(International Socialism, 1959)를 써서 영국 좌파들이 룩셈부르크에 다시 관심을 갖게 하는 데 기여했다. [국역: 《로자 룩셈부르크의 사상》, 책갈피, 2014.] 이 책은 룩셈부르크의 다른 많은 글과 마찬가지로 '마르크시스트 인터넷 아카이브' 웹사이트(www.marxists.org)에서 찾아볼 수 있다.

마르크스주의 경제학과 축적 개념에 관한 입문서를 보고 싶으면, *Unravelling Capitalism*(Bookmarks, 2009) 참조. [국역: 《마르크스, 자본주의의 비밀을 밝히다》, 책갈피, 2010.] 주디 콕스가 《자본축적론》을 서평한 글 "Can capitalism go on forever?", *International Socialism*, 100(Autumn 2003)(http://pubs.socialistreviewindex.org.uk/isj100/cox.htm)은 유용한 요약과 비판을 담고 있다. 독일 혁명에 관해서는 크리스 하먼이 지은 *The Lost Revolution: Germany 1918~1923*(Bookmarks, 1997)[국역: 《패배한 혁명》, 풀무질, 2007]과 피에르 브루에가 지은 *The German Revolution*(Haymarket, 2006)이 가장 좋다.

8장 안토니오 그람시

영국의 로런스앤드위셔트 출판사는 그람시가 옥중에서 쓴 많은 글을 모아서 Antonio Gramsci, *Selections from the Prison Notebooks*(1971)라는 책으로 펴냈다. [국역: 《그람시의 옥중수고 1, 2》, 거름, 1999.] 그람시가 '붉은 2년'과 파시즘의 성장기에 쓴 주요 글을 모아서 두 권짜리 책으로 펴내기도 했는데, *Selections from Political Writings 1910~1920*(1977)과 *Selections from Political Writings*

1921~1926(1978)이 그것이다. [일부 국역: 《안토니오 그람시 옥중수고 이전》, 갈무리, 2011.]

'마르크시스트 인터넷 아카이브' 웹사이트 http://www.marxists.org/archive/gramsci/index.htm에서도 그람시의 많은 글을 찾아볼 수 있다.

가장 뛰어난 그람시 전기는 주세페 피오리가 쓴 *Antonio Gramsci: Life of a Revolutionary*(Verso, 1990)이다. [국역: 《안또니오 그람쉬》, 이매진, 2004.] 파시즘이 권력을 잡게 되는 과정에 대해서는 *The Resistible Rise of Benito Mussolini*(Bookmarks, 2002) 참조.

9장 맬컴 엑스

Saladin Ambar, *Malcolm X at Oxford Union: Radical Politics in a Global Era*(OUP USA, 2004)

Jack Barnes, *Malcolm X, Black Liberation and the Road to Workers Power*(Pathfinder Press, 2009)

George Breitman, *The Last Year of Malcolm X: The Evolution of a Revolutionary*(Pathfinder Books, 1970)

Alex Haley, *The Autobiography of Malcolm X*(Penguin, 2001)[국역: 《말콤 엑스 상·하》, 창작과비평사, 1993.]

Manning Marable, *Malcolm X: A Life of Reinvention*(Penguin, 2012)

Mark D Naison, *Communists in Harlem during the Depression* (University of Illinois Press, 2004)

Kevin Ovenden, *Malcolm X: Socialism and Black Nationalism* (Bookmarks, 1992)

Brian Richardson (ed), *Say it Loud: Marxism and the Fight Against Racism*(Bookmarks, 2013)

Ahmed Shawki, *Black Liberation and Socialism*(Haymarket, 2006)

Leon Trotsky, *Leon Trotsky on Black Nationalism and Self-Determination*(Pathfinder Press, 1994)

10장 마틴 루서 킹

미국의 인종차별과 흑인 평등권 운동을 일반적으로 다룬 역사책

Jack M. Bloom, *Class, Race, and the Civil Rights Movement*(Indiana University Press, 1987)

Clayborne Carson et al, eds, *The Eyes on the Prize Civil Rights Reader: Documents, Speeches And Firsthand Accounts from the Black Freedom Struggle, 1954-1990*(Penguin, 1992)

Manning Marable, *Race, Reform, and Rebellion: The Second Reconstruction and Beyond in Black America, 1945-2006*(University Press of Mississippi, 2007)

Brian Richardson (ed), *Say it Loud!: Marxism and the Fight Against Racism*(Bookmarks, 2013) 특히 내가 미국의 인종차별 반대 투쟁 역사를 다룬 장章 참조.

Ahmed Shawki, *Black Liberation and Socialism*(Haymarket Books, 2006)

마틴 루서 킹만을 다룬 책

Vincent Harding, *Martin Luther King: The Inconvenient Hero*(Orbis, 2008)

Brian Kelly, *Unfinished business: Martin Luther King in Memphis*(International Socialism, 2008) http://isj.org.uk/unfinished-business-martin-luther-king-in-memphis/

Cornel West (ed), *The Radical King*(Beacon Press, 2015)

Gary Younge, *The Speech: The Story Behind Dr. Martin Luther King Jr.'s Dream*(Haymarket Books, 2013)

킹 자신의 저작

마틴 루서 킹의 연설문은 대부분 인터넷에서 찾아볼 수 있다. 〈위키피디아〉에는 킹의 설교와 연설만을 모아 놓은 페이지와 유용한 링크들이 있다. 킹의 많은 저작 중에서는 1968년에 [처음] 펴낸 명작 Martin Luther King, Jr., *Where Do We Go from Here: Chaos or Community?*(Beacon Press, 2010)을 먼저 읽으라고 권하고 싶다.

Martin Luther King, Jr., *The Autobiography*(Abacus, 2000)[국역:

《나에게는 꿈이 있습니다》, 바다출판사, 2018.]

　　Martin Luther King, Jr., *Stride Toward Freedom: The Montgomery Story*(Souvenir Press, 2010)

후주

1장 카를 마르크스

1 Karl Marx and Frederick Engels, *Collected Works*[이하 *CW*], vol 27, Moscow, 1975, p 426.

2 Karl Marx, *Economic and Philosophical Manuscripts*, Moscow, 1967, pp 66~67[국역: 《경제학-철학 수고》, 필로소픽, 2024].

3 August Nimtz, *Marx and Engels: Their Contribution to the Democratic Breakthrough*, Albany, 2000, p 1에서 인용.

4 Karl Marx and Frederick Engels, *The German Ideology*, London, 2004, p 47[국역: 《독일 이데올로기》, 두레, 2015].

5 *The German Ideology*, p 64.

6 Nimtz, p 52에서 인용.

7 Karl Marx and Frederick Engels, *The Communist Manifesto*, London, 2005, p 7.

8 *The Communist Manifesto*, p 12.

9 *The Communist Manifesto*, p 13.

10 *CW*, vol 6, p 356.

11 Nimtz, p 101에서 인용.

12 *CW*, vol 10, p 298.

13 Nimtz, pp 143~144에서 인용.

14 Karl Marx, *The Poverty of Philosophy*, Peking, 1978, pp 97~98[국역: 《철학의 빈곤》, 아침, 1989].

15 *CW*, vol 16, pp 470~471.

16 *The Communist Manifesto*, p 8.

17 Karl Marx, *Capital*, vol 1, Harmondsworth, 1976, p 592.

18 폴 풋의 훌륭한 책 *The Vote: How It Was Won and How It was Undermined*, London, 2005 참조.

19 David Fernbach ed, Karl Marx, *The First International and After*, Harmondsworth, 1981, p 82.

20 Nimtz, p 185에서 인용.

21 Karl Marx, *The Civil War in France*[국역: 《프랑스 내전》, 박종철출판사, 2003] in Fernbach, *Karl Marx*, p 233.

22 Nimtz, p 231에서 인용.

23 Nimtz, p 231에서 인용.

24 www.marxists.org/archive/marx/works/1883/death/burial.htm 참조.

2장 프리드리히 엥겔스

1 1839년 1월 20일 자 편지.

2 Tristram Hunt, *The Frock-Coated Communist*, Penguin, 2010, p 40[국역: 《엥겔스 평전》, 글항아리, 2010]에서 인용.

3 *The Condition of the Working Class in England*, Penguin Classics, p 71[국역: 《영국 노동계급의 상황》, 라티오, 2014].

4 p 73.

5 pp 123~126.

6 p 216.

7 p 65.

8 McLellan, *Engels*, Fontana Modern Masters, 1977, p 17.

9 Harman, Introduction to *The Communist Manifesto*, Bookmarks, 2010, p 3.

10 Intro to Karl Marx, *The Civil War in France*[국역: "칼 맑스의 《프랑스 내전》 독일어 제3판 서설", 《프랑스 내전》, 박종철출판사, 2003].

11 Karl Marx, *The Eighteenth Brumaire of Louis Napoleon*[국역: 《루이 보나파르트의 브뤼메르 18일》, 비르투출판사, 2012].

12 Hunt, *The Frock-Coated Communist*, p 193.

13 Gustav Mayer, *Friedrich Engels: A Biography*, Chapman & Hall, 1936, p 142.

14 Lindsey German, "Life of a Revolutionary" in *International Socialism* 65, 1994, pp 20~21 참조.

15 John Rees, "Engels' Marxism" in *International Socialism* 65, 1994에서 인용.

16 German, 1994, p 23에서 인용.

17 Engels, Introduction to *The Civil War in France*.

18 Letter to Cuno, 24 January, 1872.

19 *The Civil War in France*.

20 *Socialism, Utopian and Scientific*[국역: 《공상에서 과학으로: 사회주의의 발전》, 범우사, 2006].

21 *Socialism, Utopian and Scientific*.

22 *The Origin of the Family, Private Property and the State*[국역: 《가족, 사유재산, 국가의 기원》, 두레, 2012]에서 엥겔스가 인용한 모건의 말이다.

23 Judith Orr, *Marxism and Women's Liberation*, Bookmarks, 2015, p 42[국역: 《마르크스주의와 여성해방》, 책갈피, 2016] 참조.

24 Chris Harman, "Engels and the Origins of Human Society" in *International Socialism* 65, 1994.

25 Lise Vogel, *Marxism and the Oppression of Women*, 1983과 《인터내셔널 소셜리즘》 144호(2014)에 실린 니컬라 긴즈버그의 서평 참조.

26 Lenin, "Prophetic Words", *Pravda*, 2 July 1918에서 인용.

27 Terrell Carver, *Engels: A Very Short Introduction*, Oxford University Press, 2003[국역: 《엥겔스》, 시공사, 2000].

28 McLellan 참조.

29 1890년 요제프 블로흐에게 보낸 편지에서 한 말이다.

30 McLellan, p51.

3장 엘리너 마르크스

1   www.marxists.org/archive/eleanor-marx/works/mayday.htm
2   www.marxists.org/archive/draper/1976/women/5-emarx.html
3   Alex Callinicos, *The Revolutionary Ideas of Karl Marx*, Bookmarks, 2010, p 35[국역: 《카를 마르크스의 혁명적 사상》, 책갈피, 2018]에서 인용.
4   Rachel Holmes, *Eleanor Marx: A Life*, Bloomsbury, 2014, p 66에서 인용.
5   Holmes, p 93에서 인용.
6   Donny Gluckstein, *The Paris Commune: A Revolution in Democracy*, Haymarket, 2011, pp 10~11에서 인용.
7   Gluckstein, p 185에서 인용.
8   Yvonne Kapp, *Eleanor Marx, vol 1: Family Life, 1855-1983*, Virago, 1972, pp 133~134에서 인용.
9   Holmes, p256.
10 www.marxists.org/archive/eleanor-marx/1895/working-class-england/ch01.htm
11 Yvonne Kapp, *Eleanor Marx, vol 2: The Crowded Years, 1884-1898*, Virago, 1976, p 48에서 인용.
12 *Reynold's Weekly Newspaper*, 8 September 1850.
13 Louise Raw, *Striking a Light: The Bryant and May Matchwomen and their Place in History*, Continuum, p 37.
14 Holmes, p 301.
15 John Charlton, *It Just Went Like Tinder*, Redwords, 1999, p 65.
16 Hassan Mahamdallie, *Crossing the 'River of Fire': the Socialism of William Morris*, Redwords, 2008, p 46.
17 Holmes, pp 141~142에서 인용.
18 Kapp, vol 2, p 59에서 인용.
19 Kapp, vol 2, p 59.
20 Mahamdallie, p 49.
21 Mahamdallie, p 93.
22 www.marxists.org/archive/draper/1976/women/5-emarx.html
23 Howard Zinn, *A People's History of the United States*, Harper Perennial

Modern Classics, 2005, p 265[국역: 《미국 민중사 1·2》, 이후, 2008].

24 Kapp, vol 2, p 161에서 인용.
25 Holmes, p 285.
26 Holmes, pp 241~242에서 인용.
27 Raw, pp 174~190.
28 *Justice*, 13 July 1888.
29 www.marxists.org/archive/marx/works/1889/08/26.htm
30 Charlton, p 89.
31 *Commonweal*, "Strike of the Matchmakers", 14 July 1888.
32 Raw, p 226.
33 Kapp, vol 2, p 323에서 인용.
34 Kapp, vol 2, p 318.
35 Tully, p 26.
36 Mark Hutchins and Will Thorne, *The Gas-Workers' Strike, 1889*, July 1890.
37 Hutchins and Thorne, 1890.
38 Tully, pp 122~123.
39 Tully, p 123.
40 *Stratford Express*, 9 October, 1889. Tully p 124에서 인용.
41 Charlton, p 32.
42 Raw, p 166.
43 Charlton, p 32에서 인용.
44 Kapp, vol 2, p 263.
45 William Morris, "The Great Strike at the Docks", *Commonweal*, 24 August 1889.
46 Raw, p 167.
47 *The Times*, 5 September 1889.
48 Kapp, vol 2, p 323에서 인용.
49 www.marxists.org/archive/eleanor-marx/works/mayday.htm
50 Charlton, p 99에서 인용.
51 Tully, p 159.

52 Tony Cliff and Donny Gluckstein, *The Labour Party: A Marxist History*, Bookmarks, 1988, p 9[국역: 《영국 노동당의 역사》, 책갈피, 2008]에서 인용.

53 Holmes, p 339에서 인용.

54 Cliff and Gluckstein, p 10에서 인용.

55 *Socialist Worker*, "The rise and fall of New Unionism", 20 October 2009.

4장 블라디미르 레닌

1   Amis, *Koba the Dread*, London, 2002, p 248.

2   *Lenin Collected Works*(이하 *LCW*), vol 3, p 382.

3   *LCW*, vol 4, p 315.

4   *LCW*, vol 5, p 384.

5   *LCW*, vol 5, p 422.

6   *LCW*, vol 5, p 386.

7   *LCW*, vol 5, pp 515~516.

8   *LCW*, vol 5, p 460.

9   *LCW*, vol 5, p 450.

10 *LCW*, vol 8, p 146.

11 *LCW*, vol 10, p 23.

12 *LCW*, vol 10, p 234.

13 Lenin and Gorky, *Letters, Reminiscences, Articles*, Moscow, 1973, p 289.

14 A Y Badayev, *Bolsheviks in the Tsarist Duma*, London, 1987, p 184[국역: 《볼셰비키는 어떻게 의회를 활용하였는가》, 들녘, 1990].

15 *LCW*, vol 38, p 284.

16 *LCW*, vol 21, p 387.

17 *LCW*, vol 21, pp 32~33.

18 *LCW*, vol 22, p 253.

19 *LCW*, vol 22, p 295.

20 *LCW*, vol 23, p 253.

21 V Serge, *Year One of the Russian Revolution*, London, 1992, pp 57~58.

22 *LCW*, vol 24, p 60.

23 *LCW*, vol 24, p 63.

24 *LCW*, vol 25, p 387.

25 *LCW*, vol 25, p 389.

26 *LCW*, vol 25, p 422.

27 *LCW*, vol 25, p 478.

28 *LCW*, vol 25, p 400.

29 *LCW*, vol 25, p 402.

30 *LCW*, vol 25, pp 397~398.

31 *LCW*, vol 25, p 468.

32 *LCW*, vol 25, p 492.

33 *LCW*, vol 26, p 140.

34 *LCW*, vol 26, pp 74~82.

35 *LCW*, vol 26, p 240.

36 I Deutscher, *The Prophet Armed*, London, 1970, p 325[국역: 《무장한 예언자 트로츠키 1879~1921》, 시대의창, 2017].

37 *LCW*, vol 26, p 409.

38 "Order of the Day to the Army of the Arts", 1918.

39 *LCW*, vol 26, p 365.

40 *LCW*, vol 29, p 69.

41 T Cliff, *Lenin* vol III, London, 1978, pp 119~120.

42 M Gilbert, *Winston Churchill*, vol IV, London, 1975, pp 226~227.

43 V Serge, *Memoirs of a Revolutionary*, London, 1963, p 92[국역: 《한 혁명가의 회고록》, 오월의봄, 2014].

44 S Courtois et al, *The Black Book of Communism*, London and Cambridge Mass, 1999, p 72.

45 W P and Z K Coates, *Armed Intervention in Russia 1918~1922*, London, 1935, p 209.

46 *LCW*, vol 35, p 333.

47 *LCW*, vol 35, p 454.

48 *LCW*, vol 26, p 386.

49 *LCW*, vol 31, pp 235~236.

50 *LCW*, vol 31, p 58.

51 *LCW*, vol 31, p 262~263.

52 *LCW*, vol 31, p 55.

53 *LCW*, vol 31, p 53.

54 A Rosmer, *Lenin's Moscow*, London, 1987, p 53.

55 *LCW*, vol 33, p 431.

56 *LCW*, vol 32, p 279.

57 V Serge, *Memoirs of a Revolutionary*, London, 1963, p 147.

58 *LCW*, vol 33, p 273.

59 *LCW*, vol 33, p 487.

60 *LCW*, vol 33, p 489.

61 *LCW*, vol 36, pp 594~596.

62 *Pravda*, 30 January 1924.

63 *New International*, February 1939.

64 Letter to Luise Kautsky, 24 November 1917.

65 I Deutscher, *Stalin*, London, 1961, p 328.

66 *LCW*, vol 32, p 261.

67 V Serge, *Russia Twenty Years After*, New Jersey, 1996, p 93.

5장 레온 트로츠키

1 Isaac Deutscher, *The Prophet Outcast: Trotsky 1929~1940*, London, 2003, p 350에서 인용[국역: 《추방된 예언자 트로츠키 1929~1940》, 시대의창, 2017].

2 Tony Cliff, *Trotsky 1879~1917: Towards October*, London, 1989, p 105에서 인용.

3 Leon Trotsky, *My Life*, London, 2004, p 191[국역: 《나의 생애 상·하》, 범우사, 2001].

4 더 자세한 설명은 인터넷 웹사이트 www.marxists.org에서 찾아볼 수 있는 토니 클리프의 1963년 소책자 《빗나간 연속혁명》(Deflected Permanent Revolution)

참조[국역: "빗나간 연속혁명", 《국제주의 전통 자료집 I-3. 마르크스주의의 기초와 그 고전적 전통》, 책갈피, 2018].

5   Leon Trotsky, *My Life*, p 260.

6   Leon Trotsky, *Women and the Family*, New York, 1973, p 42[국역: 《마르크스주의자들의 여성해방론》, 책갈피, 2015].

7   Victor Serge, *Revolution in Danger: Writings from Russia 1919~21*, London, 1997, p 13.

8   I Deutscher, *The Prophet Armed: Trotsky 1879~1921*, London, 1954, pp 456~457에서 인용.

9   Leon Trotsky, *First Five Years of the Communist International*, vol 2, London, 1974, p 92.

10 Leon Trotsky, *Writings on Britain*, vol 2, London, 1974, p 141.

11 Leon Trotsky, *Writings 1929*, New York, 1975, p 47.

12 Isaac Deutscher, *Stalin*, London, 1988, p 328에서 인용.

13 "For a Workers' United Front against Fascism", 8 December 1931. 이 글은 www.marxists.org.uk에서 찾아볼 수 있다.

14 Leon Trotsky, *The Revolution Betrayed*, New York, 1989, p 149[국역: 《배반당한 혁명》, 갈무리, 2018].

15 Tony Cliff, *Trotsky 1927~1940: The Darker the Night the Brighter the Star*, London, 1993, p 359에서 인용[국역: 《트로츠키 1927~1940》, 책갈피, 2018].

16 Leon Sedov, *The Red Book: On the Moscow Trials*, London, 1980.

17 Tony Cliff, *Trotsky 1923~1927: Fighting the Rising Stalinist Bureaucracy*, London, 1991, p 11에서 인용.

18 Leon Trotsky, *The Permanent Revolution*, London, 2004, p 9[국역: 《연속혁명 평가와 전망》, 책갈피, 2003].

6장 알렉산드라 콜론타이

1   Autobiography, 1926.

2   Autobiography.

3   Autobiography.

4   Autobiography.

5   Autobiography.
6   Alix Holt, *Selected Writings of Alexandra Kollontai*, Allison & Busby, 1977, p 39.
7   *Women Workers and the Struggle for Their Rights*, 1919.
8   Cathy Porter, *Alexandra Kollontai: A Biography*, Merlin Press, 2013, p 91.
9   Porter, p 91.
10 Porter, p 92.
11 Porter, p 92.
12 Porter, p 94.
13 Hillyar and McDermid, *Midwives of the Revolution*, UCL Press, 1999, p 47.
14 Porter, p 101.
15 Luxemburg, *The Mass Strike*, 1906.
16 Kollontai, *On the History of the Movement of Women Workers in Russia*, 1920.
17 Autobiography.
18 Porter, p 96에서 인용.
19 Tony Cliff, *Alexandra Kollontai: Russian Marxists and Women Workers*, 1981, www.marxists.org에서 인용.
20 Porter, p 139.
21 Cliff에서 인용.
22 Porter, p 170.
23 Holt, p 29.
24 *Sexual Relations and the Class Struggle*, 1921[국역: "성과 계급투쟁", 《마르크스주의자들의 여성해방론》, 책갈피, 2015].
25 *Who Needs War?*, 1915.
26 Kollontai, *Our Tasks*, 1917.
27 Harman, A *People's History of the World*, Verso, 2009, p 413[국역: 《민중의 세계사》, 책갈피, 2004]에서 인용.
28 Hillyar and McDermid, p 147.
29 Porter, p 230.
30 Porter, p 232.

31 Porter, p 231.

32 Porter, p 237.

33 "Our Memorial to the Fighters for Freedom", 1917.

34 Porter, p 244.

35 Petty, Roberts and Smith, *Women's Liberation and Socialism*, Bookmarks, 1987, p 40에서 인용.

36 "Our Tasks", 1917.

37 Porter, p 258.

38 *Ten Days That Shook the World*, Penguin, 1966, p 133[국역: 《세계를 뒤흔든 열흘》, 책갈피, 2005].

39 *Lenin at Smolny*, 1971.

40 Louise Bryant, *Six Months in Russia*, 1918에서 인용.

41 Porter, p 272.

42 Bryant에서 인용.

43 Porter, p 304.

44 *Communism and the Family*, 1920[국역: "공산주의와 가족", 《마르크스주의자들의 여성해방론》, 책갈피, 2015].

45 Beatrice Farnsworth, "Conversing with Stalin, Surviving the Terror: The Diaries of Aleksandra Kollontai and the Internal Life of Politics", *Slavic Review*, 2010, p 955.

46 Trotsky, *My Life*, Penguin, 1971, p 274.

47 Farnsworth, p 961.

48 Holt, p 315에서 인용.

7장 로자 룩셈부르크

1 Paul Frölich, *Rosa Luxemburg*, Pluto, 1972, p 25[국역: 《로자 룩셈부르크 생애와 사상》, 책갈피, 2000].

2 J P Nettl, *Rosa Luxemburg*, abridged edition, Oxford, 1966, p 43.

3 Frölich, pp 51~52.

4 Chris Harman, *The Lost Revolution*, Bookmarks, 1997, p 16[국역: 《패배한 혁

명〉, 풀무질, 2007].

5   *The Letters of Rosa Luxemburg*, Verso, 2011, p 40.
6   *Reform or Revolution*, Bookmarks, 1989, pp 53~54[국역: 《사회 개혁이냐 혁명이냐》, 책세상, 2023].
7   *Reform or Revolution*, pp 68~69.
8   *Reform or Revolution*, p 67.
9   Frölich, p 84.
10 *Reform or Revolution*, pp 74~75.
11 Frölich, p 59.
12 Frölich, p 91.
13 *Letters*, pp 172~173.
14 Richard B Day and Daniel F Gaido, *Witness to Permanent Revolution*, Haymarket, 2011, p 358.
15 Day and Gaido, p 371.
16 Carl E Schorske, *Social Democracy in Germany, 1905-1917*, Harvard, 1955, p 31.
17 Schorske, p 38.
18 *The Mass Strike*, Bookmarks, 2005, p 33.
19 *The Mass Strike*, pp 50~51.
20 Schorske, p 53.
21 David Blackbourn, *The Fontana History of Germany, 1780-1918*, Fontana, 1997, p 428.
22 William Carr, *A History of Germany, 1815-1945*, Hodder, 1972, p 187.
23 Schorske, p 77.
24 Nettl, p 270.
25 Peter Hudis and Kevin B Anderson (eds), *The Rosa Luxemburg Reader*, Monthly Review Press, 2004, pp 16~17.
26 Frölich, p 186.
27 Frölich, p 214.
28 Frölich, p 217.
29 Frölich, p 218.

30 Hudis and Anderson, p 313.

31 Hudis and Anderson, p 321.

32 Hudis and Anderson, p 341.

33 Nettle, p 390.

34 Nettle, p 420.

35 https://www.marxists.org/archive/luxemburg/1917/04/oldmole.htm

36 *Letters*, p 447.

37 *Letters*, p 452.

38 Hudis and Anderson, p 289.

39 https://www.marxists.org/archive/luxemburg/1918/11/20.htm

40 Hudis and Anderson, p 309.

41 Harman, p 42.

42 Frölich, p 271.

43 Frölich, p 285.

44 Frölich, p 278.

45 Dietmar Dath, *Rosa Luxemburg*, Suhrkamp, 2010, p 7.

8장 안토니오 그람시

1 John M Cammett, *Antonio Gramsci and the Origins of Italian Communism*, Stanford University Press, 1967, p 52.

2 Gramsci, *Selections from Political Writings 1910~1920*[이하 *SPW 1910~20*], p 100.

3 Gramsci, *SPW 1910~20*, pp 65~66.

4 Gramsci, *SPW 1910~20*, pp 293~294.

5 Gramsci, *SPW 1910~20*, p 340.

6 Gramsci, *SPW 1910~20*, p 152.

7 Gwyn Williams, *Proletarian Order*, Pluto, 1975, pp 255~256.

8 Gramsci, *Selections from Political Writings 1921~1926*[이하 *SPW 1921~26*], p 380.

9 Gramsci, *SPW 1910~20*, p 191.

10 Gramsci, *SPW 1921~26*, p 198.

11 Giuseppe Fiori, *Antonio Gramsci: Life of a Revolutionary*, Verso, 1990, p 174[국역: 《안또니오 그람쉬》, 이매진, 2004].

12 Gramsci, *Selections from the Prison Notebooks*[이하 *SPN*], p 238[국역: 《그람시의 옥중수고 1, 2》, 거름, 1999].

13 Gramsci, *SPN*, p 324.

14 Gramsci, *SPN*, p 333.

15 Gramsci, *SPN*, pp 330~331.

16 Gramsci, *SPN*, p 198.

17 Gramsci, *SPN*, p 438.

9장 맬컴 엑스

1 https://obamawhitehouse.archives.gov/blog/2014/11/24/president-obama-delivers-statement-ferguson-grand-jurys-decision

2 Joy Gleason Carew, *Blacks, Reds, and the Russians: Sojourners in Search of the Soviet Promise*, Rutgers University Press, 2010.

3 *The Autobiography of Malcolm X* with the assistance of Alex Haley, p 81, Penguin Books, 2001[국역: 《말콤 엑스 상·하》, 창작과비평사, 1993].

4 Manning Marable, *Malcolm X a Life of Reinvention*, p 38, Penguin Books, 2011.

5 *The Autobiography*, p 119.

6 Marable, p 43.

7 Marable, p 43.

8 Marable, p 45.

9 Marable, p 68.

10 *The Autobiography*, p 249.

11 *The Autobiography*, p 254.

12 Marable, p 79.

13 "Message to the Grassroots", November 1963.

14 Ahmed Shawki, *Black Liberation and Socialism*, Haymarket, 2006, p 173.

15 *The Autobiography*, p 388.

16 Raymond Arsenault, *Freedom Riders: 1961 and the Struggle for Racial Justice*, OUP, 2006, p 114.

17 *The Autobiography*, p 397.

18 Marable, p 293.

19 *The Autobiography*, p 433.

20 exhibitions.nypl.org/africanaage/essay-panafricanism.html

21 *The Autobiography*, p 436.

22 1964년 [12월 20일] 오듀본 볼룸에서 한 연설. teachingamericanhistory.org/library/document/at-the-audubon/

23 Kent Worcester, *C L R James: A Political Biography*, State University of New York Press, 1996, p 198.

24 panafricanquotes.wordpress.com/speeches/independence-speech-kwame-nkrumah-march6-1957-accra-ghana/

25 "Message to the Grassroots".

26 George Breitman [ed], *Malcolm X Speaks: Selected Speeches and Statements*, Grove Weidenfeld, 1994, p 91.

27 www.malcolm-x.org/docs/gen_oaau.htm

28 1964년 [4월 3일] 오하이오주 [클리블랜드]에서 한 "투표권이 아니면 총탄을 달라" 연설. www.edchange.org/multicultural/speeches/malcolm_x_ballot.html

29 www.crmvet.org/docs/otheram.htm

30 Shawki, pp 159~160.

10장 마틴 루서 킹

1 Jack M. Bloom, *Class, Race, and the Civil Rights Movement*, Indiana University Press, 1987, p 132.

2 Cornel West, ed, *The Radical King*, Beacon Press, 2015, p 42.

3 Bloom, p 140.

4 Clayborne Carson et al, eds, *The Eyes on the Prize Civil Rights Reader*, Penguin, 1991, p 177.

5   Bloom, p 174.
6   Manning Marable, *Race, Reform, and Rebellion*, University Press of Mississippi, 1990, p 70.
7   Marable, p 70.
8   Carson, p 157.
9   Stewart Burns, *We Will Stand Here Till We Die*, Amazon, 2013, loc 1226.
10 Burns, loc 1260.
11 Joyce Ladner, *The March on Washington*, https://www.crmvet.org/info/mowjoyce.htm
12 Michelle Norris, Determined To Reach 1963 March, Teen Used Thumb And Feet, https://www.npr.org/2013/08/14/210470828/determined-to-reach-1963-march-teen-used-thumb-and-feet
13 King, 1964, https://www.democracynow.org/2015/1/19/exclusive_newly_discovered_1964_mlk_speech
14 CBS, Voices of the Selma march, 50 years ago, https://www.cbsnews.com/news/selma-bloody-sunday-civil-rights-march-50th-anniversary/
15 Nick Kotz, *Judgment Days: Lyndon Baines Johnson, Martin Luther King Jr., and the Laws That Changed America*, Marnier, 2006, p 285.
16 Marable, p 80.
17 James Baldwin, *Nobody Knows My Name*, Penguin, 1991.
18 Martin Luther King, *Where Do We Go from Here: Chaos or Community?*, Beacon Press, 1968, p 49.
19 Marable, p 86.
20 King, 1968, p 200.
21 King, 1968, p 32.
22 King, 1968, p 33.
23 Marable, 1991, p 98.
24 West, p 172-2.
25 Martin Luther King, *The Crisis in America's Cities*, SCLC, August 15, 1967, p 6.
26 West, 2015, p 246.
27 West, 2015, p 246.

자본주의에 맞선 혁명가들
《처음 만나는 혁명가들》 대폭 증보판

지은이 마이크 곤살레스, 커밀라 로일, 시번 브라운, 이언 버철, 에스미 추나라, 에마 데이비스, 샐리 캠벨, 크리스 뱀버리, 앤터니 해밀턴, 유리 프라사드
옮긴이 이수현

펴낸곳 도서출판 책갈피 | **등록** 1992년 2월 14일(제2014-000019호)
주소 서울 성동구 무학봉15길 12 2층 | **전화** 02) 2265-6354
팩스 02) 2265-6395 | **이메일** bookmarx@naver.com
홈페이지 chaekgalpi.com | **페이스북** facebook.com/chaekgalpi
인스타그램 instagram.com/chaekgalpi_books

첫 번째 찍은 날 2025년 6월 30일

값 27,000원
ISBN 978-89-7966-277-1
잘못된 책은 바꿔 드립니다.